高等学校"十一五"规划教材

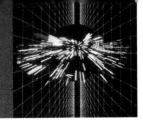

XINSHIXIAN DAXUE YUWEN

新视线大学语文

第 2 版

◎ 夏文先　陈晓云　主编

北京师范大学出版集团
BEIJING NORMAL UNIVERSITY PUBLISHING GROUP
安徽大学出版社

高职高专人文基础课省级规划教材

编 委 会
（排名不分先后，以姓氏笔画为序）

主　任：王劲松　杨忠慧　陈晓云　夏文先
委　员：马凌云　王永军　乔守春　李秀华
　　　　任绪伟　张宽胜　陶会平　徐永森
　　　　徐　明　唐　菀　梅四海

《新视线大学语文》编写组

主　　编：夏文先　陈晓云
副主编：陈克云　唐　菀　刘丽华
编　委：马凌云　王明英　王艳平　王永军
　　　　司圣翠　刘丽华　陈克云　陈晓云
　　　　陆迎松　柳国栋　柳之岑　聂汉琳
　　　　夏文先　郭雪峰　唐　菀　梅四海

目 录

中国古代文学

文学坐标（先秦文学）

上古神话二则 …………………………………………《淮南子》/3
《诗经》三首 …………………………………………《诗经》/5
先秦诸子语录十则 ……………………………………孔子等/10
邵公谏弭谤 …………………………………………《国语》/13
冯谖客孟尝君 ………………………………………《战国策》/16
国殇 …………………………………………………屈原/20

文学坐标（秦汉魏晋南北朝文学）

谏逐客书 ……………………………………………李斯/25
李将军列传（节选）…………………………………司马迁/29
蒿里行 ………………………………………………曹操/36
登楼赋 ………………………………………………王粲/37
五言诗三首（其二）…………………………………嵇康/40
饮酒（其五）…………………………………………陶渊明/41
拟咏怀（其十八）……………………………………庾信/43
《世说新语》三则 ……………………………………刘义庆/44

文学坐标（隋唐五代文学）

出塞（秦时明月汉时关）……………………………王昌龄/50
登金陵凤凰台 ………………………………………李白/52
登楼 …………………………………………………杜甫/53
终南别业 ……………………………………………王维/55
乌衣巷 ………………………………………………刘禹锡/57
秋思 …………………………………………………张籍/58
杜陵叟——伤农夫之困也 …………………………白居易/59

金铜仙人辞汉歌(并序) ……………………………………… 李贺/61
赤壁 ……………………………………………………………… 杜牧/63
锦瑟 ……………………………………………………………… 李商隐/64
答李翊书 ………………………………………………………… 韩愈/66
破阵子(四十年来家国) ………………………………………… 李煜/69
莺莺传(节选) …………………………………………………… 元稹/71

文学坐标(宋元文学)

蝶恋花(伫倚危楼风细细) ……………………………………… 柳永/77
蝶恋花(花褪残红青杏小) ……………………………………… 苏轼/78
苏幕遮(燎沉香,消溽暑) ………………………………………… 周邦彦/80
武陵春(风住尘香花已尽) ……………………………………… 李清照/81
水龙吟·登建康赏心亭 ………………………………………… 辛弃疾/83
鹧鸪天·元夕有所梦 …………………………………………… 姜夔/85
朋党论 …………………………………………………………… 欧阳修/86
东溪 ……………………………………………………………… 梅尧臣/88
山坡羊·骊山怀古 ……………………………………………… 张养浩/89
西厢记·长亭送别 ……………………………………………… 王实甫/90
错斩崔宁 ………………………………………………… 《京本通俗小说》/94

文学坐标(明清文学)

报刘一丈书 ……………………………………………………… 宗臣/104
牡丹亭·惊梦(节选) …………………………………………… 汤显祖/106
红楼梦·诉肺腑(节选) ………………………………………… 曹雪芹/109
马二先生游西湖 ………………………………………………… 吴敬梓/114
左忠毅公逸事 …………………………………………………… 方苞/121

中国现当代文学

文学坐标(现代文学)

小河 ……………………………………………………………… 周作人/129
蕙的风 …………………………………………………………… 汪静之/132
采莲曲 …………………………………………………………… 朱湘/133
断章 ……………………………………………………………… 卞之琳/135
追悼志摩 ………………………………………………………… 胡适/136
谈读书 …………………………………………………………… 朱光潜/143
箱子岩 …………………………………………………………… 沈从文/147
青春 ……………………………………………………………… 苏雪林/151
狂人日记 ………………………………………………………… 鲁迅/157
断魂枪 …………………………………………………………… 老舍/164

金锁记(节选) ……………………………………………………… 张爱玲/169
围城(节选) ………………………………………………………… 钱钟书/177
升官图(节选) ……………………………………………………… 陈白尘/182

文学坐标(当代文学)

小草在歌唱
　　——悼女共产党员张志新烈士 ……………………………… 雷抒雁/210
神女峰 ……………………………………………………………… 舒婷/217
中国,我的钥匙丢了 ……………………………………………… 梁小斌/218
有关大雁塔 ………………………………………………………… 韩东/221
海子诗歌二首 ……………………………………………………… 海子/223
夸父 ………………………………………………………………… 余光中/227
怀念萧珊 …………………………………………………………… 巴金/228
丑石 ………………………………………………………………… 贾平凹/236
都江堰 ……………………………………………………………… 余秋雨/238
组织部来了个年轻人 ……………………………………………… 王蒙/242
天云山传奇(节选) ………………………………………………… 鲁彦周/263
同学 ………………………………………………………………… 季宇/271
重瞳(节选) ………………………………………………………… 潘军/275
小鲍庄(节选) ……………………………………………………… 王安忆/281
哺乳期的女人 ……………………………………………………… 毕飞宇/284
沙家浜·智斗 ……………………………………………………… 汪曾祺/290

外国文学

文学坐标(外国文学)

诗二首 ……………………………………………………… [德国]荷尔德林/307
美狄亚(节选) ……………………………………………… [古希腊]欧里庇得斯/309
哈姆莱特(节选) …………………………………………… [英国]莎士比亚/318
堂吉诃德(节选) …………………………………………… [西班牙]塞万提斯/326
呼啸山庄(节选) …………………………………………… [英国]艾米莉·勃朗特/332
变形记(节选) ……………………………………………… [奥地利]卡夫卡/339
百年孤独(节选) …………………………………………… [哥伦比亚]马尔克斯/348
广岛之恋(节选) …………………………………………… [法国]玛格丽特·杜拉斯/354

附录

文学鉴赏方法举隅 …………………………………………………………… /362
延伸阅读书目 ………………………………………………………………… /372
中国历史朝代简表 …………………………………………………………… /375

修订版前言

　　近年来,随着我国经济社会的发展,高职高专教育改革的不断深化,"以服务为宗旨,以就业为导向"的高职高专办学指导思想已成为社会共识,以"工学结合"为主要特征的人才培养模式得到大面积推广。高职高专院校教学的实践性、开放性和职业性特征越发显著,因而也带来了高职高专院校课程结构、教材体系、教学内容与方法等一系列变革。作为公共课的《大学语文》,其课程内容开发及教材建设理应顺应这一新形势的要求,弘扬中华民族优秀传统文化,合理借鉴、吸收外来文化,充分发挥人文学科在经济社会发展、人类文化传承和创新中的独特而重要的作用。鉴于此,我们从学生的实际需要出发,在充分征求教师意见的基础上,对安徽省"十一五"高职高专教材《新视线语文》进行修订。

　　修订版教材基本保留了原教材的体例结构,并在内容上作了较大幅度的调整,呈现出不同于其他同类教材的鲜明特征:

　　一、在编写指导思想上,坚持以素质为本位,以能力为主线,充分凸显高职高专人文素质教育的特点。内容上贴近学生生活实际,兼顾专业发展需要和职业岗位能力需求。

　　二、在编写原则上,坚持以学生为本,提高学生语文应用能力和人文素质的编写原则,最大限度实现语文知识的丰富、人文社会科学知识的贯通、阅读鉴赏方法的指导、创新思维能力的训练、人文精神的培养和综合素质的提高等目标。

　　三、在编写体例上,修订版教材延续了原教材的体例结构和编写风格,仅局部作了相应的调整,整体变动不大。删除了"另类阅读——看电影",增添了"阅读链接"、"文学鉴赏方法举隅"、"中国历史朝代简表"和"2010年度新书推荐"等内容。总体上看,修订版教材体例结构较科学合理,有利于开阔学生的阅读视野,有利于提高学生的语文应用能力。同时,也为教师教和学生学提供更多方便。

　　四、在作品编选上,既兼顾编写原则,又体现出古典情结、现代意识、世界眼光和地域特色。入选教材的87篇(古代文学48篇,现当代文学30篇,外国文学9篇)作品,皆为文质兼美的优秀作品,基本呈现出不同时段、不同地域文学发展的阶段性成果。其中,除古代文学作品占比较高外,皖籍作家作品入选篇幅较多,若加上非皖籍作家描写安徽地域风情的作品,共计21篇,地域文化特色浓厚,其潜在的价值和意义不容低估。这也是《新视线大学语文》不同于其他同类教材而独具特色之处。

　　五、在教材命名上,我们对原教材书名作了变更。更名后的《新视线大学语文》,不仅在命名上有别于其他同类教材,而且在内容编选上思路更加清晰,在教材适用对象的定位上也更加明确,教材内容的针对性和适用性得到充分彰显。

　　修订后的《新视线大学语文》主编为夏文先、陈晓云,参加教材修订工作的有:柳之岑、柳国栋、梅四海、郭雪峰、马凌云、司圣翠、王永军、唐菀、刘丽华、聂汉琳等。在教材的修订中,借鉴和吸收了诸多同仁大量的学术研究成果,限于篇幅,这里不再一一提及,在此一并深表感谢。

《新视线大学语文》编写组
二〇一一年七月

中国古代文学

文学坐标

先秦文学

先秦文学是指上古至秦统一这一漫长历史阶段产生和发展的文学,是中国文学史上光辉灿烂的第一页。从史前时期的口头文学到见诸典籍的上古神话;从第一部诗歌选集《诗经》到第一位伟大的爱国主义诗人屈原;从《尚书》中的简单记叙到蔚为壮观的历史散文、诸子散文。这一时期的文学成就极其巨大,奠定了中国文学健康发展的坚实基础,对后世文学的影响极其深远,难以估量。

一、上古神话

由于年代久远和缺乏文字记载,原始神话留存下来的极少。事实上,先民们创造的神话在人们口头流传的历史是非常久远的,而神话被记录下来至今天为止,却是很短的时期。我们今天可以看到的上古神话大多见诸古诗文和典籍的记载。如《山海经》、《淮南子》、《楚辞》等书中都载有极为精彩的神话故事。最著名的神话故事有《女娲补天》、《夸父追日》、《精卫填海》、《后羿射日》、《鲧禹治水》等。

我国神话的主要特征:不管神话的想象多么离奇,贯彻始终的总是人生的主题。例如女娲补天、羿射九日、禹治洪水、精卫填海、夸父逐日,都是为了摆脱和战胜自然灾害的困扰。神话中的英雄人物都充满着激扬的斗志,神异的能力和大无畏的精神,是英雄主义的赞歌。这些神话都熔铸了浓烈的情感,塑造了鲜明的形象,表现出丰富的想象力。神话是我国浪漫主义文学的萌芽,对后世文学产生了极其深远的影响。

二、《诗经》、楚辞

《诗经》是我国第一部诗歌总集。原本称为《诗》或《诗三百》,汉代以后才尊为"经"。它来自民间,多数为集体创作,经采集删定而成。《诗经》在其编辑之初,人们便着眼于它的实际用途。秦以前,除去祭祀、宴享以外,还有两个重要作用:一是常常作为外交场合言谈应对的辞令,一是作为教育的课本。到了汉代,经学兴起,学术与政治联姻,《诗经》作为五经之一而显赫、兴盛,一跃而为儒者言必称引、论必为据的经典。《诗经》之后是楚辞。以屈原的创作为代表的楚辞,是在楚地风俗与楚地歌谣的文化土壤上产生的。屈原的作品,是我国最早的士人的个人之作。它与《诗经》的区别,一为主要是集体创作,一是士人的个人创作;一用之于教育与政治,一用于个人抒怀。《诗经》体式以四言为主,反复咏叹,有民歌的纯朴风貌,有一种和谐朴厚的美。以屈原作品为代表的楚辞,多用五、七言句,在句中或奇句末尾用兮字;它带着浓厚的楚风,瑰奇变幻,天上地下,人神杂处,有强烈的抒情色彩。《诗经》是我国现实主义文学的光辉起点,楚辞是我国浪漫主义文学的远祖。

三、先秦历史散文

春秋之前,我国产生了第一部历史文集《尚书》。它以记言为主,所记基本是誓、命、训、诰一类的言辞。春秋末年,孔子依据鲁国史官所编的史书加工编撰了《春秋》,《春秋》便成为我国最早的一部私人编撰的编年史。《春秋》是以类似今天新闻标题的形式,非常简括地记录了鲁国及周王朝、其他诸侯国的历史事件。春秋末年和战国时期,是我国由奴隶制向封建制急剧变化的时期,社会空前繁荣又空前动荡混乱,阶级斗争和政治斗争极其尖锐复杂,新旧统治者急需借鉴历史,总结经验,这就为历史散文的发展准备了良好条件,产生了许多著名的历史著作,如《左传》、《国语》、《战国策》等。

《左传》相传为鲁国史官左丘明仿孔子的《春秋》,并参考各国史料所编纂的,所记史事止于鲁哀公二十七年(公元前468年)。内容主要是记载春秋各国的政治、外交、文化、军事活动方面的有关人士的活动和重要言论。《左传》是先秦时期最具有文学色彩的历史散文。其文学特色主要表现为文学性的剪裁和历史事件的故事化、情节化。尤其善于描写战争和刻画人物,还善于叙写外交辞令,理富文美。《国语》是我国第一部分国记载的国别史。所记多为国君言论和士臣的说辞等。文字朴实简练,逻辑严密。《战国策》属国别体杂史著作。记载各国有关政治、外交、军事等方面的史实。《战国策》文笔恣肆,语言流畅;善于把握对方心理,循循善诱,以情理服人;摹绘人物,形貌毕肖;善用寓言故事和比喻来说明抽象的道理。

先秦历史散文对后世历史学家和文学家的写作有极深远的影响,特别是对叙事散文的影响。如司马迁作《史记》不仅继承了《春秋》的笔法,而且采用《尚书》、《左传》、《战国策》的史料,并吸取了它们的写作技巧和语言风格。唐宋以后著名的古文家几乎没有不爱好并学习先秦散文的,他们的叙事文和传记文,无论是在语言上,还是在表现方法上,都深受先秦历史散文的影响。

四、先秦诸子散文

春秋战国之际,历史剧变,诸侯兼并,战争频繁,人民陷入水深火热之中。为了解决战争,缓和各种冲突,一些有责任心的读书人,纷纷出谋划策。他们立场不同,主张各异,在我国历史上第一次呈现人才辈出、"百家争鸣"的局面。为了宣扬各自的主张,诸子百家纷纷著书立说,诸子散文便蓬勃发展起来。

先秦诸子有各种不同的学术流派和政治观点,其中最重要的是儒家、墨家、道家和法家。代表作有《论语》、《孟子》、《荀子》、《墨子》、《老子》、《庄子》、《韩非子》。

诸子散文的发展,可分三个阶段。春秋末至战国初,有《老子》、《论语》和《墨子》。《老子》和《论语》为纯语录体散文,《墨子》则在语录体中杂有质朴的议论文。战国中期,有《孟子》和《庄子》。开始摆脱语录体,往往长篇大论,说理畅达,文辞丰富,是说理文的进一步发展。战国后期,有《荀子》和《韩非子》,它们论题集中,逻辑严密,说理透彻,文辞富丽,代表着春秋战国时代议论文的最高水平。

先秦诸子散文,在思想上,对后世影响最为深远的首先是儒家学派的孔孟思想,其次是道家学派的老庄思想。在文学上,诸子散文对后世散文的影响也是显而易见的,如汉初的贾谊、晁错等的政论文,魏晋"建安七子"的纵谈名理之文,唐宋"古文八大家"的"古文"之文等,都可清晰地感受到诸子散文的影响。

先秦文学极其瑰丽,是我国文学的光辉开端。它的思想内容丰富深刻,形式多样,艺术水平高超,充分体现了我国古代劳动人民的聪明才智,为后世文学的发展开辟了广阔的道路。

上古神话二则

原始社会,巫风盛行,生产力水平低下,人们不能理解、解释自然现象,就借助幻想来表达自己的希望和心愿,于是产生了神话。

神话是对中国各种文学创作较早产生影响的一种体裁。它的题材内容和各种神话人物对历代文学创作及各民族史诗的形成具有多方面的影响,特别是它丰富的想象和对自然事物形象化的描写方法,对后世作家的艺术虚构及浪漫主义创作方法的形成都有直接的影响。它的口头叙事形式也成为叙事文学体裁的先河。不少神话直接为作家、艺术家提供了创作素材。其中有些著名神话,还成为人们经常援引的典故。

中西方神话在塑造诸神形象上有所区别:中国上古神话有着极为鲜明的尚德精神,天神们只有纯洁的品行、高尚的情操、伟大的献身精神和保民佑民的责任感;古希腊的神话和传说表现出了与中国神话大不相同的文化特色,在古希腊神话中,天神与人类一样,也表现爱、恨、怒、欲望、嫉妒等凡俗的感情。

女娲补天①

往古之时,四极废②,九州裂③,天不兼覆④,地不周载⑤。火滥炎⑥而不灭,水浩洋而不息。猛兽食颛民⑦,鸷鸟⑧攫⑨老弱。于是⑩女娲炼五色石以补苍天,断鳌⑪足以立四极,杀黑龙⑫以济⑬冀州⑭,积芦灰以止淫水⑮。苍天补,四极正,淫水涸⑯,冀州平,狡虫⑰死,颛民生,背方州,抱圆天。

注释

①选自《淮南子·览冥训》。女娲又称女阴、女娲娘娘,凤姓,生于成纪,一说她的名字为凤里希(或为凤里牺)。女娲是中国历史神话传说中的一位女神,是中华民族伟大的母亲,她慈祥地创造了人类,又勇敢地照顾人类免受天灾,是被民间广泛而又长久崇拜的创世神和始祖神。

②四极废:天的四边毁坏了。上古的人认为在天的四边都有支撑着天的柱子,废是

指柱子折断,天塌下来了。

③九州裂:指大地陷裂。古时分天下为九州,具体说法不一,一说为冀州、兖州、徐州、青州、扬州、荆州、豫州、梁州、雍州。

④天不兼覆:天有所损坏,不能尽覆万物。兼:全部。

⑤地不周载:地有所陷坏,不能遍载万物。周:遍,全。

⑥滥(lǎn)炎:大火延烧的情景。

⑦颛(zhuān)民:善良的人民。

⑧鸷鸟:凶猛的禽鸟。

⑨攫:用手抓取。

⑩于是:在这时(古今异义)

⑪鳌:生活在海中的巨龟。

⑫黑龙:水怪,发洪水危害人民;有人说即指水神共工。

⑬济:救济。

⑭冀州:古九州之一,指黄河流域古代中原地带。

⑮淫水:泛滥的洪水。

⑯涸:干枯。

⑰狡虫:凶猛的害虫。

后羿射日①

逮②至尧之时,十日并③出。焦④禾稼,杀草木,而民无所食。猰貐⑤、凿齿⑥、九婴⑦、大风⑧、封豨⑨、修蛇⑩皆为民害。尧乃使⑪羿诛⑫凿齿于畴华之野,杀九婴于凶水之上,缴大风于青邱之泽,上射十日而下杀猰貐,断⑬修蛇于洞庭,禽封豨于桑林。万民皆喜,置尧以⑭为天子。

注释

①选自《淮南子·本经训》。传说尧时,天上有十个太阳同时出现在天空,把土地烤焦了,人们热得喘不过气来,倒在地上昏迷不醒。人间的灾难惊动了天上的神,天帝命令善于射箭的后羿下到人间,协助尧解除人民的苦难。后羿用天帝赐给他的弓箭,射杀了九个太阳,仅留下今天我们所看到的这唯一的一个。有的传说里说,后羿被奸人所害,死后魂魄不散,变成了打鬼的钟馗神。这种说法,实际上反映了我国古代人民对这位不幸死去的英雄的无限怀念。

②逮:到。

③并:一起。

④焦:晒焦。

⑤猰貐(yà yǔ):一种跑得快,叫声如婴儿的吃人怪兽。

⑥凿齿:野兽,有露出口外状如凿子长三尺的牙齿。

⑦九婴:有九个头的怪兽。

⑧大风:一种大猛禽,飞时伴有能毁坏建筑的狂风。

⑨封豨(xī)：大野猪。
⑩修蛇：长大的长蟒蛇。
⑪使：派。
⑫诛：杀。
⑬断：斩断。
⑭以：把。

文本解读

《女娲补天》这则神话故事记叙了女娲补天的原因、经过和结果，反映了我国古代劳动人民与大自然抗争的不屈不挠的精神。女娲挺身而出，救民于水火之中的高尚品质和精神，源自于人类渴望征服自然，创造美好生活的愿望。

《后羿射日》这则神话故事讲述的是，因天空中出现了多个太阳，使得江河、湖泊干涸，草木、庄稼焦枯，毒蛇、猛兽出没，给人类带来了严重的灾难。英勇的神箭手后羿射下多余的太阳，降服祸害人间的飞禽走兽，天下归于太平，民众生活安康。其反映了远古人类渴望认识自然以及征服和改造自然的信心和决心。

阅读链接

杨帆、邱效瑾注译：《山海经》，安徽人民出版社1999年版。

《诗经》三首

《诗经》共收集自西周初年至春秋中叶500多年间的诗歌305篇。《诗经》按乐曲的不同分为《风》、《雅》、《颂》三部分。《风》属于地方曲调，包括十五国风；《雅》属于朝廷的"正声雅乐"；《颂》属于宗庙祭祀的乐歌。《国风》和《雅》中的民歌是《诗经》中的精华，也是我国古代文学宝库中光芒四射的珍品。

《诗经》是我国现实主义文学的光辉起点，它的出现以及它的思想性和艺术成就，是我国文学早熟的标志，在我国乃至世界文化史上都占有极高的地位。

《诗经》从各个方面反映了周代的社会现实，它讽刺统治者的荒淫无耻，控诉统治阶级对劳动人民的剥削和压迫，描绘了劳动人民追求自由、幸福生活的愿望。在艺术上，《诗经》也达到了相当高的水平。其主要特点：一、抒情和写实的相互统一；二、赋、比、兴为主要表现手法；三、形式上以四言为主，章法复沓；四、语言准确、丰富、生动、通俗、韵律和谐。

木 瓜①

　　投我以木瓜②,报之以琼琚③。
　　匪报也,永以为好也。

　　投我以木桃④,报之以琼瑶⑤。
　　匪报也,永以为好也。

　　投我以木李⑥,报之以琼玖⑦。
　　匪报也,永以为好也。

注释

①选自《诗经·卫风》。
②投:赠。木瓜:果木名,落叶灌木,果实椭圆,柠檬黄色,有浓香。
③琼琚(qióng jū):美玉,也指美玉制成的玉佩。琼:赤玉,也泛指美玉。琚:一种玉佩。
④木桃:果木名,又叫白海棠,落叶灌木,果实圆形,黄绿色,有芳香。一说"木桃"即"桃","木"字是因上文"木瓜"而添加的。
⑤琼瑶(yáo):美玉。《说文解字》:"瑶,玉之美者。"
⑥木李:果木名,又称木梨,落叶灌木或小乔木,果实圆梨形,味甜酸,有香味。
⑦琼玖(jiǔ):泛指宝石。玖,黑色次等的玉。《说文解字》:"石之次玉,黑色。"

文本解读

　　这是一首古代青年男女相互馈赠、倾吐爱情的恋歌。
　　诗分三章,每章四句,前两句着重实写,写青年男女相互馈赠的热烈场面:年轻的姑娘将特意采摘来的芳馨的木瓜,热情地奉献给自己的意中人,以示她纯洁的爱情和对恋人的无比信赖。小伙子接受了她象征爱情的赠物后,也毫不犹豫地从身上解下珍贵而心爱的佩玉,以作热情的回报。后两句转向虚写,男主人公在感激之余,向对方倾吐心灵深处的爱慕之情和永结同心的坚定誓言,从而将相互馈赠的热烈气氛推向高潮。
　　诗三章换字重叠,反复吟诵,给人留下深刻印象。到现在,"投桃报李"的含义已远远超出了情爱的范畴。诗中采用清香馥郁的木瓜和晶莹透彻的佩玉作为信物,这就为他们的爱情增添了无限温馨和纯洁的意味,具有动人的神采,反映了我国古代青年男女对自由爱情生活的憧憬和忠贞久长的美好愿望。

黍 离①

　　彼黍离离②,彼稷③之苗。
　　行迈靡靡④,中心摇摇⑤。
　　知我者,谓我心忧,

不知我者，谓我何求。
悠悠⑥苍天，此何人哉？

彼黍离离，彼稷之穗⑦。
行迈靡靡，中心如醉。
知我者，谓我心忧，
不知我者，谓我何求。
悠悠苍天，此何人哉？

彼黍离离，彼稷之实⑧。
行迈靡靡，中心如噎⑨。
知我者，谓我心忧，
不知我者，谓我何求。
悠悠苍天，此何人哉？

注释

①选自《诗经·王风》。王：地区名，指周平王东迁洛邑（在今河南省洛阳市西）以后，王城附近地带。《王风》共十篇，《黍离》是第一篇。
②黍：农作物名，果实称黄大米，有黏性。离离：谷物穗粒丰满而下垂的样子。
③稷：农作物名，又称粟子，果实称小米。一说指高粱。
④行迈(mài)：行走。靡靡：缓慢的样子。
⑤摇摇：精神恍惚不宁而难于自持之态。
⑥悠悠：遥远的样子。
⑦穗：禾穗，谷类结实的顶端部分。
⑧实：指稷所结谷粒。
⑨噎(yē)：气逆不能呼吸之状，形容忧伤到极点。

文本解读

《黍离》描写了西周故都的荒凉景象，抒发了诗人强烈的故国之思。西周末年，周幽王残暴无道，人心丧尽，被犬戎攻破镐京，幽王被杀，西周遂亡。周室东迁之后，周大夫经过故国宗庙宫室，往昔巍峨的宫殿、繁华的街市都已荡然无存，满眼都是茫茫的田野、茂盛的黍稷，不禁心中忧伤，徘徊不能去，便吟唱此诗，抒发故国黍离之悲。"黍离之悲"成为后代诗文表达亡国哀思的一句成语。

全诗三章，每章八句，内容基本相同，是非常典型的重章叠句形式。方玉润说："三章只换六字，而一往情深，低回无限。"（《诗经原始》）各章头两句用"彼黍离离"的景物描写起兴，用黍稷的蓬勃茂盛反衬西周宫室已成废墟。三、四两句写诗人面对满目凄凉景象，不禁悲从中来，步履沉重，心神不安。接着用"知我者"和"不知我者"进行对比，直抒心中忧伤。结句就西周的灭亡发出悲叹，呼喊崇高悠远的苍天，把悲伤之情推到了极点。

此诗在艺术上是以描摹人物的神情和心理见长。诗中反复描写"行迈靡靡"的迟缓彷徨的步态、显露人物萎靡抑郁的精神状态。词语的变换，层层加深地传达出诗人由忧思感伤到五脏俱裂的心理状态。

常 棣[1]

常棣之华,鄂不韡韡[2]。
凡今之人,莫如兄弟。
死丧之威[3],兄弟孔怀[4]。
原隰裒矣,兄弟求矣[5]。
脊令[6]在原,兄弟急难。
每[7]有良朋,况也永叹[8]。
兄弟阋于墙[9],外御其务[10]。
每有良朋,烝[11]也无戎。
丧乱既平,既安且宁。
虽有兄弟,不如友生[12]。
傧[13]尔笾豆,饮酒之[14]饫。
兄弟既具[15],和乐且孺[16]。
妻子好合,如鼓瑟琴。
兄弟既翕[17],和乐且湛[18]。
宜[19]尔室家,乐尔妻帑[20]。
是究是图[21],亶其然乎!

注释

[1]选自《诗经·小雅》,也写作"棠棣"、"唐棣"。常,通"棠"。

[2]鄂不(èfū):鄂:盛貌,不:语词,无义。韡韡(wěi):鲜艳明亮的样子。

[3]威:通"畏",可怕。

[4]"兄弟"句:意思是,死丧是可怕的事,但死者的兄弟们却非常思念死者,想再见到他。孔怀:十分思念。孔:非常。

[5]"原隰(xí)"二句:意思是,如果不幸抛尸原野,只有兄弟才会找寻,以便将其安葬于祖坟之中。

原隰:原野。裒(póu):正体作"抙",古"抛"字。

[6]脊令:通常写作鹡鸰,水鸟名。朱熹《诗集传》:"脊令飞则鸣,行则摇,有急难之意,故已起兴。"

[7]每:虽。

[8]况:增益。永叹:长叹。

[9]阋(xì):争吵、争斗。墙:此处指墙内。

[10]务:通"侮",欺凌、欺辱。

[11]烝(zhēng):久,时间长了。戎:相助。

[12]友生:朋友。

[13]傧(bìn):陈列、摆设。笾(biān)豆:笾:古代祭祀和宴会时盛食物的一种竹器。豆:

古代一种盛食物的器皿,形似高盘,或有盖。有陶制、木制、铜制的区别。

⑭之:犹是。饫(yù):一种比较不拘礼节的宴饮。

⑮既具:全都在一起。具:通"俱"。

⑯孺:相亲。

⑰翕(xì):和睦。

⑱湛(dān):尽欢的意思。

⑲宜:和顺。

⑳帑(nú):通"孥",儿子、儿女。

㉑是究是图:究是图是。究:深思。图:考虑。是:指代上述种种情况。亶(dǎn):的确,确实。然:这样。

文本解读

这首诗以推崇和规劝兄弟友爱为主题。《毛诗序》说:"《常棣》,燕兄弟也。闵管、蔡之失道,故作《常棣》也。"据《左传·僖公二十四年》载:"召穆公思周德之不类,故纠合宗族于成周,而作诗曰:'常棣之华,鄂不韡韡。凡今之人,莫如兄弟。'"以此可知诗是召穆公总结周初管叔、蔡叔叛乱的深刻教训,警戒族人而作的。诗中包孕的"团结御侮"的思想,曾激励不少仁人志士,在国难当头、民族危机的时刻,捐弃前嫌,求同异存,加强家庭内部以至民族、国家内部的团结,为共同抗暴,抵御外来侵略。

此诗好像是一篇用诗写就的论文。首章以"常棣之华,鄂不韡韡"起兴,接着直接提出中心论点:"凡今之人,莫如兄弟。"二、三、四章,从正面论证兄弟关系的重要。在死亡、急难和外侮面前,只有兄弟才能真心相助,不畏艰险、奋不顾身,而朋友只有同情嗟叹而已。第五章从反面立论。祸乱止息后,在安宁的生活环境中,竟出现"至亲反为路人"的悖理现象。因此更要强调加强兄弟间的友爱。诗的后三章,诗人号召兄弟们要和睦团结地生活在一起,这样能增强家族的力量,使家庭多一份安宁和快乐。

此诗抒情与说理相间。诗中不仅说了兄弟需要加强友爱之理,且处处以兄弟之间血浓于水的真情去撞击人的心灵,以引起读者的共鸣。诗歌还多处运用了比兴手法和对比手法,加强了诗歌的形象性,深化了诗歌的主题。

思考练习

1.选木瓜和佩玉作为青年男女相赠的信物有何好处?
2.对《木瓜》的主旨解读可以有多种,试结合诗歌内容谈谈你的认识。
3.结合"文本解读"内容,归纳出《黍离》和《常棣》的主旨。
4.联系实际,谈谈家庭乃至民族、国家之间和睦共处的意义和作用。

阅读链接

金启华译注:《诗经全译》,江苏古籍出版社1984版。

先秦诸子语录十则

春秋战国时期,列国纷争,游说之士蜂起。他们纷纷著书来表达自己的主张,"诸子"就是先秦至汉各种政治学派的总称。主要人物有孔子、孟子、老子、庄子、墨子、荀子、孙子、商鞅、苏秦、吕不韦等等。"语录"现指能引起共鸣的、发人深省、有一定传播力的名人之言。诸子语录简明深刻、语约意丰,往往在一两句话里包含丰富的人生哲理和人生经验。其流传后世,则成为人们常用的成语、警句、格言。诸子中儒家创始人孔子脱颖而出,儒家学说成为传统文化的主流和核心,对中华民族精神的形成产生了无与伦比的影响。随着历史的发展,儒家思想逐渐渗入西方国家,对世界文化也产生着很大影响。

1.子①曰:"学②而时习③之,不亦说④乎?有朋⑤自远方来,不亦乐⑥乎?人不知⑦而不愠⑧,不亦君子⑨乎?"《论语·学而》

2.子曰:"君子食无求饱,居无求安,敏于事而慎于言,就⑩有道⑪而正⑫焉,可谓好学而已。"《论语·学而》

3.子曰:"三⑬人行,必有我师⑭焉:择⑮其善⑯者而从⑰之,其不善者而改之。"《论语·述而》

4.子曰:"其⑱身正⑲,不令⑳而行㉑;其身不正,虽㉒令不从㉓。"《论语·子路》

5.孟子曰:"富贵不能淫㉔,贫贱不能移㉕,威武不能屈㉖,此之谓大丈夫。"《孟子·滕文公章句下》

6.孟子曰:"民为贵㉗,社稷㉘次之,君为轻。是故得乎丘民㉙而为天子,得乎天子为诸侯,得乎诸侯为大夫。诸侯危社稷,则变置㉚。"《孟子·尽心章句下》

7.老子:合抱之木,生于毫末㉛;九层之台,起于累土㉜;千里之行,始于足下。《老子·六十四章》

8.老子:知㉝人者智㉞,自知者明㉟。胜㊱人者有力,自信者强㊲。《老子·三十三章》

9.庄子:荃㊳者所以在鱼,得鱼而忘荃;蹄㊴者所以在兔,得兔而忘蹄;言者所以在意㊵,得意而忘言。吾安㊶得夫忘言之人而与之言㊷哉!《庄子·外物》

10.孙子:知己知彼㊸,百战不殆㊹;不知彼而知己,一胜一负;不知彼不知己,每战必殆。《孙子·谋攻》

注释:

①子:中国古代对于有地位有学问的男子的尊称,有时也泛指男子。《论语》中的"子曰"的"子"都是指孔子而言。

②学:孔子在这里所讲的"学"主要是指学习西周的礼、乐、诗、书等传统文化典籍。

③时习:在周秦时代"时"字用作副词,意为"在一定的时候"。但朱熹在《论语集注》

中把"时"解释为"时常"。"习"指演习"礼、乐";复习"诗、书"。也含有温习、实习、练习之意思。

④说:音(yuè),同"悦",愉快、高兴的意思。

⑤有朋:本作"友朋",旧注说"同门曰朋",即同在一个老师门下学习的叫"朋",也就是志同道合的人。

⑥乐:与"说"有所区别,旧注说,悦在心,乐则见于外。

⑦人不知:此句不完整,没有说出人不知道什么。缺宾语,一般而言,"知"是了解的意思。"人不知"是说别人不了解自己。

⑧愠:音(yùn),恼怒、怨恨。

⑨君子:《论语》中的"君子",有时指"有德行",有时指"有位者"。此处指孔子理想中具有高尚人格的人。

⑩就:靠近,看齐。

⑪有道:指有道德的人。

⑫正:匡正、端正。

⑬三:泛指几个人,不是实指三。

⑭师:名词用作动词,做老师。

⑮择:选择,挑选。

⑯善:好的道德品质。

⑰从:学习,跟从。

⑱其:指管理者。

⑲正:行为端正、表率,正当。

⑳令:名词用作动词,下达命令。

㉑行:执行,听从。

㉒虽:即使,纵然,虽然。

㉓从:听从。

㉔淫:放纵,淫乱,淫欲。

㉕移:改变,变动。

㉖屈:屈服,屈节,屈就。

㉗贵:贵重,重要。

㉘社稷:国家。

㉙丘民:百姓,人民。

㉚置:改换,改变。

㉛毫末:细小的幼苗。

㉜累土:堆土。

㉝知:认识,了解。

㉞智:聪慧。

㉟明:聪明。

㊱胜:战胜。

㊲强:刚强,果决。

㊳荃:香草,可以饵鱼,于水中,鱼依而食;又释为"鱼筍(gǒu)",竹制的捕鱼器具,鱼进去出不来。

㊴蹄:兔罝(jū),提兔子的网,系其脚,故曰蹄。

㊵意:思想,意思。

㊶安:怎么。

㊷言:第一个"言"是名词,语言、言语;第二个"言"是用作动词,谈话、谈。

㊸彼:远指代词,那。这里指敌人。

㊹殆:危险。下句的"殆"引申为失败。

文本解读

在第一则中,孔子指出:人应以学习为乐事,要做到人不知而不愠。反映出孔子学而不厌,诲人不倦,注重修养,严格要求自己的主张。这些思想和主张在《论语》中多次提及。

第二则孔子重点提到对于君子道德的要求。他认为:一个有道德的人,不应当过多讲究自己的饮食和居住。他在工作方面应当勤劳敏捷,谨慎小心,而且能经常检讨自己,请有道德的人对自己的言行加以匡正。作为君子应当克制追求物质享受的欲望,把注意力放在塑造道德品质方面,这是值得后人借鉴的。

在第三则中孔子进一步阐释了学习的途径和方法。善学者学无常师,然时时处处有师。善者正面为师,不善者反面为师,洽闻强记,博物不穷,择不善而去,择其善而从。在当今这样一个信息爆炸的时代,我们更应该秉承"无贵无贱,无长无少,道之所存,师之所存"的理念,"无一事不学,无一时不学,无一处不学";尊重自己的老师,珍惜能够为我们所借鉴的人和事,做一个有大智慧的人。

第四则里孔子着重指出官吏的品质行为是至关重要的,官员要起表率作用。如官吏操行端正,百姓才会听从你的指令,并去执行。反之,即使下达再多的指令,百姓也不会听从。孔子论述了执政者要有好的道德品行,这样才可以统治天下。

第五则中孟子对所谓的"大丈夫"提出了三个必备的条件。阐述了"大丈夫"者应坚定信念,不管在"富贵"时、"贫贱"时和"威武"时都要保持自己的节操、气节,尊严。做个有道德,有尊严和坚强不屈的人。

第六则中孟子着重强调百姓的重要性,体现了他的民本思想。百姓组成一个国家的基础,无百姓实际上就无君主,他奉劝君主、诸侯等都应时时为民着想,把人民利益放在首位,这样,才可使统治牢固,使国家平安。如果不这样做,就要立即改变,不然国家难保,江山移位。

第七则是《老子》第六十四章的第二部分,内容与荀子《劝学篇》中所写的"积土成山"、"积水成渊"、"不积跬步,无以至千里;不积小流,无以成江海"意思相近,可见他们在思想观点上有某些相同或承接关系。或者说,荀子吸取了老子的这一观点。但接下来的结论,荀子与老子不同,荀子提出积极进取的主张。而老子却主张"无为"、"无执",实际上是让人们依照自然规律办事,树立必胜的信心和坚强的毅力,不能稍有松懈。否则,将会造成前功尽弃,功亏一篑的结局。

第八则主要讲个人修养和自我设计问题。在老子看来,"知人"、"胜人"十分重要,但

"自知"、"自胜"更加重要。老子认为一个人倘若能审视自己,坚定自己的生活信念,并切实执行,就能够保持旺盛的生命力和饱满的精神风貌。中国有一句话,叫"人贵有自知之明",这句话最早表述者就是老子。"自知者明"就是说能清醒的认识自己,对待自己,这才是最聪明的,最难能可贵的。

第九则庄子首先列举两个实例说明做任何事都不要忘了根本。就像捕鱼不要忘掉鱼筌,捕兔不要忘掉兔网一样。进而他论述了言语的作用是传播思想,传播情感的,不能稍有领会就忘掉了传播的工具－言语,否则,就不值得一谈了。

第十则孙子列举知胜的条件,说明知彼知己的重要性,从而到处"知己知彼,百战不殆"这一著名的军事规律。"知己知彼"是谋攻的基础,"百战不殆"是谋攻的目的。他论述的战略原则和战术方法完全建立在了解自己,了解敌人的基础上,充分反映了孙子不俗的唯物辩证的军事思想,对后世影响极大。孙子所谈的虽是军事问题,但也能启示人们在工作中要使主客观相符,防止盲目性和片面性,方能取得成功。

思考练习

1. 传统文化中常将"孔孟"并提,谈谈你的见解。
2. 孟子中民本思想和现代的以人为本有何区别。
3. 分析《论语》的语言特色。
4. 结合孔子对学习方法和学习态度的见解,谈谈自己从中获得的启发。

阅读链接

1. 杨伯峻:《论语译注》,中华书局 1980 年版。
2. 杨伯峻:《孟子译注》,中华书局 1960 年版。
3. 陈鼓应:《老子注释及评价》,中华书局 1984 年版。
4. 陈鼓应:《庄子今注今译》,中华书局 1983 年版。
5. 梁启雄:《荀子简释》,中华书局 1956 年版。

邵公谏弭谤①

《国语》

《国语》是我国第一部国别史。起于周穆王,止于鲁悼王(约前 1000－前 440),共五百多年间的历史,时间跨度大,以记言为主,故称《国语》。《国语》作者已不能确考,司马迁和班固认为是左丘明,隋唐以后,许多人提出异议。从文风上看,各篇文字风格也不尽相同,像是一部史料汇编,可能是后世史家依据当时各国史官原始资料编撰而成的。

《国语》着重记叙了一些公卿士大夫的言论,从不同侧面反映了列国间的政治、军事、外交、文化等方面的情况,也反映了人民的苦难与反抗斗争。《国语》的文学价值不及《左传》,但有些篇章高度概括,言辞精练生动,说理透辟严密,有的篇章故事生动风趣,人物形象的刻画也比较细致鲜明,对后世散文产生了较大的影响。

厉王虐②,国人谤王。邵公告曰:"民不堪命③矣。"王怒,得卫巫④,使监谤者。以告⑤,则杀之。国人莫敢言,道路以目⑥。

王喜,告邵公曰:"吾能弭谤矣,乃不敢言⑦!"邵公曰:"是障之也⑧。防民之口,甚于防川。川壅而溃,伤人必多⑨;民亦如之。是故为川者决之使导,为民者宣之使言⑩。故天子听政,使公卿至于列士献诗,瞽献曲⑪,史献书⑫,师箴⑬,瞍赋⑭,矇诵⑮,百工谏⑯,庶人传语⑰,近臣尽规⑱,亲戚补察⑲,瞽、史教诲⑳,耆、艾修之㉑,而后王斟酌焉㉒。是以事行而不悖㉓。民之有口,犹土之有山川也,财用于是乎出;犹其原隰之有衍沃也,衣食于是乎生㉔。口之宣言也,善败于是乎兴㉕。行善而备败,其所以阜财用衣食者也㉖。夫民虑之于心而宣之于口,成而行之,胡可壅也㉗?若壅其口,其与能几何㉘?"

王不听。于是国人莫敢出言,三年乃流王于彘㉙。

注释

①本文选自《国语·周语上》,题目是另加的。邵(shào)公:即邵穆公,名虎,西周卿士。弭(mǐ):阻止,消除。谤:公开指责别人的过失。

②虐:暴虐。厉王:名胡,夷王之子,公元前878年即位,在位三十七年。

③民不堪命:人民忍受不了厉王的虐政。命:指周厉王暴虐的政命。

④卫巫:卫国的巫者。巫:以装神弄鬼替人祈祷为职业的人。

⑤以告:把评批厉王的人告诉(厉王)。

⑥道路以目:在道路上相遇,只能用眼睛互致招呼。

⑦"吾能"句:我能够有办法消除谤言,(国人)终于不敢乱说了。弭谤:消除谤言。乃,副词,这里有终于的意思。

⑧是障句:这样做是用暴力来堵住人民的口。障:防水堤,这里作动词用。

⑨"川壅而溃"两句:用堤来防川,则水道壅塞,一旦水道壅塞而决堤泛滥,结果伤人必多。壅(yōng):堵塞。溃:崩溃而泛滥。

⑩是故二句:因此治理江河的人要挖掘河道使河水畅通;管理人民的人要开导人民,让他们畅所欲言。是故:这个缘故。为:治理,管理。决:挖掘。导:疏通。宣:作"通"解,有开导之意。

⑪瞽献曲:盲乐官进献乐曲。瞽(gǔ),盲人,指乐官,古代乐官以盲人充任,所献的乐曲多采自民间,能反映人民的意见。

⑫史献书:史官进献史籍(作为治国参考)。

⑬师箴:少师进献箴言,用来规谏王的过失。师:乐师。箴(zhēn):一种富有劝诫意义的韵文,与后世的格言相近。

⑭瞍赋:盲人朗诵讽谏之诗(给国君听)。瞍(sǒu):无眸子的盲人。赋:有一定节奏的朗诵,指朗诵公卿列士所献的诗。

⑮矇诵:睁眼瞎者诵读讽谏的文辞。矇:有眸子、而无所见的盲人。诵:不配乐曲诵读。

⑯百工谏:百官都可讽谏国君。百工,百官。

⑰庶人传语:百姓对政事的意见间接地传达给君王知道。庶人:平民,他们是没有机

⑱近臣：国君身边的大臣。尽规：尽规劝之责。

⑲亲戚：与君王同宗族的大臣。补：弥补君王的过失。察：监督君王的行为。

⑳瞽、史教诲：乐官用乐曲，史官用史籍教诲君王。

㉑耆、艾修之：年高有德的元老劝诫君王。耆(qí)艾：六十岁叫耆，五十岁叫艾。耆、艾，指国内的元老。修：整治。

㉒"而后"句：而后由君王考虑取舍，付诸实行。

㉓"是以"句：因此君王的行动就不违背情理。悖(bèi)：违背。

㉔"财用"句：人类的财富、器物都是由山川、人生产出来的。于：从。是：这，代山川。

㉕"犹其"两句：就像土地上有原、隰、衍、沃，人类衣食的资源从此而生。原：宽阔而平坦的地方。隰(xí)：低下潮湿的地方。衍：低而平坦的地方。沃：有河流可资灌溉的地方。

㉖"口之"两句：人民能自由发表言论，国家政事的好或坏就可以从中体现出来。善败：好坏。兴：好坏的体现。

㉗"行善"两句：推行好的而防范坏的，这样才能增加财物、器用和衣食。备：防范。所以：用来。阜：丰富，增多。

㉘"夫民"三句：人民在心中考虑国家的事情，成熟后，自然要说出来，怎么能加以堵塞呢？成：成熟。行：有自然流露之意。胡：何。

㉙其与能几何：这有什么帮助呢？

㉚"三年"句：过了三年，就把周厉王流放到彘地。彘(zhì)：晋地，在今山西省霍县境内。公元前842年，周厉王被流放，因此邵公谏弭谤的事当在前845年。

文本解读

周厉王是西周末期的暴君，他贪得无厌，重用谀臣荣阳公，把一向由平民公共利用的山川河泽占为己有，使贫民生计陷入绝境，国人痛苦万分，纷纷谴责厉王的暴行，厉王派出卫国的神巫监视国人，杀戮谤者。有政治头脑的邵公竭力劝阻厉王的行为，但厉王不听，终于激发了国人暴动，流放厉王于彘。本文通过邵公的劝谏说辞，指出了统治者要以人民利益为重，广开言路，倾听群众意见。这种具有民主因素的思想是很宝贵的。

本文结构严谨，文字简明，全文寥寥数百字，就完整地记述了国人暴动厉王被逐的始末。第一段，点明事情的起因在于厉王弭谤。第二段由此引出邵公的劝谏之辞。第三段交代弭谤的结果，又验证照应第二段谏辞。各段互为因果，内在的逻辑联系极为紧密。

全文记事和记言交叉进行而又融为一体，言为事而发，事又为言验证。文章用比喻的方法阐述道理，很富有文采和说服力。如"防民之口，甚于防川；川壅而溃，伤人必多"，就形象地说明严禁人民说话，后果必然是危身误国。文章还用了反衬的手法，邵公的深谋远算，反衬厉王的昏庸暴虐。

思考练习

1.在邵公看来，怎样才能达到弭谤的效果？邵公的主张有何思想意义？

2.《国语》记事高度概括，本文是怎样体现这个特点的？

阅读链接

尚学锋、夏德靠:《国语》,中华书局2007年版。

冯谖客孟尝君

《战国策》

《战国策》原来书名不统一,有《国策》、《国事》、《短长》、《事语》、《修书》、《长书》等名。经西汉刘向整理考订后,才定名为《战国策》。它体例与《国语》相同,按国别体记述,以记言为主。记事年代起于战国初年(前452年),止于秦灭亡六国(前216年),约二百四十年。

《战国策》主要记载了战国时代奔走于各诸侯间进行游说的谋臣策士的纵横捭阖之术,表现了战国时代纵横家的思想和活动,反映出各国间复杂激烈的政治斗争和动乱的社会现实。同时,也歌颂了某些有政治远见,坚持正义,不畏强暴人物的生动事迹。《战国策》就史学价值而言,不如《左传》、《国语》信实可靠;单从文学角度看,有其独特之处。首先,在人物性格塑造上,《战国策》比《左传》更进一步,情节更曲折,故事更完整,形象更丰满。其次,论事立说,无不纵横反复,曲尽其意。再者,摹状物态,铺张扬厉。《战国策》还常用比喻、寓言来增加语言的浓厚趣味和讽刺的深刻性。例如,比喻:"抱薪救火"、"唇亡齿寒";寓言:"狐假虎威"、"画蛇添足"。

齐人有冯谖者,贫乏不能自存②。使人属③孟尝君,愿寄食门下④。孟尝君曰:"客何好?"曰:"客无好也。"曰:"客何能?"曰:"客无能也。"孟尝君笑而受之,曰:"诺"⑤。

左右以君贱之也⑥,食以草具⑦。居有顷⑧,倚柱弹其剑,歌曰:"长铗,归来乎!食无鱼⑨。"左右以告,孟尝君曰:"食⑩之,比门下之客⑪。"居有顷,复弹其铗,歌曰:"长铗,归来乎!出无车。"左右皆笑之,以告⑫。孟尝君曰:"为之驾⑬,比门下之车客⑭。"于是乘其车,揭其剑⑮,过⑯其友,曰:"孟尝君客我⑰!"后有顷,复弹其剑铗,歌曰:"长铗,归来乎!无以为家⑱。"左右皆恶之⑲,以为贪而不知足。孟尝君问:"冯公有亲乎?"对曰:"有老母。"孟尝君使人给其食用,无使乏。于是冯谖不复歌。

后孟尝君出记⑳,问门下诸客:"谁习计会㉑,能为文收责于薛者乎㉒?"冯谖署㉓曰:"能。"

孟尝君怪之,曰:"此谁也?"左右曰:"乃歌夫'长铗归来'者也㉔!"孟尝君笑曰:"客果有能也,吾负之㉕,未尝见也。"请而见之。谢曰:"文倦于事㉖,愦于忧㉗,而性懧㉘愚,沉于国家之事,开罪于先生㉙。先生不羞㉚,乃有意欲为收责于薛乎?"冯谖曰:"愿之。"于是约车治装㉛,载券契而行,辞曰:"责毕收,以何市而反㉜?"孟尝君曰:"视吾家所寡有者。"

驱而之㉝薛,使吏召诸民当偿者,悉来合券㉞。券徧合,起,矫命,以责赐诸民㉟,因烧其券㊱。民称万岁。

长驱到齐㊲,晨而求见。孟尝君怪其疾也,衣冠而见之㊳,曰:"责毕收乎?来何疾也!"曰:"收毕矣!""以何市而反?"冯谖曰:"君云:'视吾家所寡有者。'臣窃计⑩:君宫中积珍宝,狗马实外厩⑪,美人充下陈⑫;君家所寡有者,以义耳⑬。窃以为君市义⑭。"孟尝君曰:"市义奈何?"曰:"今君有区区之薛,不拊爱子其民⑮,因而贾利之。臣窃矫君命,以责赐诸民,因烧其券,民称万岁。乃臣所以为君市义也⑰。"孟尝君不说⑱,曰:"诺。先生休矣⑲!"

后朞年⑳,齐王谓孟尝君曰:"寡人不敢以先王之臣为臣㉑!"孟尝君就国于薛㉒。未至百里㉓,民扶老携幼,迎君道中。孟尝君顾谓冯谖:"先生所为文市义者,乃今日见之。"

冯谖曰:"狡兔有三窟㊵,仅得免其死耳。今君有一窟,未得高枕而卧也㊶!请为君复凿二窟。"孟尝君予车五十乘,金五百斤,西游于梁㊷。谓惠王曰:"齐放其大臣孟尝君于诸侯㊸。诸侯先迎之者,富而兵强。"于是梁王虚上位,以故相为上将军,遣使者黄金千斤,车百乘,往聘孟尝君。冯谖先驱㊹,诫㊺孟尝君曰:"千金,重币也;百乘,显使也。齐其闻之矣㊻!"梁使三反㊼,孟尝君固辞不往也㊽。

齐王闻之,君臣恐惧,遣太傅赍黄金千斤,文车二驷㊾,服剑㊿一,封书谢孟尝君曰:"寡人不祥,被于宗庙之祟,沉于谄谀之臣,开罪于君,寡人不足为也。愿君顾先王之宗庙,姑反国统万人乎?"冯谖诫孟尝君曰:"愿请先王之祭器,立宗庙于薛。"庙成,还报孟尝君曰:"三窟已就,君姑高枕为乐矣!"

孟尝君为相数十年,无纤介之祸者,冯谖之计也。

注释

①孟尝君,姓田,名文,齐国的贵族,孟尝君是他的封号。客:作客。

②存:存在,这里指生活。

③属:通"嘱",嘱托。

④"愿寄"句:愿意在孟尝君门下当食客。寄食:依附别人生活。

⑤诺:应答的声音。

⑥"左右"句:左右办事的人因为孟尝君鄙贱冯谖。以:因为。贱:鄙贱。之:代指冯谖。

⑦食以草具:给他吃粗劣的饭菜。食(sì):以食物给人吃。草具:装盛粗糙饮食的食具。

⑧居:经过。有顷:不多时。

⑨"长铗"句:长铗啊!咱们回去吧,吃饭没有鱼。铗(jiá):剑把。这里指剑。

⑩食:吃。

⑪比门下之客:比照一般的门客。

⑫以告:这是省略两个宾语的句法。意谓把(冯谖唱的歌)告诉(孟尝君)。

⑬为之驾:给他准备车马。

⑭车客:可以坐车的客。

⑮揭其剑:举着他的剑。揭:高举。

⑯过:拜访。

⑰客我:把我当客。

⑱无以为家:没有用来养家的东西。

⑲恶(wù):厌恶。

⑳出记:出了一个文告。记:文告。

㉑习:熟悉。计会:会计。
㉒"能为"句:能替我到薛地收债吗?文:孟尝君自称。责:通"债"。薛:孟尝君的封地。
㉓署:签名。
㉔"乃歌"句:就是唱那"长铗归来"的人。夫:代词,那。
㉕吾负之:我对不起他。意思是平时忽视了冯谖的才能。负:亏待。
㉖谢:道歉。
㉗文倦于事:我被事务所困倦。于:被。
㉘愦于忧:被忧患缠得发昏。愦(kuì):昏乱。
㉙忄耎:通"懦",懦弱。
㉚"沉于"句:我沉溺在国家事务中,对先生有所得罪。沉:沉溺。开罪:获罪、得罪。
㉛不羞:不以此为羞辱,能忍耐的意思。
㉜约车治装:预备车子,收拾行李。约:约期,一说缠束。约车,意为套车。治:置办。
㉝"责毕"句:债收齐后,买些什么东西带回来?市:买。反:通"返"。
㉞之:往,到。
㉟"使吏"句:使小吏召集应该还债的老百姓全部都来核对债券。悉:全部。合券:古代债券写在竹片上,一分为二,债主与债户各执一半,核对时须两相符合。
㊱"券徧"二句:债券普遍核对过了,冯谖站起来,假托孟尝君的命令把债款赐给老百姓。徧:通"遍"。矫:假托。
㊲因:于是。
㊳长驱到齐:一直不停地赶着车到齐国。
㊴衣冠而见之:穿戴得整整齐齐地接见了他。衣冠:都是名词用作动词。
㊵窃:私下,谦词。计:考虑。
㊶实:充满。厩(jiù):马棚。
㊷美人充下陈:美人站满了堂前。充:满。陈:后列、堂下。
㊸以义耳:只是义罢了。以:这里意为"只是"。
㊹窃以为君市义:我认为私下用债券替你买了义。以:用。
㊺不拊爱子其民:不把人民看做是自己的子女来抚爱。拊:通"抚"。
㊻因而贾利之:还要用商贾手段向人民牟取利息。贾(gǔ):藏货待买。
㊼"乃臣"句:这就是我用来替你买义的方式。所以:用来……(的方式)。
㊽说:通"悦"。
㊾休矣:得了吧,算了吧。
㊿期:通"期",满一年。
㈤"寡人"句:我不敢把先王的臣作为我的臣。先王:指齐宣王。
㈥就国:回到自己的封地去。
㈦未至百里:距离薛地还有一百里。
㈧狡:狡猾。窟:洞窟。
㈨高枕:垫高枕头。
㈩金:古指铜。斤:计铜的单位,一斤有一两多。

㊼梁：魏国都。

㊽"齐放"句：齐国放逐他的大臣孟尝君到各诸侯国去。放：放逐，罢免不任用。

㊾虚上位：把上位（指相位）空出来。

㉖故相：原来的国相。

㉗先驱：先赶车回去。

㉘诫：告诫，提醒。

㉙千金：等于说金千斤。币：这里指聘币，是古代人聘请人时送的礼物。

㉚齐其闻之矣：齐国大概听说这件事了。其：这里表示测度的语气，有"大概"、"可能"的意思。

㉛三反：往返多次。

㉜固辞：坚决推辞。

㉝赍(jī)：携带。文车二驷：套四匹马，绘有花纹的车子两辆。驷（sì）：一车四马。

㉞服剑：王所自佩的剑。

㉟封书：封好了书仪。谢孟尝君：向孟尝君道歉。

㊱不祥：不善。

㊲被于宗庙之祟：遭受祖宗降下的祸祟。被：遭受。

㊳沉于谄谀（chǎn yú）之臣：被那些阿谀逢迎的臣子所迷惑。沉：本义是"沉溺"，在这里引申为"迷惑"。

㊴不足为：不值得帮助。为：帮助。

㊵姑：暂且。统：治理。万人：指全国人民。

㊶"愿请"两句：希望你向齐王请求先王使下来的祭器，在薛建立宗庙。孟尝君与齐王同族，在薛建立齐国先王的宗庙，目的在使齐王重视薛，这样孟尝君的地位更加巩固。

㊷就：完成。

㊸纤介：细微。介：通"芥"，小草。

文本解读

战国时代，各诸侯国为网罗人才，盛行养士之风。本文的孟尝君，就是当时以养士闻名的战国四公子之一，门下有食客三千，冯谖是其门客之一。本文通过冯谖为孟尝君营就"三窟"，使孟尝君相位稳固的事迹，塑造了一个具有民本思想、深谋远虑的策士形象。颂扬了那些出身低贱但又出类拔萃的"士"在战国政治生活中的重要作用，反映了当时诸侯国之间、诸侯国内部统治阶级之间以及统治阶级和人民之间各种复杂的社会矛盾，揭露了统治阶级"宫中积珍宝，狗马实外厩，美人充下陈"的奢侈生活以及用"贾利"盘剥人民的罪恶行径。

这篇文章的主要特色是用曲折变化的情节有层次地刻画人物，冯谖自称"无好"、"无能"，受到孟尝君的鄙视和左右的讪笑。这样的无能之客，却三次弹铗作歌，继而又出人意料地出头署记"能"，到薛地却焚券市义，使孟尝君大失所望，不以冯谖为"能"了。直到孟尝君去国就薛，亲眼看到"民扶老携幼，迎君道中"，才真正佩服冯谖的才能和远见卓识。至此，文章似乎可以收尾，可冯谖又提出"复凿二窟"，进一步驰骋才干，大显身手。孟尝君的地位坚定稳固，为相数十年无纤介之祸。情节是人物性格发展的历史，随着这一连串波浪起伏的情节合乎规律地层层展开,冯谖恃才傲物、智谋不凡的策士风度表现得淋漓尽致。其次,文章还用了对比衬托的手法来表现人物,与左右人对比,衬托了冯谖的机敏、有才干。"焚券市义"用孟尝君来陪衬冯谖,显示他胆识过人、能力超群,以求减轻百姓负担的义举。

思考练习

1. 简述冯谖的性格特征。
2. 本文在刻画人物形象方面,有哪些主要特色?
3. 本文主题有何进步意义?
4. 冯谖为门客时就三次弹铗争待遇,其做法的主观条件和客观条件是什么?你怎样认识他的做法?

阅读链接

张清常、王延栋:《战国策笺注》,南开大学出版社1993年版。

国 殇①

屈 原

屈原(约公元前339～278)。名平,字原,战国时楚国人。楚王同姓贵族,自幼勤奋好学,深得楚怀王信任,官至左徒、三闾大夫。后怀王听信谗言,流放屈原。顷襄王继位后,再遭谗毁,放逐江南多年,又见楚国政治腐败,无力挽救,满怀忧郁和悲愤,自沉汨罗江。屈原是我国第一位有巨大成就的诗人,"楚辞"的创立者和代表作家。1953年被推举为世界文化名人,受到世界和平理事会和全世界人民的隆重纪念。屈原留存下来的作品,多数研究者认为有《离骚》、《九歌》11篇、《九章》9篇、《天问》、《远游》、《卜居》、《渔父》、《招魂》,共25篇。这些诗篇,表现作者热爱祖国、追求理想和刚强不屈的斗争精神;同时,也把全部古文化史,非常巧妙地编织在里,并且与世界几种古文化,息息相通。其诗采用大量的神话传说,构思奇特,辞藻华美,想象丰富,富有浪漫主义精神。屈赋对后世的赋体、骈文、五七言诗的成熟与圆满,产生了极其深远的影响。

操吴戈兮被犀甲②,车错毂兮短兵接③。
旌蔽日兮敌若云④,矢交坠兮士争先⑤。
凌余阵兮躐余行⑥,左骖殪兮右刃伤⑦。
霾两轮兮絷四马⑧,援玉枹兮击鸣鼓⑨。
天时坠兮威灵怒⑩,严杀尽兮弃原野⑪。
出不入兮往不反⑫,平原忽兮路超远⑬。
带长剑兮挟秦弓⑭,首身离兮心不惩⑮。
诚既勇兮又以武⑯,终刚强兮不可凌⑰。

身既死兮神以灵⑱,子魂魄兮为鬼雄⑲!

注释

①本篇选自《楚辞·九歌》。原为战国时期楚地的民间祭歌,经过屈原加工。《九歌》是整套神曲,《九歌》歌主是隶属于同一集团之神。古代称未成年而死或在外地死去的人为殇,本诗用于祭奠为国捐躯的战士,因名"国殇"。
②吴戈:战国吴地所制的戈,以精良锋利著名。操:拿着。被:通"披"。犀甲:犀牛皮制成的铠甲。
③毂(gǔ):车轮中心的圆木,中有圆孔。错毂:指两国双方激烈交战,兵士来往交错。短兵:指刀剑一类的短兵器。
④旌:旗的通称。
⑤矢交坠:是说双方激战,流箭交错,纷纷坠落。矢:箭。
⑥凌:侵犯。躐(liè,音"列"):践踏。行(háng):行列,指军队。
⑦左骖(cān):古代战车用四匹马拉,中间的两匹马叫"服",左右两边的叫"骖"。殪(yì义):倒地而死。右刃伤:右边的骖马为兵刃所伤。
⑧霾两轮:意思是战车的两轮埋在泥土中,四匹马也被绊住了。霾(mái,埋):通"埋"。絷(zhí,直):绊住。
⑨援:拿着。玉枹(fú扶):用玉装饰的鼓槌。鸣鼓:声音响亮的战鼓。
⑩天时坠:天地昏暗,日月星辰似要坠落。威灵怒:神明震怒。
⑪严杀:酣战痛杀。弃原野:尸骨弃在原野上。
⑫出不入句:是说战士抱着义无反顾的必死决心。反:通"返"。
⑬忽:迅速貌。超:通"迢"。
⑭挟(音"鞋"):携,拿。秦弓:战国秦地所造的弓,以射程远著名。
⑮首身离句:谓战士虽已身首分离,壮心仍不改变。惩:恐惧,悔恨。
⑯诚:果然是。武:力量强大。
⑰凌:侵犯。
⑱神以灵:指精神永存。
⑲子:指战死者。鬼雄:鬼中雄杰。

文本解读

此诗是一首追悼为国牺牲的将士的挽歌。描写了楚军将士不畏强敌,英勇搏杀的场景,歌颂了英雄们意志刚强、武力强大,宁死不屈的精神。他们死而有知,英灵不泯,在鬼中也是出类拔萃的英雄!

全诗分三节。第一节描绘车战的激烈场面。突出了战斗的残酷、士兵无畏和豪壮的感情。第二节写楚方寡不敌众,全部战死的悲壮场面。这说明,楚方伤亡即使如此惨重,仍然一心进击。楚方将士英勇顽强、视死如归的形象栩栩如生,跃然纸上。第三节是对为国战死者的赞颂。赞美战士们刚强勇武,身虽死而志不可夺的精神。

此诗是爱国主义的壮烈诗篇,内容悲壮,现实感强,风格雄浑、刚健,具有崇高而壮丽的阳刚之美;布局谨严,阔大,以短小的篇幅写出了大场面,大气象,成为传颂千古的名作。

思考讨论

1. 简述国殇中折射出来的爱国主义精神。
2. 此诗是怎样体现悲壮凝重的艺术特色的?

阅读链接

金开诚:《屈原辞研究》,江苏古籍出版社 1992 年版。

文学坐标

秦汉魏晋南北朝文学

中华民族的凝聚融合,在和平的经济文化交流和血与火的战争兼并双重力量的作用下,经历了漫长的过程。秦始皇嬴政于公元前221年统一中国,建立了我国历史上第一个中央集权制的封建大帝国。帝国的统一,制度的改革,"车同轨,书同文"的实行,法令和度量衡的统一等对历史的发展有一定进步作用。但是,由于秦王朝是建立在对人民残暴镇压和压榨基础上的,特别是"焚书坑儒"文化专制政策的实施,文化的发展受到钳制。秦统一前夕,吕不韦集门客集体编纂的《吕氏春秋》,后世简称为《吕览》,博采众说,有一定价值。李斯辞采繁富的《谏逐客书》,劝秦王取消错误的逐客令,理充气足,议论风发,为后世奏疏楷模。另有体制独特的刻石文,为碑铭之祖,也是秦文学的独创。

秦末农民大起义推翻了秦王朝。在持续五年的楚汉战争之后,刘邦于公元前202年建立了西汉王朝。汉初制度"大抵皆袭秦故,少有变改",但由于分封制,各地的诸侯王割据称雄,边地匈奴频繁侵扰,中央政权尚未完全巩固。刚经过人民反抗斗争风暴的统治者,为了政治局势的稳定,尽快恢复和发展农业经济,实行了"与民休息"的宽和政策,"约法省禁,轻田租,什伍而税"。适应这种形势和政策的需要,道家思想在汉初有了广泛的影响,"清静无为"的黄老之学,一度得到统治者的倡导。同时,汉朝废除了秦的挟书律,"大收篇籍,广开献书之路",取消"诽谤妖言之罪",因而促进了学术文化的格外繁荣。一些政治家和文学家总结前朝兴亡的历史教训,写出了一些感情激烈、切中时弊的政论散文。如贾谊的《过秦论》、《陈政事疏》,晁错的《守边劝农疏》、《论贵粟疏》等,皆为当时名篇。这些政论散文对后代尤其是唐宋散文的发展有一定影响。

同时,继承战国时代楚辞的传统,骚体赋在汉初也是一种重要的文学样式,出现了一些表达自身遭际、人生感慨和政治见解的赋作,如贾谊的《吊屈原赋》、《鹏鸟赋》等,标志着汉代大赋形成的作品是枚乘的《七发》。

承"文景之治",汉武帝刘彻在位期间是汉王朝的鼎盛时期。生产发展,经济繁荣,政治局势稳定,人民安居乐业。经过七十余年的休养生息,汉王朝开始进行大规模的武力扩张。汉武帝为加强中央集权的封建统治,在文化思想领域实行了"罢黜百家,独尊儒术"的政策。这一政策虽有利于维护和巩固封建制度,但却严重地束缚了学术文化的发展。它禁锢了作家的思想,使他们的创作局限于歌功颂德、粉饰太平的内容。汉王朝的空前巩固和统一,为史家提供了总结历史文化的便利条件。司马迁是这个时期最杰出的史学家和散文家。他的《史记》,是我国第一部以记写人为中心的纪传体通史,详细地记述了汉武帝以前三千余年的历史。《史记》"究天人之际,通古今之变,成一家之言",代表了古代历史散文的最高成就,鲁迅称它是"史家之绝唱,无韵之离骚"(《汉文学史纲要》)。

汉武帝时曾大力提倡辞赋,汉赋由抒情言志的骚体赋发展为散体大赋,盛极一时,成为文坛的主要文学样式。汉大赋的显著特点是铺张、夸饰,辞采繁富。当时最著名的作家作品为司马相如的《子虚赋》、《上林赋》。直至东汉中叶,散体大赋才为抨击时弊、发泄苦闷的抒情小赋所取代。抒情小赋的代表作有张衡的《归田赋》、赵壹的《刺世疾邪赋》、祢衡的《鹦鹉赋》等。与此同时,朝廷掌管音乐的官署乐府也有所扩大。采集的歌谣"皆感于哀乐,缘事而发",流传下来许多优秀的作品,如《陌上桑》、《东门行》等。《孔雀东南飞》是其中最著名的长篇叙事诗。汉乐府民歌对后代诗歌的发展产生了深远的影响。

武帝之后,西汉王朝逐渐衰微。西汉后期的文学也呈现为停滞状态。东汉初,经农民起义,社会矛盾有所缓解,学术文化又有一些新的发展和变化。王充、班固是东汉时期著名的散文作家。班固的《汉书》是我国最早的纪传体的断代史,它代表了东汉散文的最高成就。东汉文人的诗歌创作已出现五言的新形式,今存无名氏的《古诗十九首》即代表了汉代文人五言诗的高度艺术成就。

概括地说,汉代,文学价值开始受到重视,文学创作呈现兴盛之象,出现了一批专门从事文学活动的文人群。特别是辞赋的兴盛,作品的增多,出现区别文学与非文学的意识。但对文学价值的更高重视和更深刻的认识,文人地位进一步提高,还要到魏晋时代。

封建社会进入魏晋南北朝时期,这是我国历史上历时约四百年的大动荡、大分裂的时期。汉末黄巾起义动摇了地主阶级的统治,拥兵割据的军阀相互混战,又使社会处于长期的动乱之中。魏晋时,清谈玄理的风气极为盛行,后来佛教又得以广泛的流传,因此自汉以来占独尊地位的儒家道德规范逐渐失去了约束力,思想领域开始出现一种自由解放的趋势。在文学方面,文人以新的人生观和生活情趣对待现实社会,有了自觉的创作意识。文学摆脱了作为经学附庸的地位。各种文学样式,如五言诗、七言诗、小说都有显著的发展,文学批评和文艺理论也日益兴起,文学批评和文学理论也日益为人们所重视。魏晋南北朝是我国文学由先秦两汉向隋唐过渡的重要阶段。

诗歌是魏晋南北朝文学的主要成就。建安时期的"三曹":曹操、曹丕和曹植,"七子":孔融、王粲、陈琳、徐干、阮瑀、应玚和刘桢,以及女诗人蔡琰,他们的作品反映了汉末社会的动乱和人民的疾苦,同时表现了统一天下的理想和豪情壮志,大多具有慷慨悲凉的风格,文学史上称这一时代特色为"建安风骨"。建安诗歌为五言诗的发展奠定了坚实的基础。继建安之后诗歌创作的主要作家是嵇康和阮籍。出于对黑暗现实的不满,他们的作品更多地带有老庄思想的色彩。代表作品如阮籍的《咏怀诗》82首,嵇康的《幽愤诗》。西晋太康年间,诗坛出现了"三张、二陆、两潘、一左"(张载、张协、张亢、陆机、陆云、潘岳、潘尼,左思),但其中以左思的成就较高,其代表作《咏史诗》8首,表现了对门阀制度的抗议和批判。自西晋末年始,因清谈玄理之风侵入诗坛,玄言诗统治了诗坛近百年,直至东晋末才出现杰出的诗人陶渊明,他的田园诗使诗坛为之一新。陶诗以平淡自然的风格和情、景、理统一的特点见称,在中国诗史上别树一帜。此后刘宋时期,谢灵运是开创山水诗派第一人。齐梁时期是我国诗歌发生重要变化的阶段,沈约提出"四声八病"之说,创"永明体",诗歌开始追求声律,讲究对偶,出现了大量"新体诗",这为唐代律诗的形成奠定了基础。南北朝诗人中最著名的是鲍照和庾信。鲍照的七言和杂言乐府诗《拟行路难》18首显示了他在艺术上的独创性。庾信为由南入北的诗人,他的创作融合南北诗风,对唐代诗人有直接影响。同时南北朝乐府民歌的成就亦较高。南朝民歌以情歌为多,缠绵柔婉。北朝民歌豪放而刚健,广泛、生动地反映了北方各民族的社会生活,流传久远的《木兰诗》是女英雄的赞歌。

南北朝时期的散文不太发达,著名的散文作品有郦道元的《水经注》和杨衒之的《洛阳伽蓝记》。当时骈文是风行的文体,注重和追求文章的形式美,对文学技巧的发展有一定的促进作用。除鲍照、庾信之外,孔稚圭、江淹都是著名的骈文作家。

魏晋南北朝时期的文学批评和文艺理论有巨大发展,先后出现了曹丕的《典论·论文》、陆机的《文赋》、刘勰的《文心雕龙》,在中国文学批评史上具有划时代的意义。

魏晋南北朝时期文学的主要特点:这时期的文学集团也比较活跃,不仅有"竹林七贤",还有"竟陵八友"等。作家追求美的创造,追求新变风气。再一点是文学与哲学的结合,阮籍的《咏怀诗》是文学与哲学结合的典型。陶渊明的田园诗、谢灵运的山水诗也富于哲理内涵。

谏逐客书①

李斯

李斯(? ~前208),楚国上蔡(今河南上蔡县西)人,法家学派代表人物。年少时做过郡小吏,后与韩非一起从荀子学"帝王之术"。公元前247年入秦,为秦相吕不韦舍人。因说秦始皇统一六国,拜为长史、客卿。秦统一,李斯为丞相。秦始皇死,李斯同赵高矫诏,逼迫秦始皇长子扶苏自杀,而立其少子胡亥为帝。不久,李斯遭赵高诬陷入狱,被腰斩于咸阳,夷灭三族。

李斯在帮助秦王统一中国的事业中,起过重大作用。统一后,他又积极主张废诸侯,设郡县,书同文,车同轨,对典章制度,进行了一系列的改革,为巩固新兴的中央集权制度作出了很大的贡献。

李斯是秦代唯一的作家,他的文章,说理透辟,论事周详,富有文采。代表作《谏逐客书》有较高价值。此外,《泰山刻石文》《琅玡台刻石文》等多种碑文,都是"颂秦德"之作,对后代的碑志铭文颇有影响。

臣闻吏议逐客,窃以为过矣②!
昔缪公③求士,西取由余于戎④,东得百里奚⑤于宛,迎蹇叔⑥于宋,来丕豹、公孙支于晋⑦。此五者,不产于秦,而缪公用之,并国二十,遂霸西戎。孝公用商鞅之法⑧,移风易俗,民以殷盛,国以富强,百姓乐用⑨,诸侯亲服,获楚、魏之师,举地千里,至今治强⑩。惠王用张仪之计⑪,拔三川之地⑫,西并巴、蜀⑬,北收上郡⑭,南取汉中⑮,包九夷,制鄢、郢⑯,

东据成皋之险⑰,割膏腴之壤,遂散六国之从⑱,使之西面事秦,功施⑲到今。昭王得范雎⑳,废穰侯,逐华阳㉑,强公室,杜私门㉒,蚕食诸侯,使秦成帝业。此四君者,皆以客之功。由此观之,客何负于秦哉!向使四君却客而不内㉓,疏士而不用,是使国无富利之实,而秦无强大之名也。

今陛下致昆山㉔之玉,有随、和之宝㉕,垂明月之珠㉖,服太阿之剑㉗,乘纤离之马㉘,建翠凤之旗㉙,树灵鼍之鼓㉚。此数宝者,秦不生一焉,而陛下说之何也?必秦国之所生然后可,则是夜光之璧㉛,不饰朝廷;犀象之器,不为玩好㉜;郑、卫之女,不充后宫;而骏良駃騠,不实外厩㉝;江南金锡不为用,西蜀丹青不为采㉞;所以饰后宫,充下陈㉟,娱心意、说耳目者,必出于秦然后可,则是宛珠之簪,傅玑之珥,阿缟之衣,锦绣之饰不进于前㊱,而随俗雅化,佳冶窈窕㊲,赵女㊳不立于侧也。夫击瓮叩缶㊴,弹筝搏髀㊵,而歌呼呜呜快耳目者,真秦之声也;郑、卫、桑间,《韶》、《虞》、《武》、《象》者,异国之乐也。今弃击瓮叩缶而就郑、卫,退弹筝而取《韶》、《虞》,若是者何也?快意当前,适观㊶而已矣。今取人则不然。不问可否,不论曲直㊷,非秦者去,为客者逐。然则是所重者在乎色乐珠玉,而所轻者在乎人民也。此非所以跨海内制诸侯之术也。

臣闻地广者粟多,国大者人众,兵强则士勇。是以泰山不让土壤,故能成其大;河海不择细流,故能就其深;王者不却众庶,故能明其德。是以地无四方,民无异国,四时充美,鬼神降福,此五帝三王㊸之所以无敌也。今乃弃黔首㊹以资敌国,却宾客以业诸侯㊺,使天下之士,退而不敢西向,裹足不入秦,此所谓藉寇兵而赍盗粮㊻者也。

夫物不产于秦,可宝者多;士不产于秦,而愿忠者众。今逐客以资敌国,损民以益仇,内自虚而外树怨于诸侯,求国无危,不可得也。

注释

①本文选自《史记·李斯列传》。谏:规劝君王或尊长采纳意见或改正错误的用语。客:客卿,这里指当时在秦国做官的别国人员。书:上书,是古代臣子向君王陈述意见的一种文体。

②窃:自谦之辞,"私下"的意思。过:错误。

③缪(mù)公:秦穆公(前659~前621年在位),名任好,春秋五霸之一。缪:通"穆"。

④由余:春秋时晋国人,流亡到戎,奉戎王命出使秦国,被秦穆公设计收为谋臣,遂灭十二戎国,扩疆千里,称霸西戎。戎(róng):古时对西部少数民族的统称。

⑤百里奚:楚国宛(今河南南阳)人,曾任虞国大夫。晋灭虞后,成为晋俘,又作晋献公女儿的陪嫁奴仆入秦,旋又逃回楚国宛地。穆公听说他贤能,设计用五张黑公羊皮赎回,任用为相。

⑥蹇(jiǎn)叔:岐(今陕西境内)人,客居于宋,是百里奚的好友。经百里奚推荐,穆公用厚礼接到秦国,聘为上大夫。

⑦丕豹:晋大夫丕郑之子。因父亲丕郑被晋惠公所杀,逃到秦国,穆公任他为大将,率兵攻晋,连下八城,生俘晋君。公孙支:岐人,居于晋,穆公收为谋臣,任大夫。

⑧孝公:秦孝公(前361~前338年在位),名渠梁。商鞅:战国时卫国人,姓公孙,名鞅,又称卫鞅。秦后封地在商,故名商鞅。任秦相十年,先后两次辅佐秦孝公实行变法,使秦强盛,奠定了秦统一六国的基础。

⑨乐用：乐于为国效力。
⑩获楚、魏之师：战胜楚国、魏国的军队。秦孝公二十二年（前340年），商鞅大破魏军，虏魏公子卬，魏割河西之地（今陕西澄城以东一带）予秦。同年又南侵，战胜楚国。举：攻占。治强：政治安定，国力强盛。
⑪惠王：秦惠王，也称惠文王（前337～前311年在位），孝公之子，名驷。张仪：魏国人，秦惠王时为秦相，用连横策略瓦解了六国合纵的政策，以便秦国各个击破。
⑫拔：攻取。三川：指黄河、伊水、洛水。
⑬巴、蜀：当时的两个小国名。巴：在今四川东部一带。蜀：在今四川西部一带。
⑭上郡：魏地，包括今陕西北部和宁夏、蒙古的部分地方。
⑮汉中：楚地，今陕西西南部。
⑯包：吞并。九夷：泛指当时楚国境内的少数民族。鄢（yān）：楚地名，在今湖北宜城县境内。郢（yǐng）：楚国的国都，在今湖北江陵县境内。
⑰成皋：又名虎牢，今河南荥阳汜水镇，为古代军事要地。
⑱从：通"纵"，即合纵。齐、楚、燕、韩、赵、魏六国为共同抗秦而结成的同盟。
⑲施（yì）：延续。
⑳昭王：秦昭襄王（前306～前251年在位），秦惠王之子。范雎（jū）：魏国人，后入秦，他提出远交近攻的策略，使秦得以逐步征服邻国，扩大疆土，被秦昭王用为相。
㉑穰（ráng）侯：秦昭王母宣太后弟魏冉。封于穰（今河南邓县），故称穰侯。为秦相，擅权三十余年。华阳：宣太后弟芈（mǐ）戎，封于华阳，故称华阳君。俩人因宣太后的关系，在朝专横跋扈。昭王听从范雎的劝告，将穰侯、华阳君逐出关外。
㉒公室：王室。私门：贵族豪门。这里指穰侯、华阳君等贵族势力。
㉓向使：假如。却：拒绝。内：通"纳"，接纳。
㉔昆山：即昆仑山，古时传说那里产玉。
㉕随、和之宝：指随侯珠、和氏璧。随：春秋时小国，在今湖北境内。传说随侯用药敷治了一条受伤的大蛇，后来此蛇于夜间衔一珠来报恩，故称随侯珠。和：春秋时楚国人卞和。传说他曾于山中得一璞玉，献给楚王，琢成美玉，因称和氏璧。随、和都是稀世之宝。
㉖明月之珠：夜光珠。夜间发光，犹如明月。
㉗服：佩带。太阿（ē）：宝剑名，相传是春秋时吴国名匠干将和欧冶子所铸。
㉘纤离：古骏马名。
㉙建：树立。翠凤之旗：用翠凤羽毛做装饰的旗帜。
㉚树：设置。灵鼍（tuó）：鳄鱼类，其皮坚韧可制鼓，声音响亮。
㉛夜光之璧：夜间能发出光亮的美玉。据《战国策·楚策》载，此乃楚王所献。
㉜犀、象之器：用犀牛角、象牙制成的器物。玩好：指玩赏、喜好之物。
㉝郑、卫之女：郑、卫均为东周时国名，郑、卫女子以多美女且善于歌舞著称。
㉞駃騠（jué tí）：骏马名。厩（jiù）：马棚。
㉟丹青：绘画的颜料名。
㊱下陈：堂下，嫔妃和宫女侍立和跳舞的地方。
㊲宛珠之簪：用宛珠装饰的簪子。宛：地名（今河南南阳），出产珍珠。傅玑之珥：镶嵌着玑珠的耳饰。傅：通"附"。附着，这里是镶嵌的意思。玑：不圆的珠子。珥：妇女用

的耳饰。阿缟:齐国东阿(今山东阳谷东北阿城镇)产的白色绢。

㊳随俗雅化:随着风尚打扮得文雅漂亮。佳冶窈窕:佳丽美好、体态优美。

㊴赵女:赵国的女子。传说古代燕赵一带多美女。

㊵瓮、缶(fǒu):都是瓦器。当时秦地作为打击的乐器。

㊶筝:古秦地的一种弦乐器。搏髀(bì):拍着大腿。

㊷郑卫桑间:指民间俗乐。郑卫:指郑国、卫国的音乐。桑间:卫国地名(今南濮阳一带),这里指桑间地方的音乐。《韶》、《虞》、《武》、《象》:指正统雅乐。《韶》、《虞》:相传是虞舜时的乐曲名。《武》、《象》:周武王的乐曲称武,乐舞称象。

㊸适观:适于观赏。

㊹曲直:是非。

㊺五帝:指黄帝、颛顼(zhuān xū)、帝喾(kù)、尧、舜。一说指伏羲、神农、黄帝、尧、舜。三王:指夏、商、周的开国君王,夏启、商汤、周武王。

㊻黔首:秦时对百姓的称呼。黔(qián):黑色。

㊼业诸侯:使诸侯成就功业。业:使动用法。

㊽藉:借。赍(jī):给予,赠送。

文本解读

公元前237年,秦王嬴政(秦始皇)发觉替秦国兴修灌溉渠的韩国水工郑国,是韩国派来的间谍,他的任务就是要通过修渠来消耗秦国的国力,使秦无暇攻韩。事发后,平时因外来客卿增多而权势受影响的宗室贵族便以此为由提议"一切逐客"。秦王下逐客令后,李斯上书劝谏。他紧紧地抓住秦王欲灭六国统一天下的心理,陈述逐客不利统一的观点,果真打动了秦王,使之撤销了逐客令。

这篇文章共分五段。第一段开门见山地提出中心论点——逐客为过,统领全篇。第二段,列举了秦国历史上四位君王因重用客卿而国富兵强的史实,鲜明地对比出今王逐客之过。第三段,以铺排的手法列举秦王特别喜好别国的珍宝、美女、音乐,与他在用人上排斥客卿形成矛盾和对比,然后指出这种重物轻人的做法"此非所以跨海内制诸侯之术也"。第四段,仍用对比手法从心理上进一步阐明纳客与逐客的利害关系。第五段,指出逐客必将造成秦国的危亡,总结全文,照应开头。

本文主要采用正反对比的论证方法。正面论述纳客之利,反面推理逐客之害。正反论证,利害并举,两相对照,是非明晰,因此论辩有力,主张被秦王采纳。另外,文中铺陈、排比、对偶等修辞手法的运用以及句式整齐、音节铿锵,都使文章气势充沛,感染力强。

思考练习

1.本文的中心论点是什么?

2.文章列举秦国四位君王以客之功的历史事实说明了什么?

3.文中铺陈、排比、对偶等修辞手法,对表达主旨起到什么作用?

4.举例说明本文所采用的正反对比的说理方法。

5.作者是楚国人,为什么会愿意效忠秦王?

阅读链接

司马迁:《史记·李斯列传》,中华书局 2010 年版。

李将军列传①(节选)

司马迁

司马迁(约公元前 145~?),夏阳(今陕西韩城县人)。幼年好学,20 岁后,多次漫游各地,考察民情,采访史料,30 岁为郎中令后常随汉武帝到各地巡游。公元前 108 年,继父职任太史令,有机会读到大量政府藏书。他继承父亲遗愿,于太初元年(前 104)开始写《史记》,天汉二年(前 99),由于替李陵辩解,得罪下狱,被处宫刑,含垢忍辱,发愤著书,终于在公元前 92 年完成巨著《史记》。

《史记》是我国第一部纪传体通史,记叙了上自传说中的黄帝,下至汉武帝大约三千多年的历史。全书 130 篇,其中"本纪"12 篇,"表"10 篇,"书"8 篇;"世家"30 篇,"列传"70 篇,共五十二万多字。

《史记》是一部伟大的历史著作,也是一部伟大的传记文学作品。书中的"本纪"、"世家",尤其是"列传",叙写人物在忠于史实的基础上,注入自己的深厚感情,再加上选材典型,语言精练生动,刻画出许多栩栩如生的历史人物形象,具有感人的艺术魅力。《史记》的史学价值和文学价值,在历史学和文学方面都产生了深远影响。

李将军广者,陇西成纪人也。其先曰李信,秦时为将,逐得燕太子丹者也。故槐里,徙成纪。广家世世受射②。孝文帝十四年,匈奴大入萧关,而广以良家子从军击胡,用善骑射杀首虏多③,为汉中郎。广从弟李蔡亦为郎,皆为武骑常侍,秩④八百石。尝从行,有所冲陷折关⑤,及格⑥猛兽,而文帝曰:"惜乎,子不遇时!如令子当高帝时,万户侯岂足道哉!"及孝景初立,广为陇西都尉,徙为骑郎将。吴、楚军时,广为骁骑都尉,从太尉亚夫击吴、楚军,取旗⑦,显功名昌邑下⑧。以梁王授广将军印⑨,还,赏不行⑩。徙为上谷太守。匈奴日以合战⑪,典属国公孙昆邪为上泣曰:"李广才气,天下无双,自负其能,数与虏敌战,恐亡之。"于是,乃徙为上郡太守。后广转为边郡太守,徙上郡⑫。尝为陇西、北地、雁门、代郡、云中太守,皆以力战为名。

匈奴大入上郡,天子使中贵人从广勒习兵⑬击匈奴。中贵人⑭将骑数十纵,见匈奴三人,与战。三人还射,伤中贵人,杀其骑且尽。中贵人走广⑮。广曰:"是必射雕者⑯也。"广乃遂从百骑往驰三人。三人亡马⑰步行,行数十里。广令其骑张左右翼⑱,而广身自⑲射彼三人者,杀其二人,生得一人,果匈奴射雕者也。已缚之,上马,望匈奴有数千骑,见广,以为诱骑,皆惊,上山陈⑳。广之百骑皆大恐,欲驰还走。广曰:"吾去大军数十里,今如此以百骑走,匈奴追射我立尽。今我留,匈奴必以我为大军诱之,必不敢击我。"广令诸骑曰:"前!"前,未到匈奴陈二里所㉑,止。令曰:"皆下马解鞍!"其骑曰:"虏多且近,即有急㉒,奈何?"广曰:"彼虏以我为走㉓,今皆解鞍以示不走,用坚其意㉔。"于是胡骑遂不敢击。有白马将出护㉔其兵,李广上马与十余骑奔射杀胡白马将,而复还至其骑中,解鞍,令士皆纵马卧。是时会暮,胡兵终怪之,不敢击。夜半时,胡兵亦以为汉有伏军于旁,欲夜取之,胡皆引兵而去。平旦㉕,李广乃归其大军。大军不知广所之,故弗从㉖。

居久之,孝景崩,武帝立。左右以为广名将也,于是广以上郡太守为未央卫尉㉗,而程不识亦为长乐卫尉㉘。程不识故与李广俱以边太守将军屯㉙。及出击胡,而广行无部伍行阵㉚,就善水草屯,舍止,人人自便,不击刁斗㉛以自卫,莫府省约文书籍事㉜,然亦远斥候㉝,未尝遇害。程不识正部曲行伍营阵㉞,击刁斗,士吏治军薄至明㉟,军不得休息,然亦未尝遇害。不识曰:"李广军极简易,然虏卒犯之㊱,无以禁也㊲,而其士卒亦佚乐㊳,咸乐为之死㊴。我军虽烦扰,然虏亦不得犯我。"是时汉边郡李广、程不识皆为名将,然匈奴畏李广之略㊵,士卒亦多乐从李广而苦程不识。程不识孝景时以数直谏为太中大夫。为人廉,谨于文法㊶。

后,汉以马邑城诱单于,使大军伏马邑旁谷,而广为骁骑将军,领属护军将军㊷。是时单于觉之,去,汉军皆无功。其后四岁,广以卫尉为将军,出雁门击匈奴。匈奴兵多,破败广军,生得广。单于素闻广贤,令曰:"得李广必生致之㊸!"胡骑得广,广时伤病,置广两马间,络而盛卧广㊹。行十余里,广佯死,睨㊺其旁有一胡儿骑善马,广暂腾㊻而上胡儿马,因推堕儿,取其弓,鞭马南驰数十里,复得其余军,因引而入塞。匈奴捕者,骑数百追之,广行取㊼胡儿弓,射杀追骑,以故得脱。于是至汉。汉下广吏㊽,吏当㊾广所失亡多,为虏所生得,当斩。赎为庶人㊿。

顷之,家居数岁。广家与故颍阴侯孙屏野居蓝田南山中射猎[51]。尝夜从一骑出,从人田间饮[52]。还至霸陵亭,霸陵尉醉,呵止广。广骑[53]曰:"故李将军。"尉曰:"今将军尚不得夜行,何乃故也[54]!"止广宿亭下。居无何,匈奴人,杀辽西太守,败韩将军,后韩将军徙右北平。于是天子乃召拜广为右北平太守。广即请霸陵尉与俱,至军而斩之。广居右北平,匈奴闻之,号曰:"汉之飞将军",避之数岁,不敢入右北平。

广出猎,见草中石,以为虎而射之,中石没镞[55],视之石也。因复更射之,终不能复入石矣。广所居郡闻有虎,尝自射之。及居右北平,射虎,虎腾伤广,广亦竟射杀之。

广廉,得赏赐辄分其麾下[56],饮食与士共之。终广之身,为二千石四十余年[57],家无余财,终不言家产事。广为人长,猿臂[58],其善射亦天性也。虽其子孙他人学者,莫能及广。广讷口[59]少言,与人居则画地为军陈,射阔狭以饮。专以射为戏,竟死[60]。广之将兵乏绝之处[61],见水,士卒不尽饮,广不近水;士卒不尽食,广不尝食。宽缓不苛[62],士以此爱乐为用[63]。其射,见敌急,非在数十步之内,度不中不发,发即应弦而倒[64]。用此,其将兵数困辱,其射猛兽亦为所伤云。

居顷之,石建卒,于是上召广代建为郎中令。元朔六年[65],广复为后将军[66],从大将军军出定襄[67],击匈奴。诸将多中首虏率[68],以功为侯者,而广军无功。

后二岁,广以郎中令将四千骑出右北平,博望侯张骞将万骑与广俱,异道。行可数百里,匈奴左贤王将四万骑围广。广军士皆恐,广乃使其子敢往驰之[69]。敢独与数十骑驰,直贯胡骑[70],出其左右而还[71]。告广曰:"胡虏易与[72]耳。"军士乃安。广为圜陈外向,胡急击之,矢下如雨。汉兵死者过半,汉矢且尽。广乃令士持满毋发[73],而广身自以大黄射其裨将[74],杀数人,胡虏益解。会日暮,吏士皆无人色[75],而广意气自如[76],益治军[77]。军中自是服其勇也。明日,复力战,而博望侯军亦至,匈奴军乃解去。汉军罢[78],弗能追。

是时广军几没，罢归[87]。汉法，博望侯留迟后期[88]，当死，赎为庶人。广军功自如[89]，无赏。

初，广之从弟李蔡与广俱事孝文帝。景帝时，蔡积功劳至二千石。孝武帝时，至代相。以元朔五年为轻车将军从大将军击右贤王，有功，中率，封为乐安侯。元狩二年中，代公孙弘为丞相。蔡为人在下中[90]，名声出广下甚远；然广不得爵邑，官不过九卿，而蔡为列侯，位至三公[91]。诸广之军吏及士卒或取封侯。广尝与望气王朔燕语[92]曰："自汉击匈奴，而广未尝不在其中。而诸部校尉以下[93]，才能不及中人，然以击胡军功取侯者数十人；而广不为后人[94]，然无尺寸之功以得封邑者，何也？岂吾相不当侯邪？且固命也[95]？"朔曰："将军自念，岂尝有所恨乎[96]？"广曰："吾尝为陇西守，羌尝反，吾诱而降，降者八百余人，吾诈而同日杀之。至今大恨独此耳。"朔曰："祸莫大于杀已降，此乃将军所以不得侯者也。"

后二岁，大将军、骠骑将军大出击匈奴，广数自请行，天子以为老，弗许；良久，乃许之，以为前将军。是岁，元狩四年也。

广既从大将军青击匈奴，既出塞，青捕虏知单于所居，乃自以精兵走之[97]，而令广并于右将军军，出东道[98]。东道少回远，而大军行[99]，水草少，其势不屯行[100]。广自请曰："臣部为前将军，今大将军乃徙令臣出东道；且臣结发而与匈奴战，今乃一得当单于[101]，臣愿居前，先死单于[102]。"大将军青亦阴受上诫[103]，以为李广老，数奇[104]，毋令当单于，恐不得所欲[105]。而是时公孙敖新失侯，为中将军，从大将军，大将军亦欲使敖与俱当单于，故徙前将军广。广时知之，固自辞于大将军。大将军不听，令长史封书与广之莫府，曰："急诣部，如书[106]！"广不谢大将军而起行，意甚愠怒而就部[107]，引兵与右将军食其合军出东道。军亡导，或失道，后大将军[108]。大将军与单于接战，单于遁走，弗能得而还。南绝幕[109]，遇前将军、右将军。广已见大将军，还入军。大将军使长史持糒醪[110]遗广，因问广，食其失道状——青欲上书报天子军曲折[111]。广未对，大将军使长史急责广之幕府对簿[112]。广曰："诸校尉无罪，乃我自失道。吾今自上簿。"至莫府，广谓其麾下曰："广结发与匈奴大小七十余战，今幸从大将军出接单于兵，而大将军又徙广部，行回远，而又迷失道，岂非天哉！且广年六十余矣，终不能复对刀笔之吏[113]。"遂引刀自颈。广军士大夫一军皆哭。百姓闻之，知与不知，无老壮皆为垂涕。而右将军独下吏，当死，赎为庶人。

……

太史公[114]曰：传曰"其身正，不令而行；其身不正，虽令不从。"[115]其李将军之谓也！余睹李将军，悛悛如鄙人[116]，口不能道辞。及死之日，天下知与不知，皆为尽哀[117]。彼其忠实心诚信于士大夫也[118]。谚曰："桃李不言，下自成蹊[119]。"此言虽小，可以谕[120]大也。

注释

①本文节选自《史记》卷一〇九，传后附述李广子孙之事，此略去。

②受：通"授"，传授。

③杀首虏多：斩杀敌人首级和俘虏敌人多。

④秩：官吏的俸禄。引申指官吏的职位或品级。

⑤有所：指有下面一些行为。冲陷折关：冲锋陷阵，抵御敌人。

⑥格：格斗。

⑦取旗：夺取敌人的军旗。
⑧昌邑：梁国的要邑，故城在今山东省金乡县西北。显功名昌邑下：在昌邑建功扬名。
⑨梁王授广将军印：梁王把将军印授予李广，也就是让李广兼有梁国将军的称号。
⑩赏不行：没有给予赏赐。按当时规定，李广是朝廷部队的将领，是不应该私自接受诸侯给予的将军称号的。
⑪日以合战：每天来与李广交战。
⑫后广转为边郡太守，徙上郡：这一句是插叙，意思是说，李广任上谷太守后，又转任边郡太守，才调任上郡太守，并不是从上谷太守调任上郡太守。一说此句疑误。
⑬勒习兵：约束、指挥和训练军队。
⑭中贵人：皇帝亲幸的宦官。
⑮走广：逃奔到李广处。
⑯射雕者：射雕的能手。
⑰亡马：失掉了马。
⑱张左右翼：指从左右两边包抄。
⑲身自：亲自。
⑳陈(zhèn)：通"阵"，这里指布置阵地。
㉑未到匈奴陈二里所：距离匈奴阵地二里左右。
㉒即有急：假如有危险。
㉓以我为走：认为我们要逃走。
㉔用坚其意：以坚定敌人(以我为诱骑)的看法。
㉕白马将出护：骑白马的胡将出来监护。
㉖平旦：天刚明。
㉗所之：所往。弗从：没有去接应他。
㉘未央卫尉：未央宫禁卫军的长官。未央宫：皇帝所居住的地方。
㉙程不识：西汉时的名将，这时做长乐宫卫尉。长乐：太后所居住的地方。
㉚故：过去。俱以边太守将军屯：都以边郡太守身份领军驻防。
㉛部伍行(háng)阵：部队行军时的队伍编制和行列阵势。
㉜就善水草屯：凑近水草好的地方屯驻下来。
㉝舍止：留居，留宿。
㉞刁斗：行军用的铜锅，白天用它煮饭，晚上用它做巡更敲击的器具。
㉟莫府：即幕府，将官所居的帐幕，代指办公的地方。莫：通"幕"。省约：简化。文书籍事：文书簿籍之事。
㊱远斥候：在距敌较远的地方布置哨兵。斥候：侦察瞭望。
㊲正：整齐，严格约束。部曲：汉代军队编制，大将军营五部，部有校尉一人，部下有曲，曲有军侯一人，曲下有屯，屯有屯长一人。行伍营阵，指军队的编制。
㊳至明：直到天明。
㊴虏卒(cù)犯之：敌人突然袭击他。卒：通"猝"。
㊵无以禁也：无法制服。
㊶佚乐：安逸快乐。

㊷咸乐为之死:都乐于为他出死力。

㊸略:计谋,谋略。

㊹谨于文法:严格遵守朝廷的条文法令。

㊺领属护军将军:领属:隶属于。护军将军:指这次战斗的主将韩安国。

㊻生致之:把活的送来。

㊼络而盛卧广:在两马间结成网络,让李广躺在网里。

㊽睨(nì):斜视。

㊾暂腾:突然跃起。

㊿行取:一边奔驰一边取用。

(51)下广吏:把李广交给法官处置。

(52)当(dàng):判决。

(53)赎为庶人:拿钱赎罪,免去死罪,降为平民。

(54)故颍阴侯孙:过去颍阴侯灌婴之孙灌强。屏野:退隐田野。蓝田南山:蓝田县南山。

(55)从人田间饮:受人约请到乡间饮酒。

(56)呵止广:喝令李广停下。

(57)广骑:李广的随从骑士。

(58)何乃故也:何况是旧任。

(59)居无何:过了不久。

(60)没(mò):陷入。镞(zú):箭头。

(61)麾下:部下。

(62)终广二句:李广一生,担任年俸二千石的官职有四十多年。

(63)猿臂:手臂像猿臂那样长而且灵活。

(64)讷(nè)口:说话迟钝,不善于说话。

(65)射阔狭以饮:比赛射箭的远近,输的罚酒。

(66)竟死:一直到死。

(67)乏绝之处:指断绝水和食物的地方。

(68)宽缓不苛:对士卒宽大、和缓,不苛刻。

(69)爱乐为用:爱戴李广,情愿为他效力。

㊿应弦而倒:拉紧的弦一放,敌人就倒下。

�元朔:武帝第三个年号。元朔六年:公元前123年。

㊼后将军:当时有前、后、左、右四将军,职位次于上卿。

㊽大将军:当时军职中最高勋衔。本课指武帝卫皇后的同母弟卫青,当时的名将。定襄:汉郡名,约在当今山西省右玉县以北及内蒙古自治区西南部。

㊾中(zhòng)首虏率(lù):斩敌人首级和俘虏的数量符合标准。中:符合。率(lù):标准。

㊿敢:李广第三子,时为郎。往驰之:驰往左贤王的队伍。

㊼直贯胡骑:一直冲向匈奴的骑兵。

㊽出其左右而还:接近胡骑的周围才返回来。

㊾易与:容易对付。

⑦⑨为圜陈外向:摆成圆形阵势,士卒面向外。圜:通"圆"。

⑧⓪持满毋发:拉满弓,不把箭射出去。

⑧①大黄:大号黄肩弩,射得很远。裨(pí):副。

⑧②益解:逐渐松懈。解:通"懈"。

⑧③无人色:脸色苍白,此指惊恐。

⑧④意气自如:神色气概跟平常一样。

⑧⑤益治军:更加注意整理队伍。

⑧⑥罢:通"疲"。

⑧⑦几没:几乎覆没。罢归:收兵回朝。

⑧⑧留迟后期:行军迟缓,没有按期会合。

⑧⑨军功自如:李广的军功和过失相当。

⑨⓪为人在下中:才能在下等的中级。当时以九品论人,即上上、上中、上下、中上、中中、中下、下上、下中、下下。李蔡在第八级。

⑨①三公:指丞相、太尉、御史大夫,地位高于九卿。

⑨②望气:观测星象,占卜吉凶。王朔:当时有名的天文学家。燕语:私下交谈。

⑨③诸部校尉以下:指李广的军吏及士卒。

⑨④不为后人:不落在人家后面。

⑨⑤且固命也:还是命中注定的呢?

⑨⑥自念:自己想一想。恨:遗憾。

⑨⑦自以精兵走之:卫青亲自用精兵追赶单于。

⑨⑧并于右将军军:与右将军赵食其(yì jī)合并前进。出东道:从东路出兵。

⑨⑨少回远:稍微迂回绕远。大军:指李广和赵食其所率部队。

⑩⓪屯行:集中而行。

⑩①乃一得当单于:方得到一个与单于对敌的机会。

⑩②先死单于:先跟单于决一死战。

⑩③阴受上诫:暗中得到武帝的吩咐。

⑩④数奇(jī 基):命数不好。奇:不偶,没有好的运气。

⑩⑤不得所欲:不能获得战争的胜利。

⑩⑥急诣部:赶快到右将军的军部去。如书:照文书执行。

⑩⑦不谢:不辞别。愠怒:怨忿。就部:到达右将军的军部。

⑩⑧亡(wú)导:没有向导。亡:通"无"。或:通"惑",迷惑。失道:走错道路。后大将军:未能与大将军如期会合。

⑩⑨绝幕:度过沙漠。幕:通"漠"。

⑪⓪糒醪(bèi láo):干粮和浊酒。

⑪①失道状:迷失道路的情况。报天子军曲折:向武帝报告军事行动的详细经过。

⑪②未对:未回答长史的问话。急责广之幕府对簿:催迫李广的幕府人员前往受审。对簿:就文书对质,即受审。

⑪③刀笔之吏:掌管文书的官。古代的文书用笔书写在简牍上,如有错误,则用刀削去。

⑭太史公:司马迁,当时任太史令。以下的话都是他的评论。

⑮传:指《论语》,《论语》是孔子弟子及后人追记孔子的言论,与孔子删定的"经"有区别,所以称之为"传"。"其身正"四句见《论语·子路篇》,意思说:为官的人,本身行的正,即使不发命令,人们也会跟着做;为官的人本身行为不正,即使下命令,人们也不会听从。

⑯悛悛(xún)如鄙人:实实在在地像个乡下人。悛悛:同"恂恂",诚朴的样子。鄙人:乡下人。

⑰尽哀:极尽悲哀之情。

⑱"彼其"句:他那忠实诚信的思想品德确实得到了天下士大夫们对他的信任和称赞。

⑲"桃李"二句:意思说,桃树和李树虽然不会说话,但由于它们花实并茂,能够吸引人们爱慕,以至在树下自然地踏出一条条小路。蹊(xī):小路。

⑳谕:通"喻",比喻。

文本解读

《李将军列传》是司马迁为汉代名将李广所作的传记。李广是一位贤德、善战的爱国将领,他一生与匈奴进行了七十多次战斗,为保卫边疆的和平安定建立了卓越功勋。但他一直不被统治者重用,最后在皇室亲信将领的排挤下,含愤自杀而死。这篇传记,以具体生动的事例,描述了李广骁勇善战、临危不惧、处变不惊的英雄本色以及正直廉洁、爱护士卒、忠实诚信的品德,塑造了血肉丰满的爱国将领形象。表现了作者对李广崇高精神风貌的倾慕之情和对李广不幸遭遇的深切同情,也表现了作者对统治者任人唯亲、赏罚不分行为的不满,寄寓了作者对自己身世的感叹。

这篇传记艺术成就很高,主要表现在对人物形象的塑造上。首先,作者围绕写作意图选材。司马迁在李广"与匈奴大小七十余战"中,选取四个战役构成全文的骨架,从不同的侧面描述李广的性格和遭遇:上君之战,突出李广"善射"的本领和临危不惧的大将风度;雁门之战,显示李广机智和应变的才能;北平之战,显现李广的胆识和神威;跟从卫青袭单于,侧重叙述李广坎坷不幸的遭遇。其次,作者用对比来应照、烘托李广的形象,与匈奴射雕者对比,衬托李广射艺罕见敌手;与程不识对比,显现李广制军宽缓得力;危险时刻,与部下吏士所表现的神态对比,突出李广处变不惊的英雄本色;同李蔡对比,揭露朝廷赏罚不公。作者还用富有特征性的细节描写,来刻画李广的独特个性。例如:"中石没镞"、"划地为阵"、"射阔狭以饮"等。

思考讨论

1.概括李广的性格特征。

2.本文在塑造英雄形象时,采用了哪些方法?试作具体的分析。

3.作者对李广倾注了怎样的感情?

阅读链接

司马迁:《史记·李将军列传》,中华书局2010年版。

蒿里行①

曹 操

曹操(155~220),字孟德,沛国谯(今安徽亳县)人,东汉末年三国时期杰出的政治家、军事家和文学家。东汉献帝建安初年,官拜大将军,位至丞相,后封魏王。子曹丕称帝后,追尊为武帝。

曹操工诗能文。他的诗大都用乐府旧题表现新的内容,或反映动乱的社会现实,或抒发自己的政治抱负和理想不能实现的苦闷,其《薤露行》、《蒿里行》被称作"汉末实录"。他的诗气魄雄伟,情感沉郁,风格苍凉悲壮。散文亦具有清峻通脱的特点。曹操的文学创作,无论是对建安文学,还是对后代文学的发展都产生了重要的影响。现存《魏武帝集》。

关东有义士①,兴兵讨群凶②。
初期会盟津③,乃心在咸阳④。
军合力不齐,踌躇而雁行⑤。
势利使人争,嗣还自相戕⑥。
淮南弟称号⑦,刻玺于北方⑧。
铠甲生虮虱⑨,万姓以死亡。
白骨露于野,千里无鸡鸣。
生民百遗一⑩,念之断人肠。

注释

①关东:函谷关以东。义士:指关东州郡讨伐董卓的诸将领。
②群凶:指董卓及其爪牙。
③期:希望。盟津:即孟津,今属河南洛阳,相传为周武王伐纣时与诸侯会盟之地。这里用此指本来期望群雄能够同心会合。
④乃心:乃,代词。其心,他们的心。咸阳:秦的首都,今属陕西,这里指董卓所控制的长安一带。初平元年二月汉献帝被董卓要挟迁都长安。
⑤踌躇:徘徊,迟疑不进之状。雁行:指军队排列前行,如飞雁的行列。踌躇而雁行,意思是说军队相次排列,徘徊观望,不肯前进。
⑥嗣还(sì xuán):其后不久。自相戕(qiāng):自相残杀。当时袁绍、公孙瓒等发生了内部的攻杀。戕:杀害。
⑦淮南弟称号:董卓被杀后,袁绍和异母弟袁术闹分裂,袁术据有淮南(淮河下游南部以至长江以北地方),于建安二年(197)在寿春(今安徽寿县)自立为皇帝。
⑧刻玺(xǐ)于北方:初平二年(191),袁绍谋立刘虞为皇帝,为之刻印。玺:皇帝所用的印。
⑨铠甲:保护身体的战服。金属制的为铠,皮制的为甲。虮:虱子。

⑩百遗一:百人中能活下来的只有一人。

文本解读

此诗实录当时史实并由诗人直抒胸臆。前四句刻画关东之师初起时的声势与正义,明白如话,一气直下。自己的爱憎也于此鲜明地表现出来。"军合力不齐,踌躇而雁行"等语描写联军将领的各怀私心,徘徊观望,不肯前进,可谓入木三分。对于袁绍等军阀,起先称之为"义士",并指出"乃心在咸阳",意在恢复汉祚,然自"踌躇而雁行"已显现其军心不齐和怯懦畏战的弊端。然后写其各为势利而争,进而发展到自相残杀,最后点明其称帝野心,可谓如层层剥笋,步步深入。全诗用了简洁明了的白描手法,无意于词句的雕琢粉饰,诗人强烈的感情也完全由明畅的语言冲口而出。"白骨露于野,千里无鸡鸣"二句以直陈其事的方式说出,最后两句"生民百遗一,念之断人肠",直出胸臆,无一丝造作之意,可视为诗人心声的自然表露。

《蒿里行》运用民歌的形式,行批判之实,这在当时是一个创举。全诗风格质朴,沉郁悲壮,体现了曹操作为一个政治家、军事家的豪迈气魄和忧患意识,诗中集典故、事例、描述于一身,既形象具体,又内蕴深厚,是曹操比较成功的作品,通过阅读,不仅可以让读者了解当时的历史事实,还能领略作为诗人曹操的风采。

思考练习

1.是什么使诗人"断肠"? 表达了作者怎样的情感?

2.在《三国演义》和戏剧舞台上曹操的性格特征是阴险、奸诈、残暴。这和曹操在《蒿里行》等诗句中透露出的情操有极大的反差。形成差异的原因是什么?

阅读链接

曹操:《曹操集》,中华书局 2009 年版。

登楼赋

王粲

王粲(177~217),字仲宣,山阳高平(今山东省邹县西南)人,汉末著名文学家。献帝初平三年(192),西京纷乱,他避难荆州,依附刘表,未被重用。后归曹操,被任命为丞相掾,赐爵关内侯。魏国初建,官拜侍中。王粲少年成名,才华横溢,文思敏捷,与孔融、徐幹、陈琳、阮瑀、应玚、刘桢合称"建安七子"。由于他亲历乱离,目睹当时社会的动乱,感受较深,因此,部分作品现实性颇为强烈。他的诗赋注重锻字炼句,风格清丽。在"建安七子"中成就最高。后人将他和曹植相比,合称"曹王"。有《王侍中集》。

登兹楼以四望兮,聊暇日以销忧①。览斯宇②之所处兮,实显敞而寡仇③。挟清漳之通浦兮④,倚曲沮之长洲⑤,背坟衍⑥之广陆兮,临皋隰之沃流⑦。北弥陶牧⑧,西接昭邱⑨,

华实⑩蔽野,黍稷盈畴⑪。虽信美而非吾土兮⑫,曾⑬何足以少留!

遭纷浊而迁逝兮⑭,漫逾纪以迄今⑮。情眷眷而怀归兮⑯,孰忧思之可任⑰?凭轩槛以遥望兮⑱,向北风而开襟。平原远而极目,蔽荆山之高岑⑲。路逶迤而修迥兮⑳,川既漾而济深㉑。悲旧乡之壅隔㉒兮,涕横坠而弗禁。昔尼父之在陈兮,有归欤之叹音㉓。钟仪幽而楚奏兮㉔,庄舄显而越吟。人情同于怀土兮,岂穷达而异心㉕!

惟日月之逾迈兮㉗,俟河清其未极㉘。冀王道之一平兮㉙,假高衢而骋力㉚。惧匏瓜之徒悬兮㉛,畏井渫之莫食㉜。步栖迟以徙倚兮㉝,白日忽其将匿。风萧瑟而并兴兮,天惨惨而无色。兽狂顾以求群兮,鸟相鸣而举翼。原野阒㉞其无人兮,征夫行而未息。心凄怆以感发㉖,意忉怛㉟而惨恻。循阶除㊱而下降兮,气交愤于胸臆。夜参半而不寐兮㊲,怅盘桓以反侧㊳。

注释

①这句说,假借此日以消除忧愁。暇,同"假"。

②斯宇:此楼,指当阳县(在今湖北省)城楼。

③显敞:明亮宽敞。寡仇:很少可以与之匹敌。仇,同"偶"。

④挟:带。漳:水名,在当阳县境内。浦:大水有小口,别通曰浦。这句说,城楼临于漳水别支上,好像挟带着清澈的江水。

⑤沮:水名,也在当阳县境内,与漳水会合南流入长江。这句说,城楼位于曲折的沮水边,好像倚水边长洲而立。

⑥坟衍:地势高起为坟,广平为衍。

⑦皋:水边之地。隰(xí):低湿的地方。沃:肥美。

⑧弥:极致。陶:乡名,相传为陶朱公范蠡葬地。牧:郊外。

⑨昭邱:楚昭王的坟墓,在当阳县郊外。

⑩华实:花木和果实。

⑪黍:黄米。稷:高粱。

⑫盈畴:充满田野;畴(chóu),耕种的田。

⑬曾:语助词。

⑭遭纷浊句:本句指作者因董卓之乱而避难荆州。纷浊,纷扰污秽,比喻乱世。

⑮漫:犹漫漫,长久貌。逾纪:超过了十二年。

⑯眷眷:形容思念的深切。

⑰孰:谁。任:当。这句说,有谁能禁受得起这种怀念家乡的忧思呢?

⑱凭:倚靠。轩槛:栏杆。

⑲荆山:在今湖北省南漳县。岑:山小而高叫岑。这两句说,自己极目向北方的故乡眺望,但终于为高岑的山峰所遮蔽。

⑳逶(wēi)迤(yí):长而曲折之貌。修:长。迥(jiǒng):远。

㉑漾:长。济:渡。

㉒壅隔:阻塞隔绝。

㉓昔尼父两句:尼父,即孔子。孔子在陈时绝粮受阻,叹曰:归欤!归欤!

㉔钟仪句:钟仪是楚国乐官,被晋所俘,晋侯叫他操琴,弹的仍旧是南方楚国的乐调。

幽,囚禁。

㉕庄舄(xì)句:赵人庄舄在楚国做大官,病中思念故乡,仍旧唱着越国的小调。(见《史记·陈轸传》)

㉖人情两句:人们思念乡土的感情是相似的,并不因患难或富贵的不同处境而有区别。

㉗惟:念,想到。逾迈:过往。

㉘河清:以黄河水清比喻时世太平,据传黄河水一千年清一次。极:至。

㉙冀:期望。王道:犹王政。平:稳定。

㉚高衢:大道。这两句意思说,期望时世清平之时,就可以施展自己的才力了。

㉛惧匏(páo)瓜句:匏瓜,葫芦的一种,意思说,不能像匏瓜那样白白地悬挂在那里,而不为世所用。

㉜畏井渫(xiè)句:《周易·井》:"井渫不食,为我心恻。"渫,除去秽浊,清洁的意思,这句意思说,淘干净了井,而没有人来饮水。比喻自己虽修洁其身而不为世所用。

㉝栖迟:游息。徙倚:行止不定的样子。

㉞阒(qù):寂静。

㉟凄怆:凄凉,悲伤。

㊱忉(dāo)怛(dá):忧念,哀伤。

㊲阶除:阶梯。

㊳夜参半:半夜。参:分;一说,及。

㊴盘桓:原为徘徊不进貌,这里借指想来想去。反侧:身体翻来覆去难以入睡。

文本解读

《登楼赋》是王粲滞留荆州登当阳城楼所写,是他赋中的名篇,也是当时脍炙人口的抒情小赋。

这篇赋共三小段。第一段写他看见异乡风物之美而引起的思乡怀土之情,特别深切感人。第二段作者先回顾自身经历;"情眷眷"句以下,宣泄因旧乡壅隔而不能北归的悲思;接着用孔子困于陈时曾叹息"归欤!归欤!"(《论语·公冶长》)以及春秋时楚人钟仪被囚于晋国而操南音、越人庄舄在楚国任显职而喜越声的故实,进一步衬托自己对故土的强烈眷念。第三段在内容上进一步发展,作者处于乱世,壮志不得伸展,感情十分沉痛:"惟日月之逾迈兮,俟河清其未极。冀王道之一平兮,假高衢而骋力。惧匏瓜之徒悬兮,畏井渫之莫食。"正因为如此,作者期待"河清"之日的到来,希冀"王道"普施,天下清平,这也反映了作者积极进取的一面。从情绪上说,第三段较前二段更加强烈。作者始登楼是为了"销忧",至此循阶而下时,不仅忧思未消,反而更凄怆悲愤起来,甚至夜半不寐,怅恨不已。

这篇赋写景和抒情结合,具有浓厚的诗意,脱尽了汉赋铺陈堆砌的习气,显示了抒情小赋在艺术上的成熟。

思考练习

1.怎样理解赋中的这种强烈的思乡怀土内容?它的思想实质是什么?

2.此赋的结构特点和语言特色有哪些?

阅读链接

吴云:《建安七子集校注》,天津古籍出版社2005年版。

五言诗三首(其二)

嵇 康

嵇康(223~262),字叔夜,谯国铚县(今安徽宿县)人。魏末著名哲学家、文学家、音乐家。先人姓奚,会稽(今浙江绍兴)人,以避怨迁徙至铚县,家于嵇山之侧,"奚"、"嵇"古音同,因易以为姓。与魏宗室通婚,授中散大夫,世称嵇中散。他崇尚老庄,反对虚伪的礼教,对当时的政治极为不满。40岁时,因吕安狱牵连,被司马昭所杀。嵇康与阮籍、山涛、向秀、阮咸、王戎、刘伶交往密切,世称"竹林七贤"。尤以阮籍为莫逆交,并称"嵇阮"。嵇康的主要成就在哲学思想方面,刘勰《文心雕龙·才略》篇云:"嵇康师心以遣论,阮籍使气以命诗,殊声而合响,异翮而同飞。"诗存五十四首,以"四言居胜"(王夫之《古诗评选》),风格清峻。

> 修夜家无为①,独步光庭侧②。
> 仰首看天衢③,流光曜八极④。
> 抚心悼季世⑤,遥念大道逼⑥。
> 飘飘当路士⑦,悠悠进自棘⑧。
> 得失自己来⑨,荣辱相蚕食⑩。
> 朱紫虽玄黄⑪,太素贵无色⑫。
> 渊淡体至道⑬,色化同消息⑭。

注释

①修夜:长夜。家:鲁迅先生以为当为"寂"之形误,可从。无为:无所作为。
②光:明。
③天衢:天路,此处指天空。天空广阔无际,无处不通,故称天衢。
④流光:流动的星光。曜:照亮。八极:八方之尽处。这句是说流光照得极其遥远,极其普遍。
⑤季世:衰没之世,末世。
⑥遥念:遐想。大道逼:远古至治之世逼近目前。
⑦飘飘:轻忽貌。当路士:指世俗官场追名逐利的人士。
⑧悠悠进自棘:自在荆棘丛中深深地角逐竞进。悠悠:深远貌。
⑨得失自己来:得和失皆由自身所发出来。自:从、由。
⑩荣辱相蚕食:荣誉和耻辱互相蚕食(销蚀)。

⑪朱紫虽玄黄:鲁迅先生以为"虽(雖)"当为"杂(雜)"之讹误,可从。这句是说五彩缤纷,富丽堂皇。

⑫太素:事物的原始自然状态,素质,本性。

⑬渊淡体至道:玄虚淡泊体现出完美的大道。

⑭色化:色变。消:消减。息:增长。这句是说色彩变化,其消长是相同的。以道观之,其化则一。

文本解读

这首诗是嵇康《五言诗三首》中的第二首。就诗的内容来看,应该和《酒会诗一首》及《四言十一首》的写作时间相距不远或稍后。叹知音寥落、真人不存,思慕松乔、渴望羽化是其共同主题。"抚心悼季世,遥念大道逖"很明显地包含着自己颇不愉快的经历及对至治之世的遐想与渴望。司马氏夺权后,一方面杀戮异己,手段之残忍,令人发指;另一方面,司马氏也采取各种方法千方百计笼络士人,争取士人。作为正直文人的嵇康,对司马氏的残忍一直十分愤慨,对其拉拢,公开表示不愿意合作。既不愿投靠司马氏,又希冀苟全生命于乱世。但好景不再,良辰难期,崎岖的世路使嵇康的精神负担越来越重,思想上的矛盾也越来越深。

嵇康崇尚老庄,自称"老子、庄周,吾之师也",在魏晋玄学发展上有很大影响。他"每非汤、武而薄周、孔",强调崇尚"自然",着力揭露礼法和"礼法之士"的矫情伪善。他的这种玄学思想对诗歌的渗透,使其诗歌呈现一种淡泊悠远的面貌,给诗篇造成一种虚实结合的气氛和意境。

思考练习

本诗中哪些句子体现了嵇康的玄学思想?玄学思想的渗透对诗歌起到什么作用?

阅读链接

陈庆元:《阮籍·嵇康》,春风文艺出版社1999年版。

饮酒(其五)

陶渊明

陶渊明(365~427),字元亮,一说名潜,字渊明,浔阳柴桑(今江西省九江西南)人。私谥"靖节",世称靖节先生。东晋时期诗人、辞赋家、散文家。陶渊明出生于没落的仕宦家庭,曾祖陶侃,东晋开国元勋。他的青少年时代生活贫困,但受过良好的家庭教育,博览群书。有过建功立业的抱负,曾任江州祭酒、镇军参军、彭泽令等职。因厌恶官场污浊,归隐田园。他亲身躬耕,体验劳动生活,与劳动人民结下了深厚感情。陶渊明是我国最早大量创作田园诗的诗人。其诗歌颂了田园风光和闲适生活,用以与黑暗现实相对照。追求理想社会,表现了不与仕宦阶级同流合污的高尚情操,也透露出乐天安命的消极思想。他虽身居田园,但对政治始终不能忘怀。诗歌风格质朴自然,形象鲜明,对后代产生了巨大的影响。有《陶渊明集》。

> 结庐在人境①,而无车马喧②。
> 问君何能尔③,心远地自偏④。
> 采菊东篱下,悠然见南山⑤。
> 山气日夕佳,飞鸟相与还⑥。
> 此中有真意⑦,欲辩已忘言⑧。

注释

①结庐:建造房屋。人境:世人所居的地方。
②车马喧:指世俗来往的喧闹。
③君:作者自己。何能尔:怎么能够如此;尔,如此。
④"心远"句:内心远离尘世,所居之地自能偏僻幽静。
⑤悠然:悠闲的样子。见,一本作"望"。
⑥相与还:成群结伴而归。
⑦此:眼前情景。真意:自然意趣,人生的真正意义。
⑧"欲辩"句:想要说自己的这种体会,却又不知道该如何来表达。言外之意为,既已领会到人生真谛,就不必用言语来辩说了。

文本解读

这首诗是陶渊明《饮酒》诗中的第五首,具有诗的鲜明形象和悠远境界,又蕴含着某种人生哲理。开头四句是讲人与现实的关系问题。作者深知,生活在现实中的人不可能超脱于现实之外,"富贵非吾愿,帝乡不可期"(《归去来兮辞》),即使陷入生活的绝境,他也决不到神仙世界去寻求精神安慰。因此,陶渊明弃官而不弃世,归田园而不隐遁山林。他所隐的是官场,所归的是远离官场的农村生活。他之所以身居人境而尘杂不染,关键在于"心远",即人的思想或精神的自我净化,思想上能弃富贵荣华之念,断绝尘想,精神就远远超出尘世之外了。这也是诗人力求从苦闷中解脱出来的一种主观愿望。"采菊东篱下"四句,即由"心远地自偏"生出,诗人采菊东篱,又逢山气极佳、飞鸟投林的黄昏,"采菊东篱下"是一俯,"悠然见南山"是一仰,俯仰之间,心境与大自然融为一体。作者乐得其所,心境悠然,这正是"心远"达到极致的一种境界。全篇主旨尽在"心远"二字,最后两句所说的"真意"、"忘言"亦在此。陶渊明在诗中所表现的"心远"之"真意",对于今天生活在一个非常现代化也非常喧闹的社会中的我们也不无启发。

思考练习

1.这首诗表达了诗人怎样的思想情感?
2.这首诗是如何将情、景、事、理浑融为一体的?

阅读链接

陶渊明著,逯钦立校注:《陶渊明集》,中华书局1979年版。

拟咏怀（其十八）

庾　信

庾信(513～581)，字子山。南阳新野(今河南新野)人。梁代诗人庾肩吾之子。他自幼聪明，博览群书。15岁作昭明太子萧统的东宫讲读，19岁作萧纲的东宫抄撰学士。他们父子和当时同在东宫任职的徐摛、徐陵父子是萧纲所倡导的宫体诗的重要作家，当时号称"徐庾体"。侯景之乱，梁都建康失守，他被迫逃亡江陵。辅佐梁元帝，任左卫将军、散骑侍郎、封武康县侯。后出使西魏，西魏攻克江陵，他因此被留在长安，历仕西魏、北周，官至骠骑大将军、开府仪同三司，世称"庾开府"。庾信后期诗赋由于痛感国破家亡，大都抒写乡国之思和屈身异国的痛苦，比较感人。在艺术表现上，他特别讲究形象、声色，长于骈丽、用典，集六朝之大成，对唐诗的发展有较大影响。杜甫称其"清新庾开府"、"庾信文章老更成"、"暮年诗赋动江关"，明朝杨慎说："庾信之诗，为梁之冠冕，启唐之先鞭。"(《升庵诗话》)

寻思万户侯，中夜忽然愁①。
琴声遍屋里，书卷满床头。
虽言梦蝴蝶，定自非庄周②。
残月如初月，新秋似旧秋③。
露泣连珠下，萤飘碎火流④。
乐天乃知命，何时能不忧⑤？

注释

①寻思：不断地想。万户侯：汉制列侯食邑(卿大夫以所封地的租税为其薪金)万户者，曰万户侯，为国立大功才能封此爵。中夜：半夜。此句言己不能为国建立功勋，想起时夜半不能寐，悲愁顿生。

②庄周：战国时思想家，宋蒙县人，楚威王闻其贤，欲迎以为相，周辞不受，所著《庄子·齐物论》中有云："昔者庄周梦为蝴蝶，栩栩然蝴蝶也，自喻适志与！不知周也。俄然觉，则蘧蘧然周也。不知周之梦为蝴蝶与？蝴蝶之梦为周与？"定自非：一定不是。自，语气助词。

③残月：残缺的月亮，即阴历月底之月。初月：初生的月亮，即月初之月。两者都不圆，故曰"如"。新秋：今年的秋天。旧秋：往年的秋天。这两句是说，日日如此，年年如此，生活毫无变换。

④秋露如连珠往下滴坠。泣：露滴坠如泣，是拟人的手法。萤飞光似水流动，故言流；光一闪一闪不相续，故言碎。

⑤《周易·系辞》："乐天乃知命，故不忧。"乐天知命，顺天道之常数，知性命之始终，任其自然之理，看透了世界和人生，这样人就不会忧愁。

文本解读

这首诗是原诗第十八首。前四句写"愁"之产生及"愁"中的所为所止。少年时期建功立业封万户侯的理想已然破灭,平生的抱负、才智如同琴声只堪在斗室回响,如同书卷只能摊满案头。五六句运用庄周梦蝶的典故。虽然梦为蝴蝶、忘怀自身,就可以摆脱时刻相随的愁思,无奈自己绝不是那个可以齐物我、一是非、在轻飘飘的达观中自适其志的庄周。可见这是反用典故,表明"愁"之无可消释。"残月"以下四句写景,所写景物无不含"愁":"残月"细瘦孤独,形如"初月";"新秋"清冷忧伤,情似"旧秋"。句式巧拙相间,且能投射诗人独有的心境。最后两句诗人以无奈的自问结束全篇:顺应天道变化,接受命运安排,方能消愁解忧,可是自己何时才能做到呢?

全诗带有对诗人大半生命运的感喟和总括。既有不能为国建勋的失意之悲,更有韶华已逝瞬息衰秋的失志之恸,因而无法给自己留下排遣或超脱的余地。

思考练习

1. 诗人说"虽言梦蝴蝶,定自非庄周",这句话有什么深刻的含义?
2. 这首诗在艺术表现上有什么特点?

阅读链接

庾信著,许逸民校点:《庾子山集注》,中华书局1980年版。

《世说新语》三则

刘义庆

刘义庆(403~444),南朝宋彭城(今江苏徐州)人。宋武帝刘裕之侄,长沙王刘道怜之子,为南朝刘宋王朝贵族。袭封临川王,官至尚书左仆射、中书令。爱好文学。

《世说新语》又称《世说》,为刘义庆及其门人共同编纂而成。内容主要记录魏晋名士的逸闻轶事和玄言清谈,是一部记录魏晋风流的故事集。《世说新语》善于通过典型场景、典型言行刻画人物个性。语言简约传神,含蓄隽永。鲁迅先生曾把其艺术特色概括为"记言则玄远冷峻,记行则高简瑰奇"(《中国小说史略》)。《世说新语》对后世影响深刻。不仅有直接模仿它的小说不断出现,而且不少小说、戏剧也都取材于它,甚至书中的许多成语仍然在为我们广泛使用,例如:难兄难弟、拾人牙慧、咄咄怪事、一往情深等等。刘义庆除著《世说新语》外,还编有《幽明录》、《宣验记》等。

王子猷居山阴

王子猷居山阴①,夜大雪,眠觉,开室②,命酌酒,四望皎然③。因起彷徨④,咏左思《招隐诗》⑤,忽忆戴安道⑥。时戴在剡⑦,即夜乘小船就之。经宿方至,造门不前而返⑧。人问其故。王曰:"吾本乘兴而行,兴尽而返,何必见戴?"

注释

①王子猷(yóu):王徽之,字子猷,王羲之之子。山阴:旧县名,在今浙江省绍兴。
②室:内室。
③皎(jiǎo)然:明亮洁白的样子。
④彷徨:犹豫不决、徘徊盘旋。
⑤左思《招隐诗》:"策杖招隐士,荒涂横古今。岩穴无结构,丘中有鸣琴。白云停阴冈,丹葩曜阳林……",主要描写隐居田园乐趣。左思,西晋著名诗人。
⑥戴安道:戴逵,字安道。博学多艺,隐居不仕。
⑦剡(shàn):今浙江嵊州市。
⑧"造门"句:到门前不进去与人见面而返回。造,到。前,进。

管宁割席

管宁、华歆共园中锄菜①,见地有片金,管挥锄与瓦石不异②,华捉而掷去之③。又尝同席读书④,有乘轩冕过门者⑤,宁读如故,歆废书出看⑥。宁割席分坐⑦,曰:"子非吾友也⑧。"

注释

①管宁,字幼安,北海朱虚(今山东临朐)人。长期隐居,聚徒讲学。先后谢绝魏文帝、魏明帝的征召。华歆,字子鱼,平原高唐(今山东禹城)人。东汉末举孝廉,官至尚书令。曹丕称帝,封司徒。魏明帝时,拜太尉。他曾上表要把官职让给管宁,管宁听到后笑着说:"子鱼本来就想做大官,不过故意做出抬举我的姿态罢了。"
②这句是说,管宁仍挥动锄头视金子如同瓦砾石块一样。
③捉:用手拿东西,这里是"拾"的意思。这句是说,华歆拾起(金子)再扔掉它。
④同席:古人在地上铺席子,席地而坐。
⑤轩冕:古代一种有帷幕而前顶较高的车子叫"轩";天子、诸侯、卿、大夫的礼帽叫"冕",大夫以上的贵人才可以乘轩戴冕。这里把"轩冕"都放在动词"乘"后面,是古汉语中行文简略之处。这句是说,有乘轩戴冕的(贵官)经过门前。
⑥废书:不再继续读书。
⑦割席分坐:割开席子,分开座位,表示鄙视对方。
⑧子:你,指华歆。

长安何如日远

晋明帝数岁，坐元帝膝上。有人从长安来，元帝问洛下①消息，潸然流涕②。明帝问何以致泣，具以东渡意③告之。因问明帝："汝意谓长安何如日远？"答曰："日远。不闻人从日边来，居然可知。"元帝异④之。明日，集群臣宴会，告以此意，更重问之。乃答曰："日近。"元帝失色，曰："尔何故异昨日之言邪⑤？"答曰："举⑥目见日，不见长安。"

注释

①洛下：洛阳，西晋时京都所在地。
②潸然流涕：不自觉地流下了眼泪。潸然：流泪的样子。涕：眼泪。
③意：心意，意图。
④异之：对他的话感到惊奇。异：奇怪，惊奇。
⑤邪（yé）：同"耶"，句末语气词，表示疑问或反问，相当于现代汉语的"吗"或"呢"。
⑥举：抬起。

文本解读

第一篇出自《世说新语·任诞篇》。本篇通过王子猷冬夜乘船访戴安道、造门不前而返的言行，表现当时名士率性任情的风度。雪夜忆起友人即登舟往访，经宿始至，及门而返。王子猷这种飘逸的怪诞行为与《简傲篇》中所载嵇康千里命驾访吕安一样，崇尚"自然"，不受任何拘束，以达到心逸为目的。这种玩转生命、心乐至上的惊俗行为，鲜明地体现当时士人所尚的"魏晋风度"，显示了晋人寄兴趣于生活过程本身的价值而不拘泥于目的的唯美生活观。

第二篇出自《世说新语·德行篇》。本篇写管宁、华歆青年时代一起读书时的两件小事，通过富有特征性的细微动作勾勒人物的性格和精神面貌，使之栩栩如生。特别是对比手法的运用：通过管宁、华歆对金钱、对权贵的不同态度，揭示了两人品格的优劣，也写出了管宁的慎于择友。仅仅61个字，却是有情节，有动作，十分紧凑精彩，读来颇耐人寻味。当然，我们也应该正确看待管宁的割席断交之举，仅以这两件事就断定华歆对财富、官禄心向往之，未免也偏概全。

第三篇出自《世说新语·夙慧篇》。本篇写的是晋明帝司马绍小时候的故事。文中明帝对"长安何如日远"一问，以不同观点、不同方法演绎不同的结论，显示其自幼聪明伶俐，篇名《夙慧》即取义于此。这个故事后来被史官为了说明司马绍"幼而聪哲"写入《晋书·明帝纪》，"日近长安远"也因此成为成语。至于晋明帝先后作出的两种回答，我们不能单纯地理解为玩弄辞令，其语言背后当另有深意。"日远"，乃宽慰君心；"日近"，欲激励群臣，亦含故难回的深沉亡国哀痛。

思考练习

1."王子猷居山阴"表现了魏晋名士怎样的生活态度？
2.你是如何理解"魏晋风度"的？

3. "管宁割席"是怎样通过细节刻画与对比手法来展现人物的性格和精神面貌的？

阅读链接

刘义庆著,余嘉锡笺疏:《世说新语笺疏》,中华书局1987年版。

文学坐标

隋唐五代文学

隋代文学是南北朝文学的延续,总体上呈现出南北文学合流趋势。唐代社会政治开明、经济繁荣、文化开放,体现了一种盛世气象,为文学艺术的繁荣创造了比较宽松的思想文化环境。唐代是中国古代文学史上最辉煌、最富有创造力的时期之一,唐代文学的繁荣表现在诗歌、散文、小说、词的全面发展上。

一、隋代文学

中国诗歌在经过南北朝270余年的分流之后,在隋朝又一次交融。国家的统一便利了各地诗人的交流,而隋炀帝顺应时势的推波助澜也推进了诗歌的革新和发展。这一时期的代表诗人有虞世基、薛道衡等。他们的诗歌体现了南北融合的特点,将北方人的慷慨义气与南方人的细腻情怀结合在一起,代表了诗风走向整合的必然历史趋势,为初盛唐诗歌的繁荣做了铺垫。

二、唐代文学

唐代诗歌的创作不仅古体、近体争奇斗艳,而且初、盛、中、晚各期,名家辈出,展现了风格迥异的艺术特色。无论是作品的数量还是质量,唐诗都无愧为中国古典文学的杰出代表。

唐初宫廷诗歌在太宗李世民的大力倡导下欣欣向荣,使得南朝诗风炽盛一时,以"绮错婉媚"为艺术风格的"上官体"则是宫廷诗歌在高宗朝的延续。同时,"初唐四杰"王勃、杨炯、卢照邻、骆宾王在内容题材、审美追求和风格上都突破齐梁宫体诗的窠臼,使诗歌贴近现实。陈子昂力反齐梁诗风,主张恢复汉魏风骨和风雅的兴寄传统。他们的大胆创新,为唐诗的繁荣铺平了道路。与"四杰"同时或稍后的一批初唐著名诗人,如杜审言、李峤、宋之问、沈佺期等,都是由进士科及第而先后受到朝廷重用的士人作家,杜审言在五律上的成就较大,使得五言律体的创作首先达到较高的艺术水准,但是五言律诗的定型则是由沈佺期和宋之问最后完成的,对于唐诗的发展有重大意义。作为"吴中四士"之一的张若虚是初、盛唐之交的一位诗人,他的千古名篇《春江花月夜》不仅情景交融、兴象玲珑,更以一种深沉的宇宙意识引发了人们对于人生的思考,有"孤篇压全唐"之誉。

盛唐是唐诗发展的高潮期,具有"气盛势飞"、"浑厚氤氲"的雄浑气象。以王维、孟浩然为代表的山水田园诗派,多写闲情逸致,格调高雅。王维善于创造"诗中有画"的静逸明秀诗境,同时以禅入诗,给人以超然于物外的空明与寂静之感。孟浩然诗风平淡自然,贴近生活,在多次的出游中留下了不少山水名篇。以高适、岑参、王昌龄为代表的边塞诗派,其作品多描写边塞风光和艰苦的军旅生活,各具特色。高适的边塞诗在苍凉悲慨中包含了自己对于边事的冷静的思考,有较强的现实主义精神。而岑参的诗名则得益于他的诗歌中频繁出现的壮伟奇谲的边塞美景,体现了作者积极乐观的创作态度和浪漫主义创作精神。王昌龄的边塞诗大部分是用乐府旧题抒写战士爱国立功和思念家乡的心情,诗体多用易于入乐的七绝,被誉为"七绝圣手"。再加上被誉为诗史上的"双子星座"李白、杜甫的崛起,盛唐诗歌真是群星璀璨,流派纷呈。李白诗歌颂大好河山,表现个人理想和社会现实的矛盾,带有强烈的主观色彩。他以才力、凭气质写诗,极具感染力,杜甫赞其"笔落惊风雨,诗成泣鬼神"。其诗歌的豪放飘逸的风格、变幻莫测的想象、清水出芙蓉的美,对后人有很大的吸引力,苏轼、陆游等大家,都受到他的影响。杜甫诗歌集中反映唐王朝由盛转衰的社会现实,作者虽身处窘迫之境仍怀济世之心,诗歌感情内在深沉,风格沉郁顿挫,被称作"诗史"。杜诗诸体兼备,且在情操上忧国忧民,所以为历代士人所崇仰,在士人人格的形成上,有不可估量的影响。

中唐大历前后的诗歌呈现一种过渡状态。刘长卿的诗将人生失意的凄凉之感融入黯淡萧瑟的景物描写中,清楚地显示出盛唐诗向大历诗转变的轨迹。而韦应物在追怀盛世的同时,寄情于山水,他的山水诗继承了盛唐山水田园诗的优良传统,风貌清新淡雅,语言洗练自然。以李端、卢纶、韩翃等人为代表的"大历十才子"则是活跃在中唐时期的一个重要诗歌群体。由于李唐王朝的衰微,这个时期的诗歌多半都染上了感伤的色彩。经过大历时代的低迷和酝酿,唐诗到元和时代再度爆发了惊人的创造力,以白居易、元稹为首的"元白诗派",倡导新乐府运动,主张"文章合为时而著,歌诗合为事而作",以"惟歌生民病"为诗的终极目标。白居易张扬"美刺比兴"的传统,创作了大量的讽喻诗,如《新乐府》五十首、《秦中吟》十首,针砭时弊,形象鲜明,有很强的社会性;而他的感伤诗《长恨歌》、《琵琶行》尤为出名。与"元白诗派"同时活跃在元和诗坛的"韩孟诗派"以韩愈、孟郊为代表,他们以"求奇尚险"的诗歌创作理念向疲软的贞元诗坛发起了冲击,开启了后世苦吟之诗风。李贺是个风格十分独特的诗人,他经常取材于神话传说等超现实素材,以强烈的主观色彩突出事物的质感,营造出一种阴冷而神秘的气氛。此外,刘禹锡、柳宗元、贾岛、姚合等一些诗人在诗歌艺术上也有各自的风格与成就。

晚唐诗风,纤巧华艳,凄幽动人。此期最可称道者当数李商隐和杜牧,号称"小李杜"。李商隐诗风凄艳浑融、朦胧多义。他的《锦瑟》、《无题》等诗风格华丽,造语精工,对心灵世界作出了深入开拓。杜牧诗风俊爽清丽,其中以怀古咏史诗最为出色,即景抒情中融入了深沉的历史感慨。《华清宫》、《泊秦淮》等诗境界奇警、意味悠长,令人玩味不尽。唐朝末期,由于阶级矛盾的极端尖锐,出现了一些继承中唐新乐府运动现实主义精神的诗人,代表人物是皮日休、聂夷中、杜荀鹤,他们的诗作反映战乱中的人民生活,尤其深刻沉痛。

唐代散文主要有骈文和"古文"两大类,并且在不同阶段中各自占据着优势。初唐时期,骈文占统治地位。初唐骈文以王勃的《滕王阁序》、骆宾王的《代李敬业传檄天下文》等为代表,脍炙人口。直到中唐时期,在前代文风革新努力的基础上,韩愈、柳宗元发起了"古文运动",并有李翱、皇甫湜、刘禹锡、白居易等一大批响应者,形成了较大的规模和影响,使古文取得了压倒骈文的优势。韩、柳在理论和实践上都取得了非凡的成绩,其理论的核心是"文以明道",文章的思想性和艺术性都得到了重视,也以多种文体和多样的风格实践了他们的理论。到了晚唐,由于古文后继者普遍走入了偏涩的创作误区,古文失去了中唐时期的活力。而骈文自身的发展产生了温庭筠、李商隐等大家,骈文又重新占据了文坛。此时小品文在文坛上也大放异彩,以皮日休、陆龟蒙、罗隐为代表的小品文作家用讽刺传达出对现实人生的关注。

在小说上,唐人继承和突破了六朝志怪小说,吸收了野史杂传的因素,创造出了唐传奇的新形式,开辟了"有意为小说"的新时代。元稹的《莺莺传》、李朝威的《柳毅传》等,都是著名的作品。唐传奇中大量出现的惊奇情节,想象大胆,刻画细致,标志着我国古代小说艺术的渐趋成熟,对后世戏曲小说创作具有借鉴意义。

词的创作也出现在唐代,它由民间到文人,由初创到成熟。晚唐的温庭筠在词的创作上着力颇多,是晚唐诗人中写词最多的作家,他的词作现存六十多首,这些词的题材较狭窄,大多是描写女性的服饰、容貌和情态,但善于选用不同的景物或物件来展现人物内心的心理活动。

三、五代文学

五代文学的主要成就在于词,我国最早的一部文人词总集《花间词》在此期间问世,共选录了18位词人的500首作品,他们在词风上大体一致,后世称为花间词人,其中欧阳炯、韦庄成就较高。南唐则是与西蜀相对的另一个词学中心,重要作家有冯延巳、李璟和李煜,其中李煜的词突破了晚唐五代"词为艳科"的藩篱,能以沉雄奔放之笔,写故国哀感之情,在境界、气象和词艺上多有开拓。

出 塞①

王昌龄

王昌龄(698～757),字少伯,京兆长安(今陕西西安)人,出身寒微,唐玄宗开元十五年(727)考中进士,曾任江宁县丞、龙标尉等职,故世称王江宁、王龙标。后因世乱返乡,路过亳州,被刺史闾丘晓冤杀。

王昌龄在盛唐诗坛声名卓著,与高适、岑参同为边塞诗派代表作家。他的诗作多表现军旅生活及闺怨、友情,以含蓄蕴藉、意在言外见长。七言绝句尤为神品,他能把绝句体短小的特点变为优点,观察提炼生活,以简洁的语言表现含蓄而丰富的情致和心态,堪称唐代七绝圣手,曾被誉为"诗家夫子王江宁"。有《王昌龄集》。

秦时明月汉时关②,万里长征人未还③。
但使龙城飞将在④,不教胡马度阴山⑤。

注释

①《出塞》:汉乐府《横吹曲辞》旧题。王诗原作两首,这是第一首。塞(sài):边塞,边界上险要的地方。

②"秦时"句:"秦"、"汉"是互文见义,全句意思是:现在的明月、边塞还是秦汉时的明月、秦汉时的关。关:关塞,指秦汉时在毗邻匈奴地区所设的边防要塞。

③"万里"句:战乱始终不息,远征在外的战士还没有返回家园。人:指戍守边塞的战士。

④龙城飞将:指西汉武帝时右北平太守李广。李广以骁勇善战著称,匈奴称他为"汉之飞将军"。右北平,唐时为北平郡,治所在卢龙(今河北抚宁),龙城即卢龙。

⑤教(jiào):使,让。胡马:胡人的骑兵。胡,古代汉族对北方少数民族的通称。度:通"渡",过,越过。阴山:阴山山脉,在古代是北方的屏障。

文本解读

这首七言绝句,是王昌龄的边塞诗代表作之一。诗歌慨叹边塞战争的经久不息及其给人民带来的生离死别的痛苦,希望能有英勇善战的将领来保卫国家的安宁。

首句写戍边士卒身在关塞,眼望明月,写的是今时之景,却特用互文的修辞手法,点出"秦"、"汉"二字来统领"明月"和"关",概括了千年以来边境不宁、战火不熄、士卒万里戍边代代依然的事实。如果说首句追溯了悠久的历史,写出征人的边愁,那第二句则展示了广袤的空间,引出思妇的哀怨。"长征"已有遥远之意,何况是"万里"。"人未还",更生动反映出思妇家中的牵念和唐代当时的边烽经久不息。

由"人未还"生发诗的后两句。"但使"、"不教"的连用,是以字面上的假设来表达对昔日名将的怀念,从而揭示边塞不宁的原因是将领无能,朝廷用人不当。这里有作者对边将无能的不满,有对英才良将卫国安边的企盼,也有诗人自身跃跃欲试、横槊戍边的渴望……

此诗不仅语言简练,内涵丰富,而且构思也极为精巧。前两句由今及古,后两句由古及今,写今不局限于今,怀古又不拘泥于古,而是将对历史的回顾和历史人物的追忆融入对现实的忧思之中。尤其是诗的开头两句,囊括古今,包举万里,令人情思飞越,遐想千古。明代李攀龙推崇此诗为唐人七绝中的压卷之作。

此诗主旨及写作意图有很强的现实针对性,蕴含着爱国激情,洋溢着进取之气,写来却从千年之前、万里之外落笔,"发兴高远"而感慨深长,形成了雄浑苍茫的独特意境。

思考讨论

1. 概括本诗的主要旨意。
2. 为什么说此诗前两句时空延展、境界广阔?
3. 阐述诗歌的后两句所包蕴的多重寓意。
4. 背诵这首诗。

阅读链接

王昌龄著,李云逸注:《王昌龄诗注》,上海古籍出版社1984年版。

登金陵凤凰台①

李 白

李白(701~762),字太白,号青莲居士,又号"谪仙人",祖籍陇西成纪(今甘肃省秦安县)。他生于安西都护府的碎叶城(今吉尔吉斯斯坦境内),约5岁时随其父迁居四川绵州彰明县(今四川省江油)。李白自青年时,即漫游全国各地。天宝初,至长安,供奉翰林。756年(安史之乱发生的第二年),因参加永王李璘幕府,受牵累,流放夜郎,途中遇赦。晚年漂泊东南一带,最后病殁于安徽当涂。

李白生活在盛唐时期,具有"济苍生"、"安黎元"的进步理想,并为之奋斗一生。其大量诗篇既反映了盛唐的繁荣气象,也揭露了统治集团的荒淫和腐败,表现出蔑视权贵,鄙夷世俗,追求自由和理想的积极精神。在艺术上,其诗想象丰富,感情浓烈,意境奇伟瑰丽,语言清新自然,形成雄健、豪迈的艺术风格,是继屈原之后,我国诗坛又一位伟大的浪漫主义诗人。其诗现存900多首,有《李太白全集》三十卷。

凤凰台上凤凰游,凤去台空江自流。
吴宫花草埋幽径②,晋代衣冠成古丘③。
三山半落青天外④,二水中分白鹭洲⑤。
总为浮云能蔽日⑥,长安不见使人愁。

注释

①金陵:今江苏南京。东吴、东晋皆建都于此。凤凰台:故址在今南京城西凤凰山。相传南朝宋元嘉年间,有异鸟飞集于此,状如孔雀,色彩斑斓,声音和谐,人们称之为凤凰,于是筑台山上,山与台因此而得名。

②吴宫:三国时孙吴曾于金陵建都筑宫。

③晋代:指东晋,南渡后也建都于金陵。衣冠:指当时名门世族。丘:墓。

④三山:山名,在南京西南长江边上,因三峰并列,南北相连,故名。半落青天外:形容三山云雾遮挡,朦朦胧胧,看不清楚。

⑤二水:一作"一水"。秦淮河流经南京后,西入长江,白鹭洲横其间,乃分为二支。白鹭洲:沙洲名,位于南京市西南长江中,后因江流西移,今已与陆地相连。

⑥总为:总是因为。浮云蔽日:以浮云比喻奸佞小人,以日象征皇帝,表示奸佞当道,贤者不得任用。陆贾《新语·慎微》有:"故邪臣之蔽贤,犹浮云之障日月也。"

文本解读

诗人于天宝三载(744)因遭谗毁而离开长安,漫游各地。天宝六载到达金陵,登临凤凰台,写下了这首脍炙人口的杰作。诗人写登台所见,感叹自然的永恒存在,感慨人事的迅速变迁,并由这一历史兴衰之感,引出对浮云蔽日、国事日非的忧虑。

诗虽属咏史抒怀之作,然而字里行间饱含着忧国伤时的感慨。开头两句写凤凰台的传说,点明了凤去台空,六朝繁华,一去不返,只有自然景物依然如故。这体现出诗人着眼于一个"变"字。三、四句就是"凤去台空"这种变化的具体化,是借事抒情写意,借东吴、东晋一代风流的灰飞烟灭表明帝王豪门虽煊赫一时,却终将覆灭。五、六句承"江自流"而来,诗人由凭吊历史遗迹而转向欣赏自然的壮美,是借景抒情写意,亘古长存的自然景色,观照着人事的更迭、历史的兴衰,发人深省。此两句有远望、仰望、平视,用词绝妙,对仗工整,气象万千,成为名句。由此,诗人想到现实,唱出"总为浮云能蔽日,长安不见使人愁"的深切感叹,借象征手法抒情写意。诗人面向长安、面对现实,暗示皇帝被奸邪包围,自身报国无门,心情十分沉痛,抒发忧国伤时的怀抱,意旨深远。

此诗将社会与自然、历史与现实、写景与抒情融为一体,达到很高的艺术境界。其韵律则是意到其间,成韵天然,语自然,无雕饰,潇洒清丽。

思考讨论

1. 指出诗中的多种抒情写意方法。
2. "总为浮云能蔽日,长安不见使人愁"有何象征意义?
3. 背诵这首诗。

阅读链接

李白著,詹锳主编:《李太白全集校注汇释集评》,百花文艺出版社1996年版。

登 楼①

杜 甫

杜甫(712～770),字子美,祖籍襄阳(今属湖北襄樊),后迁居巩县(今属河南)。自幼好学,知识渊博,颇有政治抱负。开元后期,举进士不第,即寓居长安(曾住杜陵附近之少陵,故世称杜少陵,诗人尝自称少陵野老)。"安史之乱"期间,历经离乱,饱尝艰辛。后随肃宗入朝,官左拾遗,后贬为华州司功参军,不久弃官入蜀,因西川节度使严武的举荐,得节度参谋、检校工部员外郎之衔,后世因称杜工部。晚年携家出蜀,病死湘江舟中。

杜甫出生于"奉儒守官"的家庭,对国家命运和民生疾苦非常关注。但他一生仕途失意,遭遇坎坷,身受深重的时代苦难。这使得他得以深入社会,真切认识现实的黑暗和百姓的痛苦。他的众多优秀作品,深刻地反映出唐代由盛转衰过程中的社会风貌和时代苦难,故被后人誉为"诗史"。

杜甫是唐代也是我国古代最伟大的现实主义诗人,有"诗圣"之誉。杜诗兼备诸体,而且无体不工,五古、七律成就尤高。其五古措辞质朴厚实,格调沉郁顿挫;七律语句精练,属对工切,且严守声律,一丝不苟。有《杜工部集》。

花近高楼伤客心,万方多难此登临②。
锦江春色来天地③,玉垒浮云变古今④。
北极朝廷终不改⑤,西山寇盗莫相侵⑥。
可怜后主还祠庙⑦,日暮聊为梁甫吟⑧。

注释

①登楼:作者登的是成都的城楼。

②万方多难:当时唐朝外有吐蕃入侵,内有藩镇割据、宦官专权,灾患连连,日益衰败。此:含有此时、此地、此行多种意思,也有只能如此无可奈何之意。

③锦江:在今四川成都市南,岷江支流,以濯锦得名,杜甫的草堂即临近锦江。来天地:与天地俱来。

④玉垒:山名。变古今:与古今世势俱变。

⑤"北极"句:广德元年(763)十月,吐蕃陷长安,立广武王李承弘为帝,代宗至陕州(今河南陕县),后郭子仪收复京城,转危为安。此句喻吐蕃虽陷京立帝,朝廷始终如北极那样不稍移动。北极:星名,居北天正中,这里象征大唐政权。终:始终的意思,表达了作者坚定的信心。

⑥"西山寇盗"句:西山寇盗指吐蕃进犯四川岷江地区。广德元年十二月,吐蕃又陷松、维、保三州(皆在四川境)及云山新筑二城,后剑南西川诸州也入吐蕃。此句意谓朝廷终不因侵扰而稍改,故吐蕃相侵徒劳无功。西山:岷山。莫:不要,充满让寇盗闻而却步的威力。

⑦"可怜后主"句:此句意为可悲的昏君刘禅居然也在祠庙里享受供奉。后主:蜀汉后主刘禅。还:有不当如此而居然如此的意思,表示对误国昏君的极大轻蔑。祠庙:先主庙在成都锦官门外,西有武侯祠,东有后主祠。

⑧"日暮"句:此句意为当今君主同刘禅一样昏庸,造成国事维艰,朝廷却无诸葛亮那样的贤相,自己空有报国之志,却报国无门。聊:有不甘如此却只能如此的意思,抒写诗人无可奈何的伤感。梁甫吟:古乐府篇名。相传诸葛亮隐居时好为《梁甫吟》。

文本解读

此诗是唐代宗广德二年(764)杜甫于成都所作,作者在感时伤世、无限忧思中登楼写下此诗。作者由登楼望见无边春色,想到万方多难,时世如浮云变幻,不免伤心感喟。进而想到朝廷就像北极星座一样,不可动摇,即使吐蕃入侵,也难改变人们的正统观念。最后袒露了自己要效法诸葛亮辅佐朝廷的抱负,大有澄清天下的气概。

首联提挈全篇,"万方多难"是全诗写景抒情的出发点。首联为倒装,诗人于万方多难、流离异乡之时,胸多愁思,登楼望景,所以虽繁花触目,却更黯然心伤。花伤客心,以乐景写哀景,反衬手法,一个伤字,开诗沉郁。颔联写雄丽壮阔之景,以时空观写登楼所见,流水携春色天际涌来,浮云如历史风云变幻。来天地,开阔视野,囊括宇宙;变古今,驰骋遐思,思接千载。登高而游目骋怀,赞美河山,追怀历史,流露诗人忧国忧民的无限心事。颈联,即写登楼所想,论天下大势,义正词严,浩气凛然,于如焚焦虑中透露坚定信心,一"终"一"莫"意味隽永。尾联,咏怀古迹,讽喻当朝昏君,寄托个人怀抱。诗人空怀济世之心,然无献身之路,只能吟诗以自遣。

全诗即景抒情,写登楼的观感。首句的"近"字和末句的"暮"字,在诗的构思上,起着突出的作用。诗人登楼俯仰瞻眺山川古迹,都从空间着眼,"花近高楼"写近景,而"锦江"、"玉垒"、"后主祠"却是远景,远近配合,写尽虽为乱世而江山多娇。"日暮"点明诗人徜徉时间已久却忧思难遣。这种兼顾时间和空间的手法,开阔了诗的豁达雄浑的境界,也深化了诗歌的主旨。

诗的格律严谨,对仗工整,历来为诗家所推崇。其颈联为流水对,读来有飞走流动之感。在语言上,特别工于各句(末句例外)第五字的锤炼,如首句之"伤",点染了全诗悲怆的气氛,而且突如其来,造成悬念。总之,此诗熔景物、国难、情思于一炉,语壮境阔,寄慨遥深。诗于顿挫中见情致,于沉郁中见深意,沈德潜以为"气象雄伟,笼盖宇宙,此杜诗之最上者"。

思考讨论

1. 概括本诗的主旨。
2. 此诗"气象雄伟,笼盖宇宙",结合诗歌的颔联试作分析。
3. 分析诗歌各句(末句例外)第五字的含义。
4. 背诵此诗。

阅读链接

杜甫著,仇兆鳌注:《杜诗详注》,中华书局1979年版。

终南别业

王 维

王维(701~761),字摩诘,祖籍祁州(今山西省祁县),后移居蒲州(今山西永济)。盛唐杰出诗人。

王维于唐玄宗开元九年(721)进士及第,历任大乐丞、右拾遗、监察御史等职。王维早期在张九龄执政期间,曾积极进取。"安史之乱"中,为叛军所俘,被迫接受伪职,乱平后,以罪降为太子中允,从此淡泊世事,在蓝田辋川别墅过着焚香礼佛、亦官亦隐的生活。官至尚书右丞,世称王右丞。

王维多才多艺,诗画成就尤高。早期诗歌题材广泛,边塞、游侠等均有所涉及,后则致力于山水田园诗的创作,与孟浩然同为盛唐山水田园诗派杰出的代表作家,并称"王孟"。他的诗对物象体察精细,描绘简洁传神,充溢着诗情画意,被苏轼赞为"诗中有画",而且诗中时或渗透着佛理禅机,世称"诗佛"。其诗各体兼工,以五言律绝最为出色。有《王右丞集》。

中岁颇好道,晚家南山陲①。
兴来每独往,胜事空自知②。

行到水穷处,坐看云起时。
偶然值林叟,谈笑无还期③。

注释

①中岁:中年。晚:晚年。南山陲:指辋川别墅所在地。陲:山脚,山麓或边地。
②胜事:快乐的事,即足以赏心悦目的事。
③值:相遇。无还期:还期不定。

文本解读

袁枚《续诗品》中说:"诗如鼓琴,声声见心……我心清妥,语无烟火。"王维中年起即亦官亦隐,此诗叙写其隐居终南别墅时那种自得其乐的闲适情趣,诗中叙事、写景、抒情,无不表现了诗人悠然闲适的心情,并且将禅理融入写景状物之中,使人在审美的愉悦中有所领悟。

诗歌首联是全诗的总提。"好道"二字为诗歌的主旨,既点明隐居的原因,而且引领下文。以下六句,一气呵成,都围绕好道而来,写悟道的那种自得其乐,即无所执著,一切皆由兴之所至。

颔联写隐居中乘兴而出、兴尽而归的悠闲适意。这一联的意思蝉联而出,"每独往"正是"空自知"的原因。"独"、"空"、"自"折射出诗人的心境,诗人因厌恶官场污浊、尘世纷扰而隐,其"独"为"不获世之滋垢",其"空自知"为不待于物的逍遥。这正是佛教禅宗清静无为、自得其乐的心境。

颈联以景写情寓理。行云流水,无拘无束,自由自在。人亦如此,山穷水尽,也随遇而安,坐看云起,闲适悠然。从人与自然的妙合中,我们看到诗人与造物相表里的内心世界,悟出返璞归真、崇尚自然之理趣和真谛。此联不仅"诗中有画",而且禅意蕴藉,耐人寻味。

尾联"偶然"二字极为巧妙,可谓贯穿全诗。诗人偶然乘兴出游,偶然行到水穷处,又因偶然遇林叟而归期不定,处处偶然又处处"无心遇合",更显诗人天性淡逸,超然物外。

此诗语言明白如话,但这不是一般的平淡,而是"绚烂之极归于平淡",是以古朴无华的语言抒发高洁幽雅情趣的平淡,是情、景、理妙合无垠的平淡,是从至闲至静中得到的不可企及的平淡。

思考讨论

1. 诗歌中"好道"二字,在结构中起什么作用?
2. 赏析诗歌颈联的思想内涵和艺术特色。
3. 背诵全诗。

阅读链接

王维著,赵殿成注:《王右丞集笺注》,上海古籍出版社1984年版。

乌衣巷①

刘禹锡

刘禹锡(772~842),字梦得,洛阳(今属河南)人。贞元七年(791)进士及第,入仕后参加王叔文领导的"永贞革新",反对宦官专权和藩镇割据。不久,革新失败,他屡遭贬谪,在偏僻之地为官达二十余年,至敬宗宝历二年(826)才奉诏回洛阳。晚年历任苏州、汝州、同州刺史等职,官至太子宾客。

刘禹锡是唐代著名的哲学家和文学家。在中唐诗坛上,他与白居易齐名,时称"刘白"。他的诗歌,多有政治讽刺和怀古咏史之作,善使事运典,托物寓意,以针砭时弊,抒写情怀。艺术上则以清新明朗见长,一些篇什具有民歌风调。有《刘禹锡集》。

朱雀桥边野草花②,乌衣巷口夕阳斜。
旧时王谢堂前燕③,飞入寻常百姓家④。

注释

①这首诗是《金陵五题》中的第二首,作于唐敬宗宝历二年(826)。乌衣巷:在今南京秦淮河南朱雀桥附近,三国东吴在此设军营,军士都穿黑衣,因而得名。

②朱雀桥:南京秦淮河上桥名,六朝时为京都正南朱雀门外大桥,是交通要道。

③王谢:东晋和南朝时有名的世族大家,都住在乌衣巷,其中以王导、谢安最为著名。王导为东晋开国元勋,谢安指挥淝水之战赢得胜利,均声名卓著。

④寻常:平常。

文本解读

这首诗是刘禹锡最得意的怀古名篇之一。诗人凭吊乌衣巷古迹,描绘了具有特征性的景物,感叹桑田沧海,暗示人事兴衰,豪门不可能永享富贵。

诗人并没有正面描写朱雀桥、乌衣巷昔日的热闹景象,而是起笔直入主题,以"野草花"、"夕阳斜"极言如今乌衣巷周围环境的荒凉冷落,寓有对南朝六代繁华一去无迹的感慨。后两句诗人巧妙地借飞燕抒怀,暗示栖息地昔日的兴盛,发盛衰兴亡之感,并将王谢与百姓并论,意在表现时过境迁、富贵无存、物是人非之意。而这种历史的兴衰变化,燕子就是很好的见证。施补华的《岘佣说诗》评这首诗的三、四句时说:"若作燕子他去,便呆。盖燕子仍入此堂,王谢零落,已化作寻常百姓矣。如此则感慨无穷,用笔极曲。"

诗人咏怀古迹,情寓景中,感慨含而不露,构思巧妙,有含蓄之美,耐人寻味,此诗曾使白居易"掉头苦吟,叹赏良久"。

思考讨论

1. 这首诗的主旨是什么?

2. "朱雀桥边野草花,乌衣巷口夕阳斜"是怎样的一种景象?
3. 背诵这首诗。

阅读链接

刘禹锡著,卞孝萱等点校:《刘禹锡集》,中华书局1990年版。

秋 思

张 籍

张籍(约767～约830),字文昌,祖籍苏州,先世移居和州,遂为和州乌江(今安徽和县乌江镇)人。唐代诗人。世称"张水部"、"张司业"。

他是中唐时期新乐府运动的积极支持者和推动者。其乐府诗颇多反映当时社会现实之作,表现了对人民的同情。其诗作的特点是语言凝练而平易自然,和当时的王建齐名,世称"张王"。诗中广泛深刻地反映了各种社会矛盾,同情人民疾苦,如《塞下曲》、《征妇怨》,另一类描绘农村风俗和生活画面,如《采莲曲》、《江南曲》。张籍乐府诗艺术成就很高,善于概括事物对立面,在数篇或一篇之中形成强烈对比,又善用素描手法,细致真实地刻画各种人物的形象。其体裁多为"即事名篇"的新乐府,有时沿用旧题也能创出新意。语言通俗浅近而又峭炼含蓄,常以口语入诗。他还着意提炼结语,达到意在言外的批判和讽刺效果。

洛阳①城里见秋风,欲作家书意万重。
复恐匆匆说不尽,行人②临发又开封。

注释

①洛阳:今河南省洛阳市。
②行人:这里指送信的人。

文本解读

这首诗寓情于事,借助日常生活中一个富于包孕的片段——寄家书时的思想活动和行动细节,非常真切细腻地表达了作客他乡的旅人对家乡亲人的深切思念。

客居洛阳又到了秋天,可作者不直说秋天而用"秋风"代指,意在使人联想肃杀的秋风带给人间的凄凉摇落之景,这又自然要勾起羁泊异乡的孤子情怀,引起对家乡、亲人的悠长思念。接着,紧承"秋风",正面写"思"。诗人在这"秋风"中想到了晋人张翰"因见秋风起,乃思吴中孤菜、莼羹、鲈鱼脍"的故事,可自己却因为种种的牵绊不能像张翰那样"命驾而归",无奈只得修一封家书来寄托思家怀乡的情感。这使得原本深切的思乡之情又萦绕上了一层欲归不得的惆怅。当诗人铺纸蘸墨开始写的时候,心头涌上千愁万绪,觉得满腹说不完的话需要倾诉,而一时竟又不知从何说起。

三四两句绕开了写信的具体过程和信的具体内容,只剪取家书就要寄出时的一个细节"复恐匆匆说不尽,行人临发又开封"。诗人因"意万重"而感到无从下笔,又由于是托行人捎带所以时间又觉匆忙,这样竟使这封包含着千言万语的信近乎"书被催成墨未浓"了。当书成封就,行人就要上路的时候,却忽然感到时间仓促可能还有未说尽的内容,于是又重新打开信封检查,其实诗人的这种担心是毫无定准的,可这也正显示出他对这封"意万重"的家书的重视和亲人的深切怀念,唯恐遗漏一句。

这首句来源于日常生活,可却并非是日常生活的简单摹写,而是对素材进行了高度的提炼与典型化。宋代王安石评张籍的诗说:"看似寻常最奇崛,成如容易却艰辛",这是深得张籍优秀作品创作要旨和甘苦的评论。

思考练习

1.这首诗中的哪些细节可以透露出作者的思乡之情?
2.背诵本诗。

阅读链接

张籍:《张籍诗集》,中华书局上海编辑所1959年版。

杜陵叟①
——伤农夫之困也
白居易

白居易(772~846),字乐天,晚号香山居士,原籍太原,后迁居下邽(今陕西渭南),唐代杰出诗人。唐贞元十六年(800)进士,由校书郎累官至左拾遗。在此期间,他关心朝政,屡屡上书言事,并写了不少讽喻诗,要求革除弊政,因而遭权贵嫉恨被贬为江州司马。此后他被迫避祸保身,历任忠州、杭州、苏州刺史等,官终刑部尚书。

白居易主张"文章合为时而著,歌诗合为事而作"(《与元九书》)。他与元稹一起,倡导旨在揭露时弊的"新乐府运动",写下《秦中吟》10首、《新乐府》50首等,对当时社会的黑暗现实作了深刻的批判。在艺术上,白居易以平易晓畅著称,在当时就流布很广。有《白氏长庆集》,存诗近3000首,数量为唐人之冠。

杜陵叟,杜陵居,岁种薄田一顷余②。
三月无雨旱风起,麦苗不秀③多黄死。
九月降霜秋早寒,禾穗未熟皆青干④。
长吏明知不申破⑤,急敛暴征求考课⑥。
典桑卖地纳官租,明年衣食将何如?
剥我身上帛,夺我口中粟,

虐人害物⑦即豺狼,何必钩爪锯牙⑧食人肉？
不知何人⑨奏皇帝,帝心恻隐知人弊⑩。
白麻纸上书德音⑪,京畿尽放今年税⑫。
昨日里胥方到门⑬,手持敕牒榜乡村⑭。
十家租税九家毕,虚受吾君蠲免恩⑮。

注释

①杜陵:地名,位于长安东南郊,秦时为杜县,后为汉代帝后的墓地,因汉宣帝葬于此,故称杜陵。叟:老农。

②一顷余:唐朝规定,男子授田百亩,其中十分之二为世业,八为口分(身死则收入官)。所以杜陵叟虽能种田一顷多,而所承受的世业田则不过20亩。

③秀:开花抽穗。

④青干:禾穗尚青就已经枯干了。

⑤长吏:指俸禄在二百至四百石的地位较高的县级官吏,这里泛指官吏。申破:向上报告,说明事情的真相。

⑥求考课:在考课中只求得升迁。考课:唐代制定的一种定期对官吏考核的办法,根据考核政绩的优劣或升或降。

⑦害物:残害百姓。这里"物"指人。

⑧钩爪锯牙:像钩一样的爪,像锯一样的牙。

⑨不知何人:是诗人自隐其善的委婉措辞。元和四年(809)三月,诗人和李绛因国内大旱,上书宪宗皇帝,请求减租,并禁止各地横敛,为宪宗采纳。

⑩恻隐:怜悯。知人弊:了解百姓的困顿。人弊指"民弊",唐朝避李世民的讳,"民"多改作"人"。弊:指劳瘵困乏。一说知人弊意谓知道官吏欺上压下的弊端。

⑪白麻纸:唐代中书省用的公文纸有黄麻纸和白麻纸两种,有关遣将、拜相、大赦、赈灾等重要命令都写在白麻纸上。德音:体现皇上恩德的诏书。

⑫京畿:指京城附近40多个县的地区。尽放:全都免除。

⑬里胥:指里正。唐代以百户为一里,设里正,掌管"课植农桑,催驱赋役"。

⑭敕牒:一尺见方的告示,这里指免税的公文。榜:张贴。

⑮"虚受"句:这句意思是说农民受了皇帝这种口头恩惠而并未得到实际的好处。蠲(juān):免除。

文本解读

《新乐府·杜陵叟》为唐宪宗元和四年(809)作者任左拾遗时所作,在《白氏长庆集》里,归入"讽喻"诗一类。元和三年冬至次年春,关中和江南广大地区大旱。白居易上书力陈民生疾苦,请求朝廷能够"减免租税",以"实惠及人",救民于水深火热之中。宪宗皇帝不但准奏,还下了一道"罪己诏",但地方官吏隐情不报,照旧"急敛暴征",争宠邀功,受灾的老百姓并没有得到任何的实惠。白居易在悲愤之余,写下此诗,借此反映天灾人祸下农民的悲苦遭遇,并揭露统治阶级虚伪和残酷的本质。

全诗可分为三层:第一层从开头至"禾穗未熟皆青干",铺写禾穗青干、赤地千里的严重灾情。第二层从"长吏明知不申破"至"何必钩爪锯牙食人肉",申诉官吏的阴险凶残和农民的悲苦怨愤。第三层从"不知何人奏皇帝"至结束,揭露封建官吏和皇帝的伪善伎俩。

再看诗歌所刻画形象的典型性和揭示现实的深刻性。诗前的小序为:伤农夫之困也。农夫们灾年"典桑卖地纳官租",被剥身上帛、被夺口中粟之后,却还得感君蠲免恩,怎能不发出"虐人害物即豺狼"的怒斥。诗人通过"我"即杜陵叟这个典型所反映的绝非一地的农夫之困,而是千百万农民的悲惨处境和心中的愤怒。官吏在严重灾情下,明知农民遭灾,为了自己能在考课中政绩卓著获得升迁,硬是"不申破"、"急征暴敛",让我们看到人祸更胜天灾,认识到什么才是真正的农夫之困,深刻地揭示了封建官吏的残忍本质。那么,为什么官吏们面对圣命,敢阳奉阴违呢?事实上,每当灾荒严重之际,由皇帝下诏蠲免租税,而地方官照样加紧盘剥勒索,这不过是封建社会经常上演的双簧戏而已,可怜的只是无依无靠的四海农夫。

思考讨论

1. 这首诗反映了作者怎样的思想感情?
2. 说明诗歌所刻画人物的典型性和揭示现实的深刻性。
3. 翻译下列诗句。
   (1)长吏明知不申破,急敛暴征求考课。
   (2)虐人害物即豺狼,何必钩爪锯牙食人肉。
   (3)十家租税九家毕,虚受吾君蠲免恩。

阅读链接

白居易著,朱金城笺校:《白居易集笺校》,上海古籍出版社1989年版。

金铜仙人辞汉歌(并序)

李 贺

　　李贺(790~816),字长吉,福昌(今河南宜阳)人,家居昌谷(在宜阳境内)。出身宗室贵族,但家境早已没落,少年时因避父晋肃讳("进"与"晋"同音),未得中进士,只做到九品官奉礼郎。一生空怀抱负,郁郁不得志,死时年仅27岁,常与王勃等为后人引作"天妒英才"之例。

　　李贺诗现存230多首,以乐府诗著称。诗中反映出对时世的不满、对百姓疾苦的关切,但也有一些作品流露自己被压抑的阴郁情绪。他的诗想象丰富,构思奇特,诗作在语言上十分讲究,修辞手法极其多样。但有时过于雕琢,诗意显得有些晦涩。有《李长吉歌诗》。

　　魏明帝青龙元年①八月,诏宫官牵车西取汉武帝捧露盘仙人,欲立置前殿。宫官既拆盘,仙人临载乃潸然泪下。唐诸王孙②李长吉遂作金铜仙人辞汉歌。
　　茂陵刘郎秋风客③,夜闻马嘶晓无迹④。

画栏桂树悬秋香,三十六宫土花碧⑤。
魏官牵车指千里⑥,东关酸风射眸子⑦。
空将汉月出宫门⑧,忆君清泪如铅水⑨。
衰兰送客咸阳道⑩,天若有情天亦老⑪!
携盘独出月荒凉,渭城已远波声小⑫。

注释

①青龙:魏明帝年号。青龙元年,即公元233年。
②唐诸王孙:李贺是唐宗室郑王李亮(高祖李渊之叔)的后代,故称。
③茂陵:汉武帝的陵墓,在今陕西兴平县东北。刘郎:指汉武帝刘彻。秋风客:秋风中的过客。汉武帝写过《秋风辞》,故称其为秋风客。
④"夜闻"句:夜里还似听到刘彻的马嘶声,早晨却已不见踪迹。用夸张手法写生命短暂,人生无常。
⑤三十六宫:汉时长安有宫殿三十六所。土花:指苔藓。
⑥"魏官"句:魏官用车不远千里将铜人从长安运往洛阳。
⑦东关:指长安东门。酸风:刺眼的冷风。
⑧"空将"句:金铜仙人出宫门时,只有天上的明月陪伴它。
⑨君:指刘彻。铅水:喻指铜人所流的眼泪。
⑩"衰兰"句:从长安东去,只有路旁衰败的兰花为金铜仙人送行。
⑪天若有情天亦老:谓此情此景连苍天也要为之感伤而衰老。这是千古名句,曾有人为这一句诗对了一句下联:"月如无恨月长圆。"
⑫渭城:即咸阳,离长安不远。波声:指渭河水声。

文本解读

这首诗大约是元和八年(813)李贺因病辞去奉礼郎职务,由京赴洛途中所作。其时唐王朝国运日衰,藩镇割据,兵祸迭起,民不聊生;而诗人那"唐诸王孙"的贵族之家也早已没落衰微,报国无门,处处碰壁。诗人有感于此,因而借金铜仙人辞汉的史事,来抒发兴亡之感、家国之痛和身世之悲。

全诗可分为三个层次。首四句是第一个层次,借金铜仙人的"观感"慨叹韶华易逝,人生短暂,世事无常。"夜闻"一句承上启下,补足"秋风客"的形象,又引出对如今汉宫悲凉幽冷面貌的展示。中四句为第二个层次,用拟人化手法写金铜仙人初离汉宫的酸苦惨凄情态,亡国之痛和移徙之悲跃然纸上。特别是"酸"、"射"两字,把主观的情和客观的物完全糅合在一起,含义极为丰富。"忆君"句中的"泪如铅水",比喻奇妙非凡,物性人性,一笔两到,成功地塑造出一个感怀旧事、恨别伤离的形象。末四句为第三个层次,写出城后途中的情景。"衰兰"一语,写形兼写情,而以写情为主(因愁苦而"衰");"天若"一语,烘托出金铜仙人(实即作者自己)艰难的处境和凄苦的情怀,设想奇伟,意境辽远,感情深沉,司马光称为"奇绝无对"。末联进一步描述了金铜仙人恨别伤离,不忍离去,而又不能不离去的无奈心境,而这正是当时诗人仕途无望被迫离开长安时心情的写照,感人至深。

这首诗是李贺的代表作品之一,它设想奇特,而又深沉感人;形象鲜明,而又变幻多姿;词句奇峭,而又妥帖绵密。特别是"天若有情天亦老"一句,已成为传诵千古的名句。

思考讨论

1. 概括本诗的主旨。
2. 这首诗中作者借金铜仙人抒发了什么样的情感?

阅读链接

李贺著,蒋凡等校点:《李贺诗歌集注》,上海古籍出版社 1977 年版。

赤　壁

杜　牧

　　杜牧(803~约852),字牧之,京兆万年(今陕西西安)人。唐文宗大和二年(828)进士,历任监察御史,黄州、池州、睦州等地刺史以及司勋员外郎、中书舍人等职。杜牧有政治理想,但由于秉性刚直,屡受排挤,一生仕途不得志,晚年过着放荡不羁的生活。杜牧的诗、赋、古文都负盛名,其《阿房宫赋》不仅为人称道且标志着文赋体之形成。杜牧以诗的成就最大,与李商隐齐名,世称"小李杜"。其诗风格俊爽清丽,独树一帜。他的古体诗受杜甫、韩愈的影响,题材广阔,笔力峭健;他的近体诗则以文辞清丽、情韵跌宕见长。绝句尤为出色,如《山行》、《泊秦淮》、《江南春》等。

　　　　折戟沉沙铁未销①,自将磨洗认前朝。
　　　　东风不与周郎便②,铜雀春深锁二乔③。

注释

①折戟沉沙:断了戟没入沙中。戟:一种古代兵器。
②东风:赤壁之战中吴、刘两家以火攻攻打西面的曹营,借助了东风。周郎:周瑜,吴军都督。
③铜雀:铜雀台,现在邺县。三国时期为曹操广泛搜罗安置美女的地方。二乔:吴国乔国老的两位女儿,有绝世姿色。大乔嫁给吴国国君孙坚,小乔嫁给周瑜。

文本解读

　　这首诗是作者经过赤壁这个著名的古战场,有感于三国时代的英雄成败而写下的一首咏史诗。
　　诗的开头借一件古物来引起对前朝人物和历史的慨叹。在赤壁大战中遗留下来的一支折断了的铁戟,沉没在水底沙中,经过了 600 多年,还没有被时光销蚀掉。经过一番磨洗,鉴定了它的确是赤壁战役的遗物,不禁引起了"怀古之幽情"。由这件小物件,诗人想到了汉末那个分裂动乱的时代,想到那次重大意义的战役,想到那一次生死搏斗中的主要人物。这前两句是写其感兴之由。

后两句是议论。在赤壁之战中周瑜主要是用火攻战胜了实力雄厚的曹操,而其能用火攻则是因为在决战的时刻,恰好刮起了强劲的东风,所以诗人评论这次战争成败的原因,只选择周郎来落笔。但并不从正面来描摹东风如何帮助周郎取得了胜利,却从反面落笔:假使这次东风不给周郎以方便,那么,胜败双方就要易位,历史形势将完全改观。因此,接着就写出假想中曹军胜利,孙、刘失败之后的局面。但又不直接铺叙政治军事情势的变迁,而只间接地描绘两个在东吴具有独特地位的美女大小乔,以她们将要承受的命运来暗写战争易位。因为如果曹操成了胜利者,那么大乔和小乔就必然要被抢去,关在铜雀台上,供他享受了。杜牧在此诗里,通过"铜雀春深"这一富形象性的诗句,即小见大,这正是他在艺术处理上独特的成功之处。

以议论入绝句,始于杜甫,杜牧继承了这一传统,并构成了俊爽诗风的一个重要方面。在《赤壁》这首诗当中,杜牧将议论融入形象的描写当中,既清新俊逸,又深刻犀利。所以《赤壁》被胡应麟称为"宋人议论之祖"是颇有道理的。

思考练习

1. 请分析"东风不与周郎便,铜雀春深锁二乔",如何将形象的描写和理性的议论完美结合起来?
2. 背诵本诗。

阅读链接

杜牧:《樊川文集》,上海古籍出版社 1978 年版。

锦 瑟

李商隐

李商隐(约813~约858),晚唐诗人,字义山,号玉谿生,怀州河内人,出身小官僚家庭。曾三次应进士考试,至开成二年(837)由令狐绚推荐,得中进士。曾任县尉、秘书郎和东川节度使判官等职。因受牛(僧儒)李(德裕)党争影响,被人排挤,潦倒终身。

李商隐是晚唐文学成就最高的作家,也是整个唐代诗坛上最亮的星座之一。他的诗精美艳丽,颓废感伤,像盛开的罂粟花一般迷人。"春蚕到死丝方尽,蜡炬成灰泪始干";"春心莫共花争发,一寸相思一寸灰"——这些都是他的名句,任何人都未曾像他这样把内心的绝望表现得如此美丽。他的诗作,也有揭露现实黑暗的,但为数不多。他的主要成就在诗歌艺术上,特别是他的近体律绝,其中的优秀篇章都具有深婉绵密、典丽精工的艺术特色。他的一生大约创作了600多首诗,有《李义山诗集》。

锦瑟①无端五十弦,一弦一柱思华年②。

庄生晓梦迷蝴蝶③,望帝春心托杜鹃④。
沧海月明珠有泪⑤,蓝田⑥日暖玉生烟。
此情可待成追忆？只是当时已惘然⑦！

注释

①锦瑟:装饰很美的瑟。
②华年:美好的年代。一般指青年时期。
③庄生:即庄子。本句大意是,我曾经沉迷在美好的境界中,像庄周梦为蝴蝶一样。语出《庄子》。
④望帝:传说中的古代蜀帝,名杜宇,死后其魂化为杜鹃,又名子规,啼声甚哀。这里借来表达殷切的思念。
⑤月明珠有泪:古代认为月满则珠圆,又有鲛人泣珠的传说,比喻自己的才能不为世所用。
⑥蓝田:《长安志》记载"蓝田山在长安县东南30里,其山产玉,又名玉山"。
⑦惘然:怅惘失意的样子。

文本解读

这首诗大约作于唐宣宗大中十二年(858),这年诗人46岁,罢盐铁推官后,回镇州闲居,不久病故。诗的内容是回忆往事,情调低沉。

关于这首诗的主题,千百年来一直聚讼纷纭,有人说是悼亡,有人说是咏物,有人说是自伤身世。这首诗虽题为《锦瑟》,不过是按古诗的惯例以篇首二字为题罢了,所以也要算做一首无题诗,解读极为不易。下面摘录当代著名学者张中行解读的一段,以备参考:

> 古今解此诗者总不少于几十家吧,其结果自然就众说纷纭,莫衷一是。我有时想,与其胶柱鼓瑟此锦瑟,不如重点取意境而不求甚解。我曾经用这种办法试解:"锦瑟无端五十弦,一弦一柱思华年",一晃年已半百,回首当年,一言难尽。"庄生晓梦迷蝴蝶,望帝春心托杜鹃",曾经有梦想,曾经害相思。"沧海月明珠有泪,蓝田日暖玉生烟",可是梦想和思情都破灭,所以只有眼泪和迷惘。"此情可待成追忆,只是当时已惘然",现在回想,旧情难忘,只是一切都如隔世了。这样解,虽然近于六经皆我注脚,总比大力考索而把意境弄得支离破碎好一些吧?(张中行《诗词读写丛话》)

本篇语言极为清丽。鲁迅在致杨霁云的信(1934年12月20日)中曾说:"玉溪生清词丽句,何敢比肩。"这是对李商隐语言艺术的高度评价。从这首诗也可见一斑。例如开头写诗人听瑟的演奏,用的是"无端"、"一弦一柱"等,语句清空如话,却使人可以想象出那音调的凄婉悲怨来。中间两联所描绘的图景也同样具有清新明丽的特点,其中有栩栩然而飞的庄周化身——蝴蝶;有杜鹃的声声哀鸣;有海上鲛人的泪光珠光;有晴空下升腾的玉气。每一幅都有浓浓的抒情气氛和丰富的意蕴,可以使人品味无穷。

思考讨论

1. 你如何看待这首诗歌的主题?

2. 诗中所运用的典故各有何作用?
3. 怎样理解"沧海月明珠有泪,蓝田日暖玉生烟"这两句诗?

阅读链接

李商隐著,刘学锴、余恕诚集解:《李商隐诗歌集解》,中华书局1988年版。

答李翊书

韩 愈

　　韩愈(768～824),唐代文学家、政治家,字退之,河南河阳(今河南孟县西)人,自谓郡望昌黎,世称"韩昌黎"。三岁而孤,由嫂郑氏抚养成人。贞观八年(792)中进士,先后任汴州观察推官、四门博士、监察御史等职。任监察御史时曾因关中旱饥,上疏请免徭役赋税,指斥朝政,被贬为阳山令。元和十二年(817),从裴度平淮西吴元济有功,迁为刑部侍郎。后二年,又因谏阻宪宗迎佛骨,几被杀,经裴度等援救,改贬为潮州刺史。穆宗即位,奉召回京,为兵部侍郎,又转吏部侍郎,世也称"韩吏部",卒谥文,后称"韩文公"。政治上反对藩镇割据,思想上尊儒排佛,所作《原道》、《原性》、《师说》等对后世影响很大。在文学上主张"词必己出"、"惟陈言之务去",反对形式主义的骈偶之风,与柳宗元一起倡导并推行"古文运动",创作了许多优秀的散文,形成了一种独具风格的富于逻辑性与规范性的文体。他的散文在继承先秦、两汉古文的基础上加以创新发展,是一种从内容到形式都具有改革精神的散文。他的散文对后世影响很大,故被人誉为"文起八代之衰"。有《韩昌黎集》。

　　六月二十六日①,愈白。李生足下:

　　生之书辞甚高②,而其问何下而恭也③。能如是,谁不欲告生以其道④?道德之归也有日矣,况其外之文乎⑤?抑愈所谓望孔子之门墙而不入于其宫者⑥,焉足以知是且非邪⑦?虽然,不可不为生言之。

　　生所谓"立言"者,是也⑧;生所为者与所期者,甚似而几矣。抑不知生之志,蕲胜于人而取于人邪?将蕲至于古之立言者邪⑨?蕲胜于人而取于人,则固胜于人而可取于人矣;将蕲至于古之立言者,则无望其速成,无诱于势利,养其根而俟其实,加其膏而希其光⑩。根之茂者其实遂,膏之沃者其光晔⑪。仁义之人,其言蔼⑫如也。

　　抑又有难者。愈之所为,不自知其至犹未也⑬。虽然,学之二十余年矣。始者,非三代两汉⑭之书不敢观,非圣人之志不敢存。处若忘,行若遗,俨乎其若思⑮,茫乎其若迷⑯。当其取于心而注于手也⑰,惟陈言之务去⑱,戛戛乎其难哉⑲!其观于人,不知其非笑之为非笑也⑳。如是者亦有年,犹不改㉑。然后识古书之正伪㉒,与虽正而不至焉者㉓,昭昭然白黑分矣㉔,而务去之,乃徐有得也。当其取于心而注于手也,汩汩然来矣㉕。其观于人也,笑之则以为喜㉖,誉之则以为忧,以其犹有人之说者存也㉗。如是者亦有年,然后浩乎其沛然矣㉘。吾又惧其杂也,迎而距之㉙,平心而察之,其皆醇也,然后肆焉㉚。虽然,不可以不养也㉛。行之乎仁义之途,游之乎《诗》《书》之源。无迷其途,无绝其源,终吾身而已矣。气,水也;言,浮物也㉜;水大而物之浮者,大小毕浮。气之与言犹是也㉝,气盛则言之短长与声之高下者皆宜㉞。

虽如是,其敢自谓几于成乎? 虽几于成,其用于人也,奚取焉㉟? 虽然,待用于人者,其肖于器邪㊱? 用与舍属诸人。君子则不然。处心有道,行己有方,用则施诸人㊲,舍则传诸其徒㊳,垂诸文而为后世法。如是者,其亦足乐乎? 其无足乐也㊴?

有志乎古者希矣㊵,志乎古必遗乎今,吾诚乐而悲之㊶。亟称其人㊷,所以劝之,非敢褒其可褒而贬其可贬也㊸。问于愈者多矣,念生之言不志乎利㊹,聊相为言之。愈白。

注释

①六月二十六日:唐德宗贞元十七年(801)的六月二十六日。
②书辞甚高:来信的文辞很好。书辞:(写给韩愈的)书信的文辞。
③下而恭:谦而恭,谦恭。下:谦。
④谁不欲告生以其道:这句话换个说法,就是"谁不欲以其道告生"。其道:他所懂得的道理,指下文所说的仁义。
⑤"道德之归"句:李生有才而能谦逊地向别人请教为文之道,那么李生不久就可以成为有道德的人,文章能做得好是不用说的了。其:指道德。文章是从道德流露出来的,所以说"其外"。
⑥"抑愈"句:我不过只是望着孔子的门墙而并没有升堂入室的人。意思是,自己还没有深入于道德之域。抑:表示转折的虚词,跟现代语"可是"、"不过"相类似。
⑦焉:安,何。是且非:(关于"文"的一些问题的)或是或非。且:或。邪:同"耶"。
⑧生所谓"立言"者,是也:李翱的来书,大概有志在立言的意思,所以韩愈这样说。
⑨抑不知句:但是不知道你的(立言之)志,是希望胜过别人而为人所取(用)呢,还是希望达到古之立言者的境界呢? 蕲:同"祈",求。
⑩养其根而竢其实,加其膏而希其光:(如同)培养植物的根而等待它结实,(如同)给灯盏里添油而等待它发出光明。"无望其速成,无诱于势利"是实说,"养其根而竢其实,加其膏而希其光"是比喻。实:果实。膏:油。希:希望。光:光明。竢:通"俟",等待。
⑪根之茂者其实遂,膏之沃者其光晔:根长得旺盛,果实就结得好;油膏肥美,发出来的光就明亮。遂:成,这里是说果实成熟。沃:肥美。晔:明亮。
⑫蔼:和顺。
⑬不自知其至犹未也:自己不知道究竟达到了古之立言者的境界没有。不自知:自己不知。至:指上文所说的"至于古之立言者"。犹:还是。未也:即"未至"。
⑭三代:夏、商、周。两汉:西汉、东汉。
⑮俨乎:俨然,形容庄严之貌。其若思:像有所思索似的。
⑯茫乎:茫茫然。"处若忘……茫乎其若迷",是形容用心之专。
⑰取于心:取之于心,从心里把意思(文章的内容)抓住。注于手:在手头把这些意思写出来。注:写出来,像水流出来似的。
⑱陈言之务去:就是"务去陈言"。这里是把宾语"陈言"放在外动词"去"的前边,中间加助词"之"。陈言:陈旧的话,许多人已经说过的话。

⑲戛戛乎其难哉:这是说,写文章要求不用陈言,大为难事。戛戛乎:困难的样子。
⑳不知其非笑之为非笑也:不知道人们的非笑是非笑。这里说,自己写的文章没有陈旧的话,俗眼看去,反而觉得奇怪,于是加以非笑;而自己确信不疑,毫不介意,并不理会别人的非笑。非笑:非难和讥笑。
㉑犹不改:还是不改。这是说仍然坚持自己写文章的态度和方法,并不动摇。
㉒正伪:正,立意纯正。伪,立意驳杂。
㉓虽正而不至焉者:(古书立意)虽正,可是还没有达到极点的。不至:没有达到非常完美的境界。
㉔昭昭然白黑分矣:对古书中的正的、伪的,以及虽正而还有缺点的,都认识得清清楚楚,像白的黑的那样分明。昭昭然:非常明显的样子。
㉕汩汩然:水流急速的样子。这里是说写文章得心应手,文思自然而然涌出。
㉖笑之则以为喜:有人非笑我的文章我就高兴。这是因为文章全不同于人家,戛戛独造,所以高兴。
㉗"誉之"句:人们称誉我的文章我就忧愁,因为文章里面还有人家的意义和辞气在里边。
㉘浩乎其沛然矣:浩乎,浩浩荡荡,水大的样子。沛然,形容水势很盛。这里是比喻文思非常充沛。
㉙迎而距之:迎是迎上去,就是找出那些不纯正的意义和辞气。距:同"拒"。距之,就是去掉那些不纯正的意义和辞气。
㉚其皆醇也,然后肆焉:直到意义和辞气都纯正了,然后无所顾忌地挥写。醇:同"纯",纯粹。肆:放纵,尽情发挥。
㉛虽然,不可以不养也:即使达到了这样的境界,也还得继续修养,充实自己。养:修养,这里指充实自己,丰富自己的意思。
㉜"气,水也"句:文章的气势,就像是水;文章的语句,就像是漂浮在水面上的东西。
㉝气之与言犹是也:气势和语句的关系就像这种情形。犹:如同,好像。
㉞"气盛"句:(如果)气势盛,那么文章语句的短长、声调的抑扬,就都会恰当。高下:高低。
㉟虽几于成,其用于人也奚取焉:即使自己的文章写得接近于成功了,(自己)被有地位的人任用(的时候),那些人又何取于这"几于成"的文章呢?奚:何。焉:一边指代文章,一边与"奚"字照应,表示疑问语气。
㊱待用于人者,其肖于器邪:等待有地位的人任用的人,他的情形大概像器物吧?器物被用不被用,是自己做不得主的,人的"用与舍"正相同。肖于器:跟器物相似。肖:像,相似。
㊲用则施诸人:被人任用,就把自己的道德表现在事业上,加惠于人。诸:之于。
㊳舍则传诸其徒:不见用,就把自己的道德传给自己的学生。舍:不见用。《论语·述而》篇:"用之则行,舍之则藏。"徒:弟子。
㊴其亦足乐乎?其无足乐也:是有可乐的呢,还是没有什么可乐的呢?这两个问句,正面的意思是"此中有至乐"。其:表示拟议不定的语气。也:表示疑问的语气,同"耶"。
㊵有志乎古者希矣:有志于古(指学古人立言)的人少了。希:同"稀"。

㊶遗乎今：为今人所遗弃。吾诚乐而悲之：我对志乎古的人，实在是一面为他喜欢（因为他能志乎古），一面为他悲伤（因为他被世人遗弃）。

㊷亟(qì)称其人：一再称赞志乎古的人。亟：屡次。

㊸非敢褒其可褒，而贬其可贬也：不敢擅自表扬那可以表扬的人，而批评那可以批评的人。意思是，自己并不敢随便褒贬世人。"贬"承"有志乎古者希矣"，"褒"承"志乎古必遗乎今"之语。

㊹不志乎利：不志于利，用心不在汲汲为利。

文本解读

这篇文章选自《朱文公校昌黎先生集》。韩愈在这篇文章里发表了他对写文章的意见，叙述了他长期学习写文章的甘苦和几个过程。

这篇文章主要阐明了以下几点：一、道德是文章的源泉。道德修养对写文章的人很重要，须是仁义之人，文章才写得好；二、写文章不能袭用别人的意思和词语，必须"惟陈言之务去"；三、学写文章要长期下工夫，要有耐心，不能求其速成；四、自己对写文章有了正确的认识，就要树立信心，不因为别人的称赞或讥评而有所动摇；五、修养和读书是毕生的事。

韩愈强调：作文必须以气势为先："气盛，则言之长短与声之高下者皆宜。""气盛"是一种由高尚理想所支配的旺盛饱满的精神状态。道德修养达到这种境界，就能在作品中表现出充沛的气势，也就能得心应手地运用语言。"惟陈言之务去"，是韩愈散文理论的重要之点，指出对前人的语言相因相袭的弊病。

文章颇富特色，境界深远，含蓄厚重，曲折回环，前后呼应。这封答书是韩愈的一篇重要文论。

思考讨论

文章的主旨是什么？对今人有何启发？

阅读链接

韩愈著，马其昶注：《韩昌黎文集校注》，上海古籍出版社1986年版。

破阵子

李　煜

李煜(937～978)，字重光。初名从嘉，号钟隐、莲峰居士等。精于诗词，工于书画，洞晓音律，文艺才能突出，但生性懦弱仁厚，政治才能欠缺。他是南唐中主李璟的第六子，南唐最后一个皇帝，世称"李后主"，与其父李璟合称为南唐二主。公元975年南唐灭亡，李煜蒙羞投降，最初被封为违命侯，后改为陇西郡公。

李煜的词以亡国为界，分为前后两期。前期词主要描写宫廷中奢靡的生活,后期词主要抒写亡国之痛。代表作有《虞美人·春花秋月何时了》《浪淘沙·帘外雨潺潺》等。李煜的词纯真深挚,感人至深。他的词擅长于白描,所描写的场面、人物、景象、心态,无不精妙,开启了以赋笔写词的先河。

四十年来家国①,三千里地山河②。凤阁龙楼连霄汉③,玉树琼枝作烟萝④。几曾识干戈？　一旦归为臣虏,沈腰潘鬓消磨⑤。最是仓皇辞庙日⑥,教坊犹奏别离歌⑦,垂泪对宫娥。

注释

①四十年:南唐自公元937年开国至975年为北宋所灭,存在约四十年。
②三千里地:南唐国力最为强盛之际共有35州,方圆约为三千里,为五代时期大国之一。
③凤阁龙楼:指帝王的宫殿。霄汉:云霄和天河,指天空。
④玉树琼枝:形容树木华美。烟萝:草树茂密,烟聚萝缠。
⑤沈腰潘鬓:沈腰:形容腰围减损。据《梁书·沈约传》所载,沈约在朝中并不得志,他与徐勉交好,就告诉徐勉自己已经年老多病,近几个月来,腰带经常移孔,日渐消瘦。潘鬓:形容头发斑白。潘岳《秋兴赋》:"斑鬓发以承弁兮"。后将"潘鬓"作为头发斑白的代称。消磨:逐渐消耗、磨灭。
⑥庙:指宗庙。旧时设有祖先排位,以供祭祀的建筑。
⑦教坊:音乐机构。唐高祖置内教坊于禁中,掌教习音乐,属太常寺。武则天如意元年(692),改为云韶府,以宦官为使。玄宗开元二年(714),又置内教坊于蓬莱宫侧,京都置左右教坊,掌俳优杂技,教习俗乐。

文本解读

这是李煜亡国北上后所作的一首词。词分上下两片。

词的上片极写当年南唐之豪华,气魄沉雄。首句起笔不凡,语言悲壮,是李煜对故国、对往昔的追忆。四十年来从时间角度入手,三千里地从空间角度入手,营造了一种强烈的时空感。接着"凤阁龙楼连霄汉,玉树琼枝作烟萝。"一句运用对仗,描述当年作为南唐君主时的繁华生活:住在雕栏玉砌的阁楼宫殿之中,观赏着嘉树美卉,享受帝王生活的美好。然后后面笔势一转,写到"几曾识干戈？"我又何曾懂得领兵打仗啊,是自白,更是血泪俱下的感慨,带有悔意。

词的下片抒写亡国之后的感受。一旦成为亡国之君,就日渐消瘦,鬓发斑白。然后回忆当年临别时最为惨痛的场景:"最是仓皇辞庙日,教坊犹奏别离歌,垂泪对宫娥。"写出了李煜投降北归辞别宗庙时景象。宫女们吹奏着离别的乐曲,而李煜只能垂泪北上了。可以想见江南陷落之时,哀乐声、悲歌声、痛哭声合成一片,令人断肠的场面。

李煜的词一般明白晓畅,而感人之处主要在于他将纯真深挚的情感倾注到词当中。尤其是亡国破家之后,李煜的词更是感人心魄,所谓"血书者也"。正如叶嘉莹先生所言:"李煜之词,能以沉雄奔放之笔,写故国哀感之情。"

思考练习

1.请问本词上下两片用了怎样的修辞手法来加以展开?
2.李煜的词长于白描,请结合这首词谈谈你的理解。

阅读链接

杨敏如编:《南唐二主词新释辑评》,中国书店出版社2003年版。

莺莺传(节选)

元 稹

元稹(779~831),字微之,别字威明,汉族,唐洛阳人。父元宽,母郑氏。为北魏宗室鲜卑族拓跋部后裔,是什翼犍之十四世孙。元和初,应制策第一,历任监察御史、通州司马、中书舍人、武昌军节度使等职。年53卒,赠尚书右仆射。

元稹自少与白居易唱和,当时言诗者称"元白",号为"元和体"。其诗文浅意哀,仿佛孤凤悲吟,极为扣人心扉,动人肺腑。元稹的创作,以诗成就最大。其乐府诗创作,多受张籍、王建的影响,而其"新题乐府"则直接缘于李绅。与白居易齐名,并称元白,同为新乐府运动倡导者。作有传奇《莺莺传》,又名《会真记》,为后来《西厢记》故事所由。有《元氏长庆集》60卷,补遗6卷。

张生游于蒲,蒲之东十余里,有僧舍曰普救寺,张生寓焉。适有崔氏孀妇,将归长安,路出于蒲,亦止兹寺。崔氏妇,郑女也。张出于郑①,绪其亲,乃异派之从母②。是岁,浑瑊③薨于蒲。有中人④丁文雅,不善于军,军人因丧而扰,大掠蒲人。崔氏之家,财产甚厚,多奴仆,旅寓惶骇,不知所托。先是张与蒲将之党有善,请吏护之,遂不及于难。十余日,廉使杜确⑤将天子命以总戎节,令于军,军由是戢⑥。郑厚张之德甚,因饰馔以命张,中堂宴之。复谓张曰:"姨之孤嫠未亡,提携幼稚,不幸属师徒大溃,实不保其身,弱子幼女,犹君之生⑦,岂可比常恩哉!今俾以仁兄礼奉见,冀所以报恩也。"命其子,曰欢郎,可十余岁,容甚温美。次命女:"出拜尔兄,尔兄活尔。"久之辞疾,郑怒曰:"张兄保尔之命,不然,尔且虏矣,能复远嫌⑧乎?"久之,乃至,常服睟容⑨,不加新饰。垂鬟接黛⑩,双脸销红而已。颜色艳异,光辉动人。张惊为之礼。因坐郑旁,以郑之抑而见也,凝睇怨绝,若不胜其体者。问其年纪。郑曰:"今天子甲子岁之七月,终于贞元庚辰,生年十七矣。"张生稍以词导之,不对。终席而罢。张自是惑之,愿致其情,无由得也。

崔之婢曰红娘,生私为之礼者数四,乘间遂道其衷。婢果惊沮,腆然而奔,张生悔之。翼日⑪,婢复至,张生乃羞而谢之,不复云所求矣。婢因谓张曰:"郎之言,所不敢言,亦不敢泄。然而崔之姻族,君所详也。何不因其德而求娶焉?"张曰:"余始自孩提,性不苟合。或时纨绮闲居⑫,曾莫流盼。不为当年,终有所蔽。昨日一席间,几不自持⑬。数日来,行忘止,食忘饱,恐不能逾旦暮。若因媒氏而娶,纳采问名⑭,则三数月间,索我于枯鱼之肆矣。尔其谓我何⑮?"婢曰:"崔之贞慎自保,虽所尊不可以非语犯之。下人之谋,固难入矣。然而善属文，往往沉吟章句，怨慕者久之。君试为喻情诗以乱之，不然，则无由也。"张大喜，立缀《春词》二首以授之。是夕，红娘复至，持彩笺以授张，曰："崔所命也。"题其篇曰《明月三五夜》。其词曰：

　　待月西厢下，近风户半开。
　　拂墙花影动，疑是玉人来。

张亦微喻其旨。是夕，岁二月旬有四日⑯矣。崔之东有杏花一株，攀援可逾。既望⑰之夕，张因梯其树而逾焉。达于西厢，则户半开矣。红娘寝于床，生因惊之。红娘骇曰："郎何以至？"张因绐之曰："崔氏之笺召我也。尔为我告之。"无几，红娘复来，连曰："至矣！至矣！"张生且喜且骇，必谓获济⑱。及崔至，则端服严容，大数张曰："兄之恩，活我之家，厚矣。是以慈母以弱子幼女见托。奈何因不令⑲之婢，致淫逸之词，始以护人之乱为义，而终掠乱以求之，是以乱易乱，其去几何？试欲寝其词⑳，则保人之奸，不义；明之于母，则背人之惠，不祥；将寄与婢仆，又惧不得发其真诚。是用托短章，愿自陈启，犹惧兄之见难，是用鄙靡之词，以求其必至。非礼之动，能不愧心。特愿以礼自持，无及于乱！"言毕，翻然而逝。张自失者久之，复逾而出，于是绝望。

数夕，张生临轩独寝，忽有人觉之。惊骇而起，则红娘敛衾携枕而至。抚张曰："至矣！至矣！睡何为哉？"并枕重衾而去。张生拭目危坐久之，犹疑梦寐，然而修谨以俟。俄而红娘捧崔氏而至。至，则娇羞融冶，力不能运支体，曩时端庄，不复同矣。是夕旬有八日也。斜月晶莹，幽辉半床。张生飘飘然，且疑神仙之徒，不谓从人间至矣。有顷，寺钟鸣，天将晓。红娘促去。崔氏娇啼宛转，红娘又捧之而去，终夕无一言。张生辨色而兴，自疑曰："岂其梦邪？"及明，睹妆在臂，香在衣，泪光荧荧然，犹莹于茵席而已。是后又十余日，杳不复知。张生赋《会真诗》三十韵，未毕，而红娘适至，因授之，以贻崔氏。自是复容之。朝隐而出，暮隐而入，同安于曩所谓西厢者，几一月矣。

注释

①出于郑：张生的母亲也是郑家的女儿。

②异派之从母：另一支派的姨母。

③浑瑊：唐将，西域铁勒九姓的浑部人。肃宗时屡立战功，做到兵马副元帅，后来死在绛州节度使任上。

④中人：这里指监军的大宦官。

⑤杜确：当时继浑瑊之后，任河中兼绛州观察使的官员。

⑥军由是戢：军队从此安定下来。

⑦犹君之生：如同你给了他们生命。

⑧远嫌：远离以避免嫌疑。

⑨晬容：丰润的面孔。

⑩垂鬟接黛：两鬟垂在眉旁，是少女的发式。

⑪翼日：第二天。

⑫纨绮闲居：和妇女们在一起。"纨绮"，用为妇女的代词。

⑬不自持：自己不能克制。

⑭纳采问名：古时订婚的手续："纳采"，用雁为礼物送给女方，"问名"，问女方的姓

名,去卜一卜吉凶,以决定婚事能否进行。

⑮尔其谓我何:你说我该怎么办。

⑯旬有四日:十四日。"有",同"又"字。

⑰望:农历每月的第十五日,就是月圆的日子。

⑱必谓获济:以为一定会成功。

⑲不令:不好、不懂事。

⑳寝其词:不说破、不理会。

文本解读

《莺莺传》为唐代诗人元稹所著,原题《传奇》。《异闻集》载此篇,还保存原题,《太平广记》收录时改作《莺莺传》,沿用至今,又因传中有赋《会真诗》的内容,俗亦称《会真记》。在唐人传奇中,这是一篇流传较广、影响较大的作品。鲁迅先生说它:"其事之振撼文林,为力甚大",后世演为杂剧传奇的甚多,而以金人董解元《西厢记诸宫调》、元人王实甫《西厢记》为最著。《莺莺传》叙述的是一对才子佳人的故事,崔莺莺感谢张生的救命之恩而又慕其才,经过几番曲折之后,双方私订终身,可惜的是这段感情最终还是被礼教所不容,最后张生负心抛弃了崔莺莺。文中的张生,一般认为,实际就是元稹自己的化身,本篇所选文段删除了开头和结尾部分宣扬封建礼教的部分,连别离时崔莺莺的软弱表现也一并去之,仅留精彩部分以供学习和欣赏。

本篇所选文段大体可分为四个段落。第一段中,男主角张生时游蒲州,巧遇暂寓于此的表亲崔家母女,其时蒲州发生兵变,张生设法保护了崔家,崔夫人设宴答谢,张生初见崔莺莺就被她的美艳所吸引。第二段叙述了张生是如何转托婢女红娘送去两首《春词》向崔莺莺表达爱意,莺莺当晚即作《明月三五夜》一诗相答,暗约张生在西厢见面。就在读者都以为这一段感情将会顺利发展的时候,故事发生了转折。第三段中,在张生如期赴约之后,崔莺莺却"端服严容",大谈了一通"非礼勿动"的道理。最后一段,故事情节再次发生戏剧性的变化,当张生快要绝望的时候,莺莺主动去找张生,终于冲破世俗的阻隔,体验到了自由恋爱的愉悦。

《莺莺传》文笔优美,描述生动,于叙事中注意刻画人物性格和心理,这段选文较好地塑造了一个叛逆的大家闺秀形象—崔莺莺。她是一个在封建家庭的严格闺训下成长起来的少女,但是为了追求爱情,她却敢于向封建礼教发起挑战,但是在有些时候,她却又摇摆不定,甚至还会在表面上作出相反的姿态。本来,张生与她已用诗互相传达了爱慕之情,可是,当张生按照她诗中的约定来相会时,她却又正颜厉色地数落了张生的"非礼之动"。数日后,当张生已陷入绝望之时,她却又大胆的秉夜至张生处约会。崔莺莺的这种矛盾与反复很好地揭示了她内心世界的丰富性、复杂性、矛盾性,她的思想性格的刻画不是表层的、单一的,而是深层的、多侧面的。同时这也真实地反映了她克服犹豫、动摇而最终背叛封建礼教的曲折过程。总之,崔莺莺含蓄而多情,敢爱而又矜持的形象刻画得异常鲜明活泼、深入人心。

思考练习

1.试分析《莺莺传》中张生和红娘的人物形象。

2. 概括崔莺莺的性格特点。

阅读链接

元稹著,冀勤点校:《元稹集》,中华书局1982年版。

文学坐标

宋元文学

一、宋代文学

宋代文学在中国文学发展史上处于转型时期。一方面传统的诗、文和源于民间的词已经高度成熟、定型,另一方面新兴的话本小说、戏剧等叙事文学开始登上文学殿堂,为后世元、明、清文学重心的转移奠定了基础。

词到宋代,是鼎盛时期。北宋初年的词都是数十字的"小令",内容大多描写儿女之情。自柳永开始,词风为之一变。柳永创作了大量的慢词,长于铺叙,多用俗语,内容反映了都市下层人民的生活和知识分子怀才不遇的苦闷。词到苏轼,风气又一变。苏轼才气横溢,常以诗赋、经典语入词,并用散文句法作词。他扩大了词的表现范围,以词写情、说理、吊古伤今。他的词风,不拘声律,自由奔放,使词脱离音乐,成为一种独立的新诗体,并由此而形成了豪放词派。苏轼之后,北宋主要词人是周邦彦。他是一位音乐家,创造了不少新的词调,他还善于把古人诗句融化入词。他的词集婉约派之大成,上承柳永,下开南宋姜夔、吴文英一派。北宋末年,出现了我国文坛上第一流的女词人李清照。她的词意境深切、造语清新,特别是晚年因遭受国破家亡的痛苦,将漂泊的身世和悲凉的心境融入词中,真切感人。词到南宋,又有发展,涌现了以辛弃疾为代表的一大批爱国词人。辛弃疾将满腔爱国热情和慷慨激昂、牢骚不平之气熔铸于词篇,他的词抚时感事,气魄雄伟,在风格上继承了苏轼词豪放的特色,又加以变化,大大发展了散文化的句法。姜夔继承并发展周邦彦的词风,他的词辞句工巧、结构完密,音律和谐。

欧阳修是宋代古文运动的领袖,他的散文宗法韩愈,独富韵味,委婉而畅达。他能奖掖后进,"三苏"、曾巩都出他的门下,王安石也得到他的提携。他重视理论,提出重道重文、先道后文的主张。王安石的散文,多属政论。他的文风,雄辩简洁、峭拔精悍,内容言之有物,一扫文人浮泛之习。"三苏"的散文,以苏轼为最。苏轼的散文自由驰骋,纵横多变,佳作极多。

宋初诗坛,杨亿、钱惟演等宗法李商隐,作诗求骈俪、对仗,好用隐僻典故,因为杨亿将他们相互唱和的作品编为《西崑酬唱集》,所以人们称之为"西崑体"。从王禹偁开始,后继有梅尧臣、苏舜钦、欧阳修,反对五代以来绮靡的习气,推崇李白、杜甫的古风,力矫西崑浮艳之弊,奠定了宋诗发展的基础。梅尧臣主张"意新语工",他的诗闲淡深远。苏舜钦诗以豪放纵逸胜,好作古体诗,内容结合当时的现实,具有进步意义。欧阳修诗学韩愈,参以李、杜,他的诗平易流畅,力去艰深滞涩之病,诗中常发议论。王安石的诗也以散文化和议论为特色。最能反映宋诗特色的代表作家是苏轼和黄庭坚。苏轼的诗说理抒情,自由奔放,多畅达之语,少蕴蓄之情。黄庭坚的诗在用词造句、体制格律方面很下功夫。南宋吕本中作《江西诗社宗派图》,列举25人的诗皆学黄庭坚,"江西诗派"由此得名。南宋诗人,首推陆游、范成大。陆游是宋代最伟大的爱国诗人,现存诗作9300多首。范成大的诗多写田园,对农村的观察很细致,用语也近似白话,流畅自然。另有杨万里,诗风富健粗豪,也以白话入诗,擅写田园,自成一家。南宋最后一个大诗人是文天祥,他是诗内容阔大,正气磅礴。

宋代说话人所用的底本叫"话本",宋代话本可分三类:一是讲史,如《新编五代史平话》、《大宋宣和遗事》等;一是说经,如《大唐三藏法师取经记》;三是小说,如《京本通俗小说》、《清平山堂话本》等。话本在文学史上有重要的承前启后的作用,它从唐代的"讲唱文学"演变而来,讲史成为元明以后演义小说的滥觞,小说则孕育了元明清伟大白话小说的产生。

戏曲在宋代也有很大发展。当时的戏曲有滑稽戏、歌舞戏、傀儡戏、影戏、讲唱戏等。讲唱戏分为鼓子词和诸宫调,以诸宫调对后世影响最大。诸宫调都是民间艺人创作表演的,流传至今最完美成熟的优秀诸宫调作品是董解元的《西厢记诸宫调》,元代王实甫的《西厢记》即是在它的基础上写成的。宋代戏曲的另一个成就是在浙东温岭产生了"南戏",从现今辑佚的南戏剧本来看,有百余种,其盛况可见一斑。

二、元代文学

我们常说唐诗、宋词、元曲,曲是元代最典型的文学样式,涌现了大量的作家,产生了大批的作品,关汉卿、马致远、白朴、郑光祖被称为"元曲四大家"。

元曲包括散曲和杂剧。散曲是金元时期产生于我国北方的一种配乐歌唱的新诗体,在体裁上分为套数和小令。套数又叫"散套"、"套曲",它是把同一宫调的若干支曲子按一定顺序连缀在一起,以表达丰富的意思,全套必须一韵到底。如睢景臣的《般涉调·哨遍·高祖还乡》。套数比词在字数上自由,但用韵比词细密。小令原是民间小调,是单支曲子。如马致远的《天净沙·秋思》、张养浩的《山坡羊·潼关怀古》。

元杂剧标志着我国古代戏剧的成熟。剧本的结构一般为四折一楔子。楔子相当于序幕,起说明剧情、介绍人物、交代背景或埋伏线索的作用。折是音乐组成的单元,也是故事发展的自然段落,相当于现在戏剧的一幕。一般第一折是开端,第二折是发展,第三折是高潮,第四折是结局,如《窦娥冤》。元杂剧的每一折内容都包括曲词、宾白、科介三部分。曲词是演员唱的歌唱,它是元杂剧的重要组成部分,作用是抒情,渲染场景、气氛,贯穿情节,一般只由主角演唱。曲词前面都有宫调与曲牌名称,如《窦娥冤》第三折[正宫·端正好]。宾白,也叫"道白",简称"白",也就是说白、台词。元杂剧以唱为主,以说为辅,所以叫"宾白"。作用是叙述剧情,介绍人物,还有逗笑、调节气氛的作用。科介,简称"科",提示演员动作、表情、舞台效果等。亦即现在的舞台说明。"科"往往和"诨"联系,称"科诨",即俗语所说的"插科打诨"。作用是展现人物性格,活跃舞台气氛。元杂剧上场的角色大致分为末、旦、净、杂四类,末是男角,旦是女角,净是丑角,杂为不正式的名称,但主角只能是正末或正旦,其他为配角。元杂剧的表演具有虚拟性,"唱一个慢板五更天,走一个圆场百十里"。著名的作品有关汉卿的《窦娥冤》、《单刀会》、《望江亭》、《救风尘》、《鲁斋郎》,王实甫的

《西厢记》,白朴的《墙头马上》《梧桐雨》,马致远的《汉宫秋》,康进之的《李逵负荆》,纪君祥的《赵氏孤儿》,郑光祖的《倩女离魂》。元杂剧的思想内容主要是揭露社会黑暗,反映人民疾苦;歌颂忠臣豪杰,反映人民的反抗斗争;描写婚恋,反映妇女的命运等。元杂剧的艺术特点主要表现在以下几个方面:一是以现实主义为主,又不乏积极浪漫主义的手法;二是戏剧冲突集中,情节紧凑,适合舞台演出;三是全方位塑造了栩栩如生的人物形象,勾画出元代社会的总体画卷;四是语言通俗又生动形象。

蝶恋花

柳 永

柳永(约980～1053),字耆卿,初名三变,福建(今福建武夷山)崇安人。青年时期,风流洒脱,出入秦楼楚馆,度腔填词。他仕途坎坷,景佑元年(1034)才中进士,官至屯田员外郎,世称"柳屯田"。有《乐章集》传世。

柳永是词史上第一个大量创作慢词的人,所谓"慢词"就是篇幅较长、节奏缓慢的词。他的词以写羁旅行役、离情别绪最为出色,感情纯真、大胆,善于用铺叙和白描手法,又善于向民间曲词学习,促进了词的通俗化、口语化。叶梦得《避暑录话》说:"柳耆卿为举子时,多游狭邪,善为歌辞。教坊乐工,每得新腔,必求永为辞,始行于世。于是声传一时。余仕丹徒,尝见一西夏归朝官云:'凡有井水饮处,即能歌柳词。'"

伫倚危楼①风细细,望极春愁,黯黯生天际②。草色烟光残照里,无言谁会凭栏意。拟把疏狂③图一醉。对酒当歌④,强乐⑤还无味。衣带渐宽⑥终不悔,为伊消得⑦人憔悴。

注释

①伫倚危楼:伫:久立。危楼:高楼。
②"望极春愁"句:按词意应该标点为:"望极,春愁黯黯生天际。"黯黯:心神沮丧的样子。
③拟把疏狂:打算放纵一下。疏狂:生活狂放散漫,不受礼法的拘束。
④对酒当歌:曹操《短歌行》:"对酒当歌,人生几何?"
⑤强乐:勉强寻欢作乐。
⑥衣带渐宽:表示人逐渐瘦了。《古诗十九首·行行重行行》:"相去日已远,衣带日已缓。"
⑦消得:值得。

文本解读

这首词描述因思念而"伫倚危楼"这一时刻的人的心理状态和情绪变化。全词即景生情,情伤景咏,词句凝练,享誉千古。

词从"伫倚危楼风细细"入手,即通常所谓即景起兴。伫,即站立,伫而复倚,可见已经站得很久了。所倚的是高楼,而不是送别的长亭,可见这里也不是人多热闹的地方。这样作者连用"伫倚"、"危楼"、"风细细"三个词,把此时此地的气氛烘托得十分沉郁,从而引发萦绕心际的感伤情怀。

"望极春愁,黯黯生天际"。江淹的《别赋》说:"黯然销魂者,唯别而已也!"作者以黯黯形容春愁,说明这个春愁正是由伤别引起的,意思更深一层,故此时此地的"草色"、"烟光"、"残照"都笼上了伤感、惆怅的色彩,融情入景,感人至深。此时,渴望倾情相诉却没有对象,这"凭栏意"也始终是"无人领会",真是伤感之至。

下片写相思的结果。既然是愁苦无人诉,也只好"拟把疏狂图一醉",转而又想,即使是"对酒当歌"的勉强作乐也解不了这刻骨铭心的相思之苦——"强乐还无味"。至此,词人深情而无可奈何地感叹:"衣带渐宽终不悔,为伊消得人憔悴"。纵然是为相思而消瘦也绝不后悔,因为这"憔悴"是为值得思念的人。

思考练习

1. 说说本词的上下两片在写景抒情上的联系。
2. 王国维在《人间词话》中,将"衣带渐宽终不悔,为伊消得人憔悴"列为"古今之成大事业、大学问者必经过三种之境界"中的"第二境界"。第一种境界是晏殊的《蝶恋花》中的:"昨夜西风凋碧树,独上高楼,望尽天涯路。"第三种境界是辛弃疾的《青玉案·元夕》中的"众里寻他千百度。蓦然回首,那人却在,灯火阑珊处。"谈谈你对这三种境界的理解。

阅读链接

1. 《雨霖铃·寒蝉凄切》:《宋词鉴赏辞典》,北京燕山出版社1987年版。
2. 《望海潮·东南形胜》:《宋词鉴赏辞典》,北京燕山出版社1987年版。

蝶恋花

苏 轼

苏轼(1037～1101),字子瞻,号东坡居士,眉州眉山(今四川省眉山)人,北宋著名文学家。他与父苏洵、弟苏辙合称"三苏",同被列为"唐宋八大家"。

苏轼在宋仁宗嘉祐年间考中进士和制科后,做过地方官,主张改革弊政。宋神宗时,王安石变法,苏轼因持不同意见,自请外任,先后到杭州、密州、徐州等地任地方官,后因作诗"谤讪朝廷"罪贬谪黄州。宋哲宗时,旧党执政,苏轼曾一度内调,任翰林学士等职。但因不同意司马光尽废新法,开罪旧党,出知杭州、颍州等地。由于他对新旧两党都不阿附,使他得不到任何一方的重用,一再遭到贬谪,最后被贬到现在的海南岛。宋徽宗即位,遇赦北返,第二年病逝于常州。

苏轼是一位具有多方面才能的文学艺术家,他的散文、诗、词、书法、绘画都有很高的成就,并具有独特的风格。在宋代,文曰"欧、苏"、诗曰"苏、黄"、词曰"苏、辛"、书曰"苏、黄、米、蔡",除了散文不如欧阳修,诗、词、书法都是无人能及。有《苏东坡集》。

花褪残红①青杏小,燕子飞时,绿水人家绕。枝上柳绵②吹又少,天涯何处无芳草③!墙里秋千墙外道,墙外行人,墙里佳人笑。笑渐不闻声渐悄,多情却被无情恼④。

注释

①花褪残红:花瓣凋落。
②柳绵:柳絮。
③天涯何处无芳草:芳草长到了天边,到处都是。
④多情却被无情恼:魏庆之《诗人玉屑·词话》:"盖行人多情,佳人无情耳。"

文本解读

这首词作于何年已不可考,据《林下词谈》载,可能作于苏轼晚年贬官惠州(今广东惠阳)时。全词上片写伤春,下片写伤情,反映了行人的失意心境。

上片写伤春。作者以景写时令,"残红"、"青杏小"点明时令已是春夏之交;"飞"、"绕",则让这暮春初夏的景象里充满了动感和生机。春光已是无可挽回地去了,但夏景却是生机一片。这里的"人家"又为写景交代地点,为下文"佳人"的出现预设了伏笔。"枝上"句与首句"花褪"相照应,又与下句"天涯何处无芳草"形成跌宕之势,既把伤春之情表现得格外缠绵深挚,又表达了一种乐观旷达的情怀,也蕴含了某种人生哲理。

下片写伤情。"墙里秋千墙外道,墙外行人,墙里佳人笑"。这三句从"墙里"写到"墙外",又从"墙外"写到"墙里",从里面的"秋千"写到外面的"道",又从外面的"行人"写到里面的"佳人",循环往复,趣味无穷。这里一个"墙"把"行人"与"佳人"分割开来,说明"行人"与"佳人"本来是毫不相干的。墙里是天真烂漫地荡着秋千、欢声笑语的少女,墙外则是失意奔波的"行人",从而形成鲜明的对比。最后两句,"多情"与"无情"相对,"笑"与"恼"相对,把"行人"生发的爱慕之情以及无法被理解的无端烦恼全部概括在其中。这里连用两个"渐"字,写出了"行人"因"多情"而伫听良久,而听愈久所生的烦恼也愈深。联系上片的"天涯何处无芳草","行人"的"多情"似乎真是"多余"的了。

思考练习

1.试分析本词上下片的内在联系。
2.本词下片被词学家黄蓼园誉为"奇情四溢",试作详细分析。

阅读链接

1.林语堂:《苏东坡传》,陕西师范大学出版社2008年版。
2.刘小川:《苏轼:叙事一种》,《小说界》2005年第2期。

苏幕遮

周邦彦

周邦彦(1056~1121),字美成,号清真居士,钱塘(今浙江杭州)人。少年落魄不羁,后在太学读书,宋神宗时因献《汴都赋》为神宗所赏,命为太学正。后任地方官多年。北宋王朝末年,宋徽宗设大晟府,任用一批词人来审音定乐,粉饰太平,这就是所谓的大晟词人,周邦彦是其中影响最大的一个。有《片玉词》(又名《清真集》),存词200余首。

周邦彦精通音律,创制了不少新词调,新创自度曲调共50多调。其所创词调声腔圆美,受到南宋词坛广泛的赞誉。在新创词调以及规范词律等方面,周邦彦对宋词的发展作出了重要的贡献;在词的艺术表现和审美风格方面,也产生了深远的影响。

燎沉香①,消溽暑②。鸟雀呼晴③,侵晓④窥檐语。叶上初阳干宿雨⑤,水面清圆⑥,一一风荷举⑦。　故乡遥,何日去?家住吴门⑧,久作长安旅⑨。五月渔郎⑩相忆否?小楫⑪轻舟,梦入芙蓉浦⑫。

注释

①燎:点燃。沉香:一种名贵香料,放入水中会下沉,故名,亦称"水沉的"、"沉水"。
②溽暑:潮湿、炎热的天气。
③呼晴:唤晴。旧有鸟鸣可占晴雨之说。
④侵晓:清晨。侵:近。
⑤初阳:初升的太阳。宿雨:昨夜的雨,这里指荷叶上积聚的雨水。
⑥清圆:清润圆正。
⑦"一一"句:荷叶迎着晨风,每一片荷叶都挺出水面。举:擎起。
⑧吴门:苏州的别称。此处借指词人的故乡钱塘(今浙江杭州)。
⑨长安:唐朝都城,今陕西省西安市,此处借指北宋都城汴京(今河南省开封市)。
⑩渔郎:指故乡少年时垂钓的同伴。
⑪小楫:指小桨。楫:桨。
⑫芙蓉浦:长满荷花的湖、塘。这里指杭州西湖。芙蓉:荷花的别称。浦:水滨,指浅水。

文本解读

周邦彦是苏轼之后北宋最重要的词人,他的词以艺术技巧取胜,词句工丽,音律严格,而内容多以艳情与羁愁为主,单薄无聊。本词写景清疏明快,抒情真切深挚,在他的词作中比较难得。

上片总体写景。焚香消暑,说明词人生活优裕,以叙述开头,境静心也静,人也美美地睡了一觉,这是前夜的事。现在,人在悦耳的鸟语声中醒来,心情格外舒畅。"鸟雀呼晴"的"呼"字,极为传神,暗示昨夜雨,今朝晴。"叶上初阳干宿雨"三句与上句照应,但景致已由庭院内的屋檐转到了院外的荷塘。暗示词人心动而行动,来到屋外欣赏美景。这里写的景是鸟语花香,有声有色,绘声绘形。尤其是"一一风荷举"句,雨后的荷叶在晨风中的动态可掬,历来为人们所称道。

下片直接抒情。词人由眼前的荷花想到故乡的荷花,这是触景生情。"故乡遥,何日去",点明离家千里,归去无期,在空间和时间上与故乡有很大距离。"家住吴门,久作长安旅",实为不如归去之意。"五月渔郎相忆否",不是说自己思念故乡的朋友,而是写渔郎是否思念自己,这是从对面深一层的写法,"小楫轻舟,梦入芙蓉浦",梦中划着小船进入莲花塘中了,儿时和伙伴们荡舟垂钓的情景就像是一场梦,这梦是无比美好的,也是永远逝去了的,让人百感交集。

思考练习

1. 试分析这首词的结构层次。
2. 本词的上片是从哪几个角度来写醒后的所感、所闻、所见的?

阅读链接

《花犯·梅花》:《宋词鉴赏辞典》,北京燕山出版社1987年版。

武陵春①

李清照

李清照(1084~约1151),号易安居士,山东济南人,宋代杰出女词人,婉约派的代表人物。出身书香门第,父亲李格非精通经史、长于散文,母亲王氏也知书能文。18岁时,与太学生赵明诚结为伉俪。赵明诚,宰相赵挺之之子,历任州郡行政长官,也是金石考据家。他们婚后的早期生活优裕,共同致力于书画金石的搜集、整理和研究,作《金石录》。金兵入据中原,李清照流寓南方,赵明诚病死,辗转漂泊于杭州、越州、金华一带,在孤苦中度过了晚年。

李清照对诗、词、散文、书法、绘画、音乐,无不通晓,而以词的成就最高。早期的作品,韵调优美,多为闺情相思之类。南渡后,深厚的故土之思、凄苦的身世之感,一并抒发在作品里,风格变为低回婉转,凄苦深沉。她工于造语,善于创意出奇,还善于用白描手法塑造鲜明的人物形象。其在语言艺术上的独到之处可以与李煜相提并论。曾撰有《词论》,评点前辈词人得失,提出"词别是一家"之说,反对以作诗文之法作词。有《易安居士文集》、《易安词》,已散佚。后人有《漱玉词》辑本。今人辑有《李清照集》(中华书局编校本)。

风住尘香花已尽②,日晚倦梳头③。物是人非事事休④,欲语泪先流。　　闻说双溪春尚好⑤,也拟泛轻舟。只恐双溪舴艋舟⑥,载不动,许多愁。

注释

①这首词是作者于宋高宗绍兴五年(1135)避乱金华时所作。武陵春:词牌名。
②尘香:落花化为尘土而芳香犹存。
③日晚:指时间已经不早,早晨起床很迟。
④物是人非:风物依旧,但人事与从前已大为不同。事事休:一切事情都完了。
⑤双溪:地名,在浙江金华。
⑥舴艋(zé měng)舟:像蚱蜢似的小船。

文本解读

这首词是李清照后期词的杰出代表,表达了她流离异乡、无依无靠的极度悲苦的情怀。

上片由眼前景物写起。第一句写景抒情,"风住尘香花已尽",与词人另一首著名的《如梦令(昨夜雨疏风骤)》不同,这里没有直接写狂风催花、落红遍地的惨景,但这一切又尽在其中了。这种写法,含蓄蕴藉,扩大了词的容量,使人体会到更为丰富的感情:过去的一切美好事物和幸福时光都随着国家的变故雨打风吹去了,但它留下的美好记忆已深深地融入自己的生命里。第二句通过描写人物的举止情态抒情,"日晚倦梳头",日色已高,还没有心思梳头,写出词人的抑郁苦闷,百无聊赖。三、四两句,由含蓄转为纵笔直写,点明一切悲苦,都是因为"物是人非"。这里的"物是人非"是国破家亡的巨大变故,这种无尽的苦痛从何说起,所以"欲语泪先流"了。与前两句相比,后两句显得直率。含蓄,是因为此情无处可诉;直率,是由于虽明知无处开诉,而仍然不得不诉。所以看似相反,实则相成。

因为眼前的景物让人心情沉重,所以,下片开头便宕开去,从远处写起。出门走走,是调节不良情绪的一个好办法,何况现在还是春天,何况双溪是有名的风景区,何况词人本来就喜好游玩(我们从《如梦令》"常记溪亭日暮"中可以略约知道),但终归是没有兴致,忧虑重重:"只恐双溪舴艋舟,载不动,许多愁"。这也照应了上片的"事事休"。心情还是沉重的,无法解脱。最后一句历来脍炙人口,它与李煜的《虞美人》中的"问君能有几多愁,恰似一江春水向东流"相似,都是把抽象的愁思比作可见可感的具体的事物,不同点在于:李煜把这个东西写明了,是一江春水,又多,又长,而李清照没有明说,因而更加含蓄。董解元的《西厢记诸宫调》中有"休问离愁轻重,向个马儿驼也驼不动"的句子,王实甫《西厢记》中也说"遍人间烦恼填胸臆,量这些大小车儿如何载得起。"都是由此发展变化而来。

思考练习

1."只恐双溪舴艋舟,载不动,许多愁。"为什么能千古传诵?谈谈自己的想法。
2.在男尊女卑的封建社会,李清照以其杰出的文学成就,赢得了当时和后世人们的尊敬,这一点给我们什么启示?

阅读链接

1.《声声慢·寻寻觅觅》:《宋词鉴赏辞典》,北京燕山出版社1987年版。
2.《永遇乐·落日熔金》:《宋词鉴赏辞典》,北京燕山出版社1987年版。

水龙吟·登建康赏心亭①

辛弃疾

辛弃疾(1140～1207),南宋词人,字幼安,号稼轩,历城(今山东济南)人。他出生时,山东已被金人占领。22岁参加抗金义军,第二年率部归南宋,历任湖北、江西、湖南、福建、浙东安抚使等职。任职期间,积极主张抗金,打击豪强。但他的抗金主张遭到了主和派的打击,1181年,辛弃疾因言官弹劾落职,退居江西上饶的带湖,并取"人生在勤,当以力田为先"的意义,自号稼轩。晚年一度被起用,不久病卒。

辛词具有深厚的爱国情感和广阔的社会内容。许多作品抒发了统一祖国的豪情壮志,批评了苟且偷安的统治阶级,也有些作品描绘了农村的自然风光,表达了对安静祥和的农村生活的热爱。辛词以豪放为主,发展了苏轼的词风,慷慨纵横,雄奇豪壮又苍凉沉郁,表现手法多样,对后来词的发展有很大的影响。有《稼轩长短句》。

楚天千里清秋②,水随天去秋无际。遥岑远目③,献愁供恨,玉簪螺髻④。落日楼头,断鸿声里⑤,江南游子⑥。把吴钩看了⑦,阑干拍遍,无人会⑧,登临意。　休说鲈鱼堪脍,尽西风,季鹰归未⑨?求田问舍,怕应羞见,刘郎才气⑩。可惜流年⑪,忧愁风雨⑫;树犹如此⑬!倩何人、唤取红巾翠袖⑭,揾英雄泪⑮!

注释

①这首词作于孝宗淳熙元年(1174)在建康任江东安抚司参议官时,一说作于孝宗乾道五年(1169)作者任建康府通判时。建康:今南京市。赏心亭:据《景定建康志》载,在下水门之城上,下临秦淮,为丁谓所建。今废。
②楚天:古代长江中下游一带地区属楚国,故楚天指南方的天空。
③岑(cén):小而高的山。目:望。
④玉簪螺髻:妇女头上的碧玉簪和螺形发髻。玉簪比喻尖形的山,螺髻比喻圆形的山。
⑤断鸿:失群的孤雁。
⑥江南游子:作者远离故乡,流寓南方,所以自称江南游子。
⑦吴钩:古代吴地制造的一种弯形的刀。李贺《南园》诗:"男儿何不带吴钩,收取关山五十州。"
⑧会:领会,理解。

⑨休说三句：鲙(kuài)：通"脍"，把鱼肉切细。尽：尽管。季鹰：张翰的字，吴郡(今苏州)人。《晋书·张翰传》说，张翰在洛阳做官，因见秋风起，联想到家乡的菰菜(茭白)、莼羹和鲈鱼鲙，便说："人生贵得适志，何能羁宦数千里以要名爵乎？"于是弃官回家。归未：归去没有，用提问语气表示未归。

⑩求田三句：《三国志·魏志·陈登传》载：刘备曾对许汜无救世之志，只为个人置田买房作富翁的行为表示鄙视。这里用以嘲讽当前平庸的生活，实际是对自己长期闲散表示不满。求田问舍：访求、置买田地房舍。刘郎：刘备。

⑪流年：岁月像流水一样逝去。

⑫忧愁风雨：比喻国势飘摇于风雨之中。

⑬树犹如此：事出《世说新语·言语》："桓公(桓温)北征，经金城(今南京北面)，见前为琅邪时种柳皆已十围，慨然曰：'木犹如此，人何以堪！'攀枝执条，泫然流泪。"这里用以感叹虚度年华。

⑭倩(qiàn欠)：请，央求。红巾翠袖：年轻女子装束，这里借指歌妓、侍女。

⑮揾(wèn问)：揩拭。

文本解读

辛弃疾南渡后，献《美芹十论》给宋孝宗，陈述收复中原的作战方略，但当时宋金对峙的局面已渐趋稳定，对金妥协投降的思想在南宋王朝已占上风，辛弃疾的主张没有被采纳。这首词以情景交融的手法，曲折迂回地表达了诗人展望失地、报国无门、壮志难酬的抑郁和虚度年华的悲愤心情。

上片主要是写景抒情，多用比兴手法。第一句点明是清秋季节，少女多伤春，壮士多悲秋，这是抒情的触发点，是触景生情。第二句，遥望江北的江山，它们在金人的统治下，似乎不堪屈辱，"献愁供恨"是拟人，"玉簪螺髻"是比喻，这里是融情于景。后面的"断鸿"也是比兴，在悲怆苍凉的背景下，突出主人公的形象，词人就像失群的孤雁，最后一句与"断鸿"呼应，直接写自己无人理解的痛苦情状。

下片主要是运用典故抒情。这里一连用了三个典故：一是表示自己不会学张翰留恋家乡而放弃对国家的责任；二是在国难当头的时刻，绝不会买房置地，追求个人的舒适；三是感叹虚度年华。最后一句表达知音难觅，得不到同情和慰藉的伤感。

总之，这首词表达了作者的抗金壮志无人理解、大好年华在国势风雨飘摇中虚度的悲愤之情。同时也抨击了那些一味"求田问舍"，对国事漠不关心的人物。全词境界阔大，感情沉郁，写出了对祖国失地无法收回的感慨，壮志难伸的痛苦，具有普遍意义。典故的运用也是本词的一大特色，运用典故来抒情、议论，可以托古喻今，这样显得含蓄蕴藉，与比兴的手法有相通之处。

思考练习

1. 体会这首词抑郁悲愤的情调。
2. 你认为在诗词中运用典故好不好？为什么？

阅读链接

1.《永遇乐·京口北固亭怀古》:《宋词鉴赏辞典》,北京燕山出版社1987年版。
2.《南乡子·登京口北固亭有怀》:《宋词鉴赏辞典》,北京燕山出版社1987年版。
3.《破阵子·为陈同甫赋壮词以寄之》:《宋词鉴赏辞典》,北京燕山出版社1987年版。
4.《摸鱼儿(更能消几番风雨)》:《宋词鉴赏辞典》,北京燕山出版社1987年版。

鹧鸪天·元夕有所梦①

姜　夔

姜夔(约1155～约1211),字尧章,号白石道人,饶州鄱阳(今江西波阳)人。少时随父宦游汉阳,父死,流寓湘鄂,过着江湖散人的游士式生活,多次驻足合肥,与范成大、杨万里、辛弃疾等多有往来。终生未仕,于贫病交迫中死于杭州。

姜夔多才多艺,精通书法,深谙音律,能自度曲,工于诗词。其词以"骚雅"著称,上承周邦彦,下开吴文英,能于婉约、豪放之外,另立"清空"一宗,词风对南宋后期词坛影响很大。有《白石道人歌曲》,存词八十余首。

肥水②东流无尽期,当初不合种相思。梦中未比丹青③见,暗里忽惊山鸟啼。春未绿,鬓先丝,人间别久不成悲。谁教岁岁红莲④夜,两处沉吟各自知。

注释

①"元夕"即元宵节,作者写这首词是在宋宁宗庆元三年(1197)。
②肥水:亦作"淝水",源于安徽合肥西边将军岭(今紫蓬山),北流三十里分为二。东肥河流经寿县入淮河,南肥河流经合肥入巢湖。
③丹青:图画。
④红莲:指灯笼。欧阳修元夕词有"纤手染香罗,剪红莲,满城开遍"语。

文本解读

本词如题所示,为记梦之作。词人对青年时期发生于合肥的一段情事进行了回忆,抒发了对久别的情人的深切怀念之情。

上片写梦醒后的惆怅心情。以肥水东流无尽,喻离恨的绵绵不绝;以峭劲之笔,写缱绻之情。一种无可奈何之苦,令人难以为情。同时点明所思伊人所在地在肥水之滨的合肥。这相思可以"种",那该是有形之物;既然可以种,自然就能生长,长到不可控制,那也是很可怕的,所以说当初不该种。接着写梦境。梦中伊人虽比不上图画那么清晰,但依然依稀可见,可惜这朦胧的影像难以持久,很快就被鸟啼惊醒。连梦都做不成,惆怅之情可掬。

下片言又逢春,人老悲深。作者写这首词时已四十多岁,开始进入老境,"春未绿"两句点出当时的凄凉况味,使他深感绿满大地的芳春尚未来到,而自己却已鬓发苍苍,徒伤老大。"人间久别不成悲",这句话耐人寻味,别离本来只是令人悲伤,但分别的时间一久,其感觉就与初别不同,由表露转为内蕴,由敏锐变成迟钝,所以说"不成悲"。但"不成悲"不等于不悲,而是恰恰相反,离别愈久则思念愈深,而悲也就愈甚了,只是表面上难以看出来罢了。"谁教"两句是设问,在人们都上街赏灯的元夕之夜,思念的人天各一方,这种痛苦只有两人各自去细细体味了。实际上是没有人教他们这样,是他们自己情不自禁。

思考练习

谈谈这首词中那些地方是正话反说,这样写有什么表达效果?

阅读链接

《扬州慢·淮左名都》:《宋词鉴赏辞典》,北京燕山出版社1987年版。

朋党论①

欧阳修

欧阳修(1007~1072),字永叔,号醉翁,晚年自号"六一居士"(一棋、一琴、一壶酒、一千幅字画、一万卷藏书,再加上自己一老翁),卒谥"文忠",庐陵(今江西吉安)人,北宋诗文革新运动的领袖,"唐宋八大家"之一。

在政治上,他支持范仲淹等人的"庆历革新",为人耿直,敢于直谏,屡遭守旧派的排挤、打击。在文学上,他主张文章应"明道"、"致用"、"事信"、"言文",反对宋初浮艳文风,倡导效法韩愈,培养后进。他的诗、词、散文都有很高的成就,其中散文的成就最高。有《欧阳文忠公集》、《新五代史》和《新唐书》(与宋祁合编)等。

臣闻朋党之说,自古有之,惟②幸人君辨其君子小人而已。大凡君子与君子以同道为朋,小人与小人以同利为朋,此自然之理也。

然臣谓小人无朋,惟君子则有之。其故何哉?小人所好者禄利也,所贪者财货也。当其同利之时,暂相党引③以为朋者,伪也;及其见利而争先,或利尽而交疏,则反相贼害,虽其兄弟亲戚,不能相保。故臣谓小人无朋,其暂为朋者,伪也。君子则不然,所守者道义,所行者忠信,所惜者名节。以之修身,则同道而相益;以之事国,则同心而共济;终始如一。此君子之为朋也。故为人君者,但当退小人之伪朋④,用君子之真朋,则天下治矣。

尧之时,小人共工、驩兜等四人为一朋,君子八元、八恺十六人为一朋。舜佐尧,退四凶小人之朋,而进元、恺君子之朋,尧之天下大治。及舜自为天子,而皋、夔、稷、契等二十二人并列于朝,更相称美,更相推让,凡二十二人为一大朋,而舜皆用之,天下亦大治。《书》曰:"纣有臣亿万,惟亿万心;周有臣三千,惟一心。"纣之时,亿万人各异心,可谓不为朋矣,然纣以亡国。周武王之时,三千人为一大朋,而周用以兴⑤。后汉献帝时,尽取天下名士囚禁之,目为党人⑥。及黄巾贼起,汉室大乱,后方悔悟,尽解党人而释之,然已无救矣。唐之晚年,渐起朋党之论。及昭宗时,尽杀朝中名士,或投之黄河,曰:"此辈清流⑦,可投浊流。"而唐遂亡矣。

夫前世之主,能使人人异心不为朋,莫如纣;能禁绝善人为朋,莫如汉献帝;能诛戮清流之朋,莫如唐昭宗之世;然皆乱亡其国。更相称美推让而不自疑,莫如舜之二十二臣,舜亦不疑而皆用之。然而后世不诮⑧舜为二十二人朋党所欺,而称舜为聪明之圣者,以能辨君子与小人也。周武之世,举其国之臣三千人共为一朋,自古为朋之多且大,莫如周;然周用此以兴者,善人虽多而不厌⑨也。

夫兴亡治乱之迹,为人君者,可以鉴矣。

注释

①庆历四年(1044),宋仁宗进用杜衍、富弼、韩琦、范仲淹等人,酝酿改革,得到欧阳修等谏官的大力支持,但遭到守旧势力的强烈反对。守旧派大造舆论,污蔑富、范、欧阳等人为"朋党",阴谋陷害。于是欧阳修作《朋党论》进呈仁宗,驳斥谬论,区分邪正,为革新派辩护。朋党:一般指人们因政治理想和利益一致而结合成的派别或集团。

②惟:只,只是。幸:希望。

③党引:结为朋党,相互援引。

④但当退小人之伪朋:但,只要,只是。

⑤而周用以兴:用,因此。

⑥目为党人:目,看作。

⑦此辈清流:清流,指品行高洁之士。

⑧诮(qiào):讥讽,责备。

⑨厌:满足。

文本解读

这篇文章的写作目的非常明确,就是写给当时的皇帝宋仁宗看的。文章通过对"朋党"问题的全面剖析,达到了为"朋党"正名,为革新派辩护的目的。

全文共五个自然段段。第一段开门见山,提出本文的写作目的:希望仁宗能分清君子之朋与小人之朋。第二段着眼于讲道理,通过分析君子之朋与小人之朋在性质上的区别自然引出人君对它们应有的不同态度。第三段着眼于摆事实,退小人之朋、用君子之朋就能天下大治,反之,退君子之朋就会亡国,这是前世君王对待朋党问题不同的做法所产生的截然相反的结果,言下之意还是要仁宗辨别君子之朋与小人之朋。第四段,仍然着眼于摆事实,它是对第三段的概括和延伸,概括体现在用简洁的语言说明不同的做法有不同的结果,延伸体现在尧、周武王之所以能成为圣人就是因为他们能辨别君子之朋与小人之朋,目的仍然是要仁宗善于辨别。最后一段只有两句,以历史经验和教训提醒仁宗采取正确的做法。

文章说理非常透彻,说服力很强。这主要因为通篇采用了对比的手法,即将君子之朋与小人之朋进行对比。具体说来,这个对比又分成三个方面:一是君子之朋与小人之朋的性质对比,这主要体现在"道"与"利"、"真"与"伪"的具体对照之中;二是君子之朋与小人之朋的历史作用的对比,这主要体现在"治"与"乱"、"兴"与"亡"的具体对照之中;三是人君对君子之朋与小人之朋的态度对比,这主要体现在"能辨"与"不辨"、"用"与"退"的具体对照之中。

思考练习

1. 从作者身上我们看到了一种什么精神?
2. 文中所说的"朋党"与现代意义上的"政党"有什么异同?

阅读链接

1.《五代史伶官传序》:《中国历代文学作品选》,上海古籍出版社1980年版。
2.《与高司谏书》:《中国历代文学作品选》,上海古籍出版社1980年版。
3.《醉翁亭记》:《中国历代文学作品选》,上海古籍出版社1980年版。

东　溪

梅尧臣

梅尧臣(1002～1060),字圣俞,宣城(今安徽宣城)人。宣城古名宛陵,所以世称"梅宛陵"。赐进士出身,历知建德(今安徽省东至县)、襄城(今河南省襄城县),官至尚书都官员外郎。工诗,与苏舜钦齐名,时号"苏梅"。陆游在《梅圣俞别集序》中,曾举欧阳修文、蔡襄书、梅尧臣诗"三者鼎立,各自名家"。有《宛陵先生集》。

行到东溪看水时,
坐临孤屿发船迟。
野凫眠岸有闲意①,
老树着花无丑枝。
短短蒲茸齐似剪②,
平平沙石净如筛。
情虽不厌住不得③,
薄暮归来车马疲。

注释

①凫(fú 扶):野鸭子。
②蒲茸:也作蒲绒,指香蒲的雌花穗上长的白绒毛,成熟后可以用来絮枕头。
③住:停留。

文本解读

梅尧臣的诗以风格平淡、意境含蓄为基本艺术特征。他在与欧阳修论诗时曾说:"诗家虽主意,而造语亦难。若意新语工,得前人所未道者,斯为善也。必能状难写之景,如在目前;含不尽之意,见于言外,然后为至矣。"(见《六一诗话》)这说明他写诗,既要求形象的鲜明突出,也要求意境的深远含蓄。他又说:"作诗无古今,唯造平淡难。"这里的平淡不是淡乎寡味,因为有含蓄的诗意蕴含其中,它就像白开水一样甘甜,像大米饭一样芳香,而它们,又是我们每天都不可缺少的。《东溪》集中体现了这种平淡而又含蓄的特点。

　　这是一首规范的七律,初读起来平淡无奇,就是叙述一次郊游,描写了一些景物,可是细细读来,却富含深意,大有嚼头。首联紧扣题目,写到东溪看水,迟迟不想回来了,看似大白话,读者却会想:是什么吸引了他的眼球,是什么让他陶醉其中?很自然地就有了下面两联。颔联和颈联对仗工整,写的野鸭、老树、蒲茸、河沙也是郊野常见的景物,但其中却蕴含了无尽的诗意。唐代画家张璪说优秀的画家要"外师造化,中得心源",也就是要向大自然学习,再结合内心的感悟,当两者达到和谐一致的时候,就能创作出好的作品。写诗也是如此。这里在岸边晒着太阳睡觉的野鸭多么悠闲自在,只要还能开花,那再老的树也还是生机勃勃,这些不正是诗人内心的写照吗?流连山水的诗人正如那眠岸的野鸭,不论生活多么艰难,工作多么辛苦,只要还有欣赏自然山水的心情,生活就依然美好。颈联写整齐的蒲茸、洁净的沙滩是水边特有的景物,细致的观察中体现了诗人的热爱之情。诗人的心灵在大自然中得到了彻底的放松和休憩,难怪他迟迟不想回来了。但是天晚了,还是要回去的。薄暮的时候回来了,说"车马疲",实际上是人感觉到累了,为什么现在感觉到累了?是因为游玩时的尽兴和忘情。这些都体现了含蓄。

思考练习

1.谈谈这首诗是如何体现平淡而又含蓄的特点的。
2.结合这首诗,谈谈你对"外师造化,中得心源"的理解。

阅读链接

1.《田家语》:《中国历代文学作品选》,上海古籍出版社1980年版。
2.《汝坟贫女》:《中国历代文学作品选》,上海古籍出版社1980年版。
3.《鲁山山行》:《中国历代文学作品选》,上海古籍出版社1980年版。

山坡羊·骊山怀古①

张养浩

　　张养浩(1270～1329),字希孟,号云庄,元代济南(今属山东)人。曾任礼部尚书、监察御史等职,至治元年(1321),因上疏谏元夕放灯得罪辞官,隐居故乡。天历二年(1329),陕西大旱,他被召为陕西行台中丞,去赈济灾民,同年死于任所。这时期,他目睹了人民的苦难,写出了一些有进步思想的诗歌和散曲,《骊山怀古》、《潼关怀古》都是其中的名作。散曲集有《云庄休居自适小乐府》。现存小令161首、套数2篇。

骊山四顾,阿房一炬②,当时奢侈今何处?
只见草萧疏,水萦纡③,至今遗恨迷烟树。
列国周齐秦汉楚,赢,都变做了土;输,都变做了土。

注释

①这是一首散曲,"山坡羊"是曲牌,也叫曲调,"骊山怀古"是题目。散曲也叫"北曲",是民间歌词自唐宋以来长期酝酿,又吸收了女真、蒙古等少数民族乐曲,逐渐形成的一种新的诗歌形式。散曲包括小令和套数两种主要形式,本篇《山坡羊·骊山怀古》属于小令。小令和词不同的地方是用韵加密了,几乎每一句都要押韵;其次是没有双调或三叠、四叠的调;最后也是最重要的区别是小令可以在本调之外加衬字,也就是在字数上更加自由。

②骊山在今陕西省临潼县东南,秦始皇在骊山建阿房宫,规模宏伟,后被项羽一把火烧掉。唐代杜牧作《阿房宫赋》,有"楚人一炬,可怜焦土"之句。

③萦纡(yíngyū):形容水流旋绕弯曲。

文本解读

天历二年(1329),作者到陕西去赈灾,过骊山,触目伤怀,感叹当年的阿房宫是多么的宏伟浩大,可是随着秦朝的灭亡都化作了尘土,如今这里只看到衰草萧疏、绿水长流。作者由此推而广之,指出历史上所有的统治者,他们荒淫奢侈或争权夺位,不管多么显赫一时,最终都要走向灭亡。全曲风格沉郁,感情痛切。

思考练习

1.谈谈小令和词的区别。

2.课文的最后一句:"列国周齐秦汉楚,赢,都变做了土;输,都变做了土。"富含哲理,令人感慨,那么,历史上各种各样你死我活的斗争、改朝换代的革命是不是就没有意义了呢?对这个问题你怎么看?

阅读链接

《山坡羊·潼关怀古》:《中国历代文学作品选》,上海古籍出版社1980年版。

西厢记·长亭送别①

王实甫

王实甫(生卒年不详),名德信,大都(今北京)人。生平事迹不详。他的创作活动,大体是在元成宗元贞、大德年间(1295~1307)。他创作的杂剧,有目可查的有十四种,现传世的除《西厢记》外,还有《丽春堂》、《破窑记》两种。另有《芙蓉亭》、《贩茶船》各一折曲文,保存在《雍熙乐府》里。

《西厢记》的故事,原本唐朝元稹的小说《会真记》(又名《莺莺传》)传奇,后来说唱艺人又不断丰富了它的内容和情节。到金代董解元改编为《西厢记诸宫调》时，故事情节已渐趋完整。王实甫在前人的基础上进一步加工提高，加强了戏剧冲突，突出了人物性格；并以诗词的抒情特长融于曲中，使得描写细腻多致，曲文典雅清丽，在杂剧中自成一派。由于王实甫的精心创作，《西厢记》成为我国古代戏曲中的不朽之作。

（夫人、长老上，开②）今日送张生赴京，就十里长亭，安排下筵席。我和长老先行，不见张生小姐来到。（旦、末、红同上，旦云）今日送张生上朝取应去。早是离人伤感，况值那暮秋天气，好烦恼人也呵！"悲欢聚散一杯酒，南北东西万里程。"（旦唱）

【正宫】【端正好】碧云天，黄花地，西风紧，北雁南飞。晓来谁染霜林醉？总是离人泪。

【滚绣球】恨相见得迟，怨归去得疾。柳丝长玉骢难系③，恨不得倩疏林挂住斜晖。马儿迍迍行④，车儿快快随，却告了相思回避⑤，破题儿又早别离⑥。听得道一声"去也"，松了金钏；遥望见十里长亭，减了玉肌。此恨谁知！

（红云）姐姐今日不打扮？（旦云）红娘呵，你那里知道我的心哩！（旦唱）

【叨叨令】见安排着车儿、马儿，不由人熬熬煎煎的气；有什么心情花儿、靥儿⑦，打扮得娇娇滴滴的媚；准备着被儿、枕儿，则索昏昏沉沉的睡；从今后衫儿、袖儿，揾湿做重重叠叠的泪。兀的不闷杀人也么哥，兀的不闷杀人也么哥。久已后书儿、信儿，索与我惨惨惶惶的寄⑧。

（做到了科，见夫人了）（夫人云）张生和长老坐，小姐这壁坐，红娘将酒来。张生，你向前来，是自家亲眷，不要回避。俺今日将莺莺与你，到京师休辱末了俺孩儿，挣揣一个状元回来者⑨。（末云）小生托夫人余荫，凭着胸中之才，觑官如拾芥耳⑩。（洁云）夫人主张不差，张生不是落后的人。（把酒了，坐）（旦长吁了）（旦唱）

【脱布衫】下西风黄叶纷飞，染寒烟衰草萋迷。酒席上斜签着坐地⑪，蹙愁眉死临侵地⑫。

【小梁州】我见他阁泪汪汪不敢垂，恐怕人知。猛然见了把头低，长吁气，推整素罗衣。

【幺】虽然久后成佳配，奈时间怎不悲啼。意似痴，心如醉，昨宵今日，清减了小腰围。

（夫人云）小姐把盏者！（红递酒了，旦把盏了）（旦唱）

【上小楼】和欢未已，离愁相继。想着俺前暮私情，昨夜成亲，今日别离。我谂知⑬，这几日相思滋味，却元来比别离情更增十倍。

【幺】年少呵轻远别，情薄呵易弃掷。全不想腿儿相压，脸儿相偎，手儿相携。你与俺崔相国做女婿，妻荣夫贵，但得一个并头莲，强似状元及第。

（红云）姐姐，不曾吃早饭，饮一口儿汤水。（旦云）红娘呵，甚么汤水咽得下。（唱）

【满庭芳】供食太急，须臾对面，顷刻别离。若不是酒席间子母每当回避，有心待与他举案齐眉。

【幺】虽然是厮守得一时半刻，也合着俺夫妻共桌而食⑭。眼底空留意，寻思起就里，险化做望夫石。

（夫人云）红娘把盏者。（红把酒科了）（旦唱）

【快活三】将来的酒共食,尝着似土和泥;假若便是土和泥,也有些土气息、泥滋味。

【朝天子】暖溶溶玉杯,白冷冷似水,多半是相思泪。眼面前茶饭怕不待要吃⑮,恨塞满愁肠胃。蜗角虚名⑯,蝇头微利,拆鸳鸯在两下里。一个这边,一个那壁,一递一声长吁气。

(夫人云)辆起车儿,俺先回去,小姐随后和红娘来。(下)(末辞洁科)(洁云)此一行别无话说,贫僧准备买登科录,看做亲的茶饭,少不了贫僧的。先生在意,鞍马上保重者。"从今经忏无心礼,专听春雷第一声。"(下)(旦唱)

【四边静】霎时间杯盘狼藉,车儿投东,马儿向西。两意徘徊,落日山横翠。知他今宵宿在哪里?有梦也难寻觅。

(旦云)张生,此一行,得官不得官,疾早便回来。(末云)小姐心儿果艰难。小生这一去,白夺一个状元,真乃是:"青霄有路终须到,金榜无名誓不归。"(旦云)君行别无所赠,口占一绝,为君送行:"弃掷今何在,当时且自亲,还将旧来意,怜取眼前人。"(末云)小姐之意差矣,张珙更敢怜谁?谨赓一绝,以剖寸心:"人生长远别,孰与最关亲?不遇知音者,谁怜长叹人?"(旦唱)

【耍孩儿】淋漓襟袖啼红泪,比司马青衫更湿。伯劳东去燕西飞⑰,未登程先问归期。虽然眼底人千里,且尽生前酒一杯。未饮心先醉,眼中流泪,心内成灰。

【五煞】到京师服水土,趁程途,节饮食,顺时自保揣身体⑱。荒村雨露宜眠早,野店风霜要起迟!鞍马秋风里,最难调护,最要扶持。

【四煞】这忧愁诉与谁?相思只自知,老天不管人憔悴。泪添九曲黄河溢,恨压三峰华岳低。到晚来闷把西楼倚,见了些夕阳古道,衰草长堤。

【三煞】笑吟吟一处来,哭啼啼独自归。归家若到罗帏里,昨日个绣衾香暖留春住,今夜个翠被生寒有梦知。留恋你别无意,见据鞍上马,阁不住泪眼愁眉。

(末云)有甚言语嘱咐小生咱?(旦唱)

【二煞】你休忧文齐福不齐,我则怕你停妻再娶妻。你休要"一春鱼雁无消息"!我这里"青鸾有信频须寄",你却休"金榜无名誓不归"。此一节君须记:若见了那异乡花草,再休似此处栖迟?

(末云)再谁似小姐?小生又生此念。仆童赶早行一程儿,早寻个宿处。(末念)泪随流水急,愁逐野云飞。(下)(旦唱)

【一煞】青山隔送行,疏林不做美,淡烟暮霭相遮蔽。夕阳古道无人语,禾黍秋风听马嘶。我为甚么懒上车儿内,来时甚急,去后何迟!

(红云)夫人去好一会,姐姐,咱家去!(旦唱)

【收尾】四围山色中,一鞭残照里。遍人间烦恼填胸臆,量这些大小车儿如何载得起?(旦、红下)

注释

①节选自《中国历代文学作品选》(下编第一册),上海古籍出版社,1980年版。
②开,元杂剧术语,即开始说话的意思。
③玉骢,马的代称,原指青白色的马。
④迤迤,行动迟缓的样子。

⑤却,通"恰"。
⑥破题儿,开头。唐宋文人称诗赋起首几句为破题。明清小说中常有"破题儿第一遭",有"头一次"的含义。
⑦靥(yè夜),原指嘴边的酒窝,此处指妇女妆扮面部的一种首饰。
⑧索,须。
⑨挣揣,夺取。
⑩拾芥,喻轻而易举,言功名富贵唾手可得。芥,小草。
⑪酒席上斜签着坐地,指张珙。签,插。
⑫死临侵地,临侵,指憔悴无力。"死"在此处作程度副词。
⑬谂(shěn),知道。
⑭合,该。
⑮怕不待要,难道不要。
⑯蜗角虚名,指微不足道的名声。
⑰伯劳,一种鸣禽。
⑱保揣,保重。揣,量度。

文本解读

穷书生张君瑞和相国之女崔莺莺一见钟情,两人在丫环红娘的帮助下,经过一番波折私下结合,崔母发觉后不得不同意了这桩婚事,但要求张生上京赶考,博取功名,才准许他们正式成亲。于是就有了《长亭送别》这折戏。此折写一对恋人离别时依依不舍的动人情景,曲词优美,情景交融,熔抒情、写景、叙事于一炉,是《西厢记》的精华部分。

全曲分三个层次。第一层写崔莺莺的伤感情绪。第二层写饯行筵席上崔莺莺和张生依恋不舍却又不便表露的情形。第三层写崔莺莺的再三嘱咐。此折有三大艺术特色:一是曲词优美,语言形象生动。如"碧云天,黄花地,西风紧,北雁南飞。晓来谁染霜林醉?总是离人泪"、"泪添九曲黄河溢,恨压三峰华岳低"、"四围山色中,一鞭残照里"、"泪随流水急,愁逐野云飞"等。二是情景交融。本折以旦为主唱,从崔莺莺的角度来写景抒情,"多情自古伤离别",更何况这两个热恋中的人。所以作者的选景多是"西风"、"黄叶"、"寒烟"、"衰草"、"暮霭"、"残照"等等,这是剧中人物眼中的景,以此来渲染离别的感伤气氛。三是人物的心理描写非常出色。分别时崔莺莺和张生两人的伤感是相同的,但他们的心思又大有不同:张生对应试的结果信心十足:"小生这一去白夺一个状元。正是'青霄有路终须到,金榜无名誓不归'。"而崔莺莺关心的却是她的爱情:"但得一个并头莲,煞强如状元及第"、"张生,此一行得官不得官,疾便回来"、"若见了那异乡花草,再休似此处栖迟"。这种心理状态非常符合人物的身份,显得非常真实。

思考练习

1.谈谈为什么古代的青年男女容易"一见钟情"?
2.你认为崔莺莺和张生的爱情可取吗?

阅读链接

1. 元稹：《古代文言短篇小说选注·莺莺传》（初集），上海古籍出版社1983年版。
2. 王实甫：《十大喜剧·西厢记》，北岳文艺出版社2000年版。

错斩崔宁

《京本通俗小说》

聪明伶俐自天生，懵懂痴呆未必真。
嫉妒每因眉睫浅，戈矛时起笑谈深。
九曲黄河心较险，十重铁甲面堪憎。
时因酒色亡家国，几见诗书误好人。

这首诗，单表为人难处。只因世路窄狭，人心叵测，大道既远，人情万端。熙熙攘攘，都为利来；蚩蚩蠢蠢，皆纳祸去。持身保家，万千反覆。所以古人云："颦有为颦，笑有为笑。颦笑之间，最宜谨慎。"这回书，单说一个官人，只因酒后一时戏笑之言，遂至杀身破家，陷了几条性命。且先引下一个故事来，权做个得胜头回。

我朝元丰年间，有一个少年举子，姓魏，名鹏举，字冲霄，年方一十八岁。娶得一个如花似玉的浑家，未及一月，只因春榜动，选场开，魏生别了妻子，收拾行囊，上京应取。临别时，浑家分付丈夫："得官不得官，早早回来，休抛闪了恩爱夫妻。"魏生答道："功名二字，是俺本领前程，不索贤卿忧虑。"别后登程到京，果然一举成名，除授一甲第九名授京职到差。甚是华艳动人，少不得修了一封家书，差人接取家眷入京。书上先叙了寒温及得官的事，后却写下一行，道是："我在京中早晚无人照管，已讨了一个小老婆，专候夫人到京，同享荣华。"家人收了书程，一径到家，见了夫人，称说贺喜。因取家书呈上。夫人拆开看了，见是如此如此，这般这般，便对家人道："官人直恁负恩。甫能得官，便娶了二夫人。"家人便道："小人在京，并没见有此事。想是官人戏谑之言。夫人到京，便知端的，休得忧虑。"夫人道："怎地说，我也罢了。"却因人舟未便，一面收拾起身，一面寻觅便人，先寄封平安家信到京中去。那寄书人到了京中，寻问新科魏进士寓所，下了家书，管待酒饭自回，不题。

却说魏生接书拆开来看了，并无一句闲言闲语，只说道："你在京中娶了一个小老婆，我在家中也嫁了一个小老公，早晚同赴京师也。"魏生见了，也只道是夫人取笑的说话，全不在意，未及收好，外面报说有个同年相访。京邸寓中，不比在家宽转，那人又是相厚的同年，又晓得魏生并无家眷在内，直至里面坐下，叙了些寒温。魏生起身去解手，那同年偶翻桌上书帖，看见了这封家书，写得好笑，故意朗诵起来。魏生措手不及，通红了脸，说道："这是没理的事。因是小弟戏谑了他，他便取笑写来的。"那同年呵呵大笑道："这节事却是取笑不得的。"别了就去。那人也是一个少年，喜谈乐道，把这封家书一节，顷刻间遍传京邸。也有一班妒忌魏生少年登高科的，将这桩事只当做风闻言事的一个小小新闻，奏上一本，说这魏生年少不检，不宜居清要之职，降处外任。魏生懊恨无及。后来毕竟做官蹭蹬不起，把锦片也似一段美前程，等闲放过去了。

这便是一句戏言，撒漫了一个美官。今日再说一个官人，也只为酒后一时戏言，断送了堂堂七尺之躯，连累两三个人，枉屈害了性命。却是为着甚的？有诗为证：

　　世路崎岖实可哀，傍人笑口等闲开。
　　白云本是无心物，又被狂风引出来。

却说高宗时，建都临安，繁华富贵，不减那汴京故国。去那城中箭桥左侧，有个官人，姓刘，名贵，字君荐。祖上原是有根基的人家，到得君荐手中，却是时乖运蹇。先前读书，后来看看不济，却去改业做生意。便是半路上出家的一般，买卖行中一发不是本等伎俩，又把本钱消折去了。渐渐大房改换小房，赁得两三间房子，与同浑家王氏，年少齐眉。后因没有子嗣，娶下一个小娘子，姓陈，是陈卖糕的女儿，家中都呼为二姐。这也是先前不十分穷薄的时，做下的勾当。至亲三口，并无闲杂人在家。那刘君荐极是为人和气，乡里见爱，都称他："刘官人，你是一时运眼不好，如此落寞。再过几时，定须有个亨通的日子。"说便是这般说，那得有些些好处？只是在家纳闷，无可奈何。

却说一日闲坐家中，只见丈人家里的老王，年近七旬，走来对刘官人说道："家间老员外生日，特令老汉接取官人娘子去走一遭。"刘官人便道："便是我日逐愁闷过日子，连那泰山的寿诞也都忘了！"便同浑家王氏，收拾随身衣服，打叠个包儿，交与老王背了。分付二姐看守家中："今日晚了，不能转回；明晚顺索来家。"说了就去。离城二十余里，到了丈人王员外家，叙了寒温。当日坐间客众，丈人女婿，不好十分叙述许多穷相。到得客散，留在客房里宿歇。

直至天明，丈人却来与女婿攀话，说道："姐夫，你须不是这等算计，'坐吃山空，立吃地陷'，'咽喉深似海，日月快如梭'。你须计较一个常便。我女儿嫁了你一生，也指望丰衣足食，不成只是这等就罢了。"刘官人叹了一口气道："是！泰山在上，道不得个'上山擒虎易，开口告人难'。如今的时势，再有谁似泰山这般怜念我的！只索守困，若去求人，便是劳而无功。"丈人便道："这也难怪你说。老汉却是看你们不过，今日赍助你些少本钱，胡乱去开个柴米店，撰得些利息来过日子，却不好？"刘官人道："感蒙泰山恩顾，可知是好。"

当下吃了午饭，丈人取出十五贯钱来，付与刘官人道："姐夫，且将这些钱去，收拾起店面。开张有日，我便再应付你十贯。你妻子且留在此过几日，待有了开店日子，老汉亲送女儿到你家，就来与你作贺，意下如何？"

刘官人谢了又谢，驮了钱一径出门。到得城中，天色却早晚了。却撞着一个相识，顺路在他家门首经过。那人也要做经纪的人，就与他商量一会，可知是好。便去敲那人门时，里面有人应喏，出来相揖，便问："老兄下顾，有何见教？"刘官人一一说知就里。那人便道："小弟闲在家中，老兄用得着时，便来相帮。"刘官人道："如此甚好。"当下说了些生意的勾当。那人便留刘官人在家，现成杯盘，吃了三杯两盏。刘官人酒量不济，也觉有些朦胧起来。抽身作别，便道："今日相扰，明早就烦老兄过寒家，计议生理。"那人又送刘官人至路口，作别回家，不在话下。若是说话的同年生，并肩长，拦腰抱住，把臂拖回，也不见得受这般灾悔。却教刘官人死得不如：《五代史》李存孝，《汉书》中彭越。

却说刘官人驮了钱，一步一步捱到家中敲门，已是点灯时分。小娘子二姐独自在家，没一些事做，守得天黑，闭了门，在灯下打瞌睡。刘官人打门，他那里便听见？敲了半晌，方才知觉,答应一声:"来了!"起身开了门。刘官人进去,到了房中,二姐替刘官人接了钱,放在桌上,便问:"官人何处挪移这项钱来?却是甚用?"那刘官人一来有了几分酒,二来怪他开得门迟了,且戏言吓他一吓,便道:"说出来,又恐你见怪;不说时,又须通你得知。只是我一时无奈,没计可施,只得把你典与一个客人。又因舍不得你,只典得十五贯钱。若是我有些好处,加利赎你回来;若是照前这般不顺溜,只索罢了!"

那小娘子听了,欲待不信,又见十五贯钱堆在面前;欲待信来,他平白与我没半句言语,大娘子又过得好,怎么便下得这等狠心辣手?疑狐不决,只得再问道:"虽然如此,也须通知我爹娘一声。"刘官人道:"若是通知你爹娘,此事断然不成。你明日且到了人家,我慢慢央人与你爹娘说通,他也须怪我不得。"小娘子又问:"官人今日在何处吃酒来?"刘官人道:"便是把你典与人,写了文书,吃他的酒才来的。"

小娘子又问:"大姐姐如何不来?"刘官人道:"他因不忍见你分离,待得你明日出了门才来。这也是我没计奈何,一言为定。"说罢,暗地忍不住笑,不脱衣裳,睡在床上,不觉睡去了。

那小娘子好生摆脱不下:"不知他卖我与甚色样人家?我须先去爹娘家里说知。就是他明日有人来要我,寻到我家,也须有个下落。"沉吟了一会,却把这十五贯钱,一垛儿堆在刘官人脚后边。趁他酒醉,轻轻的收拾了随身衣服,款款的开了门出去,拽上了门,却去左边一个相熟的邻舍叫做朱三老儿家里,与朱三妈宿了一夜,说道:"丈夫今日无端卖我,我须先去与爹娘说知。烦你明日对他说一声,既有了主顾,可同我丈夫到爹娘家中来讨个分晓,也须有个下落。"那邻舍道:"小娘子说得有理。你只顾自去,我便与刘官人说知就里。"过了一宵,小娘子作别去了,不题。正是:鳌鱼脱却金钩去,摆尾摇头再不回。

放下一头。却说这里刘官人一觉,直至三更方醒,见卓上灯犹未灭,小娘子不在身边,只道他还在厨下收拾家火,便唤二姐讨茶吃。叫了一回,没人答应,却待挣扎起来,酒尚未醒,不觉又睡了去。不想却有一个做不是的,日间赌输了钱,没处出豁,夜间出来掏摸些东西,却好到刘官人门首。因是小娘子出去了,门儿拽上不关,那贼略推一推,豁地开了。捏手捏脚,直到房中,并无一人知觉。到得床前,灯火尚明,周围看时,并无一物可取,摸到床上,见一人朝着里床睡去,脚后却有一堆青钱。便去取了几贯。不想惊觉了刘官人,起来喝道:"你须不近道理!我从丈人家借办得几贯钱来养身活命,不争你偷了我的去,却是怎的计结!"那人也不回话,照面一拳。刘官人侧身躲过,便起身与这人相持。那人见刘官人手脚活动,便拔步出房。刘官人不舍,抢出门来,一径赶到厨房里,恰待声张邻舍,起来捉贼。那人急了,正好没出豁,却见明晃晃一把劈柴斧头,正在手边。也是人极计生,被他绰起一斧,正中刘官人面门,扑地倒了。又复一斧,斫倒一边。眼见得刘官人不活了,呜呼哀哉,伏惟尚飨!那人便道:"一不做,二不休。却是你来赶我,不是我来寻你索命。"翻身入房,取了十五贯钱,扯条被单包裹得停当,拽扎得爽俐,出门拽上了门就走,不题。

次早邻舍起来,见刘官人家门也不开,并无人声息,叫道:"刘官人!失晓了!"里面没人答应。捱将进去,只见门也不关。直到里面,见刘官人劈死在地。他家大娘子两日家前已自往娘家去了;小娘子如何不见?免不得声张起来。

却有昨夜小娘子借宿的邻家朱三老儿说道:"小娘子昨夜黄昏时到我家宿歇,说道刘官人无端卖了他。他一径先到爹娘家里去了。教我对刘官人说,既有了主顾,可同到他爹娘家中,也讨得个分晓。今一面着人去追他转来,便有下落;一面着人去报他大娘子到来,再作区处。"众人都道:"说得是。"

先着人去到王老员外家报了凶信。

老员外与女儿大哭起来,对那人道:"昨日好端端出门,老汉赠他十五贯钱,教他将来作本,如何便恁的被人杀了?"

那去的人道:"好教老员外大娘子得知:昨日刘官人归时,已自昏黑,吃得半酣,我们都不晓得他有钱没钱,归迟归早。只是今早刘官人家门儿半开,众人推将进去,只见刘官人杀死在地;十五贯钱一文也不见;小娘子也不见踪迹。声张起来,却有左邻朱三老儿出来,说道他家小娘子昨夜黄昏时分借宿他家。小娘子说道刘官人无端把他典与人了。小娘子要对爹娘说一声,住了一宵,今日径自去了。如今众人计议,一面来报大娘子与老员外;一面着人去追小娘子。若是半路里追不着的时节,直到他爹娘家中,好歹追他转来,问个明白。老员外与大娘子须索去走一遭,与刘官人执命。"

老员外与大娘子急急收拾起身,管待来人酒饭,三步做一步,赶入城中,不题。

却说那小娘子清早出了邻舍人家,挨上路去,行不上一二里,早是脚疼走不动,坐在路旁。却见一个后生,头带万字头巾,身穿直缝宽衫,背上驮了一个搭膊,里面却是铜钱,脚下丝鞋净袜,一直走上前来。到了小娘子面前,看了一看,虽然没有十二分颜色,却也明眉皓齿,莲脸生春,秋波送媚,好生动人。正是:野花偏艳目,村酒醉人多。

那后生放下搭膊,向前深深作揖:"小娘子独行无伴,却是往那里去的?"小娘子还了万福道:"是奴家要往爹娘家去,因走不上,权歇在此。"因问:"哥哥是何处来?今要往何方去?"那后生叉手不离方寸:"小人是村里人,因往城中卖了丝帐,讨得些钱,要往褚家堂那边去的。"小娘子道:"告哥哥则个。奴家爹娘也在褚家堂左侧,若得哥哥带挈奴家同走一程,可知是好。"那后生道:"有何不可?既如此说,小人情愿伏侍小娘子前去。"

两个厮赶着一路,正行,行不到二三里田地,只见后面两个人,脚不点地赶上前来。赶得汗流气喘,衣襟敞开,连叫:"前面小娘子慢走,我却有话说知。"小娘子与那后生看见赶得蹊跷,都立住了脚。后边两个赶到根前,见了小娘子与那后生,不容分说,一家扯了一个,说道:"你们干得好事!却走往那里去?"小娘子吃了一惊,举眼看时,却是两家邻舍——一个就是小娘子昨夜借宿的主人。小娘子便道:"昨夜也须告过公公得知,丈夫无端卖我,我自去对爹娘说知。今日赶来,却有何说?"朱三老道:"我不管闲帐。只是你家里有杀人公事,你须回去对理。"小娘子道:"丈夫卖我,昨日钱已驮在家中,有甚杀人公事?我只是不去。"朱三老道:"好自在性儿!你若真个不去……"叫起地方:"有杀人贼在此,烦为一捉!不然,须要连累我们,你这里地方也不得清净。"那个后生见不是话头,便对小娘子道:"既如此说,小娘子只索回去。小人自家去休。"那两个赶来的邻舍齐叫起来,说道:"若是没有你在此便罢;既然你与小娘子同行同止,你须也去不得。"那后生道:"却也古怪!我自半路遇见小娘子,偶然伴他行一程路途,上有甚皂丝麻线,要勒掯我回去?"朱三老道:"他家现有杀人公事,不争放你去了,却打没头官司!"当下怎容小娘子和那后生做主?看的人渐渐立满,都道:"后生!你去不得。你'日间不作亏心事,半夜敲门不吃惊',便去何妨?"那赶来的邻舍道:"你若不去,便是心虚;我们却和你罢休不得。"

四个人只得厮挽着一路转来。

到得刘官人门首,好一场热闹。小娘子入去看时,只见刘官人斧劈倒在地死了;床上十五赏钱,分文也不见。开了口合不得,伸了舌缩不上去。那后生也慌了,便道:"我怎的晦气！没来由和那小娘子同走一程，却做了干连人。"众人都和闹着。正在那里分豁不开，只见王老员外和女儿一步一颠走回家来，见了女婿身尸，哭了一场，便对小娘子道："你却如何杀了丈夫，劫了十五贯钱逃走出去？今日天理昭然，有何理说！"小娘子道："十五贯钱，委是有的。只是丈夫昨晚回来，说是无计奈何，将奴家典与他人，典得十五贯身价在此，说过今日便要奴家到他家去。奴家因不知他典与甚色样人家，先去与爹娘说知。故此趁夜深了，将这十五贯钱一垛儿堆在他脚后边，拽上门，到朱三老家住了一宵，今早自去爹娘家里说知。我去之时，也曾央朱三老对我丈夫说，既然有了主儿，便同到我爹娘家里来交割。却不知因甚杀死在此。"那大娘子道："可又来！我的父亲昨日明明把十五贯钱与他驮来作本，养赡妻小，他岂有哄你说是典来身价之理？这是你两日因独自在家，勾搭上了人，又见家中好生不济，无心守耐；又见了十五贯钱，一时见财起意，杀死丈夫，劫了钱，又使见识，往邻舍家借宿一夜，却与汉子通同计较，一处逃走。现今你跟着一个男子同走，却有何理说，抵赖得过？"

众人齐声道："大娘子之言，甚是有理。"又对那后生道："后生！你却如何与小娘子谋杀亲夫？却暗暗约定在僻静处等候，一同去逃奔他方，却是如何计结？"那人道："小人自姓崔，名宁，与那个娘子无半面之识。小人昨晚入城，卖得几贯丝钱在这里，因路上遇见小娘子，小人偶然问起往那里去的，却独自一个行走。小娘子说起是与小人同路，以此做伴同行。却不知前后因依。"众人那里肯听他分说？搜索他搭膊中，恰好是十五贯钱，一文也不多，一文也不少。众人齐发起喊来，道是："'天网恢恢，疏而不漏'。你却与小娘子杀了人，拐了钱，盗了妇女，同往他乡，却连累我地方邻里打没头官司！"

当下大娘子结扭了小娘子，王老员外结扭了崔宁，四邻舍都是证见，一哄都入临安府中来。那府尹听得有杀人公事，即便升堂，便叫一干人犯，逐一从头说来。先是王老员外上去告说："相公在上。小人是本府村庄人氏，年近六旬，只生一女。先年嫁与本府城中刘贵为妻，后因无子，取了陈氏为妾，呼为二姐。一向三口在家过活，并无片言。只因前日是老汉生日，差人接取女儿女婿到家住了一夜。次日因见女婿家中全无活计，养赡不起，把十五贯钱与女婿作本，开店养身。却有二姐在家看守，到得昨夜，女婿到家时分，不知因甚缘故，将女婿斧劈死了。二姐却与一个后生，名唤崔宁，一同逃走，被人追捉到来。望相公可怜见老汉的女婿身死不明，奸夫淫妇，赃证现在，伏乞相公明断！"

府尹听得如此如此，便叫："陈氏上来！你却如何通同奸夫杀死了亲夫，劫了钱与人一同逃走？是何理说！"二姐告道："小妇人嫁与刘贵，虽是个小老婆，却也得他看承得好；大娘子又贤慧；却如何肯起这片歹心？只是昨晚丈夫回来，吃得半酣，驮了十五贯钱进门，小妇人问他来历，丈夫说道因为养赡不周，将小妇人典与他人，典得十五贯身价在此，又不通我爹娘得知，明日就要小妇人到他家去。小妇人慌了，连夜出门，走到邻舍家里借宿一宵。今早一径先往爹娘家去。教他对丈夫说：既然卖我有了主顾，可到我爹娘家里来交割。才走得到半路，却见昨夜借宿的邻家赶来，捉住小妇人回来。却不知丈夫杀死的根由。"那府尹喝道："胡说！这十五贯钱，分明是他丈人与女婿的，你却说是典你的身价，眼见的没巴臂的说话了。况且妇人家如何黑夜行走？定是脱身之计。这桩事须不是你一个妇人家做的，一定有奸夫帮你谋财害命，你却从实说来！"

那小娘子正待分说，只见几家邻舍，一齐跪上去告道："相公的言语，委是青天！他家小娘子，昨夜果然借宿在左第二家的，今早他自去了。小的们见他丈夫杀死，一面着人去赶,赶到半路,却见小娘子和那一个后生同走,苦死不肯回来,小的们勉强捉他转来;却又一面着人去接他大娘子与他丈人,到时,说昨日有十五贯钱付与女婿做生理的。今者女婿已死,这钱不知从何而去?再三问那个娘子时,说道他出门时,将这钱一堆儿堆在床上。却去搜那后生身边,十五贯钱分文不少。却不是小娘子与那后生通同谋杀!赃证分明,却如何赖得过!"

府尹听他们言言有理,便唤那后生上来道:"帝辇之下,怎容你这等胡行!你却如何谋了他小老婆,劫了十五贯钱,杀死了亲夫?今日同往何处?从实招来!"那后生道:"小人姓崔,名宁,是乡村人氏。昨日往城中卖了丝,卖得这十五贯钱。今早偶然路上撞着这小娘子,并不知他姓甚名谁,那里晓得他家杀人公事?"府尹大怒,喝道:"胡说!世间不信有这等巧事!他家失去了十五贯钱,你却卖的丝恰好也是十五贯钱,这分明是支吾的说话了。况且'他妻莫爱,他马莫骑',你既与那妇人没甚首尾,却如何与他同行共宿?你这等顽皮赖骨,不打如何肯招!"

当下众人将那崔宁与小娘子,死去活来拷打一顿。那边王老员外与女儿并一干邻佑人等,口口声声咬他二人;府尹也巴不得了结这段公案。拷讯一回,可怜崔宁和小娘子受刑不过,只得屈招了,说是一时见财起意,杀死亲夫,劫了十五贯钱同奸夫逃走是实。左邻右舍都指画了十字。将两人大枷枷了,送入死囚牢里。将这十五贯钱给还原主——也只好奉与衙门中人做使用,也还不够哩!府尹叠成文案,奏过朝廷。部覆申详,倒下圣旨,说崔宁不合奸骗人妻,谋财害命,依律处斩;陈氏不合通同奸夫杀死亲夫,大逆不道,凌迟示众。当下读了招状,大牢内取出二人来,当厅判一个"斩"字,一个"剐"字,押赴市曹,行刑示众。两人浑身是口,也难分说。正是:哑子漫尝黄蘖味,难将苦口对人言。

看官听说:这段公事,果然是小娘子与那崔宁谋财害命的时节,他两人须连夜逃走他方,怎的又去邻舍人家借宿一宵,明早又走到爹娘家去,却被人捉住了?这段冤枉,仔细可以推详出来。谁想问官糊涂,只图了事,不想捶楚之下,何求不得!冥冥之中,积了阴鸷,"远在儿孙近在身",他两个冤魂,也须放你不过。所以做官的切不可率意断狱,任情用刑,也要求个公平明允。道不得个"死者不可复生,断者不可复续",可胜叹哉!

闲话休题。却说那刘大娘子到得家中,设个灵位,守孝过日。父亲王老员外劝他转身,大娘子说道:"不要说起三年之久,也须到小祥之后。"父亲应允自去。光阴迅速,大娘子在家巴巴结结,将近一年。父亲见他守不过,便叫家里老王去接他来,说:"叫大娘子收拾回家,与刘官人做了周年,转了身去罢。"大娘子没计奈何,细思父言,亦是有理;收拾了包裹,与老王背了,与邻舍家作别,暂去再来。一路出城,正值秋天,一阵乌风猛雨,只得落路往一所林子去躲,不想走错了路。正是:猪羊走屠宰之家,一脚脚来寻死路。

走入林子里来,只听他林子背后,大喝一声:"我乃静山大王在此!行人住脚,须把买路钱与我!"大娘子和那老王吃那一惊不小,只见跳出一个人来:头带干红凹面巾,身穿一领旧战袍。腰间红绢搭膊裹肚,脚下蹬一双乌皮皂靴。手执一把朴刀。舞刀前来。那老王该死,便道:"你这剪径的毛团!我须是认得你!做这老性命着与你兑了罢!"一头撞去,被他闪过空。老人家用力猛了,扑地便倒。那人大怒道:"这牛子好生无礼!"连搠一两刀,血流在地,眼见得老王养不大了。

那刘大娘子见他凶猛,料道脱身不得,心生一计,叫做"脱空计",拍手叫道:"杀得好!"那人便住了手,睁圆怪眼,喝道:"这是你甚么人?"那大娘子虚心假气的答道:"奴家不幸丧了丈夫;却被媒人哄诱,嫁了这个老儿,只会吃饭。今日却得大王杀了,也替奴家除了一害。"那人见大娘子如此小心,又生得有几分颜色,便问道:"你肯跟我做个压寨夫人么?"大娘子寻思,无计可施,便道:"情愿伏侍大王。"那人回嗔作喜,收拾了刀杖,将老王尸首撺入涧中;领了刘大娘子到一所庄院前来,甚是委曲。只见大王向那地上拾些土块,抛向屋上去,里面便有人出来开门。到得草堂之上,分付杀羊备酒,与刘大娘子成亲。两口儿且是说得着。正是:明知不是伴,事急且相随。

不想那大王自得了刘大娘子之后,不上半年,连起了几主大财,家间也丰富了。大娘子甚是有见识,早晚用好言语劝他:"自古道:'瓦罐不离井上破,将军难免阵中亡。'你我两人,下半世也够吃用了,只管做这没天理的勾当,终须不是个好结果。却不道是'梁园虽好,不是久恋之家',不若改行从善,做个小小经纪,也得过养身活命。"那大王早晚被他劝转,果然回心转意,把这门道路撇了;却去城市间,赁下一处房屋,开了一个杂货店。遇闲暇的日子,也时常去寺院中念佛赴斋。

忽一日在家闲坐,对那大娘子道:"我虽是个剪径的出身,却也晓得'冤各有头,债各有主'。每日间只是吓骗人东西,将来过日子,后来得有了你,一向不大顺溜,今已改行从善。闲来追思既往,正会枉杀了两个人,又冤陷了两个人,时常挂念,思欲做些功德超度他们,一向未曾对你说知。"大娘子便道:"如何是枉杀了两个人?"那大王道:"一个是你的丈夫,前日在林子里的时节,他来撞我,我却杀了他。他须是个老人家,与我往日无仇,如今又谋了他老婆,他死也是不甘心的。"大娘子道:"不怹时时,我却那得与你厮守?这也是往事,休题了。"又问:"杀那一个又是甚人?"那大王道:"说起来这个人,一发天理上放不过去——且又带累了两个人,无辜偿命。是一年前,也是赌输了,身边并无一文,夜间便去掏摸些东西。不想到一家门首,见他门也不闩。推进去时,里面并无一人。摸到门里,只见一人醉倒在床,脚后却有一堆铜钱。便去摸他几贯。正待要走,却惊醒了那人,起来说道:'这是我丈人家与我做本钱的,不争你偷去了,一家人口都是饿死!'起身抢出房门,正待声张起来,是我一时见他不是话头,却好一把劈柴斧头在我脚边。这叫做'人急计生',绰起斧来,喝一声道,'不是我,便是你',两斧劈倒,却去房中将十五贯钱尽数取了。后来打听得他却连累了他家小老婆,与那一个后生,唤做崔宁,冤枉了他谋财害命,双双受了国家刑法。我虽是做了一世强人,只有这两桩人命是天理人心打不过去的。早晚还要超度他,也是该的。"

那大娘子听说,暗暗地叫苦:"原来我的丈夫也吃这厮杀了!又连累我家二姐与那个后生无辜被戮。思量起来,是我不合当初执证他两人偿命,料他两人阴司中也须放我不过。"

当下权且欢天喜地,并无他话。明日捉个空,便一径到临安府前叫起屈来。

那时换了一个新任府尹,才得半月,正直升厅,左右捉将那叫屈的妇人进来。刘大娘子到于阶下,放声大哭。哭罢,将那大王前后所为,怎的杀了我丈夫刘贵,问官不肯推详,含糊了事,却将二姐与那崔宁朦胧偿命;后来又怎的杀了老王,奸骗了奴家,今日天理昭然,一一是他亲口招承。伏乞相公高抬明镜,昭雪前冤!说罢又哭。府尹见他情词可悯,即着人去捉那静山大王到来,用刑拷讯,与大娘子口词一些不差。即时问成死罪,奏过官里。待六十日限满,到下圣旨来:勘得静山大王谋财害命,连累无辜,准律杀一家非死罪三人者斩加等,决不待时;原问官断狱失情,削职为民;崔宁与陈氏枉死可怜,有司访其家,谅行优恤;王氏既系强徒威逼成亲,又能伸雪夫冤,着将贼人家产,一半没入官,一半给与王氏,养赡终身。刘大娘子当日往法场上看决了静山大王,又取其头去祭献亡夫并小娘子及崔宁,大哭一场。将这一半家私舍入尼姑庵中。自己朝夕看经念佛,追荐亡魂,尽老百年而终。有诗为证:

善恶无分摁丧躯,只因戏语酿灾危。
劝君出话须诚实,口舌从来是祸基。

文本解读

　　本文选自《京本通俗小说》,属于宋元话本。话本原是"说话"艺人的底本,是随着民间"说话"伎艺发展起来的一种文学形式。唐代已经出现了话本,但到宋元才渐趋成熟。比之唐传奇和变文,话本的体裁有它的特色。说话人为延迟正文开讲时间,等候听众,并稳定早到听众的情绪,在正文之前吟诵几首诗或讲一两个小故事,叫做"入话"。这些诗词、故事大都和正文意思相关,可以互相引发。如本文开头所讲的魏生的故事就是"入话",它所揭示的意义和正文是一样的。说话人为了渲染故事场景或人物风貌,往往在话本中穿插骈文或诗词。话本结尾又常用诗句总结全篇,劝诫听众。如文中的"正是"和两处"有诗为证",这些地方还残留着说唱文学的痕迹。

　　除了结构上体现的话本的特点,《错斩崔宁》的语言简洁平易,这是因为话本的听众是一般百姓,此外,还运用具有典型意义的细节来刻画人物性格,出现了人物内心活动的描写。如文中刘贵从丈人家回来,因小娘子开门迟了,就骗她说已经把她卖了。到夜间刘贵睡后,小娘子出门去邻居家借宿前有一段人物内心活动和言行的细致描写,给我们留下了一个善良、驯顺而没有社会地位和人身自由的贫家女子的印象。

　　《错斩崔宁》是宋话本中著名的篇目,明代冯梦龙将其编入《醒世恒言》,改名为《十五贯戏言成巧祸》,后人据此改编成戏剧《十五贯》。所谓"无巧不成书",崔宁之所以被冤杀,真凶之所以能受惩处,都是因为有种种巧合。当然,府尹断案的主观臆断、刑讯逼供,也是崔宁含冤的一个原因,另外,古代社会"男女授受不亲"也是原因之一,否则,不会因为他和陈氏在一起走路就被当成嫌疑犯。

思考练习

1. 这个话本的主旨是什么?
2. 试分析崔宁含冤以及真凶受惩的种种巧合。
3. 小说中的"静山大王"后来已经改恶从善,王氏是在他的忏悔中了解到刘贵死亡的真相,王氏可不可以原谅他?可不可以不向官府告发?如果是这样,你可以设想后来的情节会怎么样?

阅读链接

　　冯梦龙编注:《醒世恒言》,岳麓书社2010年版。

文学坐标
明清文学

一、明代文学

明代文学大致可以嘉靖元年(1522)为界分为前后两期。明代前期的文学创作总体成就不高,一些优秀的文学作品都集中在元明之际。明代后期文学的发展则出现了百花齐放的繁荣景象。戏曲、小说等通俗文学的创作,再现辉煌。徐渭的《四声猿》、汤显祖的"临川四梦"、吴承恩的《西游记》、兰陵笑笑生的《金瓶梅》、冯梦龙的"三言"、凌濛初的"二拍"等皆为大家之作。在诗文中,从茶陵派到前后七子,提倡文学复古,反对台阁体的平庸文风,唐宋派、公安派又倡导抒写人的真情实感,反对机械复古,使诗文的创作耳目一新。

明代长篇的杰出代表是所谓的"四大奇书",即《三国演义》、《水浒传》、《西游记》、《金瓶梅》。

《三国演义》属于世代累积型小说,它的成型有一段漫长的历史过程,是罗贯中在民间传说及民间艺人创作的话本、戏曲的基础上,又运用陈寿《三国志》和裴松之注的正史材料,结合他丰富的生活经验写成。

《三国演义》是我国章回体小说的开山之作,也是历史演义小说的杰出代表,在中国小说发展史上是一座重要的里程碑,在艺术上取得了多方面的成就。

关于《水浒传》的作者,文献记载不尽一致。目前,多数学者认为《水浒传》是施耐庵及其门人罗贯中,在宋元以来广泛流传的民间故事、话本、戏曲的基础上,进行综合性再创造而成。

《水浒传》在成书的过程中所摄取的材料相当复杂,既有农民革命思想的闪光,也有市民阶层感情的渗透,后来作者在编定成书时,又用传统的忠义思想对它进行了加工改造,成书后还经过不同思想倾向的文人的润色和删改,因此全书的思想内容就显得非常丰富复杂,其主题思想也呈现出多元融合的趋势,形成一个既矛盾又统一的艺术整体。

艺术上,《水浒传》既是我国英雄传奇小说的光辉典范,也堪称我国白话文学的一座里程碑。它的出现,标志着白话文体在小说创作方面已经完全成熟。

《西游记》是古代神魔小说的顶峰之作。《西游记》的内容相当复杂,创作主旨更是众说纷纭。总体看来,《西游记》在取经故事的外壳之中蕴涵着"明心见性"的哲理,在充满神异性、诙谐性的情节中注入了现实精神和理想新质。

艺术上,浪漫主义是《西游记》最基本的特征,它把浪漫主义的创作方法提升到新的历史高度;在形象塑造上,《西游记》将人性、物性与神性有机地糅合在一起。在艺术格调上,《西游记》继承了寓庄于谐的优秀传统,亦谐亦谑,寓嘲寓讽,轻松活泼,妙趣横生,使作品充满诙谐的兴味,产生出异常强烈的喜剧性效果。

《金瓶梅》的作者署名为"兰陵笑笑生",作为第一部描写世俗社会的长篇小说,表现出长篇小说向写实方面发展的趋势。其突破了中国长篇小说的传统模式,在艺术上较之此前的长篇小说有了多方面的开拓和创新,为中国古代小说的演进作出了历史性的贡献。

明代短篇小说是文人模拟话本而创作的案头文学,其中,冯梦龙的"三言"、凌濛初的"二拍"代表了明代白话短篇小说的主要收获。它向读者展示的是一幅市井社会的风情画,其特点:一是商人成了最活跃的形象;二是张扬女性意识和婚恋自主。另外,"清官"形象也较多地带有市民化色彩。

徐渭是明杂剧创作成就最高、影响最大的作家。他的代表作《四声猿》包括《狂鼓史》一折、《玉蝉师》二折、《雌木兰》二折,《女状元》五折,被称为"明曲之第一"。

明代诗文方面,有刘基、宋濂的诗文,高启的诗歌。刘基、高启以后,诗坛上出现了歌功颂德的"台阁体",追求声调格律的茶陵诗派。明中叶以后,以李梦阳、何景明、李攀龙、王世贞为首的前后七子,更是提出了"文必秦汉,诗必盛唐"的复古口号。嘉靖时,归有光、王慎中、唐顺之、茅坤等散文家,极力反对前后七子的复古主张,认为不一定"文必秦汉,诗必盛唐"。他们的成就主要表现在散文创作上。由于宗唐拟宋,所以被称为"唐宋派"。明后期有以袁宗道、袁宏道、袁中道为首的公安派,他们强调文学情感的真实性,反对虚伪,认为每个时代都有自己的特点,不必拟古,应用自己的语言来表达真情实感。

二、清代文学

清代文学集封建时代文学发展之大成,是古代文学的一个光辉总结。各种样式、各种体裁无不具备,而且都取得了相当可观的成就。

清代是小说创作最为繁盛的年代,此时不仅文人的独立创作占据了主导地位,而且还出现了一些极其优秀的作品。清初时蒲松龄的文言短篇小说集《聊斋志异》将六朝的志怪小说和唐传奇融为一体并加以发展,使花妖狐魅人格化,幽冥世界社会化,通过人鬼相杂、幽明相间的生活画面,尖锐地暴露时政的黑暗,抨击了八股取士的科举制度,歌咏了青年男女追求自由爱情的美好愿望。清中叶出现了吴敬梓的长篇巨著《儒林外史》。它是古代讽刺小说的杰作,以反对科举与功名富贵为中心并旁及当时官僚制度、人伦关系以至整个社会风尚。曹雪芹的《红楼梦》是我国古代最杰出的长篇小说,把古典小说推向了艺术高峰。

清代戏曲也取得了重大的成就。以李玉为代表的苏州派剧作家,关注社会政治,紧贴现实生活,注重舞台的表演性和戏剧性,开创了戏曲创作的新局面。康熙年间,出现了优秀的作品《长生殿》和《桃花扇》。清代中期以后,传奇、杂剧逐渐衰退,代之而起的是植根于民间的地方戏曲。

清代诗、词、散文作家众多,出现各种流派,但未产生大家。清初的文坛作家主要有黄宗羲、顾炎武、王夫之、侯方域、钱谦益、纳兰性德等。"桐城派"是清代最大的散文流派,领军人物是方苞、姚鼐等,他们主张义理、考据、辞章合而为一,标榜文以载道,道学气比较重。清代后期骈文渐有复兴,主要作家有袁枚、汪中、洪亮吉等。其中,汪中学问渊博,所作骈文词语精丽,属对工稳,是写骈体文的高手。

报刘一丈书

宗 臣

宗臣(1525～1560),字子相,扬州兴化(今江苏省兴化县)人。明世宗嘉靖二十九年(1550)进士,性耿介,不附权贵。嘉靖三十六年(1557)因作文祭杨继盛而得罪严嵩,被贬为福建布政使司左参议。后因防御倭寇有功,迁福建提学副使,卒于任上。

宗臣能文善诗,文章风格横放雄厉,与李攀龙、王世贞、谢榛、梁有誉、徐中行、吴国伦并称"后七子",其散文创作成就较为突出。著有《宗子相集》。

数千里外,得长者①时②赐③一书,以慰长想④,即亦甚幸矣。何至更辱⑤馈遗⑥,则不才⑦益将何以报焉,书中情意甚殷⑧,即长者之不忘老父,知老父之念长者深也。至以"上下相孚,才德称位"⑨语不才,则不才有深感焉。夫才德不称,固自知之矣。至于不孚之病,则尤不才为甚。

且今之所谓孚者何哉?日夕策马候权者之门⑩,门者故不入,则甘言媚词作妇人状,袖金以私之⑪。即门者持刺⑫入,而主者⑬又不即出见。立厩中仆马之间⑭,恶气袭衣裾,即饥寒毒热不可忍,不去⑮也。抵暮,则前所受赠金者出,报客曰:"相公⑯倦,谢客矣。客请明日来。"即明日又不敢不来。夜披衣坐,闻鸡鸣即起盥栉⑰,走马抵门。门者怒曰:"为谁?"则曰:"昨日之客来。"则又怒曰:"何客之勤也?岂有相公此时出见客乎?"客心耻之⑱,强忍而与言曰:"亡奈何⑲矣,姑容我入!"门者又得所赠金,则起而入之,又立向⑳所立厩中。幸主者出,南面召见,则惊走匍匐㉑阶下。主者曰:"进",则再拜㉒,故迟不起。起则上所上寿金㉓。主者故不受,则固请;主者故固不受,则又固请。然后命吏纳之。则又再拜,又故迟不起,起则五六揖㉔始出。出揖门者曰:"官人幸㉕顾我,他日来,幸㉖亡阻我也。"门者答揖,大喜,奔出。马上遇所交识,即扬鞭语曰:"适自相公家来,相公厚我厚我!"且虚言状。即所交识,亦心畏相公厚之矣。相公又稍稍语人曰:"某也贤,某也贤!"闻者亦心计交赞之。此世所谓上下相孚也。长者谓仆㉗能之乎?

前所谓权门者,自岁时伏腊一刺之外,即经年不往也㉘。间道经其门,则亦掩耳闭目,跃马疾走过之,若有所追逐者。斯则仆之褊哉㉙,以此常不见悦于长吏㉚,仆则愈益不顾也。每大言㉛曰:"人生有命,吾惟守分尔矣!"长者闻之,得无厌其为迂㉜乎?

乡园㉝多故,不能不动客子㉞之愁。至于长者之抱才而困㉟,则又令我怆然㊱有感。天之与先生者甚厚,亡论长者不欲轻弃之也㊲,即天意亦不欲长者之轻弃之也,幸宁心㊳哉!

注释

①长者:年纪大的长辈。这里是指刘一丈。
②时:时常。
③赐:敬词,指寄出。
④长想:长久的想念。

⑤辱:承蒙。这里是谦词,有不敢当之意。

⑥馈遗(kuì wèi):赠送礼物。

⑦不才:不肖,自谦之词。

⑧殷:盛,深切,恳切,深厚。

⑨"上下相孚"二句:意思是说,上级和下级要互相信任,才能和品德都适合其职位。孚:信,信任。称(chèng):符合,适合

⑩策马:驰马,用鞭子赶马。策:马鞭。权者:当权的要人,此处指当时权臣严嵩父子。

⑪袖金:把钱藏在袖子里。私之:偷偷地送给他。

⑫刺:谒见的名帖,名片。明时官场谒见,用红纸写官衔、姓名投递通报。

⑬主者:主人。

⑭厩:马棚。仆马:驾车的马。仆:驾车的意思。

⑮去:离开。

⑯相公:宰相的别称。这里指权贵。

⑰盥栉(guàn zhì):洗脸梳头。盥:洗手。栉:梳发。

⑱客心耻之:客人心里觉得耻辱。耻之:对此感到耻辱。

⑲亡奈何:无有办法。亡:通"无"。

⑳向:以前。

㉑匍匐(pú fú):伏地而行。

㉒拜:旧时一种表示敬意的礼节。

㉓寿金:献给主者的礼金。以金帛赠人叫寿。这里指贿赂。

㉔揖(yī):作揖,一种向人表示敬意的礼节。行礼时,两手抱拳高拱,身子略向前弯曲。

㉕官人:对守门人的敬称(奉承之称)。幸顾我:意为多亏看顾我,幸而看得起我。顾:照顾。此句犹言:"幸官人顾我。"

㉖幸:希望,请求之词。

㉗仆:自称的谦词。

㉘"自岁"二句:是说除了过年过节去投张名帖为贺外,终年不往。岁时:一年四季。伏腊:夏天的伏日和冬天的腊日,夏伏冬腊,古代都举行祭祀,是两个祭祀的名称。这里泛指过年过节。

㉙褊(biǎn)衷:狭隘的心胸。褊:地方狭小,引申为气量狭窄。意思是不愿巴结权贵。

㉚长吏:上级官吏。

㉛大言:宽慰自己说。

㉜迂:拘执而不通人情。

㉝乡园:故乡,家园。故:事故。

㉞客子:寄居他乡的人,指作者自己。

㉟抱才而困:怀抱才能无法施展而处于困境,即怀才不遇。

㊱怆(chuàng)然:悲伤的样子。

㊲"天之"句:意谓刘的才德禀赋很好,不用说是你自己不愿轻易抛弃它,就是老天也

不希望你轻易抛弃它。亡论:且不说。

㊳宁心:安心。

文本解读

本文选自明刻本《宗子相集》卷二十。刘一丈,名玠,字国珍,宗臣之父宗周的至交,因其排行第一,故称一丈。丈,尊称,犹称"老伯"。刘玠博学多才却屡试不第,遂绝意仕进,一生在家乡隐居。明嘉靖年间,严嵩父子把持朝政,专权跋扈,一些士大夫则钻营于严府门下,巴结献媚,丑态百出。作者借复信给刘一丈的机会,极为生动地讽刺了当时上层社会的这种丑恶现象。

文章第一段告诉我们,这是一封复信。长者赐书,又馈赠礼品,在精神上、物质上都给作者以关怀,虽说是父辈深情,又怎不感激。作者没有停留在一般的礼节、客套上,而是挚情以"报",针对来信提及的劝导,将自己的思想认识、处世态度和盘托出,可见这"报"字中,不仅有对长者来信回复之情,还包含着向长者汇报之意。行文由感谢而引出来信中的内容,以刘一丈信中所言"上下相孚,才德称位"作为全篇的话题。第二段揭露讽刺明代官场中"上下相孚"的内情,逼真地再现出干谒求进之人的种种丑态,以及"权者"、"门者"的骄横虚伪。第三段表明自己刚直不阿、绝不趋炎附势的志节。第四段以劝慰刘一丈结尾。

文章笔锋犀利,讽刺尖刻,如"干谒者"向门人百般讨好,被召见时奴颜婢膝,一出门就"且虚言状"。

本文在揭露"干谒者"、"劝者"、"门者"的丑态时多用细节描写,如写"干谒者""甘言媚词作妇人状"、"夜披衣坐,闻鸡鸣即起盥栉,走马抵门"等,真实可信,细腻传神。

对比强烈、爱憎分明是文章的另一显著特点,既深刻地讽刺了明代官场中的黑暗腐败,又表明了自己刚直不阿的志节。

思考练习

1. 本文的写作目的是什么?
2. 本文是如何尖刻讽刺明代官场中的丑恶现象的?
3. 简析本文中的细节描写。
4. 简析本文的语言特点。

阅读链接

刘世南、刘松来选注:《清文选》,人民出版社2006年版。

牡丹亭·惊梦(节选)

汤显祖

汤显祖(1550~1616),字义仍,号若士、海若,自署清远道人,江西临川人。少有才名,由于不肯阿附权贵,直到34岁才中进士,历任南京太常博士、詹事府主簿、礼部祠祭司主事,与顾宪成等东林党人过往甚密。万历十九年(1591)因抨击朝政,被贬为广东徐闻县典史。后调任浙江遂昌知县,任职5年。万历二十六年(1598),他终于怀着满腔悲愤,弃官归隐临川玉茗堂中。在归乡隐居期间,汤显祖虽然脱离了官场,但他还是十分关心时政,他曾感慨道:"天下忘我属易,吾属忘天下难也!"

汤显祖一生虽备受挫折,但他始终坚持独立的人格精神,不与世俗同流合污,与权贵、与封建礼教作了坚决的抗争。他虽然在政治上无法实现自己的抱负,然而在文学上取得了杰出的成就。著有诗文集《红泉逸草》、《问棘邮草》和《玉茗堂集》等。在戏曲创作方面,著有《牡丹亭》、《邯郸记》、《南柯记》、《紫钗记》,合称"临川四梦"。汤显祖的剧作热情歌颂青年人对理想和爱情的追求,大胆批判腐败政治和封建礼教,对后世影响很大。

【绕池游】(旦①上)梦回莺啭,乱煞年光遍②。人立小庭深院。(贴③)炷尽沉烟④,抛残绣线⑤,恁今春关情似去年⑥?

【乌夜啼】(旦)晓来望断梅关⑦,宿妆残。(贴)你侧着宜春髻子⑧恰凭阑。(旦)剪不断,理还乱⑨,闷无端。(贴)已分付催花莺燕借春看。(旦)春香,可曾叫人扫除花径?(贴)分付了。(旦)取镜台衣服来。(贴取镜台衣服上)"云髻罢梳还对镜,罗衣欲换更添香⑩。"镜台衣服在此。

【步步娇】(旦)袅晴丝⑪,吹来闲庭院,摇漾春如线。停半晌、整花钿⑫。没揣菱花,偷人半面,迤逗的彩云偏⑬。(行介)步香闺怎便把全身现!(贴)今日穿插的好。

【醉扶归】(旦)你道翠生生出落的裙衫儿茜⑭,艳晶晶花簪八宝填⑮,可知我常一生儿爱好是天然⑯。恰三春好处⑰无人见。不提防沉鱼落雁鸟惊喧⑱,则怕的羞花闭月花愁颤⑲。(贴)早茶时了,请行。(行介)你看:画廊金粉半零星,池馆苍苔一片青。踏草怕泥⑳新绣袜,惜花疼煞小金铃㉑。(旦)不到园林,怎知春色如许?

【皂罗袍】原来姹紫嫣红㉒开遍,似这般都付与断井颓垣㉓。良辰美景奈何天,赏心乐事谁家院㉔!恁般景致,我老爷和奶奶,再不提起。(合)朝飞暮卷㉕,云霞翠轩;雨丝风片,烟波画船。锦屏人㉗忒看的这韶光贱!(贴)是花都放了,那牡丹还早。

【好姐姐】(旦)遍青山啼红了杜鹃㉘,荼蘼㉙外烟丝醉软。春香呵,牡丹虽好,他春归怎占的先㉚!(贴)成对儿莺燕啊!(合)闲凝眄㉛,生生燕语明如翦㉜,呖呖莺歌溜的圆㉝。(旦)去罢。(贴)这园子委是观之不足㉞也。(旦)提他怎的!(行介)

【隔尾】观之不足由他缱㉟,便赏遍了十二㊱亭台是枉然。到不如兴尽回家闲过遣㊲。(作到介)(贴)开我西阁门,展我东阁床。瓶插映山紫㊳,炉添沉水香㊴。小姐,你歇息片时,俺瞧老夫人去也。(下)

注释

①旦:剧中女主角,本剧中扮演杜丽娘。
②乱煞年光遍:意谓使人眼花缭乱的春光到处都是。
③贴:贴旦,剧中次要的女角。剧中扮演春香。
④炷:燃烧。沉烟:沉香燃烧的烟,这里借指沉香。沉香是名贵的香料。

⑤抛残绣线:把未完成的刺绣活儿丢在一边。

⑥恁:怎么,即为什么。似:比拟之词,有深似的意思。这句意思是,为什么今年的春情,比去年来得浓呢?

⑦梅关:在江西大庾岭上。

⑧宜春髻子:古时在立春这天,女子将彩色丝织物剪成燕子状,戴在发髻上,上写"宜春"二字。

⑨剪不断,理还乱:李煜《乌夜啼》中的词句。

⑩"云髻"二句:唐代诗人薛逢《宫词》中的诗句。

⑪晴丝:虫类所吐的游丝。

⑫花钿:古代妇女戴的首饰。

⑬没揣:不料。菱花:古时铜镜背面常铸有菱花图案以为饰,因以菱花代称镜子。偷人半面:意谓镜子照见了自己的半个面容。迤逗:挑逗、引诱。彩云:美称女子的发髻。

⑭翠生生:色彩鲜明。茜:同"蒨",鲜明。

⑮艳晶晶:光灿灿。花簪八宝填:镶嵌着多种宝石的簪子。

⑯爱好:爱美。天然:天性。

⑰三春好处:喻指青春美貌。

⑱沉鱼落雁鸟惊喧:以鱼、雁、鸟的回避和惊讶,极写人之美丽。

⑲羞花闭月花愁颤:以花、月的羞惭愁苦,极写人之美丽。

⑳泥:用作动词,玷污。

㉑"惜花"句:唐明皇之兄宁王爱花,春天时用红丝绳将金铃系在花枝上,有鸟雀飞来,便牵动金铃惊散鸟雀。见《开元天宝遗事》。

㉒姹紫嫣红:形容花的艳丽。

㉓断井颓垣:形容庭院的破旧冷落。

㉔"良辰"句:语出谢灵运《拟魏太子邺中集诗序》:"天下良辰美景、赏心乐事,四者难并。"

㉕朝飞暮卷:形容楼阁的壮美。语出唐王勃《滕王阁诗》:"画栋朝飞南浦云,珠帘暮卷西山雨。"

㉖翠轩:华美的亭台楼阁。

㉗锦屏人:深闺中的女子。

㉘啼红了杜鹃:开遍了红色的杜鹃花。古有杜鹃啼血的传说,故云。

㉙荼蘼(mí):花名,白色,有香气。

㉚"牡丹虽好"二句:借牡丹比喻青春蹉跎。

㉛凝眄(miàn):目不转睛地看。

㉜生生:形容声音的清脆。明如剪:明快如剪。

㉝呖呖:形容鸟鸣的清亮。溜的圆:圆润悦耳。

㉞委是观之不足:真是看不够。

㉟观之不足由他缱:意谓看不够,就保留这一份留恋吧。缱:流连忘返。

㊱十二:虚指,犹言所有。

㊲过遣:犹言打发时光。

㊳映山紫：杜鹃花的一种。

㊴沉水香：即沉香。

文本解读

《牡丹亭》又名《还魂记》，在“临川四梦”中成就最高。作者自谓：“一生四梦，得意处唯在《牡丹》。”全剧共55出，描写南安府太守杜宝之女杜丽娘，不满封建礼教，游园后在梦中与理想的情人柳梦梅相会，因情思成疾而逝；后托梦与梦梅并经梦梅调护，以情之所至，丽娘又得以死而复生，终于结为夫妇。正如汤显祖在《牡丹亭·题词》中表明，作者在这部戏里所要表现的是“一往而深”的至情，“情不知所起，一往而深。生者可以死，死可以生”。然而这种至情为封建礼教所不容，因此，汤显祖在颂扬至情的同时，也写了“礼”对“情”的压制和扼杀，并将“情”与“礼”的矛盾冲突贯穿于全剧的始终。

这里所选是《牡丹亭》第十出《惊梦》中《游园》的片段。在春香的鼓舞下，杜丽娘违背父母、私塾的训诫，走出深闺，看到了一个美丽的新天地。她痛惜自己的青春埋没在小庭院中，而引起了她的自我觉醒。这里有对礼教的不满、有对自然和青春的热爱、有对春色的惊叹和对命运的感伤。

这一片段共有6支曲子。前3支曲子，用来刻画杜丽娘游园前的心情，表现了她向往自然、热爱青春的性格。后3支曲子旨在描写杜丽娘游园时的所见、所感，既描绘了花园内的美丽景色，又表现了杜丽娘的青春觉醒。

作者运用借景抒情、融情于景的表现手法，来表现杜丽娘丰富的情感。如杜丽娘所唱的【皂罗袍】、【好姐姐】等曲文，是对满园春色的描绘，也借此展示了杜丽娘对幸福爱情的向往和对封建礼教束缚的怨恨之情。

作者还运用白描的手法，通过一些细节描写，来展现杜丽娘的心理活动和心理状态。如通过杜丽娘在游园前精心梳妆打扮的一系列动作，十分细腻形象地表现她丰富复杂的内心活动。

唱词优美自然，充满诗情画意。

思考练习

1. 试分析前3支曲子表现了杜丽娘怎样的心理和性格。
2. 后3支曲子是怎样借景抒情、融情于景的？
3. 简析曲中的白描手法。

阅读链接

汤显祖著，徐朔方、杨笑梅校注：《牡丹亭》，人民文学出版社1982年版。

红楼梦·诉肺腑（节选）

曹雪芹

曹雪芹（约1715～约1763），名霑，字梦阮，雪芹是其号，又号芹圃、芹溪，我国清代伟大的现实主义作家。自曾祖起,三代任江宁织造,其祖父曹寅尤为康熙帝所信用。雍正初年,在统治阶级内部政治斗争牵连下,曹家受到重大打击,其父被免职,产业被抄,从此家道衰落。曹雪芹为人豪放,性情高傲,具有深厚的文化修养和卓越的艺术才能。晚年居北京西郊,贫病而卒。

小说《红楼梦》是曹雪芹蛰居北京西山时创作的,从乾隆六年(1741)开始至死,生前只完成80回,初稿命名为《风月宝鉴》,以后又称《石头记》。目前流传的120回本的《红楼梦》中,前80回为曹雪芹所著,后40回现在一般认为是高鹗、程伟元补写的。《红楼梦》内容丰富、思想深刻、艺术精湛,把中国古典小说创作推向最高峰,在文学发展史上占有十分重要的地位。《红楼梦》的体裁属长篇章回白话小说,此书主要以贾宝玉、林黛玉之间的爱情悲剧为主要线索,通过以贾、史、王、薛四大家族的盛衰为背景,展示了旧制度内部不可调和的尖锐的矛盾冲突。小说精心塑造了一系列血肉丰满、性格复杂的人物形象,尤其是光彩照人的青年女子形象,具有无穷的艺术魅力。结构上,内部百面贯通,脉络相连,纵横交错,但又主次分明,有条不紊。《红楼梦》的语言简洁而纯净,准确而传神,朴素而多彩,达到了炉火纯青的境界。

(湘云)一面说,一面走,刚到蔷薇架下,湘云道:"你瞧那是谁掉的首饰,金晃晃在那里。"翠缕听了,忙赶上拾在手里攥着,笑道:"可分出阴阳来了。"说着,先拿史湘云的麒麟瞧。湘云要他拣的瞧,翠缕只管不放手,笑道:"是件宝贝,姑娘瞧不得。这是从那里来的? 好奇怪! 我从来在这里没见有人有这个。"湘云道:"拿来我看。"翠缕将手一撒,笑道:"请看。"湘云举目一验,却是文彩辉煌的一个金麒麟,比自己佩的又大又有文彩。湘云伸手擎在掌上,只是默默不语,正自出神,忽见宝玉从那边来了,笑问道:"你两个在这日头底下作什么呢? 怎么不找袭人去?"湘云连忙将那麒麟藏起道:"正要去呢。咱们一处走。"说着,大家进入怡红院来。袭人正在阶下倚槛追风,忽见湘云来了,连忙迎下来,携手笑说一向久别情况。一时,进来归坐,宝玉因笑道:"你该早来,我得了一件好东西,专等你呢。"说着,一面在身上摸掏,掏了半天,呵呀了一声,便问袭人:"那个东西你收起来了么?"袭人道:"什么东西?"宝玉道:"前儿得的麒麟。"袭人道:"你天天带在身上的,怎么问我?"宝玉听了,将手一拍说道:"这可丢了,往那里找去!"就要起身自己寻去。湘云听了,方知是他遗落的,便笑问道:"你几时又有了麒麟了?"宝玉道:"前儿好容易得的呢,不知多早晚丢了,我也糊涂了。"湘云笑道:"幸而是玩的东西,还是这么慌张。"说着,将手一撒,"你瞧瞧,是这个不是?"宝玉一见那麒麟,心中甚是欢喜,便伸手来拿,笑道:"亏你拣着了。你是那里拣的?"史湘云笑道:"幸而是这个,明儿倘或把印也丢了①,难道也就罢了不成?"宝玉笑道:"倒是丢了印平常,若丢了这个,我就该死了。"袭人斟了茶来与史湘云吃,一面笑道:"大姑娘,听见前儿你大喜了。"史湘云红了脸,吃茶不答。袭人道:"这会子又害臊了。你还记得十年前,咱们在西边暖阁住着,晚上你同我说的话儿? 那会子不害臊,这会子怎么又害臊了?"史湘云笑道:"你还说呢。那会子咱们那么好,后来我们太太没了,我家去住了一程子,怎么就把你派了跟二哥哥,我来了,你就不像先待我了。"袭人笑道:"你还说呢。先姐姐长姐姐短哄着我替你梳头洗脸,作这个弄那个,如今大了,就拿出小姐的款②来。你既拿出小姐的款,我怎敢亲近呢?"史湘云道:"阿弥陀佛,冤枉冤哉!

我要这样,就立刻死了。你瞧瞧,这大热天,我来了,必定赶来先瞧瞧你。不信你问问缕儿,我在家时时刻刻,那一回不念你儿声。"话未了,忙的袭人和宝玉都劝道:"玩话你又认真了。还是这么性急。"史湘云道:"你不说你的话噎人③,倒说人性急。"一面说,一面打开手帕子,将戒指递与袭人。袭人感谢不尽,因笑道:"你前儿送你姐姐们的,我已得了;今儿你亲自又送来,可见是没忘了我。只这个就试出你来了。戒指儿能值多少,可见你的心真。"史湘云道:"是谁给你的?"袭人道:"是宝姑娘给我的。"湘云笑道:"我只当是林姐姐给你的,原来是宝钗姐姐给了你。我天天在家里想着,这些姐姐们再没一个比宝姐姐好的。可惜我们不是一个娘养的。我但凡④有这么个亲姐姐,就是没了父母,也是没妨碍的。"说着,眼睛圈儿就红了。宝玉道:"罢,罢,罢!不用提这个话。"史湘云道:"提这个便怎么?我知道你的心病,恐怕你的林妹妹听见,又怪嗔我赞了宝姐姐。可是为这个不是?"袭人在旁嗤的一笑,说道:"云姑娘,你如今大了,越发心直口快了。"宝玉笑道:"我说你们这几个人难说话,果然不错。"史湘云道:"好哥哥,你不必说话叫我恶心。只会在我们跟前说话,见了你林妹妹,又不知怎么了。"袭人道:"且别说玩话,正有一件事还要求你呢。"史湘云便问什么事。袭人道:"有一双鞋,抠了垫心子⑤。我这两日身上不好,不得做,你可有工夫替我做做?"史湘云笑道:"这又奇了。你家放着这些巧人不算,还有什么针线上的,裁剪上的,怎么叫我做起来?你的活计叫谁做,谁好意思不做呢。"袭人笑道:"你又糊涂了。你难道不知道我们这屋里的针线,是不要那些针线上的人做的。"史湘云听了,便知是宝玉的鞋了,因笑道:"既这么说,我就替你做了罢。只是一件,你的我才做,别人的我可不能。"袭人笑道:"又来了,我是个什么,就烦你做鞋了。实告诉你,可不是我的。你别管是谁的,横竖我领情就是了。"史湘云道:"论理,你的东西也不知烦我做了多少了,今儿我倒不做了的原故,你必定也知道。"袭人道:"倒也不知道。"史湘云冷笑道:"前儿我听见把我做的扇套子拿着和人家比,赌气又铰了。我早就听见了,你还瞒我。这会子又叫我做,我成了你们的奴才了。"宝玉忙笑道:"前儿的那事,本不知是你做的。"袭人也笑道:"他本不知是你做的。是我哄他的话,说是新近外头有个会做活的女孩子,说扎的出奇的花,我叫他拿了一个扇套子试试看好不好。他就信了,拿出去给这个瞧,给那个看的。不知怎么,又惹恼了林姑娘,铰了两段。回来他还叫着做去,我才说了是你作的,他后悔的什么似的。"史湘云道:"这越发奇了。林姑娘他也犯不上生气,他既会剪,就叫他做。"袭人道:"他可不做呢。饶么着,老太太还怕他劳碌呢。大夫又说好生静养才好,谁还烦他做?旧年好一年的工夫,做了个香袋儿;今年半年,还没见拿针线呢。"

正说着,有人来回说:"兴隆街的大爷来了,老爷叫二爷出去会。"宝玉听了,便知贾雨村来了,心中好不自在。袭人忙去拿衣服。宝玉一面蹬着靴子,一面抱怨道:"有老爷和他坐着就罢了,回回定要见我。"史湘云一边摇着扇子,笑道:"自然你能会宾接客,老爷才叫你出去呢。"宝玉道:"那里是老爷,都是他自己要请我去见的。"湘云笑道:"主雅客来勤,自然你有些警他的好处,他才只要会你。"宝玉道:"罢,罢,我也不敢称雅,俗中又俗的一个俗人,并不愿同这些人往来。"湘云笑道:"还是这个情性改不了。如今大了,你就不愿读书去考举人进士的,也该常会会这些为官做宰的人们,谈谈讲讲些仕途经济的学问,也好将来应酬世务,日后也有个朋友。没见你成年家只在我们队里搅些什么!"宝玉听了道:"姑娘请别的姊妹屋里坐坐,我这里仔细污了你知经济学问的。"袭人道:"云姑娘快别说这话。上回也是宝姑娘也说过一回,他也不管人脸上过的去过不去,他就咳⑥了一声,拿起脚来走了。这里宝姑娘的话也没说完,见他走了,登时羞得脸通红,说又不是,不说又不是。幸而是宝姑娘,那要是林姑娘,不知又闹到怎么样,哭的怎么样呢。提起这个话来,真真的宝姑娘叫人敬重,自己讪了一会子去了。我倒过不去,只当他恼了。谁知道过后还是照旧一样,真真有涵养,心地宽大。谁知这一个反倒同他生分了。那林姑娘见你赌气不理他,你得赔多少不是呢。"宝玉道:"林姑娘从来说过这些混帐话不曾?若他也说过这些混帐话,我早和他生分了。"袭人和湘云都点头笑道:"这原是混帐话。"

原来林黛玉知道史湘云在这里,宝玉又赶来,一定说麒麟的缘故。因此心下忖度着。近日宝玉弄来的外传野史,多半才子佳人都因小巧玩物上撮合,或有鸳鸯,或有凤凰,或玉环金佩,或鲛帕鸾绦⑦,皆由小物而遂终身,今忽见宝玉亦有麒麟,便恐借此生隙,同史湘云也做出那些风流佳事来。因而悄悄走来,见机行事,以察二人之意。不想刚走来,正听见史湘云说经济一事,宝玉又说:"林妹妹不说这样混帐话,若说这话,我也和他生分了。"林黛玉听了这话,不觉又喜又惊,又悲又叹。所喜者,果然自己眼力不错,素日认他是个知己,果然是个知己。所惊者,他在人前,一片私心称扬于我,其亲热厚密,竟不避嫌疑。所叹者,你既为我之知己,自然我亦可为你之知己矣;既你我为知己,则又何必有金玉之论哉;既有金玉之论,亦该你我有之,则又何必一宝钗哉!所悲者,父母早逝,虽有铭心刻骨之言,无人为我主张。况近日每觉神思恍惚,病已渐成,医者更云气弱血亏,恐致劳怯之症⑧。你我虽为知己,但恐自不能久待;你纵为我知己,奈我薄命何!想到此间,不禁滚下泪来。待要进去相见,自觉无味,便一面拭泪,一面抽身回去了。

这里宝玉忙忙的穿了衣裳出来,忽见林黛玉在前面慢慢的走着,似有拭泪之状,便忙赶上来,笑道:"妹妹往那里去?怎么又哭了?又是谁得罪了你?"林黛玉回头见是宝玉,便勉强笑道:"好好的,我何曾哭了。"宝玉笑道:"你瞧瞧,眼睛上的泪珠儿未干,还撒谎呢。"一面说,一面禁不住抬起手来替他拭泪。林黛玉忙向后退了几步,说道:"你又要死了!作什么这么动手动脚的!"宝玉笑道:"说话忘了情,不觉的动了手,也就顾不得死活。"林黛玉道:"你死了倒不值什么,只是丢下了什么金,又是什么麒麟,可怎么样呢。"一句话又把宝玉说急了,赶上来问道:"你还说这话,到底是咒我,还是气我呢?"林黛玉见问,方想起前日的事来,遂自悔自己又说造次了,忙笑道:"你别着急,我原说错了。这有什么的,筋都暴起来,急的一脸汗。"一面说,一面禁不住近前伸手替他拭面上的汗。宝玉瞅了半天,方说道"你放心"三个字。林黛玉听了,怔了半天,方说道:"我有什么不放心的?我不明白这话。你倒说说怎么放心不放心?"宝玉叹了一口气,问道:"你果不明白这话?难道我素日在你身上的心都用错了?连你的意思若体贴不着,就难怪你天天为我生气了。"林黛玉道:"果然我不明白放心不放心的话。"宝玉点头叹道:"好妹妹,你别哄我。果然不明白这话,不但我素日之意白用了,且连你素日待我之意也都辜负了。你皆因总是不放心的原故,才弄了一身病。但凡宽慰些,这病也不得一日重似一日。"林黛玉听了这话,如轰雷掣电,细细思之,竟比自己肺腑中掏出来的还觉恳切,竟有万句言语,满心要说,只是半个字也不能吐,却怔怔的望着他。此时宝玉心中也有万句言语,一时不知从那一句上说起,却也怔怔的望着黛玉。两个人怔了半天。林黛玉只咳了一声,两眼不觉滚下泪来,回身便要走。宝玉忙上前拉住,说道:"好妹妹,且略站住,我说一句话再走。"林黛玉一面拭泪,一面将手推开,说道:"有什么可说的。你的话我早知道了!"口里说着,却头也不回竟去了。

宝玉站着,只管发起呆来。原来方才出来慌忙,不曾带得扇子。袭人怕他热,忙拿了扇子赶来送与他,忽抬头见了林黛玉和他站着。一时,林黛玉走了,他还站着不动,因而赶上来说道:"你也不带了扇子去,亏我看见,赶了送来。"宝玉出了神,见袭人和他说话,并未看出是何人来,便一把拉住,说道:"好妹妹,我的这心事,从来也不敢说,今儿我大胆说出来,死也甘心!我为你也弄了一身的病在这里,又不敢告诉人,只好掩着。只等你的病好了,只怕我的病才得好呢。睡里梦里也忘不了你!"袭人听了这话,吓得魄消魂散,只叫:"神天菩萨,坑死我了!"便推他道:"这是那里的话!敢是中了邪?还不快去?"宝玉一时醒过来,方知是袭人送扇子来,羞的满面紫涨,夺了扇子,便忙忙地抽身跑了。

注释

①把印也丢了:印是各级官员行使职权的凭据,如果做官将印丢了,那就是很大的罪过,也意味着丢官。

②拿……款儿:这里指摆出……的身份、架子来。

③噎人:意思是用话刺激、堵塞人。

④但凡:此指不可能中万一的希望,谓"只要可能"的意思。

⑤抠了垫心子:这里指将做鞋面的材料挖空,再在背后衬上其他颜色的材料,使它成为各种图案。抠:挖,镂。

⑥咳(hāi):用作叹息口气,一般写作"嗨"。

⑦鲛(jiāo)帕鸾绦:鲛:指鲛绡纱。相传南海中有鲛人,即人鱼,能织绡(见清任昉《述异记》卷上)。后用以泛称薄纱。鸾:传说中凤凰一类的鸟。鸾绦:指上面织有凤鸾一类图案的丝带。

⑧劳怯之症:劳:即"痨",一种消耗性疾病。怯:身体怯弱,亦谓气血不足。现在常说的结核、严重贫血等病症都属于"痨"病的范围。

文本解读

本篇节选自《红楼梦》的第31回至32回。贾宝玉与林黛玉、薛宝钗之间的爱情婚姻悲剧是《红楼梦》故事情节的主线。宝、黛青梅竹马,日久生情,但彼此都无法直接吐露心声。因此,二人经常因小事发生争吵,实际上是在以这种特殊的方式试探对方的感情。本篇所选的这部分内容,可以说是宝、黛爱情发展锁链中的一个重要环节,也是宝、黛爱情故事发展的高潮,宝、黛终于倾诉肺腑,吐露心声,这表明他们的爱情已经成熟。

宝、黛之间的爱情,既是命中注定的,又是自然发生的。与此相对,钗、玉之间的金玉良姻,带着几分世俗气息,有人力撮合的痕迹。由于宝钗的存在,使黛玉感到了莫大的威胁,也使宝玉曾经有过短暂的迷惘。黛玉由此而来的嫉妒与不安,是她与宝玉发生争吵的主要原因。宝玉虽然用情广泛,但他对黛玉还是一往情深的。二人感情的基础,首先是青梅竹马,其次是"知己"之感,即黛玉所想"你既为我之知己,自然我亦可为你之知己矣"。文中还特意描写了黛玉偷听宝玉、湘云、袭人谈话的场景,回顾了宝钗和黛玉在对待宝玉仕途经济问题上的不同认识。宝玉对湘云很不客气,也表明了宝玉自己厌恶仕途经济的鲜明态度。所以,宝、黛的思想基础是一致的,那么下文再描写他们诉肺腑就水到渠成了。"诉肺腑"这一情节,突出地表现了宝、黛二人的叛逆性格和宝、黛爱情所包含的反封建礼教的重大意义。

在艺术特色上,一是本篇的中心事件是诉肺腑,但作者作了多层铺垫,使中心事件水到渠成;二是本篇主要通过人物的对话和心理活动以及两人的神态动作来描写,如宝、黛两人一个情不自禁为对方拭泪,一个情不自禁为对方擦汗的动作和两人相互"怔怔地望着"对方的神色以及关于"放心不放心"的对话的描写,既生动传神,又使人物复杂细腻的思想感情和复杂的内心活动得到了充分的展现;三是本篇对《红楼梦》中的几个主要人物的不同性格都作了异常细致的刻画,这些人物的思想倾向也在这段文字中得到了极其深刻的反映。本文刻画人物性格的方法也是多种多样的,有些运用正面的写法,有些运用侧面的写法,有些则又把这两种方法掺互使用。这几种写法相互配合,才把这几个人物形象刻画得鲜明、生动、突出、完整。如本文对宝玉、湘云、袭人,全是正面描写,对宝钗全是侧面描写,对黛玉则运用正面、侧面相结合的方法。

思考练习

1. 本篇在宝、黛爱情的发展上有何重要意义?
2. 曹雪芹在宝、黛两人互诉衷肠的表达方法上较之以往的小说有何不同?
3. 试分析本篇刻画人物性格的方法。

阅读链接

曹雪芹著,中国艺术研究院红楼梦研究所整理:《红楼梦》,人民文学出版社1982年版。

马二先生游西湖

吴敬梓

吴敬梓(1701~1754),清代小说家,字敏轩,号粒民,晚自号文木老人,安徽全椒县人。出身名门贵族,其父去世后,家道衰落,33岁举家迁至南京,过着贫穷而狂放的生活。吴敬梓性情豪爽,广交文人学士,被四方"文酒之士"推为盟主。早年也热衷科举,曾考取秀才,但后来由于科举的不得意,同时在和那批官僚、绅士、名流、清客的长期周旋中,也逐渐看透了他们卑污的灵魂,特别是由富到贫的生活变化,使他饱尝了世态炎凉,对现实有比较清醒的认识,从而厌弃功名富贵。乾隆初,安徽巡抚赵国麟举荐他应博学鸿词科试,他以病谢辞,从此也不再参加科举考试。晚年生活贫困,仅靠卖文和友人周济为生。长篇小说《儒林外史》约成书于吴敬梓50岁以前。其晚年爱好治经,著有《诗说》7卷(已佚)。作品还有《文木山房集》12卷,今存4卷。

《儒林外史》是讽刺小说的顶峰之作,它与《红楼梦》代表了中国古代叙事文学的最高成就。小说共55回,现存最早的卧闲草堂刻本,共56回,末回为后人伪作。小说以知识分子为描写中心,对封建社会晚期知识分子的精神面貌、生活道路和历史命运作了深刻的反映。作品突破对科举制度弊病的揭露,发展到对科举制度的否定;冲破个人穷达浮沉的局限,转为对知识分子历史命运的思考。作品否定功名富贵,否定所谓盛世,在太平盛世的背后,看到势利和虚伪,看出那不可救药的腐败和没落。鲁迅就极其推崇《儒林外史》,在讽刺手法的运用上,受到《儒林外史》的一定影响。

  这西湖乃是天下第一个真山真水的景致!且不说那灵隐①的幽深,天竺②的清雅,只这出了钱塘门,过圣因寺,上了苏堤,中间是金沙港,转过去就望见雷峰塔;到了净慈寺,有十多里路,真乃五步一楼,十步一阁。一处是金粉楼台,一处是竹篱茅舍,一处是桃柳争妍,一处是桑麻遍野。那些卖酒的青帘高飏,卖茶的红炭满炉,士女游人,络绎不绝,真不数"三十六家花酒店,七十二座管弦楼"。
  马二先生独自一个,带了几个钱,步出钱塘门,在茶亭里吃了几碗茶,到西湖沿上牌楼跟前坐下。见那一船一船乡下妇女来烧香的,都梳着挑鬃头③,也有穿蓝的,也有穿青绿衣裳的,年纪小的都穿些红绸单裙子;也有模样生的好些的,都是一个大团白脸,两个大高颧骨;也有许多疤、麻、疥、癞的。一顿饭时,就来了有五六船。那些女人后面都跟着自己的汉子,掮着一把伞,手里拿着一个衣包,上了岸,散往各庙里去了。马二先生看了一遍,不在意里,起来又走了里把多路。望着湖沿上接连着几个酒店,挂着透肥的羊肉,柜合上盘子里盛着滚热的蹄子、海参、糟鸭、鲜鱼,锅里煮着馄饨,蒸笼上蒸着极大的馒头。马二先生没有钱买了吃,喉咙里咽唾沫,只得走进一个面店,十六个钱吃了一碗面。肚里不饱,又走到间壁一个茶室吃了一碗茶,买了两个钱处片④嚼嚼,倒觉得有些滋味。吃完了出来,看见西湖沿上柳阴下系着两只船,那船上女客在那里换衣裳:一个脱去元色⑤外套,换了一件水田披风⑥,一个脱去天青外套,换了一件玉色⑦绣的八团衣服;一个中年的脱去宝蓝缎衫,换了一件天青缎二色金⑧的绣衫。那些跟从的女客,十几个人,也都换了衣裳。这三位女客,一位跟前一个丫鬟,手持黑纱团香扇替他遮着日头,缓步上岸;那头上珍珠的白光,直射多远,裙上环佩,叮叮当当的响。马二先生低着头走了过去,不曾仰视。往前走过了六桥,转个弯,便像些村乡地方,又有人家的棺材厝⑨基,中间走了一二里多路,走也走不清,甚是可厌。
  马二先生欲待回家,遇着一走路的,问道:"前面可还有好玩的所在?"那人道:"转过去便是净慈、雷峰,怎么不好顽?"马二先生又往前走。走到半里路,见一座楼台盖在水中间,隔着一道板桥,马二先生从桥上走过去,门口也是个茶室,吃了一碗茶。里面的门锁着,马二先生要进去看,管门的问他要了一个钱,开了门,放进去。里面是三间大楼,楼上供的是仁宗皇帝⑩的御书,马二先生吓了一跳,慌忙整一整头巾,理一理宝蓝直裰⑪,在靴桶⑫内拿出一把扇子来当了笏板⑬,恭恭敬敬,朝着楼上扬尘舞蹈,拜了五拜。拜毕起来,定一定神,照旧在茶桌子上坐下。傍边有个花园,卖茶的人说是布政司房⑭里的人在此请客,不好进去。那厨房却在外面,那热汤汤的燕窝、海参,一碗碗在跟前捧过去,马二先生又羡慕了一番。出来过了雷峰,远远望见高高下下,许多房子,盖着琉璃瓦,曲曲折折,无数的朱红栏杆;马二先生走到跟前,看见一个极高的山门,一个直匾,金字,上写着"敕赐净慈禅寺",山门旁边一个小门。马二先生走了进去,一个大宽展的院落,地下都是水磨的砖,才进二道山门,两边廊上都是几十层极高的阶级。那些富贵人家的女客,成群逐队,里里外外,来往不绝,都穿的是锦绣衣服,风吹起来,身上的香一阵阵的扑人鼻子。马二先生身子又长,戴一顶高方巾⑮,一幅乌黑的脸,拱着个肚子,穿着一双厚底破靴,横着身子乱跑,只管在人窝子里撞。女人也不看他,他也不看女人,前前后后跑了一交,又出来坐在那茶亭内——上面一个横匾,金书"南屏"两字,——吃了一碗茶。柜上摆着许多碟子:橘饼、芝麻糖、粽子、烧饼、处片、黑枣、煮栗子。马二先生每样买了几个钱的,不论好歹,吃了一饱。马二先生也倦了,直着脚,跑进清波门,到了下处⑯关门睡了;因为走多了路,在下处睡了一天。第三日起来,要到城隍山走走,城隍山就是吴山,就在城中,马二先生走不多远,已到了山脚下。望着几十层阶级,走了上去,横过来又是几十层阶级,马二先生一气走上,不觉气喘。看见一个大庙门前卖茶,吃了一碗。进去见是吴相国伍公⑰之庙。马二先生作了个揖,逐细的把匾联看了一遍。又走上去,就像没有路的一般,左边一个门,门上钉着一个匾,匾上"片石居"三个字,里面也像是个花园,有些楼阁。马二先生步了进去,看见窗棂⑱关着,马二先生在门外望里张了一张,见几个人围着一张桌子,摆着一座香炉,众人围着,像是请仙的意思。马二先生想道:"这是他们请仙判断功名大事,我也进去问一问。"站了一会,望见那人磕头起来,傍边人道:"请了一个才女来了。"马二先生听了暗笑。又一会,一个问道:"可是李清照⑲?"又一个问道:"可是苏若兰⑳?"又一个拍手道:"原来是朱淑贞㉑!"

马二先生道:"这些甚么人?料想不是管功名的了,我不如去罢。"又转过两个弯,上了几层阶级,只见平坦的一条大街,左边靠着山,一路有几个庙宇;右边一路,一间一间的房子,都有两进。屋后一进,窗子大开着,空空阔阔,一眼隐隐望得见钱塘江。那房子:也有卖酒的,也有卖耍货的,也有卖饺儿的,也有卖面的,也有卖茶的,也有测字算命的。庙门口都摆的是茶桌子。这一条街,单是卖茶就有三十多处,十分热闹。马二先生走着,见茶铺子里一个油头粉面的女人招呼他吃茶,马二先生别转头来就走,到间壁一个茶室泡了一碗茶,看见有卖的蓑衣饼,叫打了十二个钱的饼吃了,略觉有些意思。走上去,一个大庙,甚是巍峨,便是城隍庙,他便一直走进去,瞻仰了一番。

过了城隍庙,又是一个弯,又是一条小街,街上酒楼、面店都有,还有几个簇新的书店。店里帖着报单,上写:"处州马纯上先生精选《三科程墨持运》于此发卖"。马二先生见了欢喜,走进书店坐坐,取过一本来看,问个价钱,又问:"这书可还行?"书店人道:"墨卷㉒只行得一时,那里比得古书。"马二先生起身出来,因略歇了一歇脚,就又往上走。过这一条街,上面无房子了,是极高的个山冈,一步步去走到山冈上,左边望着钱塘江,明明白白。那日江上无风,水平如镜,过江的船,船上有轿子,都看得明白。再走上些,右边又看得见西湖,雷峰一带、湖心亭都望见,那西湖里打鱼船,一个一个,如小鸭子浮在水面。马二先生心旷神怡,只管走了上去,又看见一个大庙门前摆着茶桌子卖茶,马二先生两脚酸了,且坐吃茶。吃着,两边一望,一边是江,一边是湖,又有那山色一转围着,又遥见隔江的山,高高低低,忽隐忽现,马二先生叹道:"真乃'载华岳而不重,振河海而不泄,万物载焉!'"吃了两碗茶,肚里正饿,思量要回去路上吃饭,恰好一个乡里人捧着许多烫面薄饼来卖,又有一篮子煮熟的牛肉,马二先生大喜,买了几十文饼和牛肉,就在茶桌子上尽兴一吃。吃得饱了,自思趁着饱再上去。走上一箭多路,只见左边一条小径,榛莽蔓草,两边拥塞,马二先生照着这条路走去,见那玲珑怪石,千奇万状,钻进一个石罅㉓,见石壁上多少名人题咏,马二先生也不看他。过了一个小石桥,照着那极窄的石磴㉔走上去,又是一座大庙,又有一座石桥,甚不好走。马二先生攀藤附葛,走过桥去,见是个小小的祠宇,上有匾额,写着"丁仙之祠"。马二先生走进去,见中间塑一个仙人,左边一个仙鹤,右边竖着一座二十个字的碑。马二先生见有签筒,思量:"我困在此处,何不求个签问问吉凶?"正要上前展拜,只听得背后一人道:"若要发财,何不问我?"马二先生回头一看,见祠门口立着一个人,身长八尺,头戴方巾,身穿茧绸直裰,左手自理着腰里丝绦,右手拄着龙头拐杖,一部大白须,直垂过脐,飘飘有神仙之表……马二先生回头一看,那人像个神仙,慌忙上前施礼道:"学生不知先生到此,有失迎接。但与先生素昧平生,何以便知学生姓马?"那人道:"'天下何人不识君',先生既遇着老夫,不必求签了,且同到敝寓谈谈。"马二先生道:"尊寓在那里?"那人指道:"就在此处,不远。"当下携了马二先生的手,走出丁仙祠,却是一条平坦大路,一块石头也没有,未及一刻功夫,已到了伍相国庙门口,马二先生心里疑惑:"原来有这近路!我方才走错了。"又疑惑:"恐是神仙缩地腾云之法也不可知……"来到庙门口,那人道:"这便是敝寓,请进去坐。"那知这伍相国殿后有极大的地方,又有花园,园里有五间大楼,四面窗子望江望湖,那人就住在这楼上,邀马二先生上楼,施礼坐下。那人四个长随,齐齐整整,都穿着绸缎衣服,每人脚下一双新靴,上来小心献茶。那人吩咐备饭,一齐应诺下去了。马二先生举眼一看,楼中间接着一张匹纸,上写冰盘大的二十八个大字,一首绝句诗道:南渡年来此地游,而今不比旧风流。湖光山色浑无赖,挥手清吟过十洲。后面一行写"天台洪憨仙题"。马二先生看过《纲鉴》,知道"南渡"是宋高宗的事,屈指一算,已是三百多年,而今还在,一定是个神仙无疑。因问道:"这佳作是老先生的?"那仙人道:"憨仙便是贱号。偶尔遣兴之作,颇不足观。先生若爱看诗句,前时在此,有同抚台、藩台及诸位当事在湖上唱和的一卷诗,取来请教。"便拿出一个手卷来。马二先生放开一看,都是各当事的亲笔,一递一首,都是七言律诗,咏的西湖上的景,图书新鲜,着实赞了一回,收递过去。捧上饭来,一大盘稀烂的羊肉,一盘糟鸭,一大碗火腿虾圆杂脍,又是一碗清汤,虽是便饭,却也这般热闹。马二先生腹中尚饱,因不好辜负了仙人的意思,又尽力的吃了一餐。撤下家伙去。洪憨仙道:"先生久享大名,书坊敦请不歇,今日因甚闲暇到这祠里来求签?"马二先生道:"不瞒老先生说,晚学今年在嘉兴选了一部文章,送了几十金,却为一个朋友的事垫用去了。如今来到此处,虽住在书坊里,却没有甚么文章选。寓处盘费已尽,心里纳闷,出来闲走走,要在这仙祠里求个签,问问可有发财机会。谁想遇着老先生,已经说破晚生心事,这签也不必求了。"洪憨仙道:"发财也不难;但大财须缓一步,目今权且发个小财,好么?"马二先生道:"只要发财,那论大小!只不知老先生是甚么道理?"洪憨仙沉吟了一会,说道:"也罢,我如今将些须物件送与先生,你拿到下处去试一试;如果有效验,再来问我取讨,如不相干,别作商议。"因走进房内,床头边摸出一个包子来打开,里面有几块黑煤,递与马二先生道:"你将这东西拿到下处,烧起一炉火来,取个罐子把他顿在上面,看成些甚么东西,再来和我说。"马二先生接着,别了憨仙,回到下处。晚间果然烧起一炉火来,把罐子顿上,那火支支的响了一阵,取罐倾了出来,竟是一锭细丝纹银。马二先生喜出望外,一连倾了六七罐,倒出六七锭大纹银。马二先生疑惑不知可用得,当夜睡了。次日清早,上街到钱店里去看,钱店都说是十足纹银,随即换了几千钱,拿回下处来。马二先生把钱收了,赶到洪憨仙下处来谢。憨仙已迎出门来道:"昨晚之事如何?"马二先生道:"果是仙家妙用!"如此这般,告诉憨仙倾出多少纹银。憨仙道:"早哩!我这里还有些,先生再拿去试试。"又取出一个包子来,比前有三四倍,送与马二先生。又留着吃过饭。别了回来,马二先生一连在下处住了六七日，每日烧炉，倾银子，把那些黑煤都倾完了，上戥子③一秤，足有八九十两重。马二先生欢喜无限，一包一包收在那里。一日，憨仙来请说话，马二先生走来。憨仙道："先生，你是处州，我是台州，相近，原要算桑里⑤。今日有个客来拜我，我和你要认作中表⑥弟兄，将来自有一番交际，断不可误。"马二先生道："请问这位尊客是谁？"憨仙道："便是这城里胡尚书家三公子，名缜，字密之。尚书公遗下宦囊⑦不少，这位公子却有钱癖，思量多多益善，要学我这'烧银'之法；眼下可以拿出万金来，以为炉火药物之费。但此事须一居间⑧之人，先生大名，他是知道的，况在书坊操选，是有踪迹可寻的人，他更可以放心。如今相会过，订了此事，到七七四十九日之后，成了'银母'。凡一切铜锡之物，点着即成黄金，岂止数十百万。我是用他不着，那时告别还山，先生得这'银母'，家道自此也可小康。"马二先生见他这般神术，有甚么不信，坐在下处，等了胡三公子来。三公子同憨仙施礼，便请问马二先生："贵乡贵姓？"憨仙道："这是舍弟，各书坊所贴处州马纯上先生选《三科程墨》的便是。"胡三公子改容相接，施礼坐下。三公子举眼一看，见憨仙人物轩昂，行李华丽，四个长随轮流献茶，又有选家马先生是至戚，欢喜放心之极，坐了一会，去了。次日，憨仙同马二先生坐轿子回拜胡府，马二先生又送了一部新选的墨卷，三公子留着谈了半日，回到下处。顷刻，胡家管家来下请帖两副：一副写洪大爷，一副写马老爷。帖子上是："明日湖亭一卮小集⑨，候教！胡缜拜订。"持帖人说道："家老爷拜上太爷，席设在西湖花港御书楼旁园子里，请太爷和马老爷明日早些。"憨仙收下帖子。次日，两人坐轿来到花港，园门大开，胡三公子先在那里等候。两席酒，一本戏，吃了一日。马二先生坐在席上，想起前日独自一个看着别人吃酒席，今日恰好人请我也在这里。当下极丰盛的酒撰点心，马二先生用了一饱。胡三公子约定三五日再请到家写立合同，央马二先生居间，然后打扫家里花园，以为丹室⑩；先兑出一万银子，托憨仙修制药物，请到丹室内住下。三人说定，到晚席散，马二先生坐轿竟回文瀚楼。一连四天，不见憨仙有人来请，便走去看他，一进了门，见那几个长随不胜慌张，问其所以，憨仙病倒了，症候甚重，医生说脉息⑪不好，已是不肯下药。马二先生大惊，急上楼进房内去看，已是奄奄一息，头也抬不起来。马二先生心好，就在这里相伴，晚间也不回去。挨过两日多，那憨仙寿数已尽，断气身亡。那四个人慌了手脚，寓处掳一掳，只得四五件绸缎衣服还当得几两银子，其余一无所有，几个箱子都是空的。这几个人也并非长随，是一个儿子，两个侄儿，一个女婿，这时都说出来。马二先生听在肚里，替他着急。此时棺材也不够买。马二先生有良心，赶着下处去取了十两银子来与他们料理，儿子守着哭泣，侄子上街买棺材，女婿无事，同马二先生到间壁茶馆里谈谈。马二先生道："你令岳是个活神仙，今年后了三百多岁，怎么忽然又死起来？"女婿道，"笑话！他老人家今年只得六十六岁，那里有甚么三百岁！想着他老人家，也就是个不守本分，惯弄玄虚。寻了钱又混用掉了，而今落得这一个收场。不瞒老先生说，我们都是买卖人，丢着生意同他做这虚头事。他而今直脚去了，累我们讨饭回乡，那里说起！"马二先生道："他老人家床头间有那一包一包的'黑煤'，烧起炉来，一倾就是纹银。"女婿道："那里是甚么'黑煤'！那就是银子，用煤煤黑了的！一下了炉，银子本色就现出来了。那原是个做出来哄人的，用完了那些，就没的用了。"马二先生道："还有一说：他若不是神仙，怎的在丁仙祠初见我的时候，并不曾认得我，就知我姓马？"女婿道："你又差了。他那日在片石居扶乩⑫出来，看见你坐在书店看书，书店问你尊姓，你说，我就是书面上马甚么，他听了知道的。世间那里来的神仙！"

马二先生恍然大悟："他原来结交我是要借我骗胡三公子,幸得胡家时运高,不得上算⑬。"又想道:"他亏负了我甚么? 我到底该感激他。"当下回来,候着他装殓,算还庙里房钱,叫脚子抬到清波门外厝着。马二先生备个牲醴纸钱,送到厝所,看着用砖砌好了。剩的银子,那四个人做盘程,谢别去了。

注释

① 灵隐:山名,在浙江杭州西,著名的灵隐寺即建于此。
② 天竺:山峰名,在浙江杭州灵隐山飞来峰之南。
③ 挑鬓头:以骨针支两鬓使两边隆起的发式。
④ 处片:浙江处州(今丽水一带)出产的笋干。
⑤ 元色:黑色。元,同"玄"。清康熙名玄烨,清人避讳,遇"玄"字作"元"。
⑥ 水田披风:用各色织锦块拼合缝成的外衣。
⑦ 玉色:淡青色。
⑧ 二色金:深浅两色金线。
⑨ 厝(cuò):把棺材停放待葬,或浅埋以待改葬。
⑩ 仁宗皇帝:《儒林外史》假托是明代故事,此处仁宗皇帝应当是指明仁宗朱高炽。
⑪ 直裰(duō):古代家居常服,斜领大袖,四边镶边的袍子。
⑫ 靴桶:靴筒。
⑬ 笏(hù)板:古代朝会时官员所执的手板,有事可记于上,以备遗忘。
⑭ 布政司房:官署名,即布政使司衙门。清时布政使为总督、巡抚的属官,专管一省的财赋与人事。
⑮ 方巾:明代有秀才以上功名的人所戴的方形软帽,也称"四方平定巾"。
⑯ 下处:临时歇息的所在。
⑰ 伍公:指伍子胥。伍子胥为春秋时楚国人,因父、兄被楚平王杀害而投奔吴国,与孙武共佐吴王阖闾伐楚。后吴王夫差听信谗言,迫伍子胥自杀。
⑱ 窗棂(líng):窗上雕有花纹的木格子。
⑲ 李清照:宋代著名女词人,号易安居士。
⑳ 苏若兰:即苏蕙,东晋列国前秦人,字若兰,秦州刺史窦滔妻,以织五彩锦作《回文旋玑图诗》著名。
㉑ 朱淑真:宋代著名女词人,号幽栖居士。
㉒ 墨卷:清代将刻录的科举考试取中的试卷称为"墨卷"。
㉓ 罅(xià):裂缝。
㉔ 石磴:石阶。
㉕ 丁仙:指丁野鹤,元代钱塘(今浙江杭州市)人,曾在吴山紫阳庵为道士。传说他骑鹤仙去,后人在吴山上为之建祠。
㉖ 十洲:指祖洲、瀛洲等十洲,传说都在八方大海中,为神仙居住的地方。
㉗ 《纲鉴》:明清时人仿宋代朱熹《通鉴纲目》体例编历代史,于"纲目"、"通鉴"各摘一字,称为"纲鉴"。
㉘ 抚台:巡抚的别称。清时巡抚为一省的最高行政长官。

㉙藩台:布政司的俗称。

㉚晚学:马二先生对自己的谦称,晚辈学生之意。

㉛几十金:几十两银子。

㉜顿:炖。

㉝纹银:清代通用的标准银两,含银成色较高。

㉞戥(děng)子:一种用以称量微量物品的小型杆秤,也作"等子"。

㉟桑里:即乡里。同乡人之意。

㊱中表:跟祖父、父亲的姐妹的子女的亲戚关系,或跟祖母、母亲的兄弟姐妹的子女的亲戚关系。

㊲宦囊:指做官所得的财物。

㊳居间:居于两者之间。

㊴一卮(zhī)小集:只备一杯酒小聚,是请客时的客套话。卮:古代盛酒的器皿。

㊵丹室:道家炼丹的房间。

㊶脉息:中医切脉以呼吸为准则,因称脉搏为"脉息"。

㊷扶乩(jī):旧时迷信,一般是在架子上吊一根棍儿,两个人扶着架子,棍儿就在沙盘上画出字句来作为神的指示。

㊸不得上算:没有中了算计、没有上当。

文本解读

本篇选自《儒林外史》第14回与第15回。小说中,马二先生头脑迂腐、热衷功名、醉心举业,处处显示出可笑的喜剧性格,但同时他又具有慷慨仗义、急人之难的品格。尽管经过20多年的科举失利,这位八股制艺的受害者仍然信奉举业至上,胸中的功名欲望始终十分强烈。本篇中,马二先生游西湖时,秀丽的湖光山色没能够引起他的兴趣,倒是酒店里挂着的透肥的羊肉,盛入盘中的滚热的蹄子、海参、糟鸭、鲜鱼等却使他羡慕得喉咙里咽唾沫;仁宗皇帝的御书又使他马上磕头下拜;他见了游西湖的女客就低头不敢仰视;在书店里看到自己的八股选本就打听它的销路;喝茶吃饭,也颇带劲,就是对江山美景几乎没有一点悟性,只能用"真乃'载华岳而不重,振河海而不泄,万物载焉'"的八股腔来勉强形容一番。在这些看来似乎漫不经心的描写里,把马二先生对西湖美景的麻木不仁、八股灵魂的庸陋、精神世界的枯朽,准确地揭示了出来。

《儒林外史》摆脱了传统小说的传奇化,淡化故事情节,也不靠激烈的矛盾冲突来刻画人物,而是尊重客观再现,用寻常细事,通过精细的白描来塑造人物。本篇中,没有惊奇的情节,没有矛盾冲突,只是按照马二先生游西湖的路线,将所见所闻如实写去,将人物的迂腐的性格写活了。

思考练习

1. 试分析本篇中马二先生的性格特征。

2. 以本篇中的马二先生为例,说明作者刻画人物的方法。

3. 《儒林外史》最主要的艺术成就,是它富有民族特色的讽刺艺术,它将中国古代讽刺艺术推向了新的高峰,并形成了自己独特的风格,"于是说部中乃始有足称讽刺之书"

(鲁迅《中国小说史略》),试结合本篇来谈谈其讽刺艺术。

阅读链接

吴敬梓著,张慧剑校注:《儒林外史》,人民文学出版社1958年版。

<h1 style="text-align:center">左忠毅公逸事</h1>

方 苞

  方苞(1668~1749),字凤九,一字灵皋,晚年号望溪,安徽桐城人,清代散文家,是桐城派散文的创始人。
  方苞提倡"义法"说。所谓"义",指文章的内容,以儒家经典为宗旨,即文章内容要符合儒家宣扬的封建伦理道德。所谓"法",指文章的作法,包括形式、技巧问题,如布局、章法、文辞等。两者关系是"义"决定"法",而"法"则体现"义"。桐城人刘大櫆、姚鼐等相继宣扬方苞的"义法"说,形成文学史上的桐城派。方苞的古文选材精当,以凝练雅洁见长,开桐城派风气。著有《方望溪先生全集》。

  先君子尝言①,乡先辈左忠毅公视学京畿②,一日,风雪严寒,从数骑出微行,入古寺,庑下一生伏案卧③,文方成草;公阅毕,即解貂覆生④,为掩户。叩之寺僧,则史公可法也⑤。及试,吏呼名至史公,公瞿然注视⑥,呈卷,即面署第一⑦。召入,使拜夫人,曰:"吾诸儿碌碌,他日继吾志者,惟此生耳。"
  及左公下厂狱⑧,史朝夕狱门外;逆阉防伺甚严,虽家仆不得近。久之,闻左公被炮烙⑨,旦夕且死;持五十金,涕泣谋于禁卒,卒感焉。一日,使史更敝衣草屦⑩,背筐,手长镵⑪,为除不洁者,引入,微指左公处。则席地倚墙而坐,面额焦烂不可辨,左膝以下,筋骨尽脱矣。史前跪,抱公膝而呜咽。公辨其声而目不可开,乃奋臂以指拨眦,目光如炬,怒曰:"庸奴,此何地也?而汝来前!国家之事,糜烂至此。老夫已矣,汝复轻身而昧大义⑫,天下事谁可支拄者!不速去,无俟奸人构陷⑬,吾今即扑杀汝!"因摸地上刑械,作投击势。史噤不敢发声,趋而出。后常流涕述其事以语人,曰:"吾师肺肝,皆铁石所铸造也!"
  崇祯末,流贼张献忠出没蕲、黄、潜、桐间⑭。史公以凤庐道奉檄守御⑮。每有警,辄数月不就寝,使将士更休,而自坐幄幕外。择健卒十人,令二人蹲踞而背倚之,漏鼓移⑯,则番代⑰。每寒夜起立,振衣裳,甲上冰霜迸落,铿然有声。或劝以少休,公曰:"吾上恐负朝廷,下恐愧吾师也。"
  史公治兵,往来桐城,必躬造左公第⑱,候太公、太母起居⑲,拜夫人于堂上。
  余宗老涂山⑳,左公甥也,与先君子善,谓狱中语,乃亲得之于史公云。

注释

①先君子:作者对已故父亲方仲舒的敬称。
②视学京畿:指在京城地区担任考官。京畿,指京城及附近的地方。
③庑(wǔ)下:廊屋下。

④解貂：脱下貂皮外衣。

⑤史可法：字宪之，明末祥符人。崇祯进士，南明时任兵部尚书大学士，镇守扬州，1645年4月25日城破，殉难。

⑥瞿然：惊视的样子。

⑦面署第一：当面批为第一名。面：名词作状语，意思是"当面"。

⑧厂狱：明朝特务机关东厂所设的监狱。

⑨炮烙：用烧红的铁烙犯人的酷刑。

⑩草屦：草鞋。

⑪手长镵(chǎn)：手拿着长镵。手，名词用作动词。镵，铲子。

⑫昧大义：不明白事理。

⑬构陷：编造罪名来陷害。

⑭张献忠：明末农民起义领袖之一。起兵于陕西，攻占四川，建大西政权，清顺治年间战死。

⑮以凤庐道：以凤阳、庐州道元的身份。按，明清时分一省为若干道，道的长官俗称为道元。

⑯漏鼓移：指过了一个更次。漏，计时的漏壶。鼓，军中报时的更鼓。

⑰番代：轮换。

⑱躬造左公第：亲自到左光斗的家里。躬，身体，引申为亲身。造，拜访。

⑲"候太公"句：指问候左光斗父母。

⑳宗老涂山：同族的长辈号涂山的。涂山，方苞的族祖父的号。宗老，对同族长老的尊称。

文本解读

左忠毅公，名光斗，字遗直，明安徽桐城人。万历进士，官至左佥都御史。因上疏弹劾魏忠贤，被诬下狱，受尽酷刑，终死狱中。忠毅公是左光斗死后由朝廷追赠的谥号。"逸事"又写"轶事"或"佚事"，指的是为正史书所不载的事，也就是散失了的事迹。这些事迹一般比较琐碎，但能说明被记者的品质、性格等。

本文通过记叙左公为国选才、狱中忧国，史公勤于公务、敬事长辈等轶事，表现了左公珍爱人才、不计较个人生死荣辱而以国事为重的可贵品质。

本文在选材、谋篇、刻画人物、语言运用等方面都有其特色：

一、善于选材，以小见大

本文在塑造人物时，并不是面面俱到，全面记述左光斗的一生事迹，而是选取其一生中的两件琐事，来深入挖掘和展现其性格特征。

二、正面描写与侧面描写相结合

本文所记轶事，从正面直接写左光斗的言行举止的有两件事；另外两件，则以写史可法来映衬左光斗感人的忠毅精神。正面描写和侧面描写巧妙地结合起来，使左光斗的形象十分鲜明。

三、语言精练，细腻传神

对人物的描写，寥寥几笔，便能表现人物的个性和精神气质。如左光斗下狱受刑，

"筋骨尽脱",然犹"席地倚墙而坐",表现他虽外受酷刑却内秉坚贞。"目不可开,乃奋臂以指拨眦,目光如炬"则表现左光斗坚强不屈、疾恶如仇的精神。"庸奴,此何地也?而汝来前!国家之事,糜烂至此。老夫已矣,汝复轻身而昧大义,天下事谁可支拄者!不速去,无俟奸人构陷,吾今即扑杀汝!"在狱中对史可法的一番训斥,突出了左光斗大义凛然,寄托史以重任的苦心。

思考练习

1. 本文记载了左忠毅公哪些逸事?
2. 课文是如何分别体现左光斗的"忠贞"和"刚毅"的?
3. 课文是如何通过肖像描写、动作描写、语言描写来表现左光斗的思想品格的?
4. 本文在选材上有何特点?

阅读链接

方苞著,刘季高校点:《方苞集》,上海古籍出版社1983年版。

"十一五"高职高专教材
新视线大学语文

中国现当代文学

文学坐标

现代文学

20世纪的中国,经历了由古老封建王国向现代化社会主义国家转变的历史进程,在不可避免的社会大震荡、大阵痛中,实现了整个民族的蜕变与奋起。中国现代文学正是在社会大变动与民族大奋起、文学大革命的催促下,以崭新的姿态诞生的。它的诞生为"五四"文学革命的发生奠定了基础,并成为现代民族文化中最具有生命活力的一个部分。

一、"五四"新文化运动时期文学(1917—1927年)

自19世纪末到1917年的文学革命前,这段时期是中国现代文学萌芽和发展期。伴随着"五四"运动的发生,在文学领域里爆发了"新文化运动",这是一场开创现代文学的革命运动,标志着传统文学的结束与现代文学的开始。

首先是思想启蒙运动和文学革命蓬勃发展。1915年陈独秀在上海创办《青年杂志》(后易名为《新青年》),发动了一场猛烈地批判旧文化传统的新文化运动。1917年初,胡适在《新青年》上发表了《文学改良刍议》一文,为中国现代文学揭开了序幕。同年,陈独秀在《新青年》上发表《文学革命论》,挥起"文学革命"的大旗声援胡适的文学"改良"。这两人的"文学革命"主张得到了刘半农、钱玄同、鲁迅、周作人、李大钊等人积极响应,他们对旧文学观念与形式展开了猛烈的批判。

其次,文学社团大量涌现,批判封建传统与追求个性解放成为时代潮流。新文化运动和文学革命很快产生了良好的社会效应,各种各样的文学流派及文学思潮不断涌现。1921—1925年先后创建的文学社团有100多个,最为重要的文学社团是1921年诞生的文学研究会和创造社。随之出现一批著名作家及一大批颇具影响力的新文学作品。这些作品从不同的侧面对封建伦理道德进行了批判,表达了追求民主、科学与个性解放的主题。

诗歌。在新文学的各类创作中,新诗走在最前面。胡适是新诗最早的开拓者,他从1915年就着手白话诗的创作,1917年2月,其作品《白话诗八首》在《新青年》上发表,这是中国白话诗的开山之作,是新诗诞生的标志。1920年3月,胡适的《尝试集》出版,这是中国新诗的第一部诗集,当时产生了很大的影响。从这部诗集中,可以看出作者在尝试新诗过程中探索前进的基本脉络。而代表新诗创作最高成就的是创造社主将郭沫若,他的诗集《女神》摆脱了中国传统诗歌的束缚,充分反映了"五四"狂飙突进的时代精神,不仅为新诗创作开辟出一块崭新天地,也确立了诗人在现代文学史上的显赫地位,具有典型的浪漫主义风格,成为中国现代新诗的奠基之作。

20世纪20年代后期,"新月派"崛起,新诗派的代表人物闻一多、徐志摩、朱湘等也为新诗作出了不朽的贡献。闻一多的"三美"(即建筑美、音乐美、绘画美)主张,既继承了中国传统诗歌的美学思想,又提高了新诗的审美层次,是新诗形式理论的重要建树。与此同时,以李金发为代表的象征诗派也在中国新诗坛占据一席之地,他们以法国象征主义诗歌为模式,追求诗歌的音乐美、形式美,语言趋向欧化。

散文。"五四"时期是一个思想大解放的时代,思想空前自由,而散文最能适应时代特点。出于战斗的需要,杂文最先脱颖而出,其艺术触角涉及封建制度的方方面面,"民主与科学"的主张得以大力宣扬,战斗性极强。这方面鲁迅成就最大,杂文集有《坟》、《热风》、《华盖集》等,文笔犀利,充满昂扬的战斗激情;陈独秀、李大钊、钱玄同、刘半农等人的杂文各具特色。抒情散文的出现晚于杂文,当时被称作"小品文"或"美文"。朱自清的《背影》、《荷塘月色》等堪称美文,艺术成就颇高。鲁迅的散文集《朝花夕拾》,以及构思新颖奇特的散文诗集《野草》,都成为我国文学史上的丰碑。周作人、冰心、林语堂等人的散文也都产生了很大的影响。

小说。1918年5月,《新青年》第4卷第5号发表了鲁迅的《狂人日记》,这是中国现代文学史上第一篇用现代体式写成的白话文小说,也是他首次以"鲁迅"作为笔名发表的第一篇小说。这篇小说猛烈抨击了吃人的封建礼教和封建制度,通常被认为是我国现代小说的伟大开端。随后,鲁迅又发表了《阿Q正传》、《孔乙己》、《药》等作品,在小说领域里显示了"文学革命"的实绩。后来他把"五四"初期发表的14篇小说结集为《呐喊》(1923年出版),《呐喊》和《彷徨》(1926年出版)是中国现代小说成熟的标志。除了鲁迅作品外,著名的作家作品有茅盾的《蚀》三部曲(《动摇》、《幻灭》、《追求》)、叶绍钧《倪焕之》、郁达夫《沉沦》等。他们把小说作为改良社会、改良人生的工具,密切关注社会问题。反映社会问题,并寻求解决方法的这一类小说,被称为"问题小说",冰心就是以"问题小说"步入文坛的,她的小说围绕着"爱的哲学"而展开探索,如《超人》、《烦闷》、《悟》等,"爱、童心和自然"构成其"爱的哲学"的核心。许地山、庐隐、王统照等人也是这一时期著名的作家。

戏剧。"五四"时期,戏剧的革新运动主要在于理论的倡导和西洋名剧的介绍。影响较大的作品有:丁西林的《一只马蜂》、洪深《赵阎王》、田汉《获虎之夜》等;郭沫若的历史剧最有代表性,他先后创作了《卓文君》、《聂莹》、《王昭君》等,1926年结集出版,名为《三个叛逆的女性》。

第一个10年,是历史大变动大转折时期,新旧思想的激烈交锋,东西方思想文化的融汇撞击,造成纷繁多变的文学现象。总的来说,新文化运动的主旨是"反对旧道德,提倡新道德;反对旧文学,提倡新文学"。这是中国文学史上空前的、彻底的思想解放运动,从根本上动摇了封建文化在中国社会中的至尊地位,使中国人民的思想获得了一次空前解放;是我国由封闭落后的状态走向世界、迈向现代化的一声春雷,在中国文学史上具有划时代的意义。

二、"左联"时期文学(1928—1937年)

1927年"四·一二"事变后,国共合作关系破裂,中国革命进入了新的历史时期。文坛因政治的变化出现大的分歧,一部分革命文学家在中国共产党领导下高举无产阶级文学旗帜,组织起左翼文艺队伍,继续从事新的政治革命,创作新的革命文学;也有一部分自由主义作家,在国共之间左右摇摆,既对国民党的文化专制有所不满,又与中国共产党领导的左翼文艺界展开激烈争论。这时期,鲁迅先生的步子最为沉稳,他时刻关注着滚动的历史潮流,而且先于那些中国共产党领导下的革命文学家与自由主义派进行了论战,并对自由主义"现代评论派"的"正人君子"予以猛烈的抨击。

1930年3月,中国左翼作家联盟(简称"左联")在上海成立,鲁迅、冯雪峰、沈端先、蒋光慈、田汉等人为常务委员。"左联"的成立,标志着中国现代文学进入一个新的历史时期。随着左翼文艺运动的迅猛发展,文学直接表现社会生活的可能性大大增强,以"左联"为核心的无产阶级文学思潮成为这时期的文学主流。政治上,各种文艺思潮的斗争异常激烈,"左联"高举无产阶级革命文学的旗帜,努力宣传马克思主义,对国民党当局的反动文艺政策和迫害压制活动,进行抗议和斗争,在斗争中逐步走向繁荣。文学创作方面,"左联"很重视文艺大众化问题,陆续创办了《萌芽月刊》《拓荒者》《世界文化》《北斗》《十字街头》《文艺群众》《文学新地》等刊物,取得了巨大成就。

"左联"还领导开展了左翼戏剧运动,成立了中国诗歌会等,影响一大批进步作家,如巴金、老舍、林语堂、周作人、沈从文、戴望舒、施蛰存等。在"左联"的培养下,又涌现出沙汀、艾芜、叶紫、艾青、蒲风、徐懋庸等一批文学新人,他们给文坛带来勃勃生机,成为30年代文坛上最活跃的力量。虽然有些作家与"左联"有不同的观点,甚至发生过争论,但他们的文学思想、艺术个性是相似的,因此,30年代的文学丰富多彩,代表性作家作品较多。

诗歌。诗歌主要有四大派别:革命诗派、新月派、现代派和现实主义派。"革命诗派"的诗充满鼓动性和革命热情。殷夫是该派最优秀的诗人,是重要的革命诗人,被人们誉为"历史的长子"、"时代的尖刺",代表作《血字》充分展示了无产阶级在反帝斗争中的英雄气概和坚强不屈的意志。"新月派"是追求"三美"的唯美诗派,较有代表性的作品是徐志摩《猛虎集》。"现代派"在思想情绪上与"新月派"相近,主要抒发不满于黑暗现实的哀愁、迷茫和孤寂的情绪,艺术上采用意象、象征、暗示等手法,代表人物戴望舒,代表作《雨巷》追求抒情和情调的感伤性,意象新颖而朦胧。

这一时期影响较大的诗人还有臧克家、艾青、田间等,他们以反映现实生活、特别是农村生活著称。他们的诗作代表了我国现实主义诗歌在30年代所达到的艺术高度和卓越成就,被称为"现实主义派"。

散文。30年代也是散文创作的兴盛时代。这个时期鲁迅的杂文在数量和质量方面都超过了前期,代表着中国现代杂文的最高成就。林语堂、周作人为首的"论语派"创作了大量幽默、闲适的小品文;叶圣陶、朱光潜、朱自清、夏丏尊、丰子恺等是积极入世的"人生派"。丰子恺的哲理散文集《缘缘堂随笔》颇具特色;沈从文的散文集

《湘西散记》充满乡土气息,意境悠远而静美。

报告文学是一种新兴的文学样式,夏衍的《包身工》和宋之的的《一九三六年春在太原》先后发表,推动了报告文学的创作风气。这一创作得到"左联"的大力倡导,不仅体现出强烈而鲜明的时代色彩,而且把"五四"以后的新文学推向新的发展阶段。

小说。这一时期是小说发展的重要阶段,出现很多作家和有特色的新流派。茅盾的《子夜》、《春蚕》、《林家铺子》,鲁迅的历史小说《故事新编》,老舍的长篇小说《骆驼祥子》,巴金的《家》,影响颇大;沈从文是一位多产作家,代表作《边城》具有浓郁的湘西地方色彩,在艺术上别具一格。这时期不仅作家多、作品多,而且风格各异,形成各种流派。以蒋光慈为代表的"革命浪漫谛克派"还创造了"革命+恋爱"模式的作品,这类小说对当时共产党领导的革命运动具有积极的意义。以施蛰存、穆时英为代表的"新感觉派"小说,则以鲜明的现代主义色彩显示了现代文学的多样风姿。值得一提的还有柔石、胡也频、丁玲、田汉、张天翼等人的创作,都以其思想上和艺术上新的拓展,显示了左翼文艺的实绩,产生了深远影响。

戏剧。戏剧运动和戏剧创作在这个时期也得到了迅速的发展,著名的作品有田汉的《名优之死》,曹禺的《雷雨》、《日出》,夏衍的《上海的屋檐下》等。曹禺的这两部剧作代表着30年代戏剧创作的最高成就,也标志着我国现代话剧作品在艺术上的成熟。

为了建立文艺界抗日民族统一战线,1936年"左联"自动解散。虽然"左联"的历史不过短短6年,但它以在当时的巨大作用以及对后世的深远影响,成为中国革命文学史上的丰碑。

三、抗日战争和解放战争时期文学(1937—1949年)

1937年的"七七事变"标志着抗日民族解放战争全面爆发。这时期文学创作与战争救亡发生了紧密的联系,各派作家在民族解放的旗帜下达成一致,爱国主义成为这一时期文学创作的共同主题。同一时期,全国划分为几个不同的政治区域:国统区、解放区、沦陷区及上海"孤岛"。中国革命文学便以政治区域的变动调整自己的发展轨迹,命名为国统区文学、解放区文学、沦陷区文学和"孤岛"文学,以适应时代的发展。

随着国共两党合作,抗日民族统一战线正式成立,大批文艺工作者云集武汉,出现了文艺界团结抗敌新局面。1938年3月在武汉成立了"中华全国文艺界抗敌协会",简称"文协"。郭沫若、茅盾、老舍等40多位代表被推选为理事,老舍主持日常工作。"文协"的任务是把各个党派、各种团体、社会势力团结起来为抗战服务;把分散在全国各地的进步作家团结起来为民族解放事业共同创作,充分发挥文艺服务于时代、服务于民族的社会功能;提出"文章下乡,文章入伍"的口号,组织广大作家深入到前线和农村,以描写抗战现实。于是,大量富有生活气息的抗战作品及反应农村翻天覆地变革的作品在各类抗战刊物上发表。"文协"的会刊《抗战文艺》是唯一贯穿抗战始终的刊物,也是当时影响最大的文艺刊物,对开展抗日文艺活动、繁荣创作、培养青年作家等都发挥了重要作用,产生了积极的影响。

戏剧界最早用街头剧的形式将宣传抗日的作品推向社会。崔嵬、宋之的等多位作家集体创作的三幕剧《保卫卢沟桥》轰动一时。诗朗诵运动也由郭沫若等人发起，开始走向街头，走进群众。"九·一八事变"后，日本帝国主义侵占东北，以萧红、萧军为代表的东北作家群是当时文坛上很活跃的一个群体，成为当时抗战文学的先锋。

抗日根据地和解放区的文艺运动，在民主自由的政治环境和新的历史条件下沿着正确的方向发展。解放区文艺具有广泛的群众性，工农群众在专业文艺工作者的指导下，开展自己的文艺运动。1942年5月，毛泽东发表《在延安文艺座谈会上的讲话》，对当时解放区的文艺运动产生了深远的影响。他强调无产阶级文艺必须为人民大众服务，要站在人民的立场反映生活，作家必须深入到工农兵之中去。这使得解放区文学有了新的特点，翻身农民成为文学中的主角，解放区的文学作品小说成就最大，歌剧创作最为独特。

抗战后期和解放战争时期，我国进步的、革命的文艺运动，一方面在解放区沿着"文艺为广大人民，首先为工农兵"的方向自由、健康地成长；另一方面在国统区经过重重斗争曲折地向前发展。

1937年11月，上海沦陷后成为"孤岛"，留在英法租界地的部分作家仍坚持创作，这时期的文学被称为"孤岛文学"。1941年12月太平洋战争爆发，结束了上海"孤岛文学"时代，纳入了沦陷区文学的轨道（此前已有"九·一八"事变后的东北沦陷区文学及"七七事变"后以北平为中心的华北沦陷区文学）。著名的作家有：李健吾、师陀、于伶、钱钟书、张爱玲等。

诗歌。抗战爆发后，新诗出现一个重要的流派，即"七月诗派"，主要诗人有艾青、臧克家、田间、何其芳等。为神圣的民族解放事业歌唱，成为新诗创作共同的主题。其中艾青创作成就最高，他是继郭沫若之后，对我国新诗作出巨大贡献的诗人。主要诗集有《北方》、《旷野》、《向太阳》、《雪落在中国土地上》、《黎明的通知》等，作品表现了诗人对祖国和民族的深厚感情。田间被誉为"时代的鼓手"，他创作了很多优秀的爱国诗歌，如《给战斗者》、《呈在大风砂里奔走的岗位们》等。李季的代表作《王贵和李香香》、田间的《赶车传》等是解放区诗歌创作成就突出的叙事长诗的代表。

散文。抗战初期，报告文学几乎抢占了整个文坛，大量的作品真实地反映了抗敌时可歌可泣的斗争生活。丘东平的《第七连》、沙汀的《随军散记》等都是令人难忘的佳作。抗战转入相持阶段后，杂文逐渐唱起了主角。在上海，唐弢、徐懋庸等追随鲁迅，创作了大量的杂文；此外，郭沫若、茅盾、闻一多、朱自清、叶圣陶等抨击国民党、呼吁抗日的杂文也令人瞩目。这时期的小品文虽然相对沉寂，但不乏精品美文。如萧红的《回忆鲁迅先生》、梁实秋的《雅舍》、张爱玲的《更衣》、沈从文的《湘西》等。

小说。这时期文学创作异彩纷呈，从内容到形式都有新的特点，小说从不同侧面反映了迅速变革的社会现实。在国统区，张天翼的《华威先生》、沙汀的《在其香居茶馆里》等短篇小说，以其各自独具的讽刺艺术，有力地揭露了抗战初期国民党假抗日的丑恶行径。茅盾的《腐蚀》，老舍的《四世同堂》，萧红的《呼兰河传》，巴金的《激流三部曲》的后两部《春》和《秋》，以及《憩园》、《寒夜》等，都从不同的侧面反映了社会生活。

在解放区,经过整风运动后小说创作也出现了喜人景象。以孙犁为首的"荷花淀派"和以赵树理为首的"山药蛋派",是这个时期最重要、最有影响的两个文学流派。赵树理的《小二黑结婚》、《李有才板话》、《李家庄变迁》;孙犁的《荷花淀》、《芦花荡》、《嘱咐》等小说,具有独特的为人民群众喜闻乐见的艺术风格。长篇小说出现较晚,著名作品有丁玲的《太阳照在桑干河上》、周立波的《暴风骤雨》等。

"孤岛"及"沦陷"区的小说主要有:钱钟书的《围城》,师陀的《结婚》、《果园城记》等;张爱玲的小说在1943—1945年的上海大放光彩,为"孤岛文学"添上璀璨的一笔。她善于描写沪港洋场社会,具有雅俗融合的特征,代表作《倾城之恋》、《金锁记》等,通过沪港两地男女间千疮百孔的经历,揭露了日益金钱化的都市生活的丑陋。

戏剧。抗战初期戏剧较为活跃,《三江好》、《最后一计》、《放下你的鞭子》被当时戏剧界合称为"好一计鞭子",曾风靡全国。在国统区,现实生活题材的戏剧和历史剧都闪耀着感人的光彩。其中夏衍的《心防》、《法西斯细菌》等代表了当时现实主义剧作的最高成就;宋之的的《雾重庆》、曹禺的《北京人》、陈白尘的《升官图》、于伶的《夜上海》等都是影响深远的优秀剧作;郭沫若的《屈原》、《虎符》等代表当时历史剧的最高成就。代表解放区戏剧最高成就的是歌剧《白毛女》,它成功地塑造了喜儿的形象,揭示了"旧社会把人变成鬼,新社会把鬼变成人"的主题,实现了诗、歌、舞三者完美的统一;它是我国现代民族歌剧的报春花,为新歌剧的发展奠定了基础。

历时30年的中国现代文学,以崭新的思想内容和语言形式反映了中华民族解放与思想解放的历程,丰富并提高了中国人民的精神生活和审美情趣,开辟了我国文学发展的新时代。

小 河①

周作人

周作人(1885~1967),浙江绍兴人,现代著名散文家、诗人,文学翻译家,新文化运动的杰出代表。1901年入江南水师学堂,1906年东渡日本留学,1911年回国,先后任浙江省教育司视学和绍兴教育会会长,浙江第五中学英语教员。1917年到北京大学任文科教授兼国史编译处纂辑员。

新文化运动中发表了影响深远的《人的文学》、《思想革命》等启蒙主义理论文章。"五四"以后,作为《语丝》周刊的主编和主要撰稿人之一,写了大量诗歌、散文,风格平和冲淡,清隽幽雅。1945年因汉奸罪被国民党政府逮捕判刑入狱,1949年出狱,后定居北京,在人民文学出版社从事日本、希腊文学作品的翻译等。主要作品有散文集《自己的园地》,诗集《过去的生命》,回忆录《知堂回想录》,论著《欧洲文学史》,译文《伊索寓言》、《欧里庇得斯悲剧集》等。

一条小河,稳稳地向前流动。
经过的地方,两面全是乌黑的土;

生满了红的花，碧绿的叶，黄的果实。
一个农夫背了锄来，在小河中间筑起一道堰。
下流干了，上流的水被堰拦着，下来不得；
不得前进，又不能退回，水只在堰前乱转。
水要保他的生命，总须流动，便只在堰前乱转。
堰下的土，逐渐淘去，成了深潭。
水也不怨这堰，便只是想流动，
想同从前一般，稳稳地向前流动。

一日农夫又来，土堰外筑起一道石堰。
土堰坍了；水冲着坚固的石堰，还只是乱转。
堰外田里的稻，听着水声，皱眉说道，——
我是一株稻，是一株可怜的小草，
喜欢水来润泽我，却怕他在我身上流过。
小河的水是我的好朋友，
他曾经稳稳的流过我面前，
我对他点头，他向我微笑。
我愿他能够放出了石堰，
仍然稳稳地流着，
向我们微笑，
曲曲折折的尽量向前流着，
经过两面地方，都变成一片锦绣。
他本是我的好朋友，
只怕他如今不认识我了；
他在地底呻吟，
听去虽然微细，却又如何可怕！
这不像我朋友平日的声音，
被轻风挽着走上沙滩来时，
快活的声音。
我只怕他这回出来的时候，
不认识从前的朋友了，
便在我身上大踏步过去；
我所以正在这里忧虑。

田边的桑树，也摇头说，——
我生的高，能望见那条小河，
他是我的好朋友，
他送清水给我喝，
使我能生肥绿的叶，紫红的桑葚。

他从前清澈的颜色,
现在变了青黑,
又是终年挣扎,脸上添出许多痉挛的皱纹。
他只向下钻,早没有工夫对我的点头微笑;
堰下的潭,深过了我的根了。
我生在小河旁边,
夏天晒不枯我的枝条,
冬天冻不坏我的根。
如今只怕我的好朋友,
将我带到沙滩上,
拌着他卷来的水草。
我可怜我的好朋友,
但实在也为我自己着急。

田里的草和虾蟆,听了两下的话,
也都叹气,各有他们自己的心事。
水只在堰前乱转,
坚固的石堰,还是一毫不摇动。
筑堰的人,不知到哪里去了。

(1919年1月,发表于《新青年》第6卷第2号。)

注释

①选自周作人《过去的生命》,中国文联出版社1993年版。

文本解读

周作人的《小河》是新诗发展中的重要作品,被胡适誉为"新诗中的第一首杰作"。这首诗摆脱了旧体诗的种种限制,确立起新诗的美学风格,对后来新诗的发展产生了很大的影响,并显示出独特的个性风采。

诗中共有三组关系,即"我"(稻子、桑树)、"小河"和"农夫"(筑堰的人)。这里"小河"俨然成了万物生长的能源,包含了无穷无尽的生命动力,它舒缓、和谐、充满亲和力。因此,"小河"可以说成是无产阶级的革命运动,或代指群众,包含全民族的运动。"农夫"是破坏和谐的力量,"堰"象征着对个性、自由抑制的力量,也可看作是阻碍小河的力量,是统治者的象征。"农夫"打破了"我"和小河之间的和谐关系,"小河"要寻求新的和谐,"我"希望能够恢复以前的和谐,但这个恢复的过程要付出一定的代价,"我"可能会随着堰一起被冲垮,因此,"我"对"堰"既憎恶又依赖。"我"的两种态度其实就是周作人内心真实的表达。

《小河》使用散文化的形式和语言,以具体的意象,通过描摹和象征的手法,表达了对自由人性的追求,对暴力的忧惧,以及作者在特定思想发展阶段的复杂感情。

思考练习

1. 这是一首"融景入情,融情入理"的新体诗,表面看作者主张顺应自然法则,保持生态平衡,其深层的意义是什么?
2. 结合时代背景谈谈"筑堰的人"指什么?
3. 这首诗表现了诗人怎样的思想感情?

阅读链接

1. 唐祈:《中国新诗名篇鉴赏辞典》,四川辞书出版社1990年版。
2. 止庵:《周作人传》,山东画报出版社2009年版。

蕙的风①

汪静之

汪静之(1902～1996),安徽绩溪人,我国现代文学史上著名的诗人、作家。1921年开始在《新潮》、《小说月报》、《新青年》等杂志发表新诗,1922年与潘莫华、应修人、冯雪峰创立湖畔诗社。曾任安徽大学、暨南大学、复旦大学教授。新中国成立后,历任人民文学出版社特约编辑、浙江省文联委员、中国作协浙江分会顾问。

著有诗集《蕙的风》、《寂寞的国》,论著《李杜研究》等。其中《蕙的风》是中国文学史上第一部以爱情诗为主体的诗集,1922年出版,在全国引起巨大反响。收集诗作33首,主要内容有对人生价值、友谊和大自然的探索与追求,有对劳动人民悲惨遭遇的同情,也有对新思潮的赞颂,更多的是抒写对爱情的渴望,以表现爱的力量。诗句清新自然,感情真挚。

是哪里吹来
这蕙花的风②——
温馨的蕙花的风?
蕙花深锁在园里,
伊满怀着幽怨。
伊底幽香潜出园外,
去招伊所爱的蝶儿。
雅洁的蝶儿,
薰在蕙风里:
他陶醉了;
想去寻着伊呢。
他怎寻得到被禁锢的伊呢?
他只迷在伊底风里,

隐忍着这悲惨而甜蜜的伤心,
醺醺地翩翩地飞着。

注释

①选自汪静之诗集《蕙的风》,人民文学出版社1957年版。
②蕙:多年生草本植物,叶丛生,狭长而尖,初夏开淡黄绿色花,气味很香,供观赏。蕙花即兰花,在中国文化的传统中,蕙花通常是一种美好的象征。

文本解读

本诗在一定程度上体现为诗人对过去情感记忆的再现,但在"五四"昂扬的时代,却显现出反封建的进步主题。事实上,对于整个湖畔诗人来说,当时代的飓风震撼着囚禁其身心桎梏的时候,他们渴望冲破封建牢笼,渴望自由与个性解放,强烈要求抒发内心纯洁的爱。本首诗以情爱为网,以蕙花的飞动和抒情主人公心头的情感荡漾,揭示被禁锢的爱情所带来的淡淡的哀愁与甜蜜,从而交织出一幅恋爱中年轻人特有的心灵图景。

当然,我们还可以将"蕙花"理解成诗人的理想,理解成诗人眼中一切美好的事物,那么这首诗的主题也就可以理解为对理想的热爱,对美好事物的追求,以及在追求过程中所体会到的"甜蜜的伤心"。

诗人在作品中充分运用比喻、拟人、通感等修辞手法,选取自然界里象征着美丽高洁的蕙花与蝴蝶,表现男女之间这种最珍贵的感情,显得淳朴而贴切,美妙而浓烈。

思考练习

1. 分析"蕙花"、"蝴蝶"和"风"意象的内涵。
2. 你认为《蕙的风》表达了诗人怎样的思绪?

阅读链接

贺圣谟:《论湖畔诗派》,杭州大学出版社1998年版。

采莲曲①

朱 湘

朱湘(1904~1933),生于湖南沅陵,祖籍安徽太湖。1920年考入清华大学,学习期间开始新诗创作,1922年开始在《小说月报》上发表新诗,1925年出版第一本诗集《夏天》;两年后第二部诗集《草莽集》出版,形式工整,音调柔婉,风格清丽。1927年留学美国,两年后回国,生活动荡,到处奔走,曾在安徽大学外文系任教。1933年12月5日晨在上海开往南京的船上投江自杀。据目击者说,朱湘自杀前还朗诵过德国诗人海涅的诗。

朱湘是一个性格独特、对艺术执著的诗人,在中国新诗诞生初期,和郭沫若、徐志摩、闻一多四人并驾齐驱。就诗风而言,郭沫若的诗如不羁的烈火,徐志摩的诗若璀璨的宝石,朱湘的诗好比无瑕的美玉,闻一多的诗则是澎湃的江河。朱湘被鲁迅称为"中国的济慈",他的诗是不死的。他的自尊意识及反抗精神,在维护国家的尊严上,表现得极为崇高。主要作品有诗集《石门集》、散文书信集《中书集》、《海外寄霞君》等。

小船呀轻飘,杨柳呀风里颠摇;
荷叶呀翠盖,荷花呀人样妖娆。
日落,微波,金线闪动过小河。
左行,右撑,莲舟上扬起歌声。

菡萏②呀半开,蜂蝶呀不许轻来,
绿水呀相拌,清净呀不染尘埃。
溪间,采莲,水珠滑走过荷钱。
拍紧,拍轻,桨声应答着歌声。

藕心呀丝长,羞涩呀水底深藏;
不见呀蚕茧,丝多呀蛹在中央?
溪头,采藕,女郎要采又夷犹③。
波沉,波生,波上抑扬着歌声。

莲蓬呀子多,两岸呀柳树婆娑④,
喜鹊呀喧噪,榴花呀落上新罗。
溪中,采蓬,耳鬓边晕着微红。
风定,风生,风飔⑤荡漾着歌声。

升了呀月钩,明了呀织女牵牛;
薄雾呀拂水,凉风呀飘去莲舟。
花芳,衣香,消溶入一片苍茫;
时静,时闻,虚空里袅着歌音。

(一九二五年十月二十四日)

注释

①选自《草莽集》,上海开明书店出版1927年版。
②菡萏(hàn dàn):荷花的别称。古人称未开的荷花为菡萏,即花苞。
③夷犹(yí yóu):同"夷由",犹豫,徘徊不前。
④婆娑(pó suō):枝叶扶疏的样子。
⑤飔(sī):凉风或疾风。

文本解读

古往今来,文人墨客对莲的赞赏不胜枚举,周敦颐在《爱莲说》中对莲"出淤泥而不染,濯清莲而不妖"的高贵品质作了正面刻画,而朱湘的《采莲曲》是对莲的楚楚动人、圣洁无私进行了侧面烘托。作者重点截取从黄昏日落到薄雾月升这段时间里,采莲女驾船采莲的一段生活场景。主要表达了农家少女采莲时的欢快愉悦和少女羞涩的情怀及对爱情的憧憬与渴望。

前几行诗句为全诗展开和深化奠定了一个优美而舒缓的基调。整首诗在音乐节奏、结构外形、时间空间、古典现代等多重转换中呈现出不一样的美感,阅读时如同欣赏一首流畅、舒朗的音乐,又恰似欣赏一幅亲切宜人的画卷,让人倍感赏心悦目,美不胜收。

其实,这首诗体现的是朱湘对诗、对人生的全面追求。诗人特殊的身世,形成他独特的个性,《采莲曲》中所描绘的宁静意境及采莲女柔美纯洁的爱情,与当时的现实生活形成强烈对照,因此,《采莲曲》是诗人对平和宁静生活的向往和对冷酷人生逃避的真情流露,是诗人"芳香梦"的温暖归宿。

思考练习

1. 诗歌描绘了采莲少女,她的美无处不在。你感受到了吗?请你说说她美在何处?
2. 这首《采莲曲》创造了一种什么意境?对此你有什么评价?
3. 结合时代背景,体会诗中作者的思想感情。

阅读链接

1. 孙玉石:《朱湘传记及其作品》,人民文学出版社1985年版。
2. 徐志摩:《志摩的诗》,作家出版社2000年版。

断　章①

卞之琳

卞之琳(1910~2000),江苏海门人,中国现当代著名诗人、翻译家。1929年,考入北京大学英文系,在徐志摩等人的影响下开始新诗创作。1933年大学毕业后,先后在保定、济南等地教书,并出版第一部诗集《三秋草》,1936年与李广田、何其芳合出《汉园集》。抗战期间在各地任教,为中国的文化教育事业作了很大贡献。被公认为新文化运动中新月派的代表诗人,《断章》是他不朽的代表作。他对莎士比亚很有研究,新中国成立后,历任《诗刊》、《文学评论》等刊物的编辑和中国社科院研究员等。

卞之琳的新诗广泛地从中国古典诗词和西方现代派诗中汲取营养,形成自己独特的风格。诗作精巧玲珑,联想丰富,跳跃性强,注重理智化、戏剧化和哲理化。善于从日常生活中发现诗的内容,并进一步挖掘出常人意料不到的深刻内涵;诗意偏于晦涩深曲,耐人寻味。

你站在桥上看风景,
看风景人在楼上看你。

明月装饰了你的窗子，

你装饰了别人的梦。

注释

①选自《雕虫纪历》，人民文学出版社1984年版。本诗写于1935年10月，原为诗人一首长诗中的片段，后将其独立成章，因此标题名之为《断章》。这是中国现代文学史上文字简短、意蕴丰富而又朦胧的著名短诗。

文本解读

这首诗精致而典雅，简约而丰赡，亲切而含蓄，显示出一种别具风韵的美。

对于《断章》这首诗的理解，历来众说纷纭。有人认为是一首阐释诗人心中"宇宙万物息息相关、互为依存"的抽象哲理诗；有人说，这首诗在论述事物的主体与客体、主动与被动的矛盾统一特性；也有人认为，这是两幅恬静的图画，是诗人瞬间的感受。作者对不相关的事物"人物、小桥、楼房、窗子、明月、梦"精心选择、调度安排，组织在两幅图景中，各自独立而又互相映衬，充分发挥了现代诗歌的艺术功能。

半个多世纪以来，对卞之琳《断章》这首诗的解释有很多种，若把它作为言情诗来读，诗味也很足，那优美如画的意境，那浓郁隽永的情思，那把玩不尽的韵味，那独出机杼的题旨，细细品来，的确是别有一番情趣在心头。

其实，无论哪种解读都合情合理，优秀诗作的深层意蕴是不可穷尽的，正像一道包含有无穷解的方程一样，每个解都是方程的根。诗的魅力正在于诗语之外的"空白"处，让人在回味遐想中获得美的享受。

思考练习

1. 有人说《断章》是一首情诗，还有人说它是一首哲理诗，你说呢？
2. 《断章》一诗中，诗人是怎样用形象的画面来阐释抽象哲理的？
3. 查找与"桥、楼、窗、月、梦"相关的诗句，体会这些意象在不同诗词中的内涵。

阅读链接

1. 张若虚：《春江花月夜》，《中国古代文学作品选》（袁世硕主编），人民文学出版社2002年版。
2. 胡适：《梦与诗》，《尝试集》，人民文学出版社2000年版。

追悼志摩①

胡 适

胡适（1891～1962），字适之，安徽绩溪人。现代诗人、著名学者、思想家。1910年赴美留学，攻读哲学、文学。1917年回国后，任北京大学教授，参加编辑

《新青年》,宣扬民主、科学,积极提倡"文学改良"和白话文学,发表《文学改良刍议》,率先从事白话新诗创作与文学史的写作,成为"五四"新文化运动的代表人物。1920年至1933年,主要从事中国古典小说的研究考证。抗战期间,曾出任驻美大使,抗战胜利后任北大校长。1949年去美国,1962年在台湾病逝。

胡适学识渊博,在文学、哲学、史学、考据学、教育学、伦理学等诸多领域均有建树。主要著作有《尝试集》、《白话文学史》、《中国哲学史大纲》(上)、《中国章回小说考证》、《胡适文存》(共三卷)等。其《尝试集》为现代文学史上第一部新诗集。

> 悄悄的我走了,
> 正如我悄悄的来;
> 我挥一挥衣袖,
> 不带走一片云彩。
>
> (《再别康桥》)

志摩这一回真走了!可不是悄悄的走。在那淋漓的大雨里,在那迷濛的大雾里,一个猛烈的大震动,三百匹马力的飞机碰在一座终古不动的山上,我们的朋友额上受了一个致命的撞伤,大概立刻失去了知觉,半空中起了一团大火,像天上陨了一颗大星似的直掉下地去。我们的志摩和他的两个同伴就死在那烈焰里了!

我们初得着他的死信,却不肯相信,都不信志摩这样一个可爱的人会死得这么惨酷。但在那几天的精神大震撼稍稍过去之后,我们忍不住要想,那样的死法也许只有志摩最配。我们不相信志摩会"悄悄的走了",也不忍想志摩会死一个"平凡的死",死在天空之中,大雨淋着,大雾笼罩着,大火焚烧着,那撞不倒的山头在旁边冷眼瞧着,我们新时代的新诗人,就是要自己挑一种死法,也挑不出更合式,更悲壮的了。

志摩走了,我们这个世界里被他带走了不少的云彩。他在我们这些朋友之中,真是一片最可爱的云彩,永远是温暖的颜色,永远是美的花样,永远是可爱。他常说:

> 我不知道风
> 是在那一个方向吹——

我们也不知道风是在哪一个方向吹,可是狂风过去之后,我们的天空变惨淡了,变寂寞了,我们才感觉我们的天上的一片最可爱的云彩被狂风卷去了,永远不回来了!

这十几天里,常有朋友到家里来谈志摩,谈起来常常有人痛哭。在别处痛哭他的,一定还不少。志摩所以能使朋友这样哀念他,只是因为他的为人整个的只是一团同情心,只是一团爱。叶公超先生说:

> 他对于任何人,任何事,从未有过绝对的怨恨,甚至于无意中都没有表示过一些憎嫉的神气。

陈通伯先生说:

尤其朋友里缺不了他,他是我们的连索,他是黏着性的,发酵性的。在这七八年中,国内文艺界里起了不少的风波,吵了不少的架,许多很熟的朋友往往弄得不能见面。但我没有听见有人怨恨过志摩。谁也不能抵抗志摩的同情心,谁也不能避开他的黏着性。他才是和事佬,使我们怀着无穷的同情,他总是朋友中间的"连索"。他从没有疑心,他从不会妒忌。使这些多疑善妒的人们十分惭愧,又十分羡慕。

他的一生真是爱的象征。爱是他的宗教,他的上帝。

> 我攀登了万仞的高冈,
> 荆棘扎烂了我的衣裳,
> 我向飘渺的云天外望——
> 上帝,我望不见你!
> ……
> 我在道旁见一个小孩:
> 活泼,秀丽,褴褛的衣裳;
> 他叫声"妈",眼里亮着爱——
> 上帝,他眼里有你!

(《他眼里有你》)

志摩今年在他的《猛虎集自序》里,曾说他的心境是"一个曾经有单纯信仰的流入怀疑的颓废"。这句话是他最好的自述。他的人生观真是一种"单纯信仰",这里面只有三个大字:一个是爱,一个是自由,一个是美。他梦想这三个理想的条件能够会合在一个人生里,这是他的"单纯信仰"。他的一生的历史,只是他追求这个单纯信仰的实现的历史。

社会上对于他的行为,往往有不能谅解的地方,都只因为社会上批评他的人不曾懂得志摩的"单纯信仰"的人生观。他的离婚和他的第二次结婚,是他一生最受社会严厉批评的两件事。现在志摩的棺已盖了,而社会上的议论还未定。但我们知道这两件事的人,都能明白,至少在志摩的方面,这两件事最可以代表志摩的单纯理想的追求。他万分诚恳的相信那两件事都是他实现他那"美与爱与自由"的人生的正当步骤。两件事的结果,在别人看来,似乎都不曾能够实现志摩的理想生活。但到了今日,我们还忍用成败来议论他吗?

我忍不住我的历史癖,今天我要引用一点神圣的历史材料,来说明志摩决心离婚时的心理。民国十一年三月,他正式向他的夫人提议离婚,他告诉她,他们不应该继续他们的没有爱情没有自由的结婚生活了,他提议"自由之偿还自由",他认为这是"彼此重见生命之曙光,不世之荣叶"。他说:

> 故转夜为日,转地狱为天堂,直指顾间事矣……真生命必自奋斗自求得来,真幸福亦必自奋斗自求得来,真恋爱亦必自奋斗自求得来!彼此前途无限……彼此有改良社会之心,彼此有造福人类之心,其先自作榜样,勇决智断,彼此尊重人格,自由离婚,止绝苦痛,始兆幸福,皆在此矣。

这信里完全是青年的志摩的单纯的理想主义,他觉得那没有爱又没有自由的家庭是可以摧毁他们的人格的,所以他下了决心,要把自由偿还自由,要从自由求得他们的真生命,真幸福,真恋爱。

后来他回国了,婚是离了,而家庭和社会都不能谅解他。最奇怪的是他和他的已离婚的夫人通信更勤,感情更好。社会上的人更不明白了。志摩是梁任公先生②最爱护的学生,所以民国十二年任公先生曾写一封很恳切的信去劝他。在这信里,任公提出两点:

其一,万不容以他人之痛苦,易自己之快乐。弟之此举,其于弟将来之快乐能得与否,殆茫如捕风,然先已予多数人无量之苦痛。

其二,恋爱神圣为今之少年所乐道……兹事盖可遇而不可求……况多情多感之人,其幻想起落鹘突,而得满足得宁帖也极难。所梦想之神圣境界恐终不可得,徒以烦恼终其身已耳。

任公又说:

呜呼志摩!天下岂有圆满之宇宙?……当知吾侪以不求圆满为生活态度,斯可以领略生活之妙味矣……若沉迷于不可必得之梦境,挫折数次,生意尽矣,郁邑侘傺③以死,死为无名。死犹可也,最可畏者,不死不生而堕落至不复能自拔。呜呼志摩,可无惧耶!可无惧耶!

(十二年一月二日信)

任公一眼看透了志摩的行为是追求一种"梦想的神圣境界",他料到他必要失望,又怕他少年人受不起几次挫折,就会死,就会堕落。所以他以老师的资格警告他:"天下岂有圆满之宇宙?"

但这种反理想主义是志摩所不能承认的。他答复任公的信,第一不承认他是把他人的苦痛来换自己的快乐。他说:

我之甘冒世之不韪,竭全力以斗者,非特求免凶惨之苦痛,实求良心之安顿,求人格之确立,求灵魂之救度耳。

人谁不求庸德?人谁不安现成?人谁不畏艰险?然且有突围而出者,夫岂得已而然哉?

第二,他也承认恋爱是可遇而不可求的,但他不能不去追求。他说:

我将于茫茫人海中访我唯一灵魂之伴侣;得之,我幸;不得,我命,如此而已。

他又相信他的理想是可以创造培养出来的。他对任公说:

嗟夫吾师!我尝奋我灵魂之精髓,以凝成一理想之明珠,涵之以热满之心血,朗照我深奥之灵府。而庸俗忌之嫉之，辄欲麻木其灵魂，捣碎其理想，杀灭其希望，污毁其纯洁！我之不流入堕落，流入庸懦，进入卑污，其几亦微矣！

  我今天发表这三封不曾发表过的信，因为这几封信最能表现那个单纯自由的理想主义者徐志摩。他深信理想的人生必须有爱，必须有自由，必须有美；他深信这种三位一体的人生是可以追求的，至少是可以用纯洁的心血培养出来的。——我们若从这个观点来观察志摩的一生，他这十年中的一切行为就全可以了解了。我还可以说，只有从这个观点上才可以了解志摩的行为；我们必须先认清了他的单纯信仰的人生观，方才认得清志摩的为人。

  志摩最近几年的生活，他承认是失败。他有一首《生活》的诗，诗是暗惨的可怕：

> 阴沉，黑暗，毒蛇似的蜿蜒，
> 生活逼成了一条甬道：
> 一度陷入，你只可向前，
> 手扪索着冷壁的粘潮。
>
> 在妖魔的脏腑内挣扎，
> 头顶不见一线的天光，
> 这魂魄，在恐怖的压迫下，
> 除了消灭更有什么愿望？

（十九年五月二十九日）

  他的失败是一个单纯的理想主义者的失败。他的追求，使我们惭愧，因为我们的信心太小了，从不敢梦想他的梦想。他的失败，也应该使我们对他表示更深厚的恭敬与同情，因为偌大的世界之中，只有他有这信心，冒了绝大的危险，费了无数的麻烦，牺牲了一切平凡的安逸，牺牲了家庭的亲谊和人间的名誉，去追求，去试验一个"梦想之神圣境界"，而终于免不了惨酷的失败，也不完全是他人生观的失败。他的失败是因为信仰太单纯了，而这个现实世界太复杂了，他的单纯的信仰禁不起这个现实世界的摧毁；正如易卜生的诗剧 Brand 里的那个理想主义者，抱着他的理想，在人间处处碰钉子，碰的焦头烂额，失败而死。

  然而我们的志摩"在这恐怖的压迫下"，从不叫一声"我投降了"！他从不曾完全绝望，他从不曾绝对怨恨谁。他对我们说：

> 你们不能更多的责备。我觉得我已是满头的血水，能不低头已算是好的。

（《猛虎集·自序》）

  是的，他不曾低头。他仍旧昂起头来做人；他仍旧是他那一团的同情心，一团的爱。我们看他替朋友做事，替团体做事，他总是仍旧那样热心，仍旧那样高兴。几年的挫折，失败，苦痛，似乎使他更成熟了，更可爱了。

  他在苦痛之中，仍旧继续他的歌唱。他的诗作风也更成熟了。他所谓"初期的汹涌性"固然是没有了，作品也减少了；但是他的意境变深厚了，笔致变淡远了，技术和风格都更进步了。这是读《猛虎集》的人都能感觉到的。

志摩自己希望今年是他的"一个真正复活的机会"。他说：

  抬起头居然又见到天了。眼睛睁开了，心也跟着开始了跳动。

  我们一班朋友都替他高兴。他这几年来想用心血浇灌的花树也许是枯萎的了；但他的同情，他的鼓舞，早又在别的园地里种出了无数的可爱的小树，开出了无数可爱的鲜花。他自己的歌唱有一个时期是几乎消沉了；但他的歌声引起了他的园地外无数的歌喉，嘹亮的唱，哀怨的唱，美丽的唱。这都是他的安慰，都使他高兴。

  谁也想不到在这个最有希望的复活时代，他竟丢了我们走了！他的《猛虎集》里有一首咏一只黄鹂的诗，现在重读了，好像他在那里描写他自己的死，和我们对他的死的悲哀：

    等候他唱，我们静着望，
    怕惊了他。但他一展翅，
    冲破浓密，化一朵彩云；
    他飞了，不见了，没了——
    像是春光，火焰，像是热情。

  志摩这样一个可爱的人，真是一片春光，一团火焰，一腔热情。现在难道都完了？

  决不！决不！志摩最爱他自己的一首小诗，题目叫做《偶然》，在他的《卞昆冈》剧目里，在那个可爱的孩子阿明临死时，那个瞎子弹着三弦，唱着这首诗：

    我是天空里的一片云，
    偶尔投影在你的波心——
    你不必讶异，
    更无需欢喜——
    在转瞬间消灭了踪影。

    你我相逢在黑暗的海上，
    你有你的，我有我的，方向。
    你记得也好，
    最好你忘掉，
    在这交会时互放的光亮！

  朋友们，志摩是走了，但他投的影子会永远留在我们心里，他放的光亮也会永远留在人间，他不曾白来了一世。我们有了他做朋友，也可以安慰自己说不曾白来了一世。我们忘不了他和我们：

在那交会时互放的光亮！

二十年，十二月，三日夜。

注释

①本文原载于1932年3月《新月》第4卷第1期（志摩纪念号）。志摩：即徐志摩（1997～1931），名章垿，浙江海宁人。现代著名诗人、散文家。

②梁任公先生：即梁启超（1873～1929），字卓如，号任公，又号饮冰室主人，广东新会人。中国近代维新派代表人物，学者。

③侘傺：(chà chì)，失意的样子。

文本解读

胡适与徐志摩曾共同创办过《现代评论》周刊、新月书店和《新月》月刊，两人结下了深厚的友情。1931年11月19日，徐志摩因所乘飞机失事遇难，12月3日，胡适怀着悲痛的心情写下了这篇情深意切的悼文。

徐志摩在中国现代文学史上是一个举足轻重而又非常独特的人。他是新月诗派的代表人物，在新诗和散文创作方面做出了突出的贡献。他又是一个理想主义者，穷其毕生精力都在追求完美。胡适也说他的人生观里面"只有三个大字：一个是爱，一个是自由，一个是美"。

全文通过回忆、阐述、歌颂，将徐志摩作为一个理想主义者的形象呈现在众人面前。作者用了很大篇幅来写徐志摩追求"自由、爱、美"的理想主义人生道路。"他的人生观真是一种'单纯信仰'，这里面只有三个大字：一个是爱，一个是自由，一个是美。他梦想这三个理想的条件能够会合在一个人生里"。作者通过对这种爱、自由与美的人生理想的阐述，澄清了当时社会上一些不甚恰当的议论："社会上对于他的行为，往往有不能谅解的地方，都只因为社会上批评他的人不曾懂得志摩的'单纯信仰'的人生观。他的离婚和他的第二次结婚，是他一生最受社会严厉批评的两件事。"又引用了徐志摩与原配夫人及梁启超往来的许多信函，胡适认为，他对待感情、婚姻问题和他对待其他事情一样，都是因为他"单纯的信仰"，"他深信理想的人生必须有爱，必须有自由，必须有美；他深信这种三位一体的人生是可以追求的，至少是可以用纯洁的心血培养出来的"。从这一点就可以理解徐志摩近10年的行为了。

这篇悼文大量引用徐志摩的诗句，这样既契合了徐志摩的诗人身份，又寄托了作者的情感。如一开篇就引用《再别康桥》的最后四句——"悄悄的我走了，正如我悄悄的来；我挥一挥衣袖，不带走一片云彩"，这恰和诗人悲壮的"轰轰烈烈"的死形成了强烈的反差，具有震撼人心、催人泪下的力量。"云彩"在此成了对徐志摩的生动比喻。"志摩走了，我们这个世界里被他带走了不少的云彩。他在我们这些朋友之中，真是一片最可爱的云彩，永远是温暖的颜色，永远是美的花样，永远是可爱"。接着又发出感叹"我们的天空变惨淡了，变寂寞了，我们才感觉我们的天上的一片最可爱的云彩被狂风卷去了，永远不回来了！"

最后，又引用徐志摩的《偶然》收束全文。胡适在此反用诗意，说他"投的影子会永远留在我们心里，他放的光亮也会永远留在人间"。整篇文章感情真挚，让人不禁感叹一代才子竟然如此陨落。全文用志摩的诗贯穿始终,书写着志摩,也诠释着志摩。

思考练习

1. 胡适眼中的徐志摩是怎样的一个人?
2. 胡适为什么说徐志摩的人生观真是一种"单纯的信仰"?
3. 本文大量引用徐志摩的诗文有何用意?

阅读链接

1. 罗家伦:《忆旧·忆志摩》,百花文艺出版社2007年版。
2. 苏雪林:《苏雪林自选集·我所认识的诗人徐志摩》,台北黎明文化事业股份有限公司出版社1975年版。
3. 程维新:《徐志摩诗歌浅论》,《江苏教育学院学报》1998年第3期。

谈读书①

朱光潜

朱光潜(1897～1986),安徽桐城人。著名美学家、文艺理论家、翻译家。我国现代美学的开拓者和奠基者之一。青年时代曾赴欧洲留学,致力于文学、心理学与哲学的研究。这些领域的广博知识,不仅为他的美学研究奠定了良好的基础,而且促成了他后来将三者熔为一炉的美学思想的形成。1933年回国后,历任北京大学、四川大学、武汉大学教授。1946年后一直在北大任教,讲授美学与西方文学。主要从事美学研究工作,成为美学界一个重要流派的代表。

朱光潜学贯中西,博古通今。代表作有《悲剧心理学》、《文艺心理学》、《西方美学史》等。其《谈文学》和《谈美书简》等理论读物,深入浅出,内容切实,文笔流畅。主要译著有:黑格尔的《美学》、柏拉图的《文艺对话录》、艾克曼的《歌德谈话录》等。

十九年前我曾经写过一篇短文谈读书②,这问题实在是谈不尽,而且这些年来我的见解也有些变迁,现在再就这问题谈一回,趁便把上次谈学问有未尽的话略加补充。

学问不只是读书,而读书究竟是学问的一个重要途径。因为学问不仅是个人的事而是全人类的事,每科学问到了现在的阶段,是全人类分途努力日积月累所得到的成就,而这成就还没有淹没,就全靠有书籍记载流传下来。

书籍是过去人类的精神遗产的宝库,也可以说是人类文化学术前进轨迹上的记程碑。我们就现阶段的文化学术求前进,必定根据过去人类已得的成就做出发点。如果抹煞过去人类已得的成就,我们说不定要把出发点移回到几百年前甚至几千年前,纵然能前进,也还是开倒车落伍。读书是要清算过去人类成就的总账,把几千年的人类思想经验在短促的几十年内重温一遍,把过去无数亿万人辛苦获来的知识教训集中到读者一个人身上去受用。有了这种准备,一个人总能在学问途程上作万里长征,去发现新的世界。

历史愈前进,人类的精神遗产愈丰富,书籍愈浩繁,而读书也就愈不易。书籍固然可贵,却也是一种累赘,可以变成研究学问的障碍。它至少有两大流弊。第一,书多易使读者不专精。我国古代学者因书籍难得,皓首穷年才能治一经,书虽读得少,读一部却就是一部,口诵心惟,咀嚼得烂熟,透入身心,变成一种精神的原动力,一生受用不尽。现在书籍易得,一个青年学者就可夸口曾过目万卷,"过目"的虽多,"留心"的却少,譬如饮食,不消化的东西积得愈多,愈易酿成肠胃病,许多浮浅虚骄的习气都由耳食肤受所养成。其次,书多易使读者迷方向。任何一种学问的书籍现在都可装满一图书馆,其中真正绝对不可不读的基本著作往往不过数十部甚至于数部。许多初学者贪多而不务得,在无足轻重的书籍上浪费时间与精力,就不免把基本要籍耽搁了;比如学哲学者尽管看过无数种的哲学史和哲学概论,却没有看过一种柏拉图的《对话集》,学经济学者尽管读过无数种的教科书,却没有看过亚当·斯密的《原富》。做学问如作战,须攻坚挫锐,占住要塞。目标太多了,掩埋了坚锐所在,只东打一拳,西踢一脚,就成了"消耗战"。

读书并不在多,最重要的是选得精,读得彻底。与其读十部无关轻重的书,不如以读十部书的时间和精力去读一部真正值得读的书;与其十部书都只能泛览一遍,不如取一部书精读十遍。"好书不厌百回读,熟读深思子自知",这两句诗值得每个读书人悬为座右铭。读书原为自己受用,多读不能算是荣誉,少读也不能算是羞耻。少读如果彻底,必能养成深思熟虑的习惯,涵泳优游,以至于变化气质;多读而不求甚解,则如驰骋十里洋场,虽珍奇满目,徒惹得心花意乱,空手而归。世间许多人读书只为装点门面,如暴发户炫耀家私,以多为贵。这在治学方面是自欺欺人,在做人方面是趣味低劣。

读的书当分种类,一种是为获得现世界公民所必需的常识,一种是为做专门学问。为获常识起见,目前一般中学和大学初年级的课程,如果认真学习,也就很够用。所谓认真学习,熟读讲义课本并不济事,每科必须精选要籍三五种来仔细玩索一番。常识课程总共不过十数种,每种选读要籍三五种,总计应读的书也不过五十部左右。这不能算是过奢的要求。一般读书人所读过的书大半不止此数,他们不能得实益,是因为他们没有选择,而阅读时又只潦草滑过。

常识不但是现世界公民所必需,就是专门学者也不能缺少它。近代科学分野严密,治一科学问者多固步自封,以专门为借口,对其他相关学问毫不过问。这对于分工研究或许必要,而对于淹通深造却是牺牲。宇宙本为有机体,其中事理彼此息息相关,牵其一即动其余,所以研究事理的种种学问在表面上虽可分别,在实际上却不能割开。世间绝没有一科孤立绝缘的学问。比如政治学须牵涉到历史、经济、法律、哲学、心理学以至于外交、军事等等,如果一个人对于这些相关学问未曾问津,入手就要专门习政治学,愈前进必愈感困难,如老鼠钻牛角,愈钻愈窄,寻不着出路。其他学问也大抵如此,不能通就不能专,不能博就不能约。先博学而后守约,这是治任何学问所必守的程序。我们只看学术史,凡是在某一科学问上有大成就的人,都必定于许多它科学问有深广的基础。目前我国一般青年学子动辄喜言专门,以至于许多专门学者对于极基本的学科毫无常识,这种风气也许是在国外大学做博士论文的先生们所酿成的。它影响到我们的大学课程,许多学系所设的科目"专"到不近情理,在外国大学研究院里也不一定有。这好像逼吃奶的小孩去嚼肉骨,岂不是误人子弟?

有些人读书,全凭自己的兴趣。今天遇到一部有趣的书就把预拟做的事丢开,用全副精力去读它;明天遇到另一部有趣的书,仍是如此办,虽然这两书在性质上毫不相关。一年之中可以时而习天文,时而研究蜜蜂,时而读莎士比亚。在旁人认为重要而自己不感兴味的书都一概置之不理。这种读法有如打游击,亦如蜜蜂采蜜。它的好处在使读书成为乐事,对于一时兴到的著作可以深入,久而久之,可以养成一种不平凡的思路与胸襟。它的坏处在使读者泛滥而无所归宿,缺乏专门研究所必需的"经院式"的系统训练,产生畸形的发展,对于某一方面知识过于重视,对于另一方面知识可以很蒙昧。

我的朋友中有专门读冷僻书籍,对于正经正史从未过问的,他在文学上虽有造就,但不能算是专门学者。如果一个人有时间与精力允许他过享乐主义的生活,不把读书当做工作而只当做消遣,这种蜜蜂采蜜式的读书法原亦未尝不可采用。但是一个人如果抱有成就一种学问的志愿,他就不能不有预定计划与系统。对于他,读书不仅是追求兴趣,尤其是一种训练,一种准备。有些有趣的书他须得牺牲,也有些初看很干燥的书他必须咬定牙关去硬啃,啃久了他自然还可以啃出滋味来。

读书必须有一个中心去维持兴趣,或是科目,或是问题。以科目为中心时,就要精选那一科要籍,一部一部的从头读到尾,以求对于该科得到一个概括的了解,作进一步高深研究的准备。读文学作品以作家为中心,读史学作品以时代为中心,也属于这一类。以问题为中心时,心中先须有一个待研究的问题,然后采关于这问题的书籍去读,用意在搜集材料和诸家对于这问题的意见,以供自己权衡去取,推求结论。重要的书仍须全看,其余的这里看一章,那里看一节,得到所要搜集的材料就可以丢手。这是一般做研究工作者所常用的方法,对于初学不相宜。不过初学者以科目为中心时,仍可约略采取以问题为中心的微意。一书作几遍看,每一遍只着重某一方面。苏东坡《与王郎书》曾谈到这个方法:

"少年为学者,每一书皆作数次读之。当如入海百货皆有,人之精力不能并收尽取,但得其所欲求者耳。故愿学者每一次作一意求之,如欲求古今兴亡治乱圣贤作用,且只作此意求之,勿生余念;又别作一次求事迹文物之类,亦如之。他皆仿此。若学成,八面受敌,与慕涉猎者不可同日而语。"

朱子③尝劝他的门人采用这个方法。它是精读的一个要诀,可以养成仔细分析的习惯。举看小说为例,第一次但求故事结构,第二次但注意人物描写,第三次但求人物与故事的穿插,以至于对话、辞藻、社会背景、人生态度等等都可如此逐次研求。

读书要有中心,有中心才易有系统组织。比如看史书,假定注意的中心是教育与政治的关系,则全书中所有关于这问题的史实都被这中心联系起来,自成一个系统。以后读其它书籍如经子专集之类,自然也常遇着关于政教关系的事实与理论,它们也自然归到从前看史书时所形成的那个系统了。一个人心里可以同时有许多系统中心,如一部字典有许多"部首",每得一条新知识,就会依物以类聚的原则,汇归到它的性质相近的系统里去,就如拈新字贴进字典里去,是人旁的字都归到人部,是水旁的字都归到水部。大凡零星片断的知识,不但易忘,而且无用。每次所得的新知识必须与旧有的知识联络贯串,这就是说,必须围绕一个中心归聚到一个系统里去,才会生根,才会开花结果。

记忆力有它的限度,要把读过的书所形成的知识系统,原本枝叶都放在脑里储藏起,在事实上往往不可能。如果不能储藏,过目即忘,则读亦等于不读。我们必须于脑以外另辟储藏室,把脑所储藏不尽的都移到那里去。这种储藏室在从前是笔记,在现代是卡片。记笔记和做卡片有如植物学家采集标本,须分门别类订成目录,采得一件就归入某一门某一类,时间过久了,采集的东西虽极多,却各有班位,条理井然。这是一个极合乎科学的办法,它不但可以节省脑力,储有用的材料,供将来的需要,还可以增强思想的条理化与系统化。预备做研究工作的人对于记笔记做卡片的训练,宜于早下工夫。

注释

①选自《谈修养》,重庆中周出版社1943年版。

②十几年前我曾经写过一篇短文谈读书:朱光潜于1925年赴英国留学,不久就开始为开明书店的刊物《一般》撰稿,他以书信方式给青年谈论修养,指点迷津,深受青年欢迎。到1929年,这一组12封信就结集出版。由于所谈问题十分贴近当时国内学生、青年探寻人生道路时的种种迷茫、彷徨、苦闷心情,因而此书一版再版,成为畅销书。《谈读书》就是其中之一。

③朱子:即朱熹(1130～1200),南宋哲学家,宋代理学的集大成者。字元晦,号晦庵,徽州婺源(今属江西)人。

文本解读

古今中外谈论读书的名家与文章众多,可谓各抒己见,见仁见智。朱光潜早在欧洲留学期间就给国内的青年写过《谈读书》,但后来认为"这问题实在是谈不尽,而且这些年来我的见解也有些变迁",故在十几年后,"再就这问题谈一回"。

在本文中,作者首先强调读书的重要性,但如何去读呢?作者认为:一、读书并不在多,最重要的是选得精,读得彻底。"好书不厌百回读,熟读深思子自知",少读如果彻底,必能养成深思熟虑的习惯,涵泳优游,以至于变化气质。二、读书不能全凭自己的兴趣,要有预定计划与系统。三、读书必须有一个中心去维持兴趣,或是科目,或是问题。四、读书还要记笔记和做卡片,不但可以节省脑力,储有用的材料,供将来的需要,还可以增强思想的条理化与系统化。朱光潜在60多年前关于读书的见解,对我们今天如何读书仍然有着重要的指导意义。

本文善用比喻和类比来阐述道理,生动形象,深入浅出。如谈到多读而不求甚解,"则如驰骋十里洋场,虽珍奇满目,徒惹得心花意乱,空手而归"。"做学问如作战,须攻坚挫锐,占住要塞。目标太多了,掩埋了坚锐所在,只东打一拳,西踢一脚,就成了'消耗战'"。作者想象丰富,往往语出新奇,旁征博引,说服力强。

思考练习

1. 怎样理解朱光潜说的"多读不能算是荣誉,少读也不能算是羞耻"?
2. 找出文中运用比喻的句子,并说说它们各说明了什么道理。

阅读链接

1. 朱光潜:《朱光潜谈美》,长江文艺出版社2008年版。
2. 朱光潜:《谈修养》,广西师范大学出版社2004年版。
3. 朱光潜:《谈文学》,安徽教育出版社2006年版。

箱子岩①

沈从文

沈从文(1902～1988),原名沈岳焕,湖南湘西凤凰人。现代著名作家、历史文物研究家。出生行伍家庭,1917年小学毕业后入伍,浪迹湘川黔鄂四省边界地区,对那里的风俗人情留下了深刻印象。1923年秋独自来到北京开始从事文学创作。30年代初,主编《大公报》文艺副刊,被视为"京派"作家年轻一代的领袖。1930年至1949年,先后在武汉大学、青岛大学、西南联大、北京大学任教。新中国成立后在历史博物馆和中国社会科学院历史研究所工作,主要从事中国古代服饰的研究。1988年病逝于北京。

沈从文一生创作的结集约有80多部。其文学作品内容大都以湘西生活为题材,具有浓郁的地域风情和鲜明的创作个性。其小说代表作《边城》,散文代表作《湘西》、《从文自传》、《湘行散记》等,在国内外有重大的影响,曾被译成40多个国家的文字出版。其文化研究专著《中国古代服饰研究》填补了我国文化史上的一项空白。

十五年以前,我有机会独坐一只小篷船,沿辰河上行,停船在箱子岩脚下。一列青黛崭削的石壁②,夹江高矗,被夕阳烘炙成为一个五彩屏障。石壁半腰约百米高的石缝中,有古代巢居者的遗迹,石罅③隙间横横的悬撑起无数巨大横梁,暗红色长方形大木柜④尚依然好好的搁在木梁上。岩壁断折缺口处,看得见人家茅棚同水码头,上岸喝酒下船过渡人也得从这缺口通过。那一天正是五月十五,河中人过大端阳节(注:农历五月十五为大端阳节)。箱子岩洞窟中最美丽的三只龙船,早被乡下人拖出浮在水面上。船只狭而长,船舷描绘有朱红线条,全船坐满了青年桨手,头腰各缠红布。鼓声起处,船便如一支没羽箭,在平静无波的长潭中来去如飞。河身大约一里路宽,两岸皆有人看船,大声呐喊助兴。且有好事者,从后山爬到悬岩顶上去,把"铺地锦"百子边炮从高岩上抛下,尽边炮在半空中爆裂,形成一团团五彩碎纸云尘,彭彭彭彭的边炮声与水面船中锣鼓声相应和。引起人对于历史回溯发生一种幻想,一点感慨。

当时我心想:多古怪的一切!两千年前那个楚国逐臣屈原,若本身不被放逐,疯疯癫癫来到这种充满了奇异光彩的地方,目击身经这些惊心动魄的景物,两千年来的读书人,或许就没有福分读《九歌》⑤那类文章,中国文学史也就不会如现在的样子了。在这一段长长岁月中,世界上多少民族皆堕落了,衰老了,灭亡了。即如号称东亚大国的一片土地,也已经有过多少次被来自西北方沙漠中的蛮族,骑了膘壮的马匹,手持强弓硬弩,长枪大戟⑥,到处践踏蹂躏!(辛亥革命前夕,在这苗蛮杂处的一个边镇上,向土民最后一次大规模施行杀戮的统治者,就是一个北方清朝的宗室!辛亥以后,老袁⑦梦想做皇帝时,又有两师北老在这里和滇军作战了大半年。)然而这地方的一切,虽在历史中照样发生不断的杀戮,争夺,以及一到改朝换代时,派人民担负种种不幸命运,死的因此死去,活的被逼迫留发,剪发,在生活上受新朝代种种限制与支配。然而细细一想,这些人根本上又似乎与历史毫无关系。从他们应付生存的方法与排泄感情的娱乐看上来,竟好象今古相同,不分彼此。这时节我所眼见的光景,或许就和两千年前屈原所见的完全一样。

那次我的小船停泊在箱子岩石壁下,附近还有十来只小渔船,大致打渔人也有玩龙船竞渡的,所以渔船上妇女小孩们,无不十分兴奋,各站在尾梢上或船篷上锐声呼喊。其中有几个小孩子,我只担心他们太快乐兴奋,会把住家的小船跳沉。

日头落尽云影无光时,两岸渐渐消失在温柔暮色里。两岸看船人呼喝声越来越少,河面被一片紫雾笼罩,除了从锣鼓声中尚能辨别那些龙船方向,此外已别无所见。然而岩壁缺口处却人声嘈杂,且闻有小孩子哭声,有妇女们尖锐叫唤声,综合给人一种悠然不尽的感觉。天已经夜了,吃饭是正经事。我原先尚以为再等一会儿,那龙船一定就会傍近岩边来休息,被人拖进石窟里,在快乐呼喊中结束这个节日了。谁知过了许久,那种锣鼓声尚在河面飘扬着,表示一班人还不愿意离开小船,回转家中。待到我把晚饭吃过后,爬出舱外一望,呀,天上好一轮圆月。月光下石壁同河面,一切如镀了银,已完全变换了一种调子。岩壁缺口处水码头边,正有人用废竹缆或油柴燃着火燎,火光下只见许多穿白衣人的影子移动。问问船上水手,方知道那些人正把酒食搬移上船,预备分派给龙船上人。原来这些青年人白日里划了一整天船,看船的已慢慢散尽了,划船的还不尽兴,并且谁也不愿意扫兴示弱,先行上岸,因此三只长船还得在月光下玩个上半夜。

提起这件事,使我重新感到人类文字语言的贫俭。那一派声音,那一种情调,真不是用文字语言可以形容的事情。要一个长年身在城市里住下,以读读《楚辞》就"神王意移"的人,来描绘那月下竞舟的一切,更近于徒然的努力。我可以说的,只是自从我把这次水上所领略的印象保留到心上后,一切书本上的动人记载,全看得平平常常,不至于发生任何惊讶了。这正象我另外一时,看过人类许多不同花样的愚蠢杀戮,对于其余书上叙述到这件事情时,同样不能再给我如何感动。

十五年后我又有了机会乘坐小船沿辰河上行,应当经过箱子岩。我想温习温习那地方给我的印象,就要管船的不问迟早,把小船在箱子岩下停泊。这一天是十二月七号,快要过年的光景。没有太阳的阴沉酿雪天,气候异常寒冷。停船时还只下午三点钟左右,岩壁上藤萝草木叶子多已萎落,显得那一带斑驳岩壁十分瘦削。悬岩高处红木柜,只剩下三四具,其余早不知到哪儿去了。小船最先泊在岩壁下洞窟边,冬天水落得太多,洞口已离水面两三丈以上。我从石壁裂罅爬上洞口,到搁龙船处看了一下,旧船已不知坏了还是早被水冲去了,只见有四只新船搁在石梁上,船头还贴有鸡血同鸡毛,一望就明白是今年方下水的。出得洞口时,见岩下左边泊定五只渔船,有几个老渔婆缩颈敛手在船头寒风中修补渔网。上船后觉得这样子太冷落了,可不是个办法,就又要船上水手为我把小船撑到岩壁断折处有人家地方去,就便上岸,看看乡下人过年以前是什么光景。

四点钟左右,黄昏已逐渐腐蚀了山峦与树石轮廓,占领了屋角隅。我独自坐在一家小饭铺柴火边烤火。我默默地望着那个火光煜煜①的枯树根,在我脚边很快乐的燃着,爆炸出轻微的声音。铺子里人来来往往,有些说两句话又走了,有些就来镶在我身边长凳上,坐下吸他的旱烟。有些来烘烘脚,把穿着湿草鞋的脚去热灰里乱搅。看看每一个人的脸子,我都发生一种奇异的乡情。这里是一群会寻快乐的正直善良乡下人,有捕鱼的,打猎的,有船上水手和编制竹缆工人。若我的估计不错,那个坐在我身旁,伸出两只手向火,中指节有个放光顶针的,肯定还是一位乡村里的成衣人。这些人每到大端阳时节,都得下河去玩一整天的龙船。平常日子特别是隆冬严寒天气,却在这个地方,按照一种分定,很简单的把日子过下去。每日看过往船只摇橹扬帆来去,看落日同水鸟。虽然也同样有人事上的得失,到恩怨纠纷成一团时,就陆续发生庆贺或仇杀。然而从整个说来,这些人生活却仿佛同"自然"已相融合,很从容的各在那里尽其性命之理,与其他无生命物质一样,惟在日月升降寒暑交替中放射,分解。而且在这种过程中,人是如何渺小的东西,这些人比起世界上任何哲人,也似乎还更知道的多一些。

听他们谈了许久,我心中有点忧郁起来了。这些不辜负自然的人,与自然妥协,对历史毫无担负,活在这无人知道的地方。另外尚有一批人,与自然毫不妥协,想出种种方法来支配自然,违反自然的习惯,同样也那么尽寒暑交替,看日月升降。然而后者却在慢慢改变历史,创造历史。一份新的日月,行将消灭旧的一切。我们用什么方法,就可以使这些人心中感觉一种对"明天"的"惶恐",且放弃过去对自然和平的态度,重新来一股劲儿,用划龙船的精神活下去?这些人在娱乐上的狂热,就证明这种狂热能换个方向,就可使他们还配在世界上占据一片土地,活得更愉快更长久一些。不过有什么办法,可以改造这些人的狂热到一件新的竞争方面去,可是个费思索的问题。

一个跛脚青年人,手中提了一个老虎牌新桅灯,灯罩光光的,洒着摇着从外面走进屋子。许多人见了他都同声叫唤起来:"什长⑨,你发财回来了!好个灯!"

那跛子年纪虽很轻,脸上却刻划了一种兵油子的油气与骄气,在乡下人中仿佛身分特高一层。把灯搁在木桌上,大洋洋的坐近火边来,拉开两腿摊出两只大手烘火,满不高兴的说:"碰鬼,运气坏,什么都完了。"

"船上老八说你发了财,瞒我们。怕我们开借。"

"发了财,哼。用得着瞒你们?本钱去七角,桃源行市只一块零,除了上下开销,二百两货有什么捞头,我问你。"

这个人接着且连骂带唱的说起桃源后江娘儿们种种有趣的情形,使得一般人活泼兴奋起来。话说得正有兴味时,一个人来找他,说"什长,猪蹄膀炖好了,酒已热好了,"他搓搓手,说声"有偏各位",提起那个新桅灯就走了。

原来这个青年汉子,是个打鱼人的独生子。三年前被省城里募兵委员看中了招去,训练了三个月,就开到江西边境去同共产党打仗。打了半年仗,一班兄弟中只剩下他一个人好好的活着,奉令调回后防招募新军补充时,他因此升了班长。第二次又训练三个月,再开到前线去打仗。于是碎了一只腿,抬回省中军医院诊治,照规矩这只腿得用锯子锯去。一群同乡都以为从辰州地方出来的家乡人,"辰州符"比截割高明得多了,信他个洋办法像话吗?就把他从医院中抢出,在外边用老办法找人敷水药治疗。说也古怪,不到三个月,那只腿居然不必截割全好了。战争是个什么东西他也明白了。取得了本营证明,领得了些伤兵抚恤费后,于是回到家乡来,用什长名义受同乡恭维,又用伤兵名义作点特别生意。这生意也就正是有人可以赚钱,有人可以犯法,政府也设局收税,也制定法律禁止,又可以杀头又可以发财那种从各方面说来都似乎极有出息的生意。我想弄明白那什长的年龄,从那个当地唯一成衣人口中,方知道这什长今年还只二十一岁。那成衣人还说:

"这小子看事有眼睛,做事有魄力,蹶了一只腿,还会一月一个来回下常德府,吃喝玩乐发财走好运。若两只腿全弄坏,那就更好了。"

有个水手插口说:"这是什么话。"

"什么画,壁上挂。穷人打光棍,一只腿打坏了不顶事。如两只腿全打坏了,他就不会卖烟土走私赚了钱,再到桃源县后江玩花姑娘了!"

成衣人末后一句打趣话,把大家都弄笑了。

回船时,我一个人坐在灌满冷气的小小船舱中,屈指计算那什长年龄,二十一岁减十五,得到个数目是六。我记起十五年前那个夜里一切光景,那落日返照,那狭长而描绘朱红线条的船只,那锣鼓与热情兴奋的呼喊,……尤其是临近几只小渔船上欢乐跳掷的小孩子,其中一定就有一个今晚我所见到的跛脚什长。唉,历史,多么古怪的事物。生恶性痈疽⑩的人,照旧式治疗方法,可用一星一点毒药敷上,尽它溃烂,到溃烂净尽时,再用药物使新的肌肉生长,人也就恢复健康了。这跛脚什长,我对他的印象虽异常恶劣,想起他就是一个可以溃烂这乡村居民灵魂的人物,不由人不寄托一种幻想……

二十年前澧州镇守使王正雅部队一个平常马夫,姓贺名龙,兵乱时,一菜刀切下了一个散兵的头颅,二十年后就得惊动三省集中十万军队来解决这马夫。谁个人会注意这小小节目,谁个人想象得到人类历史是用什么写成的!

作于1934年

注释

①选自散文集《湘行散记》。原题为"湘行散记——箱子岩",是一篇游记性散文。写于1934年1月初。当时,沈从文接到家里来信,说母亲病重,或许将不久于人世。他就将手头的事情稍作安排,匆匆独自踏上了回乡的征程。出发前,他对夫人张兆和许诺,将沿途所见所闻所感,无论人物、景物、事物,都写下来用书信的形式报告给她。从故乡回来后,作者根据那些书信,以"湘行散记"为总题,陆续写成12篇散文在刊物上发表,后来又整理成《湘行散记》一书出版。

②青黛薪削的石壁:青黑色高峻的石壁。黛:青黑的颜色。

③石罅:石头中的裂缝。罅:缝隙。

④暗红色长方形大木柜:指悬棺,古代某些地区的一种殡葬形式。

⑤《九歌》:《楚辞》篇名,战国时期楚国大诗人屈原根据民间祭祀乐歌改作或进行艺术加工而成。

⑥大戟(jǐ):古代兵器的一种,长杆头上附有月牙状的利刃。

⑦老袁:指袁世凯。

⑧火光煜煜(yù):火光照耀。

⑨什长:古代户籍与军队的编制。户籍以五家为伍,十家为什;军队以五人为伍,二伍为什。什长即十人之长,相当于班长。

⑩痈疽(yōng jū):毒疮。

文本解读

这篇游记原载于1935年4月《水星》2卷1期。

箱子岩位于沅水的中端。著名作家汪曾祺曾说:"沈从文在一条长达千里的沅水上生活了一辈子。20岁以前生活在沅水边的土地上;20岁以后生活在对这片土地的印象里。"在这条承载着世世代代湘西儿女的哀乐悲欢长达千里的沅水中,才能发现真正的湘西。箱子岩其实就是作家寻觅历史踪迹、思索未来的一个支点,也是"回忆"借以展开的一个"由头",借此把湘西的历史与现实紧紧联结在一起,并苦苦追索湘西的未来和走向。

作者记叙了相隔15年两次游览箱子岩的见闻,先通过写景与叙事,写"一群会寻快乐的正直善良的乡下人","每到大端阳时节,都得下河去玩一整天的龙船",后写"这些不辜负自然的人,与自然妥协,对历史毫无担负",说明偏处一隅的湘西,随着现代文明的入侵,不再是一块净土,已被染上永远无法荡涤的污秽。通过塑造典型人物——跛脚什长,表明作者被一种无法言说的哀戚与隐忧笼罩,陷入深深的抑郁、忧伤与悲悯之中。

作品描绘了湘西特有的自然景色与风土人情,极富地方色彩。在冷静淡然的叙述中包含了忧心如焚的感情,表达了作者对故土的挚爱,对故人生活中的痼疾与污秽的痛心,深情地呼唤湘西人民用划龙舟的精神与热力,把生活装点得更加美好。而作者穿插在叙述中的议论,又使这篇游记具有一种思辨的色彩,深藏着民族忧患意识。

思考练习

1. 作者通过记叙两次游箱子岩的见闻,表达了什么主题?
2. 跛脚什长是一个什么样的典型形象?作者对这个人物采用了什么描写手法?
3. 文章结尾写贺龙闹革命,有何作用?与前文的议论有没有关联?请谈谈自己的看法。

阅读链接

1. 沈从文:《边城》,中国青年出版社2010年版。
2. 沈从文:《沈从文散文集》,上海古籍出版社2002年版。

青 春

苏雪林

苏雪林(1897~1999),原名苏小梅、苏梅,字雪林,笔名绿漪等。祖籍安徽太平,生于浙江瑞安。现代著名女作家、文学研究家。1917年毕业于安徽省立第一女子师范学校,翌年入北京高等女子师范学校。1922年赴法国学习艺术,1925年回国后先后在苏州东吴大学、武汉大学等校任教授。1949年到香港真理学会任职,1952年到台湾,任台湾师范大学、台南成功大学教授。

30年代初,苏雪林曾被认为是"女性作家中最优秀的散文作者",她是"五四"之后文坛上与冰心、凌叔华、冯沅君和丁玲并驾齐驱的五位作家之一。其散文多为记人叙事抒怀的随笔小品,语言明快,富有理趣。赴台后,主要从事中国古典文学研究,兼写小说、剧本、传记和散文。为研究《楚辞》,她花了30多年时间,并写下150万字的巨著《屈赋研究》,这成了她对中国文化的最大贡献。苏雪林著述颇丰,有小说散文集《绿天》,历史小说集《蝉蜕集》,自传体长篇小说《棘心》,散文集《屠龙集》,散文评论集《蠹鱼生活》、《青鸟集》,历史传记《南明忠烈传》,回忆录《文坛话旧》等,戏剧集《鸠罗那的眼睛》,专著《二三十年代作家与作品》《中国文学史》,古典文学论著《唐诗概论》等。

苏雪林是中国20世纪群星璀璨的文学星空中一颗耀眼的明星。经受"五四"新文化浪潮的洗礼,她走上新文化的大舞台,以自己特有的才情和执著,为现代中国留下丰硕的文学创作和学术成果,成为一代文学大师和学术大师。

记得法国作家曹拉①的《约翰戈东之四时》(Quatre journees de Jean Gourdon)曾以人之一生比为年之四季,我觉得很有意味,虽然这个譬喻是自古以来,就有人说过了。但芳草夕阳,永为新鲜诗料,好譬喻又何嫌于重复呢?

不阴不晴的天气,乍寒乍暖的时令,一会儿是袭袭和风,一会儿是濛濛细雨,春是时哭时笑的,春是善于撒娇的。

树枝间新透出叶芽,稀疏琐碎地点缀着,地上黄一块、黑一块,又浅浅的绿一块,看去很不顺眼,但几天后,便成了一片蓊然的绿云,一条缀满星星野花的绣毯了。压在你眉梢上的那厚厚的灰黯色的云,自然不免教你气闷,可是他转瞬间会化为如纱的轻烟,如酥的小雨。新婚紫燕,屡次双双来拜访我的矮檐,软语呢喃,商量不定,我知道他们准是看中了我的屋梁,果然数日后,便衔泥运草开始筑巢了。远处,不知是画眉,还是百灵,或是黄莺,在试着新吭呢。强涩地,不自然地,一声一声变换着,像苦吟诗人在推敲他的诗句似的。绿叶丛中紫罗兰的嗫嚅,芳草里铃兰的耳语,流泉边迎春花的低笑,你听不见么?我是听得很清楚的。她们打扮整齐了,只等春之女神揭起绣幕,便要一个一个出场演奏。现在它们有点浮动,有点不耐烦。春是准备的,春是等待的。

几天没有出门,偶然涉足郊野,眼前竟换了一个新鲜的世界。到处怒绽着红紫,到处隐现着虹光,到处悠扬着悦耳的鸟声,到处飘荡着迷人的香气,蔚蓝天上,桃色的云,徐徐伸着懒腰,似乎春眠未足,还带着惺忪的睡态。流水却瞧不过这小姐腔,他泛着潋滟的霓彩,唱着响亮的新歌,头也不回地奔赴巨川,奔赴大海……春是烂漫的,春是永远的向着充实和完成的路上走的。

春光如海,古人的比方多妙,多恰当。只有海,才可以形容出春的饱和,春的浩瀚,春的磅礴洋溢,春的澎湃如潮的活力与生意。

春在工作,忙碌地工作,他要预备夏的壮盛,秋的丰饶,冬的休息,不工作又怎么办?但春一面在工作,一面也在游戏,春是快乐的。

春不像夏的沉郁,秋的肃穆,冬的死寂,他是一味活泼,一味热狂,一味生长与发展,春是年轻的。

当一个十四五岁或十七八岁的健美青年向你走来,先有爽朗新鲜之气迎面而至。正如睡过一夜之后,打开窗户,冷峭的晓风带来的那一股沁心的微凉和葱茏的佳色。他给你的印象是爽直、纯洁、豪华、富丽。他是初升的太阳,他是才发源的长河,他是能燃烧世界也能燃烧自己的一团烈火,他是目射神光,长啸生风的初下山时的乳虎,他是奋鬣扬蹄,控制不住的新驹。他也是热情的化身,幻想的泉源,野心的出发点,他是无穷的无穷,他是希望的希望。呵!青年,可爱的青年,可羡慕的青年!

青年是透明的,身与心都是透明的。嫩而薄的皮肤之下,好像可以看出鲜红血液的运行,这就形成他或她容颜之春花的娇,朝霞的艳。所谓"吹弹得破",的确教人有这样的担心。

忘记哪一位西洋作家有"水晶的笑"的话,一位年轻女郎嫣然微笑时,那一双明亮的双瞳,那两行粲然如玉的牙齿,那唇角边两颗轻圆的笑涡,你能否认这"水晶的笑"四字的意义么?

青年是永远清洁的。为了爱整齐的观念特强,青年对于身体,当然时时拂拭,刻刻注意。然而青年身体里似乎天然有一种排除尘垢的力,正像天鹅羽毛之洁白,并非由于洗濯而来。又似乎古印度人想象中三十二天的天人,自然鲜洁如出水莲花,一尘不染。等到头上华萎,五官垢出,腋下汗流,身上那件光华夺目的宝衣也积了灰尘时,他的寿命就快告终了。

青年最富于爱美心。衣履的讲究,头发颜脸的涂泽,每天费许多光阴于镜里的徘徊顾影,追逐银幕和时装铺新奇的服装的热心,往往叫我们难以了解,或成了可怜悯的讽嘲。无论如何贫寒的家庭,若有一点颜色,定然聚集于女郎身上。这就是碧玉虽出自小家,而仍然不失其为碧玉的秘密。为了美,甚至可以忍受身体上的戕残,如野蛮人的纹身穿鼻,过去妇女之缠足束腰。我有个窗友因面麻而请教外科医生,用药烂去一层面皮。三四十年前,青年妇女,往往就牙医无故拔除一牙而镶之以金,说笑时黄光灿露,可以增加不少的妩媚。于今我还听见许多人为了门牙之略欠整齐而拔去另镶的,血淋淋的也不怕痛。假如陆判官的换头术果然灵验,我敢断定必有无数女青年毫不迟疑地袒露其细细粉颈,而去欢迎他靴统子里抽出来的那柄锯利如霜小匕首的。

青年是没有年龄高下之别的,也永远没有丑的,除非是真正的嫫母和戚施。记得我在中学读书时,眼中所见那群同学,不但大有美丑之分,而且竟有老少之别。凡那些皮肤粗黑些的,眉目庸蠢些的,身材高大些的,举止矜庄些的,总觉得她们生得太"出老"一点,猜测她们年龄时,总会将它提高若干岁。至于二十七八或三十一二的人——当时文风初开的内地学生年龄是有这样的——在我们这些比较年轻的一群看来,竟是不折不扣的"老太婆"了。这样的"老太婆"还出来念什么书,活现世!轻薄些的同学的口角边往往会漏出了这样嘲笑。

现在我看青年的眼光竟和从前大大不同了,嫘妍胖瘦,当然还分辨得出,而什么"出老"的感觉,却已消灭于乌有之乡,无论他或她容貌如何,既然是青年,就要还他一份美,所谓"青春的美"。挺拔的身躯,轻矫的步履,通红的双颊,闪着青春之焰的眼睛,每个青年都差不多,所以看去年纪也差不多。从飞机下望大地,山陵原野都一样平铺着,没有多少高下隆洼之别,现在我对于青年也许是坐着飞机而下望的。哈,坐着年龄的飞机!

但是,青年之最可爱的还是他身体里那股淋漓元气,换言之,就是那股愈汲愈多,愈用愈出的精力。所谓"青年的液汁"(La seve de la jeunese),这真是个不舍昼夜滚滚而来的源泉,它流转于你的血脉,充盈于你的四肢,泛滥于你的全身,永远要求向上,永远要求向外发展。它可以使你造成博学,习成绝技,创造惊天动地的事业。青年是世界上的王,它便是青年王国拥有的一切财富。

当我带着书跛上讲坛,下望黑压压的一堂青年的时候,我的幻想,往往开出无数芬芳美丽的花:安知他们中间将来没有李白、杜甫、荷马、莎士比亚那样伟大的诗人么?安知他们中间,将来没有马可尼、爱迪生、居里夫人一般的科学家?朱子、王阳明、康德、斯宾塞一般的哲学家么?学经济的也许将来会成为一位银行界的领袖;学政治的也许就仗着他将中国的政治扶上轨道;学化学或机械的也许将来会发明许多东西,促成中国的工业化,现代化。也许他们中真有人能创无声飞机,携带什么不孕粉,到扶桑三岛②巡礼一回,聊以答谢他们三年来赠送我们的这许多野蛮惨酷礼品的厚意。不过,我还是希望他们中间有人能向世界宣传中国优越的文化,和平的王道,向世界散布天下为公的福音,叫那些以相斫为高的刽子手们,初则眙愕相顾,继则心悦诚服……青年的前途是浩荡无涯的,是不可限量的,但能以致此,还不是靠着他们这"青年的液汁"?

春是四季里的良辰,青年是人生的黄金时代。是春天,就该鸟语花香,风和日丽,但霪雨连绵,接连三四十日之久,气候寒冷得像严冬,等到放晴时,则九十春光,阑珊已尽,这样的春天岂非常有?同样,幼年多病,从药炉茶鼎间逝去了寂寂的韶华;父母早亡,养育于不关痛痒者之手,像墙角的草,得不着阳光的温煦,雨露的滋润;生于寒苦之家,半饥半饱地挨着日子,既无好营养,又受不着好教育,这种不幸的青年,又何常不多?咳,这也是春天,这也是青年!

西洋文学多喜欢赞美青春歌颂青春,中国人是尚齿敬老的民族,虽然颇爱嗟卑叹老,却瞧不起青年。真正感觉青春之可贵,认识青春之意义的,似乎只有那个素有佻达文人之名的袁子才③。他对美貌少年,辄喜津津乐道,有时竟教人于字里行间,嗅出浓烈的肉味。对于历史上少年成功者,他每再三致其倾慕之忱,而于少年美貌而又英雄如孙策其人者,向往尤切。

以形体之完美为高于一切,也许有点不对,但这种希腊精神,却是中国传统思想里所难以找出的。他又主张少年的一切欲望都应当给以满足,满足欲望则必需要金钱,所以他竟高唱"宁可少时富,老来贫不妨"。这样大胆痛快的话,恐怕现在还有许多人为之吓倒吧。他永久羡着青春,《湖上杂咏》之一云:"葛岭花开三月天,游人来往说神仙。老夫心与游人异,不羡神仙羡少年。"

说到神仙,又引起我的兴趣来了。中国人最羡慕神仙,自战国到宋以前一千数百年,帝皇、妃后、贵族、大官以及一般士庶,都鼓荡于这一股热潮中。中国人对修仙付出了很大的代价,抱了热烈的科学精神去试验,坚决的殉道精神去追求。前者仆而后者继,这个失败了,那个又重新来,唐以后这风气才算衰歇了些,然而神仙思想还盘踞于一般人潜意识里呢。

做神仙最大的目的,是返老还童和长生。换言之,就是保持青春于永久。现在医学界盛传什么恢复青春术,将黑猩猩,大猩猩,长臂猿的生殖腺移植人身,便可以收回失去的青春。

不过这方法流弊很多,又所恢复的青春,仅能维持数年之久,过此则衰惫愈甚,好像是预支自己体中精力而用之,并没有多大便宜可占,因之尝试者似乎尚不踊跃。至于中国神仙教人炼的九转还丹,只有黍子大的一颗,度下十二重楼,便立刻脱胎换骨,而且从此就能与天地比寿,日月齐光了。有这样的好处,无怪乎许多人梦寐求之,为金丹送命也甘心了。

不过炼丹时既需要仙传的真诀,极大的资本,长久的时间,吃下去又有未做神仙先做鬼的危险,有些人也就不敢尝试。况且成仙有捷径也有慢法,拜斗踏罡,修真养性慢慢地熬去,功行圆满之日,也一样飞升。但这种修炼需时数十年至百余年不等,到体力天然衰老时,可不又惹起困难么?于是聪明的中国人又有什么"夺舍法"。学仙人在这时候推算得什么地方有新死的青年,便将自己的灵魂钻入其尸体,于是钟漏垂歇的衰翁,立刻便可以变成一个血气充盈的小伙子,这方法既简捷又不伤廉,因为它并没有伤害尸主之生命。

少时体弱多病,在凄风冷雨中度过了我的芳春,现在又感受早衰之苦。所以有时遇见一个玉雪玲珑的女孩,我便不免心中一动。我想假如我懂得夺舍法据这可爱身体而有之,我将怎样用她青年的精力而读书,而研究,而学习我以前未学现在想学而已嫌其晚的一切。便是娱乐,我也一定比她更会享受。这念头有点不良,我自己也明白,可是我既没有获得道家夺舍法之秘传,也不过是骗骗自己的空想而已。

中年人或老年人见了青年,觉得不胜其健羡之至,而青年却似乎不能充分地了解青春之乐。所谓"不识庐山真面目,只缘身在此山中",谁说不是一条真理?好像我们称孩子的时代为黄金,其实孩子果真知道自己快乐么?他们不自知其乐,而我们强名之为乐,我总觉得这是不该的。

再者青年总是糊涂的,无经验的。以读书研究而论,他们往往不知门径与方法,浪费精神气力而所得无多。又血气正盛,嗜欲的拘牵,情欲的缠纠,冲动的驱策,野心的引诱,使他们陷于空想、狂热、苦恼、追求以及一切烦闷之中,如苍蝇之落于蛛网,愈挣扎则缚束愈紧。其甚者从此趋于堕落之途,及其觉悟则已老大徒悲了。若能以中年人的明智,老年人的淡泊,控制青年的精力,使它向正当的道路上发展,则青年的前途,岂不更远大,而其成功岂不更快呢。

仿佛记得英国某诗人有《再来一次》的歌,中年老年之希望恢复青春,也无非是这"再来一次"的意识之刺激罢了。祖与父之热心教育其子孙,何尝不是因为觉得自己老了,无能为力了,所以想利用青年的可塑性,将他们传成一尊比自己更完全优美的活像。当他们教育青年学习时,凭自己过去的经验,授与青年以比较简捷的方法。将自己辛苦探索出来的路线,指导青年,免得他们再纡回曲折地乱撞。他们未曾实现的希望,要在后一代人身上实现,他们没有满足的野心,要叫后一代人来替他们满足。他们的梦,他们的愿望,他们奢侈的贪求,本来都已成了空花的,现在幻想在后代人头上收获其甘芳丰硕的果。因此,当他们勤勤恳恳地教导子孙时,如其说是由于慈爱,毋宁说是出于自私,如其说是在替子孙打算,毋宁说是自己慰安。这是另一种"夺舍法",他们的生命是由此而延续,而生命的意义是靠此而完成的。

据说法朗士①常恨上帝或造物的神造人的方法太笨:把青春位置于生命过程的最前一段,使人生最宝贵的爱情,磨折于生活重担之下。他说假如他有造人之权的话,他要选取虫类如蝴蝶之属做榜样。要他先在幼虫时期就做完各种可厌恶的营养工作,到了最后一期,男人女人长出闪光翅膀,在露水和欲望中活了一会儿,就相抱相吻地死去。读了这一串诗意的词句,谁不为之悠然神往呢。不止恋爱而已,想到可贵青春度于糊涂昏乱之中之可惜,对于法朗士的建议,我也要竭诚拥护的了。

不过宗教家也有这么类似的说法,像基督教就说凡是热心爱神奉侍神的人,受苦一生,到了最后的一刹那,灵魂便像蛾之自蛹中蜕出,脱离了笨重躯壳,栩栩然飞向虚空,浑身发出光明,出入水火,贯穿金石,大千世界无不游行自在。又获得一切智慧,一切满足,而且最要紧的是从此再不会死。这比起法朗士先生所说的一小时蝴蝶的生命不远胜么?有了这种信仰的人,对于人世易于萎谢的青春,正不必用其歆羡吧?

注释

①曹拉:现译为左拉。

②扶桑三岛:扶桑原为传说中东方海中的古国名,此处指日本。

③袁子才:即袁枚(1716—1797),清代诗人、散文家。字子才,号简斋,晚年自号仓山居士、随园主人、随园老人。

④法朗士:即阿纳托尔·法朗士(1844~1924),法国作家、文学评论家、社会活动家。1921年,获诺贝尔文学奖。

文本解读

青春是人生必经的一个时段,一般来说,青春已过的人追怀青春,青春愈见其美好,因为失去的永远是珍贵的。苏雪林写作《青春》时已经40多岁了,她感慨:"青年是世界上的王","青年是人生的黄金时代"。

善于运用比喻及大量运用拟人的修辞手法是《青春》一文主要的特点。作者把青春比作春天,"春不像夏的沉郁,秋的肃穆,冬的死寂,他是一味活泼,一味狂热,一味生长与发展,春是年轻的"。本文开头描绘了一幅风光旖旎的春光图,大地如一片蓊然的绿云、缀满星星野花的绣毡,如纱的轻烟,如酥的小雨,燕子的呢喃,紫罗兰的嗫嚅,铃兰的耳语,迎春花的低笑,如一首抒情诗,生动形象地描绘了青春的活力和生机、饱满与磅礴。接着作者运用拟人的修辞手法,青春如健美青年向你走来,先有爽朗新鲜之气迎面而至,清纯如年轻女郎,有着春花的娇、朝霞的艳、水晶的笑。最后,作者认为西洋文学多喜欢赞美青春歌颂青春,而中国人却尚齿敬老,颇瞧不起青年,并花大量笔墨比较西洋与中国对青春的不同看法。同时,作者并不讳言青年的冲动与任性,容易陷于空想、狂热、苦恼、追求以及一切烦恼之中。

本文内容丰富,从西方的左拉、法朗士到中国古代的袁子才及炼丹术等,苏雪林广征博引,以旷世才情和惊人之举,在历史的长河中纵横捭阖,极大地增强了文章的文化底蕴和哲理意味。

思考练习

1.苏雪林为什么说"青年是世界上的王"?

2.本文在语言运用方面有何特点?试加以分析。

阅读链接

1.谢昭新:《论苏雪林散文的艺术风格》,《中国现代文学研究丛刊》1994年1期。

2.李南:《论苏雪林的散文创作》,wenku.baidu.com/2010.12.30。

3.沈晖:《跨文化研究的宏篇巨构——论苏雪林教授的〈屈赋新探〉》,《安徽大学学报》1999年4期。

狂人日记①

鲁 迅

鲁迅(1881～1936),原名周樟寿,后改名周树人,字豫才,浙江绍兴人。文学家、思想家、革命家,中国现代文学的奠基人。1902年赴日学医,后弃医从文。1918年5月首次以"鲁迅"的笔名在《新青年》上发表了在中国现代文学史上具有划时代意义的第一篇白话小说《狂人日记》。1920年8月起,先后在北京大学、北京师范大学任教。1930年参加发起并组织成立了中国左翼作家联盟,担任"左联"领导工作,还参加了中国自由运动大同盟、中国民权保障同盟等组织,与国民党和帝国主义进行斗争。1936年病逝于上海。

鲁迅的文学创作以小说、杂文和散文的成就最高。中国现代小说由鲁迅开始并在其手中成熟。他的小说不仅体现了"五四"启蒙运动和思想革命的时代要求,并将西方小说的手法技巧与中国传统小说的艺术精神完美地结合在一起,在题材、构思、表现方式、语言等方面都对传统小说进行了颠覆性的革命,实现了中国小说从传统向现代的转型。

主要著作有:小说集《呐喊》、《彷徨》、《故事新编》,散文诗集《野草》、散文集《朝花夕拾》,杂文集《坟》、《热风》、《华盖集》、《且介亭杂文》等16部,论著有《中国小说史略》等。《狂人日记》、《阿Q正传》、《祝福》是其小说的代表作。

某君昆仲,今隐其名,皆余昔日在中学时良友;分隔多年,消息渐阙。日前偶闻其一大病;适归故乡,迂道往访,则仅晤一人,言病者其弟也。劳君远道来视,然已早愈,赴某地候补②矣。因大笑,出示日记二册,谓可见当日病状,不妨献诸旧友。持归阅一过,知所患盖"迫害狂"之类。语颇错杂无伦次,又多荒唐之言;亦不著月日,惟墨色字体不一,知非一时所书。间亦有略具联络者,今撮录一篇,以供医家研究。记中语误,一字不易;惟人名虽皆村人,不为世间所知,无关大体,然亦悉易去。至于书名,则本人愈后所题,不复改也。七年四月二日识。

一

今天晚上,很好的月光。

我不见他,已是三十多年;今天见了,精神分外爽快。才知道以前的三十多年,全是发昏;然而须十分小心。不然,那赵家的狗,何以看我两眼呢?

我怕得有理。

二

今天全没月光,我知道不妙。早上小心出门,赵贵翁的眼色便怪:似乎怕我,似乎想害我。还有七八个人,交头接耳的议论我,张着嘴,对我笑了一笑;我便从头直冷到脚根,晓得他们布置,都已妥当了。

我可不怕,仍旧走我的路。前面一伙小孩子,也在那里议论我;眼色也同赵贵翁一样,脸色也铁青。我想我同小孩子有什么仇,他也这样。忍不住大声说,"你告诉我!"他们可就跑了。

我想:我同赵贵翁有什么仇,同路上的人又有什么仇;只有廿年以前,把古久先生的陈年流水簿子③,踹了一脚,古久先生很不高兴。赵贵翁虽然不认识他,一定也听到风声,代抱不平;约定路上的人,同我作冤对。但是小孩子呢?那时候,他们还没有出世,何以今天也睁着怪眼睛,似乎怕我,似乎想害我。这真教我怕,教我纳罕而且伤心。

我明白了。这是他们娘老子教的!

三

晚上总是睡不着。凡事须得研究,才会明白。

他们——也有给知县打枷过的,也有给绅士掌过嘴的,也有衙役占了他妻子的,也有老子娘被债主逼死的;他们那时候的脸色,全没有昨天这么怕,也没有这么凶。

最奇怪的是昨天街上的那个女人,打他儿子,嘴里说道,"老子呀!我要咬你几口才出气!"他眼睛却看着我。我出了一惊,遮掩不住;那青面獠牙的一伙人,便都哄笑起来。陈老五赶上前,硬把我拖回家中了。

拖我回家,家里的人都装作不认识我;他们的脸色,也全同别人一样。进了书房,便反扣上门,宛然是关了一只鸡鸭。这一件事,越教我猜不出底细。

前几天,狼子村的佃户来告荒,对我大哥说,他们村里的一个大恶人,给大家打死了;几个人便挖出他的心肝来,用油煎炒了吃,可以壮壮胆子。我插了一句嘴,佃户和大哥便都看我几眼。今天才晓得他们的眼光,全同外面的那伙人一模一样。

想起来,我从顶上直冷到脚跟。

他们会吃人,就未必不会吃我。

你看那女人"咬你几口"的话,和一伙青面獠牙人的笑,和前天佃户的话,明明是暗号。我看出他话中全是毒,笑中全是刀。他们的牙齿,全是白厉厉的排着,这就是吃人的家伙。

照我自己想,虽然不是恶人,自从踹了古家的簿子,可就难说了。他们似乎别有心思,我全猜不出。况且他们一翻脸,便说人是恶人。我还记得大哥教我做论,无论怎样好人,翻他几句,他便打上几个圈;原谅坏人几句,他便说"翻天妙手,与众不同"。我那里猜得到他们的心思,究竟怎样;况且是要吃的时候。

凡事总须研究,才会明白。古来时常吃人,我也还记得,可是不甚清楚。我翻开历史一查,这历史没有年代,歪歪斜斜的每页上都写着"仁义道德"几个字。我横竖睡不着,仔细看了半夜,才从字缝里看出字来,满本都写着两个字是"吃人"!

书上写着这许多字,佃户说了这许多话,却都笑吟吟的睁着怪眼看我。

我也是人,他们想要吃我了!

四

早上,我静坐了一会儿。陈老五送进饭来,一碗菜,一碗蒸鱼;这鱼的眼睛,白而且硬,张着嘴,同那一伙想吃人的人一样。吃了几筷,滑溜溜的不知是鱼是人,便把他兜肚连肠的吐出。

我说"老五,对大哥说,我闷得慌,想到园里走走。"老五不答应,走了;停一会,可就来开了门。

我也不动,研究他们如何摆布我;知道他们一定不肯放松。果然!我大哥引了一个老头子,慢慢走来;他满眼凶光,怕我看出,只是低头向着地,从眼镜横边暗暗看我。大哥说,"今天你仿佛很好。"我说"是的。"大哥说,"今天请何先生来,给你诊一诊。"我说"可以!"其实我岂不知道这老头子是刽子手扮的!无非借了看脉这名目,揣一揣肥瘠;因这功劳,也分一片肉吃。我也不怕;虽然不吃人,胆子却比他们还壮。伸出两个拳头,看他如何下手。老头子坐着,闭了眼睛,摸了好一会,呆了好一会;便张开他鬼眼睛说,"不要乱想。静静的养几天,就好了。"

不要乱想,静静的养!养肥了,他们是自然可以多吃;我有什么好处,怎么会"好了"?他们这群人,又想吃人,又是鬼鬼祟祟,想法子遮掩,不敢直捷下手,真要令我笑死。我忍不住,便放声大笑起来,十分快活。自己晓得这笑声里面,有的是义勇和正气。老头子和大哥,都失了色,被我这勇气正气镇压住了。

但是我有勇气,他们便越想吃我,沾光一点这勇气。老头子跨出门,走不多远,便低声对大哥说道,"赶紧吃罢!"大哥点点头。原来也有你!这一件大发见,虽似意外,也在意中:合伙吃我的人,便是我的哥哥!

吃人的是我哥哥!

我是吃人的人的兄弟!

我自己被人吃了,可仍然是吃人的人的兄弟!

五

这几天是退一步想:假使那老头子不是刽子手扮的,真是医生,也仍然是吃人的人。他们的祖师李时珍做的"本草什么"④上,明明写着人肉可以煎吃;他还能说自己不吃人么?

至于我家大哥,也毫不冤枉他。他对我讲书的时候,亲口说过可以"易子而食"⑤;又一回偶然议论起一个不好的人,他便说不但该杀,还当"食肉寝皮"⑥。我那时年纪还小,心跳了好半天。前天狼子村佃户来说吃心肝的事,他也毫不奇怪,不住的点头。可见心思是同从前一样狠。既然可以"易子而食",便什么都易得,什么人都吃得。我从前单听他讲道理,也胡涂过去;现在晓得他讲道理的时候,不但唇边还抹着人油,而且心里满装着吃人的意思。

六

黑漆漆的,不知是日是夜。赵家的狗又叫起来了。

狮子似的凶心,兔子的怯弱,狐狸的狡猾……

七

我晓得他们的方法,直捷杀了,是不肯的,而且也不敢,怕有祸祟。所以他们大家连络,布满了罗网,逼我自戕。试看前几天街上男女的样子,和这几天我大哥的作为,便足可悟出八九分了。最好是解下腰带,挂在梁上,自己紧紧勒死;他们没有杀人的罪名,又偿了心愿,自然都欢天喜地的发出一种呜呜咽咽的笑声。否则惊吓忧愁死了,虽则略瘦,也还可以首肯几下。

他们是只会吃死肉的!——记得什么书上说,有一种东西,叫"海乙那"⑦的,眼光和样子都很难看;时常吃死肉,连极大的骨头,都细细嚼烂,咽下肚子去,想起来也教人害怕。"海乙那"是狼的亲眷,狼是狗的本家。前天赵家的狗,看我几眼,可见他也同谋,早已接洽。老头子眼看着地,岂能瞒得我过。

最可怜的是我大哥,他也是人,何以毫不害怕;而且合伙吃我呢?还是历来惯了,不以为非呢?还是丧了良心,明知故犯呢?

我诅咒吃人的人,先从他起头;要劝转吃人的人,也先从他下手。

八

其实这种道理,到了现在,他们也该早已懂得……

忽然来了一个人;年纪不过二十左右,相貌是不很看得清楚,满面笑容,对了我点头,他的笑也不像真笑。我便问他,"吃人的事,对么?"他仍然笑着说,"不是荒年,怎么会吃人。"我立刻就晓得,他也是一伙,喜欢吃人的;便自勇气百倍,偏要问他。

"对么?"

"这等事问他甚么。你真会……说笑话……今天天气很好。"

天气是好,月色也很亮了。可是我要问你,"对么?"

他不以为然了。含含胡胡的答道,"不……"

"不对?他们何以竟吃?!"

"没有的事……"

"没有的事?狼子村现吃;还有书上都写着,通红斩新!"

他便变了脸,铁一般青。睁着眼说,"有许有的,这是从来如此……"

"从来如此,便对么?"

"我不同你讲这些道理;总之你不该说,你说便是你错!"

我直跳起来,张开眼,这人便不见了。全身出了一大片汗。他的年纪,比我大哥小得远,居然也是一伙;这一定是他娘老子先教的。还怕已经教给他儿子了;所以连小孩子,也都恶狠狠的看着我。

九

自己想吃人,又怕被别人吃了,都用着疑心极深的眼光,面面相觑……

去了这心思,放心做事走路吃饭睡觉,何等舒服。这只是一条门槛,一个关头。他们可是父子兄弟夫妇朋友师生仇敌和各不相识的人,都结成一伙,互相劝勉,互相牵掣,死也不肯跨过这一步。

十

大清早,去寻我大哥;他立在堂门外看天,我便走到他背后,拦住门,格外沉静,格外和气的对他说,

"大哥,我有话告诉你。"

"你说就是,"他赶紧回过脸来,点点头。

"我只有几句话,可是说不出来。大哥,大约当初野蛮的人,都吃过一点人。后来因为心思不同,有的不吃人了,一味要好,便变了人,变了真的人。有的却还吃,——也同虫子一样,有的变了鱼鸟猴子,一直变到人。有的不要好,至今还是虫子。这吃人的人比不吃人的人,何等惭愧。怕比虫子的惭愧猴子,还差得很远很远。

"易牙⑧蒸了他儿子,给桀纣吃,还是一直从前的事。谁晓得从盘古开辟天地以后,一直吃到易牙的儿子;从易牙的儿子,一直吃到徐锡林⑨;从徐锡林,又一直吃到狼子村捉住的人。去年城里杀了犯人,还有一个生痨病的人,用馒头蘸血舐。

"他们要吃我,你一个人,原也无法可想;然而又何必去入伙。吃人的人,什么事做不出;他们会吃我,也会吃你,一伙里面,也会自吃。但只要转一步,只要立刻改了,也就是人人太平。虽然从来如此,我们今天也可以格外要好,说是不能!大哥,我相信你能说,前天佃户要减租,你说过不能。"

当初,他还只是冷笑,随后眼光便凶狠起来,一到说破他们的隐情,那就满脸都变成青色了。大门外立着一伙人,赵贵翁和他的狗,也在里面,都探头探脑的挨进来。有的是看不出面貌,似乎用布蒙着;有的是仍旧青面獠牙,抿着嘴笑。我认识他们是一伙,都是吃人的人。可是也晓得他们心思很不一样,一种是以为从来如此,应该吃的;一种是知道不该吃,可是仍然要吃,又怕别人说破他,所以听了我的话,越发气愤不过,可是抿着嘴冷笑。

这时候,大哥也忽然显出凶相,高声喝道,

"都出去!疯子有什么好看!"

这时候,我又懂得一件他们的巧妙了。他们岂但不肯改,而且早已布置;预备下一个疯子的名目罩上我。将来吃了,不但太平无事,怕还会有人见情。佃户说的大家吃了一个恶人,正是这方法。这是他们的老谱!

陈老五也气愤愤的直走进来。如何按得住我的口,我偏要对这伙人说,

"你们可以改了,从真心改起!要晓得将来容不得吃人的人,活在世上。

"你们要不改,自己也会吃尽。即使生得多,也会给真的人除灭了,同猎人打完狼子一样!——同虫子一样!"

那一伙人,都被陈老五赶走了。大哥也不知那里去了。陈老五劝我回屋子里去。屋里面全是黑沉沉的。横梁和椽子都在头上发抖;抖了一会,就大起来,堆在我身上。

万分沉重,动弹不得;他的意思是要我死。我晓得他的沉重是假的,便挣扎出来,出了一身汗。可是偏要说,

"你们立刻改了,从真心改起!你们要晓得将来是容不得吃人的人……"

十一

太阳也不出,门也不开,日日是两顿饭。

我捏起筷子,便想起我大哥;晓得妹子死掉的缘故,也全在他。那时我妹子才五岁,可爱可怜的样子,还在眼前。母亲哭个不住,他却劝母亲不要哭;大约因为自己吃了,哭起来不免有点过意不去。如果还能过意不去……

妹子是被大哥吃了,母亲知道没有,我可不得而知。

母亲想也知道;不过哭的时候,却并没有说明,大约也以为应当的了。记得我四五岁时,坐在堂前乘凉,大哥说爷娘生病,做儿子的须割下一片肉来,煮熟了请他吃⑩,才算好人;母亲也没有说不行。一片吃得,整个的自然也吃得。但是那天的哭法,现在想起来,实在还教人伤心,这真是奇极的事!

十二

不能想了。

四千年来时时吃人的地方,今天才明白,我也在其中混了多年;大哥正管着家务,妹子恰恰死了,他未必不和在饭菜里,暗暗给我们吃。

我未必无意之中,不吃了我妹子的几片肉,现在也轮到我自己……

有了四千年吃人履历的我,当初虽然不知道,现在明白,难见真的人!

十三

没有吃过人的孩子,或者还有?

救救孩子……

一九一八年四月

注释

①本篇最初发表于1918年5月《新青年》第4卷第5号。作者首次采用了"鲁迅"这一笔名。它是我国现代文学史上第一篇猛烈抨击"吃人"的封建礼教的小说。作者除在本书(《呐喊》)《自序》中提及它产生的缘由外,又在《〈中国新文学大系〉小说二集序》中指出它"意在暴露家族制度和礼教的弊害"。

②候补:清代官制,通过科举或捐纳等途径取得官衔,但还没有实际职务的中下级官员,由吏部抽签分发到某部或某省,听候委用,称为"候补"。

③古久先生的陈年流水簿子:这里比喻我国封建主义统治的长久历史。

④"本草什么":指《本草纲目》,明代医学家李时珍(1518～1593)的药物学著作,共52卷。该书曾经提到唐代陈藏器《本草拾遗》中以人肉医治痨病的记载,并表示了异议。这里说李时珍的书"明明写着人肉可以煎吃",当是"狂人"的"记中语误"。

⑤"易子而食":语见《左传·宣公十五年》,是宋将华元对楚将子反叙说宋国都城被楚军围困时的惨状:"敝邑易子而食,析骸而炊。"

⑥"食肉寝皮":语出《左传·襄公二十一年》,晋国州绰对齐庄公说:"然二子者,譬于禽兽,臣食其肉而寝处其皮矣。"(按:"二子"指齐国的殖绰和郭最,他们曾被州绰俘虏过。)

⑦"海乙那":英语hyena的音译,即鬣狗(又名土狼),一种食肉兽,常跟在狮虎等猛兽之后,以它们吃剩的兽类的残尸为食。

⑧易牙:春秋时齐国人,善于调味。据《管子·小称》:"夫易牙以调和事公(按:指齐桓公),公曰'惟蒸婴儿之未尝',于是蒸其首子而献之公。"桀、纣为我国夏朝和商朝的最后一代君主,易牙和他们不是同时代人。这里说的"易牙蒸了他儿子,给桀纣吃",也是"狂人""语颇错杂无伦次"的表现。

⑨徐锡林:隐指徐锡麟(1873～1907),字伯荪,浙江绍兴人,清末革命团体光复会的重要成员。1907年与秋瑾准备在浙、皖两省同时起义。7月6日,他以安徽巡警处会办兼巡警学堂监督身份为掩护,乘学堂举行毕业典礼之机刺杀安徽巡抚恩铭,率领学生攻占军械局,弹尽被捕,当日惨遭杀害,心肝被恩铭的卫队挖出炒食。

⑩指"割股疗亲",即割取自己的股肉煎药,以医治父母的重病。这是封建社会的一种愚孝行为。《宋史·选举志一》:"上以孝取人,则勇者割股,怯者庐墓。"

文本解读

《狂人日记》以文学的形式揭露"封建礼教吃人"的罪恶,它以"表现的深切和格式的特别"(鲁迅语)而在中国文学发展的历史上揭开了新的一页。这篇小说受到俄国小说家果戈理的同名小说的影响。

小说描写一个"迫害狂"患者的精神状态和心理活动。鲁迅利用早年获得的医学知识,以严肃的现实主义态度,将社会生活的具体描写结合狂人特有的内心感受,艺术地贯穿在小说的全部细节里,狂人说的每一句话都是疯话,但话里又包含着许多深刻的哲理。小说一开始利用日常生活里一般人对狂人常有的围观、注视、谈论,反激起"迫害狂"患者内心的恐惧,逐渐地引出"意在暴露家族制度和礼教的弊害"的主题。狂人看到赵贵翁奇怪的眼色,小孩子们铁青的脸,一路上的人交头接耳的议论,张开着的嘴,街上女人说的"咬你几口"的话,联想到狼子村佃户告荒时讲过人吃人的故事。从他大哥平常的言论开始怀疑到当前的安排。他把医生把脉理解为"揣一揣肥瘠",嘱咐吃药的"赶紧吃吧"理解为赶紧吃掉他,然后归结到这个社会是人吃人的社会,长期以来这个社会的历史是一部人吃人的历史。"我翻开历史一看,这历史没有年代,歪歪斜斜的每页上都写着'仁义道德'几个字。我横竖睡不着,仔细看了半夜,才从字缝里看出字来,满本都写着两个字'吃人'!"他认为将来的社会"容不得吃人的人",喊出了"救救孩子"的呼声。

艺术构思巧妙。小说选取狂人为主角是一个十分精心的安排。鲁迅有意通过"迫害狂"患者的感受,通过他在精神错乱时写下的谵语,从某些"人吃人"的具体事实,进一步揭示了精神领域内更加普遍地存在着"人吃人"的本质,从而对封建社会的历史现象作出惊心动魄的概括。借实引虚,以虚证实。作为现代第一篇白话小说,它奠定了中国现代小说(文学)创作的基础;它的深切的思想是中国现代启蒙主义的高度概括。其在形式和思想方面都深刻影响了20世纪中国文学界和中国思想界。

思考练习

1.小说中的"我"是一个什么样的人?试分析"我"的性格特征。

2.这篇小说的艺术构思有何特点,试加以分析。

3.小说结尾处的"救救孩子"有何寓意?

阅读链接

1.汪大金:《〈狂人日记〉"吃人"意象的主题与实质》,《湖北广播电视大学学报》2010年1期。

2.赵芬:《"救救孩子":鲁迅的希望还是绝望》,《现代语文(文学研究版)》2010年1期。

3.李晓均:《狂人喊出的希望》,《现代语文(文学研究版)》2009年1期。

"十一五"高职高专教材

新视线大学语文

断魂枪

老 舍

　　老舍(1899～1966),原名舒庆春,字舍予,满族人,现当代著名作家。1924年赴英国任伦敦大学东方学院汉语教师,并开始从事文学创作。1930年回国,先后在齐鲁大学和山东大学任教。抗战爆发后,他在重庆等地从事抗战文艺运动。1946年应邀赴美国讲学。新中国成立后回国,曾任中国文联副主席、中国作家协会副主席、北京市文联主席、中国民间文学研究会副理事长等职。1951年被北京市人民政府授予"人民艺术家"称号。1966年8月因迫害而死。

　　老舍是一位多产作家,创作70多部作品,约800万字。老舍的主要成就在长篇小说和剧作方面,作品大都取材于市民生活,富有地方文化特色,具有浓郁的"京味"。语言简洁传神,富有表现力。代表作有长篇小说《骆驼祥子》《四世同堂》,中短篇小说《月牙儿》《断魂枪》,话剧《龙须沟》《茶馆》等。

　　"生命是闹着玩,事事显出如此;从前我这么想过,现在我懂得了。"
　　沙子龙的镖局已改成客栈。
　　东方的大梦没法子不醒了。炮声压下去马来与印度野林中的虎啸。半醒的人们,揉着眼,祷告着祖先与神灵;不大会儿,失去了国土、自由与主权。门外立着不同面色的人,枪口还热着。他们的长矛毒弩,花蛇斑彩的厚盾,都有什么用呢? 连祖先与祖先所信的神明全不灵了啊! 龙旗的中国也不再神秘,有了火车呀,穿坟过墓破坏着风水。枣红色多穗的镖旗,绿鲨皮鞘的钢刀,响着串铃的口马①,江湖上的智慧与黑话,义气与声名,连沙子龙,他的武艺、事业,都梦似的变成昨夜的。今天是火车、快枪、通商与恐怖。听说,有人还要杀下皇帝的头呢!
　　这是走镖已没有饭吃,而国术②还没被革命党与教育家提倡起来的时候。
　　谁不晓得沙子龙是利落、短瘦、硬棒,两眼明得像霜夜的大星? 可是,现在他身上放了肉③。镖局改了客栈,他自己在后小院占着三间北房,大枪立在墙角,院子里有几只楼鸽。只是在夜间,他把小院的门关好,熟习熟习他的"五虎断魂枪"。这条枪与这套枪,二十年的工夫,在西北一带,给他创出来:"神枪沙子龙"五个字,没遇见过敌手。现在,这条枪与这套枪不会再替他增光显胜了;只是摸摸这凉、滑、硬而发颤的杆子,使他心中少难过一些而已。只有在夜间独自拿起枪来,才能相信自己还是"神枪沙"。在白天,他不大谈武艺与往事;他的世界已被狂风吹了走。
　　在他手下创练起来的少年们还时常来找他。他们大多数是没落子弟,都有点武艺,可是没地方去用。有的在庙会上去卖艺:踢两趟腿,练套家伙,翻几个跟头,附带着卖点大力丸,混个三吊两吊的。有的实在闲不起了,去弄筐果子,或挑些毛豆角,赶早儿在街上论斤吃喝出去。那时候,米贱肉贱,肯卖膀子力气本来可以混个肚儿圆;他们可是不成:肚量既大,而且得吃口管事儿的④;干饽饽、辣饼子⑤咽不下去。况且他们还时常去走会:五虎棍,开路,太狮少狮……虽然算不了什么——比起走镖来——可是到底有个机会活动活动,露露脸。是的,走会捧场是买脸的事,他们打扮得像个样儿,至少得有条青洋绉裤子,新漂白细市布的小褂,和一双鱼鳞洒鞋——顶好是青缎子抓地虎靴子。他们是神枪沙子龙的徒弟——虽然沙子龙并不承认——得到处露脸,走会得赔上俩钱,说不定还得打场架。没钱,上沙老师那里去求。沙老师不含糊,多少不拘,不让他们空着手儿走。可是,为打架或献技去讨教一个招数,或是请给说个对子——什么空手夺刀,或虎头钩进枪——沙老师有时说句笑话,马虎过去:"教什么?拿开水浇吧!"有时直接把他们逐出去。他们不大明白沙老师是怎么了,心中也有点不乐意。

可是,他们到处为沙老师吹腾,一来是愿意使人知道他们的武艺有真传授,受过高人的指教;二来是为激动沙老师:万一有人不服气而找上老师来,老师难道还不露一两手真的吗?所以:沙老师一拳就砸倒了个牛!沙老师一脚把人踢到房上去,并没使多大的劲!他们谁也没见过这种事,但是说着说着,他们相信这是真的了,有年月,有地方,千真万确,敢起誓!

王三胜——沙子龙的大伙计——在土地庙拉开了场子,摆好了家伙,抹了一鼻子茶叶末色的鼻烟,他抡了几个竹节钢鞭,把场子打大一些。放下鞭,没向四围作揖,叉着腰念了两句:"脚踢天下好汉,拳打五路英雄!"向四围扫了一眼:"乡亲们,王三胜不是卖艺的;玩艺儿会几套,西北路上走过镖,会过绿林中的朋友。现在闲着没事,拉个场子陪诸位玩玩。有爱练的尽管下来,王三胜以武会友,有赏脸的,我陪着。神枪沙子龙是我的师傅;玩艺地道! 诸位,有愿下来的没有?"他看着,准知道没人敢下来,他的话硬,可是那条钢鞭更硬,十八斤重。

王三胜,大个子,一脸横肉,努着⑥对大黑眼珠,看着四周。大家不出声。他脱了小褂,紧了紧深月白色的"腰里硬"⑦,把肚子杀进去。给手心一口吐沫,抄起大刀来:

"诸位,王三胜先练趟瞧瞧。不白练,练完了,带着的扔几个;没钱,给喊个好,助助威。这儿没生意口。好,上眼⑧!"

大刀靠了身,眼珠努出多高,脸上绷紧,胸脯子鼓出,像两块老桦木根子。一跺脚,刀横起,大红缨子在肩前摆动。削砍劈拨。蹲越闪转,手起风生,忽忽直响。忽然刀在右手心上旋转,身弯下去,四围鸦雀无声,只有缨铃轻叫。刀顺过来,猛的一个跺泥,身子直挺,比众人高着一头,黑塔似的,收了势:"诸位!"一手持刀,一手叉腰,看着四围。稀稀的扔了几个铜钱,他点点头。"诸位!"他等着,等着,地上依旧是那几个亮而削薄的铜钱,外层的人偷偷散去。他咽了口气:"没人懂!"他低声地说,可是大家全听见了。

"有功夫!"西北角上一个黄胡子老头儿答了话。

"啊?"王三胜好似没听明白。

"我说:你——有——功——夫!"老头子的语气很不得人心。

放下大刀,王三胜随着大家的头往西北看。谁也没看重这个老人:小干巴个儿,披着件粗蓝布大衫,脸上窝窝瘪瘪,眼陷进去很深,嘴上几根细黄胡,肩上扛着条小黄草辫子,有筷子那么细,而绝对不像筷子那么直顺。王三胜可是看出这老家伙有功夫,脑门亮,眼睛亮——眼眶虽深,眼珠可黑得像两口小井,深深地闪着黑光。王三胜不怕:他看得出别人有功夫没有,可更相信自己的本事,他是沙子龙子手下的大将。

"下来玩玩,大叔!"王三胜说得很得体。

点点头,老头儿往里走。这一走,四处全笑了。他的胳臂不大动;左脚往前迈,右脚随着拉上来,一步步地往前拉扯,身子整着,像是患过瘫痪病。蹭到场中,把大衫扔在地上,一点没理会四围怎样笑他。

"神枪沙子龙的徒弟,你说?好,让你使枪吧,我呢?"老头子非常的干脆,很像久想动手。

人们全回来了,邻场耍狗熊的无论怎么敲锣也不中用了。

"三截棍进枪吧?"王三胜要看老头子一手,三截棍不是随便就拿得起来的家伙。

老头子又点点头,拾起家伙来。

王三胜努着眼,抖着枪,脸上十分难看。

老头子的黑眼珠更深更小了,像两个香火头,随着面前的枪尖儿转,王三胜忽然觉得不舒服,那俩黑眼珠似乎要把枪尖吸进去!四处已围得风雨不透,大家都觉出老头子确是有威。为躲那对眼睛,王三胜耍了个枪花。老头子的黄胡子一动:"请!"王三胜一扣枪,向前躬步,枪尖奔了老头子的喉头去,枪缨打了一个红旋。老人的身子忽然活展了,将身微偏,让过枪尖,前把一挂,后把撩王三胜的手。拍,拍,两响,王三胜的枪撒了手。场外叫了好。王三胜连脸带胸口全紫了,抄起枪来;一个花子,连枪带人滚了过来,枪尖奔了老人的中部。老头子的眼亮得发着黑光;腿轻轻一屈,下把掩裆,上把打着刚要抽回的枪杆;拍,枪又落在地上。

场外又是一片彩声。王三胜流了汗,不再去拾枪,努着眼,木在那里。老头子扔下家伙,拾起大衫,还是拉拉着腿,可是走得很快了,大衫搭在臂上,他过来拍了王三胜一下:

"还得练哪,伙计!"

"别走!"王三胜擦着汗:"你不离,姓王的服了!可有一样,你敢会会沙老师?"

"就是为会他才来的!"老头子的干巴脸上皱起点来,似乎是笑呢。"走;收了吧;晚饭我请!"

王三胜把兵器拢在一处,寄放在变戏法二麻子那里,陪着老头子往庙外走。后面跟着不少人,他把他们骂散。

"你老贵姓?"他问。

"姓孙哪,"老头子的话与人一样,都那么干巴。"爱练;久想会会沙子龙。"

沙子龙不把你打扁了!王三胜心里说。他脚底下加了劲,可是没把孙老头落下。他看出来,老头子的腿是老走着查拳门中的连跳步;交起手来,必定很快。但是,无论他怎么快,沙子龙是没对手的。准知道孙老头要吃亏,他心中痛快了些,放慢了些脚步。

"孙大叔贵处?"

"河间的,小地方。"孙老者也和气了些:"月棍年刀一辈子枪,不容易见功夫!说真的,你那两手就不坏!"

王三胜头上的汗又回来了,没言语。

到了客栈,他心中直跳,惟恐沙老师不在家,他急于报仇。他知道老师不爱管这种事,师弟们已碰过不少钉子,可是他相信这回必定行,他是大伙计,不比那些毛孩子;再说,人家在庙会上点名叫阵,沙老师还能丢这个脸吗?

"三胜,"沙子龙正在床上看着本《封神榜》,"有事吗?"

三胜的脸又紫了,嘴唇动着,说不出话来。

沙子龙坐起来,"怎么了,三胜?"

"栽了跟头!"

只打了个不甚长的哈欠,沙老师没别的表示。

王三胜心中不平,但是不敢发作;他得激动老师:"姓孙的一个老头儿,门外等着老师呢;把我的枪,枪,打掉了两次!"他知道"枪"字在老师心中有多大分量。没等吩咐,他慌忙跑出去。

客人进来,沙子龙在外间屋等着呢。彼此拱手坐下,他叫三胜去泡茶。三胜希望两个老人立刻交了手,可是不能不沏茶去。孙老者没话讲,用深藏着的眼睛打量沙子龙。

沙子龙很客气:"要是三胜得罪了你,不用理他,年纪还轻。"

孙老者有些失望,可也看出沙子龙的精明。他不知怎样好了,不能拿一个人的精明断定他的武艺。"我来领教领教枪法!"他不由地说出来。

沙子龙没接碴儿⑩。王三胜提着茶壶走进来——急于看二人动手,他没管水开了没有,就沏在壶中。

"三胜,"沙子龙拿起个茶碗来,"去找小顺们去,天汇见,陪孙老者吃饭。"

"什么?",王三胜的眼珠几乎掉出来。看了看沙老师的脸,他敢怒而不敢言地说了声:"是啦!"走出去,噘着大嘴。

"教徒弟不易!"孙老者说。

"我没收过徒弟。走吧,这个水不开!茶馆去喝,喝饿了就吃。"沙子龙从桌子上拿起缎子褡裢,一头装着鼻烟壶,一头装着点钱,挂在腰带上。

"不,我还不饿!"孙老者很坚决,两个"不"字把小辫从肩上抡到后边去。

"说会子话儿。"

"我来为领教领教枪法。"

"功夫早搁下了,"沙子龙指着身上,"已经放了肉!"

"这么办也行,"孙老者深深地看了沙老师一眼:"不比武,教给我那趟五虎断魂枪。"

"五虎断魂枪?"沙子龙笑了:"早忘净了!早忘净了!告诉你,在我这儿住几天,咱们各处逛逛,临走,多少送点盘缠。"

"我不逛,也用不着钱,我来学艺!"孙老者立起来,"我练趟给你看看,看够得上学艺不够!"一屈腰已到了院中,把楼鸽都吓飞起去。拉开架子,他打了趟查拳:腿快,手飘洒,一个飞脚起去,小辫儿飘在空中,像从天上落下来一个风筝;快之中,每个架子都摆得稳、准、利落;来回六趟,把院子满都打到,走得圆,接得紧,身子在一处,而精神贯串到四面八方。抱拳收势,身儿缩紧,好似满院乱飞的燕子忽然归了巢。

"好!好!"沙子龙在台阶上点着头喊。

"教给我那趟枪!"孙老者抱了抱拳。

沙子龙下了台阶,也抱着拳:"孙老者,说真的吧;那条枪和那套枪都跟我入棺材,一齐入棺材!"

"不传?"

"不传!"

孙老者的胡子嘴动了半天,没说出什么来。到屋里抄起蓝布大衫,拉拉着腿:"打搅了,再会!"

"吃过饭走!"沙子龙说。

孙老者没言语。

沙子龙把客人送到小门,然后回到屋中,对着墙角立着的大枪点了点头。

他独自上了天汇,怕是王三胜们在那里等着。他们都没有去。

王三胜和小顺们都不敢再到土地庙去卖艺,大家谁也不再为沙子龙吹腾;反之,他们说沙子龙栽了跟头,不敢和个老头儿动手;那个老头子一脚能踢死个牛。不要说王三胜输给他,沙子龙也不是"个儿"。不过呢,王三胜到底和老头子见了个高低,而沙子龙连句硬话也没敢说。"神枪沙子龙"慢慢似乎被人们忘了。

夜静人稀,沙子龙关好了小门,一气把六十四枪刺下来;而后,挂着枪,望着天上的群星,想起当年在野店荒林的威风。叹一口气,用手指慢慢摸着凉滑的枪身,又微微一笑:"不传!不传!"

注释

① 口马:张家口以北地区所出产的马。
② 国术:指我国传统武术。
③ 放了肉:指武术在身的人不再练武而长了膘。
④ 管事儿的:顶饿的,有营养的(食物)。
⑤ 辣饼子:隔夜的干巴饼子。
⑥ 努着:突出。
⑦ 腰里硬:练功的人用的护腰带。
⑧ 上眼:提示观众注意观看。
⑨ 身子整着:指走路时两臂夹住不动,全身僵硬的姿势。
⑩ 接碴儿:回答,答话。

文本解读

本文最初发表于1935年9月天津《大公报》副刊《文艺》第13期。

《断魂枪》写三个思想性格各异的拳师,重点写老拳师沙子龙在近代社会急剧变化中的复杂的心态,具有一定的代表性和典型意义。

沙子龙所处的时代是一个转变的时代,帝国主义的侵略打开了中国的大门,古老的传统文化遭遇到西方现代文明的严峻挑战,以刀枪棍棒为代表的国术,面对强大凶残的坚船利炮,"东方的大梦没法子不醒了"。身怀"五虎断魂枪"绝技的镖师沙子龙,一方面在痛苦与无奈中将镖局改成客栈,一方面又对往昔威震西北的辉煌荣耀满怀留念,白天在人面前不谈武艺,到了夜深人静,关起门来,舞弄"五虎断魂枪",自我欣赏,自我叹息。表现出生不逢时、英雄末路的孤寂与苦涩。他的执意"不传"断魂枪是与时代抗衡,表现了孤傲执著的性格。沙子龙的悲剧,象征着古老的传统文化的末世命运。而孙老者与王三胜仍然沉浸在"东方的大梦"之中。三个人物形成了意味深长的对照。

作者运用传统的白描手法对人物的肖像、动作、语言的描写简练传神,人物性格和内心世界得到充分展现,个性鲜明。小说语言简洁生动,比喻新奇,富有表现力。

思考练习

1. 作者善于把个人命运和时代变迁的历史大背景结合起来,请谈谈小说开头社会环境描写的意义和作用,理解小说的深刻思想内涵。
2. 作者对主要人物沙子龙着墨不多,但对次要人物王三胜和孙老者却花了不少笔墨。这是为什么?
3. 概括沙子龙、孙老者、王三胜的个性特点,把握他们在时代大变革中的基本心态。

阅读链接

1. 李满:《老舍〈断魂枪〉赏析》,中国文学网。
2. 宋向阳:《"荒谬"处境下的"苦恼意识"——〈断魂枪〉沙子龙形象分析》,《群文天地》2010 年 22 期。

金锁记(节选)

张爱玲

张爱玲(1920~1995),原名张瑛,笔名梁京。祖籍河北丰润,出生于上海。家世显赫却亲情匮乏,因而养成敏感、孤僻、内向的性格特征。1939年到香港大学读书,接触到西洋文学与现代西方文化。1941年太平洋战争爆发,回沪,开始为英文报刊撰写影评、时装之类文章。1943年发表小说《沉香屑 第一炉香》,受到文坛注意。此后3年为她创作的高峰期,相继发表《茉莉香片》、《心经》、《倾城之恋》、《金锁记》、《红玫瑰与白玫瑰》等,成为沦陷期上海最著名的女作家。1944年出版中短篇小说集《传奇》,1945年出版散文集《流言》。她还自编了《倾城之恋》在上海公演,涉足影剧领域。1952年移居香港。1955年离香港赴美国定居。1995年在洛杉矶公寓寂寞地病逝。

张爱玲的作品雅俗共赏,富有个性,艺术风格鲜明。她在40年代的上海红极一时,她的"走红"和当时上海"孤岛"远离战争的特殊位置以及消费主义文化氛围也大有关系。然而几十年后,她在美国又深居简出,过着与世隔绝的生活,以至于有人说:"只有张爱玲才可以同时承受灿烂夺目的喧闹与极度的孤寂。"

三十年前的上海,一个有月亮的晚上……我们也许没赶上看见三十年前的月亮。年轻的人想着三十年前的月亮该是铜钱大的一个红黄的湿晕,像朵云轩信笺上落了一滴泪珠,陈旧而迷糊。老年人回忆中的三十年前的月亮是欢愉的,比眼前的月亮大、圆、白;然而隔着三十年的辛苦路往回看,再好的月色也不免带点凄凉。

月光照到姜公馆新娶的三奶奶的陪嫁丫鬟凤箫的枕边。凤箫睁眼看了一看,只见自己一只青白色的手搁在半旧高丽棉的被面上,心中便道:"是月亮光么?"凤箫打地铺睡在窗户底下。那两年正忙着换朝代,姜公馆避兵到上海来,屋子不够住的,因此这一间下房里横七竖八睡满了底下人。

……

小双脱下了鞋,赤脚从凤箫身上跨过去,走到窗户跟前,笑道:"你也起来看看月亮。"凤箫一骨碌爬起身来,低声问道:"我早就想问你了,你们二奶奶……"小双弯腰拾起那件小袄来替她披上了,道:"仔细招了凉。"凤箫一面扣钮子,一面笑道:"不行,你得告诉我!"小双笑道:"是我说话不留神,闯了祸!"凤箫道:"咱们这都是自家人了,干吗这么见外呀?"小双道:"告诉你,你可别告诉你们小姐去!咱们二奶奶家里是开麻油店的。"凤箫哟了一声道:"开麻油店!打哪儿想起的?像你们大奶奶,也是公侯人家的小姐,我们那一位虽比不上大奶奶,也还不是低三下四的人——"小双道:"这里头自然有个缘故。咱们二爷你也见过了,是个残废。做官人家的女儿谁肯给他?老太太没奈何,打算替二爷置一房姨奶奶,做媒的给找了这曹家的,是七月里生的,就叫七巧。"凤箫道:"哦,是姨奶奶。"小双道:"原是做姨奶奶的,后来老太太想着,既然不打算替二爷另娶了,二房里没个当家的媳妇,也不是事,索性聘了来做正头奶奶,好教她死心塌地服侍二爷。"凤箫把手扶着窗台,沉吟道:"怪道呢!我虽是初来,也瞧料了两三分。"小双道:"龙生龙,凤生凤,这话是有的。你还没听见她的谈吐呢!当着姑娘们,一点忌讳也没有。亏得我们家一向内言不出,外言不入,姑娘们什么都不懂。饶是不懂,还臊得没处躲!"凤箫扑嗤一笑道:"真的?她这些村话,又是从哪儿听来的?就连我们丫头——"小双抱着胳膊道:"麻油店的活招牌,站惯了柜台,见多识广的,我们拿什么去比人家?"凤箫道:"你是她陪嫁来的么?"小双冷笑说:"她也配!我原是老太太跟前的人,二爷成天的吃药,行动都离不了人,屋里几个丫头不够使,把我拨了过去。怎么着?你冷哪?"凤箫摇摇头。小双道:"瞧你缩着脖子这娇模样儿!"一语未完,凤箫打了个喷嚏,小双忙推她道:"睡罢!睡罢!快焐一焐。"凤箫跪了下来脱袜子,笑道:"又不是冬天,哪儿就至于冻着了?"小双道:"你别瞧这窗户关着,窗户眼儿里吱溜溜的钻风。"

两人各自睡下。凤箫悄悄地问道:"过来了也有四五年了罢?"小双道:"谁?"凤箫道:"还有谁?"小双道:"哦,她,可不是有五年了。"凤箫道:"也生男育女的——倒没闹出什么话柄儿?"小双道:"还说呢!话柄儿就多了!前年老太太领着合家上下到普陀山进香去,她做月子没去,留着她看家。舅爷脚步儿走得勤了些,就丢了一票东西。"凤箫失惊道:"也没查出个究竟来?"小双道:"问得出什么好的来?大家面子上下不去!那些首饰左不过将来是归大爷二爷三爷的。大爷大奶奶碍着二爷,没好说什么。三爷自己在外头流水似的花钱。欠了公账上不少,也说不响嘴。"

她们俩隔着丈来远交谈。虽是极力地压低了喉咙,依旧有一句半句声音大了些,惊醒了大床上睡着的赵嬷嬷,赵嬷嬷唤道:"小双。"小双不敢答应。赵嬷嬷道:"小双,你再混说,让人家听见了,明儿仔细揭你的皮!"小双还是不做声。赵嬷嬷又道:"你别以为还是从前住的深堂大院哪,由得你疯疯颠颠!这儿可是挤鼻子挤眼睛的,什么事瞒得了人?趁早别讨打!"屋里顿时鸦雀无声。赵嬷嬷害眼,枕头里塞着菊花叶子,据说是使人眼目清凉。她欠起头来按了一按髻上横绾的银簪,略一转侧,菊叶便沙沙作响。赵嬷嬷翻了身,吱吱格格牵动了全身的骨节,她唉了一声道:"你们懂得什么!"小双与凤箫依旧不敢接嘴。久久没有人开口,也就一个个的朦胧睡去了。

……

玳珍兰仙手挽手一同上楼,各人后面跟着贴身丫鬟,来到老太太卧室隔壁的一间小小的起坐间里。老太太的丫头榴喜迎了出来,低声道:"还没醒呢。"玳珍抬头望了望挂钟,笑道:"今儿老太太也晚了。"榴喜道:"前两天说是马路上人声太杂,睡不稳。这现在想是惯了,今儿补足了一觉。"

紫榆百龄小圆桌上铺着红毡条,二小姐姜云泽一边坐着,正拿着小钳子磕核桃呢,因丢下了站起来相见。玳珍把手搭在云泽肩上,笑道:"还是云妹妹孝心,老太太昨儿一时高兴,叫做糖核桃,你就记住了。"兰仙玳珍便围着桌子坐下了,帮着剥核桃衣子。云泽手酸了,放下了钳子,兰仙接了过来。玳珍道:"当心你那水葱似的指甲,养得这么长了,断了怪可惜的!"云泽道:"叫人去拿金指甲套子去。"兰仙笑道:"有这些麻烦的,倒不如叫他们拿到厨房里去剥了!"

众人低声说笑着,榴喜打起帘子,报道:"二奶奶来了。"兰仙云泽起身让坐,那曹七巧且不坐下,一只手撑着门,一只手撑着腰,窄窄的袖口里垂下一条雪青洋绉手帕,身上穿着银红衫子,葱白线香滚,雪青闪蓝如意小脚裤子,瘦骨脸儿,朱口细牙,三角眼,小山眉,四下里一看,笑道:"人都齐了。今儿想必我又晚了!怎怪我不迟到——摸着黑梳的头!谁教我的窗户冲着后院子呢?单单就派了那么间房给我,横竖我们那位眼看是活不长的,我们净等着做孤儿寡妇了——不欺负我们,欺负谁?"玳珍淡淡的并不接口,兰仙笑道:"二嫂住惯了北京的屋子,怪不得嫌这儿憋闷得慌。"云泽道:"大哥当初找房子的时候,原该找个宽敞些的,不过上海像这样的,只怕也算敞亮的了。"兰仙道:"可不是!家里人实在多,挤是挤了点——"七巧挽起袖口,把手帕子掖在翡翠镯子里,瞟了兰仙一眼,笑道:"三妹妹原来也嫌人太多了。连我们都嫌人多,像你们没满月的自然更嫌人多了!"

兰仙听了这话,还没有怎么,玳珍先红了脸,道:"玩是玩,笑是笑,也得有个分寸,三妹妹新来乍到的,你让她想着咱们是什么样的人家?"七巧扯起手绢子的一角遮住了嘴唇道:"知道你们都是清门净户的小姐,你倒跟你换一换试试,只怕你一晚上也过不惯。"玳珍啐道:"不跟你说了,越说你越上头上脸的。"七巧索性上前拉住玳珍的袖子道:"我可以赌得咒——这三年里头我可以赌得咒!你敢赌么?"玳珍也撑不住噗嗤一笑,咕哝了一句道:"怎么你孩子也有了两个?"七巧道:"真的,连我也不知道这孩子是怎么生出来的!越想越不明白!"玳珍摇手道:"够了,够了,少说两句罢。就算你拿三妹妹当自己人,没什么避讳,现放着云妹妹在这儿呢,待会儿老太太跟着一告诉,管叫你吃不了兜着走!"

云泽早远远地走开了,背着手站在阳台上,撮尖了嘴逗芙蓉鸟。姜家住的虽然是早期的最新式洋房,堆花红砖大柱支着巍峨的拱门,楼上的阳台却是木板铺的地。黄杨木阑干里面,放着一溜大簸箕子,晾着笋干。敝旧的太阳弥漫在空气里像金的灰尘,微微呛人的金灰,揉进眼睛里去,昏昏的。街上小贩遥遥摇着拨浪鼓,那暮腾的"不楞登……不楞登"里面有着无数老去的孩子们的回忆。包车叮叮地跑过,偶尔也有一辆汽车叭叭叫两声。

七巧自己也知道这屋子里的人都瞧不起她,因此和新来的人分外亲热些,倚在兰仙的椅背上问长问短,携着兰仙的手左看右看,夸赞了一回她的指甲,又道:"我去年小拇指上养的比这个足足还长半寸呢,掐花给弄断了。"兰仙早看穿了七巧的为人和她在姜家的地位,微笑尽管微笑着,也不大答理她。七巧自觉无趣,趄到①阳台上来,拎起云泽的辫梢来抖了一抖,搭讪②着笑道:"哟!小姐的头发怎么这样稀朗朗的?去年还是乌油油的一头好头发,该掉了不少罢?"云泽闪过身去护着辫子,笑道:"我掉两根头发,也要你管!"七巧只顾端详她,叫道:"大嫂你来看看,云姐姐的确瘦多了,小姐莫不是有了心事了?"云泽啪的一声打掉了她的手,恨道:"你今儿个真的发了疯了!平日还不够讨人嫌的?"七巧把两手笼在袖子里,笑嘻嘻地道:"小姐脾气好大!"

玳珍探出头来道:"云妹妹,老太太起来了。"众人连忙扯扯衣襟,摸摸鬓脚,打帘子进隔壁房里去,请了安,伺候老太太吃早饭。婆子们端着托盘从起坐间里穿了过去,里面的丫头接过碗碟,婆子们依旧退到外间来守候着。里面静悄悄的,难得有人说句把话,只听见银筷子头上的细银链条响。

兰仙坐着磕核桃,玳珍和云泽便顺着脚走到阳台上来,虽不是存心偷听正房里的谈话,老太太上了年纪,有点聋,喉咙特别高些,有意无意之间不免有好些话吹到阳台上的人的耳朵里来。云泽把脸气得雪白,先是握紧了拳头,又把两只手使劲一撒,便向走廊的另一头跑去。跑了两步,又站住了,身子向前伛偻③着,捧着脸呜呜哭了起来。玳珍赶上去扶着劝道:"妹妹快别这么着!快别这么着!不犯着跟她这样的人计较!谁拿她的话当桩事!"云泽甩开了她,一径往自己屋里奔去。玳珍回到起坐间里来,一拍手道:"这可闯出祸来了!"兰仙忙道:"怎么了?"玳珍道:"你二嫂去告诉了老太太,说女大不中留,让老太太写信给彭家,叫他们早早把云妹妹娶过去罢。你瞧,这算什么话!"兰仙也怔了一怔道:"女家说出这种话来,可不是自己打脸么?"玳珍道:"姜家没面子,还是一时的事,云妹妹将来嫁了过去,叫人家怎么瞧得起她?她这一辈子还要做人呢!"兰仙道:"老太太是明白人,不见得跟那一位一样的见识。"玳珍道:"老太太起先自然是不爱听,说咱们家的孩子,决不会生这样的心。她就说:'哟!您不知道现在的女孩子跟您从前做女孩子时候的女孩子,哪儿能够打比呀?时世变了,人也变了,要不怎么天下大乱呢?'你知道,年岁大的人就爱听这一套,说得老太太也有点疑疑惑惑起来。"兰仙叹道:"好端端怎么想起来的,造这样的谣言!"玳珍两肘支在桌子上,伸着小指剔眉毛,沉吟了一会,嗤的一笑道:"她自己以为她是特别的体贴云妹妹呢!要她这样体贴我,我可受不了!"兰仙拉了她一把道:"你听——不能是云妹妹罢?"后房似乎有人在那里大放悲声,蹬得铜床柱子一片响。嘈嘈杂杂还有人在那里解劝,只是劝不住。玳珍站起身来道:"我去看看。别瞧这位小姐好性儿,逼急了她,也不是好惹的。"

玳珍出去了,那姜三爷姜季泽却一路打着呵欠进来了。季泽是个结实小伙子,偏于胖的一方面,脑后拖一根三脱油松大辫,生得天圆地方,鲜红的腮颊,往下坠着一点,有湿眉毛,水汪汪的黑眼睛里永远透着三分不耐烦,穿一件竹根青窄袖长袍,酱紫芝麻地一字襟珠扣小坎肩,问兰仙道:"谁在里头喊喊喳喳跟老太太说话?"兰仙道:"二嫂。"季泽抿着嘴摇摇头。兰仙笑道:"你也怕了她?"季泽一声儿不言语,拖过一把椅子,将椅背抵着桌面,把袍子高高的一撩,骑着椅子坐了下来,下巴搁在椅背上,手里只管把核桃仁一个一个拈来吃。兰仙睨了他一眼道:"人家剥了这一晌午,是专诚孝敬你的么?"正说着,七巧掀着帘子出来了,一眼看见季泽,身不由主的就走了过来,绕到兰仙椅子背后,两手兜在兰仙脖子上,把脸凑了下去,笑道:"这么一个人才出众的新娘子!三弟你还没谢谢我哪!要不是我催着他们早早替你办了这件事,这一耽搁,等打完了仗,指不定要十年八年呢!可不把你急坏了!"兰仙生平最大的憾事便是出阁的日子正赶着非常时期,潦草成了家,诸事都欠齐全,因此一听见这不入耳的话,她那小长挂子脸便往下一沉。

季泽望了兰仙一眼,微笑道:"二嫂,自古好心没有好报,谁都不承你的情!"七巧道:

"不承情也罢!我也惯了。我进了你姜家的门,别的不说,单只守着你二哥这些年,衣不解带的服侍他,也就是个有功无过的人——谁见我的情来?谁有半点好处到我头上?"季泽笑道:"你一开口就是满肚子的牢骚!"七巧长长地吁了一口气,只管拨弄兰仙衣襟上扣着的金三事儿和钥匙。半晌,忽道:"总算你这一个来月没出去胡闹过。真亏了新娘子留住了你。旁人跪下地来求你也留你不住!"季泽笑道:"是吗?嫂子并没有留过我,怎见得留不住?"一面笑,一面向兰仙使了个眼色。七巧笑得直不起腰道:"三妹妹,你也不管管他!这么个猴儿崽子,我眼看他长大的,他倒占起我的便宜来了!"

她嘴里说笑着,心里发烦,一双手也不肯闲着,把兰仙揣着捏着,搥着打着。恨不得把她挤得走了样才好。兰仙纵然有涵养,也忍不住要恼了,一性急,磕核桃使差了劲,把那二寸多长的指甲齐根折断。七巧哟了一声道:"快拿剪刀来修一修。我记得这屋里有一把小剪子的。"便唤:"小双!榴喜!来人哪!"兰仙立起身来道:"二嫂不用费事,我上我屋里铰去。"便抽身出去。七巧就在兰仙的椅子上坐下了,一手托着腮,抬高了眉毛,斜睖着季泽道:"她跟我生了气么?"季泽笑道:"她干吗生你的气?"七巧道:"我正要问呀——我难道说错了话不成?留你在家倒不好?她倒愿意你上外头逛去?"季泽笑道:"这一家子从大哥大嫂起,齐了心管教我,无非是怕我花了公账上的钱罢了。"七巧道:"阿弥陀佛,我保不定别人不安着这个心,我可不那么想。你就是闹了亏空,押了房子卖了田,我若皱一皱眉头,我也不是你二嫂了。谁叫咱们是骨肉至亲呢?我不过是要你当心你的身子。"季泽嗤的一笑道:"我当心我的身子,要你操心?"七巧颤声道:"一个人,身子第一要紧。你瞧你二哥弄的那样儿,还成个人吗?还能拿他当个人看?"季泽正色道:"二哥比不得我,他一下地就是那样儿,并不是自己作践的。他是个可怜人,一切全仗二嫂照护他了。"七巧直挺挺的站了起来,两手扶着桌子,垂着眼皮,脸庞的下半部抖得像嘴里含着滚烫的蜡烛油似的,用尖细的声音逼出两句话道:"你去挨着你二哥坐坐!你去挨着你二哥坐坐!"她试着在季泽身边坐下,只搭着他的椅子的一角,她将手贴在他腿上,道:"你碰过他的肉没有?是软的、重的,就像人的脚有时发了麻,摸上去那感觉……"季泽脸上也变了色,然而他仍旧轻佻地笑了一声,俯下腰,伸手去捏她的脚道:"倒要瞧瞧你的脚现在麻不麻!"七巧道:"天哪,你没挨着他的肉,你不知道没病的身子是多好的……多好的……"她顺着椅子溜下去,蹲在地上,脸枕着袖子,听不见她哭,只看见发髻上插的风凉针,针头上的一粒钻石的光,闪闪掣动着。发髻的心子里扎着一小截粉红丝线,反映在金刚钻微红的光焰里。她的背影一挫一挫,俯伏了下去。她不像在哭,简直像在翻肠搅胃地呕吐。

季泽先是愣住了,随后就立起来道:"我走。我走就是了。你不怕人,我还怕人呢。也得给二哥留点面子!"七巧扶着椅子站了起来,呜咽道:"我走。"她扯着衫袖里的手帕子揾了揾脸,忽然微微一笑道:"你这样卫护你二哥!"季泽冷笑道:"我不卫护他,还有谁卫护他?"七巧向门走去,哼了一声道:"你又是什么好人?趁早不用在我跟前假撇清!且不提你在外头怎样荒唐,单只在这屋里……老娘眼睛是揉不下沙子的!别说我是你嫂子了,就是我是你奶奶,只怕你也不在乎。"季泽笑道:"我原是个随随便便的人,哪禁得你挑眼儿?"七巧待要出去,又把背心贴在门上,低声道:"我就不懂,我有什么地方不如人?我有什么地方不好……"季泽笑道:"好嫂子,你有什么不好?"七巧笑了一声道:"难不成我跟了个残废的人,就过上了残废的气,沾都沾不得?"她睁着眼直勾勾朝前望着,耳朵上的实心小金坠子像两只铜钉把她钉在门上——玻璃匣子里蝴蝶的标本,鲜艳而凄怆。

季泽看着她,心里也动了一动。可是那不行,玩尽管玩,他早抱定了宗旨不惹自己家里人,一时的兴致过去了,躲也躲不掉,踢也踢不开,成天在面前,是个累赘。何况七巧的嘴这样敞,脾气这样躁,如何瞒得了人?何况她的人缘这样坏,上上下下谁肯代她包涵一点?她也许是豁出去了,闹穿了也满不在乎。他可是年纪轻轻的,凭什么要冒这个险?他侃侃说道:"二嫂,我虽年纪小,并不是一味胡来的人。"

仿佛有脚步声。季泽一撩袍子,钻到老太太屋子里去了,临走还抓了一大把核桃仁。七巧神志还不很清楚,直到有人推门,她方才醒了过来,只得将计就计,藏在门背后,见玳珍走了进来,她便夹脚跟出来,在玳珍背上打了一下。玳珍勉强一笑道:"你的兴致越发好了!"又望了望桌上道:"咦?那么些个核桃,吃得差不多了。再也没有别人,准是三弟。"七巧倚着桌子,面向阳台立着,只是不言语。玳珍坐了下来,嘟哝道:"害人家剥了一早上,便宜他享现成的!"七巧捏着一片锋利的胡桃壳,在红毡条上狠命刮着,左一刮,右一刮,看看那毡子起了毛,就要破了。她咬着牙道:"钱上头何尝不是一样?一味的叫咱们省,省下来让人家拿出去大把的花!我就不服这口气!"玳珍看了她一眼,冷冷地道:"那可没有办法。人多了,明里不去,暗里也不见得不去。管得了这个,管不了那个。"七巧觉得她话中有刺,正待反唇相讥,小双进来了,鬼鬼祟祟走到七巧跟前,嗫嚅④道:"奶奶,舅爷来了。"七巧骂道:"舅爷来了,又不是背人的事,你嗓子眼里长了疔是怎么着?蚊子哼哼似的!"小双倒退了一步,不敢言语。玳珍道:"你们舅爷原来也到上海来了。咱们这儿亲戚倒都全了。"七巧移步出房道:"不许他到上海来?内地兵荒马乱的,穷人一样的要命呀!"她在门槛上站住了,问小双道:"回过老太太没有?"小双道:"还没呢。"七巧想了一想,毕竟不敢进去告诉一声,只得悄悄下楼去了。

玳珍问小双道:"舅爷一个人来的?"小双道:"还有舅奶奶,拎着四只提篮盒。"玳珍格的一笑道:"倒破费了他们。"小双道:"大奶奶不用替他们心疼。装得满满的进来,一样装得满满的出去。别说金的银的圆的扁的,就连零头鞋面儿裤腰都是好的!"玳珍笑道:"别那么缺德了!你下去罢。她娘家人难得上门,伺候不周到,又该大闹了。"

小双赶了出去,七巧正在楼梯口盘问榴喜老太太可知道这件事。榴喜道:"老太太念佛呢,三爷趴在窗口看野景,就大门口来了客。老太太问是谁,三爷仔细看了看,说不知是不是曹家舅爷,老太太就没追问下去。"七巧听了,心头火起,跺了跺脚,喃喃呐呐骂道:"敢情你装不知道就算了!皇帝还有草鞋亲呢!这会子有这么势利的,当初何必三媒六聘的把我抬过来?快刀斩不断的亲戚,别说你今儿是装死,就是你真死了,他也不能不到你灵前磕三个头,你也不能不受着他的!"一面说,一面下去了。

她那间房,一进门便有一堆金漆箱笼迎面拦住,只隔开几步见方的空地。她一掀帘子,只见她嫂子蹲下身去将提篮盒上面的一屉酥盒子卸了下来,检视下面一屉里的菜可曾泼出来。她哥哥曹大年背着手弯着腰看着。七巧止不住一阵心酸,倚着箱笼,把脸偎在那纱蓝棉套子上,纷纷落下泪来。她嫂子慌忙站直了身子,抢步上前,两只手捧住她一只手,连连叫着姑娘。曹大年也不免抬起袖子来擦眼睛。七巧把那只空着的手去解箱套子上的纽扣,解了又扣上,只是开不得口。

她嫂子回过头去睃⑤了她哥哥一眼道:"你也说句话呀!成日价念叨着,见了妹妹的面,又像锯了嘴的葫芦似的!"七巧颤声道:"也不怪他没有话——他哪儿有脸来见我!"又向她哥哥道:"我只道你这一辈子不打算上门了!你害得我好!你扔崩一走,我可走不了。你也不顾我的死活!"曹大年道:"这是什么话?旁人这么说还罢了,你也这么说!你不替我遮盖遮盖,你自己脸上也不见得光鲜。"七巧道:"我不说,我可禁不住人家不说。就为你,我气出了一身病在这里。今日之下,亏你还拿这话来堵我!"她嫂子忙道:"是他的不是,是他的不是!姑娘受了委屈了。姑娘受的委屈也不止这一件,好歹忍着罢,总有个出头之日。"她嫂子那句"姑娘受的委屈也不止这一件"的话却深深打进她心坎儿里去。七巧哀哀哭了起来,急得她嫂子直摇手道:"看吵醒了姑爷。"房那边暗昏昏的紫楠大床上,寂寂吊着珠罗纱帐子。七巧的嫂子又道:"姑爷睡着了罢?惊动了他,该生气了。"七巧高声叫道:"他要有点人气,倒又好了!"她嫂子吓得掩住她的嘴道:"姑奶奶别!病人听见了,心里不好受!"七巧道:"他心里不好受,我心里好受吗?"她嫂子道:"姑爷还是那软骨症?"七巧道:"就这一件还不够受了,还禁得起添什么?这儿一家子都忌讳痨病这两个字,其实还不就是骨痨!"她嫂子道:"整天躺着,有时候也坐起来一会儿吗?"七巧哧哧的笑了起来道:"坐起来,脊梁骨直溜下去,看上去还没有我那三岁的孩子高哪!"她嫂子一时想不出劝慰的话,三个人都愣住了。七巧猛地顿脚道:"走罢,走罢,你们!你们来一趟,就害得我把前因后果重新在心里过一过。我禁不起这么掀腾!你快给我走!"

曹大年道:"妹妹你听我一句话。别说你现在心里不舒坦,有个娘家走动着,多少好些,就是你有了出头之日了,姜家是个大族,长辈动不动就拿大帽子压人,平辈小辈一个个如狼似虎的,哪一个是好惹的?替你打算,也得要个帮手。将来你用得着你哥哥你侄儿的时候多着呢。"七巧啐了一声道:"我靠你帮忙,我也倒了霉了!我早把你看得透里透——斗得过他们,你到我跟前来邀功要钱,斗不过他们,你往那边一倒。本来见了做官的就魂都没有了,头一缩,死活随我去。"大年涨红了脸冷笑道:"等钱到了你手里,你再防着你哥哥分你的,也还不迟。"七巧道:"你既然知道钱还没到我手里,你来缠我做什么?"大年道:"远迢迢赶来看你,倒是我们的不是了!走!我们这就走!凭良心说,我就用你两个钱,也是该的。当初我若贪图财礼,问姜家多要几百两银子,把你卖给他们做姨太太,也就卖了。"七巧道:"奶奶不胜似姨奶奶吗?长线放远鹞,指望大着呢!"大年待要回嘴,他媳妇拦住他道:"你就少说一句罢!以后还有见面的日子呢。将来姑奶奶想到你的时候,才知道她就只这一个亲哥哥了!"大年督促他媳妇整理了提篮盒,拎起就待走。七巧道:"我希罕你?等我有了钱了,我不愁你不来,只愁打发你不开!"嘴里虽然硬着,煞不住那呜咽的声音,一声响似一声,憋了一上午的满腔幽恨,借着这因由尽情发泄了出来。她嫂子见她分明有些留恋之意,便做好做歹劝住了她哥哥,一面半搀半拥把她引到花梨炕上坐下了,百般譬解,七巧渐渐收了泪。兄妹姑嫂叙了些家常。北方情形还算平静,曹家的麻油铺还照常营业着。大年夫妇此番到上海来,却是因为他家没过门的女婿在人家当账房,光复的时候恰巧在湖北,后来辗转跟主人到上海来了,因此大年亲自送了女儿来完婚,顺便探望妹子。大年问候了姜家阖宅上下,又要参见老太太,七巧道:"不见也罢了,我正跟她怄气呢。"大年夫妇都吃了一惊,七巧道:"怎么不淘气呢?一家子都往我头上踩,我要是好欺负的,早给作践死了,饶是这么着,还气得我七病八痛的!"她嫂子道:"姑娘近来还抽烟不抽?倒是鸦片烟,平肝导气,比什么药都强,姑娘自己千万保重,我们又不在跟前,谁是个知疼着热的人?"

七巧翻箱子取出几件新款尺头送与她嫂子,又是一副四两重的金镯子,一对披霞莲蓬簪,一床丝棉被胎,侄女们每人一只金挖耳,侄儿们或是一只金锞子,或是一顶貂皮暖帽,另送了她哥哥一只珐琅金蝉打簧表,她哥嫂道谢不迭。七巧道:"你们来得不巧,若是在北京,我们正要上路的时候,带不了的东西,分了几箱给丫头老妈子,白便宜了他们。"说得她哥嫂讪讪的。临行的时候,她嫂子道:"忙完了闺女,再来瞧姑奶奶。"七巧笑道:"不来也罢了,我应酬不起!"

大年夫妇出了姜家的门,她嫂子便道:"我们这位姑奶奶怎么换了个人?没出嫁的时候不过要强些,嘴头子上琐碎些,就连后来我们去瞧她,虽是比前暴躁些,也还有个分寸,不似如今疯疯傻傻,说话有一句没一句,就没一点儿得人心的地方。"

七巧立在房里,抱着胳膊看小双祥云两个丫头把箱子抬回原处,一只一只叠了上去。从前的事又回来了:临着碎石子街的馨香的麻油店,黑腻的柜台,芝麻酱桶里竖着木匙子,油缸上吊着大大小小的铁匙子。漏斗插在打油的人的瓶里,一大匙再加上两小匙正好装满一瓶——一斤半。熟人呢,算一斤四两。有时她也上街买菜,蓝夏布衫裤,镜面乌绫镶滚。隔着密密层层的一排吊着猪肉的铜钩,她看见肉铺里的朝禄。朝禄赶着她叫曹大姑娘。难得叫声巧姐儿,她就一巴掌打在钩子背上,无数的空钩子荡过去锥他的眼睛,朝禄从钩子上摘下尺来宽的一片生猪油,重重的向肉案一抛,一阵温风直扑到她脸上,腻滞的死去的肉体的气味……她皱紧了眉毛。床上睡着的她的丈夫,那没有生命的肉体……

注释

① 踅(xué)到:折回。

② 搭讪(shàn):为了想跟人接近或把尴尬的局面敷衍过去而找话说。

③ 伛偻(yǔ lǚ):腰背弯曲。

④ 喏嚅(niè rú):形容想说话而又吞吞吐吐不敢说出来的样子。

⑤ 睃(suō):斜着眼睛看。

文本解读

《金锁记》写于1943年,是张爱玲的代表作之一,也是她主题挖掘最深刻、人物塑造及艺术创造最成功的小说。小说描写了女主人公曹七巧心灵变迁的历程。七巧出身平民,可是她的大哥为攀附权贵把她嫁入了没落大族姜家,丈夫是个残疾人,在姜家她处处遭到排斥和冷眼,因此她不断反抗而导致恶名昭著。她好不容易"熬出了头",终于得以脱离封建家族的桎梏,自立门户,带着一双儿女牢牢守着用她一生幸福换来的财产。可是她的后半生过得并不如意。当她意识到曾托以幻想的三爷季泽利用她的感情企图骗她钱财时,她立刻戳穿他的把戏而把自己生命中唯一一点的爱情葬送了,她的性格彻底扭曲,行为变得乖戾,不但破坏儿子的婚姻,致使儿媳被折磨而死,还破坏女儿的爱情。最后,终于沦落为眼中只有金钱没有亲情的恶毒残忍的恶魔。

小说取名《金锁记》,意味深长。受金钱支配的买卖婚姻让七巧陷入畸形的家庭生活,其心理变态,转向拼命抓钱;她以青春为代价,卖掉了自己的一生,除了一点钱,她一无所有。她自己没有得到幸福生活,连自己的儿女也别想得到。"30年来她带着黄金的枷。她用那沉重的枷角劈杀了几个人,没死的也送了半条命"。

《金锁记》以月亮始,以月亮终,月亮统领全部的意象,显示了故事的悲剧性和悲剧的深刻性。此外,张爱玲的小说受到传统小说的影响很大,技巧、语言方面模仿、借鉴《红楼梦》等古典文学作品,文白相济,雅俗共赏。

思考练习

1. 解释《金锁记》这篇小说名称的含义。
2. 曹七巧形象的独特性表现在哪些方面?
3. 《金锁记》中的意象与人物心理描写是怎样有机联系起来的?
4. 联系《金锁记》,谈谈张爱玲作品语言新、旧、雅、俗特点的具体表现。

阅读链接

1. 西岭雪:《西望张爱玲》,东方出版社 2007 年版。
2. 《张爱玲〈金锁记〉赏析》,百度文库,2009 年 5 月 10 日。
3. 冷琼:《悲情的舞蹈 人性的诠释——张爱玲〈金锁记〉赏析》,《科技信息(科学研究)》2007 年 33 期。
4. 汪德宁:《参差对照 美丽苍凉——试论〈金锁记〉的艺术特色》,《名作欣赏》2010 年 2 期。
5. 李如:《女性命运的象征——解读〈金锁记〉中的月亮意象》,《黄山学院学报》2005 年 2 期。

围城(节选)

钱钟书

钱钟书(1910～1998),字默存,号槐聚,曾用笔名中书君,江苏无锡人。现代著名学者、作家。自幼受到传统文化的熏陶,国学功底深厚。1933 年清华大学外文系毕业。1935 年与杨绛同赴英国留学,后赴法国巴黎大学进修法国文学,广泛接纳世界各国的文化学术成果。1938 年回国,历任西南联大、暨南大学、清华大学教授。1953 年起,任中国科学院文学研究所研究员。1982 年任中国社会科学院副院长。

著有长篇小说《围城》,短篇小说集《人·兽·鬼》,散文集《写在人生边上》,学术著作《谈艺录》、《管锥编》等。他的小说和散文,都具有博识、睿智、辛辣、幽默的特点。其学术论著在国内外学术界享有很高声誉。

鸿渐郁闷不乐,老家也懒去。遯翁打电话来催。他去听了遯翁半天的议论,并没有实际的指示和帮助。他对家里的人都起了憎恨,不肯多坐。出来了,到那家转运公司去找它的经理,想问问旅费,没碰见他,约明天再去。上王先生家去也找个空。这时候电车里全是办公室下班的人,他挤不上,就走回家,一边想怎样消释柔嘉的怨气。在街口瞧见一部汽车,认识是陆家的,心里就鲤一鲤①。开后门经过跟房东合用的厨房,李妈不在,火炉上炖的罐头喋喋自语个不了。他走到半楼,小客室门罅开,有陆太太高声说话。他冲心的怒,不愿进去,脚仿佛钉住。只听她正说:"鸿渐这个人,本领没有,脾气倒很大,我也知道,不用李妈讲。柔嘉,男人像小孩子一样,不能 spoil 的②,你太依顺他——"他血升上脸,恨不能大喝一声,直扑进去,忽听李妈脚步声,向楼下来,怕给她看见,不好意思,悄悄又溜出门。火冒得忘了寒风砭肌③,不知道这讨厌的女人什么时候滚蛋,索性不回去吃晚饭了,反正失业准备吃稀饭,这几个小钱不用省它。走了几条马路,气愤稍平。经过一家外国面包店,橱窗里电灯雪亮,照耀各式糕点。窗外站一个短衣褴褛的老头子,目不转睛地看窗里的的东西,臂上挽个篮,盛着粗拙的泥娃娃,和蜡纸粘的风转。鸿渐想现在都市里的小孩子全不要这种笨朴的玩具了,讲究的洋货有的是,可怜的老头子,不会有生意。忽然联想到自己正像他篮里的玩具,这个年头没人过问,所以找职业这样困难。他叹口气,掏出柔嘉送的钱袋来,给老头子两张钞票。面包店门口候客人出来讨钱的两个小乞丐,就赶上来要钱,跟了他好一段路。他走得肚子饿了,挑一家便宜的俄国馆子,正要进去,伸手到口袋一摸,钱袋不知去向,急得在冷风里微微出汗,微薄得不算是汗,只譬如情感的蒸气。今天真是晦气日子!只好回家,坐电车的钱也没有,一股怨毒全结在柔嘉身上。假如陆太太不来,自己决不上街吃冷风,不上街就不会丢钱袋,而陆太太是柔嘉的姑母,是柔嘉请上门的——柔嘉没请也要冤枉她。并且自己的钱一向前后左右口袋里零碎搁着,扒手至多摸空一个口袋,有了钱袋一股脑儿放进去,倒给扒手便利,这全是柔嘉出的好主意。

李妈在厨房洗碗,见他进来,说:"姑爷,你吃过晚饭了?"他只作没听见。李妈从没有见过他这样板着脸回家,担心地目送他出厨房,柔嘉见是他,搁下手里的报纸,站起来说:"你回来了!外面冷不冷?在什么地方吃的晚饭?我们等等你不回来,就吃了。"

鸿渐准备赶回家吃饭的,知道饭吃过了,失望中生出一种满意,仿佛这事为自己的怒气筑了牢固的基础,今天的吵架吵得响,沉着脸说:"我又没有亲戚家可以去吃饭,当然没有吃饭。"

柔嘉惊异道:"那么,快叫李妈去买东西。你到什么地方去了?叫我们好等!姑妈特来看你的。等等你不来,我就留她吃晚饭了!"

鸿渐像落水的人,捉到绳子的一头,全力挂住,道:"哦!原来她来了!怪不得!人家把我的饭吃掉了,我自己倒没得吃。承她情来看我,我没有请她来呀!我不上她的门,她为什么上我的门?姑母要留住吃饭,丈夫是应该挨饿的。好,称了你的心罢,我就饿一天,不要李妈去买东西。"

柔嘉坐下去,拿起报纸,道:"我理了你都懊悔,你这不识抬举的家伙。你愿意挨饿,活该,跟我不相干。报馆又不去了,深明大义的大老爷在外面忙些什么国家大事呀?到这时候才回来!家里的开销,我负担一半的,我有权利请客,你管不着。并且,李妈做的菜有毒,你还是少吃为妙。"

鸿渐饿上加气,胃里刺痛,身边零用一个子儿没有了,要明天上银行去付,这时候又不肯向柔嘉要,说:"反正我饿死了你快乐,你的好姑母会替你找好丈夫。"

柔嘉冷笑道:"啐!我看你疯了。饿不死的,饿了可以头脑清楚点。"

鸿渐的愤怒像第二阵潮水冒上来,说:"这是不是你那位好姑母传授你的秘诀?'柔嘉,男人不能太 spoil 的,要饿他,冻他,虐待他。'"

柔嘉仔细研究她丈夫的脸道:"哦,所以房东家的老妈子说看见你回来的。为什么不光明正大上楼呀？偷偷摸摸像个贼，躲在半楼梯偷听人说话。这种事只配你那二位弟媳妇去干，亏你是个大男人！羞不羞？"

鸿渐道："我是要听听，否则我真蒙在鼓里，不知道人家在背后怎么糟踏我呢？""我们怎样糟踏你？你何妨说？"

鸿渐摆空城计道："你心里明白，不用我说。"

柔嘉确曾把昨天的事讲给姑母听，两人一唱一和地笑骂，以为全落在鸿渐耳朵里了，有点心慌，说："本来不是说给你听的，谁教你偷听？我问你，姑母说要替你在厂里找个位置，你的尖耳朵听到没有？"

鸿渐跳起来大喝道："谁要她替我找事？我讨饭也不要向她讨！她养了 Bobby 跟你孙柔嘉两条狗还不够么？你跟她说，方鸿渐'本领虽没有，脾气很大'，资本家走狗的走狗是不做的。"

两人对站着。柔嘉怒得眼睛异常明亮，说："她那句话一个字儿没有错。人家可怜你，你不要饭碗，饭碗不会发霉。好罢，你父亲会替你'找出路'。不过，靠老头子不希奇，有本领自己找出路。"

"我谁都不靠。我告诉你，我今天已经拍电报给赵辛楣，方才跟转运公司的人全讲好了。我去了之后，你好清静，不但留姑妈吃晚饭，还可以留她住夜呢。或者干脆搬到她家去，索性让她养了你罢，像 Bobby 一样。"

柔嘉上下唇微分，睁大了眼，听完，咬牙说："好，咱们算散伙。行李衣服，你自己去办，别再来找我。去年你浪荡在上海没事，跟着赵辛楣算到了内地，内地事丢了，靠赵辛楣的提拔到上海，上海事又丢了，现在再到内地投奔赵辛楣去。你自己想想，一辈子跟住他，咬住他的衣服，你不是他的狗是什么？你不但本领没有，连志气都没有，别跟我讲什么气节了。小心别讨了你那位好朋友的厌，一脚踢你出来，那时候又回上海，看你有什么脸见人。你去不去，我全不在乎。"

鸿渐再熬不住，说："那么，请你别再开口，"伸右手猛推她的胸口。她踉跄退后，撞在桌子边，手臂把一个玻璃杯带下地，玻璃屑混在水里，气喘说："你打我？你打我！"李妈像爆进来一粒棉花弹，嚷："姑爷，你怎么动手打人？老爷太太没打过你，我从小喂你吃奶，用气力拍你一下都没有，他倒动手打你！"说着眼泪滚下来。柔嘉也倒在沙发里心酸啜泣。鸿渐扯她哭得可怜，而不愿意可怜，恨她转深。李妈在沙发边庇护着柔嘉，道："小姐，你别哭！你哭我也要哭了——"说时又拉起围裙擦眼泪——"瞧，你打得她这个样子！小姐，我真想去告诉姑太太，就怕我去了，他又要打你。"

鸿渐厉声道："你问你小姐，我打她没有？你快去请姑太太，我不打你小姐得了，"半推半搡，把李妈直推出房，不到一分钟，她又冲进来，说："小姐，我请房东家大小姐替我打电话给太太，她马上就来，咱们不怕他了。"鸿渐和柔嘉都没想到她会当真，可是两人这时候还是敌对状态，不能一致联合怪她多事。柔嘉忘了哭，鸿渐惊奇地望着李妈，仿佛小孩子见了一只动物园里的怪兽。沉默了一会，鸿渐道："好，她来我就走，你们两个女人结了党不够，还要添上一个，说起来倒是我男人欺负你们，等她走了我回来。"到衣架上取外套。

柔嘉不愿意姑母来把事闹大，但瞧丈夫这样退却，鄙恨得不复伤心，嘶声："你是个 Coward①！Coward！Coward！我再不要看见你这个 Coward！"每个字像鞭子打了一下，要鞭出她丈夫的胆气来,她还嫌不够狠,顺手抓起桌上一个象牙梳子尽力扔他。鸿渐正回头要回答,躲闪不及,梳子重重地把左颧打个着,迸到地板上,折为两段。柔嘉只听见他"啊哟"叫痛,瞧梳子打处立刻血隐隐地红肿,倒自悔过分,又怕起来,准备他还手。李妈忙两人间拦住。鸿渐惊骇她会这样毒手,看她扶桌僵立,泪渍的脸像死灰,两眼全红,鼻孔翕开,嘴咽唾沫,又可怜又可怕,同时听下面脚声上楼,不计较了,只说:"你狠,啊!你闹得你家里人知道不够,还要闹得邻舍全知道,这时候房东家已经听见了。你新学会泼辣不要面子,我还想做人,倒要面子的。我走了,你老师来了再学点新的本领,你真是个好学生,学会了就用!你替我警告她,我饶她这一次。以后她再来教坏你,我会上门找她去,别以为我怕她。李妈,姑太太来,别专说我的错,你亲眼瞧见的是谁打谁。"走近门大声说:"我出去了。"慢慢地转门钮,让门外偷听的人得讯走开然后出去。柔嘉眼睁睁看他出了房,瘫倒在沙发里,扶头痛哭,这一阵泪不像只是眼里流的,宛如心里,整个身体里都挤出了热泪,合在一起宣泄。

鸿渐走出门,神经麻木得不感觉冷,意识里只有左颊在发烫。头脑里,情思弥漫纷乱像个北风飘雪片的天空。他信脚走着,彻夜不睡的路灯把他的影子一盏盏彼此递交。他仿佛另外有一个自己在说:"完了!完了!"散杂的心思立刻一撮似的集中,开始觉得伤心。左颊忽然星星作痛。他一摸湿腻腻的,以为是血,吓得心倒定了,脚里发软。走到灯下,瞧手指上没有痕迹,才知道流了眼泪。同时感到周身疲乏,肚子饥饿。鸿渐本能地伸手进口袋,想等个叫卖的小贩,买个面包,恍然记起身上没有钱。肚子饿的人会发火,不过这火像纸头烧起来的,不会耐久。他无处可去,想还是回家睡,真碰见了陆太太也不怕她。就算自己先动手,柔嘉报复得这样狠毒,两下勾销。他看表上十点已过,不清楚自己什么时候出来的,也许她早走了。弄口没见汽车先放了心。他一进门,房东太太听见声音,赶出来说:"方先生,是你!你们少奶奶不舒服,带了李妈到陆家去了,今天不回来了。这是你房上的钥匙,留下来交给你的。你明天早饭到我家来吃,李妈跟我说好的。"鸿渐心直沉下去,捞不起来,机械地接钥匙,道声谢。房东太太像还有话说,他三脚两步逃上楼。开了卧室的门,拨亮电灯,破杯子跟梳子仍在原处,成堆的箱子少了一只,他呆呆地站着,身心迟钝得发不出急,生不出气。柔嘉走了,可是这房里还留下她的怒容,她的哭声,她的说话,在空气里没有消失。他望见桌上一张片子,走近一看,是陆太太的。忽然怒起,撕为粉碎,狠声道:"好,你倒自由得很,撇下我就走!滚你妈的蛋,替我滚,你们全替我滚!",这简短一怒把余劲都使尽了,软弱得要傻哭个不歇。和衣倒在床上,觉得房屋旋转,想不得了,万万不能生病,明天要去找那位经理,说妥了再筹旅费,旧历年可以在重庆过。心里又生希望,像湿柴虽点不着火,开始冒烟,似乎一切会有办法。不知不觉中黑地昏天合拢,裹紧,像灭了灯的夜,他睡着了。最初睡得脆薄,饥饿像锯子要锯破他的昏迷,他潜意识挡住它。渐渐这锯子松了,钝了,他的睡也坚实得不受锯,没有梦,没有感觉,人生最原始的睡,同时也是死的样品。

那只祖传的老钟从容自在地打起来,仿佛积蓄了半天的时间,等夜深人静,搬出来一一细数:"当、当、当、当、当、当"响了六下。六点钟是五个钟头以前,那时候鸿渐在回家的路上走,蓄心要待柔嘉好,劝她别再为昨天的事弄得夫妇不欢;那时候,柔嘉在家里等鸿渐回家来吃晚饭,希望他会跟姑母和好,到她厂里做事。这个时间落伍的计时机无意中饱含对人生的讽刺和感伤,深于一切语言、一切啼笑。

注释

①鲠一鲠(gěng):如鱼骨头卡在喉咙。
②不能 spoil 的:意思是不能娇纵的。
③寒风砭(biān)肌:冷风刺痛皮肤。砭:用石针扎皮肉治病。
④你是个 Coward:意为你是个懦夫。

文本解读

《围城》是中国现代文学史上一部风格独特的讽刺小说,是作者"两年里忧世伤生"、"锱铢积累"写成的。作者在《围城》初版的序言里曾自述创作意图说:"我想写现代中国某一部分社会,某一类人物。"参照小说内容,可以看到,作者着意表现的是现代中国上层知识分子的众生相。通过主人公方鸿渐与几位知识女性的情感、婚恋纠葛,通过方鸿渐由上海到内地的一路遭遇,以喜剧性的讽刺笔调,刻画了抗战环境下中国一部分知识分子的彷徨和空虚。作者借小说人物之口解释"围城"的题义说:这是从法国的一句成语中引申而来的,即"被围困的城堡"。"城外的人想冲进去,城里的人想逃出来"。小说的整个情节,是知识界青年男女在爱情纠葛中的围困与逃离,而在更深的层次上,则是表现一部分知识者陷入精神"围城"的境遇。而这,正是《围城》主题的深刻之处。

全书共9章,本文节选自末章的最后一节。面对围城内的烦恼生活,由于方鸿渐的懦弱,宁愿接受失败也不肯面对现实,失业又失去了婚姻,直到一无所有。小说的结尾,祖传的老钟从容自在地打起5个钟头之前的6点钟,然而对于主人公方鸿渐来说,已经过去的一切都无法挽回了,"这个时间落伍的计时机无意中饱含对人生的讽刺和感伤,深于一切语言、一切啼笑"。

《围城》是一本有趣的书,它的有趣源自一位智者对人性的洞察与调侃。钱钟书创作的基调是讽刺,"用毫不留情的讽刺,引起我们一种难以排遣的惆怅",对社会、人生、心理、道德的病态,他用他那支魔杖般的笔犀利、机智、俏皮地进行讥讽,创造出一种由博识、睿智、谐趣构成的具有智性之美和巧喻迭出、纵横恣肆的独特文体。

思考练习

1.方鸿渐的悲剧性格在选文中是如何体现的?
2.本篇语言上有何特点?请举例说明。
3.阅读《围城》全文。

阅读链接

1.杨绛:《记钱钟书与〈围城〉》(《围城》附录),人民文学出版社2000年版。
2.春秋文子:《中国小说名著赏析——钱钟书〈围城〉》,新浪博客2011年4月20日。

升官图(节选)

陈白尘

陈白尘(1908～1994),原名陈征鸿,又名陈斐,江苏淮阴人。中国现代杰出的剧作家、小说家。1930年参加左翼戏剧家联盟,从事戏剧活动。1932年7月任共青团淮阴特委秘书,后因叛徒出卖而被捕。在狱中创作了一些短篇小说和独幕剧。1935年出狱后在上海从事文学创作。抗战开始后,在各地坚持进步的戏剧活动,创作了大量剧本,对掀起大后方抗战戏剧的高潮作出了贡献。新中国成立后参加创作了电影剧本《宋景诗》和《鲁迅传》等。曾任作协书记处书记。1978年任南京大学中国语言文学系教授、系主任。1979年当选为全国文联委员及中国作家协会理事、中国戏剧家协会副主席等。

陈白尘早期主要从事小说创作,但他的文学成就突出表现在剧本创作上。他的话剧创作在上个世纪40年代达到鼎盛期。从30年代到80年代,共写作话剧及电影剧本50多部。喜剧和历史剧尤为其所长。代表作有《乱世男女》、《结婚进行曲》、《岁寒图》、《升官图》,以及根据鲁迅原著改编的《阿Q正传》等。他的戏路之宽,少有人能及,而数量之多,在中国现代剧作家中也是屈指可数。

登场人物

闯入者甲——一个流氓、强盗,即假秘书长。

闯入者乙——闯入者甲的同伙,即假知县。

知县太太——即省长夫人。

艾局长——财政局长。

马局长——警察局长。

钟局长——卫生局长。

萧局长——工务局长。

齐局长——教育局长。

省长。

侍从。

马小姐——马局长妹妹,女秘书,即假知县太太。

警察一、二、三、四。

听差一、二、三、四。

知县。

第二幕

第一场

〔两天以后。〕

〔为了这间客厅和内室都被指定为省长的行辕,也就更被打扮得华贵了。〕

〔听差们在布置行辕。县长卧室的门打开了,听差们进出着,有的将县长的东西搬进后花园去;有的将新置家具搬进卧室来;有的在挂字画,悬灯盏,穿进穿出,好不热闹。〕

假秘书长　(察看一下听差们的工作)快点!快点!你手里捧的是什么?

听差一　新做的绣花睡衣。

假秘书长　送到(指内室)里面去,这是给省长大人预备的。

听差一　是。(下)

假秘书长　你搬的什么?

听差二　县太爷的衣箱。(向通花园的门走去)

假秘书长　县太爷在哪儿?

听差二　正在花厅里。

假秘书长　马秘书——马小姐也在那儿?

听差二　是。

假秘书长　请县太爷进来,说我请!

听差二　是。(下)

〔听差三、听差四抬地毯入。〕

假秘书长　就铺在客厅里!慢吞吞!慢吞吞!看,一声说省长到了,怎么来得及!

听差三、听差四　是!

〔听差一自内室上。〕

假秘书长　去看看各位局长来了没有?——快请进来。

听差一　是。

假秘书长　这门上(指内室)新配的钥匙呢?

听差一　在这儿,秘书长。

假秘书长　收好。房间布置好了以后,把门锁起来。

听差一　是。(下)

〔假知县和马小姐——马局长之妹,如今是知县女秘书的身份——低头密语,相拥而出。〕

〔听差相率退出。〕

马小姐　……记清楚了:一个五克拉的钻石戒指,一部小汽车,一座洋房……

假知县　(神魂颠倒)唔,唔,"一个五克拉的钻石戒指,一部小汽车,一座洋房……"一定办到!一定办到!这点东西算什么!

假秘书长　(大为不悦)大人,您的演讲词背得怎样了?

假知县　(一惊)哦,哦,在背,在背!

马小姐　(娇媚地)哟,秘书长,大人的演讲稿,您放心。我一定教的透熟!(掏出稿纸)

假秘书长　马小姐——马秘书,我相信您一定会办得好,可是省长大人说不定什么时候到。一声到了,怕来不及!

马小姐　您放心!大人已经背得差不多了。——大人,您把第二段背给秘书长听听……

假知县　唔,唔……第二段?第二段是——我记起来了:"今天欢迎省长大人的第二个意义,就是……就是……就是……"

马小姐　（提醒）"肃清"！

假知县　哦……"就是肃清贪污，建立廉洁政府！"

马小姐　（提示）"省长大人……"

假知县　哦，"省长大人一向是提倡廉洁的，所以本县的官员，都能遵守省长大人的教训，刻苦自持。自本官以下，大家都是一贫如洗，家徒四壁！……"

马小姐　（得意）怎么样？

假秘书长　很好，就是还不很熟。

马小姐　今天一定背得熟，您放心！（挟了假知县又密语起来）

假秘书长　那就很好！（艾局长进来，稍后是知县太太。）

假秘书长　哦，艾局长您来得正好。

假知县　（见知县太太，愤然转身）咱们后花园去。

知县太太　（不愉快）哦，马秘书，马小姐，您真好！……

马小姐　（昂然）怎么样，太太？

知县太太　谢谢你，你代替了我不少工作，——可是还好，你还记得叫我声"太太"。（笑）

马小姐　（也不示弱）唉，我的记忆力还好，可是别人呀，早都忘了！（拉着假知县坐下）大人，咱们还是来背演讲稿！

知县太太　哼！看你爬到我头上去。（转身出去）

假秘书长　（急扭转空气）艾局长，我们谈谈吧！——省长说不定什么时候到，财政局方面一切都准备好了？

艾局长　（毫不着急）里里外外都粉刷过了，各种统计表都做好了。连勤务都训练过，外表上是毫无问题！

假秘书长　（玩味着）唔，那么，内里呢？

艾局长　（故意做作）当然是小问题，金库里有点不敷。

假秘书长　（急）短少好多？

艾局长　秘书长不用着急，数字不大——不过是几千万万。

假秘书长　（跳起来）几千万万？

艾局长　（笑）小数目！

马小姐　记得吗？

假知县　记得！（背）"一个五克拉的钻石戒指，一部小汽车，一座洋房……"是不是？

马小姐　（赞赏地）对了！

假秘书长　大人，您请后花园去吧。我们要谈话。（推之出）

〔假知县和马小姐又神魂颠倒地相拥而下。〕

假秘书长　（沉默了一会之后）艾局长，这笔款子我和大人都不能负责！第一，这是前任的手续。

艾局长　（改正）这不是前任！你们不能只要做官不管欠账！

假秘书长　第二，这笔款子谁证明？

艾局长　当然我证明：我可以到省长面前证明是知县大人挪空了的。

假秘书长　（愤怒地）那一定是你信口胡说！

艾局长　（笑）也许是信口胡说,但秘书长你别生气,我要信口胡说了,你着急有什么用呢?

假秘书长　（愤然坐下）好吧,你有什么条件,说吧!

艾局长　千里求官只为财,您跟大人难道还会带着银子来做官?这几千万万不过是一笔账。我要怎么做就怎么做,秘书长还不明白?

假秘书长　（忍一口气）好了,前天的条件再谈谈吧。

艾局长　我早就说过了：五成!

假秘书长　好了,我再加点：二成!你想想看：太太扣了三成,你扣二成,一共五成；大人和我也只剩下五成,咱们两边已经是平分秋色了!

艾局长　（毫不移动）五成!一点也不能少!

假秘书长　（忍痛）好,二成五!

艾局长　（冷然）五成,不能少!

假秘书长　好,你先把账面上弄清楚了,我们再谈。

艾局长　那不着急。——五成!

假秘书长　（怒）你不能太欺负人!

艾局长　（板着脸）五成!

〔马局长奔上。〕

马局长　（气喘着）好了,好了,这下差不多了!秘书长!（敬礼）

假秘书长　怎么样?你警察局完全照我的计划做了?（翻计划）

马局长　差不多,差不多了!第一,两百名警察招齐了,全副新武装：黑衣、黑裤、黑绑腿、黑鞋、黑袜、白手套!——哎呀,为了二百双白手套,已经把附近五个县城都跑遍了!

假秘书长　人哪儿来的?

马局长　嘿,我的游民习艺所就是基本队伍呀!那里有一百人!今天又派人上街抓讨饭的叫花子,抓了一百个筋强力壮的。秘书长说,街上要肃清乞丐,好,你抓他起来往哪儿送呀?我这是一举两得,乞丐抓来当临时警察,临时警察再去抓乞丐,乞丐肃清了,警察也有了呀!

假秘书长　别再扯了,其余的呢?

马局长　都办好了：第二,是士农工商队,除了教育界是齐局长负责……

（齐局长正好进来。）

假秘书长　哦,齐局长,你筹备得怎样?

齐局长　好了,好了。只要一声出发,我全县十二万学生马上集合!学生全体都是童子军服装,一个不少!服装是我统筹办理的,所以非常整齐,新领带、新皮带、新皮鞋,完全是新的。我发了命令,谁不买一套新制服,不许毕业!

马局长　那你的学生可没我的花头多了,我的农民队,是五万人。每人身穿一式的阴丹士林蓝布衫裤,头戴一式草帽,脚穿一式的草鞋,有一个穿的不一样,要罚他二十万!工人队是一律哔叽的工装衣裤；商人队是一律蓝袍黑马裤；妇女队是一律白色西装,都是五万人一队。妇女队手捧鲜花,其余的每人一面旗子,上面写的是"省长大人万岁万岁万万岁!"

假秘书长 口号呢?

马局长 都训练过了:对省长大人叫万岁万岁万万岁,知县大人是万岁,秘书长和各位局长是千岁。省长车子一到,就大呼口号一千遍! 然后整队入城! 城里每家住户都关门落锁,每个人都要拿旗子在街上欢迎。——不出来欢迎的,罚洋一万元!

〔萧局长入,后面跟着钟局长。〕

假秘书长 (点头)很好。街道上的布置怎样?

萧局长 街道上可完全是赔本生意了。我动员了上万泥水匠,把每一条街的房屋都整理了:门面一般高,檐口一般齐,窗上一律装上玻璃,墙上一律粉刷白粉,这是表示廉洁坦白! 可是门面这么一修理,每家就得十万元。此刻完全是我工务局代办,一个钱还没收哩!

马局长 哼,你好像每次工程都是自己赔了本的!

萧局长 我们工务局可不能像你们警察局,动不动抓人,关班房呀!

假秘书长 好。马路呢?

萧局长 从车站到县衙门,黄沙铺地,彩棚遮天,五步一个松柏牌坊,十步一个锦缎牌楼! 沿街悬灯结彩,包管省长大人看不见一点破烂东西!

假秘书长 唔,好好。可是我们还缺少一些东西,——各位办的都够富丽堂皇了,但还没有表示出我们的"建设"! 现在是建设第一呀! ——萧局长,你再动员三十辆大卡车,尽装着机器。——把电灯厂那些破烂机器都拆下来,装在汽车上,上面写出来:这是建设某某纱厂的,那是建设某某机器厂的,那是建设某某钢铁厂的。另外再动员五十辆大卡车,把破棉花、破报纸装成大包放在汽车上,上面也写出来:这是某某厂的出品,那是某某厂的出品,那又是某某厂的出品。都停在车站旁边,好让省长看见。——还有,再动员五十辆客车,在车站开进开出,川流不息,让省长看出我们交通建设。但是要找几百个假装的乘客,都要身穿西装,手提外国的旅行皮箱。这又要请马局长设法了!

马局长 好的,好的。

萧局长 好,汽车我去办。

假秘书长 还有,齐局长,你的那些学生,要他们练习唱这个欢迎歌。(取出歌谱)马局长,你要……(滔滔不绝地在指示)

〔萧局长拉艾局长到一边密谈。〕

萧局长 ……我发现了一个大秘密!

艾局长 你又找到个女人?

萧局长 (摇头)这个秘密呀,关系你我,关系全城!

艾局长 (惊)到底是什么?

萧局长 (神秘地)知县大人回来了!

艾局长 知县大人? (故装不懂)这是什么话? 知县大人在后花园呀!

萧局长 哼! 这是个假货! ——你到现在还没有看出来? 我第一天就起了疑心,他跟这个(指假秘书长)家伙都是冒充的!

艾局长 我不能相信!

萧局长　不相信?——现在住在泰安客栈!你看去!——他是被人卖了壮丁,弄得狼狈不堪!昨儿进县衙门,被人赶出去!说他是个疯子,这简直是活见鬼!

艾局长　你见了鬼了!那一定是骗子!

萧局长　你才见鬼!我跟他谈过话呀!

艾局长　(敷衍地)好,好,你先莫宣传,回头让我去看看,便知真假。

假秘书长　(转向艾局长)艾局长,你的财政局大概是没有什么再准备的了。不过,所有的账都得……(看艾局长)

艾局长　(故意不理)没关系,不着急。

假秘书长　……早点准备好,免得临时抱佛脚。(低声)好了,刚才那个问题,这个数吧!(竖三个指头)

艾局长　(依然装佯)没关系,不着急哟!

假秘书长　好!(竖三个指头,再五个指头)

艾局长　不着急,不着急!

假秘书长　(愤然)好!(再转向钟局长)钟局长,卫生所的招牌都挂起没有?

钟局长　挂起招牌有什么用呢?没有医生,没有病床,而且也没有病人!

假秘书长　你挂起招牌,我自有办法呀!——齐局长,你向各学校去借一百二十张单人床,分到十二个卫生所去。马局长,你再找二十四个人,装扮做医生,每个卫生所两位。至于病人,——钟局长,你不是说病人很多么?害什么"狗来拖"的?

钟局长　(欣然)给他们治病?

假秘书长　(不悦)你这个书呆子!让他们在病床上睡二十分钟,省长看过就完了!

钟局长　(大惊)那怎么行?"狗来拖"的病是要马上治的,不治就死了!

假秘书长　哦!那不行!那不行!弄些病人来都死在床上怎么行?

马局长　秘书长,还是仿照我的办法吧!

假秘书长　怎么样?

马局长　从县监狱里提出一百二十个囚犯来,去装扮病人,样子既很像,监狱里犯人也少了,正显得我们政减刑轻,不又是一举而两得么?

假秘书长　好!好!好计策!——可是犯人要逃走呢?

马局长　那不容易?用铁链子拴在床上!

假秘书长　对!就这么办!

〔警察一上。〕

警察一　报告!

马局长　什么事?

警察一　刚才探马来报:省长大人的车子离此地只有五十里路了!(下)

马局长　哦!

假秘书长　五十里?——快!快!快!各位局长!没办完的事,马上去赶办!——艾局长,(低声)好了,这个数。(竖四个指头)

艾局长　不着急!不着急!

〔警察一再上。〕

警察一　报告！

马局长　怎么？

警察一　探马来报:省长大人车子只有四十里了！

假秘书长　快！快！各位局长请吧！马局长,一百个乘客,二十四个医生,一百二十个病人！萧局长,三十辆卡车装机器,五十辆卡车装货,五十辆客车运客！齐局长,一百二十张单人床！还有欢迎歌！钟局长,咳,你是死人！还有知县大人——大人！大人！

〔众人都忙着穿衣服,戴帽子,连声答应。〕

〔知县与马小姐相拥而出。〕

〔知县太太从天井奔来。〕

假知县　什么事？什么事？

〔警察一又上。〕

警察一　报告！探马报到:省长车子离城三十里！

假知县　哎呀！我的讲演稿子还没有背熟！

马局长　一百乘客,二十四个医生,一百二十个病人,怎么来得及！怎么来得及！(急得乱转)哦,(向马小姐)妹妹,你说怎么办？

萧局长　一共一百三十部车子！——离城只有三十里了！

齐局长　是呀,怎么赶得上！怎么赶得上！

假秘书长　(对艾局长)艾局长！你快点回去呀！……好！五成！五成！(举着全手)五成！

艾局长　(霍然而起)好！我去办！我去办！

假知县　(大叫)拿衣裳来！拿衣裳来！

〔四个听差分别捧着鞋、帽、衣、裤上,为假知县换衣。〕

假秘书长　(大叫)哎呀！不好！

众　人　怎么？

假秘书长　什么都准备好了,可是县衙门里怎么办？科长、科员、书记、雇员,按名额有一百多,此刻只有几个人在办公,怎么行？怎么行？

假知县　让听差、茶房都去办公！

假秘书长　不够呀！——哦！有了！各位局长大人,把你们的太太、小姐、少爷、姑爷都请来办公！

假知县　对！对！

假秘书长　马上就办！——知县太太以身作则,请你留在衙门里办公！

知县太太　我不干！

假秘书长　马秘书马小姐也留在衙门办公！

马局长　妹妹,你去办公吧！

马小姐　我不干！

假秘书长　以身作则！以身作则！——好,临时办公费,每小时一万元！

知县太太　不行！五万元！

马小姐　对！五万元一小时！

众　　人　五万元！

假秘书长　好！五万元！就是五万元！(转身对众人)诸位！还等什么？走呀！走呀！
〔连同尚未穿好衣服的假知县，一齐轰出去〕快去办公！快到车站接省长呀！

〔众人一哄而下。〕

——暗　转

第二场

〔客厅里布置得整洁华贵，内室的门紧闭，通天井的落地长窗也反掩着。〕

〔台上寂无一人，外面鸣金擂鼓。〕

〔四警察上，开窗门入，分列两旁。〕

〔四听差上，以黄绸铺地，由天井及于客厅。然后侍立两旁。〕

〔艾、齐、萧、钟四局长上，左右肃立。〕

〔马局长戎装，挺胸凸肚昂然而入。进门后急侧身立正敬礼。〕

〔假知县及假秘书长侧身前导，引进省长——五十岁左右年纪，仪表非凡，严肃端正，上。〕

假知县　这就是大人的行辕。

省　　长　(立定，注视室内，皱眉)嗯，太华贵了！

假秘书长　这是为大人起坐、会客用的，怕有贵客来往。

省　　长　我们为官从政的，应该俭以养廉，一切以简朴为是。——比如这地毯，很贵吧？

假知县　是的，很贵，很贵。昨天刚用飞机运来的，道地的美国货，价钱是五十八万！

省　　长　(大惊)五十八万！太贵！太贵！太贵了！知县，你知道我做省长的每个月才花用多少钱？我的薪金、公费一共才三千二百块钱！那要多少年薪水才买得起一条地毯？

假秘书长　省长大人，你听错了！刚才知县回禀，说是五十八元，不是五十八万。——我们知县大人一向口齿不清。

省　　长　哦！你们的知县口齿不清？(向众人)是吗？

众　　人　是！

省　　长　那很便宜！五十八元，我都买得起。真正是价廉物美！知县，再请你替我买一张吧。

假知县　(慌了)哦！……

假秘书长　只要省长大人喜欢，那这条地毯就……

省　　长　(严厉地)不不，我是从来不接受任何礼物的！我平生讲究廉洁，最恨的就是贪污！你要送这地毯给我，那不是叫我贪赃吗？

假秘书长　不敢！不敢！小的绝不是这个意思！

省　　长　(向侍从)来！

侍　　从　是！

省　　长　拿五十八元交给知县，让他替我买地毯！不许少给人家一个钱！

侍　　从　是！

省　　长　哦，刚才你致欢迎词——演说的时候，说了什么？——我好像听到：“一个五克拉的钻石戒指,一部小汽车,一所洋房"。这是什么意思?

假知县 那,那……

假秘书长 那本来是知县准备送给大人的礼物。但又知道大人是提倡廉洁的,所以就不敢送了。

省　　长 对!对!送给我,决不收!可是价钱便宜吗?我很想买下来。

假秘书长 是的,很便宜!很便宜!一个钻石戒指,一部小汽车,一座洋房,一共才二百多块钱,也替大人买下来吧。

省　　长 好好,——来人,马上替我付钱!

侍　　从 是。

假知县 请大人到卧室休息吧!

〔假知县一转身,分立两旁的人便又列队到卧室门前。〕

〔假知县、假秘书长再侧身于省长之前,准备引导。〕

〔听差一以钥匙开门。〕

听差一 哎呀!怎么开不开?(急得满头大汗)奇怪!

听差二 我来!(打不开)

听差三 我会开。(也打不开)

听差四 是这样开的!(依然打不开)

(四警察也跑过来帮忙。)

马局长 让我来!(还是开不开)

〔假知县和假秘书长急得满头大汗。〕

假知县 这也是刚刚从美国配来的弹簧锁,所以……

假秘书长 但也都是很便宜的货,所以一下打不开来。

省　　长 (面现不悦)怎么会打不开呢?

艾局长
萧局长 (同时)是呀,怎么会打不开呢?
齐局长

〔三位局长都想去一显身手。〕

艾局长
萧局长 我来……我来……
齐局长

假知县 你们都是蠢货!(顿足)看我来!

〔众人挤做一团。〕

众　　人 (各自叫喊着)我来!……让我!……向左开!……向右开!……这样开!不对!不对!……嗯,使劲!使劲!……不行!让我!

〔你推我,我挤你,正闹得不可开交。假秘书长无奈,只好摸出一大串钥匙。〕

假秘书长 看我的!

〔侍从向省长做了一个眉眼手势。〕

省　　长 (点点头,马上以手护头大叫)哎呀!哎呀!哎呀!我的头要裂开啦!

〔门大开,但众人都惊呆了。〕

假秘书长　（奔过来）大人怎么啦？

假知县　大人！大……！

众　　人　（围过来）怎么啦？

侍　　从　大人一发脾气，头就要痛的！——大人进去休息吧！（扶起向卧室去）你们不要进来！大人已经生气了！

假知县　是！

〔侍从扶省长大人入卧室。〕

〔众人列队门前侍卫。〕

〔假知县、假秘书长随至门口，门闭。〕

假知县　（转身）怎么得了！怎么得了！你们怎么搞的？

假秘书长　（也向各局长生气）怎么搞的？连一把锁都打不开！

马局长　（回身骂警察）你们这些饭桶？连锁都不会开！

警察一　（向听差）你们管的什么事！

〔侍从自卧室出。〕

侍　　从　诸位老爷们！这下可麻烦了！

假秘书长　怎么样。二爷？

侍　　从　我们大人这个病是轻易不发的，一发就难办！

钟局长　头痛有什么要紧呢？让我看看。

马局长　对！我们钟局长是位名医！

侍　　从　哼！你就是神仙也治不好他的病！

假秘书长　就没法治吗？

侍　　从　治法是有，可你们不会相信。——这是一种偏方！

假秘书长　我相信！绝对相信！二爷，请您指教！

侍　　从　好，咱们坐下来谈！

假秘书长　对，坐下谈。

侍　　从　秘书长，咱们自己人，用不着那么多人侍候吧。

假秘书长　对！你们下去！

警察们、听差们　是！（全下）

侍　　从　我的诸位老爷们，我们省长大人这个病，你们可知道怎么起的？

假秘书长　正要请教！

侍　　从　我们大人不能生气，一生气，这个头痛病就得发作！这回到你们贵县来呀，早就把他气坏了。

假知县　（大惊）哦！哦！……为什么呢？

侍　　从　"为什么？"县太爷，您自己还没有个数？——本地的老百姓早在省里把您告下啦！

假秘书长　他们告了些什么呢？

侍　　从　那可多啦！——大概总是十大罪状吧：第一，是苛政暴敛，滥收捐税；第二，是敲诈勒索，诬良为盗；第三，是包庇走私，贩运烟土；第四，是克扣津贴，以饱私囊；第五，是浮报冒领，营私舞弊；第六，是假公济私，囤积居奇；第七，是挪用公款,经商图利;第八,是贩卖壮丁,得钱买放;第九,是征粮借谷,多收少报;第十,是私通乱党,交接匪类!……总而言之,所有县太爷们会犯的罪名,您都犯了!您真是一个模范知县!

假知县 （起立）这……怎么得了?……

侍　从 （目视各位局长）而这十大罪状里,每一件都跟局长老爷们有点关系!

局长们 （都起立）哦!……

侍　从 各位请坐!各位请坐!——所以我们省长大人呀,这回到贵县来之前,先就一肚皮的气啦!而且动身之前,又听说乱党暴动,捣毁了县衙门,这更是气上加气;好,刚才为了这把倒霉的锁,左也开不开,右也开不开,他老人家一气,这个病就犯啦!

假秘书长 那么请教,这个偏方到底是几样什么东西呢?

侍　从 很简单,就是一件东西:金条!把金条放在火上熏,熏出烟子来,我们大人只要一闻那烟子的气味,马上头就不痛了!

假秘书长 哦!（恍然）……那好办!（暗扯假知县）

侍　从 可是病有轻重:有时一根金条就够,有时五根才行。

假秘书长 那怎么分别轻重呢?

侍　从 是这样的:左边头痛,一根金条就够;右边痛,要两根;前脑痛,三根;后脑痛,四根;左右前后都痛呢,那就要五根!

假秘书长 唔,唔……唔!

假知县 （问假秘书长）怎么一回事?

假秘书长 哦,我知道了,我知道了,马上就办!（拖假知县到一边耳语）

侍　从 诸位都明白了吧?

钟局长 胡说白道!世界上没有这种怪病,也没有这种治病的怪方法!胡说白道!胡说白道!

〔假知县连连点头而去。〕

假秘书长 诸位都明白了?各自去想办法,替省长大人治病吧。

艾局长 （摇头）好厉害的毛病!

萧局长 天哪!这个病我怎么治得了?怎么治得了呢?

马局长 嗨,只要开着门,都好办!

齐局长 得,看各人运气吧!

〔马、艾、齐、萧四位局长垂头丧气而去,钟局长亦随下。〕
〔假知县上。听差一捧五根金条及一张收条随上。〕

假秘书长 二爷,我看省长大人头痛得厉害,一定是左右前后都痛了,这儿是五根金条,费神给大人治一治吧。还有,地毯五十八元,一只钻石戒指、一部汽车、一座洋房,一共二百四十二元,连地毯共三百元,都替大人买了。这是知县收到大人三百元的收据,也呈给大人。

侍　从 （拍假秘书长肩）您办事真爽快!（急下）

〔听差一下。〕

假知县 （苦着脸）老大,这买卖有点不合算。

假秘书长 （低声）胆子放大些！本大利宽,咱们要钓大鱼!

〔省长偕侍从上。〕

假知县 大人！

假秘书长 大人贵恙已经告痊了？

省　长 坐,坐,坐！请坐！嗨,我这个人的脾气很简单,遇到不高兴的事马上就生气,生了气就犯病！可是遇到爽快人、爽快事,只要一句话,我的病就会好。

假秘书长 是的,只怪小的们办事不力,惹得大人生气生病,罪该万死!

假知县 小的们罪该万死!

省　长 不,不。我提倡廉洁,铲除贪污的思想,不过是要提高行政效率,什么事要说办就办,一办就好！你们二位都还不错,凭这一点办事能力,我就不相信那些刁民们的控告,他们说你贪污了九千九百九十九万万之多,我怎么能相信呢？至于说乱党暴动,我想更没有那回事了,刚才进城,看到所有的布置整齐肃穆、秩序井然,我异常满意。凭这一点,我就不相信发生过什么暴动了。

假秘书长 大人真是明察秋毫!

假知县 大人真是明察秋毫!

省　长 好,下去休息吧。

假秘书长 谢大人恩典!

假知县 谢大人恩典!

〔侍从向假秘书长耳语。〕

假秘书长 是。

〔假知县、假秘书长下。〕

省　长 下面是谁？

侍　从 姓艾,是财政局长,最会弄钱的。（敲敲后脑）

省　长 唔！

〔艾局长上。〕

〔省长立刻抱头闭目。〕

艾局长 大人睡着了？

侍　从 （制止）嘘!

〔艾局长以手指左边太阳穴。〕

〔侍从摇头。〕

〔假知县、假秘书长在窗外窥探。〕

〔艾局长指右太阳穴。〕

〔侍从摇头。〕

〔艾局长指前脑。〕

〔侍从摇头。〕

艾局长 （掏出四根金条）这是替大人治病的药。

省　长 （睁眼）得了！你下去吧。财政局的报告和账册我都看了,很好。

艾局长 是,谢谢大人!（退下）

〔不等传唤,马局长就挨近身来。〕

侍　从 得,进来吧。——大人,这是警察局马局长,（指前脑）

马局长 （立正，敬礼）参见省长大人！卑职是本县警察局长，今儿欢迎大人的盛典，差不多都是卑职一手经办的，在车站领导民众高呼口号的，也是卑职。刚才大人下车，替大人拭去皮鞋上的灰尘的，也是卑职……还有……

省　长 嗯，知道了。——你的警察局里现在有几名警察！还是六名？

马局长 大人明鉴：在平常时候，实在只有六名警察；但是，今天，大人一定看见，起码有二百名！这是卑职体仰大人建设廉洁政治的苦心，卑职是仿行寓兵于农的办法，叫做"寓警于民"。为了节省国库支出，平时六名警察就够了；但是一旦有事，卑职在十分钟之内就可以召集十万人！

省　长 唔，可是我的头还是有点痛！（敲左太阳穴）

马局长 我已经带了药来！（探怀，取出一根金条）

〔省长又敲右太阳穴，等马局长再取出一根金条，省长又敲到前脑了。〕

马局长 （向侍从交出三根金条，转身）谢大人栽培！卑职来生来世，结草衔环，都不忘大人恩典！（下）

〔萧局长上。〕

萧局长 卑职参见大人，有机密报告！

省　长 机密？——你有什么机密？是不是又要修造马路，拆毁民房？还是大兴土木，想挖人家祖坟？

萧局长 （俯首）卑职知罪，但请大人不要生气，卑职恳请将功折罪，报告一些机密。

省　长 说吧！

〔假知县、假秘书长隐去。〕

〔萧局长向省长附耳而语。〕

省　长 唔……唔……他是真正的知县大人？人在哪儿？

萧局长 本来，我让他住泰安客栈——一家旅馆里，可是刚才我去看他，已经不见了。一定有人把他藏起来了。

省　长 （很平静）唔，知道了。

萧局长 卑职恳求大人将功折罪！

省　长 唔……

萧局长 （想逃）卑职告退了。

侍　从 （一把抓住）你走了？

萧局长 是，大人没有吩咐了！

侍　从 没有吩咐了？——你看！（向省长竖二指）

省　长 （立刻以手按右太阳穴）哦！好痛！好痛！……

萧局长 （只好掏出两根金条）费你的神了！（下）

侍　从 （对省长）走了！别嚷了！下面两位没多大出息了。

〔齐局长、钟局长同上。钟局长携来药箱。〕

齐局长 拜见大人！

钟局长 省长大人！

省　长 （以手按左太阳穴）唔。

侍　从 刚才大人说了：齐局长，你办的教育太不像话了；怎么让那些教员都一个个饿得面黄肌瘦？听说你克扣了他们的米贴？

齐局长 没有的事,没有的事……

侍　从 还有钟局长,你卫生局的账上有毛病！(翻一本账)这儿账上多支了三元三角三分三厘三！——不是为了这些事,我们大人的头已经完全好了！

齐局长 (明知难免,去掏金条)大人只有左边痛了？——那是？……(向侍从竖一个指头)

钟局长 大人,头痛是没有什么要紧的,让我给您治一治。

省　长 (惊)哦！你做什么？

钟局长 (开药箱)这儿有凡拉蒙,有纽绿丰,有加当……都可以治头痛！

侍　从 你自己大概有毛病吧！告诉过你：大人的病只有用金条熏烟子来治！懂吗？

齐局长 (见势头不对,掏出一根金条送上)二爷,费心！

　　(溜下)

钟局长 胡说白道！世界上没有这种怪病！

侍　从 你才胡说白道！你给大人送药来没有？

钟局长 这就是我的药箱！(举药箱)

侍　从 我说的这种药！(举金条)

钟局长 那是不科学的！

侍　从 你是个傻瓜！

钟局长 我一点也不傻！

侍　从 那么拿药来！

钟局长 拿去！

侍　从 拿金条来！

钟局长 胡说白道！

　〔假秘书长抢进来。〕

假秘书长 二爷,您别生气,他是个书呆子。钟局长,您的医道还不行,您那套是外国学来的,不适合中国的特殊国情,懂不懂？(推他出去)

省　长 简直是一窍不通,这种人怎么能当卫生局长！我要重办！

侍　从 是！大人休息一会吧。

省　长 (接过全部金条)气死我也！气死我也！(下)

假秘书长 (掏出一根金条)二爷,钟局长不懂事,这是知县大人补送的,请您在大人面前美言两句。

侍　从 对！您真能干,我跟你去回……(欲下)

假秘书长 是。可是二爷,我再请教您一件事。

侍　从 不用客气。

假秘书长 我想大人在这儿很寂寞,是不是需要……(附耳)

侍　从 秘书长,(笑)您真想得周到！刚才大人倒是留意到她了。——可是那位小姐姓什么？她愿意吗？

假秘书长 姓刘。——她那方面当然没有问题。名义上就是省长大人的秘书。好不？

"十一五"高职高专教材

新视线大学语文

侍　　从　　好,好。——我进去回。(下)

〔假知县原在门外等候着,挨进来。〕

假秘书长　　(向外)快快叫人去请太太进来!说是省长大人请。

内　　声　　是。

假知县　　要她来干吗?

假秘书长　　(附耳)……懂吧?

假知县　　(惊喜)唔!唔!可是艾局长怎么办?他知道了,又会跟咱们捣蛋吧?

假秘书长　　(笑)他?我正要报他的仇!这叫做一计害三贤!我要气死他!听,好像是太太来了,您走开吧!

〔假知县刚走去,知县太太即上。〕

知县太太　　省长请我?

假秘书长　　唔!太太请坐!——哎呀,我又说错了!此刻我不能叫您知县太太了,应该称呼您刘小姐、刘科长才对。

知县太太　　到底什么事?省长要找我?

假秘书长　　恭喜您,升官啦!刚才省长大人在办公室视察的时候,特别注意了您。

知县太太　　那是因为您特别介绍了呀!

假秘书长　　可是省长先就悄悄问过我:"唉,秘书长,那位顶漂亮的小姐是谁?"所以我才敢介绍呀!

知县太太　　(其实很得意)谁要你介绍呢!

假秘书长　　你看,省长大人说:他这次来少带了一位秘书,要请你当他的私人秘书哩!

知县太太　　那,那我不干!——我是知县太太呀!

假秘书长　　低声一点!此刻再也不能提什么"太太,太太"了,省长大人如果知道您是知县太太,那办我们一个欺君之罪,大家都完了蛋!

知县太太　　那我不能把一个知县太太丢了呀!

假秘书长　　当然不能丢!——等省长大人一离开,您还是知县太太!此刻是将计就计,您既做了刘科长,现在只好当一下省长秘书了。(低声)再说,您在省长面前替我们做一个耳目,对大家都方便一点呀。知县和各局长一定都要感谢您的——我要他们每人送您二百万!

知县太太　　这……我要跟艾局长商量商量看!

假秘书长　　对,这件事我跟艾局长说过了。刚才省长大人对艾局长很为不满,您从中也好美言两句呀!

〔侍从上。〕

侍　　从　　刘小姐,省长请!

假秘书长　　(推她进去)您请去吧!

知县太太　　(半推半就)我不,我不。(下)

侍　　从　　(拍假秘书长肩)老兄,有你的!

假秘书长　　大人满意?

侍　　从　　大人问你:能带走吗?

假秘书长　这个……(向门缝窥视,转身,窃笑)你看!

〔侍从从门缝窥探。假知县上。〕

假知县　怎么样了?

侍　从　(掩口而笑)好快!(拖假知县)你看!

〔三人同看、同笑。〕

假秘书长　这一来,你可以跟马小姐结婚啦!

假知县　(跳起来)对!我可以结婚啦!结婚啦!结婚啦!

侍　从　唉!您别嚷呀!

〔门开,省长大人与知县太太——刘小姐出。〕

省　长　(大叫)胡说!谁说结婚啦?

〔众人愕然。〕

省　长　我们刚决定了订婚!

假秘书长　恭喜大人!

假知县　恭喜大人!

侍　从　恭喜大人!

假秘书长　(早向外招手)诸位快来祝贺大人!

〔马、萧、钟、齐、艾五位局长及马小姐一哄而入。〕

众　人　什么?什么?

假秘书长　省长大人宣布和我们刘科长刘小姐订婚啦!

众　人　(大惊)哦!

艾局长　怎么?

假秘书长　同时,我再宣布我们知县大人和马秘书马小姐订婚!

〔马小姐急投假知县之怀。〕

马局长　(夸张地)哦!恭喜省长大人!(立正,敬礼,握手)恭喜知县大人!知县夫人!

萧局长　(见机而作)恭喜省长大人!知县大人!

齐局长　(无可无不可)恭喜大人!恭喜大人!

艾局长　(面色铁青)唔,二位大人,恭喜恭喜!

〔假秘书长急忙再祝贺二位大人。假知县也祝贺了省长。省长也祝贺了假知县。〕
〔艾局长一言不发,拖了钟局长出去。〕
〔假秘书长急忙指示侍从注意,侍从点头。〕

马小姐　刘小姐,我恭喜你了!

知县太太　马小姐,我也恭喜你了!

省　长　(作训话姿态)诸位,我讲过不止一次了,我提倡廉洁政治,其作用在于提高行政效率;提高行政效率,就是任什么事要办得快,而且办得好。我之所以此刻就宣布和刘小姐订婚,不过是给诸位在办理行政上做一个榜样!要像我一样,办得又快又好!

假秘书长　大人说得好!(举手示意)

众　人　(鼓掌)好!好!

马局长　卑职更要请求大人:给小的们再做一次榜样。

省　　长　你是什么意思？

马局长　请大人给卑职们再做个榜样，以最快的速度结婚！

假秘书长　对！马局长的意思很好，请大人宣布。

众　　人　好！好！

侍　　从　大人，您就答应在下礼拜举行结婚吧，小的马上去筹备！

省　　长　下礼拜？——明天就结婚！

马局长　（欢叫）哦！大人，您真伟大！您办事真像闪电一样快，您的意志像钢铁一般坚强！您真是伟大，伟大！伟大得至高无上！至高无上的伟大！（跳起来）

省　　长　我办事就是这么直截了当！明天结婚，后天回省，再也不打搅你们了！

假秘书长　（鼓掌）省长大人万岁！

马局长　省长大人万岁，万岁，万万岁！

〔众人一起欢呼。〕

假秘书长　我再宣布：我们知县大人明天也同时结婚！

省　　长　好！（鼓掌）

众　　人　好！（鼓掌）

〔艾局长引着一位衣衫不整的客人，即原来那位真的知县狂奔上。钟局长跟上。〕

艾局长　（气愤不平地）诸位！请看看这是谁？

众　　人　呀！……

萧局长　（问艾局长）怎么，你把他……

省　　长　这是谁？

知　　县　省长大人：小的是本县的知县。

省　　长　哦！你是本县的知县？

知　　县　回禀大人：这假知县本来是一个乱党，当那天晚上小的被乱党打伤了以后，便被两个警察抬去卖做壮丁，他就冒充了知县。

假知县　大人容禀，小的是真知县！他才是冒充的！

〔假秘书长急与侍从耳语。〕

省　　长　你俩都是真的？有什么证据？

侍　　从　启禀大人：知县既有了真假，就不能听他们自己胡说乱道，要让别人来证明。

省　　长　嗯。——那么，各位局长，你们看看，到底谁是真知县？

艾局长　大人！我找来的这一个是真的！

省　　长　你们呢？说！

〔局长们环顾默然。〕

省　　长　你们都认不出吗？

知　　县　（环顾众人）马局长、萧局长、齐局长、钟局长你们怎么都不认识我？

〔众人都低头回避。〕

知　　县　（发现了知县太太）……哦！省长大人：不用别人证明了，卑职的内眷就在此地，她总可以证明了。

省　　长　你的太太在这儿？谁是你的太太？

知　　县　（向知县太太）太太，你可以替我证明呀！你为什么不讲话？

知县太太　（惊叫）你是个疯子！谁是你的太太？

省　　长　（大怒）混账！这是本大人的太太，你怎么胡说白道！你们到底认不认得他？

马局长　　回禀大人：卑职不认得这个人！

萧局长　　（向艾局长愤愤然）卑职不认得这个人！

齐局长　　那我也……也不认得。

省　　长　（愤怒地向艾局长）你怎么让一个疯子来侮辱我的太太！混账！你想搞什么鬼？

艾局长　　（大势已去，态度一变）回禀大人，小的不敢。他自己说是知县，小的也只好带他进来了。其实小的也分辨不出来。

知　　县　（大叫）艾局长！连你都不认识我？

艾局长　　（勃然）谁认得你？

省　　长　你为什么带他进来？混蛋！

艾局长　　是！是！卑职糊涂！

钟局长　　（向知县）知县大人，我认得你。可是他们现在神经都有点病！你走吧！

省　　长　（大怒）钟局长，你胡说什么！

钟局长　　大人，我认得他：他是知县！

省　　长　（更激怒）他是知县？别人都不承认，你说他是知县？我看你跟他两个都是疯子！

马局长　　回禀大人：钟局长实在有点疯病！

钟局长　　你们才是疯子！他是真知县呀！

省　　长　混账！你们不是讲民主吗？少数服从多数！他是假的！

众　　人　对！假的！

省　　长　卫生局钟局长神经错乱，办事不力，所办的十二个卫生所完全是虚设的！有意欺瞒本官。还有，在他的账上查出一笔毛病，多支了三元三角三分三厘。本官提倡廉洁，绝不容许有丝毫贪污存在！我要杀一儆百，以儆效尤！来！

侍　　从　有！

省　　长　把这个冒牌的知县和卫生局长一齐带下去：执行枪毙！

侍　　从　喳！

——幕急落

文本解读

《升官图》创作于1945年10月。抗战胜利后，蒋介石加紧实行法西斯独裁统治，以凶残无耻的卑劣手段镇压民主运动，引起广大群众的愤怒。进步的戏剧工作者不得不采用迂回曲折的方式进行斗争，创作了多种政治讽刺剧，在国统区一度形成了创作和演出讽刺剧的热潮。《升官图》就是在这种斗争形势下涌现的优秀政治讽刺剧。

在陈白尘众多剧作中，最具代表性的是喜剧，喜剧作品中又以政治讽刺剧最为突出，政治讽刺剧中影响最大的就数"怒书"《升官图》。这部三幕五场话剧，描写两个强盗作案后为逃避官府的追捕，在一个凄风苦雨的深夜躲进古宅所做的美梦。两人在梦中冒充知县和秘书长，勾结各局局长，与满口"廉洁"、"俭朴"的省长沆瀣一气，无恶不作，丑态百出,最后当然是一枕黄粱。《升官图》是描绘蒋介石统治集团的"百丑图",曾被观众誉为暴露国民党统治区的"新官场现形记",有鲜明的现实针对性。剧本艺术地指出,并非个别官员贪赃枉法,而是整个统治机构的糜烂。这是对当时整个社会制度及官僚机构的大胆抨击。

《升官图》借梦幻讽喻现实,淋漓尽致地揭露了当时国民党官场的腐朽。艺术构思是大胆奇特的,表现手法也是捭阖自如的,人物之生动诙谐,对话之犀利辛辣,都使该剧对现实的讽刺产生了强烈的艺术感染力。1946年2月,《升官图》由中华剧艺社在重庆首演,两个月连演43场而不衰。同年4月,《升官图》又由上海剧艺社在上海公演,同样盛况空前,连演近4个月,创下卖座最高纪录。这在中国现代话剧史上都是了不起的大事。

思考练习

1.《升官图》的独特构思是如何体现的?试加以分析。
2.结合《升官图》谈陈白尘戏剧的讽刺艺术。
3.谈谈本剧是如何运用夸张的艺术手法的。

阅读链接

1.李江:《论陈白尘喜剧创作的讽刺艺术》,《南京大学学报》2002年6期。
2.李江:《寓文化追求与社会批判——陈白尘〈升官图〉的文化价值取向》,《青海师范大学学报》1996年1期。

文学坐标

当代文学

中国当代文学是一个开放性的体系。首先作为与现代文学相衔接和相区别的一个时间范畴的概念,特指1949年以来的中国文学历史。其次,它还是一个空间范畴的概念,指的是发生在特定的社会主义历史语境中的中国内地文学,兼及台湾、香港、澳门地区文学和海外华文文学。它是绵亘数千年的中国文学的一部分,是中国古代文学、现代文学的继续和发展。一般以1949年7月中华全国文学艺术工作者代表大会的召开作为它的伟大开端。

一、中国内地文学

(一)1949——1978年间的文学

1949年至1978年的30年,是中国当代文学重要的奠基时期和开拓时期,也是历尽坎坷和转型发展的时期。其间,文学政治化上升为压倒一切的时代主流。

诗歌。中国内地当代诗歌继承着古代诗歌和"五四"以来新诗的传统,继承了抗战以来,特别是40年代解放区诗歌的传统,从而进入了一个新的历史发展阶段。新中国成立之初,面对祖国的新生、民族的解放,歌颂新中国、歌颂党、歌颂领袖、歌颂新的时代和新的生活,成为诗歌创作的主旋律。郭沫若的诗集《新华颂》、胡风的《时间开始了》、严辰的《我们是光荣的中华人民共和国的主人》、艾青的《我思念我的祖国》、冯至的《我的感谢》、何其芳的《我们最伟大的节日》、田间的《天安门》、柯仲平的《我们的快马》、王莘的《歌唱祖国》等都是这一时期影响较大的诗作,诗歌格调质朴刚健、高亢激昂、热情乐观,体现了蓬勃向上的社会主义时代精神。

随着社会主义改造和社会主义建设事业的步伐加快,"颂歌"渐渐演变为"建设之歌"和"新生活的赞歌"。李季的《玉门诗抄》、闻捷的《天山牧歌》、公刘的《上海夜歌》、邵燕祥的《在夜晚的公路上》,以及梁上泉的诗集《喧腾的草原》等,均从生活的不同侧面来表现新生活的诗情画意和社会主义建设的可喜景象。郭小川、贺敬之的"政治抒情诗"则以强烈的抒情性给诗歌创作带来了新的风貌,其抒情方式和语言风格直接影响到60年代的诗歌创作。及至60年代,诗歌随着社会生活中政治色彩的加重而产生明显的变化。革命精神的抒发代替了现实变革的描绘,革命的壮志豪情取代了新生活的明丽风景。颂歌主调变为战歌主调,战斗的呼叫超过了对美好生活的热情赞颂,抒情主人公也完成了从"小我"向"大我"的彻底转移。

"文革"10年间,诗歌进一步畸形发展,颂歌、战歌都被推向极端而走入歧途。1976年清明前后产生的天安门诗歌如暗夜火炬,以其现实性和战斗性引起诗坛的震动,在当代诗歌发展史上写下光辉灿烂的一页,成为其后现实主义诗歌创作的一个悲壮的序幕。

"文革"结束后的两年多时间,是当代诗歌向着现实主义道路缓慢复归的时期,诗歌数量不少,大多是配合政治运动而作,采用的仍是政治抒情诗的形式,多数作品缺少艺术性和美感。其中影响较大的有赵朴初、刘征、池北偶、黄永玉等人的政治讽刺诗,李瑛、柯岩、白桦、张志民、公刘等人缅怀和歌颂老一辈无产阶级革命家的诗作。

散文。争取和平与和平建设两大主题几乎贯穿了整个50年代的散文创作,抗美援朝的战地报告和祖国建设的现场特写是其主要内容的两个方面。巴金的《生活在英雄们中间》、魏巍的《谁是最可爱的人》、菡子的《和平博物馆》等是前者的代表;靳以的《到佛子岭去》、李若冰的《祁连雪纷纷》等是后者的典范。柳青、秦兆阳、沙汀、碧野、杨朔、方纪等人的散文也从不同的侧面、不同的角度展现了建国初期涌现出的社会主义新人、新事和新风尚,反映了伟大祖国在社会主义建设大道上阔步前行的身影和雄姿。

文艺性散文先后出现两次浪涌。前期如叶圣陶的《游了三个湖》、许钦文的《鉴湖风景如画》、巴金的《秋夜》、丰子恺的《庐山真面》、冰心的《小桔灯》、碧野的《天山景物记》、何为的《第二次考试》、徐开垒的《竞赛》、茅盾的《斯德哥尔摩杂记》等作品,在继承我国古代散文传统,特别是"五四"以来的散文优良传统方面取得了可喜的成绩;后期散文作家群起,佳作迭出。严阵的《牡丹园记》、吴伯箫的《记一辆纺车》、魏钢焰的《船夫曲》、陈残云的《沙田水秀》、方纪的《挥手之间》、李健吾的《雨中登泰山》、翦伯赞的《内蒙访古》、李广田的《花潮》等均属上乘之作。一批中青年作家日趋成熟,已形成自己的风格。杨朔的诗化散文、刘白羽的豪放散文、秦牧的知识散文等卓然独立,不同凡响。

"文革"十年,散文园地一片荒芜。70年代后期,散文创作复苏,声讨与痛悼之作盛极一时。巴金的《怀念肖珊》、峻青的《哭卢芒》、楼适夷的《痛悼傅雷》、丁一岚的《忆邓拓》等作品,旋律高亢苍凉、色调深沉悲壮、风格朴实无华,为我国70年代后期的散文谱写了第一个乐章。

报告文学。徐迟的《哥德巴赫猜想》、黄宗英的《大雁情》、柯岩的《船长》、理由的《中年颂》、陶斯亮的《一封终于发出的信》、穆青等的《为了周总理的嘱托》等成为那一时期的代表作品。它们不仅真实地记录了时代的风云变幻,深刻揭示了生活的本质,而且总是同国家和人民的命运息息相关,集中表达了广大人民的心声和愿望。

小说。建国初30年的小说创作虽继承了"五四"和30年代左翼文艺的现实主义传统,但更多受前苏联"拉普"文学的影响,更直接地继承了解放区的革命现实主义传统,以歌颂党领导下的无产阶级革命斗争,歌颂新的社会制度下的新人、新事、新生活为鲜明的特征,现实主义的批判功能没有得到继续和发展。表现在创作中,首先是新中国成立初期军事题材小说创作的高涨,有的作家在创作中已显示出某种鲜明的艺术个性。孙犁的《风云初记》、柳青的《铜墙铁壁》、杜鹏程的《保卫延安》、杨朔的《三千里江山》、知侠的《铁道游击队》、马加的《开不败的花朵》等是其中的代表。其次是反映农村题材的小说数量增多,艺术质量也较高。以赵树理为代表的"山药蛋派"和以孙犁为核心的"荷花淀派"成绩最为显著。工业题材的小说创作在五六十年代稍显薄弱,处在起步和摸索的过程中,影响较大的有艾芜的《百炼成钢》和杜鹏程的《在和平的日子里》。

这一时期,大陆文坛上还出现了"干预生活"和描写情爱的小说,王蒙的《组织部来了个年轻人》、刘绍棠的《田野落霞》、李国文的《改造》、南丁的《科长》、李准的《灰色的帆篷》等是前者的代表。小说于温和的嘲讽和含情的批判中表现出了深沉的忧患意识和强烈的社会责任感,是50年代文艺创作不可多得的收获。宗璞的《红豆》、邓友梅的《在悬崖上》、丰村的《美丽》、高晓声的《不幸》、陆文夫的《小巷深处》等作品,从爱情本身出发,写出了爱情生活的丰富性和复杂性,是对新中国成立以来政治"依附式"的爱情小说的反拨。尽管这类作品与揭示生活矛盾的小说一样,不久即遭批判的厄运,但作品中所蕴含的现实主义的巨大艺术魅力,至今仍散发出夺目的光芒。

"文革"十年,小说创作的现实主义传统被扭曲和扼杀。部分作家在"根本任务论"、"三突出"、"写路线斗争"等错误思想影响下,写出了一些存在严重失误的作品,如浩然的《金光大道》、南哨的《牛田洋》等。"文革"期间还出现了以手抄本形式在"地下"流传的独特文学现象,张扬的《第二次握手》、靳凡的《公开的情书》流传最广,在青年读者中反响也最为强烈。

戏剧。建国初30年的戏剧创作也取得了较大成绩。老舍的《龙须沟》"是反映新中国成立之后社会生活发生了巨大变化的具有代表性的作品,是话剧反映社会主义时代和人民生活的开山之作"。宋之的的《保卫和平》、沈西蒙的《杨根思》、陈其通的《万水千山》等革命历史题材和反映部队生活的剧作,在整个戏剧创作中占有一定的比重;短小精悍的独幕剧创作,受到重视和提倡,历史剧的创作为当时剧坛所瞩目。郭沫若的《蔡文姬》、曹禺的《胆剑篇》、朱祖贻和李恍的《甲午海战》等均为其中的上乘之作。老舍的《茶馆》和田汉的《关汉卿》更是我国话剧艺术的瑰宝。戏曲改革成果辉煌,涌现出许多优秀剧目和创新剧目,如越剧《梁山伯与祝英台》、评剧《秦香莲》、豫剧《花木兰》、晋剧《打金枝》、京剧《将相和》、黄梅戏《天仙配》等;现代戏创作发展迅速,成为戏剧史的突出现象。沪剧《三代人》、豫剧《朝阳沟》、花鼓戏《打铜锣》等在思想和艺术上都取得了较高的成就。在新编历史剧的创作上也涌现出许多优秀作品,如吴晗的《海瑞罢官》(京剧)、孟超的《李慧娘》(昆曲)、田汉的《谢瑶环》(京剧)等;新歌剧创作虽历史短暂,但发展迅速。《长征》(李伯钊)、《红霞》(石汉)、《江姐》(阎肃)等以其深刻的思想和浓厚的民族风格赢得了广大民众的喜爱。

"文革"10年间,戏剧创作备受摧残,只有像《盛大的节日》之类的帮派戏剧,以及江青等人惨淡经营的"革命样板戏"充斥舞台。"文革"后的两年,戏剧开始冲破"三突出"的桎梏,逐步恢复了17年现实主义戏剧的传统,并在题材、形式、风格等方面开始有了一些新的特点,显示了接踵而来的文学新时期的某些美学特征。

(二)1978——1999年的文学

天安门诗歌运动为现实主义诗歌的复兴拉开了序幕。思想解放的潮流和实事求是的时代新风,打开了束缚诗歌创作的沉重枷锁;政治上的拨乱反正和冤假错案的平反,使一大批饱经忧患的诗人陆续归来;社会政治生活的趋于正常使一批诗坛新人迅速成长。在创作方面,白桦的《阳光,谁也不能垄断》以其个性化的艺术表现和强烈的理性思辨色彩而显示出新的特征。随着艾青的《在浪尖上》、李发模的《呼声》、公刘的《哦,大森林》、雷抒雁的《小草在歌唱》、张志民的《祖国,你听我说》、流沙河的《故园六咏》、邵燕祥的《吊泪罗》等大量优秀作品纷纷问世，一股现实主义的诗歌大潮扑面而来，产生了强烈的轰动效应。

朦胧诗。在现实主义诗歌大潮形成之际，以朦胧诗为标志的现代主义诗潮已悄然兴起，一代诗坛新秀脱颖而出，一大批优秀作品横空出世。北岛的《回答》、舒婷的《致橡树》、顾城的《无名的小花》、梁小斌的《中国，我的钥匙丢了》、江河的《纪念碑》、杨炼的《大雁塔》、王家新的《中国画》等便是其中的代表。作为一种新诗潮，朦胧诗一开始便呈现出与传统诗歌不同的审美特征。对人的自我价值的重新确认，对人道主义和人性复归的呼唤，对人的自由心灵奥秘的探险构成其思想核心。意象化、象征化和立体化是其艺术表现上的重要特征。朦胧诗的出现冲击了传统的诗歌观念和审美意识，给当代诗坛送来了现代主义诗歌的艺术范式，从整体上改变了当代诗歌的基本格局和基本风貌，在中国新诗发展史上有着无法替代的重要意义。

新生代诗歌。继朦胧诗之后，新生代诗歌于80年代中期冲出地平线，并立即形成漫山遍野之势。这一时期，诗歌派别林立，主张纷纭，艺术追求多样，概而言之，可划分为新传统主义和后现代主义两大板块。前者更多地向古老的民族文化探求，展示远古的生命状态和生存状态，体现着80年代大陆文学的文化寻根倾向，代表诗人有廖亦武、欧阳江河、石光华、杨远宏等。而后者更趋向于平民化和世俗化，展示普通人物日常的生存状态和感受，具有"反英雄"、"反崇高"的价值观念和"反意象"、"反优雅"的形式特征。韩东、于坚、李亚伟是其中的突出代表。此外，以翟永明、唐亚平、伊蕾等为代表的新生代女诗人，她们以其鲜明的女性意识构成了一个独具特色的诗歌现象。

这一浪潮过后，世纪末诗坛一片平静，没有呈现出集中的热点或潮流。经济文化的转型导致受众对诗歌的疏离，诗人队伍的分流致使诗歌创作园地的贫瘠，其他文学和文化样式的挤压最终使诗歌走向了舞台的边缘，淡出了人们的视线。然而，作为一种表现人的精神、净化人的心灵的艺术，它不会随着现代文明的进步而消亡，它将会随着外部环境的改善和自身艺术的反思找到新的出路。

这一时期，散文创作也以它独有的节律和色彩，推进自身发展的历程，从内容到形式均呈现出了新的风貌。首先表现为题材阔大、内蕴深厚、具有真情实感。巴金的《随想录》是这方面最突出的代表；丁玲的《"牛棚"小品》、杨绛的《干校六记》等，含而不露地反映了当时的社会风云。王英琦、余秋雨的文化寻根散文，站在今天的思想高度对古老灿烂的民族文化加以审视和观照，给人以历史启迪和美的享受。张洁、贾平凹等人的哲理散文，以抒情的笔调，在漫不经心的叙事中，渗透出一番使人深思的哲理。其次表现为散文样式的多样化和表现手法上的突破。张辛欣的小说化散文《回老家》、何为的影视化散文《东京夜话》、徐开垒的诗化散文《忆念中欢聚》等，拓宽了散文创作的思维空间，开辟了散文的新天地。在表现手法上打破过去"物——人——理"的三段式结构，借鉴现代小说、诗歌等写作方法和表现技巧，在渗透和交融中不断丰富自身，增强散文文体的艺术表现力。王蒙、徐开垒、苏叶、赵丽宏是其中的代表。再次表现为创作队伍的扩大和艺术风格的迥异多样。中老年作家如巴金、冰心、孙犁、刘白羽、韦君宜、秦牧、何为、袁鹰等，他们或以优质、高产的作品，或以风格的变化、发展而赢得了新的称誉；像贾平凹、王英琦、赵丽宏、谢大光等许多青年才俊,他们的散文创作或清新、隽永,或粗犷、壮丽,或醇厚、质朴,呈现出这一时期散文繁荣发展的良好态势。此外,女性散文作家群体的崛起令人瞩目。张洁、苏叶、王英琦、叶梦、曹明华等作家,以女性的生命意识和对生活遭际的切身体验与感受进行创作,使该阶段女性散文创作体现出更高层次上的审美追求。

报告文学凭借其兼有新闻性与文学性的优势,贴近现实生活,反映时代精神,引起社会的普遍关注。程树榛的《励精图治》、张锲的《热流》、雷铎的《从悬崖到坦途》、柯岩的《船长》、理由的《世界第一商品》、李延国的《在这片国土上》、鲁光的《中国姑娘》、徐刚的《伐木者,醒来》、钱钢的《唐山大地震》、袁厚春的《百万大裁军》、陈祖芬的《祖国高于一切》等是当时影响较大的作品。

70年代末至90年代,大陆小说创作是中国当代文学史上最有光彩的一页,它从一开始就以震撼人心的力度和迅猛发展的势头,造就了一派蓬勃生机和绚丽图景。思想解放的浩荡春风与改革开放的时代氛围,是这一时期小说繁荣的历史背景和根本原因;空前壮大、充满活力的老中青作家队伍,是中国当代小说血脉绵延、后继有人的有力保证。

"伤痕"小说。1977—1982年间涌现的以"文革"为批判对象,揭露"文革"在各方面对人民造成的肉体和精神上的创伤,呼吁如何疗治的作品大量涌现。刘心武的《班主任》是其发端之作,卢新华《伤痕》将其推向高潮。"伤痕"小说或正面描写"文革"带给人民的创伤,如《生活的路》、《蹉跎岁月》等;或探讨"文革"期间人的思想、道德、品质方面的蜕变,如《献身》、《重逢》等;或表现党和人民在淫威下的不屈斗争和坚贞品质,如《神圣的使命》、《小镇上的将军》等。"伤痕"小说在中国当代文学史上第一次真正遵循现实主义美学原则,真实再现社会生活,开启了80年代大陆文学现实主义深化的道路。

"反思"小说。从1979年开始,"反思"小说集中涌现。其沿着"伤痕"小说的批判路径,由近及远、由表及里地追溯极"左"思潮,从政治、经济、文化和人的精神等方面寻找历史的答案。它既是"伤痕"小说的自然延伸,也是更深层次的思考。《剪辑错了的故事》、《李顺大造屋》、《许茂和他的女儿们》、《芙蓉镇》、《被爱情遗忘的角落》等小说是对"大跃进"后农民命运的反思;《天云山传奇》、《灵与肉》等小说是对"反右"扩大化后知识分子命运的反思;《蝴蝶》、《月食》、《记忆》、《犯人李铜钟的故事》等小说是对干部生活的反思。"反思"小说在思考和总结教训的深度和广度上达到新的较高的水平,是现实主义深化的必然结果。

"改革"小说。与"反思"小说几乎同时崛起的"改革"小说,内涵十分宽泛,写改革的和改革引起的诸多变化的作品都在其列。蒋子龙的《乔厂长上任记》开启了"改革"小说的先河。柯云路的《三千万》、水运宪的《祸起萧墙》、张洁的《沉重的翅膀》、李国文的《花园街五号》、张贤亮的《男人的风格》等均为这一时期"改革"小说的佳作。何士光的《乡场上》、张一弓的《黑娃照相》、高晓声的"陈奂生系列"和贾平凹的《鸡窝洼人家》等作品则是从农村的层面,揭示农村改革的伟大意义以及农村改革所引发的种种新课题。在"改革"小说中,现实主义已呈现某种开放性,作家的艺术视野也更为开阔,但也暴露出一些作家对现实问题本身的过于拘泥以及艺术表现上的概念化倾向。

"寻根"小说。80年代以来，文化界弥漫着一种强烈的"寻根"情绪，试图通过对民族文化的挖掘，重新认识自己，重铸民族灵魂。80年代初出现的汪曾祺的苏北小镇风情小说，邓友梅的京味乡土风俗画小说，古华的潇湘风情小说可视为"寻根"小说的前奏。韩少功的《文学的"根"》拉开了"寻根"小说的最后一道帷幕。贾平凹的"商州系列小说"、郑义的《老井》、邓友梅的《烟壶》、冯骥才的《神鞭》、韩少功的《爸爸爸》、阿城的《棋王》、陆文夫的《美食家》、李杭育的"葛川江系列小说"、王安忆的《小鲍庄》、郑万隆的《异乡异闻》等皆为"寻根"小说的佳构。"寻根"小说在展现民族文化心理，铸造社会群体性格方面为当代文学创造了一种新的审美境界，开拓了一个新的艺术天地。

先锋小说。先锋小说是在1985年之后兴起的小说新潮，它的兴起与80年代开放的社会条件，以及西方现代主义和后现代主义文学思潮的大量涌入有直接的联系。在此之前，王蒙、茹志鹃等作家就尝试以西方现代主义的表现方法来丰富和充实现实主义的内容。及至刘索拉的《你别无选择》和徐星的《无主题变奏》问世，标志着真正的现代派小说在中国的出现。而真正意义上的先锋小说主要是指80年代中后期涌现出来的一批被称为后现代主义的先锋作家的作品。扎西达娃的《系在皮绳扣上的魂》、马原的《拉萨河女神》和《冈底斯的诱惑》、洪峰的《极地之侧》、莫言的《红高粱》、余华的《十八岁出门远行》、残雪的《苍老的浮云》、格非的《迷舟》、孙甘露的《信使之函》、叶兆言的《五月的黄昏》、苏童的《一九三四年的逃亡》、潘军的《白色沙龙》等作品的出现，汇成一股群体性的先锋小说的潮流，其声势一直蔓延至今。先锋小说作家将否定意识推向极端，他们在致力于小说形式和语言变革的同时，对业已确立的理性秩序、价值观念、文化传统、美学精神、表现方法进行颠覆，在解构一切、否定一切的同时走向无建构的运作。他们这种不拘一格、打破常规的创新方式形成了前所未有的冲击力，拓展了中国当代小说的艺术视野，丰富了当代文学的审美体系，但先锋小说总体上以形式和叙事技巧为主要目的的倾向，其局限性在后来的创作中也日益显露，不可避免地走向了形式的疲惫。

新写实小说。约从1987年开始，一批年轻作家如池莉、方方、刘恒、刘震云等，开始把艺术的目光投向生活底层的普通民众。在创作上，他们以关切、认同的态度，来描述俗世形态的生活，再现社会底层民众卑贱、残酷的生存状况，流露出人很难摆脱欲望陷阱的宿命情绪。他们不但以"再现生活"完成对以往"表现"生活的反拨，而且把人置放在生活的原生态中去展示原色魅力，探索人的生存本相，直逼民族的生存状态。在作品中，作家显得超脱冷静，不再下价值判断，而是把审判权让给读者，让读者自己思索怎样为适应现代化的历史要求而实现自我的超越。代表作品有《烦恼人生》、《风景》、《狗日的粮食》、《塔铺》、《一地鸡毛》等。

90年代以后，大陆当代小说又出现了一些新的变化。首先是更多作家具有了自觉的文化意识，无论反映现实，还是追写历史，均不再把文化仅仅当作一种背景，而是通过直接展示时代的和地域整体的文化风貌，写出人的文化生存状态。张炜的《九月寓言》、陈忠实的《白鹿原》、李锐的《旧址》等都是其中代表性的佳作。其次，在历史小说创作中又出现了完全虚构历史的"新历史小说"，如苏童的《我的帝王生活》、叶兆言的《半边营》等。再次，在语言的操作上，进一步出现作者与叙说者的分离现象,使小说叙说始终保持在一种纯客观的层面上。另外,在小说创作中意义消解和文本消解的倾向也越发明显,反讽和戏谑被一些作家经常采用,格非的《敌人》、王朔的《我是你爸爸》最为典型。

戏剧和同时期的其他艺术样式一样,在挣脱了文化专制的桎梏后获得了新生。曹禺的《王昭君》、陈白尘的《大风歌》、吴祖光的《闯江湖》等剧目,展现了老剧作家崭新的面貌。李龙云的《小井胡同》、苏叔阳的《左邻右舍》、刘锦云的《狗儿爷涅槃》和何冀平的《天下第一楼》代表了再现主义戏剧的最高成就。具有写意倾向的表现主义戏剧则从《绝对信号》、《屋外有热流》、《路》诸剧开始,高行健、贾鸿源、马中俊等人具有开先之功。《中国梦》(孙惠信、费春放)是兼容东西方戏剧精华,具有现代品格的"写意剧"成功的舞台范例。陈子度、杨建、朱晓平的《桑树坪纪事》和李龙云的《洒满月光的荒原》则成为现代意识烛照下当代戏剧艺术新里程碑的一个重要标志。

在戏曲创作上,魏明伦的代表作《潘金莲》被称为我国戏曲改革以来最为大胆和最具有突破性的艺术尝试。歌剧创作与其他戏剧形态相比稍嫌静寂,向彤、何兆华、冯柏铭和陆棨等人的创作,为焦灼的歌剧界带来了"低谷中的希望"。

二、台湾、香港和澳门文学

(一)台湾文学

台湾文学是中国文学不可分割的一部分,尽管20世纪以来有50年的日踞,60余年的分离,但共同的语言文字,共同的文化传统,都使台湾文学与中国内地文学有着更多的一致性。

50年代初,台湾乡愁文学日趋成熟。其中小说数量最多,质量也较为上乘。林海音的《城南旧事》、於梨华的《梦回清河》、聂华玲的《失去的金铃子》等是这一时期长篇小说中的佳作。白先勇的《梁父吟》、陈映真的《将军族》、钟理和的《原乡人》等小说皆充盈着台湾人民的思乡情绪和寻根意识。在诗歌、散文方面,谭子豪的《向日葵》、余光中的《乡愁》、梁实秋的《北平的街道》、张秀亚的《遗珠》等均是台湾乡愁文学中的优秀作品。

台湾现代派文学崛起于50年代中后期,并在60年代成为台湾当代文学的主流,代表作家有纪弦、郑愁予、覃子豪、钟鼎文、张默、洛夫、痖弦、白先勇、陈若曦、欧阳子等。这一时期,台湾通俗文学也发展迅速,其中言情小说、武侠小说、历史小说是最具影响的三大文学样式,琼瑶、古龙、高阳分别是其中最具代表性的作家。70年代,台湾当代乡土文学进入全面兴盛时期。《将军族》(陈映真)、《儿子的大玩偶》(黄春明)、《嫁妆的牛车》(王桢和)、《寒夜三部曲》(李乔)等作品,植根于台湾的土地,具有深厚的民族感情和浓烈的乡土色彩。

80年代以来,台湾文学进入多元化时期。新女性主义文学与妇女解放运动同步发展,都市文学伴随着台湾社会都市化进程风起云涌,政治小说则从威权时代的种种禁忌中走出而开始繁盛,散文创作逐步走向繁荣,思想内容更加贴近现实人生。小说方面,代表作家有王拓、林双、朱秀媚、廖辉英、黄凡、关锦发等;散文方面,许达然、三毛、柏杨、李敖皆为其中的好手;而非马、罗青、向阳、夏宇等则成为台湾诗坛具有开拓性的诗人。八九十年代的台湾文坛由于后现代主义理论的引入,出现了一些后现代色彩的小说。张大春的《晨间新闻》、黄凡的《如何测量水沟的密度》、蔡源煌的《错误》等是其中的代表。

(二)香港文学

1949年后,大陆、台湾的政治对峙局面,赋予殖民地香港文学以新格局。50年代,处于特殊社会文化环境中的香港文坛政治文化色彩浓厚,反蒋、反共文学壁垒分明。如张爱玲的《秧歌》、《赤地之恋》等作品皆有一定的反共色彩。本时期,徐訏、徐速、李辉英、黄思骋、唐人、叶灵凤、司马长风、力匡、何达等南来作家仍是香港文坛的主角。50年代以后,香港本土作家队伍日渐壮大,侣伦、舒巷城是其中的翘楚,《穷巷》代表了这一时期乡土小说的最高成就。60年代,香港现代经济与都市的发育,催生了现代派文学和大众通俗小说的发展,呈现出双峰并峙的绮丽景象。70年代香港大众通俗小说发展达到鼎盛时期,梁羽生、金庸的武侠小说,依达、亦舒、岑凯伦、严沁的言情小说,倪匡的科幻小说,南宫博、董千里的历史小说等名噪一时,形成了繁富的作品系列和庞大的通俗小说创作生力军。

70年代末至80年代,香港文学结束了与大陆隔绝的状态而被重新纳入中国文学大框架之下,文学也越来越呈现出多元化、全方位的发展态势。外来的与乡土的,写实的与现代的,严肃的与通俗的,各种思潮流派在竞争中共存共生,诗歌、小说、散文、戏剧、文学评论全方位发展,香港文学步入繁荣发展时期。在各类文学样式中,小说成就最为突出,刘以鬯的《寺内》、《岛与半岛》,陶然的《旋转舞台》、《与你同行》,也斯的《记忆的城市虚构的城市》,施叔青的《香港三部曲》,黄碧云的《其后》等都是其中影响较大的作品。诗歌、散文方面的代表作家有西西、也斯、羁魂、黄国彬、王良和、犁青、黄河浪、傅天虹、宋淇、董桥、黄维梁等。90年代以来,香港文学社团林立,文学活动频繁,文学刊物大量涌现,文学书籍出版数量空前。社会的稳定,经济的繁荣,给香港作家提供了更多的自由创作空间,香港文学朝着更加多样化、多元性发展。

(三)澳门文学

50—70年代,由于澳门文学园地有限,不少澳门作家移居香港或在香港发表作品,形成澳门特殊的"离岸作家"和"离岸文学"现象。以诗在香港或海外成名的澳门"离岸作家"有张错、韩牧、陈德锦、钟伟民等。

80年代,澳门文学开始进入"自觉时代",诗歌作为一个主要的文体形式,在澳门文学的崛起中扮演着重要角色。胡晓风、云惟利、江思扬等是澳门诗歌古典主义的代表人物;陶里、高戈、淘空了、流星子和苇鸣、懿灵、凌钝等人的诗歌创作,则分别代表了澳门诗歌现代主义与后现代主义两种风格。澳门散文成就稍逊于诗歌,凌钝、王文、梦子是抒情散文作家的代表;胡晓风、林中英、李鹏翥则是论说性散文(包括杂文、学者散文)的代表作家;探索性散文作家以陶里、沙蒙、郑妙珊为代表,文本注重形式实验与创新,艺术上有现代主义特征。澳门华文小说创作可分为三种类型:一是言情小说,以周桐的《错爱》为代表;二是实验小说,以吕平义的《失踪的猫》为代表,在小说叙述方式上有魔幻现实主义的艺术格调;三是写实小说,鲁茂的成绩最大,代表作品有《小兰的梦》、《星星梦》等。

20世纪中叶以后,澳门也涌现出一批成熟的"土生"作家的"土生"文学,如若瑟、李安乐、马若龙的诗歌,江道莲、飞历奇的小说,若瑟、马尔丁妮的散文,飞文基的剧本等。

三、海外华文文学

20世纪四五十年代,大批内地文化人因各种原因辗转到达海外各国,他们原先的文化积累使他们可以较为从容地将母体文化的营养糅进居住国现实生活的土壤,从而使海外华文文学本土化的过程成为强烈认同中华民族文化的历史进程。五六十年代政治的、地理的隔绝使各地区的华文文学开始进入一种"各行其是"的轨道,并各自开始了其本土化的进程。然而隔绝并未割断,各地华文文学之间内在的种种相通在80年代以后的海外华文文学中有着充分的体现。

(一)东南亚华文文学

"二战"后,东南亚华人生存处境的变化直接影响着这一时期东南亚华文文学的根本面貌。无论是南来华人作家创作模式的蜕变,还是本土华裔作家群的崛起,他们都把反映南洋华族社会转型中华侨华人命运的变化作为最重要的题材,韦晕的《浅滩》、姚拓的《美丽的童年》、《德中哥与德中嫂》便是其中的代表。苗秀是第一位显示马来亚华人小说的成熟形态并产生国际影响的新加坡小说家,代表作有《残夜行》、《火浪》等。泰华代表作家作品有修人的《一个坤銮的故事》、陈汀的《三聘姑娘》、倪长游等合写的《破毕舍歪传》等。陈强华和傅成得是马来亚华文现代主义诗歌开拓上最值得关注和有着切实影响的两位诗人。

具有"寻根"倾向的华文文学创作早在20世纪60年代就已开始,只是在80年代后变得格外强烈。王润华、淡莹是东南亚华人中较早表现出"溯源"行为的作家。《象外象》、《太极诗谱》等作品,正是他们在母体文化源头上的探寻透悟之作。李永平的《吉陵春秋》、林幸谦的《溯河鱼的传说》、郑良树的《青云传奇》、陈大为的诗集《治洪前书》和《再鸿门》等"寻根"作品,并非完全出于现实乡思的羁绊,而是根源于作家对中华民族历史和南洋先辈历史的双重开掘,是在对历史传统文化意义的反思,甚至是颠覆、解构中汲取某些可以借鉴、继承的东西,从而从民族文化源头上来获得新的文化内涵。

(二)欧美华文文学

一部分生活在欧美地区,且已加入居住国国籍,融入了居住国生活的中国知识分子,他们以作家身份扮演着"海外中国知识分子"角色,力图通过文学创作实现中华民族传统文化的创造性转换和东西方不同文化间的对话与沟通。20世纪40年代就移居美国的华人作家黄文湘是其中的代表,他的长篇小说《萤火河之恋》就属于这一方面的探索尝试之作。同时期旅居美国的女作家木令耆,其70年代到90年代的小说创作即以"异乡即故乡"的独特视角呈现着海外华人心灵嬗变的历程。那些80年代的新移民作家,像瑞士的赵淑侠、澳大利亚的欧阳昱、英国的胡东、加拿大的张翎等则是在全球化语境的冲击下,迅即消解着传统的"原乡"概念,以豁达的胸襟和开阔的视野看待异域文化,从容而迅速地融入当地社会。

在八九十年代欧美华文文学创作中,也存在着另一番情状。像旅美作家张错的《黄金泪》、黄运基的《奔流》、穗青的《双玉佩》、郑其贤的《虾村春秋》、吴瑞卿的散文集《没有天使的天使岛》、老南的诗作《少年淘金者和他的后代》等作品,反映的是华人在美国的土地落地生根中的"寻根",作家们并没有因为自己现今良好的生活状态而将历史淡化为一种朦胧的乡愁。他们执著地在当年种族歧视的血泪、资本拓荒的辛酸中寻觅先祖的踪影,以探寻美国华族未来的命运。

身份的认同,始终是海外华文文学的根本性课题,而"民族性"与"公民性"关系的处理,又构成海外华文作家文化和情感上的纠结,从而也影响着海外华文文学的格局。真正形成海外华族文学独异而成熟的形态,将是一种艰难的跋涉。

小草在歌唱①
——悼女共产党员张志新烈士
雷抒雁

雷抒雁(1942~),陕西泾阳县人,中国当代著名诗人。1967年9月毕业于西北大学中文系,1970年入伍,1972年调《解放军文艺》任诗歌编辑。1982年转业,历任《工人日报社》文艺部副主任、主任,《诗刊》社副主编,《中国少年作家》主编等。1972年开始诗歌创作。著有诗集《沙海军歌》、《漫长的边境线》、《小草在歌唱》、《云雀》、《父母之河》等15本。散文集《悬肠草》、《秋思》、《写意人生》、《丝织的灵魂》等6部。诗歌《小草在歌唱》获1979年至1980年全国中青年诗人优秀作品奖,诗集《父母之河》获1987年全国第二届优秀新诗奖。

一

风说:忘记她吧!
我已用尘土,
把罪恶埋葬!
雨说:忘记她吧!
我已用泪水,
把耻辱洗光!

是的,多少年了,
谁还记得
这里曾是刑场?
行人的脚步,来来往往,
谁还想起,
他们的脚踩在
一个女儿、
一个母亲、
一个为光明献身的战士的心上?

只有小草不会忘记。
因为那殷红的血,
已经渗进土壤;
因为那殷红的血,
已经在花朵里放出清香!

只有小草在歌唱。
在没有星光的夜里,
唱得那样凄凉;
在烈日暴晒的正午,
唱得那样悲壮!
象要砸碎焦石的潮水,
象要冲决堤岸的大江……

二

正是需要光明的暗夜,
阴风却吹灭了星光;
正是需要呐喊的荒野,
真理的嘴却被封上!
黎明。一声枪响,
在祖国遥远的东方,
溅起一片血红的霞光!
呵,年老的妈妈,
四十多年的心血,
就这样被残暴地泼在地上;
呵,幼小的孩子,
这样小小年纪,
心灵上就刻下了
终生难以愈合的创伤!

我恨我自己,
竟睡得那样死,
象喝过魔鬼的迷魂汤,
让辚辚囚车,
碾过我僵死的心脏!
我是军人,
却不能挺身而出,
象黄继光,

用胸脯筑起一道铜墙!
而让这颗罪恶的子弹,
射穿祖国的希望,
打进人民的胸膛!
我惭愧我自己,
我是共产党员,
却不如小草,
让她的血流进脉管,
日里夜里,不停歌唱……

三

虽然不是
面对勾子军的大胡子连长,
她却象刘胡兰一样坚强;
虽然不是
在渣滓洞的魔窟,
她却象江竹筠一样悲壮!
这是二十世纪,七十年代,
社会主义中国特殊的土壤里,
成长起的英雄
——丹娘!

她是夜明珠,
暗夜里,
放射出灿烂的光芒;
死,消灭不了她,
她是太阳,
离开了地平线,
却闪耀在天上!

我们有八亿人民,
我们有三千万党员,
七尺汉子,
伟岸得象松林一样,
可是,当风暴袭来的时候,
却是她,冲在前边,
挺起柔嫩的肩膀,
肩起民族大厦的栋梁!

我曾满足于——
月初,把党费准时交到小组长的手上;
我曾满足于——
党日,在小组会上滔滔不绝地汇报思想!
我曾苦恼,
我曾惆怅,
专制下,吓破过胆子,
风暴里,迷失过方向!

如丝如缕的小草哟,
你在骄傲地歌唱,
感谢你用鞭子
抽在我的心上,
让我清醒,
让我清醒,
昏睡的生活,
比死更可悲,
愚昧的日子,
比猪更肮脏!

四

就这样——
黎明。一声枪响,
她倒下去了,
倒在生她养她的祖国大地上。

她的琴吧?
那把她奏出过欢乐,
奏出过爱情的琴呢?
莫非就比成了绝响?
她的笔呢?
那支写过檄文,
写过诗歌的笔呢?
战士,不能没有刀枪!

我敢说:她不想死!
她有母亲:风烛残年,
受不了这多悲伤!
她有孩子:花蕾刚绽,

怎能落上寒霜!
她是战士,
敌人如此猖狂,
怎能把眼合上!

我敢说:她没有想到会死。
不是有宪法么?
民主,有明文规定的保障;
不是有党章么,
共产党员应多想一想。
就象小溪流出山涧,
就象种子钻出地面,
发现真理,坚持真理,
本来就该这样!

可是,她却被枪杀了,
倒在生她养她的母亲身旁……

法律呵,
怎么变得这样苍白,
苍白得象废纸一方;
正义呵,
怎么变得这样软弱,
软弱得无处伸张!
只有小草变得坚强,
托着她的身躯,
托着她的枪伤,
把白的,红的花朵,
插在她的胸前,
日里夜里,风中雨中,
为她歌唱……

五

这些人面豺狼,
愚蠢而又疯狂!
他们以为镇压,
就会使宝座稳当;
他们以为屠杀,
就能扑灭反抗!

岂不知烈士的血是火种,
插出去,
能够燃起四野火光!

我敢说:
如果正义得不到伸张,
红日,
就不会再升起在东方!
我敢说,
如果罪行得不到清算,
地球,
也会失去分量!

残暴,注定了灭亡,
注定了"四人帮"的下场!

你看,从草地上走过来的是谁?
油黑的短发,
披着霞光;
大大的眼睛,
象星星一样明亮;
甜甜的笑,
谁看见都会永生印在心上!

母亲呵,你的女儿回来了,
她是水,钢刀砍不伤;
孩子呵,你的妈妈回来了,
她是光,黑暗难遮挡!
死亡,不属于她,
千秋万代,
人们都会把她当作榜样!

去拥抱她吧,
她是大地女儿,
太阳,
给了她光芒;
山岗,
给了她坚强;
花草,

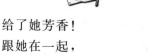

给了她芳香!
跟她在一起,
就会看到希望和力量……

六月七日夜不成寐
六月八日急就于曙光中

注释

①选自诗集《小草在歌唱》,江苏人民出版社 1980 年版。诗歌最初发表于《诗刊》1979 年第 8 期。

文本解读

《小草在歌唱》是诗人因张志新烈士被害事件的披露而引发的感奋之作,也是一首超越时空、常读常新的警世之作。

诗歌以"小草"为线索贯穿全篇,抒写了诗人对张志新烈士的沉痛悼念和热情赞颂,对"四人帮"等人蔑视真理、践踏民主与法制的卑劣行径给予了无情的揭露和鞭挞。其中,最为激荡人心的是,诗人能通过自己与烈士的对比,深刻地反省和检视自己,因而,通过个人的自责与忏悔,唱出一代人的觉醒之歌。

在诗歌中,"小草"既是诗人感情的寄托,又是烈士和人民的象征。在那个荒谬的年代,人民虽只有草的命运,却也有草的品格——纤细、柔韧和顽强的生命力。烈士虽倒在刑场,但她那捍卫真理、追求光明的精神和面对强权、不屈不挠的意志将在一代代人的身上得到继承和弘扬,它喻示着中华民族将在烈士鲜血的浇灌下,沿着烈士的足迹从浴火中走向重生。

在表现手法和表达方式上,诗人采用类比、象征等手法和抒情、议论等方式,把历史和现实交织在一起,从小到大,由远及近,从凄婉悲愤的诉说到高亢激昂的控诉,直至慷慨悲壮的歌唱和严厉的自我解剖,一步一步把读者引向情感的高峰,让读者在诗情的跌宕起伏中重新认识尊严、良知和生命的价值,唤起人们对发生在祖国大地上的悲剧的再一次沉思。张志新已成为那个时代最沉重的祭奠,我们民族那份带血的记忆,如果这段历史被遗忘,那将是我们这个民族最大的悲剧。

全诗激情饱满,深沉真挚,具有思想、情感和艺术的多重魅力。

思考练习

1. 谈谈你对诗句"我恨我自己,竟睡得那样死,象喝过魔鬼的迷魂汤"的理解。
2. 诗歌以小草为主要意象,寄寓了作者的多重情感,请谈谈你的认识。

阅读链接

1. 雷抒雁:《父母之河》,人民文学出版社 1984 年版。
2. 陈禹山:《一份血写的报告》,《光明日报》1979 年 6 月 5 日。

神女峰①

舒 婷

舒婷(1952~),原名龚佩瑜,1952年生于福建石马镇。当代女诗人,朦胧诗派的代表作家之一,与顾城、北岛齐名。1969年初中毕业后下乡插队,1971年开始写诗,1972年返城当工人。1979年开始发表诗歌作品,1980年至福建省文联工作,从事专业写作。后任中国作协理事,作协福建分会副主席。主要著作有诗集《双桅船》、《会唱歌的鸢尾花》和合集《舒婷、顾城抒情诗选》,散文集《心烟》等。抒情短诗《祖国啊,我亲爱的祖国》获1979—1980年全国中青年诗人优秀诗歌奖,诗集《双桅船》获1979—1982年全国优秀新诗(诗集)奖二等奖。

在向你挥舞的各色花帕中
是谁的手突然收回
紧紧捂住了自己的眼睛
当人们四散离去,谁
还站在船尾
衣裙漫飞,如翻涌不息的云
江涛
高一声
低一声

美丽的梦留下美丽的忧伤
人间天上,代代相传
但是,心
真能变成石头吗
为眺望远天的杳鹤
而错过无数次春江月明

沿着江岸
金光菊和女贞子的洪流
正煽动新的背叛
与其在悬崖上展览千年
不如在爱人肩头痛哭一晚

注释

① 本诗选自于《舒婷的诗》,创作于1981年6月。

文本解读

舒婷的《神女峰》写于1981年6月,是其继《致橡树》之后的又一篇力作。诗歌以其深沉的人道主义情怀、饱满的个性主义精神、对女性命运的深切关注,在20世纪80年代的中国爱情作品中闪耀着的特异光彩。

长江三峡的神女峰有着哀婉动人的美丽传说,在舒婷之前,神女峰一直被解读为女性对爱情海枯石烂、坚贞不渝的道德楷模:"人间天上,代代相传。"从游人"挥舞的各色花帕"(花帕意味着有女性)中可以看出,即使到了现在,"神女"的道德价值还会对人们产生潜意识的影响,尤其得到男性的广泛认同。

但是,"为眺望远天的杳鹤/而错过无数次春江月明",把美好的生命献给无望的等待,化身为磐石以表达对爱的坚贞,这值得吗?"是谁的手突然收回/紧紧捂住了自己的眼睛"、"但是,心/真能变成石头吗"这样的追问显示了舒婷对以"夫为妻纲"为代表的封建道德的反击和挑战,体现了作家对女性命运深切关注的人道主义情怀。"美丽的梦留下美丽的忧伤",梦使"神女"成为忠贞的代名词,升华为道德楷模,然而在现实生活中丧失了正常的需求,没有了爱与被爱的幸福,没有了生的快乐,有的只是在凄风苦雨中无尽的等待。"与其在悬崖上展览千年/不如在爱人肩头痛哭一晚",诗人的回答显示了新时期基于生命本真的呐喊,表明了人性的复苏,期望女性能够挣脱各种有形和无形的束缚,追求真实的、自由幸福的生活,表现出作家强烈的人性诉求。

作品同时也把审视的眼光指向了女性本身:除了外在的封建道德的荼毒外,女性是否意识到这种悲剧产生的自身原因呢?几千年的封建纲常伦理和道德规范已经内化为女性最基本的道德准则,女人的名声、贞节比幸福、生命更重要。因此,最为残酷的是女性变外来束缚为自我束缚,从而丧失了对命运抗争的动力和欲望,丧失了对人性基本需求的追求,这实乃女性最大的悲剧和不幸。

思考练习

1. 作家的人道主义情怀在诗中是如何体现的?
2. 思考《致橡树》与《神女峰》在审美内涵上的异同?

阅读链接

1. [唐]王建:《望夫石》,《唐诗鉴赏辞典》,上海辞书出版社1983版。
2. 舒婷:《舒婷的诗》,人民文学出版社1994版。

中国,我的钥匙丢了①

梁小斌

梁小斌(1954~),安徽合肥人,朦胧诗代表诗人。1972年开始诗歌创作,1991年加入中国作家协会。著有诗集《少女军鼓队》,思想随笔集《独自成俑》等。代表作《中国,我的钥匙丢了》、《雪白的墙》被选入《百年中国文学经典》。

《雪白的墙》还获得1982年全国中青年诗人优秀新诗奖。

中国,我的钥匙丢了。
那是十多年前,
我沿着红色大街疯狂地奔跑,
我跑到了郊外的荒野上欢叫,
后来,
我的钥匙丢了。

心灵,苦难的心灵
不愿再流浪了,
我想回家
打开抽屉、翻一翻我儿童时代的画片,
还看一看那夹在书页里的
翠绿的三叶草。

而且,
我还想打开书橱,
取出一本《海涅歌谣》,
我要去约会,
我要向她举起这本书,
作为我向蓝天发出的
爱情的信号。

这一切,
这美好的一切都无法办到,
中国,我的钥匙丢了。

天,又开始下雨,
我的钥匙啊,
你躺在哪里?

我想风雨腐蚀了你,
你已经锈迹斑斑了;
不,我不那样认为,
我要顽强地寻找,
希望能把你重新找到。

太阳啊,

你看见了我的钥匙了吗?
愿你的光芒
为它热烈地照耀。

我在这广大的田野上行走,
我沿着心灵的足迹寻找,
那一切丢失了的,
我都在认真思考。

注释

①选自阎月君等编的《朦胧诗选》,春风文艺出版社1985年版。该诗首发于《诗刊》1979年10月号。

文本解读

  于平凡中发现复杂而深刻的意蕴,给普通事物以绚丽的光彩,是梁小斌诗歌创作的自觉追求。《中国,我的钥匙丢了》便是这种"自觉追求"的诗化呈现。

  钥匙,日常生活中的普通物什,诗人却把它意象化、精神化,使它的物质功能延伸、扩展到精神世界,于是,这"钥匙"便成了打开心灵、精神乃至历史之门的象征。诗人把"钥匙丢了"与十多年前"我沿着红色大街疯狂地奔跑"相连,使得诗歌内涵扩展到一个广阔深远的历史背景之中,使人自然联想到十年动乱致使人性疯狂,造成的灾难深重,诗的深厚历史内涵于此产生。诗中通过"我"执著"寻找"钥匙的过程,体现了一代青年的觉醒。十年的苦难历史,并没有泯灭他们内心深处对真善美的希冀与渴求。诗人通过"我"对一把钥匙的"寻找",从深层意义上暗示了一代人心灵道路的回归,对历史真实的寻找与思考,对健康的精神、斑斓的理想、甜蜜的爱情、幸福的生活的向往。"寻找"这一行为基本概括了当时一代青年人共同的心理特征。

  梁小斌钟情于孩子的稚气和纯真,喜欢以孩子的眼睛看世界,用孩子的语言表达对生活的感受和认知。诗中,孩子般纯净的心灵境界和荒谬年代的沉重历史内容相结合,形成了该诗纯真与沉郁悲凉相交织又相冲突的风格特征。这也是梁小斌的诗歌创作风格不同于其他朦胧诗人的地方。

思考练习

1. 诗歌中,"钥匙"被诗人赋予了多重象征意蕴,读后请谈谈你的理解。
2. 同为朦胧诗,《神女峰》与《中国,我的钥匙丢了》在艺术风格上又有所不同,试比较分析。

阅读链接

1. 梁小斌:《少女军鼓队》,中国文联出版公司1986年版。
2. 梁小斌:《我为〈中国,我的钥匙丢了〉忏悔》,《南方都市报》2007年2月8日。

有关大雁塔①

韩 东

韩东(1961～),江苏南京人,当代后现代主义诗歌代表诗人。1980年开始发表诗歌,1982年毕业于山东大学哲学系。1984年至1985年,与于坚、丁当、陆忆敏、朱文等人创立"他们"文学社,并创办民间文学刊物《他们》,曾提出"诗到语言为止"的诗学命题。著有诗集《白色的石头》、《爸爸在天上看我》,小说集《西天上》,诗文集《交叉跑动》等。影响较大的诗作有《有关大雁塔》、《你见过大海》、《明月降临》、《这个晚上》等。曾获1995年第二届刘丽安诗歌奖。1990年后,其文学创作逐渐由诗歌转向小说,成为新生代重要小说家之一。

有关大雁塔
我们又能知道些什么
有很多人从远方赶来
为了爬上去
做一次英雄
也有的还来做第二次
或者更多
那些不得意的人们
那些发福的人们
统统爬上去
做一做英雄
然后下来
走进这条大街
转眼不见了
也有有种的往下跳
在台阶上开一朵红花
那就真的成了英雄
当代英雄

有关大雁塔
我们又能知道什么
我们爬上去
看看四周的风景
然后再下来

注释

①大雁塔,又名大慈恩寺塔,位于陕西省西安市雁塔区慈恩寺内,塔身七层,塔高64.5米,塔体为方形锥体,整个建筑气势雄伟,简洁稳重,庄严古朴,是我国佛教建筑艺术中不可多得的杰作。始建于唐高宗永徽三年(652),是玄奘为藏经典而修建。大雁塔是西安市的标志性建筑,是古城西安的象征,也是西安市著名的旅游景点之一。

文本解读

中国悠久的历史文化及厚重的诗歌传统既是新生代诗人诗歌创作的丰富养料和资源,也成为那一代诗人突破窠臼而有所作为的巨大精神负担。韩东的《有关大雁塔》就是利用"失忆"的方式去挣脱历史与传统束缚,并谋求有所超越的代表作品。

大雁塔是古城西安的标志性建筑,它本身就是历史的浓缩与传统价值观的象征。在他人目睹大雁塔而唤醒历史记忆的地方,并没有激起诗人"前不见古人,后不见来者"的幽幽情思。因为在诗人看来,历史文化作为一种反方向的超现实存在,它本身难以复制,也无法重演,我们只能站在时代的门槛上作一次远距离的审美观照,除此别无他用。所以,在韩东笔下,大雁塔已完全失去它存在的价值和意义,仅成为芸芸众生作一次"英雄"的道具或背景。"有关大雁塔,我们又能知道些什么?""失忆",成了诗人拒绝或消解历史文化与传统价值观的最佳方式。然而这种"失忆"的背后,流露出的则是历史的不可知和人生的无奈。

在诗歌中,诗人所表现的不仅是对有关大雁塔历史文化记忆的拒绝,也含有对前代诗人写作方式的反叛。"诗到语言为止"的诗学命题与诗学实践,可以看作是对"五四"新诗传统,尤其是朦胧诗艺术形式的否定。"反英雄"、"反崇高"的价值观念和"反意象"、"反优雅"的形式特征,显示了新生代诗歌的文化批判性。韩东让我们看到,反记忆,也就是忘却,可以成为诗性的批判武器。诗中没有意象的营造,也没有情绪的渲染,只有纯客观的"口语化"叙述,诗味全凭读者体验。这种不动声色的叙述方式已成为后现代主义诗歌在叙事方式上的一种范式。

思考练习

1.谈谈你对诗句"也有有种的往下跳/在台阶上开一朵红花/那就真的成了英雄/当代英雄"的理解。

2.以韩东的《有关大雁塔》和杨炼的《大雁塔》为例,分析朦胧诗与新生代诗歌在艺术风格上的不同。

阅读链接

1.韩东:《白色的石头》,上海文艺出版社1992年版。

2.阎月君等编:《朦胧诗选》,春风文艺出版社1985年版。

海子诗歌二首

海子(1964~1989),原名查海生,安徽怀宁县人。1979年15岁时考入北京大学法律系,在大学期间开始诗歌创作。1983年秋毕业后任教于中国政法大学。1989年3月26日在河北山海关卧轨自杀。从1984年到1989年,不到5年的时间里,海子创作了大量的诗歌作品,包括短诗、长诗、诗剧和一些札记。影响最大、广为流传的还是他的短诗。比较著名的有《亚洲铜》、《祖国,或以梦为马》、《面朝大海,春暖花开》等。出版作品有长诗《土地》(1990年)和短诗选集《海子、骆一禾作品集》(1991年)。

面朝大海,春暖花开①

海 子

从明天起,做一个幸福的人
喂马,劈柴,周游世界
从明天起,关心粮食和蔬菜
我有一所房子,面朝大海,春暖花开

从明天起,和每一位亲人通信
告诉他们我的幸福
那幸福的闪电告诉我的
我将告诉每一个人

给每一条河每一座山取一个温暖的名字
陌生人,我也为你祝福
愿你有一个灿烂的前程
愿你有情人终成眷属
愿你在尘世获得幸福
我只愿面朝大海,春暖花开

注释

① 选自于《海子的诗》,人民文学出版社1995年版。写于1989年1月13日。

文本解读

《面朝大海,春暖花开》是海子流传最广的名作,写于1989年1月13日,距离他在山海关自杀,只有两个多月的时间。海子自杀的原因给我们留下了诸多的谜团,人们试图通过其遗世的作品寻找答案。《面朝大海,春暖花开》就是研究者关注较多的一首。随着研究和争论的深入,研究者基本上形成了一个共识:在《面朝大海,春暖花开》温暖、明丽的外衣里深藏着海子无法调和的矛盾,充满了丰富的暗示性和复杂性。文本中"从明天起"、"幸福"、"我只愿面朝大海,春暖花开"三个核心意象是解读的关键。

"从明天起,做一个幸福的人","喂马,劈柴,周游世界","关心粮食和蔬菜",拥有一所"面朝大海,春暖花开"的房子,"和每一位亲人通信","告诉他们我的幸福"等,这些就是海子所谓的幸福。这些显在的信息似乎在告诉人们海子开始直面现实,重视亲情。但是这种"幸福"为什么要从"明天"开始呢?细细品味,其实"从明天起"暗含着多重复杂的隐性信息:一是暗示读者诗人当前是不幸福的;二是表明诗人希望在未来可以做一个"幸福"的人,三是表明诗人对现实幸福(世俗幸福)的排斥和婉拒。显性和隐性信息的矛盾和冲突凸显诗人真实的现实状况和思想状态。

"幸福"是贯穿全诗的又一个核心意象,仔细研读文本,不难发现海子对"幸福"的界定可以分为两个层面。第一个是世俗层面:喂马,劈柴,周游世界,是和每一位亲人通信,是有一个灿烂的前程,是有情人终成眷属。第二个是精神层面:就是能够面朝大海,春暖花开。海子视诗歌为生命,他的幸福更侧重精神层面,如他所言:"我有三种幸福:诗歌、王位、太阳。"(《夜色》)细分析,其实质就是一种幸福,那就是"诗歌"。关于海子的世俗生活,海子的朋友西川说:"他既不会跳舞、游泳,也不会骑自行车。在离开北京大学以后的这些年里,他只看过一次电影。""我有三次受难:流浪、爱情、生存"(《夜色》),这些充分体现了海子对世俗的真实态度。原本这两种幸福是可以统一的,但在海子那里却变成了不可调和的矛盾。也决定了尘世的幸福与海子是无缘的。

"面朝大海,春暖花开"分别在诗中第一节和第三节出现,但含义却大相径庭。"我有一所房子,面朝大海,春暖花开",有两重内涵:一是指诗人真的希望有一所面朝大海、春暖花开的居所;二是指诗人固守的精神家园(诗歌及诗歌理想)。从这个角度理解,海子还是希望在坚守自己"精神家园"的同时能获得世俗幸福。"我只愿面朝大海,春暖花开",结合文本可以确定这里的"面朝大海,春暖花开"仅指海子坚持的精神家园(诗歌及诗歌理想)。从"面朝大海,春暖花开"含义变化过程来看,海子确实想试图改变自己,希望自己能够接受或回归世俗幸福,力求追求世俗幸福和精神幸福的和谐统一,但不知是何原因,海子还是最终选择了诗歌,拒绝了现实。

这种"精神的孤守"和对现实社会及现代文明的排斥拒绝,最终使海子走上了不归之路。海子的死是对精神的坚守,是为自己的人生理想和诗歌理想殉道。因此,海子是一位"诗歌烈士"(骆一禾语)。

思考练习

1. 如何理解"面朝大海,春暖花开"的多重含义?
2. 对"陌生人"的祝福体现了海子对幸福及世人的怎样态度?

阅读链接

海子:《海子的诗》,人民文学出版社1995年版。

历史①

我们的嘴唇第一次拥有
蓝色的水
盛满陶罐
还有十几只南方的星辰
火种
最初忧伤的离别

岁月呵

你是穿黑色衣服的人
在野地里发现第一枝植物
脚插进土地
再也拔不出
那些寂寞的花朵
是春天遗失的嘴唇

岁月呵,岁月

公元前我们太小
公元后我们又太老
没有人见到那一次真正美丽的微笑
但我还是举手敲门
带来的象形文字
撒落一地

岁月呵,岁月

到家了
我缓缓摘下帽子
靠着爱我的人
合上眼睛

"十一五"高职高专教材
新视线大学语文

一座古老的铜像坐在墙壁中间
青铜浸透了泪水

岁月呵

注释

①选自《海子的诗》,人民文学出版社1995年版。该诗创作于1984年。

文本解读

　　《历史》是海子早期作品之一,创作于1984年。受拉美文学的暗示和启发,1984年中国文坛掀起了轰轰烈烈的"寻根运动",文学创作的方向转向了本民族及其本民族文化。海子通过对我国悠久历史文化的苦苦寻觅和思索,表达了他对文学"寻根运动"方向的响应和个性化认识。

　　"我们的嘴唇第一次拥有/蓝色的水/盛满陶罐"、"火种/最初忧伤的别离","陶罐"和"火种"象征着人类文明的发端。人类在漫长的劳动实践中学会了使用和制造生产生活工具,大大提高了生产力,尤其是火的使用,它对人类文明的发展起到了重要作用,有了火,就有了光明和温暖,有了火,可以开垦土地,可以冶炼金属……没有了火,就不可能有文明世界。

　　"你是穿黑色衣服的人/在野地里发现第一枝植物/脚插进土地/再也拔不出",从人类种植第一棵农作物开始,在以后的历史进程中创造了灿烂的农业文明,从古印度到古巴比伦,从古埃及到中国,都是古代文明高度发达的杰出代表。"那些寂寞的花朵/是春天遗失的嘴唇","春天"指的是历史的发展历程,"寂寞的花朵"指的是文明的遗存。随着人类社会的发展和变革,有许多历史文明消失与湮没了,曾经辉煌灿烂的古印度文明、古埃及文明和古巴比伦文明都相继消失了,但有着几千年悠久历史的中华文明依然焕发着勃勃生机,依然生发出无尽的魅力。

　　"公元前我们太小/公元后我们又太老","我们"此处是指历史,"公元前我们太小/公元后我们又太老",从"太小"到"太老",强调的是成长的过程,结合作品的整体意蕴,这里应是指中华民族五千年漫长的发展历程。"没有人见到那一次真正美丽的微笑",我们对中国悠久的历史文化及其价值还缺乏真正的认识和了解,更没能从中汲取丰富的精神营养。"但我还是举手敲门/带来的象形文字/撒落一地","门"是历史之门,"象形文字"既象征着中华文明乃至世界文明的起源,又指代历史上创造的物质或精神瑰宝,诗人对历史的追根溯源,体现了他对历史文化的认识和基本态度——历史文化(民族文化)就是一座用之不尽的精神宝藏。

　　"一座古老的铜像坐在墙壁中间/青铜浸透了泪水","古老的铜像"指的是我们优秀的历史文化。"墙壁中间"是不能坐的,暗示着我们的历史文化(民族文化)的价值还没有引起高度的重视,还处在被埋没的状态。"青铜浸透了泪水",是通过拟人的手法,含蓄地表达了对历史文化被忽略和被遗忘的遗憾和惋惜。

　　海子运用晦奥的语言、内涵丰富的意象,个性化地提出了文学"寻根运动"的方向,即文学应该扎根在我们本民族的历史土壤中,应该从我们中华民族悠久的历史文化(民族文化)中寻找精神源头。

思考练习

1. 谈谈你对"公元前我们太小/公元后我们又太老"的理解。
2. 结合陶罐、火种、古老的铜像及青铜等讨论本文意象选择的特点。

阅读链接

海子:《海子的诗》,人民文学出版社 1995 年版。

夸 父①

余光中

余光中(1928～),江苏南京人,祖籍福建永春,台湾当代著名诗人、散文家、文艺评论家和翻译家。1947 年入金陵大学外文系,翌年转入厦门大学。1952 年毕业于台湾大学外文系。1958 年赴美留学,1959 年获美国爱荷华大学硕士学位。曾任教于台湾、香港和美国等多所大学。

余光中学贯中西,涉猎广泛,在文学创作、评论和翻译等领域均卓有建树。其主要著述有诗集《舟子的悲歌》、《蓝色的羽毛》、《钟乳石》、《万圣节》、《白玉苦瓜》等十余种;散文集《左手的缪斯》、《逍遥游》、《望乡的牧神》、《焚鹤人》、《听听那冷雨》等多部;另有文艺评论集《掌上雨》、《分水岭上》及译作《老人和大海》、《满田的铁丝网》、《梵谷传》等。

余光中一向被视为艺术上的"多妻主义"者。他的诗歌题材丰富、形式灵活、风格多样,在现代和传统、中国和西方之间走出一条富有独创性的艺术道路,形成了既古朴典雅又恬淡清新,既沉郁顿挫又热烈明快的诗歌风格;他的散文视野开阔,想象丰富,风格豪放雄健。

为什么要苦苦去挽救黄昏呢?
那只是落日的背影
也不必吸大泽与长河
那只是落日的倒影
与其穷追苍茫的暮景
埋没在紫霭的冷烬
——何不回身挥杖
迎面奔向新绽的旭阳
去探千瓣之光的蕊心?
壮士的前途不在昨夜,在明晨
西奔是徒劳,奔回东方吧
既然是追不上了,就撞上去

注释

①夸父,我国古代神话中一个善于奔跑的巨人。据《山海经》记载:"夸父与日逐走,入日;渴,欲得饮,饮于河、渭。河、渭不足,北饮大泽。未至,道渴而死。弃其杖,化为邓林。"后演化为成语"夸父追日"。

文本解读

对于神话故事《夸父追日》,不同的人可能有不同的理解。就一般意义而言,它昭示的是我国古代劳动人民探索自然的朴素愿望和对人生理想不懈追求的精神。"夸父"成了古代英雄的化身,是力量、胆识和气魄的象征。而在诗歌《夸父》中,诗人却赋予"夸父追日"以新的内涵。

在余光中的笔下,"夸父追日"式的悲剧,恰象征着20世纪中国人追逐西方文明的历史进程。从"五四"开始,中华民族可悲的思维定式就是盲目地向西方学习,一味地追踪、模仿西方文明,犹如夸父追日,亦步亦趋,但总是追赶不上。长此以往,我们不仅会丧失追逐的信心,同时还会丧失自己的前途。难道中国人就不能换一种思维方式,开辟一条新的路径?作者借助"回身挥杖"的夸父形象,深情地呼唤中国人的东方意识和民族意识的觉醒。今天,西方文明已经走到穷途末路,要寻找中华民族新的出路,还得在古老的东方文明中。不要再做没有头脑、一意孤行的"夸父",要面向东方,抓住机遇,迎头赶上,去闯自己的新路。

诗人站在时代的高度,以他对历史发展的清醒认识及对民族未来的深切关怀,热切期盼中华民族能从可悲的思维定式中解脱出来,重树雄心壮志,从古老的东方文明中去探索人类未来的前途。"西奔是徒劳,奔回东方吧/既然是追不上了,就撞上去"。

诗歌节奏迅疾,力道强劲,鲜明的民族情感与特定的思想内容交织一起奔涌宣泄,具有较强的艺术感染力和浓烈的理性思辨色彩。

思考练习

1.神话故事《夸父追日》和诗歌《夸父》的主旨意蕴可以有多重,学习后请谈谈你的认识。

2.结合诗歌内容,谈谈你对"落日"、"旭阳"、"蕊心"等意象的理解。

阅读链接

1.余光中:《余光中诗歌选集》,时代文艺出版社1997年版。

2.江堤编选:《余光中:与永恒拔河》,湖南大学出版社2001年版。

怀念萧珊①

巴 金

巴金(1904~2005),原名李尧棠,字芾甘,祖籍浙江嘉兴,生于四川成都。

从 1927 年到 1946 年间,他创作了 20 多部中、长篇小说,12 部杂记和游记,大量的短篇小说,还有 19 部译著。主要作品有"爱情三部曲"——《雾》、《雨》、《电》和"激流三部曲"——《家》、《春》、《秋》。1960 年,当选为中国文联副主席和中国作协副主席。"文革"期间受到残酷迫害。自 1978 年 12 月初至 1986 年 8 月底,历时 8 年,共创作了 151 篇散文,陆续出成 5 集,按照时间先后分别为《随想录》、《探索集》、《真话集》、《病中集》和《无题集》,5 个集子总称《随想录》。

一

今天是萧珊逝世的六周年纪念日。六年前的光景还非常鲜明地出现在我的眼前。那一天我从火葬场回到家中,一切都是乱糟糟的,过了两三天我渐渐地安静下来了,一个人坐在书桌前,想写一篇纪念她的文章。在五十年前我就有了这样一种习惯:有感情无处倾吐时我经常求助于纸笔。可是一九七二年八月里那几天,我每天坐三四个小时望着面前摊开的稿纸,却写不出一句话。我痛苦地想,难道给关了几年的"牛棚",真的就变成"牛"了?头上仿佛压了一块大石头,思想好像冻结了一样。我索性放下笔,什么也不写了。

六年过去了。林彪、"四人帮"及其爪牙们的确把我搞得很"狼狈",但我还是活下来了,而且偏偏活得比较健康,脑子也并不糊涂,有时还可以写一两篇文章。最近我经常去火葬场,参加老朋友们的骨灰安放仪式。在大厅里,我想起许多事情。同样地奏着哀乐,我的思想却从挤满了人的大厅转到只有二三十个人的中厅里去了,我们正在用哭声向萧珊的遗体告别。我记起了《家》里面觉新说过的一句话:"好像珏死了,也是一个不祥的鬼。"四十七年前我写这句话的时候,怎么想得到我是在写自己!我没有流眼泪,可是我觉得有无数锋利的指甲在搔我的心。我站在死者遗体旁边,望着那张惨白色的脸,那两片咽下千言万语的嘴唇,我咬紧牙齿,在心里唤着死者的名字。我想,我比她大十三岁,为什么不让我先死?我想,这是多不公平!她究竟犯了什么罪?她也给关进"牛棚",挂上"牛鬼蛇神"的小纸牌,还扫过马路。究竟为什么?理由很简单,她是我的妻子。她患了病,得不到治疗,也因为她是我的妻子。想尽办法一直到逝世前三个星期,靠开后门她才住进医院。但是癌细胞已经扩散,肠癌变成了肝癌。

她不想死,她要活,她愿意改造思想,她愿意看到社会主义建成。这个愿望总不能说是痴心妄想吧。她本来可以活下去,倘使她不是"黑老 K"的"臭婆娘"。一句话,是我连累了她,是我害了她。

在我靠边的几年中间,我所受到的精神折磨她也同样受到。但是我并未挨过打,她却挨了"北京来的红卫兵"的铜头皮带,留在她左眼上的黑圈好几天后才褪尽。她挨打只是为了保护我,她看见那些年轻人深夜闯进来,害怕他们把我揪走,便溜出大门,到对面派出所去,请民警同志出来干预。那里只有一个人值班,不敢管。当着民警的面,她被他们用铜头皮带狠狠抽了一下,给押了回来,同我一起关在马桶间里。

她不仅分担了我的痛苦,还给了我不少的安慰和鼓励。在"四害"横行的时候,我在原单位(中国作家协会上海分会)给人当作"罪人"和"贱民"看待,日子十分难过,有时到晚上九、十点钟才能回家。我进了门看到她的面容,满脑子的乌云都消散了。我有什么委屈、牢骚，都可以向她尽情倾吐。有一个时期我和她每晚临睡前要服两粒眠尔通才能够闭眼，可是天刚刚发白就都醒了。我唤她，她也唤我。我诉苦般地说："日子难过啊！"她也用同样的声音回答："日子难过啊！"但是她马上加一句："要坚持下去。"或者再加一句："坚持就是胜利。"我说"日子难过"，因为在那一段时间里，我每天在"牛棚"里面劳动、学习、写交代、写检查、写思想汇报。任何人都可以责骂我、教训我、指挥我。从外地到"作协分会"来串联的人可以随意点名叫我出去"示众"，还要自报罪行。上下班不限时间，由管理"牛棚"的"监督组"随意决定。任何人都可以闯进我家里来，高兴拿什么就拿走什么。这个时候大规模的群众性批斗和电视批斗大会还没有开始，但已经越来越逼近了。

她说"日子难过"，因为她给两次揪到机关，靠边劳动，后来也常常参加陪斗。在淮海中路"大批判专栏"上张贴着批判我的罪行的大字报，我一家人的名字都给写出来"示众"，不用说"臭婆娘"的大名占着显著的地位。这些文字像虫子一样咬痛她的心。她让上海戏剧学院"狂妄派"学生突然袭击、揪到"作协分会"去的时候，在我家大门上还贴了一张揭露她的所谓罪行的大字报。幸好当天夜里我儿子把它撕毁。否则这一张大字报就会要了她的命！

人们的白眼，人们的冷嘲热骂蚕蚀着她的身心。我看出来她的健康逐渐遭到损害。表面上的平静是虚假的。内心的痛苦像一锅煮沸的水，她怎么能遮盖住！怎样能使它平静！她不断地给我安慰，对我表示信任，替我感到不平。然而她看到我的问题一天天地变得严重，上面对我的压力一天天地增加，她又非常担心。有时同我一起上班或者下班，走进巨鹿路口，快到"作协分会"，或者走进南湖路口，快到我们家，她总是抬不起头。我理解她，同情她，也非常担心她经受不起沉重的打击。我记得有一天到了平常下班的时间，我们没有受到留难，回到家里她比较高兴，到厨房去烧菜。我翻看当天的报纸，在第三版上看到当时做了"作协分会"的"头头"的两个工人作家写的文章《彻底揭露巴金的反革命真面》。真是当头一棒！我看了两三行，连忙把报纸藏起来，我害怕让她看见。她端着烧好的菜出来，脸上还带笑容，吃饭时她有说有笑。饭后她要看报，我企图把她的注意力引到别处。但是没有用，她找到了报纸。她的笑容一下子完全消失。这一夜她再没有讲话，早早地进了房间。我后来发现她躺在床上小声哭着。一个安静的夜晚给破坏了。今天回想当时的情景，她那张满是泪痕的脸还在我的眼前。我多么愿意让她的泪痕消失，笑容在她憔悴的脸上重现，即使减少我几年的生命来换取我们家庭生活中一个宁静的夜晚，我也心甘情愿！

二

我听周信芳同志的媳妇说，周的夫人在逝世前经常被打手们拉出去当作皮球推来推去，打得遍体鳞伤。有人劝她躲开，她说："我躲开，他们就要这样对付周先生了。"萧珊并未受到这种新式体罚。可是她在精神上给别人当皮球打来打去。她也有这样的想法：她多受一点精神折磨，可以减轻我的压力。其实这是她一片痴心，结果只苦了她自己。我看见她一天天地憔悴下去，我看见她的生命之火逐渐熄灭，我多么痛心。我劝她，我安慰她，我想拉住她，一点也没有用。

她常常问我："你的问题什么时候才解决呢？"我苦笑说："总有一天会解决的。"她叹口气说:"我恐怕等不到那个时候了。"后来她病倒了,有人劝她打电话找我回家,她不知从哪里得来的消息,她说:"他在写检查,不要打岔他。他的问题大概可以解决了。"等到我从五·七干校回家休假,她已经不能起床。她还问我检查写得怎样,问题是否可以解决。我当时的确在写检查,而且已经写了好几次了。他们要我写,只是为了消耗我的生命。但她怎么能理解呢?

这时离她逝世不过两个多月,癌细胞已经扩散,可是我们不知道,想找医生给她认真检查一次,也毫无办法。平日去医院挂号看门诊,等了许久才见到医生或者实习医生,随便给开个药方就算解决问题。只有在发烧到摄氏三十九度才有资格挂急诊号,或者还可以在病人拥挤的观察室里待上一天半天。当时去医院看病找交通工具也很困难,常常是我女婿借了自行车来,让她坐在车上,他慢慢地推着走。有一次她雇到小三轮车去看病,看好门诊回家雇不到车了,只好同陪她看病的朋友一起慢慢地走回来,走走停停,走到街口,她快要倒下了,只得请求行人到我们家通知,她一个表侄正好来探病,就由他去把她背了回家。她希望拍一张X光片子查一查肠子有什么病,但是办不到。后来靠了她一位亲戚帮忙开后门两次拍片,才查出她患肠癌。以后又靠朋友设法开后门住进了医院。她自己还很高兴,以为得救了。只有她一个人不知道真实的病情,她在医院里只活了三个星期。

我休假回家假期满了,我又请过两次假,留在家里照料病人。最多也不到一个月。我看见她病情日趋严重,实在不愿意把她丢开不管,我要求延长假期的时候,我们那个单位的一个"工宣队"头头逼着我第二天就回干校去。我回到家里,她问起来,我无法隐瞒。她叹了口气,说"你放心去吧。"她把脸掉过去,不让我看见她。我女儿、女婿看到这种情景,自告奋勇地跑到巨鹿路向那位"工宣队"头头解释,希望同意我在市区多留些日子照料病人。可是那个头头"执法如山",还说:他不是医生,留在家里,有什么用!"留在家里对他改造不利!"他们气愤地回到家中,只说机关不同意,后来才对我传达了这句"名言"。我还能讲什么呢?明天回干校去!

整个晚上她睡不好,我更睡不好。出乎意外,第二天一早我那个插队落户的儿子在我们房间里出现了,他是昨天半夜里到的。他得了家信,请假回家看母亲,却没有想到母亲病成这样。我见了他一面,把他母亲交给他,就回干校去了。

在车上我的情绪很不好。我实在想不通为什么会有这样的事情。我在干校待了五天,无法同家里通消息。我已经猜到她的病不轻了。可是人们不让我过问她的事情。这五天是多么难熬的日子! 到第五天晚上在干校的造反派头头通知我们全体第二天一早回市区开会。这样我才又回到了家,见到了我的爱人。靠朋友帮忙,她可以住进中山医院肝癌病房,一切都准备好,她第二天就要住院了。她多么希望住院前见我一面,我终于回来了。连我也没有想到她的病情发展得这么快。我们见了面,我一句话也讲不出来。她说了一句:"我到底住院了。"我答说:"你安心治疗吧。"她父亲也来看她,老人家双目失明,去医院探病有困难,可能是来同他的女儿告别了。

我吃过中饭,就去参加给别人戴上反革命帽子的大会,受批判、戴帽子的不止一个,其中有一个我的熟人王若望同志,他过去也是作家,不过比我年轻。我们一起在"牛棚"里关过一个时期,他的罪名是"摘帽右派"。他不服,不听话,他贴出大字报,声明"自己解放自己",因此罪名越搞越大,给提去关了一个时期还不算,还戴上了反革命的帽子监督劳动。在会场里我一直像在做怪梦。开完会回家,见到萧珊我感到格外亲切,仿佛重回人间,可是她不舒服,不想讲话,偶尔讲一句半句。我还记得她讲了两次:"我看不到了。"我连声问她看不到什么?她后来才说:"看不到你解放了。"我还能再讲什么呢?

我儿子在旁边,垂头丧气,精神不好,晚饭只吃了半碗,像是患感冒。她忽然指着他小声说:"他怎么办呢?"他当时在安徽山区已经待了三年半,政治上没有人管,生活上不能养活自己,而且因为是我的儿子,给剥夺了好些公民权利。他先学会沉默,后来又学会抽烟。我怀着内疚的心情看看他,我后悔当初不该写小说,更不该生儿育女。我还记得前两年在痛苦难熬的时候她对我说:"孩子们说爸爸做了坏事,害了我们大家。"这好像用刀子在割我身上的肉。我没有出声,我把泪水全吞在肚里。她睡了一觉醒过来忽然问我:"你明天不去了?"我说:"不去了。"就是那个"工宣队"头头今天通知我不用再去干校就留在市区。他还问我:"你知道萧珊是什么病?"我答说:"知道。"其实家里瞒住我,不给我知道真相,我还是从他这句问话里猜到的。

三

第二天早晨她动身去医院,一个朋友和我女儿、女婿陪她去。她穿好衣服等候车来。她显得急躁,又有些留恋,东张张西望望,她也许在想是不是能再看到这里的一切。我送走她,心上反而加了一块大石头。

将近二十天里,我每天去医院陪伴她大半天。我照料她,我坐在病床前守着她,同她短短地谈几句话。她的病情恶化,一天天衰弱下去,肚子却一天天大起来,行动越来越不方便。当时病房里没有人照料,生活方面除饭食外一切都必须自理。后来听同病房的人称赞她"坚强",说她每天早晚都默默地挣扎着下了床,走到厕所。医生对我们谈起,病人的身体经不住手术,最怕的是她肠子堵塞,要是不堵塞,还可以拖延一个时期。她住院后的半个月是一九六六年八月以来我既感痛苦又感到幸福的一段时间,是我和她在一起渡过的最后的平静的时刻,我今天还不能将它忘记。但是半个月以后,她的病情有了发展,一天吃中饭的时候,医生通知我儿子找我去谈话。他告诉我:病人的肠子给堵住了,必须开刀。开刀不一定有把握,也许中途出毛病。但是不开刀,后果更不堪设想。他要我决定,并且要我劝她同意。我做了决定,就去病房对她解释。我讲完话,她只说了一句:"看来,我们要分别了。"她望着我,眼睛里全是泪水。我说:"不会的……"我的声音哑了。接着护士长来安慰她,对她说:"我陪你,不要紧的。"她回答:"你陪我就好。"时间很紧迫,医生、护士们很快作好准备,她给送进手术室去了,是她表侄把她推到手术室门口的,我们就在外面走廊上等了好几个小时,等到她平安地给送出来,由儿子把她推回到病房去。儿子还在她身边守过一个夜晚。过两天他也病倒了,查出来他患肝炎,是从安徽农村带回来的。本来我们想瞒住他的母亲,可是无意间让他母亲知道了。她不断地问:"儿子怎么样?"我自己也不知道儿子怎么样,我怎么能使她放心呢?晚上回到家,走进空空的、静静的房间,我几乎要叫出声来:"一切都朝我的头打下来吧,让所有的灾祸都来吧。我受得住!"

我应当感谢那位热心而又善良的护士长,她同情我的处境,要我把儿子的事情完全交给她办。她作好安排,陪他看病、检查,让他很快住进别处的隔离病房,得到及时的治疗和护理。他在隔离房里苦苦地等候母亲病情的好转。母亲躺在病床上,只能有气无力地说几句短短的话,她经常问:"棠棠怎么样?"从她那双含泪的眼睛里我明白她多么想看见她最爱的儿子。但是她已经没有精力多想了。

她每天给输血,打盐水针。她看见我去就断断续续地问我:"输多少西西的血?该怎么办?"我安慰她:"你只管放心。没有问题,治病要紧。"她不止一次地说:"你辛苦了。"我有什么苦呢?我能够为我最亲爱的人做事情,哪怕做一件小事,我也高兴!后来她的身体更不行了。医生给她输氧气,鼻子里整天插着管子。她几次要求拿开,这说明她感到难受,但是听了我们的劝告,她终于忍受下去了。开刀以后她只活了五天。谁也想不到她会去得这么快!五天中间我整天守在病床前,默默地望着她在受苦(我是设身处地感觉到这样的),可是她除了两、三次要求搬开床前巨大的氧气筒,三、四次表示担心输血较多付不出医药费之外,并没有抱怨过什么。见到熟人她常有这样一种表情:请原谅我麻烦了你们。她非常安静,但并未昏睡,始终睁大两只眼睛。眼睛很大,很美,很亮。我望着。望着,好像在望快要燃尽的烛火。我多么想让这对眼睛永远亮下去!我多么害怕她离开我!我甚至愿意为我那十四卷"邪书"受到千刀万剐,只求她能安静地活下去。

不久前我重读梅林写的《马克思传》,书中引用了马克思给女儿的信里一段话,讲到马克思夫人的死。信上说:"她很快就咽了气……这个病具有一种逐渐虚脱的性质,就像由于衰老所致一样。甚至在最后几小时也没有临终的挣扎,而是慢慢地沉入睡乡。她的眼睛比任何时候都更大、更美、更亮!"这段话我记得很清楚。马克思夫人也死于癌症。我默默地望着萧珊那对很大、很美、很亮的眼睛,我想起这段话,稍微得到一点安慰。听说她的确也"没有临终的挣扎",也是"慢慢地沉入睡乡"。我这样说,因为她离开这个世界的时候,我不在她的身边。那天是星期天,卫生防疫站因为我们家发现了肝炎病人,派人上午来做消毒工作。她的表妹有空愿意到医院去照料她,讲好我们吃过中饭就去接替。没有想到我们刚刚端起饭碗,就得到传呼电话,通知我女儿去医院,说是她妈妈"不行"了。真是晴天霹雳!我和我女儿、女婿赶到医院。她那张病床上连床垫也给拿走了。别人告诉我她在太平间。我们又下了楼赶到那里,在门口遇见表妹。还是她找人帮忙把"咽了气"的病人抬进来的。死者还不曾给放进铁匣子里送进冷库,她躺在担架上,但已经白布床单包得紧紧的,看不到面容了。我只看到她的名字。我弯下身子,把地上那个还有点人形的白布包拍了好几下,一面哭唤着她的名字。不过几分钟的时间,这算是什么告别呢?

据表妹说,她逝世的时刻,表妹也不知道。她曾经对表妹说:"找医生来。"医生来过,并没有什么。后来她就渐渐地"沉入睡乡"。表妹还以为她在睡眠。一个护士来打针,才发觉她的心脏已经停止跳动了。我没有能同她诀别,我有许多话没有能向她倾吐,她不能没有留下一句遗言就离开我!我后来常常想,她对表妹说:"找医生来"。很可能不是"找医生"。是"找李先生"(她平日这样称呼我)。为什么那天上午偏偏我不在病房呢?家里人都不在她身边,她死得这样凄凉!

我女婿马上打电话给我们仅有的几个亲戚。她的弟媳赶到医院,马上晕了过去。三天以后在龙华火葬场举行告别仪式。她的朋友一个也没有来,因为一则我们没有通知,二则我是一个审查了将近七年的对象。没有悼词没有吊客,只有一片伤心的哭声。我衷心感谢前来参加仪式的少数亲友和特地来帮忙的我女儿的两三个同学,最后,我跟她的遗体告别,女儿望着遗容哀哭,儿子在隔离房还不知道把他当作命根子的妈妈已经死亡。

值得提说的是她当作自己儿子照顾了好些年的一位亡友的男孩从北京赶来,只为了见她最后一面。这个整天同钢铁打交道的技术员,他的心倒不像钢铁那样。他得到电报以后,他爱人对他说:"你去吧,你不去一趟,你的心永远安定不了。"我在变了形的她的遗体旁边站了一会。别人给我和她照了像。我痛苦地想:这是最后一次了,即使给我们留下来很难看的形象,我也要珍视这个镜头。

一切都结束了。过了几天我和女儿、女婿到火葬场,领到了她的骨灰盒。在存放室寄存了三年之后,我按期把骨灰盒接回家里。有人劝我把她的骨灰安葬,我宁愿让骨灰盒放在我的寝室里,我感到她仍然和我在一起。

四

梦魇一般的日子终于过去了。六年仿佛一瞬间似的远远地落在后面了。其实哪里是一瞬间!这段时间里有多少流着血和泪的日子啊。不仅是六年,从我开始写这篇短文到现在又过去了半年,半年中我经常在火葬场的大厅里默哀、行礼,为了纪念给"四人帮"迫害致死的朋友。想到他们不能把个人的智慧和才华献给社会主义祖国,我万分惋惜。每次戴上黑纱插上纸花的同时,我也想起我自己最亲爱的朋友,一个普通的文艺爱好者,一个成绩不大的翻译工作者,一个心地善良的人。她是我生命的一部分,她的骨灰里有我的泪和血。

她是我的一个读者。一九三六年我在上海第一次同她见面。一九三八年和一九四一年我们两次在桂林像朋友似的住在一起。一九四四年我们在贵阳结婚。我认识她的时候,她还不到二十,对她的成长我应当负很大的责任。她读了我的小说,给我写信,后来见到了我,对我发生了感情。她在中学念书,看见我以前,因为参加学生运动被学校开除,回到家乡住了一个短时期,又出来进另一所学校。倘使不是为了我,她三七、三八年一定去了延安。她同我谈了八年的恋爱,后来到贵阳旅行结婚,只印发了一个通知,没有摆过一桌酒席。从贵阳我和她先后到了重庆,住在民国路文化生活出版社门市部楼梯下七八个平方米的小屋里。她托人买了四只玻璃杯开始组织我们的小家庭。她陪着我经历了各种艰苦生活。在抗日战争紧张的时期,我们一起在日军进城以前十多个小时逃离广州,我们从广东到广西,从昆明到桂林,从金华到温州,我们分散了,又重见,相见后又别离。在我那两册《旅途通讯》中就有一部分这种生活的记录。四十年前有一位朋友批评我:"这算什么文章!"我的《文集》出版后,另一位朋友认为我不应当把它们也收进去。他们都有道理。两年来我对朋友、对读者讲过不止一次,我决定不让《文集》重版。但是为我自己,我要经常翻看那两小册《通讯》。在那些年代,每当我落在困苦的境地里,朋友们各奔前程的时候,她总是亲切地在我耳边说:"不要难过,我不会离开你,我在你的身边。"的确,只有她最后一次进手术室之前她才说过这样一句:"我们要分别了。"

我同她一起生活了三十多年。但是我并没有好好地帮助过她。她比我有才华,却缺乏刻苦钻研的精神。我很喜欢她翻译的普希金和屠格涅夫的小说。虽然译文并不恰当,也不是普希金和屠格涅夫的风格,它们却是有创造性的文学作品,阅读它们对我是一种享受。她想改变自己的生活,不愿作家庭妇女,却又缺少吃苦耐劳的勇气。她听一个朋友的劝告,得到后来也是给"四人帮"迫害致死的叶以群同志的同意,到《上海文学》"义务劳动",也做了一点点工作,然而在运动中却受到批判,说她专门向老作家组稿,又说她是我派去的"坐探"。她为了改造思想,想走捷径,要求参加"四清"运动,找人推荐到某铜厂的工作组工作,工作相当忙碌、紧张,她却精神愉快。但是到我快要靠边的时候,她也被叫回"作协分会"参加运动。她第一次参加这种急风暴雨般的斗争,而且是以反动权威家属的身份参加,她不知道该怎么办才好。她张皇失措,坐立不安,替我担心,又为儿女们的前途忧虑。她盼望什么人向她伸出援助的手,可是朋友们离开了她,"同事们"拿她当作箭靶,还有人想通过整她来整我。她不是"作协分会"或者刊物的正式工作人员,可是仍然被"勒令"靠边劳动、站队挂牌,放回家以后,又给揪到机关。她怕人看见,每天大清早起来,拿着扫帚出门,扫得精疲力尽,才回到家里,关上大门,吐了一口气。但有时她还碰到上学去的小孩,对她叫骂"巴金的臭婆娘"。我偶尔看见她拿着扫帚回来,不敢正眼看她,我感到负罪的心情,这是对她的一个致命的打击。不到两个月,她病倒了,以后就没有再出去扫街(我妹妹继续扫了一个时期),但是也没有完全恢复健康。尽管她还继续拖了四年,但一直到死她并不曾看到我恢复自由。这就是她的最后,然而绝不是她的结局。她的结局将和我的结局连在一起。

我绝不悲观。我要争取多活。我要为我们社会主义祖国工作到生命的最后一息。在我丧失工作能力的时候,我希望病榻上有萧珊翻译的那几本小说。等到我永远闭上眼睛,就让我的骨灰同她的搀和在一起。

注释

①本文选自巴金先生的《随想录》。

文本解读

《怀念萧珊》是萧珊逝世6周年(1978)祭日里,巴金先生饱蘸着积压已久的血和泪,怀着对亡妻无尽的思念写下的动人心弦、催人泪下的悼亡散文。

与以前悼亡散文相比较,《怀念萧珊》呈现了两个方面的特点。一是表现了对逝者美好的追忆和深切的怀念。作品以巴金的情感为线索,以萧珊的忌日为起点,深情地追忆了她在"文革"期间的磨难,由磨难忧愤而导致疾病,并最终病逝的生活片断。给读者展现了一位正直无私、温柔善良、一心为丈夫分忧的贤妻形象,同时字里行间也流露出作家对亡妻的挚爱和深切思念。对萧珊的磨难和逝世,巴金痛苦至极,悲愤不已,常常自责:"我多么想让这对眼睛永远亮下去!我多么害怕她离开我!我甚至愿意为我那十四卷'邪书'受到千刀万剐,只求她安静地活下去。"通过这些质朴无华的语句,人们可以真切感受到作家对亡妻的无限深情和歉意。二是通过对妻子的深情怀念,反思造成悲剧的社会根源,实现了对"个人情感"的超越。巴金先生绝非是抒写"一己之悲",在那个人情、真理泯灭,是非颠倒的日子里,萧珊不是个例,而是受迫害的"一类人"的代表。"不仅是六年,从我开始写这篇短文到现在又过去了半年,这半年中间我经常在火葬场的大厅里默哀、行礼,为了纪念给'四人帮'迫害致死的朋友"。作家毫无畏惧地把批评和控诉的矛头直指给全国人民和国家造成巨大灾难的"文化大革命"和"四人帮"。促使人们认真反思这段历史,总结教训,避免历史重演。

这篇散文语言质朴无华,情感真挚浓烈,充分地体现了巴金先生"讲真话"和"把心交给读者"的散文创作原则。

思考练习

1.本文表达了作者对萧珊怎样的感情?
2.思考讨论本文的语言特色。

阅读链接

巴金:《随想录》,作家出版社 2005 版。

丑 石①

贾平凹

贾平凹(1952～),原名贾李平、贾平娃,陕西省丹凤县人,中国当代著名作家,西北大学中文系毕业后任陕西人民出版社文艺编辑、《长安》文学月刊编辑,现为陕西省作家协会主席、西安市文联主席、西安市作协名誉主席、西安建筑科技大学人文学院院长、《美文》杂志主编,以小说、散文蜚声文坛。主要作品有:长篇小说《商州》、《妊娠》、《浮躁》、《废都》、《白夜》、《土门》、《秦腔》、《古炉》等;中短篇小说集《山地笔记》、《小月前本》、《腊月·正月》、《天狗》、《艺术家韩起祥》、《兵娃》等;散文集《月迹》、《心迹》、《爱的踪迹》、《走山东》、《商州三录》、《说话》、《坐佛》等;诗集《空白》以及《平凹文论集》、《太阳路》等。贾平凹的作品被翻译成英语、法语、德语、俄语、越语、日语、韩语等多种语言在世界 20 多个国家传播。

我常常遗憾我家门前的那块丑石呢:它黑黝黝地卧在那里,牛似的模样;谁也不知道是什么时候留在这里的,谁也不会理会它。只是麦收时节,门前摊了麦子,奶奶总是要说:这块丑石,多碍地面哟,多时把它搬走吧。

于是,伯父家盖房,想以它垒山墙,但苦于它极不规则,没梭角儿,也没平面儿;用錾破开吧,又懒得花那么大气力,因为河滩并不甚远,随便去捐②一块回来,哪一块也比它强。房盖起来,压铺台阶,伯父也没有看上它。有一年,来了一个石匠,为我家洗一台石磨,奶奶又说:用这块丑石吧,省得从远处搬动。石匠看了看,摇着头,嫌它石质太细,也不采用。

它不像汉白玉那样的细腻,可以凿下刻字雕花,也不像大青石那样的光滑,可以供来浣纱捶布;它静静的卧在那里,院边的槐荫没有庇覆它,花儿也不再在它身边生长。荒草便繁衍出来,枝蔓上下,慢慢地,竟锈上了绿苔、黑斑。我们这些做孩子的,也讨厌起它来,曾合伙要搬走它,但力气又不足;虽时时咒骂它,嫌弃它,也无可奈何,只好任它留在那里去了。

稍稍能安慰我们的,是在那石上有一个不大不小的坑凹儿,雨天也盛满了水。常常雨过三天了,地上已经干燥,那石凹里水儿还有,鸡儿便去那里喝饮。每每到了十五的夜晚,我们盼那满月出来,就爬到其上,翘望天边;奶奶总是要骂的,害怕我们摔下来。果然那一次就摔下来,磕破了我的膝盖呢。

人都骂它是丑石,它真是丑得不能再丑的丑石了。

终有一日,村子里来了一个天文学家。他在我们家门前路过,突然发现了这块石头,眼光立即就拉直了。他再也没有走去,就住了下来;以后又来了好些人,说这是一块陨石,从天上落下来已有二三百年了,是一件了不起的东西。不久便来了车,小心翼翼地将它运走了。

这使我们都很惊奇!这又怪又丑的石头,原来是天上的呢!它补过天,在天上发过热,闪过光,我们的先祖或许仰望过它,它给了他们光明、向往、憧憬;而它落下来了,在污土里,荒草里,一躺就是几百年了?!

奶奶说:"真是看不出!它那么不一般,却怎么连墙也垒不成,台阶也垒不成呢?"

"它是太丑了。"天文家说。

"真的,是太丑了。"

"可这正是它的美!"天文家说,"它是以丑为美的。"

"以丑为美?"

"是的,丑到极处,便是美到极处。正因为它不是一般的顽石,当然不能去做墙,做台阶,不能去雕刻,捶布。它不是做这些小玩意的,所以常常遭到一般世俗的讥讽。"

奶奶脸红了,我也脸红了。

我感到自己的可耻,也感到了丑石的伟大;我甚至怨恨它这么多年竟会默默地忍受着这一切?而我又立即深深地感到它那种不屈于误解、寂寞的生存的伟大。

注释

①本文选自贾平凹的散文集《商州:说不尽的故事》。
②掮(qián),用肩扛东西。

文本解读

作家选择自家门前的丑石作为表现对象,首先在于丑石蕴含着一种人生体验,它之所以遭到众人的厌烦、嘲弄,主要是人们总是用功利的眼光审视它,因此它既无实用价值,又无审美价值。然而作家正是从丑石身上获得了生命存在的真正价值:只有剔除世俗的名利烦扰和束缚,甘受寂寞不怕误解和嘲弄,才能获得宁静淡泊、自由无束的生命本原意义。其次,提供了一种辩证的审美角度。其实事物本身并无所谓美和丑,当人们将自己的思想、感受、想象及价值判断等投射到事物之上时,便产生了美与丑。丑石在一般人的眼里毫无价值,站在天文学家的角度它却成了稀世珍宝,因此,美丑的判断不应只停留在事物的外在表象,还应注重其内在的品质。再次,丑石也体现了作家对生活的哲理性认识。有很多人才,常常不被人发现和理解,反而遭到嘲讽和打击,作家深深懂得人才成长的艰难性和发现人才的艰难性,感叹生活中千里马常有,而伯乐却不常在。同时也期望社会能给那些虽默默无闻,但仍不甘沉沦自强不息的人更多关注。

《丑石》构思精巧,语言质朴自然,不加雕饰,恰到好处的口语运用使文章富有浓郁的生活气息,是贾平凹前期散文清纯秀美的美学特征的形象写照。

思考练习

1. 讨论"丑石"丰富的审美内涵。
2. 以"丑石"为例,思考讨论贾平凹早期散文的艺术特征。

阅读链接

1. 贾平凹:《月迹》,百花文艺出版社 1982 版。
2. 贾平凹:《商州:说不尽的故事》,华夏出版社 1995 版。

都江堰①

余秋雨

余秋雨(1946~),浙江余姚人。1966 年入上海戏剧学院文学系学习,后留校任教,曾任上海戏剧学院院长,现任上海戏剧学院教授、上海写作学会会长。主要论著有《戏剧理论史稿》、《喜剧审美心理学》、《中国戏剧文化史述》、《艺术创造工程》等。因独特的散文话语方式而受到广泛关注,迄今为止已出版了《文化苦旅》、《山居笔记》、《千年一叹》、《行者无疆》、《霜冷长河》、《文明的碎片》等多本散文集。余秋雨一直笔耕不辍,自 1992 年出版第一本散文集以来,新作不断,几乎每年都有集子付梓,文化思考的领域和范围不断扩大。就学者散文、文化散文等当代散文新的范式而言,余秋雨是当仁不让的开山之主。

一

我以为,中国历史上最激动人心的工程不是长城,而是都江堰。

长城当然也非常伟大,不管孟姜女们如何痛哭流涕,站远了看,这个苦难的民族竟用人力在野山荒漠间修了一条万里屏障,为我们生存的星球留下了一种人类意志力的骄傲。长城到了八达岭一带已经没有什么味道,而在甘肃、陕西、山西、内蒙一带,劲厉的寒风在时断时续的颓壁残垣间呼啸,淡淡的夕照、荒凉的旷野溶成一气,让人全身心地投入对历史、对岁月、对民族的巨大惊悸,感觉就深厚得多了。

但是,就在秦始皇下令修长城的数十年前,四川平原上已经完成了一个了不起的工程。它的规模从表面上看远不如长城宏大,却注定要稳稳当当地造福千年。如果说,长城占据了辽阔的空间,那么,它却实实在在地占据了邈远的时间。长城的社会功用早已废弛,而它至今还在为无数民众输送汩汩清流。有了它,旱涝无常的四川平原成了天府之国,每当我们民族有了重大灾难,天府之国总是沉着地提供庇护和濡养。因此,可以毫不夸张地说,它永久性地灌溉了中华民族。

有了它,才有诸葛亮、刘备的雄才大略,才有李白、杜甫、陆游的川行华章。说得近一点,有了它,抗日战争中的中国才有一个比较安定的后方。

它的水流不像万里长城那样突兀在外,而是细细浸润、节节延伸,延伸的距离并不比长城短。长城的文明是一种僵硬的雕塑,它的文明是一种灵动的生活。长城摆出一副老资格等待人们的修缮,它却卑处一隅,像一位绝不炫耀、毫无所求的乡间母亲,只知贡献。一查履历,长城还只是它的后辈。

它,就是都江堰。

二

我去都江堰之前,以为它只是一个水利工程罢了,不会有太大的游观价值。连葛洲坝都看过了,它还能怎么样?只是要去青城山玩,得路过灌县县城,它就在近旁,就乘便看一眼吧。因此,在灌县下车,心绪懒懒的,脚步散散的,在街上胡逛,一心只想看青城山。

七转八弯,从简朴的街市走进了一个草木茂盛的所在。脸面渐觉滋润,眼前愈显清朗,也没有谁指路,只向更滋润、更清朗的去处走。忽然,天地间开始有些异常,一种隐隐然的骚动,一种还不太响却一定是非常响的声音,充斥周际。如地震前兆,如海啸将临,如山崩即至,浑身起一种莫名的紧张,又紧张得急于趋附。不知是自己走去的还是被它吸去的,终于陡然一惊,我已站在伏龙观前,眼前,急流浩荡,大地震颤。

即便是站在海边礁石上,也没有像这里强烈地领受到水的魅力。海水是雍容大度的聚会,聚会得太多太深,茫茫一片,让人忘记它是切切实实的水,可掬可捧的水。这里的水却不同,要说多也不算太多,但股股叠叠都精神焕发,合在一起比赛着飞奔的力量,踊跃着喧嚣的生命。这种比赛又极有规矩,奔着奔着,遇到江心的分水堤,刷地一下裁割为二,直窜出去,两股水分别撞到了一道坚坝,立即乖乖地转身改向,再在另一道坚坝上撞一下,于是又根据筑坝者的指令来一番调整……也许水流对自己的驯顺有点恼怒了,突然撒起野来,猛地翻卷咆哮,但越是这样越是显现出一种更壮丽的驯顺。已经咆哮到让人心魄俱夺,也没有一滴水溅错了方位。阴气森森间,延续着一场千年的收伏战。水在这里,吃够了苦头也出足了风头,就像一大拨翻越各种障碍的马拉松健儿,把最强悍的生命付之于规整,付之于企盼,付之于众目睽睽。看云看雾看日出各有胜地,要看水,万不可忘了都江堰。

三

这一切,首先要归功于遥远得看不出面影的李冰。

四川有幸,中国有幸,公元前251年出现过一项毫不惹人注目的任命:李冰任蜀郡守。

此后中国千年官场的惯例,是把一批批有所执持的学者遴选为无所专攻的官僚,而李冰,却因官位而成了一名实践科学家。这里明显地出现了两种判然不同的政治走向,在李冰看来,政治的含义是浚理,是消灾,是滋润,是濡养,它要实施的事儿,既具体又质朴。他领受了一个连孩童都能领悟的简单道理:既然四川最大的困扰是旱涝,那么四川的统治者必须成为水利学家。

前不久我曾接到一位极有作为的市长的名片,上面的头衔只印了"土木工程师",我立即追想到了李冰。

没有证据可以说明李冰的政治才能,但因有过他,中国也就有过了一种冰清玉洁的**政治纲领**。

他是郡守,手握一把长锸,站在滔滔的江边,完成了一个"守"字的原始造型。那把长锸,千年来始终与金杖玉玺、铁戟钢锤反复辩论。他失败了,终究又胜利了。

他开始叫人绘制水系图谱。这图谱,可与今天的裁军数据、登月线路遥相呼应。

他当然没有在哪里学过水利。但是,以使命为学校,死钻几载,他总结出治水三字经("深淘滩,低作堰")、八字真言("遇湾截角,逢正抽心"),直到20世纪仍是水利工程的圭臬。他的这点学问,永远水气淋漓,而后于他不知多少年的厚厚典籍,却早已风干,松脆得无法翻阅。

他没有料到,他治水的韬略很快被替代成治人的计谋;他没有料到,他想灌溉的沃土将会时时成为战场,沃土上的稻谷将有大半充作军粮。他只知道,这个人种要想不灭绝,就必须要有清泉和米粮。

他大愚,又大智。他大拙,又大巧。他以田间老农的思维,进入了最澄彻的人类学的思考。

他未曾留下什么生平资料,只留下硬扎扎的水坝一座,让人们去猜详。人们到这儿一次次纳闷:这是谁呢?死于两千年前,却明明还在指挥水流。站在江心的岗亭前,"你走这边,他走那边"的吆喝声、劝诫声、慰抚声声声入耳。没有一个人能活得这样长寿。

秦始皇筑长城的指令,雄壮、蛮吓、残忍;他筑堰的指令,智慧、仁慈、透明。

有什么样的起点就会有什么样的延续。长城半是壮胆半是排场,世世代代,大体是这样。直到今天,长城还常常成为排场。

都江堰一开始就清朗可鉴,结果,它的历史也总显出超乎寻常的格调。李冰在世时已考虑事业的承续,命令自己的儿子作3个石人,镇于江间,测量水位。李冰逝世400年后,也许3个石人已经损缺,汉代水官重造高及3米的"三神石人"测量水位。这"三神石人"其中一尊即是李冰雕像。这位汉代水官一定是承接了李冰的伟大精魂,竟敢于把自己尊敬的祖师,放在江中镇水测量。他懂得李冰的心意,唯有那里才是他最合适的岗位。这个设计竟然没有遭到反对而顺利实施,只能说都江堰为自己流泻出了一个独特的精神世界。

石像终于被岁月的淤泥掩埋,本世纪70年代出土时,有一尊石像头部已经残缺,手上还紧握着长锸。有人说,这是李冰的儿子。即使不是,我仍然把他看成是李冰的儿子。一位现代作家见到这尊塑像怦然心动,"没淤泥而蔼然含笑,断颈项而长锸在握",作家由此而向现代官场衮衮诸公诘问:活着或死了应站在哪里?

出土的石像现正在伏龙观里展览。人们在轰鸣如雷的水声中向他们默默祭奠。在这里,我突然产生了对中国历史的某种乐观。只要都江堰不坍,李冰的精魂就不会消散,李冰的儿子会代代繁衍。轰鸣的江水便是至圣至善的遗言。

四

继续往前走,看到了一条横江索桥。桥很高,桥索由麻绳、竹篾编成。跨上去,桥身就猛烈摆动,越犹豫进退,摆动就越大。在这样高的地方偷看桥下会神志慌乱,但这是索桥,到处漏空,由不得你不看。一看之下,先是惊吓,后是惊叹。脚下的江流,从那么遥远的地方奔来,一派义无反顾的决绝势头,挟着寒风,吐着白沫,凌厉锐进。我站得这么高还感觉到了它的砭肤冷气,估计它是从雪山赶来的罢。但是,再看桥的另一边,它硬是化作许多亮闪闪的河渠,改恶从善。人对自然力的驯服,干得多么爽利。如果人类干什么事都这么爽利,地球早已是另一副模样。

但是,人类总是缺乏自信,进进退退,走走停停,不断自我耗损,又不断地为耗损而再耗损。结果,仅仅多了一点自信的李冰,倒成了人们心中的神。离索桥东端不远的玉垒山麓,建有一座二王庙,祭祀李冰父子。人们在虔诚膜拜,膜拜自己同类中更像一点人的人。钟鼓钹磬,朝朝暮暮,重一声,轻一声,伴和着江涛轰鸣。

李冰这样的人,是应该找个安静的地方好好纪念一下的,造个二王庙,也合民众心意。

实实在在为民造福的人升格为神,神的世界也就会变得通情达理、平适可亲。中国宗教颇多世俗气息,因此,世俗人情也会染上宗教式的光斑。一来二去,都江堰倒成了连接两界的桥墩。

我到边远地区看傩戏,对许多内容不感兴趣,特别使我愉快的是,傩戏中的水神河伯,换成了灌县李冰。傩戏中的水神李冰比二王庙中的李冰活跃得多,民众围着他狂舞呐喊,祈求有无数个都江堰带来全国的风调雨顺,水土滋润。傩戏本来都以神话开头的,有了一个李冰,神话走向实际,幽深的精神天国一下子贴近了大地,贴近了苍生。

注释

①选自于余秋雨的《文化苦旅》,东方出版中心1992版。

文本解读

本文选自于余秋雨先生的第一部散文集《文化苦旅》。以其为代表的学者散文为中国当代散文开拓了新天地,为散文的新发展提供了新的"范式"。自然、历史与人是形成文化大散文的内涵的总体特征。

这篇作品形象地描绘了都江堰壮观的景象,满怀崇敬地评价了李冰父子兴修水利,造福于民的伟大历史功绩。并从对国家和人民的历史贡献的角度出发,独具匠心地将长城和都江堰、秦始皇与李冰父子做了对比,突出了都江堰的历史价值和文化价值,彰显了李冰父子作为知识分子和为任一方的官员所具有的健康的文化人格,也赋予了本文深厚的人文内涵和鲜明的哲学思辨色彩。

《文化苦旅》中以"诗性语言为其皮,以小说性叙事形态为其肉,以哲学性文化感叹为其骨"的三位一体模式框架在本文中也得到了鲜明体现。

思考练习

1.试讨论本文突出都江堰历史文化价值的方法。
2.试讨论余秋雨文化散文的语言风格。

阅读链接

1.余秋雨:《文化苦旅》,东方出版中心1992版。
2.余秋雨:《山居笔记》,文汇出版社1999版。
3.余秋雨:《文明的碎片》,春风文艺出版社1994版。

4. 余秋雨：《千年一叹》，作家出版社 2000 版。

组织部来了个年轻人①

王　蒙

　　王蒙（1934～　），河北南皮人，祖籍河北沧州，当代著名作家、学者。1953年开始创作长篇小说《青春万岁》，1956年发表短篇小说《组织部来了个年轻人》而引起轰动，1957年也由此被错划为右派。1963年起赴新疆生活、工作了10多年，1978年调回作协北京分会工作，1979年平反。曾任《人民文学》主编、中国作协副主席、中共中央委员、文化部部长等职。著有长篇小说《青春万岁》、《活动变人形》以及"季节"系列四部（《恋爱的季节》、《失态的季节》、《踌躇的季节》、《狂欢的季节》）等，小说集《深的湖》、《冬雨》、《蝴蝶》、《坚硬的稀粥》、《我又梦见了你》等，诗集《旋转的秋千》，散文集《轻松与感伤》、《橘黄色的梦》、《一笑集》等，文艺评论集《漫话小说创作》、《文学的诱惑》、《风格散记》、《王蒙、王干谈话录》、《红楼启示录》等。其中有多篇小说和报告文学获奖，作品被译成英、俄、日等多种文字在国外出版。

　　三月，天空中纷洒着的似雨似雪。三轮车在区委会门口停住，一个年轻人跳下来。车夫看了看门口挂着的大牌子，客气地对乘客说："您到这儿来，我不收钱。"传达室的工人、复员荣军老吕微跛着脚走出，问明了那年轻人的来历后，连忙帮他搬下微湿的行李，又去把组织部的秘书赵慧文叫出来。赵慧文紧握着年轻人的两只手说："我们等你好久了。"这个叫林震的年轻人，在小学教师支部的时候就与赵慧文认识。她的苍白而美丽的脸上，两只大眼睛闪着友善亲切的光亮，只是下眼皮上有着因疲倦而现出来的青色。她带林震到男宿舍，把行李放好、解开，把湿了的毡子晾上，再铺被褥。在她料理这些事情的时候，常常撩一撩自己的头发，正像那些能干而漂亮的女同志们一样。

　　她说："我们等了你好久！半年前就要调你来，区人民委员会文教科死也不同意，后来区委书记直接找区长要人，又和教育局人事室吵了一回，这才把你调了来。"

　　"可我前天才知道，"林震说："听说调我到区委会，真不知怎么好。咱们区委会尽干什么呀？"

　　"什么都干。"

　　"组织部呢？"

　　"组织部就作组织工作。"

　　"工作忙不忙？"

　　"有时候忙，有时候不忙。"

　　赵慧文端详着林震的床铺，摇摇头，大姐姐似的不以为然地说："小伙子，真不讲卫生；瞧那枕头布，已经由白变黑；被头呢，吸饱了你脖子上的油；还有床单，那么多折子，简直成了泡泡纱……"

　　林震觉得，他一走进区委会的门，他的新的生活刚一开始，就碰到了一个很亲切的人。

他带着一种节日的兴奋心情跑着到组织部第一副部长的办公室去报到。副部长有一个古怪的名字：刘世吾。在林震心跳着敲门的时候，他正仰着脸衔着烟考虑组织部的工作规划。他热情而得体地接待林震，让林震坐在沙发上，自己坐在办公桌边，推一推玻璃板上叠得高高的文件，从容地问：

"怎么样？"他的左眼微皱，右手弹着烟灰。

"支部书记通知我后天搬来，我在学校已经没事，今天就来了，叫我到组织部工作，我怕干不了，我是个新党员，过去作小学教师，小学教师的工作与党的组织工作有些不同……"

林震说着他早已准备好的话，说得很不自然，正像小学生第一次见老师一样。于是他感到这间屋子很热。三月中旬，冬天就要过去，屋里还生着火，玻璃上的霜花融解成一条条的污道子。他的额头沁出了汗珠，他想掏出手绢擦擦，在衣袋里摸索了半天没有找到。

刘世吾机械地点着头，看也不看地从那一大叠文件中抽出一个牛皮纸袋，打开纸袋，拿出林震的党员登记表，锐利的眼光迅速掠过，宽阔的前额下出现了密密的皱纹，闭了一下眼，手扶着椅子背站起来，披着的棉袄从肩头滑落了，然后用熟练的毫不费力的声调说：

"好，好，好极了，组织部正缺干部，你来得好。不，我们的工作并不难作，学习学习就会作的，就那么回事。而且你原来在下边工作的……相当不错嘛，是不是不错？"

林震觉得这种称赞似乎有某种嘲笑意味，他惶恐地摇头："我工作作得并不好……"

刘世吾的不太整洁的脸上现出隐约的笑容，他的眼光聪敏地闪动着，继续说："当然也可能有困难，可能。这是个了不起的工作。中央的一位同志说过，组织工作是给党管家的，如果家管不好，党就没有力量。"然后他不等问就加以解释："管什么家呢？发展党和巩固党，壮大党的组织和增强党组织的战斗力，把党的生活建立在集体领导、批评和自我批评与密切联系群众的基础上。这样作好了，党组织就是坚强的、活泼的、有战斗力的，就足以团结和指引群众，完成和更好地完成社会主义建设与社会主义改造的各项任务……"

他每说一句话，都干咳一下，但说到那些惯用语的时候，快得像说一个字。譬如他说"把党的生活建立在……上，"听起来就像"把生活建在登登登上"，他纯熟地驾驭那些林震觉得是相当深奥的概念，像拨弄算盘子一样地灵活。林震集中最大的注意力，仍然不能把他讲的话全部把握住。

接着，刘世吾给他分配了工作。

当林震推门要走的时候。刘世吾又叫住他，用另一种全然不同的随意神情问：

"怎么样，小林，有对象了没有？"

"没……"林震的脸刷地红了。

"大小伙子还红脸？"刘世吾大笑了，"才22岁，不忙。"他又问："口袋里装着什么书？"

林震拿出书，说出书名："《拖拉机站站长与总农艺师》。"

刘世吾拿过去，从中间打开看了几行，问："这是他们团中央推荐给你们青年看的吧？"

林震点头。

"借我看看。"

"您有时间看小说吗?"林震看着副部长桌上的大叠材料,惊异了。

刘世吾用手托了托书,试了试分量,微皱着左眼说:"怎么样?这么一薄本有半个夜车就开完啦。四本《静静的顿河》我只看了一个星期,就那么回事。"

当林震走向组织部大办公室的时候,天已经放晴,残留的几片云现出了亮晶晶的边缘。太阳照亮了区委会的大院子。人们都在忙碌:一个穿军服的同志夹着皮包匆匆走过,传达室的老吕提着两个大铁壶给会议室送茶水,可以听见一个女同志顽强地对着电话机子说:"不行,最迟明天早上!不行……"还可以听见忽快忽慢的哐哧哐哧声——是一只生疏的手使用着打字机,"她也和我一样,是新调来的吧?"林震不知凭什么理由,猜打字员一定是个女的。他在走廊上站了一站,望着耀眼的区委会的院子,高兴自己新生活的开始。

组织部的干部算上林震一共二十四个人,其中三个人临时调到肃反办公室去了,一个人半日工作准备考大学,一个人请产假。能按时工作的只剩下 19 个人。四个人作干部工作,15 个人按工厂、机关、学校分工管理建党工作,林震被分配与工厂支部联系组织发展工作。

组织部部长由区委副书记李宗秦兼任,他并不常过问组织部的事,实际工作是由第一副部长刘世吾掌握。另一个副部长负责干部工作。具体指导林震工作的是工厂建党组的组长韩常新。

韩常新的风度与刘世吾迥然不同。他 27 岁,穿蓝色海军呢制服,干净得抖都抖不下土。他有高大的身材,配着英武的只因为粉刺太多而略有瑕疵的脸。他拍着林震的肩膀,用嘹亮的嗓音讲解工作,不时发出豪放的笑声,使林震想:"他比领导干部还像领导干部。"特别是第二天韩常新与一个支部的组织委员的谈话,加强了他给林震的这种印象。

"为什么你们只谈了半小时?我在电话里告诉你,至少要用两小时讨论发展计划!"

那个组织委员说:"这个月生产任务太忙……"

韩常新打断了他的话,富有教训意味地说:"生产任务忙就不认真研究发展工作了?这是把中心工作与经常工作对立起来,也是党不管党的一种表现……"

林震弄不明白什么叫"中心工作与经常工作对立起来"和"党不管党",他熟悉的是另外一类名词:"课堂五环节"与"直观教具"。他很钦佩韩常新的这种气魄与能力——迅速地提高到原则上分析问题和指示别人。

他转过头,看见正伏在桌上复写材料的赵慧文,她皱着眉怀疑地看一看韩常新,然后扶正头上的假琥珀发卡,用微带忧郁的目光看向窗外。

晚上,有的干部去参加基层支部的组织生活,有的休息了,赵慧文仍然赶着复写"税务分局培养、提拔干部的经验",累了一天,手腕酸痛,不时在写的中间撂下笔,摇摇手,往手上吹口气。林震自告奋勇来帮忙,她拒绝了,说:"你抄,我不放心。"于是林震帮她把抄过的美浓纸叠整齐,站在她身旁,起一点精神支援作用。她一边抄,一边时时抬头看林震,林震问:"干吗老看我?"赵慧文咬了一下复写笔,笑了笑。

林震是 1953 年秋天由师范学校毕业的,当时是候补党员,被分配到这个区的中心小学当教员。作了教师的他,仍然保持中学生的生活习惯:清晨练哑铃,夜晚记日记,每个大节日——五一、七一……以前到处征求人们对他的意见。曾经有人预言,过不了三个月他就会被那些生活不规律的成年人"同化"。但,不久以后,许多教师夸奖他也羡慕他了,说:"这孩子无忧无虑,无牵无挂,除了工作,就是工作……"

他也没有辜负这种羡慕,1954年寒假,由于教学上的成绩,他受到了教育局的奖励。

人们也许以为,这位年轻的教师就会这样平稳地、满足而快乐地度过自己的青年时代。但是不,孩子般单纯的林震,也有自己的心事。

一年以后,他经常焦灼地鞭策自己。是因为社会主义高潮的推动,全国青年社会主义积极分子会议的召开,还是因为年龄的增长?

他已经22岁了,记得在初中一年级时作过一篇文,题目是"当我××岁的时候",他写成"当我22岁的时候,我要……"现在22岁,他的生命史上好像还是白纸,没有功勋,没有创造,没有冒险,也没有爱情——连给某个姑娘写一封信的事都没做过。他努力工作,但是他作的少、慢、差。和青年积极分子们比较,和生活的飞奔比较,难道能安慰自己吗?他订规划,学这学那,作这作那,他要一日千里!

这时,接到调动工作的通知,"当我22岁的时候,我成了党工作者……"也许真正的生活在这里开始了?他抑制住对小学教育工作和孩子们的依恋,燃烧起对新的工作的渴望。支部书记和他谈话的那个晚上,他想了一夜。

就这样,林震口袋里装着《拖拉机站站长与总农艺师》,兴高采烈地登上区委会的石阶,对于党工作者(他是根据电影里全能的党委书记的形象来猜测他们的)的生活,充满了神圣的憧憬。但是,等他接触到那些忙碌而自信的领导同志,看到来往的文件和同时举行的会议,听到那些尖锐争吵与高深的分析,他眨眨那有些特别的淡褐色眼珠的眼睛,心里有点怯……

到区委会的第四天,林震去通华麻袋厂了解第一季度发展党员工作的情况,去以前,他看了有关的文件和名叫《怎样进行调查研究》的小册子,再三地请教了韩常新,他密密麻麻地写了一篇提纲,然后飞快地骑着新领到的自行车,向麻袋厂驶去。

工厂门口的警卫同志听说他是区委会的干部,没要他签名,信任地请他进去了。穿过一个大空场,走过一片放麻的露天货场与机器隆隆响的厂房,他心神不安地去敲厂长兼支部书记王清泉办公室的门。得到了里面"进来"的回答后,他慢慢地走进去,怕走快了显得没有经验。他看见一个阔脸、粗脖子、身材矮小的男人正与一个头发上抹了许多油的驼背的男人下棋。小个子的同志抬起头,右手玩着棋子,问清了林震找谁以后,不耐烦地挥一挥手:"你去西跨院党支部办公室找魏鹤鸣,他是组织委员。"然后低下头继续下棋。

林震找着了红脸的魏鹤鸣,开始按提纲发问了:"1956年第一季度,你们发展了几个人?"

"一个半。"魏鹤鸣粗声粗气地说。

"什么叫'半'?"

"有一个通过了,区委拖了两个多月还没有批下来。"

林震掏出笔记本记了下来。又问:

"发展工作是怎么样进行的,有什么经验?"

"进行过程和向来一样——和党章的规定一样。"

林震看了看对方,为什么他说出的话像搁了一个星期的窝窝头一样干巴?魏鹤鸣托着腮,眼睛看着别处,心里也像在想别的事。

林震又问:"发展工作的成绩怎么样?"

魏鹤鸣答:"刚才说过了,就是那些。"他好像应付似的希望快点谈完。

林震不知道应该再问什么了,预备了一下午的提纲,和人家只谈上五分钟就用完了。他很窘。

这时门被一只有力的手推开了。那个小个子的同志进来,匆匆忙忙地问魏鹤鸣:"来信的事你知道吗?"

魏鹤鸣无精打采地点了点头。

小个子的同志来回踱着步子,然后撇开腿站在房中央:"你们要想办法!质量问题去年就提出来了,为什么还等着合同单位给纺织工业部写信?在社会主义高潮当中我们的生产迟迟不能提高,这是耻辱!"

魏鹤鸣冷冷地看着小个子的脸,用颤抖的声音问:"您说谁?"

"我说你们大家!"小个子手一挥,把林震也包括在里面了。

魏鹤鸣因为抑制着的愤怒的爆发而显得可怕,他的红脸更红了,他站起来问:"那么您呢?您不负责任?"

"我当然负责。"小个子的同志却平静了,"对于上级,我负责,他们怎么处分我!我也接受。对于我,你得负责,谁让你作生产科长呢?你得小心……"说完,他威胁地看了魏鹤鸣一眼,走了。

魏鹤鸣坐下,把棉袄的扣子全解开了,喘着气。林震问:"他是谁?"魏鹤鸣讽刺地说:"你不认识?他就是厂长王清泉。"

于是魏鹤鸣向林震详细地谈起了王清泉的情况。王清泉原来在中央某部工作,因为在男女关系上犯错误受了处分,1951年调到这个厂子作副厂长,1953年厂长他调,他就被提拔作厂长。他一向是吃饱了转一转,躲在办公室批批文件下下棋,然后每月在工会大会、党支部大会、团总支大会上讲话,批评工人群众竞赛没搞好,对质量不关心,有经济主义思想……魏鹤鸣没说完,王清泉又推门进来了。他看着左腕上的表,下令说:"今天中午12点10分,你通知党、团、工会和行政各科室的负责人到厂长室开会。"然后把门砰的一带,走了。

魏鹤鸣嘟哝着:"你看他怎么样?"

林震说:"你别光发牢骚,你批评他,也可以向上级反映,上级绝不允许有这样的厂长。"

魏鹤鸣笑了,问林震:"老林同志,你是新来的吧?"

"老林"同志脸红了。

魏鹤鸣说:"批评不动!他根本不参加党的会议,你上哪儿批评去?偶尔参加一次,你提意见,他说:'提意见是好的,不过应该掌握分寸,也应该看时间、场合。现在,我们不应该因为个人意见侵占党支部讨论国家任务的宝贵时间。'好,不占用宝贵时间,我找他个别提,于是我们俩吵成了现在这个样子。"

"向上级反映呢?"

"1954年我给纺织工业部和区委写了信,部里一位张同志与你们那儿的老韩同志下来检查了一回。检查结果是：'官僚主义较严重，但主要是作风问题，任务基本上完成了，只是完成任务的方法有缺点。'然后找王清泉'批评'了一下，又找我鼓励了一下开展自下而上的批评的精神，就完事了。此后，王厂长有一个来月对工作比较认真，不久他得了肾病，病好以后他说自己是'因劳致疾'，就又成了这个样子。"

"你再反映呀！"

"哼，后来与韩常新也不知说过多少次，老韩也不答理，反倒向我进行教育说，应该尊重领导，加强团结。也许我不该这样想，但我觉得也许要等到王厂长贪污了人民币或者强奸了妇女，上级才会重视起来！"

林震出了厂子再骑上自行车的时候，车轮旋转的速度就慢多了。他深深地把眉头皱了起来。他发现他的工作的第一步就有重重的困难，但他也受到一种刺激，甚至是激励——这正是发挥战斗精神的时候啊！他想着想着，直到因为车子溜进了急行线而受到交通民警的申斥。

吃完午饭，林震迫不及待地找韩常新汇报情况。韩常新有些疲倦地靠着沙发背，高大的身体显得笨重，从身上掏出火柴盒，拿起一根火柴剔牙。

林震杂乱地叙述他去麻袋厂的见闻，韩常新脚尖打着地不住地说："是的，我知道。"然后他拍一拍林震的肩膀，愉快地说："情况没了解上来不要紧，第一次下去嘛，下次就好了。"

林震说："可是我了解了关于王清泉的情况。"他把笔记本打开。

韩常新把他的笔记本合上，告诉他："对，这个情况我早知道。前年区委让我处理过这个事情，我严厉地批评过他，指出他的缺点和危险性，我们谈了至少有三四个钟头……"

"可是并没有效果呀，魏鹤鸣说他只好了一个月……"林震插嘴说。

"一个月也是效果，而且绝不止一个月。魏鹤鸣那个人思想上有问题，见人就告厂长的状……"

"他告的状是不是真的？"

"很难说不真，也很难说全真。当然这个问题是应该解决的，我和区委副书记李宗秦同志谈过。"

"副书记的意见是什么？"

"副书记同意我的意见，王清泉的问题是应该解决也是可能解决的……不过，你不要一下子就陷到这里边去。"

"我？"

"是的。你第一次去一个工厂，全面情况也不了解，你的任务又不是去解决王清泉的问题，而且，直爽地说，解决他的问题也需要更有经验的干部；何况我们并不是没有管过这件事……你要是一下子陷到这个里头，三个月也出不来，第一季度的建党总结还了解不了解？上级正催我们交汇报呢！"

林震说不出话。

韩常新又拍拍林震的肩膀："不要急躁嘛。咱们区三千个党员，百十几个支部，你一来就什么问题都摸还行？"他打了个哈欠，有倦意的脸上的粉刺涨红了："啊——哈，该睡午觉了。"

"那,发展工作怎么再去了解?"林震没有办法地问。

韩常新又去拍林震的肩膀,林震不由得躲开了。韩常新有把握地说:"明天咱们俩一齐去,我帮你去了解,好不?"然后他拉着林震一同到宿舍去。

第二天,林震很有兴趣地观察韩常新如何了解情况。三年前,林震在北京师范上学的时候,出去作过见习教师,老教师在前面讲,林震和学生一起听,学了不少东西。这次,他也抱着见习的态度,打开笔记本,准备把韩常新的工作过程详细记录下来。

韩常新问魏鹤鸣:"发展了几个党员?"

"一个半。"

"不是一个半,是两个,我是检查你们的发展情况,不是检查区委批没批。"韩常新纠正他,又问:"这两个人本季度生产计划完成的怎么样?"

"很好,他们一个超额7%,一个超额4%,厂里黑板报还表扬……"

谈起生产情况,魏鹤鸣似乎起劲了些,但是韩常新打断了他的话:"他们有些什么缺点?"

魏鹤鸣想了半天,空空洞洞地说了些缺点。

韩常新叫他给所举的缺点提一些例子。

提完例子,韩常新再问他党的积极分子完成本季度生产任务的情况,他特别感兴趣的是一些数字和具体事例,至于这些先进的工人克服困难、钻研创造的过程,他听都不要听。

回来以后,韩常新用流利的行书示范地写了一个"麻袋厂发展工作简况",内容是这样的:

……本季度(1956年1月至3月)麻袋厂支部基本上贯彻了积极慎重发展新党员的方针,在建党工作上取得了一定的成绩,新通过的党员朱××与范××受到了共产党员的光荣称号的鼓舞,增强了主人翁的观念,在第一季度繁重的生产任务中各超额7%、4%。广大积极分子围绕在支部周围,受到了朱××与范××模范事例的教育,并为争取入党的决心所推动,发挥了劳动的积极性与创造性,良好地完成或者超额完成了第一季度的生产任务……(下面是一系列数字与具体事例)这说明:一、建党工作不仅与生产工作不会发生矛盾,而且大大推动了生产,任何借口生产忙而忽视建党工作的作法是错误的。二……但同时必须指出,麻袋厂支部的建党工作,也仍然存在着一定的缺点……例如……

林震把写着"简况"的片艳纸捧在手里看了又看,他有一刹那,甚至于怀疑自己去没去过麻袋厂。还是上次与韩常新同去时自己睡着了,为什么许多情况他根本不记得呢?他迷惑地问韩常新:

"这,这是根据什么写的?"

"根据那天魏鹤鸣的汇报呀。"

"他们在生产上取得的成绩是因为建党工作么?"林震口吃起来。

韩常新抖一抖裤脚,说:"当然。"

"不吧?上次魏鹤鸣并没有这样讲。他们的生产提高了,也可能是由于开展竞赛,也许由于青年团建立了监督岗,未必是建党工作的成绩……"

"当然,我不否认。各种因素是统一起来的,不能形而上学地割裂地分析这是甲项工作的成绩,那是乙项工作的成绩。"

"那,譬如我们写第一季度的捕鼠工作总结,是不是也可以用这些数字和事例呢?"

韩常新沉着地笑了,他笑林震不懂"行",他说:"那可以灵活掌握……"

林震又抓住几个小问题问:

"你怎么知道他们的生产任务是繁重的呢?"

"难道现在会有一个工厂任务很清闲吗?"

林震目瞪口呆了。

初到区委会十天的生活,在林震头脑中积累起的印象与产生的问题,比他在小学呆了两年的还多。区委会的工作是紧张而严肃的,在区委书记办公室,连日开会到深夜。从汉语拼音到预防大脑炎,从劳动保护到政治经济学讲座,无一不经过区委会的忠实的手。林震有一次去收发室取报纸,看见一份厚厚的材料,第一页上写着"区人民委员会党组关于调整公私合营工商业的分布、管理、经营方法及贯彻市委关于公私合营工商业工人工资问题的报告的请示"。他怀着敬畏的心情看着这份厚得像一本书的材料和它的长题目。有时,一眼望去,却又觉得区委干部们是随意而松懈的,他们在办公时间聊天,看报纸,大胆地拿林震认为最严肃的题目开玩笑,例如,青年监督岗开展工作,韩常新半嘲笑地说:"吓,小青年们脑门子热起来啦……"林震参加的组织部一次部务会议也很有意思,讨论市委布置的一个临时任务,大家抽着烟,说着笑话,打着岔,开了两个钟头,拖拖沓沓,没有什么结果。这时,皱着眉思索了好久的刘世吾提出了一个方案,马上热烈地展开了讨论,很多人发表了使林震敬佩的精彩意见。林震觉得,这最后的30多分钟的讨论要比以前的两个钟头有效十倍。某些时候,譬如说夜里,各屋亮着灯:第一会议室,出席座谈会的胖胖的工商业者愉快地与统战部长交换意见;第二会议室,各单位的学习辅导员们为"价值"与"价格"的关系争得面红耳赤;组织部坐着等待入党谈话的激动的年轻人,而市委的某个严厉的书记出现在书记办公室,找区委正副书记汇报贯彻工资改革的情况……这时,人声嘈杂,人影交错,电话铃声断断续续,林震仿佛从中听到了本区生活的脉搏的跳动,而区委会这座不新的、平凡的院落,也变得辉煌壮观起来。

在一切印象中,最突出和新鲜的印象是关于刘世吾的:刘世吾工作极多,常常同一个时间好几个电话催他去开会,但他还是一会儿就看完了《拖拉机站站长与总农艺师》,把书转借给了韩常新;而且,他已经把前一个月公布的拼音文字草案学会了,开始在开会时用拼音文字作记录了。某些传阅文件刘世吾拿过来看看题目和结尾就签上名送走,也有的不到三千字的指示他看上一下午,密密麻麻地划上各种符号。刘世吾有时一面听韩常新汇报情况,一面漫不经心地查阅其他的材料,听着听着却突然指出:"上次你汇报的情况不是这样!"韩常新不自然地笑着,刘世吾的眼睛捉摸不定地闪着光;但刘世吾并不深入追究,仍然查他的材料,于是韩常新恢复了常态,有声有色地汇报下去。

赵慧文与韩常新的关系也被林震看出了一些疑窦:韩常新对一切人都是拍着肩膀,称呼着"老王"、"小李",亲热而随便。独独对赵慧文,却是一种礼貌的"公事公办"的态度。这样说话:"赵慧文同志,党刊第104期放在哪里?"而赵慧文也用顺从包含警戒的神情对待他。

……四月,东风悄悄地刮起,不再被人喜爱的火炉蜷缩在阴暗的贮藏室,只有各房间熏黑了的屋顶还存留着严冬的痕迹。往年,这个时候,林震就会带着活泼的孩子们去卧佛寺或者西山八大处踏青,在早开的桃李与混浊的溪水中寻找春天的消息……区委会的生活却不怎么受季节的影响,继续以那种紧张的节奏和复杂的色彩流转着。当林震从院里的垂柳上摘下一颗多汁的嫩芽时,他稍微有点怅惘,因为春天来得那么快,而他,却没作出什么有意义的事情来迎接这个美妙的季节……

晚上九点钟,林震走进了刘世吾办公室的门。赵慧文正在这里,她穿着紫黑色的毛衣。脸儿在灯光下显得越发苍白。听到有人进来,她迅速地转过头来,林震仍然看见了她略略突出的颧骨上的泪迹。他回身要走,低着头吸烟的刘世吾作手势止住他:"坐在这儿吧,我们就谈完了。"

林震坐在一角,远远地隔着灯光看报,刘世吾用烟卷在空中划着圆圈,诚恳地说:

"相信我的话吧,没错。年轻人都这样,最初互相美化,慢慢发现了缺点,就觉得都很平凡。不要作不切实际的要求,没有遗弃,没有虐待,没有发现他政治上、品质上的问题,怎么能说生活不下去呢?才四年嘛。你的许多想法是从苏联电影里学来的,实际上,就那么回事……"

赵慧文没说话,她撩一撩头发,临走的时候,对林震惨然地一笑。

刘世吾走到林震旁边,问:"怎么样?"他丢下烟蒂,又掏出一支来点上火,紧接着贪婪地吸了几口,缓缓地吐着白烟,告诉林震:"赵慧文跟她爱人又闹翻了……"接着,他开开窗户,一阵风吹掉了办公桌上的几张纸,传来了前院里散会以后人们的笑声、招呼声和自行车铃响。

刘世吾把只抽了几口的烟扔出去,伸了个懒腰,扶着窗户,低声说:"真的是春天了呢!"

"我想谈谈来区委工作的情况,我有一些问题不知道怎么解决。"林震用一种坚决的神气说,同时把落在地上的纸页拾起来。

"对,很好。"刘世吾仍然靠着窗户框子。

林震从去麻袋厂说起:"……我走到厂长室,正看见王清泉同志在……"

"下棋呢还是打扑克?"刘世吾微笑着问。

"您怎么知道?"林震惊骇了。

"他老兄什么时候干什么我都算得出来,"刘世吾慢慢地说,"这个老兄棋瘾很大,有一次在咱这儿开了半截会,他出去上厕所,半天不回来,我出去一找,原来他看见老吕和区委书记的儿子下棋,他在旁边'支'上'招儿'了。"

林震把魏鹤鸣对他的控告讲了一遍。

刘世吾关上窗户,拉一把椅子坐下,用两个手扶着膝头支持着身体,轻轻地摆动着头:

"魏鹤鸣是个直性子,他一来就和王清泉吵得面红耳赤……你知道,王清泉也是个特殊人物,不太简单。抗日胜利以后,王清泉被派到国民党军队里工作,他作过国民党军的副团长,是个呱呱叫的情报人员。一九四七年以后他与我们的联系中断,直到解放以后才接上线。他是去瓦解敌人的,但是他自己也染上国民党军官的一些习气,改不过来,其实是个英勇的老同志。"

"这样……"

"是啊。"刘世吾严肃地点点头,接着说:"当然,这不能为他辩护,党是派他去战胜敌人而不是与敌人同流合污,所以他的错误是应该纠正的。"

"怎么去解决呢?魏鹤鸣说,这个问题已经拖了好久。他到处写过信……"

"是啊。"刘世吾又干咳了一会,作着手势说,"现在下边支部里各类问题很多,你如果一一地用手工业的方法去解决,那是事倍功半的。而且,上级布置的任务追着屁股,完成这些任务已经感到很吃力。作为领导,必须掌握一种把个别问题与一般问题结合起来,把上级分配的任务与基层存在的问题结合起来的艺术。再者,王清泉工作不努力是事实,但还没有发展到消极怠工的地步;作风有些生硬,也不是什么违法乱纪;显然,这不是组织处理问题而是经常教育的问题。从各方面看,解决这个问题的时机目前还不成熟。"

林震沉默着,他判断不清究竟哪样对:是娜斯嘉的"对坏事绝不容忍"对呢,还是刘世吾的"条件成熟论"对。他一想起王清泉那样的厂长就觉得难受,但是,他驳不倒刘世吾的"领导艺术"。刘世吾又告诉他:"其实,有类似毛病的干部也不只一个……"这更加使得林震睁大了眼睛,觉得这跟他在小学时所听的党课的内容不是一个味儿。

后来,林震又把看到的韩常新如何了解情况与写简报的事说了说,他说,他觉得这样整理简报不太真实。

刘世吾大笑起来,说:"老韩……这家伙……真高明……"笑完了,又长出一口气,告诉林震:"对,我把你的意见告诉他。"

林震犹豫着,刘世吾问:"还有别的意见么?"

于是林震勇敢地提出:"我不知道为什么,来了区委会以后发现了许多许多缺点,过去我想象的党的领导机关不是这样……"

刘世吾把茶杯一放:"当然,想象总是好的,实际呢,就那么回事。问题不在于有没有缺点,而在于什么是主导的。我们区委的工作,包括组织部的工作,成绩是基本的呢,还是缺点是基本的?显然成绩是基本的,缺点是前进中的缺点。我们伟大的事业,正是由这些有缺点的组织和党员完成着的。"

走出办公室以后,林震有一种奇怪的感觉:和刘世吾谈话似乎可以消食化气,而他自己的那些肯定的判断,明确的意见,却变得模糊不清了。他更加惶惑了。

不久,在党小组会上,林震受到了一次严厉的批评。

事情是这样:有一次,林震去麻袋厂,魏鹤鸣说,由于季度生产质量指标没有达到,王厂长狠狠地训了一回工人,工人意见很大,魏鹤鸣打算找些人开个座谈会,搜集意见,准备向上反映。林震很同意这种作法,以为这样也许能促进"条件的成熟"。过了三天,王清泉气急败坏地到区委会找副书记李宗秦,说魏鹤鸣在林震支持下搞小集团进行反领导的活动,还说参加魏鹤鸣主持的座谈会的工人都有历史问题……最后说自己请求辞职。李宗秦批评了他的一些缺点,同意制止魏鹤鸣再开座谈会,"至于林震,"他对王清泉说,"我们会给予应有的教育的。"

批评会上,韩常新分析道:"林震同志没有和领导上商量,擅自同意魏鹤鸣召集座谈会,这首先是一种无组织无纪律的行为……"

林震不服气,他说:"没有请示领导,是我的错。但是我不明白为什么我们不但不去主动了解群众的意见,反而制止基层这样作!"

"谁说我们不了解?"韩常新翘起一只腿,"我们对麻袋厂的情况统统掌握……"

"掌握了而不去解决,这正是最痛心的!党章上规定着,我们党员应该向一切违反党的利益的现象作斗争……"林震的脸变青了。

富有经验的刘世吾开始发言了,他向来就专门能在一定的关头起扭转局面的作用。

"林震同志的工作热情不错,但是他刚来一个月就给组织部的干部讲党章,未免仓促了些。林震以为自己是支持自下而上的批评,是作一件漂亮事,他的动机当然是好的;不过,自下而上的批评必须有领导地去开展,譬如这回事,请林震同志想一想:第一,魏鹤鸣是不是对王清泉有个人成见呢?很难说没有。那么魏鹤鸣那样积极地去召集座谈会,可不可能有什么个人目的呢?我看不一定完全不可能。第二,参加会的人是不是有一些历史复杂别有用心的分子呢?这也应该考虑到。第三,开这样一个会,会不会在群众里造成一种王清泉快要挨整了的印象因而天下大乱了呢?等等。至于林震同志的思想情况,我愿意直爽地提出一个推测:年轻人容易把生活理想化,他以为生活应该怎样,便要求生活怎样,作一个党的工作者,要多考虑的却是客观现实,是生活可能怎样。年轻人也容易过高估计自己,抱负甚多,一到新的工作岗位就想对缺点斗争一番,充当个娜斯嘉式的英雄。这是一种可贵的、可爱的想法,也是一种虚妄……"

林震像被打中了似的颤了一下,他紧咬住了下嘴唇。

他鼓起勇气再问:"那么王清泉……"刘世吾把头一仰:"我明天找他谈话,有原则性的并不仅是你一个人。"

星期六晚上,韩常新举行婚礼。林震走进礼堂,他不喜欢那弥漫的呛人的烟气,还有地上杂乱的糖果皮与空中杂乱的哄笑;没等婚礼开始他就退了出来。

组织部的办公室黑着,他拉开灯,看见自己桌上的信,是小学的同事们写来,其中还夹着孩子们用小手签了名的信:

林老师:您身体好吗?我们特别特别想您,女同学都哭了,后来就不哭了,后来我们作算术,题目特别特别难,我们费了半天劲,中于算出来了……

看着信,林震不禁独自笑起来了,他拿起笔把"中于"改成"终于",准备在回信时告诉他们下次要避免别字。他仿佛看见了系蝴蝶结的李琳琳、爱画水彩画的刘小毛和常常把铅笔头含在嘴里的孟飞……他猛把头从信纸上抬起来,所看见的却是电话、吸墨纸和玻璃板。他所熟悉的孩子的世界和他的单纯的工作已经离他而去了,新的工作要复杂得多……他想起前天党小组会上人们对他的批评。难道自己真的错了?真的是莽撞和幼稚,再加几分年轻人的廉价的勇气?也许真的应该切实估量一下自己,把分内的事作好,过两年,等到自己"成熟"了以后再干预一切?

礼堂里传来爆发的掌声和笑声。

一只手落在肩上,他吃惊地回过头来,灯光显得刺眼,赵慧文没有声响地站在他的身边,女同志走路都有这种不声不响的本事。

赵慧文问:"怎么不去玩?"

"我懒得去。你呢?"

"我该回家了,"赵慧文说,"到我家坐坐好吗?省得一个人在这儿想心事。"

"我没有心事。"林震分辩着,但他接受了赵慧文的好意。

赵慧文住在离区委会不远的一个小院落里。

孩子睡在浅蓝色的小床里,幸福地含着指头,赵慧文吻了儿子,拉林震到自己房间里来。

"他父亲不回来吗?"林震问。

赵慧文摇摇头。

这间卧室好像是布置得很仓促,墙壁因为空无一物而显得过分洁白,盆架孤单地缩在一角,窗台上的花瓶傻气地张着口;只有床头上桌上的收音机,好像还能扰乱这卧室的安静。

林震坐在藤椅上,赵慧文靠墙站着。林震指着花瓶说:"应该插枝花,"又指着墙壁说:"为什么不买几张画挂上?"

赵慧文说:"经常也不在,就没有管它。"然后她指着收音机问:"听不听?星期六晚上,总有好的音乐。"

收音机响了,一种梦幻的柔美的旋律从远处飘来,慢慢变得热情激荡。提琴奏出的诗一样的主题,立即揪住了林震的心。他托着腮,屏住了气。他的青春,他的追求,他的碰壁,似乎都能与这乐曲相通。

赵慧文背着手靠在墙上,不顾衣服蹭上了石灰粉,等这段乐曲过去,她用和音乐一样的声音说:"这是柴可夫斯基的《意大利随想曲》,让人想到南国,想到海……我在文工团的时候常听它,慢慢觉得,这调子不是别人演奏出的,而是从我心里钻出来的……"

"在文工团?"

"参加军事干部学校以后被分配去的,在朝鲜,我用我的蹩脚的嗓子给战士唱过歌,我是个哑嗓子的歌手。"

林震像第一次见面似的又重新打量赵慧文。

"怎么?不像了吧?"这时电台改放"剧场实况"了,赵慧文把收音机关了。

"你是文工团的,为什么很少唱歌?"林震问。她不回答,走到床边,坐下。她说:"我们谈谈吧,小林,告诉我,你对咱们区委的印象怎么样?"

"不知道,我是说,还不明确。"

"你对韩常新和刘世吾有点意见吧,是不?"

"也许。"

"当初我也这样,从部队转业到这里,和部队的严格准确比较,许多东西我看不惯。我给他们提了好多意见,和韩常新激动地吵过一回,但是他们笑我幼稚,笑我工作没作好意见倒一大堆,慢慢地我发现,和区委的这些缺点作斗争是我力不胜任的……"

"为什么力不胜任?"林震像刺痛了似的跳起来,他的眉毛拧在一起了。

"这是我的错,"赵慧文抓起一个枕头,放在腿上,"那时我觉得自己水平太低,自己也很不完美,却想纠正那些水平比自己高得多的同志,实在不量力。而且,刘世吾、韩常新还有别人,他们确实把有些工作作得很好。他们的缺点散布在咱们工作的成绩里边,就像灰尘散布在美好的空气中,你嗅得出来,但抓不住,这正是难办的地方。"

"对!"林震把右拳头打在左手掌上。

赵慧文也有些激动了,她把枕头抛开,话说得更慢,她说:"我做的是事务工作,领导同志也不大过问,加上个人生活上的许多牵扯,我沉默了,于是,上班抄抄写写,下班给孩子洗尿布、买奶粉。我觉得我老得很快,参加军干校时候那种热情和幻想,不知道哪里去了。"她沉默着,一个一个地捏着自己的手指,接着说:"两个月以前,北京市进入社会主义高潮,工人、店员还有资本家,放着鞭炮,打着锣鼓到区委会报喜,工人、店员把入党申请书直接送到组织部,大街上一天一变,整个区委会彻夜通明,吃饭的时候,宣传部、财经部的同志滔滔不绝地讲着社会主义高潮中的各种气象;可我们组织部呢?工作改进很少!打电话催催发展数字,按前年的格式添几条新例子写写总结……最近,大家检查保守思想,组织部也检查,拖拖沓沓开了三次会,然后写个材料完事……哎,我说乱了,社会主义高潮中,每一声鞭炮都刺着我,当我复写批准新党员通知的时候,我的手激动得发抖,可是我们的工作就这样依然故我地下去吗?"她喘了一口气,来回踱着,然后接着说:"我在党小组会上谈自己的想法,韩常新满足地问:'难道我们发展数字的完成比例不是各区最高的?难道市委组织部没要我们写过经验?'然后他进行分析,说我情绪不够乐观,是因为不安心事务工作……"

"开始的时候,韩常新给人一个了不起的印象,但是实际一接触……"林震又说起那次写汇报的事。

赵慧文同意地点头:"这一二年,虽然我没提什么意见,但我无时无刻不在观察。生活里的一切,有表面也有内容,作到金玉其外,并不是难事。譬如韩常新,充领导他会拉长了声音训人,写汇报他会强拉硬扯生动的例子,分析问题,他会用几个无所不包的概念;于是,俨然成了个少壮有为的干部,他漂浮在生活上边,悠然得意。"

"那么刘世吾呢?"林震问,"他绝不像韩常新那样浅薄,但是他的那些独到的见解,精辟的分析,好像包含着一种可怕的冷漠。看到他容忍王清泉这样的厂长,我无法理解,而当我想向他表示什么意见的时候,他的议论却使人越绕越糊涂,除了跟着他走,似乎没有别的路……"

"刘世吾有一句口头语:就那么回事,他看透了一切,以为一切就那么回事。按他自己的说法,他知道什么是'是',什么是'非',还知道'是'一定战胜'非',又知道'是'不是一下子战胜'非',他什么都知道,什么都见过——党的工作给人的经验本来很多。于是他不再操心,不再爱也不再恨。他取笑缺陷,仅仅是取笑;欣赏成绩,仅仅是欣赏。他满有把握地应付一切,再也不需要虔诚地学习什么,除了拼音文字之类的具体知识。一旦他认为条件成熟需要干一气,他一把把事情抓在手里,教育这个,处理那个,俨然是一切人的上司。凭他的经验和智慧,他当然可以作好一些事,于是他更加自信。"赵慧文毫不容情地说道。这些话曾经在多少个不眠的夜晚萦绕在她的心头……

"我们的区委副书记兼部长呢?他不管么?"

赵慧文更加兴奋了,她说:"李宗秦身体不好,他想去作理论研究工作,嫌区的工作过于具体。他作组织部长只是挂名,把一切事情推给刘世吾。这也是一种相当普遍的不正常的现象,有一批老党员,因为病,因为文化水平低,或者因为是首长爱人,他们挂着厂长、校长和书记的名,却由副厂长、教导主任、秘书或者某个干事作实际工作。"

"我们的正书记——周润祥同志呢?"

"周润祥是一个非常令人尊敬的领导同志,但是他工作太多,忙着肃反、私营企业的改造……各种带有突击性的任务,我们组织部的工作呢,一般说永远成不了带突击性的中心任务,所以他管的也不多。"

"那……怎么办呢?"林震直到现在,才开始明白了事情的复杂性,一个缺点,仿佛粘在从上到下的一系列的缘故上。

"是啊。"赵慧文沉思地用手指弹着自己的腿,好像在弹一架钢琴,然后她向着远处笑了,她说:"谢谢你……"

"谢我?"林震以为自己听错了。

"是的,见到你,我好像又年轻了。你天不怕地不怕,敢于和一切坏现象作斗争,于是我有一种婆婆妈妈的预感:你……一场风波要起来了。"

林震脸红了。他根本没想到这些,他正为自己的无能而十分羞耻。他嘟哝着说:"但愿是真正的风波而不是瞎胡闹。"然后他问:"你想了这么多,分析得这么清楚,为什么只是憋在心里呢?"

"我老觉得没有把握,"赵慧文把手放在自己的胸前,"我看了想,想了又看,我有时候想得一夜都睡不好,我问自己:'你的工作是事务性的,你能理解这些吗?'"

"你怎么会这样想?我觉得你刚才说的对极了!你应该把你刚才说的对区委书记谈,或者写成材料给《人民日报》……"

"瞧,你又来了。"赵慧文露出润湿的牙齿笑了。

"怎么叫又来了?"林震不高兴地站起来,使劲搔着头皮,"我也想过多少次,我觉得,人要在斗争中使自己变正确,而不能等到正确了才去作斗争!"

赵慧文突然推门出去了,把林震一个人留在这空旷的屋子里,他嗅见了肥皂的香气。马上,赵慧文回来了,端着一个长柄的小锅,她跳着进来,像一个梳着三只辫子的小姑娘。她打开锅盖,戏剧性地向林震说:

"来,我们吃荸荠,煮熟了的荸荠!我没有找到别的好吃的。"

"我从小就喜欢吃熟荸荠,"林震愉快地把锅接过来,他挑了一个大的没剥皮就咬了一口,然后他皱着眉吐了出来,"这是个坏的,又酸又臭。"赵慧文大笑了。林震气愤地把捏烂了的酸荸荠扔到地上。

临走的时候,夜已经深了,纯净的天空上布满了畏怯的小星星。有一个老头儿吆喝:"炸丸子开锅!"推车走过。林震站在门外,赵慧文站在门里,她的眼睛在黑暗中闪光,她说:"下次来的时候,墙上就有画了。"

林震会心地笑着:"而且希望你把丢下的歌儿唱起来!"他摇了一下她的手。

林震用力地呼吸着春夜的清香之气,一股温暖的泉水在心头涌了上来。

韩常新最近被任命为组织部副部长。新婚和被提拔,使他愈益精神焕发和朝气勃勃。他每天刮一次脸,在参观了服装展览会以后又作了一套凡尔丁料子的衣服。不过,最近他亲自出马下去检查工作少了,主要是在办公室听汇报、改文件和找人谈话。刘世吾仍然那么忙。

一天,晚饭以后,韩常新把《拖拉机站站长与总农艺师》还给林震,他用手弹一弹那本书,点点头说:"很有意思,也很荒唐。当个作家倒不坏,编得天花乱坠。赶明儿我得了风湿性关节炎或者犯错误受了处分,就也写小说去。"

林震接过书,赶快拉开抽屉,把它压在最底下。

刘世吾坐在另一边的沙发上正出神地研究一盘象棋残局,听了韩常新的话,刻薄地说:"老韩将来得关节炎或者受处分倒不见得不可能,至于小说,我们可以放心,至少在这个行星上不会看到您的大作。"他说的时候一点不像开玩笑,以致韩常新尴尬地转过头,装没听见。

这时刘世吾又把林震叫过去,坐在他旁边,问:"最近看什么书了?有没有好的借我看看?"

林震说没有。

刘世吾挪动着身体,斜躺在沙发上,两手托在脑后,半闭着眼,缓慢地说:"最近在《译文》上看了《被开垦的处女地》第二部的片段,人家写得真好,活得很……"

"您常看小说?"林震真不大相信。

"我愿意荣幸地表示,我和你一样地爱读书:小说、诗歌,包括童话。解放以前,我最喜欢屠格涅夫,小学五年级,我已经读《贵族之家》,我为伦蒙那个德国老头儿流泪,我也喜欢叶琳娜;英沙罗夫写得却并不好……可他的书有一种清新的、委婉多情的调子。"他忽地站起来,走近林震,扶着沙发背,弯着腰继续说,"现在也爱看,看的时候很入迷,看完了又觉得没什么,你知道,"他紧挨林震坐下,又半闭起眼睛,"当我读一本好小说的时候,我梦想一种单纯的、美妙的、透明的生活。我想去作水手,或者穿上白衣服研究红血球,或者作一个花匠,专门培植十样锦……"他笑了,从来没这样笑过,不是用机智,而是用心。"可还是得作什么组织部长。"他摊开了手。

"为什么您把现在的工作看得和小说那么不一样呢?党的工作不单纯,不美妙,也不透明吗?"林震友好而关切地问。

刘世吾接连摇头,咳嗽了一会儿又站起来。靠到远一点的地方,嘲笑地说:"党工作者不适合看小说。……譬如,"他用手在空中一划,"拿发展党员来说,小说可以写:'在壮丽的事业里,多少名新战士参加了无产阶级的先锋行列,万岁!'而我们呢,组织部呢,却正在发愁:第一,某支部组织委员工作马大哈,谈不清新党员的历史情况。第二,组织部压了百十几个等着批准的新党员,没时间审查。第三,新党员需经常委会批准,常委委员一听开会批准党员就请假。第四,公安局长参加常委会批准党员的时候老是打瞌睡……"

"您不对!"林震大声说,他像本人受了侮辱一样地难以忍耐,"您看不见壮丽的事业,只看见某某在打瞌睡……难道您也打瞌睡了?"

刘世吾笑了笑,叫韩常新:"来,看看报上登的这个象棋残局,该先挪车呢还是先跳马?"

魏鹤鸣告诉林震,他要求回到车间作工人,他说:"这个支部委员和生产科长我干不了。"林震费尽唇舌,劝他把那次座谈会搜集的意见写给党报,并且质问他:"你退缩了,你不信任党和国家了,是吗?"后来魏鹤鸣和几个意见较多的工人写了一封长信,偷偷地寄给报纸,连魏鹤鸣本人都对自己有些怀疑:"也许这又是'小集团活动'?那就处罚我吧!"他是带着有罪的心情把大信封扔进邮箱的。

五月中旬,《北京日报》以显明的标题登出揭发王清泉官僚主义作风的群众来信。署名"麻袋厂一群工人"的信,愤怒地要求领导上处理这一问题。《北京日报》编者也在按语中指出:"……有关领导部门应迅速作认真的检查……"

赵慧文首先发现了,她叫林震来看。林震兴奋得手发抖,看了半天连不成句子,他想:"好!终于揭出来了!还是党报有力量!"

他把报纸拿给刘世吾看,刘世吾仔细地看了几遍,然后抖一抖报纸,客观地说:"好,开刀了!"

这时,区委书记周润祥走进来,他问:"王清泉的情况你们了解不?"

刘世吾不慌不忙地说:"麻袋厂支部的一些不健康的情况那是确实存在的。过去,我们就了解过,最近我亲自找王清泉谈过话,同时小林同志也去了解过。"他转身向林震:"小林,你谈谈王清泉的情况吧。"

有人敲门,魏鹤鸣紧张地撞进来,他的脸由红色变成了青色,他说,王厂长在看到《北京日报》以后非常生气,现在正追查写信的人。

经过党报的揭发与区委书记的过问,刘世吾以出乎林震意料之外的雷厉风行的精神处理了麻袋厂的问题。刘世吾一下决心,就可以把工作作得很出色。他把其他工作交代给别人,连日与林震一起下到麻袋厂去。他深入车间,详细调查了王清泉工作的一切情况,征询工人群众的一切意见。然后,与各有关部门进行了联系,只用了一个多星期的时间,就对王清泉作了处理——党内和行政都予以撤职处分。

处理王清泉的大会一直开到深夜,开完会,外面下起雨,雨忽大忽小,久久地不停息。风吹到人脸上有些凉。刘世吾与林震到附近的一个小铺子去吃馄饨。

这是新近公私合营的小铺子,整理得干净而且舒适。由于下雨,顾客不多。他们避开热气腾腾的馄饨锅,在墙角的小桌旁坐下来。

他们要了馄饨,刘世吾还要了白酒,他呷了一口酒,掐着手指,有些感触地说:"我这是第六次参加处理犯错误的负责干部的问题了,头几次,我的心很沉重。"由于在大会上激昂地讲过话,他的嗓音有些嘶哑,"党的工作者是医生,他要给人治病,他自己却是并不轻松的。"他用无名指轻轻敲着桌子。

林震同意地点头。

刘世吾忽问:"今天是几号?"

"5月20。"林震告诉他。

"5月20,对了。九年前的今天,'青年军'二〇八师打坏了我的腿。"

"打坏了腿?"林震对刘世吾的过去历史还不了解。

刘世吾不说话,雨一阵大起来,他听着那哗啦哗啦的单调的响声,嗅着潮湿的土气。一个被雨淋透的小孩子跑进来避雨。小孩的头发在往下滴水。

刘世吾招呼店员:"切一盘肘子。"然后告诉林震:"1947年,我在北大作自治会主席。参加五·二〇游行的时候,二〇八师的流氓打坏了我的腿。"他挽起裤子,可以看到一道弧形的疤痕,然后他站起来:"看,我的左腿是不是比右腿短一点?"

林震第一次以深深的尊敬和爱戴的眼光看着他。

喝了几口酒,刘世吾的脸微微发红,他坐下,把肉片夹给林震,然后斜着头说:"那时候……我是多么热情,多么年轻啊!我真恨不得……"

"现在就不年轻,不热情了么?"林震用期待的眼光看着。

"当然不,"刘世吾玩着空酒杯,"可是我真忙啊!忙得什么都习惯了,疲倦了。解放以来从来没睡够过八小时觉。我处理这个人和那个人,却没有时间处理处理自己。"他托起腮,用最质朴的人对人的态度看着林震,"是啊,一个布尔什维克,经验要丰富,但是心要单纯……再来一两!"刘世吾举起酒杯,向店员招手。

这时林震已经开始被他深刻和真诚的抒发所感动了。刘世吾接着闷闷地说:"据说,炊事员的职业病是缺少良好的食欲,饭菜是他们作的,他们整天和饭菜打交道。我们,党工作者,我们创造了新生活,结果,生活反倒不能激动我们……"

林震的嘴动了动,刘世吾摆摆手,表示希望不要现在就和他辩论。他不说话,独自托着腮发愣。

"雨小多了,这场雨对麦子不错,"过了半天,刘世吾叹了口气,忽然又说:"你这个干部好,比韩常新强。"

林震在慌乱中赶紧喝汤。

刘世吾盯着他,亲切地笑着,问他:"赵慧文最近怎么样?"

"她情绪挺好。"林震随口说。他拿起筷子去夹熟肉,看见了他熟悉的刘世吾的闪烁的目光。

刘世吾把椅子拉近了,缓缓地说:"原谅我的直爽,但是我有责任告诉你……"

"什么?"林震停止了夹肉。

"据我看,赵慧文对你的感情有些不……"

林震颤抖着手放下了筷子。

离开馄饨铺,雨已经停了,星光从黑云下面迅速地露出来,风更凉了,积水潺潺地从马路两边的泄水池流下去。林震迷惘地跑回宿舍,好像喝了酒的不是刘世吾,倒是他。同宿舍的同志都睡得很甜,粗短的和细长的鼾声此起彼伏。林震坐在床上,摸着湿了的裤脚,眼前浮现了赵慧文的苍白而美丽的脸……他还是个毛小伙子,他什么也没经历过,什么都不懂。他走近窗子,把脸紧贴在外面沾满了水珠的冰冷的玻璃上。

区委常委开会讨论麻袋厂的问题。

林震列席参加。他坐在一角,心跳、紧张,手心里出了汗。他的衣袋里装着好几千字的发言提纲,准备在常委会上从麻袋厂事件扯出组织部工作中的问题。他觉得麻袋厂问题的揭发和解决,造成了最好的机会,可以促请领导从根本上考虑一下组织部的工作。时候到了!

刘世吾正在条理分明地汇报情况。书记周润祥显出沉思的神色,用左拳托着士兵式的粗壮而宽大的脸,右腕子压着一张纸,时而在上面写几个字。李宗秦用食指在空中写划着。韩常新也参加了会,他专心地把自己的鞋带解开又系上。

林震几次想说话,但是心跳得使他喘不上气。第一次参加常委会,就作这种大胆的发言,未免过于莽撞吧?不怕,不怕!他鼓励自己。他想起八岁那年在青岛学跳水,他也一边听着心跳,一边生气地对自己说:"不怕,不怕!"

区委常委批准了刘世吾对于麻袋厂问题提出的处理意见,马上就要进行下面一项议程了,林震霍地举起了手。

"有意见吗?不举手就可以发言的。"周书记笑着说。

林震站起来,碰响了椅子,掏出笔记本看着提纲,他不敢看大家。

他说:"王清泉个人是作了处理了,但是如何保证不再有第二、第三个王清泉出现呢?我们应该检查一下区委组织工作中的缺点:第一,我们只抓了建党,对于巩固党没给予应有的注意,使基层的党内斗争处于自流状态。第二,我们明知有问题却拖延着不去解决,王清泉来厂子整整五年,问题一直存在而且愈发展愈严重……具体地说,我认为韩常新同志与刘世吾同志有责任……"

会场起了轻微的骚动,有人咳嗽,有人放下了烟卷,有人打开笔记本,有人挪了一下椅子。

韩常新耸了一下肩，用舌头舔了一下扭动着的牙床，讽刺地说："往往听到一种事后诸葛亮的意见：'为什么不早一点处理呢？'当然是愈早愈好啰……高、饶事件发生了，有人问为什么不早一点，贝利亚，也有人问为什么不早一点。再者，组织部并不能保证第二、第三个王清泉不会出现，林震同志也未尝能保证这一点……"

林震抬起头，用激怒的目光看着韩常新。韩常新却只是冷冷地笑。林震压抑着自己说："老韩同志知道缺点的存在是规律，但他不知道克服缺点前进更是规律。老韩同志和刘部长，就是抱住了头一个规律，因而对各种严重的缺点采取了容忍乃至于麻木的态度！"说完，他用手抹了抹头上的汗，他也不知道自己怎么敢说得这样尖锐，但是终究说出来了，他有一种如释重负的感觉。

李宗秦在空中划着的食指停住了。周润祥转头看看林震又看看大家，他的沉重的身躯使木椅发出了吱吱声。他向刘世吾示意："你的意见？"

刘世吾点点头："小林同志的意见是对的，他的精神也给了我一些启发……"然后他悠闲地溜到桌子边去倒茶水，用手抚摸着茶碗沉思地说："不过具体到麻袋厂事件，倒难说了。组织部门巩固党的工作抓得不够，是的，我们干部太少，建党还抓不过来。麻袋厂王清泉的处理，应该说还是及时而有效的。在宣布处理的工人大会上，工人的情绪空前高涨，有些落后的工人也表示更认识到了党的大公无私，有一个老工人在台上一边讲话一边落泪，他们口口声声说着感谢党，感谢区委……"

林震小声说："是的，正因为这样，我才觉得我们工作中的麻木、拖延、不负责任，是对群众犯罪。"他提高了声音，"党是人民的、阶级的心脏，我们不能容忍心脏上有灰尘，就像不能容忍党的机关的缺点！"

李宗秦把两手交叉起来放在膝头，他缓缓地说，像是一边说一边思索着如何造句："我认为林震、韩常新、刘世吾同志的主要争论有两个症结，一个是规律性与能动性的问题……一个是……"

林震以不知从哪儿来的勇气对李宗秦说："我希望不要只作冷静而全面的分析……"他没有说下去，他怕自己掉下眼泪来。

周润祥看一看林震，又看一看李宗秦，皱起了眉头，沉默了一会，迅速地写了几个字，然后对大家说："讨论下一项议程吧。"

散会后，林震气恼得没有吃下饭，区委书记的态度他没想到。他不满甚至有点失望。韩常新与刘世吾找他一起出去散步，就像根本没理会他对他们的不满意，这使林震更意识到自己和他们力量的悬殊。他苦笑着想："你还以为常委会上发一席言就可以起好大的作用呢！"他打开抽屉，拿起那本被韩常新嘲笑过的苏联小说，翻开第一篇，上面写着："按娜斯嘉的方式生活！"他自言自语："真难啊！"

他缺少了什么呢？

第二天下班以后，赵慧文告诉林震："到我家吃饭去吧，我自己包饺子。"他想推辞，赵慧文已经走了。

林震犹豫了好久，终于在食堂吃了饭再到赵慧文家去。赵慧文的饺子刚刚煮熟。她穿上暗红色的旗袍，系着围裙，手上沾满面粉，像一个殷勤的主妇似的对林震说："新下来的豆角做的馅子……"

林震嗫嚅地说："我吃过了。"

赵慧文不信,跑出去给他拿来了筷子,林震再三表示确实吃过,赵慧文不满意地一个人吃起来。林震不安地坐在一旁,一会儿看看这,一会儿看看那,一会儿搓搓手,一会儿晃一晃身体。

"小林,有什么事么?"赵慧文停止了吃饺子。

"没……有。"

"告诉我吧。"赵慧文目不转睛地看着他。

"昨天在常委会上我把意见都提了,区委书记睬都不睬……"

赵慧文咬着筷子端想了想,她坚决地说:"不会的,周润祥同志只是不轻易发表意见……"

"也许,"林震半信半疑地说,他低下头,不敢正面接触赵慧文关切的目光。

赵慧文吃了几个饺子,又问:"还有呢?"

林震的心跳起来了。他抬起头,看见了赵慧文的好意的眼睛,他轻轻地叫:"赵慧文同志……"

赵慧文放下筷子,靠在椅子背子,有些吃惊了。

"我很想知道,你是否幸福。"林震用一种粗重的,完全像大人一样的声音说,"我看见过你的眼泪,在刘世吾的办公室,那时候春天刚来……后来忘记了。我自己马马虎虎地过日子,也不会关心人。你幸福吗?"

赵慧文略略疑惑地看着他,摇头,"有时候我也忘记……"然后点头,"会的,会幸福的。你为什么问它呢?"她安详地笑着。

林震把刘世吾对他讲的告诉了她:"……请原谅我,把刘世吾同志随便讲的一些话告诉了你,那完全是瞎说……我很愿意和你一起说话或者听交响乐,你好极了,那是自然而然的……也许这里边有什么不好的,不合适的东西,马马虎虎的我忽然多虑了,我恐怕我扰乱谁。"林震抱歉地结束了。

赵慧文安详地笑着,接着皱起了眉尖儿,又抬起了细瘦的胳臂,用力擦了一下前额,然后她甩了一下头,好像甩掉什么不愉快的心事似的转过身去了。

她慢慢地走到墙壁上新挂的油画前边,默默地看画。那幅画的题目是《春》,莫斯科,太阳在春天初次出现,母亲和孩子到街头去……

一会,她又转过身来,迅速地坐在床上,一只手扶着床栏杆,异常平静地说:"你说了些什么呀?真的!我不会作那些不经过考虑的事。我有丈夫,有孩子,我还没和你谈过我的丈夫,"她不用常说的"爱人",而强调地说着"丈夫","我们在五二年结的婚,我才十九,真不该结婚那么早。他从部队里转业,在中央一个部里作科长,他慢慢地染上了一种油条劲儿,争地位、争待遇,和别人不团结。我们之间呢,好像也只剩下了星期六晚上回来和星期一走。我的看法是:或者是崇高的爱情,或者什么都没有。我们争吵了……但我仍然等待着……他最近出差去上海,等回来,我要和他好好谈一谈。可你说了些什么呢?"她又一次问,"小林,你是我所尊敬的顶好的朋友,但你还是个孩子——这个称呼也许不对,对不起。我们都希望过一种真正的生活,我们希望组织部成为真正的党的工作机构,我觉着你像是我的弟弟,你盼望我振作起来,是吧?生活是应该有互相支援和友谊的温暖,我从来就害怕冷淡。就是这些了,还有什么呢?还能有什么呢?"

林震惶恐地说:"我不该受刘世吾话的影响……"

"不,"赵慧文摇头,"刘世吾同志是聪明人,他的警告也许并不是完全没有必要,然后……"她深深地吐一口气,"那就好了。"

她收拾起碗筷,出去了。

林震茫然地站起,来回踱着步子,他想着、想着,好像有许多话要说,慢慢地,又没有了。他要说什么呢?本来什么都没有发生。生活有时候带来某种情绪的波流,使人激动也使人困扰,然后波流流过去,没有一点痕迹……真的没有痕迹吗?它留下对于相逢者的纯洁和美好的记忆,虽然淡淡,却难忘……

赵慧文又进来了,她领着两岁的儿子,还提着一个书包。小孩已经与林震见过几次面,亲热地叫林震"夫夫"——他说不清"叔叔"。

林震用强健的手臂把他举了起来。空旷的屋子里顿时充满了孩子的笑闹声。

赵慧文打开书包,拿出一叠纸,翻看,说:"今天晚上,我要让你看几样东西。我已经把三年来看到的组织部工作中的一些问题和自己的意见写了一个草稿。这个……"她不好意思地摸了一下一张橡皮纸,"大概这是可笑的,我给自己规定了一个竞赛的办法。让今天的自己和昨天的自己竞赛。我划了表,如果我的工作有了失误——写入党批准通知的时候抄错了名字或者统计错了新党员人数,我就在表上画一个黑叉子,如果一天没有错,就画一个小红旗。连续一个月都是红旗,我就买一条漂亮的头巾或者别的什么奖励自己……也许,这像幼儿园的作法吧?你好笑吗?"

林震入神地听着,他严肃地说:"绝不,我尊敬你对你自己的……"

临走的时候,夜已经深了,林震站在门外,赵慧文站在门里,她的眼睛在黑暗中闪着光,她说:"今天的夜色非常好,你同意吗?你嗅见槐花的香气了没有?平凡的小白花,它比牡丹清雅,比桃李浓馥。你嗅不见?真是!再见。明天一早就见面了,我们各自投身在伟大而麻烦的工作里边。然后晚上来找我吧,我们听美丽的《意大利随想曲》。听完歌,我给你煮荸荠,然后我们把荸荠皮扔得满地都是……"

林震靠着组织部门前的大柱子好久好久地呆立着,望着夜的天空。初夏的南风吹拂着他——他来时是残冬,现在已经是初夏了。他在区委会度过了第一个春天。

他作好的事情简直很少,简直就是没有,但他学了很多,多懂了不少事。他懂了生活的真正的美好和真正的分量;他懂了斗争的困难和斗争的价值。他渐渐明白,在这平凡而又伟大的、包罗万象的、担负着无数艰巨任务的区委会,单凭个人的勇气是作不成任何事情的……从明天……

办公室的小刘走过,叫他:"林震,你上哪儿去了?快去找周润祥同志,他刚才找了你三次。"

区委书记找林震了吗?那么不是从明天,而是从现在,他要尽一切力量去争取领导的指引,这正是目前最重要的……

隔着窗子,他看见绿色的台灯和夜间办公的区委书记的高大侧影,他坚决地、迫不及待地敲响了领导同志办公室的门。

注释

① 小说最初发表于1956年第9期的《人民文学》上,原名为《组织部新来的青年人》,发表时编辑有所改动。

文本解读

作为"干预生活"的小说,一般较注重写实性、社会客观性和理性审美色彩。王蒙的《组织部来了个年轻人》在当时此类小说中最具代表性和影响力。

作者借助一个新到组织部工作的青年林震的视角,描写和刻画了多种类型的官僚主义者的形象,尤其是成功塑造了刘世吾这一艺术典型。作为官僚主义者中的一员,刘世吾并不缺乏洞察问题的敏锐感觉和丰富经验,也不缺乏判断是非和解决问题的能力。他对一切都了如指掌,而对一切又都失去了热情。"就那么回事",是他的口头禅,是他看透世道、见怪不怪、不再激动、不再义愤的心态体现。麻袋厂厂长王清泉的官僚主义作风问题,他一清二楚,借口"时机目前还不成熟",一拖再拖,非但不及时处理,反而批评向他反映情况要求解决问题的青年干部林震。一旦经过党报的揭发与区委书记的过问,他又以出乎意料的雷厉风行的精神处理了麻袋厂的问题。刘世吾的形象具有其深刻性。他是官僚主义者,但是,他又将自己的官僚主义巧妙地包装在正确的原则之中,散布在工作的成绩里边,"就像灰尘散布在美好的空气中,你嗅得出来,但抓不住",给人民的事业带来很大的危害。这个形象在当代文学艺术画廊中是独具价值的"这一个",是超越了概念化、类型化的活生生的艺术形象。

诚然,作品的深刻之处是作者深入剖析了刘世吾这样一个革命意志逐步衰退的领导干部的复杂灵魂,表现了他是如何从一个革命者蜕变为官僚主义者的。他不是用理想来改变现实,而是用现实来否定理想,这是一种多么可怕的蜕变。而怀着"神圣的憧憬"和美好的理想走进组织部的青年人林震,则刻画得不够丰满,显得过于单纯幼稚,缺乏独特的个性。这一形象塑造的不成功,既有作者认识上的原因,也与当时这类形象自身还不成熟有关。但小说中所表现出的青春的浪漫激情、深沉的忧患意识、强烈的社会责任感,以及对现实的审视与干预,使作品在认识价值和审美价值方面比同时期单纯的"颂歌"有较大程度的提高,是当代文学创作的重要收获。

思考练习

1. 分析林震形象的历史和现实意义。

2. 小说《组织部新来的青年人》在发表时被改为《组织部来了个年轻人》,标题的改动是否会对小说的主旨、结构产生影响,试分析。

阅读链接

1. 王蒙:《青春万岁》,人民文学出版社 1979 年版。

2. 王蒙:《活动变人形》,人民文学出版社 1987 年版。

3. 王蒙:《恋爱的季节》,人民文学出版社 1993 年版。

4. 谢泳:《重说〈组织部新来的青年人〉——关于王蒙》,爱思想网笔会专栏,2008－1－17。本文链接:http://www.aisixiang.com/data/17375.html

天云山传奇(节选)①

鲁彦周

鲁彦周(1928～2006),安徽巢县(今巢湖市)人,作家、戏剧家。1948年参加革命,1950年调到《皖北文艺》当编辑。1956年从事专业创作,1959年加入中国作家协会,后任安徽作协、剧协副主席、《清明》杂志副主编等职,于50年代中期开始电影创作。较著名的有《凤凰之歌》、《三八河边》、《风雪大别山》、《天云山传奇》、《廖仲恺》等。其他有短篇小说集《桃花风前》、长篇小说《古塔上的风铃》、散文集《淮北寄语》以及《鲁彦周小说散文集》、《鲁彦周电影剧本选集》等。其中《凤凰之歌》获1957年文化部举办的全国电影文学剧本征文三等奖。《天云山传奇》获全国优秀中篇小说奖,改编的同名电影获文化部优秀影片奖、金鸡奖、百花奖、文汇奖和文汇最佳编剧奖。

我回到家里,看到了冯晴岚寄来的信。

这封信来得正是时候,我多么想了解她啊!我饭也没顾上吃,就躲进房里读起来。

正像我们久已疏远了的关系一样,她的信开头也用了一般的称呼,她写道:

"宋薇同志:我们的现实情况,估计周瑜贞同志已经告诉你了。你的情况,她也约略告诉我们一些。对于我们不同的处境,她也有她的看法,她是一个新型的人,她的许多看法,倒是颇有意思的,但是,我们先不管她的看法吧!

"关于罗群同志的情况,我在我写的申诉中已经讲了。现在我想谈一些我自己的事情,通过我的一些想法,你对罗群可能会加深一些了解,因为我觉得你对他其实是不了解的。

"对我和罗群的关系,你可能觉得很奇怪。的确,在我的亲属朋友当中,为此而大吃一惊的人确实不少。他们经常问:冯晴岚这个人是不是神经上有点毛病?是不是有点浪漫主义?她为什么要主动背起一个沉重的十字架?把自己的一生绑在一个'屡教不改'的被开除公职的右派分子和反革命的身上?她现在肯定后悔了。这些人好像很同情我,怜悯我,其实他们是完全错了。对这些人,我倒有点怜悯他们,他们哪里懂得什么叫真正的幸福,什么才是真正的人生?难道追求一个浅薄的庸俗的生活方式,追随一个你并不爱的权贵,取得某种物质上和虚荣心的满足,就叫做幸福?事实上,我对自己所选择的路,从来没有后悔过,即使我今天离开人世,我也敢骄傲地宣告,我是真正幸福的,是对得起养育我的人民和这个世界的,即使用一个较高的标准来要求,我也不感到惭愧,因为我在我的能力范围内,完成了我应该完成的事。

"然而这也可能是我这个傻人说的傻话。

"对工作、对事业,我们先不谈吧,因为你很了解我是如何热爱我们的社会主义工作和事业,对党对人民我扪心自问,我的感情是深厚的,我觉得正是在这个基础上,我才认识罗群的可贵,说句真心话,谈起对党,对毛主席、周总理,对社会主义的感情,你我比之于罗群都差得很远呢!

"说来也是件奇怪的事,在天云山②当我们共同结识罗群的时候,首先和他相爱的却是你。我记得我是因为我太关心你们的爱情发展,而且是受你委托,才认真站在旁边观察罗群的,那时你用热恋的眼光望着他,而我却是以理智的心灵来观察他的。

"观察的结果,我记得我是跟你说过的,我从他的言行,从他对工作、对事业、对同志、对党的态度上得出了我自己的结论。记得在那天云山的清辉月光下,在那柔软的草地上,我在你耳边喃喃细语吗?我说罗群纯真得像水晶,又热烈得像火,忠诚坦白,是他最大的特点,对党的信念坚定不移,又使他具有惊人的毅力。他没有权位观念,没有个人野心,这种人我认为是很难得的,当时你被我说得跳起来,紧紧搂着我。我们都一致认为,我们天云山区的工作干得踏踏实实,轰轰烈烈,人与人之间也正在开始建立一种新型的纯真的关系,正是罗群和当时考察队党委领导的结果。

"你那天和罗群互相表白以后,我是如何为你们祝福的,这些,我相信你是不可能忘却的。

"老实说,那时我根本没想到我自己会爱上他,我只是由衷地崇敬他,也许我已经爱上了他而我不知道,年轻人的感情,有时候自己也分析不了的。

"我明确知道我自己爱上了他,那是两年以后的事。

"在这以前,我经历了很大的震动。

"你离开天云山到党校学习,是五七年五月吧,两个月后,反右派运动就开始了,当以吴遥同志为首的工作组宣布对罗群的右派言行要大胆揭发、无情斗争的时候,你想象我的震动吧!工作组所宣布的所谓罗群罪行,以及他们对你和罗群关系的公然污蔑,我都在申诉材料里写了,正是这些所谓罪行,倒使我比较彻底明白了罗群的价值。当时,为了表明我自己的态度,也是为了抗议,我代表你去探望他去了,然而就在这段时间里,我又一次受到了震动,我在罗群那里看到你的决裂书。

"恕我不客气地讲吧!你的信使我感到全身颤栗,使我看到了人和人之间赤裸裸的利害关系,使我感到对人的看法发生了巨大的动摇,我就像正在欣赏一幅美丽的图画,一翻过来却原来是一块丑恶的脏布片。

"难道所谓爱情,所谓同志就是如此吗?

"我捧着你的信望着站在窗口、木然地望着天云山的罗群,我忍不住哭了。这是解放以来我第一次哭泣,不是为我自己,而是为你感到羞耻,为罗群感到悲哀!

"我悄悄地走了。

"这以后,我有很长一段时间没有见到罗群,我只听说,在争论给不给他戴上右派帽子的同时,把他下放到特区所属的金沙区劳动去了。我听到这个消息,给他写了一封劝慰的信,我怕他想不开,劝他思想上放开朗些。我那封信写得是很幼稚的,我用我的思想感情猜度他,以为他肯定是消沉悲观,甚至会发生意外的。当我接到他的回信时,我脸红了。他在信中不但没有流露出丝毫的悲观情绪,反而给我讲起运动员的锻炼故事来。照他的说法,这正是一次锻炼的机会,这使他现在真正有机会接近人民,可以从人民的角度,检验党的方针政策,从而为自己的思想打下较为坚实的基础。他在信的末尾,还开玩笑地说:'我不是一个多愁善感的小姑娘,他当我会对花发愁对月长叹吗?'

"你看,他就是这么个人!

"他在那里一直劳动到第二年,即一九五八年冬天,这个时候,我们特区忽然发了一道命令,要所有干部、职工、技术人员,停止一切工作去砍森林,连郊区农民也发动了。据说要把森林砍下烧炭,用这种炭去炼土高炉的铁,把我们在发现时曾经为之欢呼跳跃过的宝贵森林资源,准备付之一炬。这实在是荒唐透顶的事。

"我没有去,我是有意拒绝去的,不久,我又听到一个消息。

"你还记得那位叫凌曙的区委书记吗?他是罗群的老战友了,在反右派时他被认为是和罗群在一起搞小集团的,也正在等待处分。他和罗群听到要毁坏这片大森林时,就发动了一些老农民,组织了一个'劝说小组',堵在通往森林的路口,劝阻人进山,罗群还站在岩石上,发表了一通演说,把进山的人都讲得一个个低头不语,然后他和凌曙把人引到那些小山,砍伐灌木林去了。

"就是这样一件事,罗群的'帽子'就给戴上了,凌曙也被撤了职。反对大跃进,破坏大炼钢铁嘛。

"倒是这个消息,使我们进一步接近了,在一个星期天,我到了他所在的一个小村子,这个小村子就在那森林边缘上,有一条瀑布挂在村东,发出轰然的巨响。急促奔腾的河流,环绕着村子,使村子显得异常幽静。

"我是正午到达村子的,我在溪边的一棵大树下,找到了罗群,他坐在那拱起的树根上面,两脚伸在水里,旁边放了个还没吃的玉米饼,手里却捧了个本子在那上面写着什么。

"我站在他身边半天,他也没有觉得。我偷偷注视着他,他那刚毅的轮廓分明的脸,除了被晒黑了一些外,没有任何变化。他让那健壮的腿浸在水里,眼睛一会儿抬头望望那瀑布,一会儿又凝神在本子上写上几笔,渐渐,他的眼睛眯起来,一股我很难形容的笑容,在他脸上荡漾开来,这时正好有一道阳光,从老树的枝叶里射下来,照在他的脸上身上,使他有一种令人震惊的美。这种美只有在那些有着非常高尚情操的人身上才会出现。

"老实说,当时我的心悸动起来了,在这一刹那之间,这才明白了,我的心是属于他的!

"我望着他,他回头发现了我,我在他眼睛一瞥之下,满脸飞红,我担心他已从我的眼睛里看出我内心的秘密。但是这个粗心的人,却并没留意,他只是笑笑说:'你来了,正好,我正有件事想托你办呢!'我在他旁边坐下来,极力使自己平静下来,问他什么事,他说:'根据现在的情况,我很难有工作可做了,但是一个共产党员,不为自己的理想而工作,宁可去死。'我一听慌了,我说:'你可别……'他不等我说完就笑了起来,他说:'我不是那个意思,我是说,我要自己安排我的工作,我必须有一个较长的打算,我订了这样一个计划。'

"他把本子递给了我,只见上面写着:学习和研究计划。在这个计划下面,他考虑了许多专题,每一个专题下面,都开了一些参考书籍,一共有十几页。我翻着翻着,眼里不由又有点湿润了,原来他在被戴上帽子开除党籍之后,考虑的却是这样一些重大问题,他刚才的笑容,大约就是由此而产生的,因为他又确立了他长征的目标。

"他见我沉思的神色,以为他计划有什么不周,他轻声问:'晴岚同志,你给提提意见,你看这样行吗?'我说:'行,太行了,不过这可不是短时间能完成的。'他说:'是啊,我这种处境反正短时间也不会改变的,现在的困难是,我要书,要资料,要大量的书和资料,晴岚同志,你能不能给我办这件事'?我说:'这件事你就交给我好了。'他见我答应了,高兴得像孩子,一下子跳了起来,几乎把全身都跌到水里。我也忍不住笑了。

"这一天,我们就是在研究计划和书目中度过的。我们没有任何一句话,讲到我们之间的感情,他太严肃认真了,把我也变得严肃起来。他把自己的储蓄和本月的工资交给了我,要我充当他的采购员。

"假使到这时为止,不再向前发展,罗群的计划是可以顺利进行的,因为这时,他还是一个国家干部;当地的老乡也从来没有把他当作坏蛋看待,因为通过凌曙同志,群众对罗群已有较深的了解。

"可是,很快事情又变了,五九年春天,罗群又被拉到一个水库工地上,强迫他在那里参加劳动,和他同时被拉到这里的,还有区委书记凌曙同志。

"这个水库也是一个头脑发热的产物,水库坝址你是知道的,本来水电组有个意见,要在这里修一个混凝土重力坝,但是设计还没有。大跃进以后,一声令下,立即动工,改为沙石土坝上马,说是一定要当年合灰成坝,当年发电,还说这是开发天云山区关键的一仗,只能打好,不能打坏!

"水库经过匆促筹备就上马了,一上马就暴露出问题,不说别的,光是从十几里外运粘土,就要运几年,要在当年成坝是不可能的。而且这里山洪凶猛,地质复杂,根本不适宜于搞土坝。

"这时我们这两个'屡教不改'的分子,又忍不住了,他俩联名给特区、给省写了信,建议这个水库暂停上马,先创造条件。这封信发出后,正好反右倾运动开始了,罗群又在汇报思想时对反右倾提出了自己的看法,认为再反下去,要死人的,这样一来,漏子就大了。

"特区领导和水库指挥部抓住罗群的思想汇报和他俩联名写的信,大做文章,在工地开展了声势浩大的反右倾的运动,把罗群和凌曙拉到台上,进行了'无情的批判和斗争',当时为了教育我们,把我们这些本来不在水库上的人也搞去了。

"我又一次看到他站在台上,顺带说一下,主持这次会议的又是罗群的任前,你现在的爱人吴遥同志,那天会议的规模是非常大的,我站在人群里,目不转睛地望着罗群和凌曙,这两个人外貌完全不同你是知道的,一个魁梧奇伟,一个文弱矮小,但奇怪的是,这两个人的神情却完全相同。他们镇定自若,有时用一种蔑视的眼光看看会议的主持人,有时又用忧虑的眼睛,望着乌云沉沉的天空,有时却又含笑望着土台下的群众们,这两个人啊!

"很快,罗群发现了我,他先是向我笑笑,表示要我不要担心。后来又向我眨眨眼,做了一个手势,又向正在讲话的人呶呶嘴。我一看,完全明白了,他在暗示后面还有好戏看,他要准备讲话。我见他这样,又是担心,又是兴奋,担心的是怕事情闹大了,对他更不利;兴奋的是他可能要发表一次震撼人心的演讲,把大家憋在心里的话都讲出来。我呆呆地望着他,不知道该向他使什么眼色。

"但是这天的会进行不久,就让一阵大雷雨给冲散了。

"山区的雷雨气势是非常惊人的,雷声震撼着大地,像是从山头滚下万吨炸药,轰轰隆隆,震得人发懵,紧连着一场大暴雨也倾盆地下将起来。

"会散了,人们乱嚷着、奔跑着,主持会议的一些人,早已惊惧地躲进指挥部的大工棚去了。就在这时一个压倒雷暴雨的声音在台上响起来了。

"又是罗群!

"他和凌曙号召大家去保卫坝子,抢救器材,这两个钢铁汉子,带头冲进大坝工地去了,他们的一声命令,比什么都灵,人们先是愣了一下,很快潮水似的都涌向大坝工区去了。

"那真是一场惊险的激动人心的战斗。

"然而一场悲剧也就于此发生了。

"大坝被山洪彻底冲垮台了!

"凌曙同志,为了抢救人民的财产,献出了自己的生命!

"这个忠心耿耿的共产党员,群众称之为'我们的好书记,我们的贴心人'的人,在这种情况下,永远地离开了我们! 今天写到这里,我仍旧止不住我的悲痛。

"令人万分难忍的是,居然不准为凌曙同志召开追悼会!

"我永远记得这一天。

"这天一大早,我怀着悲愤的心情去找罗群,我知道凌曙有一个在病中的妻子,还有一个不到周岁的女儿。我想为她们做一点事,可是我走到罗群住的工棚,没有人,我这才发现所有工棚都是空的。冷飕飕的秋风,吹得那些棚子边上的荒草簌簌作响,那些红红绿绿的反右倾机会主义的标语,被昨天的雷雨撕裂,倒挂在那里,显得可怜而又可怕。

"我站在那里,心里很凄凉,也很奇怪,人们都到哪儿去了呢?我信步向那大峡谷的斜坡走去,这才看见那山坡上,站着黑压压的人群,那么多人,却没有什么声音,只有那漫山的松涛声。我不知那里发生了什么事,一口气跑了过去。到了人群边上,我猛然止住步,在庄严肃穆的气氛里,我也低下了头!

"原来这里正在哀悼凌曙同志。没有哀乐,没有灵堂,有的只是低低的啜泣的声音!我心里一酸,止不住想哭,我忽然听见我最熟悉的声音在讲话。我抬头看过去,罗群站在凌曙同志的新坟旁边。

"他说:'他是属于人民的,他是不应该死的。昨天那些自称为共产党员的人,还在批判他,把什么右倾的帽子,戴在一个真正的共产党员身上。他是什么右倾?他不过说了共产党员应该说的真话,同志们,乡亲们,你们想想看,自从去年以来,我们在天云山区干了多少蠢事?我们不是在搞建设,是在败坏我们正在兴旺发达的革命事业。现在正是应该总结经验接受教训的时候,为什么还要反右倾?这样反下去,我们的国家、我们的人民、我们的党将要遭受不可估量、无法弥补的损失。我在这里说,我也要给我们亲爱的党和毛主席说,我们不改正,后果是不堪设想的。

"这就是罗群当时说的话,这就是他的反革命行为的全部。就是这一番话,和他的思想汇报,使罗群的问题层层加码,一直影响到现在。可是,这难道是一个反革命能说出的语言吗?如不是对党出自衷心的热爱,能敢于发表这样的意见吗?当时,罗群是泪流满面说的,这个硬汉子,我从来没见他这样哭过,他哭,群众也哭,我也哭。

"就在这哭声里,来了几个人,不由分说把罗群架走了。

"群众惊呆了,我也惊呆了,我跌跌撞撞跟了上去,但是几只手抓住了我,厉声问我要干什么,他们毫不留情地把我推倒在地上。几个同志上来扶起我,他们又同情又担忧地望着我,他们第一次发现我和罗群有了非同寻常的感情。

"这天晚上,我怀着极度的痛苦,坐在我和你一同睡过的那间房里,就是在这房里,你曾向我倾吐过你对罗群的深深的爱,就是在这房里,我们不断响起欢乐的青春的笑声,也就是在这房里,我们谈到对党对事业对爱情都应无限忠贞。可现在就剩下我一个人了,面对着悠悠明月和那唧唧虫鸣。

"我不知自己该怎么办,我怕罗群会被投进大牢,我怕我会永远失去了他。我忽然想起,有人对我说过,吴遥在热烈地追求你,给你做说客的正是我们特区的第一把手,而第一把手又是你的老上级。那时你虽因不愿回天云山而调到别的市工作,但你是可以替罗群说话的,也许你已后悔你发出的信,也许你还在暗地里爱着罗群,假使你愿意来救救罗群,而你们又能重新结合的话,即使我永远失去了他,我也将是欢乐的!

"正是怀着这种心情,我才请了假去找你的,当你拒绝见我的时候,我才明白我是多么幼稚啊!

"对去找你这一段遭遇,恕我不写了吧,事隔多年,讲它仍旧是痛苦的,但是我仍感谢这段生活对我的启发,它使我有勇气有决心走我认为是正确的道路。从你那回来后,一件重大的变故,倒是促成了我的愿望,天云山特区被宣布撤销了,我们工作将重新分配。也许就是因为撤销了这个特区,也许是有正义感的同志坚持,我获悉罗群只被开除了公职,仍旧放回原地监督劳动。开除公职,这本来是够惨了的,但是对我来说,倒是一件值得庆幸的事,他只要不坐大牢,他的那些重要的研究计划,就有可能实现,而我也应当帮助他来实现。

"我向组织上要求,留在天云山区,教书或是搞地方上的科技工作都行,我这个要求很低,通过倒也顺利。这样,我很快就到了一个乡村小学,安顿了一下,就找到公社党委,要求把罗群放到我们学校所在的生产队。当时的公社党委负责人,是凌曙的老部下,他不仅同意,而且给我提供了不少方便。这也证明,绝大多数人,是非观念在内心里是非常清楚的。

"我知道罗群正在病着,病得很重,我要了一辆板车赶到了他所在的生队产。

"这时正是一九五九年的最后几天,天冷得要命,阴沉沉的就要下雪了,那条瀑布仿佛冻结了似的,没有那种气势雄浑的轰鸣了,我把板车放在村口,找到了罗群的住处。我看见他正躺在他那薄薄的行军被上,发着高烧。房里再没有人,只有老乡送来的面条和水,放在他的床头。

"我悄悄坐下来,看着他那明显消瘦了的脸,看着他房里的凄凉景象,看着他紧紧闭着的眼睛和枕边的钢笔、本子,我再也控制不住自己,一种又酸又苦又甜的东西,涌上心头,两行热泪止不住地涌了出来,滴在他的被上、脸上……

"他睁开了眼睛。

"他怔怔地望着我,我哽咽得不能出声。他抬起头,他的眼睛突然亮起来,我从泪眼模糊中看到他那最真最柔并且充满着惊异的眼光,就像我明白我自己的内心一样,我明白了他的心。

"他把手从被里伸出来,轻轻地说:'你来了,亲爱的人!'我一下伏到他的身上,我继续哭泣着。他用手轻轻地抚摸着我,我们的心彻底地贴在一起了。

"宋薇同志,我们就是这样结合的。我清醒地意识到,我们前面的道路是异常艰难的,但是我同时也坚定地认为,有两颗互相温暖的心,有明确而崇高的目标,一切艰难险阻都是可以战胜的。那天,我自己拉着板车,板车上躺着我的爱人,我们迎着寒冷的风雪,在古城堡下的路上前进着。许多人都用惊异的眼光望着我,我挺起胸骄傲地往前走着,不时回头和他交换一个会心的微笑,我感到真正的幸福是属于我们的!

"从这以后,我们的新生活开始了,经济上,我们是穷困的,有时候窘迫到你难以想象的地步,我只有那么点工资,我、罗群还有凌曙的女儿,我们亲爱的小凌云,——因为她妈妈也去世了,我们的一切,就在这几十元里面,我们不光是吃饭穿衣,而且还是要买书、要研究资料,有时候为了买一些我们急需的书,我们要一个月决心不吃菜,只用一点点盐水萝卜下饭。但是我们的精神生活,却是昂扬而极为丰富的。白天我教孩子们的书,他或是写作,或是去作调查,或是找些老乡聊天。一到晚上,我们就热烈地讨论起来了,自然科学、社会科学、文学艺术,特别是社会上的现实情况,都在我们讨论范围之内,有时我们也进行辩论,或是研究他当天所写出的文稿,这时的罗群,毫不夸张地说,他已经是一个道道地地的学者了,而我则成为他的忠实助手,我是他文章的第一个读者,又是第一个批评者。这个时期,罗群的干劲和毅力确是惊人的,他经常通宵达旦,第二天脸一洗又开始工作。他的情绪始终是乐观的,有时,我埋怨、牢骚,他反过来劝我,他说:'别这样,晴岚,对党对社会主义的信念,是不能有任何动摇的,要不我们是为什么而工作而生活呢?我们的遭遇,是暂时的现象,总有一天,党会纠正这些问题的。对我们的遭遇,也要看怎么看,这件事当然是件痛心的事,但是从另外一方面看呢,它又给了我们在上面所不能得到的条件,我有时间,我能接近人民,能体会到一些人所体会不到的东西,何况,我还有你,我倒觉得生

活待我也不算太薄了。'

"他就是这样对待生活的!

"但是他对于问题的看法却始终是不动摇、不妥协的。一九六二年,曾经有人劝他对五七年五八年和五九年的言论和行动,做一些检讨,争取改变处分。但他始终不同意,他坚持认为,那是左的危害,而不是什么右。

"正是因为他坚持了这些观点,他的问题不但没有解决,在文化大革命中又进一步升级了,林彪、四人帮把左的路线,推到了令人难以置信的高峰,给党和国家造成了不可估量的危害,对罗群的迫害,其手段之毒辣卑鄙,也达到了令人难以置信的程度;而我,也跟着受到了最残酷的折磨,要不是我们对党对人民有着坚强的信念,我们早已不在人世了!

"宋薇同志:你读到这里,也许奇怪,我为什么要写得这么长,这么具体,甚至这么啰苏,告诉你一个秘密,这个秘密我是连罗群也一直隐瞒着的。

"由于林彪、四人帮的进一步迫害,我的身体被彻底摧残垮了,我现在随时有死亡的可能,这件事当然是我极不希望的,曙光已经出现,航向已经拨转,大是大非正在澄清,四个现代化正在开始,罗群的问题最多也不会拖到明年,这是大势所趋,人心所向,前进的历史车轮谁也不能让它逆转。在这个我和罗群盼望了多年的时刻,谈到死,当然是极不愉快的。

"但是我们毕竟是信仰唯物论的,客观存在的东西,谁也否认不了它。我的病是在林彪、四人帮又给罗群加了个反革命帽子,又把他关到所谓群众专政指挥部而得的。我为了救他的书和著作,在老乡的协助下,冒着暴风雨,把他的东西,运到一个山洞里,又为了保存它们,忍受最难忍受的侮辱和鞭打,最后,把我和罗群绑在一起,跪在烂泥里几天几夜。从那时起我就得了病,这种病又因四人帮统治的时间太长,使我得不到医治,现在已

难以医治了。

"因此,我这封信不得不写得长些,你我毕竟曾经是呼吸与共的朋友,尽管我们的命运是如此不同,有一些心里话,还是想和你说的,同时,我也相信,经过这十年的惨痛历史教训,你这个本质不坏而又聪明的人,一定也能正确总结自己的历史经验,在大是大非问题上,有自己的鲜明态度。为了党,为了人民,为了我们的革命先辈,你也一定会在新的长征路上迈开新的脚步!

"关于你个人生活的情况,我知道得太少,不想发表什么意见。至于我,就像一开始我对你说过的那样,即便我今天就离开人世,我也敢骄傲地宣告,我是幸福的。

晴岚
七八年十二月"

读完了晴岚的信,我坐在房里动弹不得。

注释

①本文节选自鲁彦周的中篇小说《天云山传奇》,创作于1979年。

②天云山位于信阳市,距市区140公里。主峰海拔1149米,自然景观不仅雄伟,而且恬美,刚柔相济,相映成趣。

文本解读

这篇小说发表在1979年7月出版的安徽省文联主办的大型文学杂志《清明》创刊号上。《天云山传奇》是粉碎"四人帮"后第一部对"反右"扩大化以后的整个历史进程进行批判反思的文学作品。它用宋薇这样一个极"左"路线的牺牲品作为主线,以她一系列矛盾、痛苦、觉醒和斗争贯穿作品的始终,以独特的视角描写了宋薇、罗群、冯晴岚、吴遥等典型人物的命运和遭遇,并与"反右派"、"大跃进"、"反右倾"、"文化大革命"这些先后发生的重大事件有机地联系起来,高度浓缩了人们所熟悉和经历的20多年不堪回首的岁月。它大胆地触及了长期的政治运动给人们带来的沉重的伤害,真实再现了被卷进政治漩涡的人们坎坷的命运,反思了造成此类悲剧的深层根源,从而成为20世纪七八十年代"反思文学"的代表作。

选文主要是由冯晴岚写给宋薇的信构成,通过冯晴岚对主人公罗群命运的详细叙述,简约而清晰地展现了1957年至1976年近20年来的政治运动逐步演进升级的过程,展示了主人公罗群、冯晴岚等人在畸变的政治运动摧残下的坎坷命运。接连不断的政治运动严重地戕害了人的心灵,扭曲了人性,也使人与人之间的友情、爱情等纯洁神圣的情感都发生了颠覆性的变化,亲密的战友转眼间变成了的阶级敌人,亲爱的恋人一夜之间便形同陌路。政治运动既是试金石,又是人性和灵魂的表演的舞台,人性在畸变的政治运动中得到了充分的展现:罗群的清醒和执著、冯晴岚的善良和忠贞、宋薇的懦弱和觉醒、吴遥的自私冷漠和顽固不化、天云山人民群众的淳朴善良。信中洋溢着强烈的悲剧氛围,人们在为罗群的多舛命运扼腕叹息的同时,把批评的矛头指向了历次政治运动的帮凶和走狗,深深地反思引发这一系列政治悲剧的深层次根源,更是希望人们能够"切记反右派、反右倾、'文革'等历史教训,乱飞帽子、乱打棍子的做法不能再来"(孙冶方语)。

《天云山传奇》的主次镶嵌式结构的叙事艺术也颇具特色。作品以宋薇积极热心地纠正冤假错案为主要结构,同时以宋薇回忆20多年前在天云山与罗群的相恋到决裂及冯晴岚致宋薇的挂号信为补充结构,这种叙事结构极大地丰富了作品内容,时空跨度得到极大拓展,使作品拥有了厚重的历史感。

思考练习

1. 罗群的形象是如何塑造的?
2. 选文在整篇小说中作用是什么?

阅读链接

1. 鲁彦周:《鲁彦周文集》,安徽文艺出版社2002版。
2. 谢晋导演:《天云山传奇》(电影),上海电影制片厂1980出品。

同 学①

季 宇

　　季宇(1952~),安徽芜湖人,祖籍江苏泰兴,中国作家协会会员。自幼在安徽合肥长大,曾下乡插队,服过兵役。1981年毕业于安徽大学图书馆学专业。1979年开始发表作品,先后著有长篇小说《徽商》、《权力的十字架》、《共和,1911:辛亥革命百年祭》等,长篇传记文学《段祺瑞传》、《冯国璋传》,长篇报告文学《生命启示录》,电视剧剧本《徽商》、《辛亥风云》、《新安家族》,中篇小说《县长朱四和高田事件》、《名单》、《证人》、《迷惘》等。小说集有《爱的变奏》、《当铺》、《王朝爱情》、《猎头》等。小说《盟友》和小说集《当铺》分获1993、1995年安徽政府文学奖,长篇小说《共和,1911:辛亥革命百年祭》和小说《猎头》分获首届、第二届安徽社科文艺奖,作品还多次获"五个一"工程奖、星光奖等。现任安徽省文联主席、省作协主席,《清明》、《安徽文学》杂志主编。

　　大头是我小学同桌。大头不知是他的小名,还是绰号,都这么叫。
　　大头头并不大,但一双眼睛却不小,向外鼓凸着,整天骨碌碌地转,一副很精神的样子。大头爱玩,也会玩。打弹子谁也打不过他,拍洋画也是赢多输少。每当赢了,大眼睛便向四周骨碌碌地转,不迭声地说:"谁来?谁还来?"一副舍我其谁的胜利者姿态。
　　大头口才好,健谈,也善谈。一次写作文,题目是《给越南小朋友的一封信》,老师让大家谈谈怎么写。大头举手发言,讲得声情并茂,就连老师都被打动了。可作文本发下来后,大头差点不及格。老师说,大头讲的和写的相差太远。大头颇不服气,下课后对我说:"谁当回事啊!"意思是说,他并未认真写。看那表情,淡淡的,满脸的不屑。
　　上中学不久,"文革"开始了。荒了几年,同学们便接二连三地响应号召,下乡去了,但大头是独子,留在了城里,进了一家工厂,做钳工。打这以后,我们就见面少了。
　　几年后,我回合肥,在路上偶然碰见了大头。大头穿着蓝卡其布工作服,戴着军帽,脚上是一双用牙粉抹过的小白鞋,眼睛仍向外鼓着,骨碌碌地转,很神气的样子。他握住我的手,使劲地摇着,说某某,某某,也都回来了,大家聚聚,我请客。于是,几天后,我们便都聚到大头家里,一边喝酒,一边海阔天空地胡侃。大头很兴奋,并郑重地宣布说,他在写一部小说。

大家都惊叹起来。大头却显得十分平静,他说这部小说写出来肯定要压倒《艳阳天》。《艳阳天》写农村,他写工厂;《艳阳天》写了三天里发生的事,他只写一天,比浩然硬是少两天。有人赞叹起来,当然也有人不信的,但不论信的还是不信的,都举起酒杯,表示祝贺。

过了一段时间,有一天我路过大头家,当我推开里屋的门,却发现里边黑黢黢的,没有亮光。大头躺在一张竹躺椅上,好半天才起身开了灯。

我说:"睡啦?"

大头满脸严肃,纠正道:"我正构思哩。"

他这么一说,我才注意到他的眼睛眯成一条缝,眼神也飘飘忽忽的。那模样煞有介事的,还真让人没法不肃然起敬。

我问他小说写得怎么样了,大头没正面回答,他说他现在正在写剧本。

"现在是电影吃香。"他这样解释道,接着便讲起自己正在着手的这个剧本,题材是关于国内革命战争的。当时《闪闪的红星》正走红,可一提起来,大头便气不打一处来。他说什么玩意儿呀,简直是糟蹋艺术。比如,哪哪有问题,哪哪不行,总之,一无是处。批评完了,大头便谈起自己的构思,大头越谈越带劲,大眼睛一个劲地转,把我的头都转晕了。一边谈,还一边问:"你说对不对?"

我糊里糊涂地乱点头。

大头显然把我当成知音了。后来,他还征求我的意见,问我剧本给哪家电影厂更合适。我说能拍就行了,还管什么厂啊?

大头的嘴巴一下子撇了起来,撇得老高。他说,这太重要了,哪能随随便便?

我让他说傻了,问他想给哪家。大头左手抱在胸前,右手托着下巴,很沉稳地思考了一下,然后徐徐地说:"我想八一,或者上海,都可以考虑。"

"长春电影厂也不错的。"我提醒他说。

大头的手却断然地劈下来:"不考虑!长春不行的,太土了!"

以后,我因故离开了合肥,一直没再见到大头。等我再回合肥时,社会生活已发生了很大的变化。一天,我在街上散步时,眼前晃过一个熟悉的身影,是大头。他手里抱着一个裹得严严实实的孩子,在人群中急匆匆地走着。听见我喊他,大头愣了一下,随即便高兴地与我寒暄。

我说:"干吗呢?"

他说孩子病了,上医院。

这时他妻子从后边赶上来,朝我笑了笑,说了几句话,便从大头手中接过孩子,先走了。

我和大头站在路边聊起来。大头看上去瘦多了,一脸疲惫,眼睛也鼓得更厉害了。我说现在还写东西吗,大头听了这话,便好像受了侮辱,他说:"你这不是寒碜我吗?现在还有鬼写东西啊……"

我无话可说,便换了一个话题。

"还在厂里干吗?"

他头摇得拨浪鼓似的:"早辞职了,我准备去海南。"接着又挥了一下手说,"现在是积累时期,重要的是挣钱!"下边他就滔滔不绝地大谈起挣钱的理论,弄得我想走也找不到机会,多亏他的BP机这时响了,他掏出来瞅了瞅,说是有笔生意。我迫不及待地说:"那你忙吧,我们以后再谈。"说完,不等他有所表示,便急忙走开了。

几个月后。一天深夜,大头从海南给我打来电话。我挺不高兴的,说:"现在几点了?"

大头哈哈直笑,毫无歉意,他说:"你们这些内地人彻底完了,简直就是农民嘛!现在才一点多,海南这边夜生活刚刚开始。"

大头兴致很高,漫无边际地胡侃。我有些撑不住了,说:"你他妈的电话不要钱啊!"

"农民了吧?"大头用嘲讽的口气说,"几个电话费算鸟啊?生意做成一笔,不就全有了?"说到这里,他才言归正传,说是手里的一批钢材,想在内地出手。他知道我有一些关系,想请我帮忙。

"赚头二一添作五,你看如何?"

我问赚头多少。

"不多,也就七八万吧。"大头回答。

我的心像被刀扎了似的,幸福地收缩了一下。七八万还不多啊,这得写多少稿。看来大头是发了。但我不想显得太没见识,于是,故作矜持地沉默了一会儿,才答应下来。

接下去几天,我便放下手中正在写的东西,东跑西颠,好不容易联系妥了,大头却再也不来电话了。我按他留下的号码给海南打电话,那边公司说他跳槽了。至于跳到哪里,对方也不知道。我又辗转找到大头妻子,谁知大头妻子一肚子恼火,见我便痛说"革命家史",大骂大头,弄得我一句话也插不上嘴。直到她的气出完了,我才谈起那笔生意。大头妻子没好气地说:"你听他的?地球都不转了!"我只好自认晦气。

这以后,便没有大头的消息了。听人说他和妻子离婚了,在海南混得也不好。今年春节前的一天,我上班时路过一家个体小吃店,没想到竟邂逅了大头。他见到我,表情猛不丁有点不自然,但很快就过去了。大头胖了,但头发掉了不少,后脑勺上稀稀疏疏的,显老了许多,不过眼睛仍旧向外鼓着,转个不停。他解释说,早上起晚了,没吃饭,路过这里随便吃一点。我明白他的意思,不想让他太难堪,便岔开话题,问他还在海南吗?他说还在,但海南如今不景气,他打算转向内地投资。在说到投资二字时,他陡然提高了嗓音,显得中气很足。

我说:"这次是回来过年吗?"

他说不全是,主要是为收购某某厂。他说得轻描淡写,我却吓了一跳。某某厂虽说倒闭了,可那不是一个小厂。我盯着大头看了一眼。

"那得多少钱?"

"也不多,就一千万吧……"

我真让他说愣了。

大头神情淡淡的,一副习以为常的样子。冬日的阳光薄薄地洒在肮脏的塑料桌布上,大头这时已把最后一块臭干子塞进嘴里,一边嚼着,一边用手巴掌抹了抹嘴巴。接着,站起来,准备告辞了。

"好了,中午我还得请省里头头吃饭,忙死了。"他皱了一下眉头,脸上的表情是那种幸福的烦恼。"喏,这是我的名片,有事只管找我。"说着,他掏出一张名片递给我,只见上面印满了密密的头衔。

春节后,同学中有好事者,提议大家聚一聚,我想到了大头。于是,便找出名片打电话。先打家里,没人接;再打公司,回答是空号。最后,拨手机时,里边传出一个悦耳的女声:

"对不起,该用户欠费,已停机……"

注释

①选自《小说选刊》2009年第2期。

文本解读

在20世纪,一些关注中国前途和国人命运的作家,如鲁迅、赵树理、高晓声等均把揭批国民的劣根性,培养健全、健康的民族性格当作文学创作的主要方向和任务。季宇的短篇小说《同学》应是这一文学创作方向在21世纪的发展和延续。

经历"文革"的破坏和市场化的影响,国民性问题呈现出前所未有的复杂性和严重性。"五四"时期痛加针砭的"国民劣根性"直至今天不仅没有得到根本性的改观,反而随着时代的变化改头换面向社会其他阶层蔓延、扩展。小说中,主人公的命名意味深长,与鲁迅笔下的"阿Q"如出一辙,皆处于"无名"的状态。"大头"作为市民阶层的符号性人物,从少年到中年,在他身上所表现出的对他人人格尊严的轻慢与蔑视,缺乏文化和文学自觉的自满与得意,能言善辩却又华而不实,自视甚高却又眼高手低,急功近利又好见异思迁,一事无成却又死要面子等多重性格,可视为社会政治、经济、文化嬗变的产物。在小说中,作者并没有对主人公性格形成的原因进行深入的探究,只是把自己对"国民性"的思考巧妙地隐入到日常生活的细节之中,让读者于潜移默化中接受和理解作者对社会的深刻观察。一个社会变革的积极参与者,如何在时代的浪潮中几经沉浮,迷失自我,直至最后走向自我放逐的道路。

平实的语言,冷静的叙述,轻快的节奏,生动的细节描写,入木三分的形象刻画,使小说呈现出从容、平和、冷峻的写实风格。

思考练习

1. 结合小说文本分析"大头"这一人物形象。
2. 联系实际,谈谈"国民劣根性"在现实生活中的存在及表现情况。

阅读链接

1. 季宇:《新安家族》,安徽文艺出版社2010年版。
2. 季宇:《徽商》,海天出版社1998年版。
3. 季宇:《共和,1911:辛亥革命百年祭》,江苏文艺出版社2001年版。

重 瞳（节选）

潘 军

潘军(1957～)，安徽怀宁人。毕业于安徽大学中文系，现任安徽省文联专业作家，安徽大学特聘教授，旅居北京。作为中国先锋小说的代表作家之一，其作品一直是学术界的研究对象，具有广泛影响。主要作品有：长篇小说《日晕》、《风》、《独白与手势》之《白》《蓝》《红》三部曲、《死刑报告》等。小说集有《潘军小说文本》(六卷)、《潘军文集》(四卷)、《潘军作品》(三卷)等。话剧作品有：《合同婚姻》、《霸王歌行》、《地下》等。戏曲剧本有《江山美人》、《爱莲说》等。自编自导的主要电视连续剧有：《五号特工组》、《海浪行动》、《惊天阴谋》、《河洛康家》、《粉墨》等。

宋义一除，往后的路就顺了。尽管那时我们的给养很困难，但是士气空前高涨。不出两日，我们渡过了漳河。那时我们也就只剩下了三天的口粮，后面的给养跟不上。于是我下令把锅砸了，船也沉了，横下一条心与秦军决一死战。后人称这个举措叫"破釜沉舟"，逐渐演变为一条成语，这多少让我感到几分得意。而我更得意的是，作为军人，我现在找到了感觉。我这时才真正体会到，我爷爷项燕为什么那么迷恋去做一名职业军人？这种快慰一般人是无法获得的。我听说两千多年后外国曾经有两个人达到了这个境界，一个叫拿破仑，另一个叫巴顿。据说他们的仗打得都很漂亮，但拿破仑打仗是为了当官，巴顿当官却是为了打仗。所以这两个人还是有着本质上的不同。我倒是更喜欢那个美国佬，而我的命运又远不及他那么如意。乔治·巴顿的仗打完了，他也就退出了历史的舞台，带着他心爱的狗去他的菜园子溜达了。我却不然，我还得没完没了地为这个打下来的江山操心——这实在是我的不幸啊。你们会慢慢体会到我这感受的，我希望你们不要说我口是心非。

漳河被我们抛到了身后，钜鹿的城郭已呈现在我的视野中。这是公元前207年的冬季，寒风凛冽，冷雨如注，我们的队伍还是一往无前。破釜沉舟的消息不胫而走，那章邯就慌了神了，认定我此番之行是来找他拼命的。这个人在阵前与我见过一面，自己不敢交手却让那个王离来会。不出五个回合，王离便被我一戟挑落马下身首异处。我就将这人的首级悬挂在辕门头，以振军威。但是我没有料到，为此引发了虞同我的第一次争吵。虞说：王将军是战死沙场的，他尽了一个军人的职责，他的死值得尊重。你这样对待一个以死报国的烈士不觉得愧对你项家高贵的血液吗？

我说：我憎恨秦国！

虞说：你们不过是各为其主，你可以消灭他，但你没有权利去侮辱一个烈士！

我突然吼叫道：他是我手下的败将，我想怎么处置他都可以！

虞愣愣地看着我，然后轻声说：我替你感到羞耻。

当夜，虞就不辞而别地离开了我。女人是带着一腔失望与怨恨回到彭城的。这是我丧失理性的季节，虞的话没有引起我的重视，反倒叫我越发地疯狂了。不久，章邯来降，我虽依从亚父的主张将过去私人的恩怨一笔勾销,但是我仍然担心他带来的二十万秦军会随时谋反,于是就在一个月黑风高的晚上下令将这些无辜的生灵全部活埋了。很多次,我对我这种暴行悔恨不迭。我不明白像我这样的人怎么会变得如此的凶残?那是我一生中最大的败笔,也是噩梦真正的开端。我时常从噩梦里惊醒,在梦中,我看见那些冤魂在对着我放声大哭,然后又转为耻笑。他们所耻笑的是我的血液!在许多夜晚,我独自剩在大帐里,惟有青灯相伴。那呼啸的朔风,如哀丝豪竹般叫我心惊肉跳!我就想,我项羽何以变得这样?难道是我做了上将军的缘故?我大权在握,便为所欲为,假如日后我做了皇帝,那我和那个暴君嬴政又有什么两样?权力不是个好东西,它会使一个人的欲望无限膨胀,它会让人变得丧心病狂,它会使良知泯灭,它自然也会使一个贵族堕落成为流氓。

　　一天晚上,我叫来了章邯。几十天前,这个败军之将前来投降,那个时候我似乎还分得清天下国家的轻重,尽管我对一个降将内心是轻视的。我听从了亚父范增的劝告,觉得大敌当前理应将个人的恩怨抛到脑后。况且当初我叔叔的失败,也在于他本人的骄傲与轻敌。他其实是自己断送了自己。我记得当我走出大帐来迎接章邯时,这个人感动得热泪盈眶,对我五体投地。他说:上将军如此宽大为怀,我章邯日后将随将军赴汤蹈火,在所不惜!那个时候,我颇有几分自豪感,觉得自己像个汉子,更像是项家的子孙。然而不久,我就对他起了疑心。我担心在入关之前章邯的人马会给我带来麻烦,于是就出现了上述的那惨不忍睹的一幕。翌日当章邯得知这个消息,他几乎是悲痛欲绝。我知道在他那泪眼昏花的目光中,我已经成了一个失信的小人。那目光毫无畏惧,大胆地透露出对我的轻蔑。现在这个人来到了我的面前,在进大帐之前,他自动摘下了佩剑。这个动作所表达的意思并非是消除我对他的防备,而是前来赴死的。这让我自惭形秽,更觉得此人值得敬重。于是我请他坐到我的面前,对他说:章将军,你知道我今天把你叫来是何意吗?

　　章邯沉默了片刻,跪倒在地:上将军,我知道,你是要我杀了你。

　　我默默点了点头,但是我内心很为震动,他何似能猜透我的心思?而我却居然想错了!后面将要发生的事则更叫我惊讶,在我把剑递给了他之后,章邯突然号哭起来。

　　上将军,该杀的是我呀!章邯哭泣着说:将军如此坦荡,章邯不能不实言相告,我带来二十万兵马,就是预防不测的,这怪不得上将军多疑,实在就是章邯居心叵测,罪不可赦!说着,他就拿起剑准备自刎,我一把将剑夺下,感激地说:将军,我知道你这是替我开罪,请受我项羽一拜!

　　这件事我想永远是个悬念。我们正沉痛诉说着,亚父范增急急忙忙地跑来,见状很是诧异。但他带来的却是一个令我并不惊讶的消息:

　　沛公已占领了咸阳。

　　两个月前,当我们还在安阳为救赵犯愁时,刘邦的队伍就已经到达了昌邑,久攻不下,这个人居然就放弃了,一路向西直奔而去。那时我就感到,此人是惦着出发前怀王的那句许诺:先入关中者为王。

　　刘邦这一路上与其说是打仗倒不如说是游说,沿途的城池只要交出来,他什么条件都可以答应。不过这一手还真挺厉害,他很快就在南阳得了手,封赏那位投降的郡守为侯。后面的就如法炮制了,也就果真连连奏效。这大概可以看做中国统治的一种经典手段。所谓攻心之术,我听说往后两千多年间效仿这手段的大有人在,不仅得了江山,还得了宽大仁义的美名。这与几年后刘某人扬言的三尺龙泉得天下不是一回事,倒应该说是凭借那三寸不烂之舌当了皇帝。

刘邦的运气不错。当他胆战心惊地向咸阳城接近时,咸阳城内已是祸起萧墙了。那老狗赵高最终还是杀了秦二世胡亥,企图以立二世的侄儿子婴为王作缓冲,不料机关算尽,反倒被先发制人的子婴所杀。那子婴原想仗着五万兵马死守崤关,与楚军作最后的一搏,却未知守军将领轻信了刘邦的许诺,不费吹灰之力就把他们全部剿灭。关于这一点,我自觉不好指责刘邦和他的军师张子房。他们以可耻的手段骗取了秦将的信任,那个人还在张罗着盟约签订宴席的规格,头已被周勃砍下了。这和我失信章邯坑埋秦卒是异曲同工。很多年过去了,每当我想起函谷关下的这一幕,仍然还是感慨万千。我们这些争夺天下的人没有谁是按照游戏规则来玩的,我也不例外。这是我的耻辱。所以我们后来得来的天下总是显得岌岌可危,这是报应,苍天有眼。纵观这大千世界,每一次的江山易主政权更替,无不伴随着杀人流血失信背叛的小人之举。这不是我们中国的专利。外国也一样。倘若我记得不错,最典型的例子莫过于公元1939年的德国对邻国波兰的袭击。那个叫希特勒的家伙是你们这个世纪最下流的人,而另一个叫斯大林的在波兰的问题上也表现得并不光彩,他趁德国人突袭之际,也大兵压进了波兰的东部,于是这个波兰一夜间就被他的两个毫无教养的邻居瓜分了。这当然也成了过去的一页了,但我还是要在此作一次提醒。

江山原本是可爱的,只因为这么一搞,就让人失望了。我的遗憾在于,两千多年前的那个时候还尚无一点觉悟。实话相告,范增带来的消息虽不让我意外,但还是让我内心产生了震动。我能想象得出,此刻刘季的算盘是怎样拨的。这个从前的亭长第一次亲眼目击了豪华的宫殿和如花似玉的嫔妃,对坐关中王的位子是多么的馋涎欲滴。而这个人的野心还远不限于做关中王,他心里寻思的是有朝一日做嬴政第二。尽管他现在把部队驻扎到了灞上,尽管他约法三章,这些都不过是虚假的摆设,他内心贪婪的欲火一刻也未熄灭过。

我们的尖兵在函谷关受阻,守备部队声称没有刘沛公的命令不得洞开城门。这让我气愤,我是上将军,怎么连入关的资格都作废了?只好派当阳君英布去攻了。不过片刻,函谷关便拿下了。这件事令我费解,刘季并没有站出来公开反对我,却又不许我入关,非叫我动手不可,是何居心?亚父的判断是,这是他刘邦的一次试探,想看看自己的手到底能够伸多长。我觉得此言有理,于是就叫部队于新丰鸿门停下休整。我想,现在该是解决刘季的时候了。

你们所见到的史书上,对所谓鸿门宴的段落书写都是那么精雕细刻,绘声绘色。最著名的还是太史公司马迁的这篇《项羽本纪》。作为美文,我也非常欣赏这个精彩的段落。但是你们要是把它当历史读,那就有不小的问题了。

我说过我要除掉刘季已不是一日的考虑。从我自张子房那儿听见所谓斩白蛇那一刻起,我就做出了这个决定。我倒不是害怕此人,而是直觉到此人非同一般的小人。对于男人,贪婪不算毛病,也未必可怕。可怕的是那种什么都想要的男人。而既无真才实学又什么都想得到的男人无疑就是个祸害。这种人可谓欲壑难填。这种人不除实乃后患无穷。但是如何个除法长期以来一直困扰着我。我觉得凡事都该有个方式,杀人也不例外。而且在坑埋二十万秦卒之后,这个问题就变得越发重要了。我做了一件错事,我不能一错再错。眼下对于刘季,我的方式正在酝酿之中,也可以说是等待之中。我等待的不是时机,而是杀人的工具。

我说过,我一直在渴望得到从前楚王遗失在民间的那对青锋鸳鸯剑。但是后来我才知道,刘季也怀有同样的心思。多年以来,刘季和我都在寻找这件神奇的武器。而现在我们的用途却大不相同。刘季想得到它是想从中得到某种神明的指引,好以此夺得天下。我呢,却想利用它把那个一心想登基做皇帝的人消灭掉。我觉得拿敌手喜欢的武器除掉敌手是一件值得快慰的事,也很合乎我项家的规矩。然而很遗憾,我派了几批人赴楚地四方寻找,都毫无下落。我等待的就是这个。在鸿门的这些时日,我心中出现了一种极其复杂的情绪。我知道剪除刘邦已到了刻不容缓的时候,可我仍然想按照我既定的方式行事。这天,我又带着我的箫来到了一面坡上。我到的时候,亚父范增已在那儿,从老人的背影看,他在此已伫立了许久。我就走过去问道:亚父,您在寻思什么呢?

亚父说:我在看。看咸阳上空的那片云,龙虎之形且现五彩,这恐怕是个危险的征兆。

我笑了笑,说:这难道就是你所说的天子之气?

亚父沉默片刻,又说:上将军,对沛公此人,在薛城时我们就已心领神会,如今他侥幸先入关,我们射鹿,他倒拾起来就走,此事关系重大,你不能再迟疑不决了。

我说:我知道该怎么做。

正说着,我的一个堂叔项伯领着一个男人匆匆来了。那人见面就说,他是刘邦那儿来的,受左司马曹无伤所派,说着就交出了曹司马的密信。我对曹无伤毫无印象,猜想这又是范增的安排。不过,曹司马的这封信倒引起了我很大的关切,那信中说,刘邦正企图拜降君子婴为相国,开始谋划当关中之王的后事了!这大概不会有错,这就是他刘季一贯的风格。但是,我最后还是一语不发地离开了。这个晚上我突然感到了一种莫名的孤独,似乎有点束手无策了。我并非害怕刘季,只要一声令下,咸阳城顷刻便会血肉横飞。但这不是我想要的结果呀!

或许是天意使然,就在我焦虑之际,我派去寻剑的人回来了,遗失民间的那对青锋鸳鸯剑展现在了我的眼前!这真不愧为王者之剑,让我想起传说中的英武少年眉间尺与那位神秘的黑衣人。我喜欢这个血性的复仇故事。我用食指慢慢拭过它的双刃,深信它会削铁如泥见血封喉。然后,我将它们安放在我的案几之下,眼前豁然开朗。而这时,帐外传来了急促的马蹄声。少顷,亚父和我那位堂叔项伯进来了。原来刚才黄昏那会儿,项伯以为我会明日发兵去攻咸阳,就快马加鞭地赶往灞上,对刘季通报了情况。亚父的神色明显地在指责项伯是个吃里扒外的家伙,就是说该军法从事。而项伯自有一番解释,他说之所以赶去报信也就没顾及到死,当年他亡命下邳,是张子房救了他,如今他不过是还这个人情而已。但他隐瞒了他和刘季已结为儿女亲家的事实。

项伯说:沛公不是你想象的那种人,他的部队入关以来可以说是秋毫无犯,军纪严明,如果我们对他们下手,有悖天理,也不像我们项家的为人。明天,他会亲口对你说清楚的。

亚父很不屑地看了项伯一眼说:曹司马的信上可不是这么说的!将军千万别自作多情。

我就摆了摆手,说:你们都退下,明日沛公来,我自有道理。我不许任何人再掺和这件事!

第二天的情况大致和太史公说的差不多。一早,刘邦就带着张良、樊哙、夏侯婴、纪信等人由灞上奔向鸿门。我敞开大帐,并叫陈平前去辕门外迎接。与此同时,我让项伯去负责安排今日的宴席。他明白我这意思,我就是要让他知道,我项羽不是个靠酒里投毒之类的手段来消灭敌手的小人。我最瞧不起的就是这个。男人做事得像个男人,何必要去学那个混吃骗喝最后硬着头皮去充好汉的荆轲?那不是男人的方式。我要么干,你们今天就会觉得我和宋代的那个骚妇人潘金莲是一丘之貉了。所以后来的项庄舞剑令我十分恼怒,这准是范增的布置,太史公却把这笔账记在了我头上。当时的情况的确很紧张,于是我就对项伯说:一个人舞剑如同一个人饮酒,太乏味,你不如和项庄对舞。这是我的原话,不知怎的,太史公又把它写成了项伯的话。试想,我若不发话,项伯敢跳出来吗?他已经被昨日的泄密弄得魂不附体了,哪还顾得上公开替刘邦保驾?我叫他项伯出来,就是要遏制项庄的这份疯狂。我不允许任何人来玷污我项家的名声。我要刘季死,但要让他死得服气,也要让他像个男人那样去死,别给追随他的弟兄们丢脸。你沛公不是朝思暮想得到这把剑吗?我今天给你找来了。我们各执一柄,雄雌任选,然后我们当着众将官的面把账算清,接下来我们应该去一个空旷的地方进行决斗,胜者为王,败者也不失为一条汉子,这方式可算公平?如果你沛公贪生怕死,也可以不与我交手,但你必须许下承诺,从此退出这个舞台。我甚至可以陪着你一块退出。实不相瞒,我对这江山的兴趣是真的觉得冷淡了。我需要的是快马加鞭赶往彭城去找我的虞。

酒喝得差不多了,剑舞的表演也接近了尾声。我朝左侧的沛公看了一眼,他的额头上已渗出了一排虚汗,脸色苍白,目光暗淡。这个人还没与我交手就已经垮掉了三分。我的手不禁伸向案几的下面,稳稳地握住了剑柄,正欲抽出,一件意想不到的事发生了!

我对面的亚父范增,拿着他身上的那块玉玦对我再三示意:动手吧!

与我共事的将官都知道这老头有拿佩玉指挥杀人的习惯。往日只要他一举这东西,边上人就会猜到将有一颗人头落地了。可这个不明智的老人今夜竟然指挥到了我的头上!那我算什么?我这个二十七岁的上将军怎么能够听命于一个年过七旬的老叟的唆使,来干一个小人的勾当?这样一来,这场鸿门宴岂不成了阴谋的代名词?我岂不是彻底背叛了我的血液?

我精心安排的计划就这么让一个老人给搅了。

我咽下了这口气,一饮而尽。这也就是我后来把刘邦放走的真实原因。我知道时值今日,你们还是觉得鸿门宴从来就是个陷阱,是一次流产的阴谋,这真叫我欲哭无泪!我能说什么呢?我的解释似乎没有一点力量,但我必须强调,我所说的全是真实的。

文本解读

《重瞳》叙写的是西楚霸王项羽的故事,系皖籍作家潘军代表作品之一。

由于钦定正史和民间野史种种界说,项羽形象早已定格:勇有余而谋不足,时虽佳而功未成。潘军立足新的美学视角,在尊重基本历史事实的前提下,经过重新解读文本和借题发挥,塑造了一个品行高尚、性格鲜明的全新的项羽形象。

首先,注重竞争的公平。古今中外,为占据生存之地,竞争从未歇息。此间,人们往往忽视明规则或制定潜规则。而项羽则不然。他光明磊落、一身正气,注重公平竞争,"天生是个讲规矩的人"。他不愿以刺杀、投毒之术灭敌,更是不屑所谓"政治"手腕。在项羽看来,刘邦、张良骗取秦将信任是"可耻",刘邦诬陷其谋杀义帝令人"激愤"。与此相应,他为自己被叔父项梁利用误杀郡守而"沮丧不已",更为坑杀20万秦卒而"悔恨不迭"。项羽认为,对于人尤其是对于一个男人,最无耻的事大概莫过于"背信弃义"了。甚至断言,"人不要脸是什么坏事丑事都能干得出来的……历史上的楚河汉界是我对历史的一个交代;而对于刘邦,应该是羞耻的标识"。所以,在作一个践踏"游戏规则"的流氓和死亡之间,项羽毅然选择后者,成为公平竞争的"殉道者"。

其次,追求人生的平淡。为官为宦,有权有势,千载而来,无不求之。而小说中的项羽却不然。其虽权倾一时,但对权力,却不贪婪,反而有着高度的警惕,甚至鄙夷至尊的帝王。他说,他对江山"与生俱来就没有兴趣"。在他看来,嬴政专横残暴,是个"下流胚"。子婴,他的投降让全体秦国人蒙羞,"实在没有一点骨气",只配一死。而新立的楚怀王,年幼无知,竟不懂男女之事。汉高祖刘邦,听闻别人要杀自己父亲,竟要分一杯羹。如此龌龊卑劣,堪比流氓无赖。项羽所要追求的,在于人生的平淡,具体说,就是"与虞将来去过那种诗剑逍遥的日子。我们同骑一匹乌骓马,琴心剑胆地浪迹天涯",在滚滚红尘中寻求一片乐土。然而,残酷的现实击碎项羽的梦想。命运赋予他的是金戈铁马、刀光剑影。终因书生幻想、诗人气质,败于政治伎俩和诡计阴谋,而慨然赴死。

第三,崇尚爱情的纯真。项羽说,现存的这些所谓的典籍里,对他最大的忽视,就是把他写成了"一个对江山十分贪婪而对女人很随便的男人"。对此,他非常遗憾。小说中,他与虞姬的爱情,心心相印、惺惺相惜,颇为纯真。两人的相识相知相爱,甚是温馨而浪漫;两人的相别又非常酸辛而悲壮。虞姬迎着项羽的箫声,"自九霄而落"。她说她等了那旋律一年又一年。她是在项羽失意彷徨时来的,她的到来,使项羽得到了"女人的全部",甚至"一个男人的自信和尊严"。为了替虞打出一个和平的可供安生的地方,项羽奋不顾身地出征了。对于项羽而言,虞姬既为良师又是益友。项羽丧失理性,将王离的首级悬挂辕门。就此,虞姬直言:他的死值得尊重,并为项羽感到羞耻。而当项羽连战获胜洋洋自得时,虞姬则赶紧提醒:项羽一贯的胜利是他的悲剧。"不要用刀说话"是虞姬对项羽的劝诫,也为项羽铭记。所以,项羽一直就用高尚的品行去说话。可以说,项羽与虞姬的这种纯真的爱情,不是一般意义上的英雄美人情怀,而是相同价值观的相通。正是由于这个原因,两人才先后赴死,并无顾惜。

小说使用第一人称手法,借项羽亡灵口吻叙事,打通时空的隔阂,在抽象的意义上表达了现代人文情怀。行文从容洒脱,笔调诗意盎然,在众多的历史小说中,可谓绝无仅有。小说一经出版,即被大学生喻为"当代才子书"。

思考练习

试析潘军《重瞳》与司马迁《项羽本纪》塑造的项羽形象性格特征的异同。

阅读链接

潘军:《潘军文集》(四卷),长江文艺出版社2001年版。

小鲍庄(节选)①

王安忆

王安忆(1954~),女,1954年3月生于南京,次年随母亲茹志鹃迁至上海读小学,初中毕业后于1970年赴安徽五河县插队,1972年考入徐州地区文工团工作,1978年回上海,任《儿童时代》编辑。1978年发表处女作短篇小说《平原上》,1986年应邀访美。1987年进上海作家协会专业创作至今,现任中国作家协会副主席。主要作品有:长篇小说《69届初中生》、《黄河故道人》、《长恨歌》等;中篇小说集《雨,沙沙沙》、《王安忆中篇小说集》、《尾声》、《流逝》、《小鲍庄》、《荒山之恋》、《伤心太平洋》、《叔叔的故事》、《文工团》、《月色撩人》等;散文集《蒲公英》、《独语》等。王安忆多次获得全国优秀短篇、中篇小说奖,《长恨歌》获得"第五届茅盾文学奖"。1998年获得首届当代中国女性创作奖。2001年获马来西亚《星洲日报》"最杰出的华文作家"称号等。

雨下个不停,坐在门槛上,就能洗脚了。西边洼处有几处房子,已经塌了。

县长下来看了一回。

乡长下来看了两回。

村长满村跑,拉了一批人上山搭帐篷,帐篷是县里发下来的。

远天,天亮了一些,云薄了一些,雨下得消沉了一些,心都想着,这一回大概挨过去了。不料,正吃晌饭,却听鲍山轰隆隆的响,像打雷,又不像打雷。打雷是一阵一阵的轰隆,而这是不间断的,轰隆隆地连成一片,连成一团。"跑吧!"人们放下碗就跑,往山东面跑。今年春上,乡里集工修了一条石子路,跑得动了。不会像往年那样,一脚插进稀泥,拔不起来了。啪啪啪的,跑得赢水了。

鲍秉德家里的,早不糊涂,晚不糊涂,就在水来这一会儿,糊涂了,蓬着头乱跑。鲍秉德越捧她,她越跑,朝着水来的方向跑,撒开腿,跑得飞快,怎么也捧不上。最后捧上了,又制不住她了。来了几个男人,抓住她,才把她捆住,架到鲍秉德背上。她在他背上挣着,咬他的肩膀,咬出了血。他咬紧牙关,不松手,一步一步往东山上跑。

鲍彦山一家子跑上了石子路,回头一点人头,少了捞渣。

"捞渣!"鲍彦山家里的直起嗓门喊。

文化子想起来了:"捞渣给鲍五爷送煎饼去,人或在他家了。"

"他大,你回去找找吧!"鲍彦山家里的说。

水已经浸到大腿根了。

鲍彦山往回走了两步,见人就问:"见捞渣了吗!"

有人说:"没见。"

有人说:"见了和鲍五爷走在一起呢!"

鲍彦山心里略略放下了一些,还是不停地问后来的人:"见捞渣了吗!"

有人说:"没见。"

有人说:"见了,搀着鲍五爷走哩!"

水越涨越高,齐腰了。鲍彦山望着大水,心想"这会儿,要不跑出来,也没人了。"

后面的人跑上来:"咋还不跑!"

"找捞渣哩!"

"他早过去了,拖着鲍五爷跑哩!"

鲍彦山终于下了决心,掉回头,顺着石子路往山上跑了。

鲍秉德家里的折腾得更厉害了,拼命往下挣,往水里挣。鲍秉德有点支不住了。

"你不活了吗?"他大叫道。

她居然把绳子挣断了,两只手抱住她男人的头,往后扳。

"狗娘养的!"鲍秉德绝望地嚎。他脚下在打滑了,他的重心在失去。他拼命要站稳。他知道,只要松一点劲儿,两个人就都完了。水已经到胸口了。

她终于放开了男人的头,鲍秉德稍稍可以喘口气。可还没来得及喘气,她忽然猛地朝后一翻,鲍秉德一个趔趄,不由松了手。疯女人连头都没露一下,没了。

一片水,哪有个人啊!

水撵着人,踩着石子路往山上跑。有了这条石子路,跑得赢水了。跑到山上,回头往下一看,哪还有庄子啊,成汪洋大海了。看得见谁家一只木盆在水上漂,像一只鞋壳似的。

村长点着人头,除了疯子,都齐了,独少鲍五爷和捞渣。

"捞渣——"他喊。

"捞渣——"鲍彦山家里的跺着脚喊。

鲍彦山到处问:"你不是说见他和鲍五爷了吗?"

"没见,我没说见啊!"会说。

鲍彦山急眼了,到处问:"你不是说见了吗?说他牵着鲍五爷!"

都说没见,而鲍彦山也再想不起究竟是谁说见了的。也难怪,兵荒马乱的,瞅不真,听不真也是有的。

鲍彦山家里的跳着脚要下山去找,几个娘们拽住她不放:"去不得,水火无情哪!"

"捞渣,我的儿啊!"鲍彦山家里的只得哭了,哭得娘们儿都陪着掉泪。

"别嚎了!"村长嚷她们,皱紧了眉头。自打分了地,他队长改作村长,就难得有场合让他出头了,"还嫌水少?会水的男人都跟我来。"

他带着十来个会水的男人,砍了几棵杂树,扎了几条筏子,提着下山去了。

筏子在水上漂着,漂进了小鲍庄。哪里还有个庄子啊!什么也没了,只有一片水了。一眼望过去,望不到边。水上漂着木板,鞋壳子。

"捞渣——"他们直起嗓子喊,声音漂开了,无遮无挡的,往四下里一下子散开了,自己都听不见了。

"鲍五爷——"他们喊着,没有声,好比一根针落到了水里,连个水花也激不起来。

筏子在水上乱漂着,没了方向。这是哪儿和哪儿哩?心下一点数都没有。

筏子在水上打转,一只鸟贴着水面飞去了,鲍山矮了许多。

"那是啥!"有人叫。

"那可不是个人?"

前边白茫茫的地方，有一丛乱草，草上趴着个人影。

几条筏子一齐划过去。划到跟前，才看清，那是庄东最高的大柳树的树梢梢，上面趴着的是鲍五爷。鲍五爷手指着树下，喃喃地说："捞渣，捞渣！"

树下是水，水边是鲍山，鲍山阴沉着。

男人们脱去衣服，一个接一个跳下了水。一个猛子扎下去，再上来，空着手，吸一口气，再下去……足足有一个时辰。最后，拾来一个猛子下去了好久，上来，来不及说话，大口喘着气，又下去，又是好久，上来了，手里抱着个东西，游到近处才看见，是捞渣。筏子上的人七手八脚把拾来拽了上来，把捞渣放平，捞渣早已没气了，眼睛闭着，嘴角却翘着，像是还在笑。再回头一看，鲍五爷趴在筏子上早咽气了。

筏子上比来时多了一老一小，都是不会说话的。筏子慢慢地划出庄子，十来个水淋淋的男人抬着筏子刚一露头，人们就呼啦的围上了。

一老一小静静地躺在筏子上，脸上的表情都十分安详，睡着了似的。那老的眉眼舒展开了，打社会子死，庄上就没再见过他这么舒眉展眼的模样。那小的亦是非常恬静，比活着时脸上还多了点红晕。

鲍彦山家里的瞪着眼，一字不出。大家围着她，劝她哭，哭出来就好了。

村长向人讲述怎么先见到鲍五爷，而后又下水去找捞渣。

拾来结结巴巴地向大家讲述："我一摸，软软的。再一摸，摸到一只小手。我心里一麻，去拽，拽不动，两只手搂着树身，搂得紧……"

人们感叹着："捞渣要自己先上树，死不了的。"

"捞渣要自己先跑，跑得赢的。"

"那可不是？小孩儿腿快，我家二小子跑在我们头里哩！"

"捞渣是为了鲍五爷死的哩！"

"这孩子……"

打过孟良崮的鲍彦荣忽然颤颤地伸出大拇指："孩子是好样儿的！"

"我的儿啊——"鲍彦山家里的这才哭出了声，在场的无不落泪。

捞渣恬静地合着眼，睡在山头上，山下是一片汪洋。鲍秉德蹲在地上，对着白茫茫的一片水，囗囗地哭着。

天渐渐暗了，大人小孩都默着，守着一堆饼干、煎饼、面包，是县里撑着船送来的，连小孩都没动手去抓一块。

天暗了，水却亮了。

注释

①本文节选自王安忆的《小鲍庄》。

文本解读

《小鲍庄》整部作品由两个引子（引子、还是引子）、两个结尾（尾声、还是尾声）以及40节故事构成，本文节选自第28节。主要围绕主人公捞渣在洪水中为救鲍五爷英勇献身的故事展开情节，这是整篇小说的高潮部分。

小主人公捞渣是作家精心塑造的一位少年英雄，他把小鲍庄人引以为傲的仁义精神诠释到了完美的境界,作品中的捞渣俨然成了一位道德上的完人、圣人,作者之所以这么安排,旨在借捞渣这个纯净如水的孩子的行为阐释"仁义"真正含义:它是一种本真的、善良且没有丝毫功利性的情操。也为衡量他人的仁义行为确立了标杆。

通过整个小说文本,我们可以感觉到作家把作品很明显地分成两个独立的生存环境,一是相对原始封闭的小鲍庄,二是带给小鲍庄深刻变化的现实世界,因为捞渣对两个世界有所接触,正是这种交流碰撞产生的火花显现了作家对"仁义"的认知态度。小鲍庄人的仁义与捞渣的相比,使我们看到了作为正宗传统文化的儒文化的正负方面的价值,也认识到了负面价值与"仁义"为核心的正面价值并非截然分开的,是对立统一的,是硬币的正反两面。对以"仁义"自居的小鲍庄众人种种行为的描写,无非是想展现尚处于原生状态中的村民的人性真实和道德真实。捞渣牺牲后,社会各界看似"仁义"的、具有功利性的做法(大力宣传、树碑立传等),乃是为了适应某种需要,其实质乃是对"仁义"的戕害。从这个层面上看,则体现了作家对传统文化与现代文明碰撞后果的焦虑和担忧。同时也在反思具有正面价值的传统文化在现代文明的冲击中该如何突围的问题。

思考练习

1.思考捞渣在小说结构中的作用。

阅读链接

1.王安忆:《小鲍庄》,上海文艺出版社2002版。
2.王安忆:《王安忆自选集》,作家出版社1996版。

哺乳期的女人①

毕飞宇

毕飞宇(1964~),江苏兴化人,中国当代著名作家。童年与少年在乡村度过,1979年返城。1987年毕业于扬州师范学院中文系。20世纪80年代中期开始文学创作,先诗歌,后小说。主要著作有长篇小说《那个夏季,那个秋天》、《平原》、《推拿》等,中篇小说《上海往事》、《雨天的棉花糖》、《青衣》、《玉米》等,小说集《慌乱的指头》、《祖宗》、《睁大眼睛睡觉》、《操场》等。近年来,其作品获奖众多,其中《哺乳期的女人》获第七届百花文学奖、首届鲁迅文学奖,《青衣》获第九届百花文学奖,《玉米》获第三届鲁迅文学奖等。被誉为"写女性心理最好的男作家"。

断桥镇只有两条路,一条是三米多宽的石巷,一条是四米多宽的夹河。三排民居就是沿着石巷和夹河次第铺排开来的,都是统一的二层阁楼,楼与楼之间几乎没有间隙,这样的关系使断桥镇的邻居只有"对门"和"隔壁"这两种局面,当然,阁楼所连成的三条线并不是笔直的,它的蜿蜒程度等同于夹河的弯曲程度。断桥镇的石巷很安静,从头到尾洋溢着石头的光芒,又干净又安详。夹河里头也是水面如镜,那些石桥的拱形倒影就那么静卧在水里头,千百年了,身姿都龙钟了,有小舢板过来它们就颤悠悠地让开去,小舢板一过去它们便驼了背脊再回到原来的地方去。不过夹河到了断桥镇的最东头就不是夹河了,它汇进了一条相当阔大的水面,这条水面对断桥镇的年轻人来说意义重大,断桥镇所有的年轻人都是在这条水面上开始他们的人生航程的。他们不喜欢断桥镇上石头与水的反光,一到岁数便向着远方世界蜂拥而去。断桥镇的年轻人沿着水路消逝得无影无踪,都来不及在水面上留下背影。好在水面一直都是一副不记事的样子。

旺旺家和惠嫂家对门。中间隔了一道石巷,惠嫂家傍山,是一座二三十米高的土丘;旺旺家依水,就是那条夹河。旺旺是一个七岁的男孩,其实并不叫旺旺。但是旺旺的手上整天都要提一袋旺旺饼干或旺旺雪饼,大家就喊他旺旺,旺旺的爷爷也这么叫,又顺口又喜气。旺旺一生下来就跟了爷爷了。他的爸爸和妈妈在一条拖挂船上跑运输,挣了不少钱,已经把旺旺的户口买到县城去了。旺旺的妈妈说,他们挣的钱才够旺旺读大学,等到旺旺买房、成亲的钱都回来,他们就回老家,开一个酱油铺子。他们这刻儿正四处漂泊,家乡早就不是断桥镇了,而是水,或者说是水路。断桥镇在他们的记忆中越来越概念了,只是一行字,只是汇款单上遥远的收款地址。汇款单成了鳏夫的儿女,汇款单也就成了独子旺旺的父母。

旺旺没事的时候坐在自家的石门槛上看行人。手里提了一袋旺旺饼干或旺旺雪饼。旺旺的父母在汇款单左侧的纸片上关照的,"每天一袋旺旺"。旺旺吃腻了饼干,但是爷爷不许他空着手坐在门槛上。旺旺无聊,坐久了就会把手伸到裤裆里,掏鸡鸡玩。一手提了袋子,一手捏住饼干,就好了。旺旺坐在门槛上刚好替惠嫂看杂货铺。惠嫂家的底楼其实就是一个铺子。有人来了旺旺便尖叫,旺旺一叫惠嫂就从后头笑盈盈地走了出来。

惠嫂原来也是在外头,1996年的开春才回到断桥镇。惠嫂回家是生孩子的,生了一个男孩,还在吃奶。旺旺没有吃过奶。爷爷说,旺旺的妈天生就没有汁。旺旺衔他妈妈的奶头只有一次,吮不出内容,妈妈就叫疼,旺旺生下来不久便让妈妈送到奶奶这边来了,那时候奶奶还没有埋到后山去。同时送来的还有一只不锈钢碗和不锈钢条羹。奶奶把乳糕、牛奶、亨氏营养奶糊、鸡蛋黄、豆粉盛在锃亮的不锈钢碗里,再用锃亮的不锈钢条羹一点一点送到旺旺的嘴巴里。吃完了旺旺便笑,奶奶便用不锈钢条羹击打不锈钢空碗,发出悦耳冰凉的工业品声响。奶奶说:"这是什么?这是你妈的奶子。"旺旺长得结结实实的,用奶奶的话说,比拱奶头拱出来的奶丸子还要硬挣。不过旺旺的爷爷倒是常说,现在的女人不行的,没水分,肚子让国家计划了,奶子总不该跟着瞎计划的。这时候奶奶总是对旺旺说,你老子吃我吃到五岁呢。吃到五岁呢。既像为自己骄傲又像替儿子高兴。

不过惠嫂是另外。惠嫂的脸、眼、唇、手臂和小腿都给人圆嘟嘟的印象。矮墩墩胖乎乎的,又浑厚又溜圆。惠嫂面如满月,健康,亲切,见了人就笑,笑起来脸很光润,两只细小的酒窝便会在下唇的两侧窝出来,有一种产后的充盈与产后的幸福,通身笼罩了乳汁芬芳,浓郁绵软,鼻头猛吸一下便又似有若无。惠嫂的乳房硕健巨大,在衬衣的背后分外醒目,而乳汁也就源远流长了,给人以取之不尽、用之不竭的印象。惠嫂给孩子喂奶格外动人,她总是坐到铺子的外侧来。惠嫂不解扣子,直接把衬衣撩上去,把儿子的头搁到肘弯里,而后将身子靠过去。等儿子衔住了才把上身直起来。惠嫂喂奶总是把脖子倾得很长,抚弄儿子的小指甲或小耳垂,弄住了便不放了。有人来买东西,惠嫂就说:"自己拿。"要找钱,惠嫂也说:"自己拿。"旺旺一直留意惠嫂喂奶的美好静态,惠嫂的乳房因乳水的肿涨洋溢出过分的母性,天蓝色的血管隐藏在表层下面。旺旺坚信惠嫂的奶水就是天蓝色的,温暖却清凉。惠嫂儿子吃奶时总要有一只手扶住妈妈的乳房,那只手又干净又娇嫩,抚在乳房的外侧,在阳光下面不像是被照耀,而是乳房和手自己就会放射出阳光来,有一种半透明的晶莹效果,近乎圣洁,近乎妖娆。惠嫂喂奶从来不避讳什么,事实上,断桥镇除了老人孩子只剩下几个中年妇女了。惠嫂的无遮无拦给旺旺带来了企盼与忧伤。旺旺被奶香缠绕住了,忧伤如奶香一样无力,奶香一样不绝如缕。

  惠嫂做梦也没有想到旺旺会做出这种事来。惠嫂坐在石门槛上给孩子喂奶,旺旺坐在对面隔了一条青石巷呢。惠嫂的儿子只吃了一只奶子就饱了,惠嫂把另一只送过去,她的儿子竟让开了,嘴里吐出奶的泡沫。但是惠嫂的这只乳房涨得厉害,便决定挤掉一些,惠嫂侧身站到墙边,双手握住了自己的奶子,用力一挤,奶水就喷涌出来了,一条线,带了一道弧线。旺旺一直注视着惠嫂的的举动。旺旺看见那条雪白的乳汁喷在墙上,被墙的青砖汲干净了。旺旺闻到了那股奶香,在青石巷十分温暖十分慈祥地四处弥漫。旺旺悄悄走到对面去,躲在墙的拐角。惠嫂挤完了又把儿子抱到腿上来,孩子在哼叽,惠嫂又把衬衣撩上去。但孩子不肯吃,只是拍着妈妈的乳房自己和自己玩,嘴里说一些音调的听不懂的声音。惠嫂一点都没有留神旺旺已经过来了。旺旺拔开婴孩的手,埋下脑袋对准惠嫂的乳房就是一口。咬住了,不放。惠嫂的一声尖叫在中午的青石巷里又突兀又悠长,把半个断桥镇都吵醒了。要不是这一声尖叫旺旺肯定还是不肯松口的。旺旺没有跑,他半张了嘴巴,表情又愣又傻。旺旺看见惠嫂的右乳上印上了一对半圆形的牙印与血痕,惠嫂回过神来,还没有来得及安抚惊啼的孩子,左邻右舍就来人了。惠嫂又疼又羞,责怪旺旺说:"旺旺,你要死了。"

  旺旺的举动在当天下午便传遍断桥镇上。这个没有报纸的小镇到处在口播这条当日新闻。人们的话题自然集中在性上头,只是没有挑明了说。人们说:"要死了,小东西才七岁就这样了。"人们说:"断桥镇的大人也没有这么流氓过。"当然,人们的心情并不沉重,是愉快的,新奇的。人们都知道惠嫂的奶子让旺旺咬了,有人就拿惠嫂开心,在她的背后高声叫喊电视上的那句广告词,说:"惠嫂,大家都'旺'一下。"这话很逗人,大伙都笑,惠嫂也笑。但是惠嫂的婆婆显得不开心,拉了一张脸走出来说:"水开了。"

  旺旺爷爷知道下午的事是在晚饭之后。尽管家里只有爷孙俩个,爷爷每天还要做三顿饭,每顿饭都要亲手给旺旺喂下去。那只不锈钢碗和不锈钢条羹和昔日一样锃亮,看不出磨损与锈蚀。爷爷上了岁数,牙掉了,那根老舌头也就没人管了,越发无法无天,唠叨起来没完。往旺旺的嘴里喂一口就要唠叨一句,"张开嘴唇,闭上嘴嚼,吃完了上床睡大觉。""一口蛋,一口肉,长大了挣钱不发愁。"诸如此类,都是他自编的顺口溜。但是旺旺今天不肯吃。条羹从右边喂过来他让到左边去,从左来了又让到右边去。爷爷说:"蛋也不吃,肉也不咬,将来怎么挣钞票?"旺旺的眼睛一直盯住惠嫂家那边。惠嫂家的铺子里有许多食品。爷爷问:"想要什么?"旺旺不开口。爷爷说:"巧克力架?"爷爷说:"德芙巧克力?"爷爷说:"亲亲八宝粥?"旺旺不开口,亲亲八宝粥旁边是澳洲的全脂粉,爷爷说:"想吃奶?"旺旺回过头,泪汪汪地正视爷爷。爷爷知道孙子想吃奶,到对门去买了一袋,用水冲了,端到旺旺的面前来。说:"旺旺吃奶了。"旺旺咬住不锈钢条羹,吐在了地上,顺手便把那只不锈钢碗也打翻了。不锈钢在石头地面活蹦乱跳,发出冰凉的金属声响。爷爷向旺旺的腮边伸出巴掌,大声说:"捡起来!"旺旺不动,像一块咸鱼,翻了一双白眼。爷爷把巴掌举高了,说:"捡不捡?"又高了,说:"捡不捡?"爷爷的巴掌举得越高,离旺旺也就越远。爷爷放下巴掌,说:"小祖宗,捡呀!"

是爷爷自己把不锈钢餐具捡起来了。爷爷说:"你怎么能扔这个?你就是这个喂大的,这可是你的奶水,你还扔不扔?啊?扔不扔?——还有七个月就过年了,你看我不告诉你爸妈!"

按照生活常规,晚饭过后,旺旺爷到南门屋檐下的石码头上洗碗。隔壁的刘三爷在洗衣裳。刘三爷一见到旺旺爷便笑,笑得很鬼。刘三爷说:"旺爷,你家旺旺吃人家惠嫂豆腐,你教的吧?"旺旺爷听不明白,但从刘三爷的皱纹里看到了七拐八弯的东西。刘三爷瞟他一眼,小声说:"你孙子下午把惠嫂的奶子啃了,出血了!"

旺旺爷明白过来脑子里轰隆就一声。可了不得了。这还了得吗?旺旺爷转过身就操起扫帚,倒过来握在手上,揪起旺旺冲了屁股就是三四下,小东西没有哭,泪水汪了一眼,掉下来一颗,又汪开来,又掉。他的泪无声无息,有一种出格的疼痛和出格的悲伤。这种哭法让人心软,叫大人再也下不了手。旺旺爷丢了扫帚,厉声诘问说:"谁教你的?是哪一个畜生教你的?"旺旺不语。旺旺低下头泪珠又一大颗一大颗往下丢。旺旺爷长叹一口气,说:"反正还有七个月就过年了。"

旺旺的爸爸和妈妈每年只回断桥镇一次。一次六天,也就是大年三十到正月初五。旺旺的妈妈每次见旺旺之前都预备了好多激情,一见到旺旺又是抱又是亲。旺旺总有些生分,好多举动一下子不太做得出。这样一来旺旺被妈妈搂着就有些受罪的样子,被妈妈摆弄过来摆弄过去。有些疼。有些别扭。有些需要拒绝和挣扎的地方。后来爸爸妈妈就会取出许多好玩的好吃的,都是与电视广告几乎同步的好东西,花花绿绿一大堆,旺旺这时候就会幸福,愣头愣脑地把肚子吃坏掉。旺旺总是在初三或者初四开始熟悉和喜欢他的爸爸和妈妈,喜欢他们的声音,气味。一喜欢便想把自己全部依赖过去,但每一次他刚刚依赖过去他们就突然消失了。旺旺总是扑空,总是落不到实处。这感觉旺旺还没有学会用一句完整的话把它们说出来。旺旺就不说。初五的清早他们肯定要走的。旺旺在初四的晚上往往睡得很迟,到了初五的早上就醒不来了。爸爸的大拖挂就泊在镇东的阔大水面上,他们放下一条小舢板沿着夹河一直划到自家的屋檐底下。走的时候当然也是这样,从窗棂上解下绳子,沿夹河划到东头,然后,拖挂的粗重汽笛吼叫两声,他们的拖挂就远去了。他们走远了太阳就会升起来。旺旺赶来的时候天上只有太阳,地上只有水。旺旺的瞳孔里头只剩下一颗冬天的太阳,一汪冬天的水。太阳离开水面的时候总是拽着的,扯拉着的,有了痛楚和流血的症状。然后太阳就升高了,苍茫的水面成了金子与银子铺成的路。

由于旺旺的意外袭击,惠嫂的喂奶自然变得小心些了。惠嫂总是躲在柜台的后面,再解开上衣上的第二个纽扣。但是接下来的两天惠嫂没有看见旺旺。原来天天在眼皮底下,不太留意,现在看不见,反倒格外惹眼了。惠嫂中午见到旺旺爷,顺嘴说:"旺爷,怎么没见旺旺了?"旺旺的爷爷这几天一直羞于碰上惠嫂,就像刘三爷说的那样,要是惠嫂也以为旺旺那样是爷爷教的,那可要羞死一张老脸了。旺旺的爷还是让惠嫂堵住了,一双老眼也不敢看她。旺旺爷顺了嘴说:"在医院里头打吊针呢。"惠嫂说:"怎么了?好好的怎么去打吊针了?"旺旺爷说:"发高烧,退不下去。"惠嫂说:"你吓唬孩子了吧?"旺旺爷十分愧疚地说:"不打不骂不成人。"惠嫂把孩子换到另一只手上去,有些责怪,说:"旺爷你说什么嘛?七岁的孩子,又能做错什么?"旺旺爷说:"不打不骂不成人。"惠嫂说:"没有伤着我的,就破了一点皮,都好了。"这么一说旺旺爷又低下头去了,红了脸说:"我从来都没有和他说过那些,从来没有。都是现在的电视教坏了。"惠嫂有些不高兴,甚至有些难受,说话的口气也重了:"旺爷你都说了什么嘛?"

旺旺出院后人瘦下去一圈。眼睛大了,眼皮也双了。嘎样子少了一些,都有点文静了。惠嫂说:"旺旺都病得好看了。"旺旺回家后再也不坐石门槛了,惠嫂猜得出是旺爷定下的新规矩,然而惠嫂知道旺旺躲在门缝的背后看自己喂奶,他的黑眼睛总是在某一个圆洞或木板的缝隙里忧伤地闪烁。旺爷不让旺旺和惠嫂有任何靠近,这让惠嫂有一种说不出的难受。旺旺因此而越发地鬼祟,越发像幽灵一样无声游荡了。惠嫂有一回抱了孩子给旺旺送几块水果糖过来,惠嫂替她的儿子奶声奶气地说:"旺旺哥呢?我们请旺旺哥吃糖糖。"旺旺一见到惠嫂便藏到楼梯的背后去了。爷爷把惠嫂拦住说:"不能这样没规矩。"惠嫂被拦在门外,脸上有些挂不住,都忘了学儿子说话了,说:"就几块糖嘛。"旺爷唬了脸说:"不能这样没规矩。"惠嫂临走前回头看一眼旺旺,旺旺的眼神让所有当妈妈的女人看了都心酸,惠嫂说:"旺旺,过来。"爷爷说:"旺旺!"惠嫂说:"旺爷你这是干什么嘛!"

但旺旺在偷看,这个无声的秘密只有旺旺和惠嫂两个人明白。这样下去旺旺会疯掉的,要不就是惠嫂疯掉。许多中午的阳光下面狭长的石巷两边悄然存放了这样的秘密。瘦长的阳光带横在青石路上,这边是阴凉,那边也是阴凉。阳光显得有些过分了,把傍山依水的断桥镇十分锐利地劈成了两半,一边傍山,一边依水。一边忧伤,一边还是忧伤。

旺爷在午睡的时候也会打呼噜的。旺爷刚打上呼噜旺旺就逃到楼下来了。趴在木板上打量对面。旺旺就是在这天让惠嫂抓住的。惠嫂抓住他的腕弯,旺旺的脸给吓得脱去了颜色。惠嫂悄声说:"别怕,跟我过来。"旺旺被惠嫂拖到杂货铺的后院。后院外面就是山坡,金色的阳光正照在坡面上,坡面是大片大片的绿,又茂盛又肥沃,油油的全是太阳的绿色反光。旺旺喘着粗气,有些怕,被那阵奶香裹住了。惠嫂蹲下身子,撩起上衣,巨大浑圆的乳房明白无误地呈现在旺旺的面前。旺旺被那股气味弄得心碎,那是气味的母亲,气味的至高无上。惠嫂摸着旺旺的头,轻声地说:"吃吧,吃。"旺旺不敢动。那只让他牵魂的母亲和他近在咫尺,就在鼻尖底下,伸手可及。旺旺抬起来头,一抬头就汪了满眼泪,脸上又羞又愧又惶恐。惠嫂说:"是我,你吃我,吃。——别咬,衔住了,慢慢吸。"旺旺把头靠过来,两只小手慢慢抬起来了,抱向了惠嫂的右乳。但旺旺的双手在最后的关头却停住了。万分委屈地说:"我不。"

惠嫂说:"傻孩子,弟弟吃不完的。"

旺旺流出泪,他的泪在阳光底下发出六角形的光芒,有一种烁人的模样。旺旺盯住惠嫂的乳房拖了哭腔说:"我不。不是我妈妈。"旺旺丢下这句没头没脑的话回头就跑掉了。惠嫂拽下上衣跟出去,大声喊道:"旺旺,旺旺……"旺旺逃回家,反闩上门。整个过程在幽静的正午显得惊天动地。惠嫂的声音几乎也成了哭腔。她的手拍在门上,失声喊道:"旺旺!"

旺旺的家里没声音。过了一刻旺爷的鼾声就中止了。响起了急促的下楼声。再过了一会儿,屋里发出了另一种声音,是一把尺子抽在肉上的闷响。惠嫂站在原处,伤心地喊:"旺爷,旺爷!"

又围过来许多人。人们看见惠嫂拍门的样子就知道旺旺这小东西又"出事"了。有人沉重地说:"这小东西,好不了啦。"

惠嫂回过头来。她的泪水泛起了一脸青光像母兽。有些惊人。惠嫂凶悍异常地吼道:"你们走!走——!你们知道什么?"

注释

1.选自《毕飞宇文集》,江苏文艺出版社2004年版。

文本解读

1996年,新生代作家毕飞宇凭借他的短篇小说《哺乳期的女人》一举成名。小说讲述的是断桥镇一个7岁的男孩——旺旺同年轻女性惠嫂的故事。因父母常年在外打工,旺旺独自与爷爷一起生活。由于一出生就没吃过母乳,所以每次看到惠嫂给孩子喂奶都羡慕不已,竟至后来咬了惠嫂的乳房,在断桥镇掀起轩然大波,从而使得旺旺与惠嫂之间的关系被有效放大和扭曲。作家站在知识分子的写作立场,从一个孩童的视角,来管窥一个重大的社会学问题。

20世纪90年代以来,中国经济社会的发展陷入到对现代化和全球化极度推崇的怪圈里。工业现代化的大潮使城乡差距越来越大,为了使自己或下一代过上更好的生活,多数农民选择了背井离乡,到城市做着"淘金"梦。他们终年在外打工,除了能给留守老人和孩子带来"只是一行字"的汇款单和五花八门的工业品外,剩下的就是乡村生活的单调与沉闷,留守老人和孩子的孤独与无助,熙熙攘攘的都市化场景与冷寂的被时代遗忘的断桥镇一起,共同构了中国社会的某种图景。只有深刻认识和体察到这种全球化与现代化背景时,你才会发现作家其实是在以小说的形式帮助公众逐步获得对"人"的现实生存状态的确认,激发我们对中国经济社会发展前景及人性本质的深刻反思。这种思考也极具现实性和冲击力。

"哺乳期"三个字对整个小说至关重要。作家为惠嫂提供了他人无法理解和感知的角度去看待一个7岁男孩子对乳房的"袭击"。在特殊的生理时期,惠嫂被还原成为一个生物意义上的而非社会意义上的充满母性的女人。读者会看到,在这个素朴、丰满、有着美丽的母性光彩的女性身上,有着别样的真淳,她的母亲身份使她比别人更加深刻地意识到旺旺的可怜及旺旺生命中母爱的缺失。小说的结尾,惠嫂"像母兽"一样的吼道:"你们走!走——!你们知道什么?"更像是一位女性对自己被扭曲的身体意义的大声质疑。作家有意从这里扯开生活的缺口,并通过这样的缺口,使人性固有的内容"在儿童的天性中复活"。

对重大社会问题的敏锐触摸与深度思索隐含在舒缓、深情的叙述中,深埋在一个亲切、生动、充满痛感的诗化小说背后,这是日臻完善的毕飞宇小说的魅力所在。

思考练习

1.断桥镇的人们代表的是怎样的社会现实。

2.结合《哺乳期的女人》分析毕飞宇小说的诗化特征。

阅读链接

1. 毕飞宇:《毕飞宇文集·青衣》,江苏文艺出版社2004年版。
2. 毕飞宇:《毕飞宇文集·玉米》,江苏文艺出版社2004年版。

沙家浜·智斗①

汪曾祺

汪曾祺(1920～1997),江苏高邮人,当代作家、散文家、戏剧家,京派作家的代表人物。1939年考入西南联大中文系,在沈从文的引领下走上文学创作的道路。1948年出版小说集《邂逅集》。新中国成立后在北京市文联长期做编辑工作,1958年被打成右派,下放劳动。1962年调回北京,在北京市京剧团任编剧。曾参与沪剧《芦荡火种》编写、京剧现代戏《沙家浜》(《芦荡火种》)的改编及"样板戏"《沙家浜》的定稿工作。

汪曾祺的文学成就是多方面的。诗歌、散文、小说和戏剧等皆有涉猎,尤以小说为最。他的小说多以故乡、故人为题材,表达健康、和谐的人性美,在风格上呈现散文化特点:不追求重大题材、不着意刻画人物,结构松散、情节淡化,语言平淡质朴,如话家常。代表作有《异秉》、《受戒》、《大淖记事》等。其中,《大淖记事》获1981年全国优秀短篇小说奖。

〔日寇在沙家浜镇"扫荡"了三天,已经过境。〕
〔春来茶馆。设在埠头路口。台的左右各有方桌一张,方凳两个。日寇过后,桌椅茶具均遭破坏,屋外凉棚东倒西歪。地下有一些断砖碎瓦,春来茶馆的招牌也被扔在地下。〕
〔幕启:阿庆嫂扶老携幼上。〕

阿庆嫂　您慢着点!
老大爷　阿庆大嫂,谢谢你一路上照顾!
阿庆嫂　没什么,这是应当的。
老大爷　看,叫他们糟蹋成什么样了!

〔又一批群众上。〕

群　　众　阿庆嫂!
阿庆嫂　你们回来了!
群　　众　回来了。
老大爷　我们大家伙帮助收拾收拾吧!
阿庆嫂　行了,我自己来吧。

〔阿庆嫂从地下把招牌拾起,放在桌子上。众扶起翻倒的桌凳,捡走破碎的茶具、砖瓦,支起凉棚。〕

少　　妇　阿庆嫂,我回去了。
老大爷　阿庆嫂,我们也回去了。
阿庆嫂　你慢点走啊!

老大娘　我们也回去了。

阿庆嫂　（向小姑娘）搀着你妈点!

〔群众下。〕

〔阿庆嫂掸净招牌上的泥土,对着观众,亮出招牌上的字样,然后挂起招牌,打开放置茶具的柜子。〕

阿庆嫂　（唱"西皮摇板"）

敌人"扫荡"三天整,

断壁残墙留血痕。

逃难的众邻居都回乡井,

我也该打双桨迎接亲人。

〔沙奶奶、沙四龙迎面而来。〕

沙奶奶
沙四龙　阿庆嫂!

沙奶奶　你回来了。

阿庆嫂　回来了。

沙四龙　鬼子走了,该把伤病员同志们接回来了!

阿庆嫂　对! 四龙,咱们这就走!

沙四龙　走!

〔内喊:"胡传魁的队伍快要进镇子了!"〕

〔群众跑上,告诉阿庆嫂:"胡传魁来了!"……赶快跑下。〕

〔赵阿祥、王福根上。〕

赵阿祥　阿庆嫂,胡传魁的队伍快要进镇了!

阿庆嫂　他来了! 日本鬼子前脚走,他后脚就到了,怎么这么快呀?（向王福根）你瞧见他们的队伍了吗?

王福根　瞧见了,有好几十个人哪!

阿庆嫂　好几十个人?

王福根　戴的是国民党的帽徽,旗子上写的是"忠义救国军"。

阿庆嫂　（思考）"忠义救国军"?……国民党的帽徽?……

赵阿祥　听说刁德一也回来了。

沙奶奶　刁德一是刁老财的儿子!

阿庆嫂　（向王福根）你再看看去。

王福根　哎。（下）

阿庆嫂　胡传魁这一回来,是路过,是长住,还不清楚,伤员同志们先不能接,咱们得想办法给他们送点干粮去。

赵阿祥　我去预备炒米。

沙四龙　我去准备船。

阿庆嫂　要提高警惕呀!

赵阿祥
沙四龙　哎!

〔沙四龙扶沙奶奶下,赵阿祥随下。〕

"十一五"高职高专教材

新视线大学语文

〔阿庆嫂走进屋内。〕

〔内喊："站住！"〕

〔一妇女跑下。〕

〔内喊："站住！"〕刁小三追逐一挟包袱的少女上。〕

刁小三　站住！老子们抗日救国，给你们赶走了日本鬼子，你得慰劳慰劳！

〔刁小三抢少女包袱。〕

少　女　你干嘛抢东西?!

刁小三　抢东西？我还要抢人呢！(扑向少女)

少　女　(急中生计,求救地喊)阿庆嫂！

〔阿庆嫂急忙从屋里出来,护住少女。〕

阿庆嫂　得啦,得啦,本乡本土的,何必呢！来,这边坐会儿,吃杯茶。

刁小三　干什么呀,挡横是怎么着?!……

〔刘副官上。〕

刘副官　刁小三,司令这就来,你在这干嘛哪？

阿庆嫂　哎,是老刘啊！

刘副官　(得意地)阿庆嫂,我现在当副官啦！

阿庆嫂　喔！当副官啦！恭喜你呀！

刘副官　老没见了,您倒好哇？

阿庆嫂　好。

刘副官　刁小三,都是自己人,你在这闹什么哪？

阿庆嫂　是啊,这位兄弟,眼生得很,没见过,在这儿跟我有点过不去呀！

刘副官　刁小三！这是阿庆嫂,救过司令的命！你在这儿胡闹,司令知道了,有你的好吗？

刁小三　我不知道啊！阿庆嫂,我刁小三有眼不识泰山,您宰相肚里能撑船,别跟我一般见识啊！

阿庆嫂　(已经察觉他们是一伙敌人,虚与周旋)没什么！一回生,两回熟嘛,我也不会倚官仗势,背地里给人小鞋穿,刘副官,您是知道的！

刘副官　哎,人家阿庆嫂是厚道人！

阿庆嫂　(向少女)回去吧。

少　女　他还抢我包袱哪！

阿庆嫂　包袱？他哪能要你的包袱啊！(向刁小三)跟她闹着玩哪,是吧？(向刘副官)啊？

刘副官　啊。(向刁小三)闹着玩,你也不挑个地方！

〔刁小三无可奈何地把包袱递给阿庆嫂。〕

阿庆嫂　(把包袱给少女)拿着,要谢谢！快回去吧！

〔少女下。〕

刘副官　刁小三,去接司令、参谋长。去吧,去吧！

刁小三　阿庆嫂,回见。

阿庆嫂　回见,呆会儿过来吃茶呀。

〔刁小三凶横地、恨恨不满地下。〕

292

刘副官 阿庆嫂,他是我们刁参谋长的堂弟,您得多包涵点呀!

阿庆嫂 这算不了什么。刘副官,你请坐,呆会儿水开了我就给您泡茶去,您是稀客,难得到我这小茶馆里来!

〔阿庆嫂欲进屋,刘副官从后叫住。〕

刘副官 您别张罗!我是奉命先看看,司令一会儿就来。

阿庆嫂 司令?

刘副官 啊,就是老胡啊!

阿庆嫂 哦,老胡当司令了?

刘副官 对了!人也多了,枪也多了!跟上回大不相同,阔多喽。今非昔比,鸟枪换炮了!

阿庆嫂 哦。(下决心进行侦察)啊呀,那好哇!刘副官,一眨眼,你们走了不少的日子了。(一面擦拭桌面,一面观察刘副官)

刘副官 啊,可不是嘛。

阿庆嫂 (试探地)这回来了,可得多住些日子了?

刘副官 这回来了,就不走了!

阿庆嫂 哦!(断定他们是长住了,就故意表示欢迎的态度)那好啊!

刘副官 要在沙家浜扎下去了,司令部就安在刁参谋长家里,已经派人收拾去了。司令说:先到茶馆里来坐坐。

〔内一阵脚步声。〕

刘副官 司令来了!

〔刘副官忙去迎接。阿庆嫂思考对策。〕
〔胡传魁、刁德一、刁小三上。四个伪军从上坡上走过。〕

胡传魁 嘿,阿庆嫂!

〔胡传魁脱斗篷。刘副官接住。刘副官下。〕

阿庆嫂 (回身迎上)听说您当了司令啦,恭喜呀!

胡传魁 你好哇?

阿庆嫂 好啊,好啊,哪阵风把您给吹回来了?

胡传魁 买卖兴隆,混得不错吧?

阿庆嫂 托您的福,还算混得下去。

胡传魁 哈哈哈……

阿庆嫂 胡司令,您这边请坐。

胡传魁 好好好,我给你介绍介绍,这是我的参谋长,姓刁,是本镇财主刁老太爷的公子,刁德一。

〔刁德一上下打量阿庆嫂。〕

阿庆嫂 (发觉刁德一是很阴险狡猾的敌人,就虚与周旋地)参谋长,我借贵方一块宝地,落脚谋生,参谋长树大根深,往后还求您多照应。

胡传魁 是啊,你还真得多照应着点。

刁德一 好说好说。

〔刁德一脱斗篷。刁小三接住。刁小三下。〕

阿庆嫂　参谋长,您坐!

胡传魁　阿庆哪?

阿庆嫂　还提哪,跟我拌了两句嘴,就走了。

胡传魁　这个阿庆,就是脚野一点,在家里呆不住哇。上哪儿了?

阿庆嫂　有人看见他了,说是在上海跑单帮②哪。说了,不混出个人样来,不回来见我。

胡传魁　对嘛!男子汉大丈夫,是要有这么点志气!

阿庆嫂　您还夸他哪!

胡传魁　阿庆嫂,我上回大难不死,才有了今天,我可得好好的谢谢你呀!

阿庆嫂　那是您本身的造化。哟,您瞧我,净顾了说话了,让您二位这么干坐着,我去泡茶去,您坐,您坐。(进屋)

刁德一　司令!这么熟识,是什么人哪?

胡传魁　你问的是她?

　　(唱"西皮二六")
　　想当初老子的队伍才开张,
　　拢共才有十几个人、七八条枪。
　　(转"流水")
　　遇皇军追得我晕头转向,
　　多亏了阿庆嫂,她叫我水缸里面把身藏。
　　她那里提壶续水,面不改色,无事一样,
〔阿庆嫂提壶拿杯,细心地听着,发现敌人看见了自己,就若无其事地从屋里走出。〕

胡传魁　(接唱)
　　骗走了东洋兵,我才躲过了大难一场。(转向阿庆嫂)
　　似这样救命之恩终身不忘,
　　俺胡某讲义气终当报偿。

阿庆嫂　(有意在敌人面前掩饰自己)胡司令,这么点小事,您别净挂在嘴边上。那我也是急中生智,事过之后,您猜怎么着,我呀,还真有点后怕呀!

〔阿庆嫂一面倒茶,一面观察。〕

阿庆嫂　参谋长,您吃茶!(忽然想起)哟,香烟忘了,我去拿烟去。(进屋)

刁德一　(看着阿庆嫂背影)司令!我是本地人,怎么没有见过这位老板娘啊?

胡传魁　人家夫妻"八·一三"以后才来这儿开茶馆,那时候你还在日本留学,你怎么会认识她哪?!

刁德一　哎!这个女人真不简单哪!

胡传魁　怎么,你对她还有什么怀疑吗?

刁德一　不不不!司令的恩人嘛!

胡传魁　你这个人哪!

刁德一　嘿嘿嘿……

〔阿庆嫂取香烟、火柴,提铜壶从屋内走出。〕

阿庆嫂　参谋长,烟不好,请抽一支呀!

〔刁德一接过阿庆嫂送上的烟。阿庆嫂欲为点烟,刁德一谢绝,自己用打火机,点着。〕

阿庆嫂　胡司令,抽一支!

〔胡传魁接烟。阿庆嫂给胡传魁点烟。〕

刁德一　(望着阿庆嫂背影,唱"反西皮摇板")

这个女人不寻常!

阿庆嫂　(接唱)

刁德一有什么鬼心肠?

胡传魁　(唱"西皮摇板")

这小刁一点面子也不讲!

阿庆嫂　(接唱)

这草包倒是一堵挡风的墙。

刁德一　(略一想,打开烟盒请阿庆嫂抽烟)抽烟!

〔阿庆嫂摇手拒绝。〕

胡传魁　人家不会,你干什么!

刁德一　(接唱)

她态度不卑又不亢。

阿庆嫂　(唱"西皮流水")

他神情不阴又不阳。

胡传魁　(唱"西皮摇板")

刁德一搞的什么鬼花样?

阿庆嫂　(唱"西皮流水")

他们到底是姓蒋还是姓汪?

刁德一　(唱"西皮摇板")

我待要旁敲侧击将她访。

阿庆嫂　(接唱)

我必须察言观色把他防。

〔阿庆嫂欲进屋。刁德一从她的身后叫住。〕

刁德一　阿庆嫂!

(唱"西皮流水")

适才听得司令讲,

阿庆嫂真是不寻常。

我佩服你沉着机灵有胆量,

竟敢在鬼子面前耍花枪。

若无有抗日救国的好思想,

焉能够舍己救人不慌张!

阿庆嫂　(接唱)

参谋长休要谬夸奖,

舍己救人不敢当。

开茶馆,盼兴旺,

江湖义气第一桩。
司令常来又常往,
我有心背靠大树好乘凉。
也是司令洪福广,
方能遇难又呈祥。

刁德一 (接唱)
新四军久在沙家浜,
这棵大树有阴凉,
你与他们常来往,
想必是安排照应更周详!

阿庆嫂 (接唱)
垒起七星灶③,
铜壶煮三江。
摆开八仙桌,
招待十六方。
来的都是客,
全凭嘴一张。
相逢开口笑,
过后不思量。
人一走,茶就凉……

〔阿庆嫂泼去刁德一杯中残茶,刁德一一惊。〕

阿庆嫂 (接唱)
有什么周详不周详!

胡传魁 哈哈哈……

刁德一 嘿嘿嘿……阿庆嫂真不愧是个开茶馆的,说出话来滴水不漏。佩服!佩服!

阿庆嫂 胡司令,这是什么意思呀?

胡传魁 他就是这么个人,阴阳怪气的!阿庆嫂别多心啊!

阿庆嫂 我倒没什么!(提铜壶进屋)

胡传魁 老刁啊,人家阿庆嫂救过我的命,咱们大面儿上得晾得过去,你干什么这么东一榔头西一棒子,叫我这面子往哪儿搁!你要干什么,你?

刁德一 不是啊,司令,这位阿庆嫂眼观六路,耳听八方,胆大心细,遇事不慌。咱们要在沙家浜久住,搞曲线救国,这可是用得着的人啊,就不知道她跟咱们是不是一条心!

胡传魁 阿庆嫂?自己人!

刁德一 那要问问她新四军和新四军的伤病员,她不会不知道。就怕她知道了不说。

胡传魁 要问,得我去!你去,准得碰钉子!

刁德一 那是,还是司令有面子嘛!

胡传魁 哈哈哈……

〔阿庆嫂机警从容,端着一盘瓜子从屋内走出。〕

阿庆嫂 胡司令,参谋长,吃点瓜子啊。

胡传魁 好……(喝茶)

阿庆嫂 这茶吃到这会儿,刚吃出味儿来!

胡传魁 不错,吃出点味儿来了。——阿庆嫂,我跟你打听点事。

阿庆嫂 哦,凡是我知道的……

胡传魁 我问你新四军……

阿庆嫂 新四军?有,有!

(唱"西皮摇板")
　　司令何须细打听,
　　此地驻过许多新四军。

胡传魁 驻过新四军?

阿庆嫂 驻过。

胡传魁 有伤病员吗?

阿庆嫂 有!

(接唱"西皮流水")
　　还有一些伤病员,
　　伤势有重又有轻。

胡传魁 他们住在哪儿?

阿庆嫂 (接唱)
　　我们这个镇子里,
　　家家住过新四军。
　　就是我这小小的茶馆里,
　　也时常有人前来吃茶、灌水、涮手巾。

胡传魁 (向刁德一)怎么样?

刁德一 现在呢?

阿庆嫂 现在?

(接唱)
　　听得一声集合令,
　　浩浩荡荡他们登路程!

胡传魁 伤病员也走了吗?

阿庆嫂 伤病员?

(接唱"西皮散板")
　　伤病员也无踪影,
　　远走高飞难找寻!

刁德一 哦,都走了?!

阿庆嫂 都走了。要不日本鬼子"扫荡"了三天,把个沙家浜像箆①头发似地箆了这么一遍,也没找出他们的人来!

刁德一　日本鬼子人地生疏,两眼一抹黑。这么大的沙家浜,要藏起个把人来,那还不容易吗!就拿胡司令来说吧,当初不是被你阿庆嫂在日本鬼子的眼皮底下,往水缸里这么一藏,不就给藏起来了吗!

阿庆嫂　噢,听刁参谋长这意思,新四军的伤病员是我给藏起来了。这可真是呀,听话听声,锣鼓听音。照这么看,胡司令,我当初真不该救您,倒落下话把儿了!

胡传魁　阿庆嫂,别……

阿庆嫂　不……

胡传魁　别别别……

阿庆嫂　不不不!胡司令,今天当着您的面,就请你们弟兄把我这小小的茶馆,里里外外、前前后后,都搜上一搜,省得人家疑心生暗鬼,叫我们里外不做人哪!(把抹布摔在桌上,掸裙,双手一搭,昂头端坐,面带怒容,反击敌人)

胡传魁　老刁,你瞧你!

刁德一　说句笑话嘛,何必当真呢!

胡传魁　哎,参谋长是开玩笑!

阿庆嫂　胡司令,这种玩笑我们可担当不起呀!(进屋)

刁德一　(看着隔湖芦荡,转身向胡传魁)司令,新四军伤病员没有走远,就在附近!

胡传魁　在哪儿呢?

刁德一　看!(指向芦苇荡里)很有可能就在对面的芦苇荡里!

胡传魁　芦苇荡?(恍然大悟)不错! 来人哪!

〔刘副官、刁小三上。〕

胡传魁　往芦苇荡里给我搜!

刁德一　慢着!不能搜,司令,你不是这里的人,还不十分了解芦苇荡的情形。这芦苇荡无边无沿,地势复杂,咱们要是进去这么瞎碰,那简直是大海里捞针。再者说,咱们在明处,他们在暗处,那可净等着挨黑枪。咱们要向皇军交差,可不能做这赔本的买卖!

胡传魁　那依着你怎么办呢?

刁德一　我叫他们自己走出来!

胡传魁　大白天说梦话! 他们会自己走出来?

刁德一　我自有办法! 来呀!

刘副官
刁小三　有!

刁德一　把老百姓给我叫到春来茶馆,我要训话!

刘副官
刁小三　是!(下)

胡传魁　你叫老百姓干什么?

刁德一　我叫他们下阳澄湖捕鱼捉蟹!

胡传魁　捕鱼捉蟹,这里头有什么名堂?

刁德一　每只船上都派上咱们自己的人,叫他们换上便衣。那新四军要是看见老百姓下湖捕鱼,一定以为镇子里头没有事,就会自动走出来。到那个时候各船上一齐开火,岂不就……

胡传魁 老刁,你真行啊!哈哈哈……

〔内响起群众的声音,由远而近。刘副官、刁小三上。〕

刘副官
刁小三 报告!老百姓都来了!

刁德一 好,我来训话。

〔内群众抗议声。〕

刘副官
刁小三 站好了!……哎!站好了!

刁小三 参谋长训话!

刁德一 乡亲们!我们是"忠义救国军",是抗日的队伍。我们来了,知道你们现在很困难,也拿不出什么东西来慰劳我们,也不怪罪你们,叫你们下阳澄湖捕鱼捉蟹,按市价收买!

〔内群众抗议声。王福根:"长官,我们不能去,要是碰见日本鬼子的汽艇,我们就没命了!"……〕

刁小三 别吵!

刁德一 大家不要怕,每只船上派三个弟兄保护你们!

〔内群众抗议声:"那也不去!不敢去!"……〕

胡传魁 他妈的!谁敢不去!不去,就枪毙!

〔胡传魁、刁德一、刘副官、刁小三下。〕
〔阿庆嫂急忙由屋内走出。〕

阿庆嫂 (唱"西皮散板")
　　　刁德一,贼流氓,
　　　毒如蛇蝎狠如狼,
　　　安下了钩丝布下网,
　　　只恐亲人难提防。
　　　渔船若是一举桨,
　　　顷刻之间要起祸殃。

〔内群众抗议声。〕

阿庆嫂 (接唱)
　　　乡亲们若是来抵抗,
　　　定要流血把命伤。
　　　恨不能生双翅飞进芦荡,
　　　急得我浑身冒火无主张。

〔内刁小三叫喊:"不去?不去我就要开枪了!"〕

阿庆嫂 开枪?
(唱"西皮流水")
　　　若是镇里枪声响,
　　　枪声报警芦苇荡,
　　　亲人们定知镇上有情况,

芦苇深处把身藏。(欠身瞭望,看到断砖、草帽,灵机一动)
要沉着,莫慌张,
风声鹤唳,引诱敌人来打枪!

〔阿庆嫂拿起墙根的断砖,上复草帽,扔进水中,急忙躲进屋里。〕
〔刁小三跑上。〕

刁小三 有人跳水!

〔胡传魁、刘副官急上。〕
〔刘副官、胡传魁开枪。刁德一闻声急上。〕

刁德一 不许开枪……唉!不许开枪!

〔阿庆嫂走到门旁观察。〕

胡传魁 为什么呀!

刁德一 司令!新四军听见枪声,他们能够出来么?

胡传魁 你怎么不早说哪!刁小三!

刁小三 有!

胡传魁 把带头闹事的给我抓起几个来!

刁德一 刘副官!

刘副官 有!

刁德一 所有的船只都给我扣了,我都把他们困死!

〔胡传魁、刁德一下。刘副官、刁小三随下。〕
〔阿庆嫂走到门外,思考,考虑下一步的战斗。亮相。〕

——幕闭

注释

①选自《汪曾祺全集》戏剧卷,北京师范大学出版社1998年版。
②跑单帮:旧时指做长途贩运的小本生意。
③七星灶:旧时开水炉专用的,一个炉膛,上面勺子形排七个炉口,烧水方便,火力不浪费,可以预热待烧的水,排成勺子形是为了上下拿水壶能顺手拿到。
④篦,用篦子梳。篦子,有密齿的梳子,可用来去除头发上的虱子。

文本解读

《沙家浜》是文革时期的八部样板戏(现代京剧《红灯记》、《沙家浜》、《智取威虎山》、《奇袭白虎团》、《海港》、《龙江颂》和现代舞剧《白毛女》、《红色娘子军》)之一,主要情节是:抗日战争时期,新四军某部主力撤离沙家浜,留下18个伤病员。在指导员郭建光带领下,他们和当地群众生活在一起、战斗在一起,结下鱼水之情。日寇疯狂扫荡,郭建光率领伤病员暂时隐蔽在芦苇荡里,在消息隔绝、粮缺药尽的艰苦环境中,他们分析敌情,排除万难,坚持待命。反动武装忠义救国军的头子胡传魁、刁德一投靠日寇黑田大佐,千方百计企图搜捕新四军伤病员。沙家浜镇的党支部书记阿庆嫂以开茶馆为掩护,组织群众保护伤病员。当初胡传魁刚出道时,遇到日军追杀,幸得阿庆嫂救他一命。阿庆嫂利用胡传魁、刁德一之间的矛盾,机智地与他们进行斗争,并在党的领导和群众的协助下冲破险阻,终于使18个伤病员安全转移。新四军伤病员安全脱险后,胡、刁当着阿庆嫂的面拷问沙奶奶和革命群众,企图破坏沙家浜的党组织。阿庆嫂和沙奶奶互相掩护,沙奶奶痛斥敌人,阿庆嫂乘机了解敌司令部虚实。新四军某部主力回兵东进,郭建光率领痊愈归队的战士们,配合大部队的行动,组成突击排直插沙家浜,活捉了日寇黑田大佐和汉奸胡传魁、刁德一。沙家浜重新回到人民的手中。

《智斗》是《沙家浜》的第四场,这是全剧最精彩的部分。在这一场里,围绕保护与搜捕新四军伤病员,阿庆嫂与胡传魁、刁德一展开了智慧的较量,这是敌我矛盾。相对于要感谢阿庆嫂救命之恩的草包胡传魁,生长于本地又曾在日本留学的刁德一更难对付。面对刁德一的旁敲侧击,阿庆嫂虚与周旋,软中有硬,最后引诱敌人开枪,机智地为芦苇荡里的新四军伤病员报警。戏剧矛盾紧张激烈,而情节的发展又井然有序。在敌我矛盾这个主要冲突外,敌人内部胡传魁和刁德一对阿庆嫂的态度又不一样:一个是无条件的信任,一个是高度的怀疑,这就增添了故事的复杂性和戏剧性,使得该剧更加"耐看"。在这一场戏里,三个主要人物阿庆嫂、刁德一、胡传魁的性格非常鲜明,这主要是通过富有个性化的台词来表现的。特别是本场中的唱词,极富个性化;同时又比较口语化,富有生活气息;有些唱词还含有朴素的生活哲理,现在人们常用的熟语"来的都是客"、"人走茶凉"均出于此。正是剧作者的努力,使得本剧保持了现实主义的创作原则,在解决戏曲传统表演程式和现代生活的矛盾问题上做了有益的探索,取得了可喜的成就,使京剧表现现代生活成为可能。

思考练习

1.请结合人物的唱词,分别用两个形容词概括阿庆嫂、刁德一、胡传魁的性格特征。
2.试分析下列"原稿"和"改稿"的用词在表达效果上有什么不同。
(1)原稿:新四军打下了沙家浜　我的儿牢房重见阳光
　　改稿:新四军打下沙家浜　我的儿他得见阳光
(2)原稿:我佩服你沉着镇静有胆量　竟敢在鬼子面前耍花枪
　　改稿:我佩服你沉着机灵有胆量　竟敢在鬼子面前耍花枪
(3)原稿:慢着!司令,不能搜,你不是这里的人,还不太了解芦苇荡的情形。这芦苇荡无边无沿,地势复杂,咱们要是进去这么瞎碰,那简直是大海捞针。再说,我们在明处,他们在暗处,那可就净等着挨黑枪。咱们要向日本人交差,可不能做这种赔本的买卖。

　　改稿:慢着!不能搜,司令,你不是这里的人,还不十分了解芦苇荡的情形。这芦苇荡无边无沿,地势复杂,咱们要是进去这么瞎碰,那简直是大海里捞针。再者说,咱们在明处,他在暗处,那可净等着挨黑枪。咱们要向皇军交差,可不能做这种赔本的买卖!

阅读链接

汪曾祺:《汪曾祺全集》,北京师范大学出版社1998年版。

"十一五"高职高专教材
新视线大学语文

外国文学

文学坐标
外国文学

外国文学史,一般分为上古、中古、近代和现代4个阶段。

一、上古文学

上古文学包括原始公社制和奴隶制两个阶段的文学,主要是神话传说、英雄史诗和戏剧。

上古欧洲文学以古希腊、古罗马文学为中心。正如恩格斯所说:"没有希腊文学和罗马帝国所奠定的基础,也就没有现代的欧洲。"古希腊文学是欧洲文学的开端,也是人类文学史上的第一座高峰,其神话、史诗、戏剧等对欧洲文学的发展具有深远的影响;古罗马文学继承了古希腊文学,在欧洲文学发展中起着承前启后的桥梁作用。

希腊神话主要包括神的故事和英雄传说两部分。神的故事主要包括天地的开辟、神的产生、神的宗谱、诸神的行事、人类的起源等。如:按照人类父权制家族的形式,创造了以宙斯为首的奥林匹斯山上的神族。神话中的英雄传说丰富多彩,其中有神话了的历史事件,也有远古社会生活和人与自然斗争的故事。"英雄"是指神和人所生的后代,他们虽不能永生不灭,却智慧超人,在与自然斗争和社会生活中,为集体创立了丰功伟绩,每个英雄都是特定的希腊部落(后来是城邦)的崇拜对象。

古希腊"荷马时代"(公元前11—前9世纪,即"英雄时代")的文学最高成就是"荷马史诗"——《伊利亚特》和《奥德赛》,它是欧洲最早的文学巨著,广泛反映了古希腊人在民族社会末期的生活和思想状况,艺术成就卓越,在文学史上产生了深远的影响。

古希腊的"古典时代"(公元前8—前5世纪),主要成就是戏剧,有著名的三大悲剧作家——埃斯库罗斯、索福克勒斯和欧里庇得斯。埃斯库罗斯是古希腊悲剧的奠基者,他的《普罗米修斯》塑造了悲剧英雄普罗米修斯的形象。欧里庇得斯有"心理戏剧鼻祖"之称,对后世影响也最大,代表作有《美狄亚》。索福克勒斯是古希腊悲剧的完成者,代表作有《俄狄浦斯王》,该剧是命运悲剧的典型。

古希腊著名的喜剧家阿里斯托芬被恩格斯称为"喜剧之父",代表作有《阿卡奈人》。公元前6世纪流行在希腊民间的《伊索寓言》反映了下层平民和奴隶阶级的思想,其中的《农夫和蛇》、《乌鸦和狐狸》、《狼和小羊》等故事,颇有教育意义。

古罗马文学是在古希腊文学的影响下发展繁荣的,鼎盛时代产生了三大诗人:维吉尔、贺拉斯和奥维德。

上古亚非文学具有多源的特点。几个文明古国各自形成独立的文化传统,具有鲜明的民族和地区特色。到了公元前后,由于交通开发和贸易往来,各国的文化开始交流,才出现了彼此影响、相互吸收的融合现象。

巴比伦的《咏世界的创造》是关于开天辟地、创造万物的神话,是世界创世神话中著名的代表。巴比伦文学的最高成就是史诗《吉尔加美什》,是世界文学中最早的史诗。

上古印度文学的发展大体经历了吠陀时期、史诗时期和梵语古典文学时期。吠陀时期以印度最早的神话诗《吠陀》而得名;史诗时期产生了印度古代两大史诗《摩诃婆罗多》和《罗摩衍那》。梵语古典文学时期寓言故事、诗歌、戏剧都取得了很高的成就,而其时最伟大的文学家则是诗人兼剧作家迦梨陀娑,他的代表作有抒情长诗《云使》、戏剧《沙恭达罗》等。

古希伯来人是犹太民族的祖先,《旧约》是古代希伯来文化的总汇,其作为《圣经》的重要组成部分对欧洲文学的发展产生过巨大的影响。

二、中古文学

中古文学一般是指封建社会文学。中古时期是亚非文学的繁荣时期,此时形成了中国、印度、阿拉伯三大中心文化区。

中古波斯文学,包括中亚在内的波斯广大地区文学,其主要体裁是诗歌,具有强烈的民族热情和爱国主义精神。鲁达吉是中古波斯文学的奠基者。

《一千零一夜》是中古阿拉伯民间文学总集。

《源氏物语》是日本中古时代物语(故事、小说)的典范,是日本最早的长篇小说,也是日本中古时期最伟大的作品。作者紫式部是日本平安时期的女作家。

中古时期(中世纪)的欧洲,基督教作为其精神支柱,文学发展缓慢,教会文学占统治地位,普遍采用象征、寓意、梦幻等表现手法,以适应表现宗教神秘思想的需要。与此同时,也出现了与教会文学相抵触的民间文学、城市文学和骑士文学。中世纪欧洲最伟大的诗人是但丁,恩格斯说:"他是中世纪的最后一位诗人,同时又是新时代的最初一位诗人。"他的代表作《神曲》,广泛而深刻地反映了欧洲从中世纪向"文艺复兴"过渡时期的社会生活,表达了刚刚萌芽的新的人文主义思想。

三、近代文学

东西方之间近代历史和文学发展情况差异极大,欧洲各国的近代文学,是指从"文艺复兴"时期开始的资本主义文学;亚非地区近代文学则一般指19世纪到20世纪初的文学,即亚非地区处于殖民地、半殖民地时期的文学。

14至17世纪初,先后在欧洲许多国家掀起了一场新兴资产阶级反封建、反教会的思想文化运动,史称"文艺复兴运动"。这次运动诞生了人文主义文学。人文主义文学历时300年,起源于意大利,后来在法国、西班牙和英国取得了辉煌的成就,对欧洲及世界文学产生了深远的影响。意大利作家薄伽丘的《十日谈》是划时代的作品,成为欧洲近代文学的奠基之作。法国16世纪的文学主流是人文主义文学,代表作家是拉伯雷和蒙田。拉伯雷的代表作是富有浪漫主义文学特色的长篇小说《巨人传》,该作品成为近代长篇小说形成的标志。蒙田是欧洲近代散文的创始人,代表作是其散文《随笔集》。塞万提斯的《堂吉诃德》代表着西班牙人文主义文学的最高成就。莎士比亚是英国文艺复兴时期最杰出的诗人和剧作家,也是世界文学史上最伟大的作家之一。他的作品深刻地反映社会矛盾和斗争,完美地表达了人文主义理想,具有强烈的时代精神和不朽的艺术魅力,是欧洲人文主义文学的顶峰之作。代表作有《罗密欧与朱丽叶》、《哈姆莱特》、《奥瑟罗》、《李尔王》、《麦克白》、《威尼斯商人》等。

17世纪,英国、法国的资本主义发展迅速,反映在文学上,英国产生了资产阶级革命文学,法国则出现了古典主义文学的繁荣。约翰·弥尔顿是英国文学史上最伟大的诗人之一,被恩格斯称为"第一个为弑君辩护的人"。其主要作品是叙事长诗《失乐园》。法国的古典主义戏剧最为突出。彼埃尔·高乃依是欧洲古典主义悲剧的奠基人,代表作是《熙德》。莫里哀是古典主义喜剧创始人,他的喜剧名作《伪君子》、《吝啬鬼》在法国家喻户晓。剧中人物"答尔丢夫"在法国已成"伪善"的代名词,"阿巴公"在法语中也是"吝啬"的同义语。

18世纪,欧洲文学主流是启蒙文学,它为启蒙运动服务,是文艺复兴运动的继续和发展。启蒙主义文学成就最大的是英国、法国和德国的文学。英国是启蒙文学萌芽最早的国家,代表作有笛福的《鲁滨逊漂流记》。法国启蒙文学运动的代表作有伏尔泰的《老实人》、狄德罗的《修女》等。德国作家席勒的《阴谋与爱情》,充满了反对等级压迫、要求自由平等的启蒙思想。歌德的诗剧《浮士德》,歌颂了启蒙学者浮士德冲破封建意识束缚,不断追求、永不满足、自强不息的精神。他的另一部书信体小说《少年维特之烦恼》,曾在青年中产生过重大的影响。

19世纪初期,包括从1789年到1830年前后,欧洲浪漫主义文学风行一时。

德国是浪漫主义的诞生地。雅科布·格林和威廉·格林兄弟整理加工的《儿童家庭童话集》,即后来闻名世界的《格林童话集》,其中的《白雪公主》、《红帽小姑娘》等几乎家喻户晓。荷尔德林,古典浪漫派诗歌的先驱。代表作有《梅农为迪奥蒂玛哀叹》、《漫游》、《归乡》、《莱茵河》、《思念》、《人,诗意的栖居》等。被恩格斯称为"天才的预言家"的英国诗人雪莱的诗剧《解放了的普罗米修斯》是一首对未来人类生活的赞美诗。另一位英国大诗人拜伦,是欧洲积极浪漫主义文学的代表作家,长篇叙事诗《恰尔德·哈罗尔德游记》,是他最重要的作品。长诗塑造了以反抗、孤独、忧郁为特征的"拜伦式的英雄"。雨果是法国浪漫主义文学的旗手,他的理论和创作把浪漫主义文学推向了高峰,他的名著《巴黎圣母院》、《悲惨世界》,代表了浪漫主义小说的最高成就。浪漫主义在美国的盛行,使美国文学史上出现了第一次文学的繁荣。小说家霍桑的长篇小说《红字》、诗人惠特曼的诗集《草叶集》,是美国浪漫主义文学的不朽之作。

19世纪30年代以后,批判现实主义文学成为欧洲的文学主流,产生了批判现实主义文学的作家群,形成资产阶级文学创作的巅峰。由于社会历史条件不同,西欧、俄国、东北欧、美国的批判现实主义文学,各有其自身的特点。

法国是批判现实主义文学的发源地,产生了一大批世界级的作家。司汤达的

《红与黑》是法国第一部重要的批判现实主义作品。此后,巴尔扎克使法国的批判现实主义文学创作达到高峰。他的小说总集《人间喜剧》共91部(原计划写137部),以"编年史的方式"完整地反映了19世纪上半叶"法国社会的全部历史",在世界文学史上占据着崇高的地位。其中最著名的《高老头》、《欧也妮·葛朗台》、《纽沁根银行》、《幻灭》、《农民》等小说,深刻地展现了资产阶级取代贵族阶级的历史发展趋势,写出了资产阶级血腥的发家史和人与人之间赤裸裸的金钱关系。法国的批判现实主义作家作品还有左拉的《萌芽》,莫泊桑的短篇小说(其中《羊脂球》、《项链》、《我的叔叔于勒》等最为著名),罗曼·罗兰的《约翰·克利斯朵夫》等。19世纪七八十年代出现的巴黎公社文学,其中诗歌的数量最多,成就最大。公社最伟大的诗人是《国际歌》的作者欧仁·鲍狄埃。都德是19世纪法国著名的爱国作家,以普法战争为题材的《最后一课》、《柏林之围》,属于世界短篇小说中的名著。

英国在19世纪四五十年代后,出现了狄更斯、萨克雷、夏绿蒂·勃朗特和盖斯凯尔夫人等一批杰出的现实主义作家,他们的作品直接反映了英国资本主义社会的主要矛盾——劳资斗争。其主要作品分别有狄更斯的《匹克威克外传》、《雾都孤儿》、《大卫·科波菲尔》及短篇小说《穷人的专利权》等,夏绿蒂·勃朗特的《简·爱》,艾米莉·勃朗特的《呼啸山庄》,盖斯凯尔夫人的《玛丽·巴顿》,萨克雷的《名利场》等。托马斯·哈代是19世纪英国最突出的批判现实主义作家、诗人。长篇小说《德伯家的苔丝》是他的代表作。萧伯纳是英国现代剧的奠基人,他无情地揭露资产阶级的罪恶,代表作是《华伦夫人的职业》。

北欧各国有共同的文化传统和近代文学运动。19世纪下半期,北欧文学界以现实主义为主流,出现了许多世界闻名的大作家。丹麦的著名的儿童文学作家安徒生,他的童话创作享有世界声誉,一生写作童话160余篇。像《卖火柴的小女孩》、《皇帝的新装》、《丑小鸭》等,都表现了抑恶扬善、为贫苦人鸣不平的主题。挪威杰出的剧作家易卜生,是19世纪末以来最有独创性的世界戏剧大师,他的剧作以触及社会敏感话题、具有强烈批判精神的"社会问题剧"最为突出,其代表作是《玩偶之家》。

俄国文学在19世纪异常繁荣,作品琳琅满目,名家辈出,群星璀璨。

普希金是俄国伟大的诗人和作家,俄国批判现实主义文学的开创者,其代表作诗体长篇小说《叶甫盖尼·奥涅金》是俄国批判现实主义文学的奠基之作。小说成功地塑造了奥涅金这个"多余人"的形象。"多余人"是19世纪20年代俄国贵族青年中的一种典型人物,既不愿与旧世界同流合污,又脱离人民。著名诗人莱蒙托夫是普希金的继承者,长篇小说《当代英雄》是他探索现实主义创作道路的最高成就。而著名的理论家、文艺批评家别林斯基的文艺批评活动,则有力地推动了俄国批判现实主义文学的进一步繁荣。俄国19世纪40年代,在批判现实主义旗帜下成长起来的一大批作家,发表了许多著名作品。如屠格涅夫的《前夜》和《父与子》,冈察洛夫的《奥勃洛摩夫》,陀思妥耶夫斯基的《被侮辱与被损害的》、《罪与罚》、《白痴》等,车尔尼雪夫斯基的《怎么办?》,涅克拉索夫的长诗《严寒,通红的鼻子》、《谁在俄罗斯能过好日子》,果戈理的《钦差大臣》、《死魂灵》等。这些作品,都深刻地反映了俄国封建农奴制向资本主义过渡时期社会的腐败与丑恶,对被侮辱与被损害的小人物寄予了深厚的同情。

19世纪后期,列夫·托尔斯泰以《战争与和平》、《安娜·卡列尼娜》和《复活》三部巨著,把俄国批判现实主义文学推向最高峰,大大丰富了俄国文学和世界文学的宝库。列宁称托尔斯泰是"俄国革命的镜子",认为他的创作是"全人类艺术在发展中向前跨进的一步"。契诃夫是19世纪俄国最后一位杰出的批判现实主义巨匠。他一生共写了400多篇中、短篇小说,10余个剧本。短篇小说名著有《变色龙》、《套中人》、《苦恼》等,其戏剧方面的代表作是《樱桃园》。

美国的批判现实主义文学起步较晚。美国最早有批判和揭露倾向的小说是斯托夫人的《汤姆叔叔的小屋》。19世纪后期,欧·亨利是美国现代短篇小说的创始人,《麦琪的礼物》是其优秀的作品之一。杰克·伦敦在美国文学史上占有重要地位。长篇小说《马丁·伊登》是他的代表作,其著名的短篇小说有《热爱生命》、《墨西哥人》等。马克·吐温是19世纪后期美国批判现实主义文学的卓越代表。他的著名短篇小说有《败坏了赫德莱堡的人》、《百万英镑》以及长篇小说《哈克贝里·费恩历险记》等。

四、现代文学

现代文学一般是指20世纪文学。20世纪是人类历史上的一个动荡不安和急剧变化的时代。文学发展也是思潮迭起,流派繁多,并且相互渗透、彼此交叉,是文学多元化的时代。总览20世纪外国文学的发展,可分为四大板块:传统文学(即现实主义文学)、现代主义文学、拉美"文学爆炸"和社会主义文学。

社会主义文学,以苏联为代表。高尔基的长篇小说《母亲》是社会主义文学的奠基之作。其后,对后世产生重要影响的作品还有富尔曼诺夫的《恰巴耶夫》、绥拉菲摩维奇的《铁流》、法捷耶夫的《毁灭》、肖洛霍夫的《静静的顿河》、奥斯特洛夫斯基的《钢铁是怎样炼成的》、帕斯捷尔纳克的《日瓦戈医生》和索尔仁尼琴的《古拉格群岛》等。

传统文学主要是指20世纪的现实主义文学。在20世纪现实主义作家中,由于不同的创作风格与个性,大体上可以分成两种类型:一类偏重继承传统。像法国的罗曼·罗兰、马丁·杜伽尔、莫里亚克,英国的萧伯纳、高尔斯华绥、福斯特、威尔斯,德国的亨利希·曼、托马斯·曼、布莱希特、雷马克,美国的德莱塞、刘易斯、斯坦贝克等。另一类更重视创新。像英国的康拉德、劳伦斯,法国的纪德,德国的海塞,美国的海明威,意大利的皮兰德娄和瑞士的迪伦马特等。

现代主义文学是20世纪以反传统为基本特征的各种文学流派的总称。现代主义流派有大大小小数百个,其发源地不外乎法国、英国、德国、美国四大基地,而且由于文化竞争的剧烈和社会变迁的急剧,这些流派存在时间大多不长,极端不稳定是现代主义文学的一大特征。一般认为,美国作家爱伦·坡和法国诗人波德莱尔是现代主义文学的始祖,现代主义文学分别在一战前后和二战前夕到六七十年代形成两次高峰,重要的流派有后期象征主义、表现主义、意识流、存在主义、荒诞派戏剧等。

拉美各国有着两三百年的殖民地历史,文学基础薄弱,文学创作上多是对各宗主国的模仿。随着拉美各国民族解放运动的兴起,拉美文学也逐步走向独立。自20世纪以来,拉丁美洲的文学一方面努力挖掘本民族的文学传统,同时积极汲取西方文学的艺术精华,将古老的印第安人的文学传统与西方现代派文艺有机融合在一起,探索用幻觉、魔幻、神秘、梦境、怪诞等手法反映和描绘现实生活,逐渐风靡文坛,形成一股强大的文学潮流,从而创造出符合民族审美心理的新的文学样式——魔幻现实主义,促成了拉丁美洲"文学大爆炸"。魔幻现实主义是拉丁美洲文学对世界文学的一大重要贡献,大约形成于20世纪二三十年代,繁荣于五六十年代,涌现出一批令世界文坛为之赞叹的优秀作品与优秀作家,赢得了世界性的广泛赞誉。代表作家有墨西哥作家卡洛斯·富恩特斯,阿根廷作家胡利奥·科塔萨尔,哥伦比亚作家加西亚·马尔克斯、巴尔加斯·略萨。加西亚·马尔克斯的《百年孤独》是魔幻现实主义的代表作。

诗二首

[德国]荷尔德林

弗利德里希·荷尔德林(Friedrich Hölderlin,1770～1843),是德国也是世界最伟大、最优秀的诗人之一,古典浪漫派诗歌的先驱。他与古希腊悲剧诗人索福克勒斯、意大利诗人但丁、英国诗人弥尔顿并驾齐驱,其抒情诗的成就要高于歌德。

弗利德里希·荷尔德林是德国最深奥的诗人,在成熟期和晚期,他创作了大量史诗般的抒情诗,加入了大量古代希腊罗马神话,渗透了广泛的西方哲学、宗教和文化,内容博大精深,句型独特,善于运用借代和象征的表现手法和严重颠倒的语序,具有永恒的艺术魅力。代表作有《梅农为迪奥蒂玛哀叹》、《漫游》、《归乡》、《莱茵河》、《思念》等。

弗利德里希·荷尔德林的作品批判了德国的现状,表达了摆脱专制主义的理想。他主张新式的教育,提倡张扬个性和人的全面和谐的发展。作品多带有乌托邦色彩的古典主义的风格,同时又注重主观情感的抒发,流露出忧郁、孤独的情结,反映了理想和现实之间的矛盾,又具有浪漫主义的特色,在古典主义和浪漫主义之间架起了一座沟通的桥梁。诗人在他生前以及19世纪未被重视,到20世纪初他的作品的价值才被发现和认识,他的诗已达到登峰造极的地步,他不愧是一位巨匠。弗利德里希·荷尔德林的诗在我国的翻译以及研究,虽历经90多年,却仍然停留在起步阶段,需要几代人的不懈努力。

人,诗意的栖居

如果人生纯属辛劳,人就会
仰天而问:难道我
所求太多以至无法生存?是的。只要良善
和纯真尚与人心相伴,他就会欣喜地拿神性

来度测自己。神莫测而不可知？
神湛若青天？
我宁愿相信后者。这是人的尺规。
人充满劳绩，但还
诗意的安居于这块大地之上。我真想证明，
就连璀璨的星空也不比人纯洁，
人被称作神明的形象。
大地之上可有尺规？
绝无。

远景

当人的栖居生活通向远方，
在那里，在那遥远的地方，葡萄季节闪闪发光，
那也是夏日空旷的田野，
森林显现，带着幽深的形象。
自然充满着时光的形象，
自然栖留，而时光飞速滑行，
这一切都来自完美；于是，高空的光芒
照耀人类，如同树旁花朵锦绣。

文本解读

《人，诗意的栖居》这首诗，因海德格尔的哲学的阐释而让弗利德里希·荷尔德林不再被世人忽视，从而名闻天下，成为人们眼中最纯粹的诗人，是诗人的诗人。这首诗描绘了一个美好的梦想，透露出一缕理想的光辉，就像一汪人类渴求的清泉，唱响了一曲逍遥自由的生命赞歌，穿透了历史和未来的时光隧道。

这美好的憧憬，这高山流水般的情怀，这来自上天的神秘力量，震撼着人们贫乏的心灵。追慕才情之士，在文学艺术的田地里耕耘，用辛勤和文字筑起梦想的家园，洗涤心底所有的创伤。

"人，诗意的栖居"，它的含义是多层次多角度的，是人劳作地、诗意地、技术（巧）地、自由地、以审美化的人生态度居住在大地上。其中，以审美化的人生态度居住在大地上，是本真的人生境界，是最高的人生境界。这是一种宁静安详、快乐光明、自在乐观、淡泊宽容、开朗旷达、诗意理想的人生境界；这是一种超越生死的生命体验；这是生命的本真存在，是生命的终极追求，是"诗意的栖居"。超越生死是"诗意"，任由生死便是"栖居"。

人在超越时间、超越空间、超越生命的彻底觉悟和终极体验中，消除了矛盾和冲突，达到了和谐和永恒。生命从而去掉了世俗，就像"出污泥而不染"的荷花；像一首美妙的乐曲；像一只自由翱翔的雄鹰。在至真至善至美的终极存在中，人的生命的价值才能得到终极的确认和肯定。

《远景》这首诗是弗利德里希·荷尔德林为人类描绘的"诗意的栖居地"和"美好蓝

图",是世外桃源般的处所,令人神往的地方。在西洋,诗的现代化最早可以追溯到弗利德里希·荷尔德林,此诗有许多具有超前意识的思想,体现了现代思想的特征。如人与大自然的和谐统一;生命短暂,时光永恒;生命是一种过程;灵魂与现实的统一等等。在艰难困顿、颠沛流离的环境中,弗利德里希·荷尔德林始终坚守着他作为诗人歌者的信念和理想,他尽管物质贫乏,精神却富有,他用诗意的吟唱把爱和美丽的憧憬献给了全人类。人们甚至会思索这样的问题:到底是弗利德里希·荷尔德林这样伟大而不幸的诗人疯了,还是我们的时代更早更彻底地陷入了迷失和疯狂?

这两首诗韵律和谐,抒发了诗人强烈的情感,前者加入了内心独白的表现手法,后者是纯白描的表现手法,殊途同归,都给人留下了深深的遐思。

思考练习

1. 读了《人,诗意的栖居》这首诗,你怎样看待人生?
2. 读了《远景》这首诗,请你想象一下你的理想的居所,并把它写下来。
3. 选择一首你喜欢的荷尔德林的诗,并作理解赏析。

阅读链接

1. [德]弗利德里希·荷尔德林著,顾正祥译注:《荷尔德林诗选》(Hölderlin Werke und Briefe),北京大学出版社1994年版。
2. [德]弗利德里希·荷尔德林著,先刚译:《塔楼之诗》,同济大学出版社2004年版。
3. [德]弗利德里希·荷尔德林著,戴晖译:《荷尔德林文集》,商务印书馆1999年版。

美狄亚①(节选)

[古希腊]欧里庇得斯

欧里庇得斯(公元前485?～前406),是古希腊的雅典民主国家处于危机时期的悲剧作家。他出身贵族,从小受到良好的教育。他拥护民主政治,关注社会问题,热心哲学研究,深受无神论影响。其悲剧哲理性强,因而被称为"舞台上的哲学家"。晚年,由于攻击时弊,反对暴政,同情奴隶,而为统治者所不容,70岁移居马其顿,两年后客死在那里。传说欧里庇得斯一生写了92部剧本,只有6次得奖,流传至今的《美狄亚》《特洛亚妇女》等18部,是古希腊三大悲剧家中传世作品最多的一位,也是对后世影响最大的一位。

欧里庇得斯的悲剧反映了雅典奴隶主民主制衰落时期的社会现实和思想危机。他以沉重的笔触描绘出社会的黑暗以及人们在反抗不合理的现实时所付出的巨大代价,对妇女命运尤为关注,他的悲剧可看为最早的社会问题剧。

欧里庇得斯善于运用写实手法表现当时的生活,正如索福克勒斯所言:"(自己)按照人应该有的样子来描写,欧里庇得斯则按照人本来的样子来描写。"这种写实手法标志希腊悲剧的一大发展。他创作的另一特点是对人物心理刻画细腻深刻,因而又有"心理戏剧鼻祖"之称。

人物

(以选文中出场的人物为限)

伊阿宋——伊俄尔科斯国王埃宋的儿子,美狄亚的丈夫。
美狄亚——科尔喀斯国王埃厄忒斯的女儿,伊阿宋的妻子。
保傅——看管小孩的老仆人。
孩子二人——伊阿宋和美狄亚的儿子。
传报人——科任托斯人。
侍女数人——美狄亚的侍女。
歌队——由十五个科任托斯妇女组成。

布景

科任托斯城内美狄亚的住宅前院。

时代

英雄时代。

五　第二场

(伊阿宋来自观众右方上。)

伊阿宋　这已不是头一次,我时常都注意到坏脾气是一种不可救药的病。在你能够安静的听从统治者的意思住在这地方,住在这屋里的时候,你却说出了许多愚蠢的话,叫人驱逐出境。你尽管骂伊阿宋是个坏透了的东西,我倒不介意;哪知你竟骂起国王来了,你该想想,你只得到这种放逐的惩罚,倒是便宜了你呢。我曾竭力平息那愤怒的国王的怒气,希望你可以留在这里;可是你总是这样愚蠢,总是诽谤国王,活该叫人驱逐出去。即使在这种情形下,我依然不想对不住朋友,特别跑来看看你。夫人,我很关心你,恐怕你带着儿子出去受穷困,或是缺少点什么东西,因为放逐生涯会带来许多痛苦。你就是这样恨我,我对你也没有什么恶意。

美狄亚　坏透了的东西!——我可以这样称呼你,大骂你没有丈夫气——你还来见我吗?你这可恶的东西还来见我吗?你害了朋友,又来看她;这不是胆量,不是勇气,而是人类最大的毛病,叫做无耻。但是你来得正好,我可以当面骂你,解解恨;你听了会烦恼的。

　　且让我从头说起:那阿耳戈船上航海的希腊英雄全都知道,我父亲叫你驾上那喷火的牛,去耕种那危险的田地时,原是我救了你的命②;我还刺死了那一圈圈盘绕着的,昼夜不睡的看守着金羊毛的蟒蛇,替你高擎着救命之光③;只因为情感胜过了理智,我才背弃了父亲,背弃了家乡,跟着你去到珀利翁山下,去到伊俄尔科斯。我在那里害了珀利阿斯,叫他悲惨的死在他自己女儿的手里。我就这样替你解除了一切的忧患。

　　可是,坏东西,你得到了这些好处,居然出卖了我们,你已经有了两个儿子,却还要再娶一个新娘;若是你因为没有子嗣,再去求亲,倒还可以原谅。我再也不相信誓言了,你自己也觉得你对我破坏了盟誓!我不知道,是你认为神明再也不掌管这世界了呢,还是认为这人间已立下了新的律条?啊,我这只右手,你曾屡次握住它求我;啊,我这两个膝头,你曾屡次抱住它们祈求我,它们白白的让你这坏人抱过,真是辜负了我的心。

我姑且把你当做朋友,同你谈谈——可是我并不想你给我什么恩惠,只是想同你谈谈而已。我若是问起你这件事,你就会显得更可耻:我现在往哪里去呢?到底是回到我父亲家里,回到故乡呢,——我原是为了你的缘故,才抛弃了我父亲的家,——还是去到珀利阿斯的可怜的女儿的家里?我害死了她们的父亲,她们哪会不热烈的接待我住在她们家里?④事情是这样的:我家里的亲人全都恨我;至于那些我不应该伤害的人,也为了你的缘故,变成了我的仇人。因此,在许多希腊女人看来,你为了报答我的恩惠,倒给了我幸福呢!⑤我这可怜的女人竟把你当做一个可靠的,值得称赞的丈夫!我现在带着我的孩子出外流亡,孤苦伶仃,一个朋友都没有;——你在新婚的时候,倒可以得到一个漂亮的骂名,只因为你的孩子和你的救命恩人在外行乞流落!

啊,宙斯,为什么只给一种可靠的标记⑥,让凡人来识别金子的真伪,却不在那肉体上打上烙印,来辨别人类的善恶?

歌队长 当亲人和亲人发生了争吵的时候,这种气忿是多么可怕,多么难平啊!

伊阿宋 女人,我好像不应当同你对骂,而应当像一个船上的舵工,只用帆篷的边缘⑦,小心的避过你的叫嚣!你过分夸张了你给我的什么恩惠,我却认为在一切的天神与凡人当中,只有爱神才是我航海的救星⑧。可是你——你心里明白,只是不愿听我说出,听我说出厄洛斯怎样用那百发百中的箭逼着你救了我的身体⑨。我不愿把这事情说得太露骨了;不论你为什么帮助我,事情总算做得不错!可是你因为救了我,你所得到的利益反比你赐给我的恩惠大得多。我可以这样证明:首先,你从那野蛮地方来到希腊居住,知道怎样在公道与律条之下生活,不再讲求暴力;而且全希腊的人都听说你很聪明,你才有了名声!如果你依然住在大地的遥远的边界上,决不会有人称赞你。倘若命运不叫我成名,我就连我屋里的黄金也不想要了,我就连比俄耳甫斯⑩所唱的还要甜蜜的歌也不想唱了。这许多话只涉及我所经历过的艰难,这都是你挑起我来反驳的。

至于你骂我同公主结婚,我可以证明我这事情作得聪明,也不是为了爱情,对于你和你的儿子我够得上一个很有力量的朋友——请你安静一点。自从我从伊俄尔科斯带着这许多无法应付的灾难来到这里,除了娶国王的女儿外,我,一个流亡的人,还能够发现什么比这个更为有益的办法呢?这并不是因为我厌弃了你——你总是为这事情而烦恼——不是因为我爱上了这新娘,也不是因为我渴望多生一些儿子:我们的儿子已经够了。我并没有什么怨言。最要紧是我们得生活得像个样子,不至于太穷困——我知道谁都躲避穷人,不喜欢和他们接近。我还想把我的儿子教养出来,不愧他们生长在我这门第;再把你生的这两个儿子同他们未来的弟弟们合在一块儿,这样联络起来,我们就福气了。你也是为孩子着想的,我正好利用那些未来的儿子,来帮助我们这两个已经养活了的孩儿,难道我打算错了吗?若不是你叫嫉妒刺伤了,你决不会责备我的。你们女人只是这样想:如果你们得到了美满的姻缘,便认为万事已足;但是,如果你们的婚姻遭了什么不幸的变故,便把那一切至美的事情也看得十分可恨。愿人类有旁的方法生育,那么,女人就可以不存在,我们男人也就不至于受到痛苦。

歌队长 伊阿宋,你的话遮饰得再漂亮不过;可是,在我看来,——你听了虽然不痛快,我还是要说,——你欺骗了你妻子,对不住她。

美狄亚 我的见解和一般人往往不同:我认为凡是一个人作了什么不正当的事,反而说得头头是道,便应该遭到很严厉的惩罚,因为他自负他的口才能把一切罪过好好的遮饰起来,大胆的为非作歹;这种人算不得真正聪明。你现在不必再向我作得这样漂亮,说得这样好听,因为我一句话便可以把你问倒:如果你真的没有什么坏心,你就该先开导我,然后才结婚,不应该瞒着你的亲人。

伊阿宋 你到现在都还压不住你心里狂烈的怒火,那么,我若是当初把这事情告诉了你,你哪会好好的成全了我的婚姻?

美狄亚 并不是这个拦住了你,乃是因为你娶了个野蛮女子,到老来会使你羞愧。

伊阿宋 你现在很可以相信,我并不是为了爱情才娶了这公主,占了她的床榻;乃是想——正像我刚才所说的,——救救你,再生出一些和你这两个儿子作弟兄的,高贵的孩子,来保障我们的家庭。

美狄亚 我可不要那种痛苦的富贵生活和那种刺伤人的幸福。

伊阿宋 你知道怎样改变你的祈祷,使你变聪明一点吗?你快说,好事情对于你不再是痛苦,你走运的时候,也不再认为你的命运不好。

美狄亚 尽管侮辱吧!你自己有了安身地方,我却要孤苦伶仃的出外流落。

伊阿宋 你这是自取,怪不着旁人。

美狄亚 我作过什么事?我也曾娶了你,然后又欺骗了你吗?

伊阿宋 你说过一些不敬的话咒骂国王。

美狄亚 我并且是你家里的祸根!

伊阿宋 我不再同你争辩了。如果你愿意接受金钱上的帮助,作为你和你的儿子流亡时的接济,尽管告诉我,我一定很慷慨的赠给你,我还要送一些证物给我的朋友,他们会好好款待你。女人,如果你连这个都不愿意接受,未免就太傻了;你若能息怒,那自然对你更有好处。

美狄亚 我用不着你的朋友,也不接受你什么东西,你不必送给我,因为"一个坏人送的东西全没有用处"。

伊阿宋 我祈求神灵作证,我愿意竭力帮助你和你的儿子。可是你自己不接受这番好意,很顽固地拒绝了你的朋友,你要吃更多的苦头呢!

美狄亚 去你的!你正在想念你那新娶的女人,却还远远的离开她的闺房,在这里逗留。尽管同她结婚吧,但也许——只要有天意,——你会联上一个连你自己都愿意退掉的婚姻。(伊阿宋自观众右方下。)

十一 第五场

(保傅引两个孩子自观众右方上。)

保　　傅　我的主母,你的孩儿不至于被放逐了,那位公主新娘已经很高兴的亲手接受了你的礼物,从此你的儿子可以在宫中平安的住下去啦。

啊！当你的运气好转的时候,你怎么这样惊慌？为什么听了我的话,还不高兴？

美狄亚　哎呀！

保　　傅　这和我带来的消息太不协调了！

美狄亚　不由我不再叹一声！

保　　傅　是不是我报告了什么不幸的事情,连自己都不知道,反把它弄错了,当做好消息呢？

美狄亚　你报告了这样的消息,我并不怪你。

保　　傅　可是你为什么这样垂头丧气,还流着眼泪呢？

美狄亚　啊,老人家,我要痛哭,因为神明和我都怀着恶意,定下了这条毒计。

保　　傅　你放心,你的儿子会把你迎接回来的。

美狄亚　我这不幸的人倒要先把他们带回老家去。

保　　傅　这人间不只你一人才感到母子别离的痛苦,你既是凡人,就得忍耐这痛苦。

美狄亚　我就这样作吧。你进屋去,为孩子们准备日常用的东西。(保傅进屋。)

孩子们呀,孩子们！你们在这里有一个城邦,有一个家,你们永远离开这不幸的我,住在这里,你们会变作无母的孤儿。在我还没有享受到你们的孝敬之前,在我还没有看见你们享受幸福,还没有为你们预备婚前的沐浴,为你们迎接新娘,布置婚床,为你们高举火炬之前,我就将被驱逐出去,流落他乡。只因为我的性情太暴烈了,才这样受苦。啊,我的孩儿,我真是白养了你们,白受苦,白费力,白受了生产时的剧痛。我先前——哎呀！——对你们怀着很大的希望,希望你们养老,亲手装殓我的尸首,这都是我们凡人所羡慕的事情;但如今,这种甜蜜的念头完全打消了,因为我失去了你们,就要去过那艰难痛苦的生活;你们也就要去过另一种生活,不能再拿这可爱的眼睛来望着你们的母亲了。唉,唉！我的孩子,你们为什么拿这样的眼睛望着我？为什么向着我最后一笑！哎呀！我怎样办呢？朋友们,我如今看见他们这明亮的眼睛,我的心就软了！我决不能够！我得打消我先前的计划,我得把我的孩儿带出去。为什么要叫他们的父亲受罪,弄得我自己反受到这双倍的痛苦呢？这一定不行,我得打消我的计划——我到底是怎么了？难道我想饶了我的仇人,反招受他们的嘲笑吗？我得勇敢一些！我竟自这样脆弱,使我心里发生了这样软弱的思想！

我的孩儿,你们进屋去吧！(两个孩子进屋。)

那些认为不应当参加我这献祭的人尽管走开,我决不放松我的手！

(自语)哎呀呀！我的心呀,快不要这样作！可怜的人呀,你放了孩子,饶了他们吧！即使他们不能同你一块儿过活,但是他们毕竟还活在世上,这也好宽慰你啊！——不,凭那些住在下界的报仇神起誓,这一定不行,我不能让我的仇人侮辱我的孩儿！无论如何,他们非死不可！既然要死,我生了他们,就可以把他们杀死。命运既然这样注定了,便无法逃避。我知道得很清楚,那个公主新娘已经戴上那花冠,死在那袍子里了。我自己既然要走上这最不幸的道路,我就想这样同我的孩子告别:"啊,孩儿呀,快伸出,快伸出你们的右手,让母亲吻一吻!我的孩儿的这样可爱的手、可爱的嘴、这样高贵的形体、高贵的容貌!愿你们享福,——可是是在那个地方享福,因为你们在这里所有的幸福已被你们父亲剥夺了。我的孩儿的这样甜蜜的吻、这样细嫩的脸、这样芳香的呼吸!分别了,分别了!我不忍再看你们一眼!"——我的痛苦已经制伏了我;我现在才觉得我要作的是一件多么可怕的罪行,我的愤怒已经战胜了我的理智。

歌队长 我也曾多少次探索过那更微妙的思想,研究过那更严肃的争辩,那原不是我们女人所能讨论的。我们也有一位文化女神,她同我们作伴,给我们智慧;可是她并不和我们大家作伴,而是和少数人作伴,也许在一大群女人里头,只有一个同她在一起,但由此可见,我们女人并不是完全没有智慧的。我认为那些全然没有经验的人,那些从没有生过孩子的人,倒比那些作母亲的幸福得多,因为那些没有子女的人不懂得养育孩子是苦是乐,可以减少许多烦恼;我看见那些家里养着可爱的孩子的人一生忧愁;愁着怎样把孩子养得好好的,怎样给他们留下一些生活费,此后还不知他们辛辛苦苦养出来的孩子是好是坏。这人间还有一个最大的灾难我也要提提:就说他们的生活十分富裕,孩子们的身体也发育完成,他们为人又好;但是,如果命运这样注定,死神把孩子们的身体带到冥府去,那就完了!神明对我们凡人,在一切痛苦之上,又加上这种丧子的痛苦,这莫大的惨痛,这对他们又有什么好处呢?

美狄亚 朋友们,我等候消息已等了许久,我要看那宫中的事情到底是怎样结果的。看啊,我望见伊阿宋的仆人跑来了,他那喘吁吁的样子,好像他要报告什么很坏的消息。

(传报人自观众右方急上。)

传报人 美狄亚,快逃走呀,快逃走呀!切莫要留下一条航海的船,一辆陆行的车子!

美狄亚 什么事情发生了,要叫我逃走?

传报人 公主死了,她的父亲克瑞翁也叫你的毒药害了!

美狄亚 你报告了这最好的消息,从今后你就是我的恩人,我的朋友。

传报人 你说什么呀?夫人,我看你害了我们的王室,你听了这消息,不但不惊骇,反而这样高兴,你的神志是不是很清明?该没有错乱吧?

美狄亚 我自有理由回答你的话。请不要性急,朋友,告诉我,他们是怎样死的。如果他们死得很悲惨,你便能使我加倍的快乐。

传报人 当你那两个儿子随着他们父亲去到公主那里,进入新房的时候,我们这些同情你的痛苦的仆人很是高兴,因为那宫中立刻就传遍了消息,说你和你丈夫已经排解了旧日的争吵。有的人吻他们的手,有的人吻他们的金黄的卷发;我自己也乐得忘形,竟随着孩子们进入了那闺中。我们那位现在代替你的地位受人尊敬的主母,在她看见那两个孩子以前,她先向伊阿宋多情的飞了一眼!她随即看见孩子们进去,心里十分憎恶,忙盖上了她的眼睛,掉转了她那变白了的脸面。你的丈夫因此说出了下面的话,来平息那女人的怒气:"请不要对你的亲人发生恶感,快止住你的愤怒,掉过头来,承认你丈夫所承认的亲人。请你接受这礼物,转求你父亲,为了我的缘故,不要把孩子们驱逐出去。"她看见了那两件衣饰,便不能自主,完全答应她丈夫的请求。当你的孩子和他们的父亲离开那宫廷,还没有走得很远的时候,她便把那件彩色的袍子拿起来穿在身上,更把那金冠戴在卷发上,对着明镜理理她的头发,自己笑她那懒洋洋的形影。她随即从宝座上站了起来,拿她那雪白的脚很娇娆的在房里踱来踱去,十分满意于这两件礼物,并且频频注视那直伸的脚背。

  这时候我看见了那可怕的景象,看见她忽然变了颜色,站立不稳,往后面倒去,她的身体不住的发抖,幸亏是倒在那座位上,没有倒在地下。那里有一个老仆人,她认为也许是山神潘,或是一位别的神在发怒,大声的呼唤神灵!等到她看见她嘴里吐白沫,眼里的瞳孔向上翻,皮肤上没有了血色,她便大声痛哭起来,不再像刚才那样叫喊。立刻就有人去到她父亲的宫中,还有人去把新娘的噩耗告诉新郎,全宫中都回响着很沉重的,奔跑的声音。约莫一个善走的人绕过那六百尺的赛跑场,到达终点的工夫,那可怜的女人便由闭目无声的状态中苏醒过来,发出可怕的呻吟,因为那双重的痛苦正向着她进袭:她头上戴着的金冠冒出了惊人的,毁灭的火焰;那精致的袍子,你的孩子献上的礼物,更吞噬了那可怜人的细嫩的肌肤。她被火烧伤,忽然从座位上站起来逃跑,时而这样,时而那样摇动她的头发,想摇落那花冠;可是那金冠越抓越紧,每当她摇动她的头发的时候,那火焰反加倍的旺了起来。她终于给恶运克服了,倒在地下,除了她父亲而外,谁都难于认识她,因为她的眼睛已不像样,她的面容也已不像人,血与火一起从她头上流了下来,她的肌肉正像松脂泪似的,一滴滴的叫毒药的看不见的嘴唇从她的骨骼间吮了去,这真是个可怕的景象!谁都怕去接触她的尸体,因为她所遭受的痛苦便是个很好的警告。

  她的父亲——那可怜的人——还不知道这一场祸事。这时候他忽然跑进房里,跌倒在她的尸体上。他立刻就惊喊起来,双手抱住那尸身,同她接吻,并且这样嚷道:"我的可怜的女儿呀!是哪一位神明这样侮辱的害了你?是哪一位神明使我这行将就木的老年人失去了你这女儿?哎呀,我的孩儿,我同你一块儿死吧!"等他止住了这悲痛的呼声,他便想立起那老迈的身体来,哪知竟会粘在那精致的袍子上,就像常春藤的卷须缠在桂树上一样。这简直是一种可怕的角斗:一个想把膝头立起来,一个却紧紧的胶住不放;他每次使劲往上拖,那老朽的肌肉便从他的骨骼上分裂了下来。最后这不幸的人也死了,断了气,因为他再也不能忍受这痛苦了。女儿同老父的尸首躺在一块儿——这样的灾难真叫人流泪!

  关于你的事,我没有什么可说的,因为你自己知道怎样逃避惩罚。这不是我第一次把人生看作幻影;这人间没有一个幸福的人;有的人财源滚滚,虽然比旁人走运一些,但也不是真正有福。(传报人自观众右方下。)

歌队长 看来神明要在今天叫伊阿宋受到许多苦难,在他是咎由自取。

美狄亚 朋友们,我已经下了决心,马上就去作这件事情:杀掉我的孩子再逃出这地方。我决不耽误时机,决不抛撇我的孩儿,让他们死在更残忍的手里。我的心啊,快坚强起来!为什么还要迟疑,不去作这可怕的,必须作的坏事!啊,我这不幸的手呀,快拿起,拿起宝剑,到你的生涯的痛苦的起点上去,不要畏缩,不要想念你的孩子多么可爱,不要想念你怎样生了他们,在这短促的一日之间暂且把他们忘掉,到后来再哀悼他们吧。他们虽是你杀的,你到底也心疼他们!——啊,我真是个苦命的女人!(美狄亚偕众侍女进屋。)

注释

①本文选自罗念生译《美狄亚》,载《欧里庇得斯悲剧二种》,人民文学出版社,1959年。

②科尔喀斯国王不愿意把金羊毛交给伊阿宋,因此叫他先去驾上那喷火的牛来犁土,再把龙牙种下去。那龙牙却变成了许多武士,他们攻击伊阿宋。美狄亚曾用一种油膏涂在伊阿宋身上,使他不致被火烧伤,她又叫他掷了一块石头到那些武士当中,于是他们便自相残杀而死。

③有人把这"光"字解作那逃走的早上的晨光。美狄亚是一个巫女,她能叫日月升沉。据说美狄亚并不曾刺死那看守金羊毛的蟒蛇,只是把它迷住,叫它熟睡。

④这是反话。

⑤这是反话。

⑥指用试金石测验黄金时所得的颜色。

⑦船遇暴风,便把帆卷起来,只用那顶上的边缘,甚至把桅杆放下来,免得整个帆及桅杆承受风力,使船颠簸。

⑧"爱神"原作"库普里斯",那是爱神阿佛洛狄忒的别名,由库普洛斯(旧译作"塞浦路斯")岛名变来的,据说爱神是在那里生的。伊阿宋在这儿回答美狄亚的话(自"那阿耳戈"起至"救命之光"止)。美狄亚曾说原是她救了伊阿宋的性命,但伊阿宋却说是爱情逼着美狄亚救了他。据说赫拉曾命令爱神打发厄洛斯去叫美狄亚同伊阿宋相爱。

⑨厄洛斯是爱神阿佛洛狄忒的儿子,他用箭射人,使他发生爱情。

⑩俄耳甫斯为希腊神话里著名的音乐大师与诗人。

⑪原意是"有节制",意即伊阿宋对爱情有节制,他并没有爱上公主。

⑫伊阿宋的回答和美狄亚的责问一般长短,这是模仿雅典法庭上的习惯。

⑬这是反话。原作"我相信,你倒会好好的成全我的婚姻呢"。

⑭这意义不很明白,有人解作:这种娶外国女人的浪漫行为是年轻人作的事,可是一个人到老来还有这样一个妻子,便不受人尊重。

⑮美狄亚把自己比作男人。

⑯据说古希腊的客人受了东道主的款待,愿留一个纪念时,可将一个羊跖骨(俗名羊拐子)劈成两片,各存一片,以后相遇时,将骨片一合,两人又成宾主。伊阿宋拟把一些骨片交给美狄亚保存,把另一些送交他的朋友们,这样托他们款待美狄亚。

⑰大概是一句谚语。

⑱保傅原以为他的消息能讨美狄亚喜欢。美狄亚却想到事情快成功了,她就要杀她的儿子,因此在这前面的对话里不住地悲叹。

⑲暗指她要把她的儿子送到下界去,保傅却以为美狄亚要把她的儿子带回伊俄尔科斯去。

⑳古希腊的新妇和新郎于结婚日要用泉水沐浴。
㉑古希腊人于夜里前往迎亲,沿途用火炬照明。
㉒双关语,在孩子们听来是指宫廷的生活,在观众听来却是指下界的生活。
㉓这本是献祭时的口令,叫那些有罪的或敌对的人离开祭坛。
㉔美狄亚本想饶了孩子,让他们住在科任托斯;这时她忽然想起,他们就是留下来也活不成,因为克瑞翁的族人一定会杀害他们,倒不如她亲自把他们杀了,免得落在仇人手里。
㉕指流亡的道路与罪恶的道路。
㉖"那个地方"暗指冥府。
㉗意即不要扔下不用。或解作不要下船或下车。
㉘意即用袍子盖上。
㉙古希腊人无法表示一个极短的时间,诗人因此用竞走所需的时间来表示。古希腊的赛跑场长600希腊尺(约合184米),转弯处立有一根石柱。一个来回要走两分钟左右。

文本解读

《美狄亚》是欧里庇得斯的代表作之一。悲剧是以英雄伊阿宋的传说为题材。伊俄尔科斯国王的儿子伊阿宋为了夺回应得的王位,不得不去盗取科尔喀斯国宝金羊毛。科尔喀斯国王的女儿美狄亚以失掉亲人、背井离乡为代价帮助伊阿宋盗取了金羊毛,并嫁给了伊阿宋,定居异邦科任托斯,还为伊阿宋生了两个儿子。然而伊尔宋却背叛盟誓,抛弃美狄亚,一心要另娶科任托斯国的公主格劳刻为妻。悲剧开始时,美狄亚已被抛弃,并将被科任托斯国王克瑞翁驱逐出境,悲愤至极的美狄亚决心复仇。在伊阿宋举行婚礼时,她让两个儿子送去有毒的礼服,害死了新娘和科任托斯国王。为了惩罚伊阿宋,也为了儿子免遭报复,美狄亚在极度痛苦和矛盾中杀死了自己的两个儿子,然后乘龙车离去。

由于欧里庇得斯生活在雅典民主制政治濒临崩溃的时代,社会矛盾重重,公正、信义、盟誓,这些传统的美德已不见了踪迹。欧里庇得斯借歌颂英雄的古老故事来揭露社会矛盾,通过美狄亚之口谴责社会罪恶,控诉古希腊妇女的悲惨的命运。在《美狄亚》中,英雄伊阿宋变成一个卑劣的小人,温柔多情的少女美狄亚成了令人同情的残酷的复仇者。美狄亚绝望地呐喊:"在一切有理智、有灵性的生物当中,我们女人算是最不幸的。"把悲剧的根源直指社会。剧中美狄亚与伊阿宋的冲突,已不再是传统悲剧中人与命运的冲突,而是危机时代激烈的人与人、人与社会的斗争。

本剧另一鲜明特色是深刻细腻的心理刻画。剧中重点描写了美狄亚在复仇与母爱的煎熬中痛苦地抉择,通过多层次的细腻描写,展现了一个绝望母亲的挣扎和反抗,震撼人心,催人泪下。

思考练习

1. 正确解读美狄亚的杀子与复仇。
2. 试析美狄亚杀子复仇的心理冲突。

阅读链接

[古希腊]欧里庇得斯著,罗念生译:《欧里庇得斯悲剧二种》,人民文学出版社1959年出版。

哈姆莱特(节选)

[英国]莎士比亚

  莎士比亚(1564～1616),英国文艺复兴时期戏剧家、诗人。生于商人家庭,从小爱好戏剧。少年时代曾在文法学校学习古代语言和文学。20岁到伦敦谋生,当过剧场杂差、演员、编剧等。一生著作甚多,留存剧本37部、长诗2首、十四行诗154首。主要作品有:历史剧《理查三世》、《亨利四世》;讽刺喜剧《威尼斯商人》、《皆大欢喜》、《仲夏夜之梦》、《第十二夜》等;悲剧《罗密欧与朱丽叶》、《哈姆莱特》、《奥赛罗》、《李尔王》、《麦克白》等。

  莎士比亚是英国文艺复兴时期最杰出的诗人和剧作家,也是文学史上最伟大的作家之一。他的作品广泛而深刻地反映了英国封建制度衰落前资本原始积累时期的社会面貌,谴责封建主义罪恶,批判了资本主义发展初期的金钱至上与利己主义,完美地表达了人文主义理想,具有强烈的时代精神。他塑造了众多的典型形象,人物个性鲜明,情节丰富生动,语言精练活泼,讽刺富有诗意。有"英国戏剧之父"之称。为现代戏剧开创了范例,对欧洲文学和戏剧的发展有深远的影响。

人物

哈姆莱特:丹麦王子,悲剧的中心人物
波洛涅斯:御前大臣
奥菲利娅:波洛涅斯之女,哈姆莱特的恋人
王后:哈姆莱特之母

第三幕

第一场　城堡中一室

(国王、王后、波洛涅斯、奥菲利娅、罗森格兰兹及吉尔登斯吞上)

国　王　你们不能用迂迴婉转的方法,探出他为什么这样神魂颠倒,让紊乱而危险的疯狂困扰他的安静的生活吗?

罗森格兰兹　他承认他自己有些神经迷惘,可是绝口不肯说为了什么缘故。

吉尔登斯吞　他也不肯虚心接受我们的探问;当我们想要引导他吐露他自己的一些真相的时候,他总是用假作痴呆的神气故意回避。

王　后　他对待你们还客气吗?

罗森格兰兹　很有礼貌。

吉尔登斯吞　可是不大自然。

罗森格兰兹　他很吝惜自己的话,可是我们问他话的时候,他回答起来却是毫无拘束。

王　后　你们有没有劝诱他找些什么消遣?

罗森格兰兹　娘娘,我们来的时候,刚巧有一班戏子也要到这儿来,给我们赶到了;我们把这消息告诉了他,他听了好像很高兴。现在他们已经到了宫里,我想他已经吩咐他们今晚为他演出了。

波洛涅斯　一点不错;他还叫我来请两位陛下同去看看他们演得怎样哩。

国　王　那好极了,我非常高兴听见他在这方面感到兴趣。请你们两位还要更进一步鼓起他的兴味,把他的心思转移到这种娱乐上面。

罗森格兰兹　是,陛下。(罗森格兰兹、吉尔登斯吞同下)

国　王　亲爱的乔特鲁德,你也暂时离开我们;因为我们已经暗中差人去唤哈姆莱特到这儿来,让他和奥菲利娅见见面,就像他们偶然相遇一般。她的父亲跟我两人将要权充一下密探,躲在可以看见他们却不能被他们看见的地方,注意他们会面的情形,从他的行为上判断他的疯病究竟是不是因为恋爱上的苦闷。

王　后　我愿意服从您的意旨。奥菲利娅,但愿你的美貌果然是哈姆莱特疯狂的原因;更愿你的美德能够帮助他恢复原状,使你们两人都能安享尊荣。

奥菲利娅　娘娘,但愿如此。(王后下)

波洛涅斯　奥菲利娅,你在这儿走走。陛下,我们就去躲起来吧。(向奥菲利娅)你拿这本书去读,他看见你这样用功,就不会疑心你为什么一个人在这儿了。人们往往用至诚的外表和虔敬的行动,掩饰一颗魔鬼般的内心,这样的例子是太多了。

国　王　(旁白)啊,这句话是太真实了!它在我的良心上抽了多么重的一鞭!涂脂抹粉的娼妇的脸,还不及掩藏在虚伪的言辞后面的我的行为更丑恶。难堪的重负啊!

波洛涅斯　我听见他来了。我们退下去吧,陛下。(国王及波洛涅斯下)

(哈姆莱特上)

哈姆莱特　生存还是毁灭,这是一个值得考虑的问题;默然忍受命运的暴虐的毒箭,或是挺身反抗人世的无涯的苦难,通过斗争把它们扫清,这两种行为,哪一种更高贵?死了,睡着了,什么都完了;要是在这一种睡眠之中,我们心头的创痛,以及其他无数血肉之躯所不能避免的打击,都可以从此消失,那正是我们求之不得的结局。死了,睡着了;睡着了也许还会做梦。嗯,阻碍就在这儿:因为当我们摆脱了这一具朽腐的皮囊以后,在那死的睡眠里,究竟将要做些什么梦,那不能不使我们踌躇顾虑。人们甘心久困于患难之中,也就是为了这个缘故。谁愿意忍受人世的鞭挞和讥嘲、压迫者的凌辱、傲慢者的冷眼、被轻蔑的爱情的惨痛、法律的迁延、官吏的横暴和费尽辛勤所换来的小人的鄙视,要是他只要用一柄小小的刀子,就可以清算他自己的一生?谁愿意负着这样的重担,在烦劳的生命的压迫下呻吟流汗,倘不是因为惧怕不可知的死后,惧怕那从来不会有一个旅人回来过的神秘之国,是它迷惑了我们的意志,使我们宁愿忍受目前的磨折,不敢向我们所不知道的痛苦飞去?这样,重重的顾虑使我们全变成了懦夫,决心的赤热的光彩,被审慎的思维盖上了一层灰色,伟大的事业在这一种考虑之下,也会逆流而退,失去了行动的意义。且慢!美丽的奥菲利娅!——女神,在你的祈祷之中,不要忘记替我忏悔我的罪孽。

奥菲利娅　我的好殿下,你这许多天来贵体安好吗?

哈姆莱特　谢谢你,很好,很好,很好。

奥菲利娅　殿下,我有几件您送给我的纪念品,我早就想把它们还给您,请您现在收回去吧。

哈姆莱特　不,我不要;我从来没有给你什么东西。

奥菲利娅　殿下,我记得很清楚您把它们送给了我,那时候您还向我说了许多甜言蜜语,使这些东西格外显得贵重;现在它们的芳香已经消散,请您拿回去吧,因为在有骨气的人看来,送礼的人要是变了心,礼物虽贵,也会失去了价值。拿去吧,殿下。

哈姆莱特　哈哈!你贞洁吗?

奥菲利娅　殿下!

哈姆莱特　你美丽吗?

奥菲利娅　殿下是什么意思?

哈姆莱特　要是你既贞洁又美丽,那么你的贞洁应该断绝跟你的美丽来往。

奥菲利娅　殿下,难道美丽除了贞洁以外,还有什么更好的伴侣吗?

哈姆莱特　嗯,真的,因为美丽可以使贞洁变成淫荡,贞洁却未必能使美丽受它自己的感化;这句话从前像是怪诞之谈,可是现在时间已经把它证实了。我的确曾经爱过你。

奥菲利娅　真的,殿下,你曾经使我相信您爱我。

哈姆莱特　你当初就不应该相信我,因为美德不能熏陶我们罪恶的本性。我没有爱过你。

奥菲利娅　那么我真是受了骗了。

哈姆莱特　进尼姑庵去吧!为什么你要生一群罪人出来呢?我自己还不算是一个顶坏的人,可是我可以指出我的许多过失;一个人有了那些过失,他的母亲还是不要生下他来的好。我很骄傲,有仇必报,富于野心,我的罪恶是那么多,连我的思想也容纳不下,我的想象也不能给它们形象,甚至于我都没有充分的时间可以把它们实行出来。像我这样的家伙,匍匐于天地之间,有什么用处呢?我们都是些十足的坏人,一个也不要相信我们。进尼姑庵去吧。你的父亲呢?

奥菲利娅　在家里,殿下。

哈姆莱特　把他关起来,让他只好在家里发发傻劲。再会!

奥菲利娅　哎哟,天哪!救救他!

哈姆莱特　要是你一定要嫁人,我就把这一个诅咒送给你做嫁妆:尽管你像冰一样坚贞,像雪一样纯洁,你还是逃不过谗人的诽谤。进尼姑庵去吧,去,再会!或者要是你必须嫁人的话,就嫁给一个傻瓜吧;因为聪明人都明白你们会叫他们变成怎样的怪物。进尼姑庵去吧,去!越快越好。再会!

奥菲利娅 天上的神明啊,让他清醒过来吧!

哈姆莱特 我也知道你们会怎样涂脂抹粉;上帝给了你们一张脸,你们又替自己另外造了一张。你们烟视媚行,淫声浪气,替上帝造下的生物乱取名字,卖弄你们不懂事的风骚。算了吧,我再也不敢领教了,它已经使我发了狂。我说,我们以后再不要结什么婚了;已经结过婚的,除了一个人以外,都可以让他们活下去;没有结婚的不准再结婚,进尼姑庵去吧,去。(下)

奥菲利娅 啊,一颗多么高贵的心是这样陨落了!朝臣的眼睛、学者的辩舌、军人的利剑、国家所瞩望的一朵娇花;时流的明镜、人伦的雅范、举世瞩目的中心,这样无可挽回地陨落了!我是一切妇女中间最伤心而不幸的,我曾经从他音乐一般的盟誓中吮吸芬芳的甘蜜,现在却眼看着他的高贵无上的理智,像一串美妙的银铃失去了谐和的音调,无比的青春美貌,在疯狂中凋谢!啊!我好苦,谁料过去的繁华,变作今朝的泥土!(退后)

(国王及波洛涅斯重上)

国　王 恋爱!他的精神错乱不像是为了恋爱;他说的话虽然有些颠倒,也不像是疯狂。他有些什么心事盘踞在他的灵魂里,我怕它也许会产生危险的结果。为了防止万一,我已经当机立断,决定了一个办法:他必须立刻到英国去,向他们追索延宕未纳的贡物;也许他到海外各国游历一趟以后,时时变换的环境,可以替他排解去这一桩使他神思恍惚的心事。你看怎么样?

波洛涅斯 那很好,可是我相信他的烦闷的根本原因,还是为了恋爱上的失意。啊,(奥菲莉娅趋前)奥菲利娅!你不用告诉我们哈姆莱特殿下说些什么话,我们全都听见了。陛下,照您的意思办吧;可是您要是认为可以的话,不妨在戏剧终场以后,让他的母后独自一人跟他在一起,恳求他向她吐露他的心事;她必须很坦白地跟他谈谈,我就找一个所在听他们说些什么。要是她也探不出他的秘密来,您就叫他到英国去,或者凭着您的高见,把他关禁在一个适当的地方。

国　王 就这样吧。大人物的疯狂是不能听其自然的。(同下)

第四场　王后寝宫

(王后及波洛涅斯上)

波洛涅斯 他就要来了。请您把他着实教训一顿,对他说他这种狂妄的态度,实在叫人忍无可忍,倘没有您娘娘替他居中回护,王上早已对他大发雷霆了。我就悄悄地躲在这儿。请您对他讲得着力一点。

哈姆莱特 (在内)母亲,母亲,母亲!

王　后 都在我身上,你放心吧。下去吧,我听见他来了。(波洛涅斯匿帷后)

(哈姆莱特上)

哈姆莱特 母亲,您叫我有什么事?

王　后 哈姆莱特,你已经大大得罪了你的父亲啦。

哈姆莱特 母亲,您已经大大得罪了你的父亲啦。

王　后 来,来,不要用这种胡说八道的话回答我。

哈姆莱特 去,去,不要用这种胡说八道的话问我。

王　　后　啊,怎么,哈姆莱特!

哈姆莱特　现在又是什么事?

王　　后　你忘记我了吗?

哈姆莱特　不,凭着十字架起誓,我没有忘记你。你是王后,你的丈夫的兄弟的妻子,你又是我的母亲——但愿你不是!

王　　后　哎哟,那么我要去叫那些会说话的人来跟你谈谈了。

哈姆莱特　来,来,坐下来,不要动;我要把一面镜子放在你的面前,让你看一看你自己的灵魂。

王　　后　你要干么呀?你不是要杀我吗?救命!救命呀!

波洛涅斯　(在帏后)喂!救命!救命!救命!

哈姆莱特　(拔剑)怎么!是哪一个鼠贼?准是不要命了,我来结果你。(以剑刺穿帏幕)

波洛涅斯　(在帏后)啊!我死了!

王　　后　哎哟!你干了什么事啦?

哈姆莱特　我也不知道;那不是国王吗?

王　　后　啊,多么鲁莽残酷的行为!

哈姆莱特　残酷的行为!好妈妈,简直就跟杀了一个国王再去嫁给他的兄弟一样坏。

王　　后　杀了一个国王!

哈姆莱特　嗯,母亲,我正是这样说。(揭帏见波洛涅斯)你这倒运的、粗心的、爱管闲事的傻瓜,再会!我还以为是一个在你上面的人哩。也是你命不该活;现在你可知道爱管闲事的危险了。——别尽扭着你的手。静一静,坐下来,让我扭你的心;你的心倘不是铁石打成的,万恶的习惯倘不曾把它硬化得透不进一点感情,那么我的话一定可以把它刺痛。

王　　后　我干了些什么错事,你竟敢这样肆无忌惮地向我摇唇弄舌?

哈姆莱特　你的行为可以使贞节蒙污,使美德得到了伪善的名称;从纯洁的恋情的额上取下娇艳的蔷薇,替它盖上一个烙印;使婚姻的盟约变成博徒的誓言一样虚伪。啊!这样一种行为,简直使盟约成为一个没有灵魂的躯壳,神圣的婚礼变成一串诡妄的狂言;苍天的脸上也为它带上羞色,大地因为痛心这样的行为,也罩上满面的愁容,好像世界末日就要到来一般。

王　　后　唉!究竟是什么极恶重罪,你把它说得这样惊人呢?

哈姆莱特　瞧这一幅图画,再瞧这一幅;这是两个兄弟的肖像。你看这一个的相貌多么高雅优美:太阳神的鬈发,天神的前额,像战神一样威风凛凛的眼睛,像降落在高吻穹苍的山巅的神使一样矫健的姿态;这一个完善卓越的仪表,真像每一个天神都会在那上面打下印记,向世界证明这是一个男子的典型。这是你从前的丈夫。现在你再看这一个:这是你现在的丈夫,像一株霉烂的禾穗,损害了他的健硕的兄弟。你有眼睛吗?你甘心离开这一座大好的高山,靠着这荒野生活吗?嘿!你有眼睛吗?你不能说那是爱情,因为在你的年纪,热情已经冷淡下来,变驯服了,肯听从理智的判断;什么理智愿意从这么高的地方,降落到这么低的所在呢?知觉你当然是有的,否则你就不会有行动;可是你那知觉也一定已经麻木了。因为就是疯人也不会犯那样的错误，无论怎样丧心病狂，总不会连这样悬殊的差异都会辨不出来。那么是什么魔鬼蒙住了你的眼睛，把你这样欺骗呢？有眼睛而没有触觉、有触觉而没有视觉、有耳朵而没有眼或手、只有嗅觉而别的什么都没有，甚至只剩下一种官觉还出了毛病，也不会糊涂到你这步田地。羞啊！你不觉得惭愧吗？要是地狱中的孽火可以在一个中年妇人的骨髓里煽起了蠢动，那么在青春的烈焰中，让贞操像蜡一样融化了吧。当无法阻遏的情欲大举进攻的时候，用不着喊什么羞耻了，因为霜雪都会自动燃烧，理智都会做情欲的奴隶呢。

王　　后　啊，哈姆莱特！不要说下去了！你使我的眼睛看进了我自己灵魂的深处，看见我灵魂里那些洗拭不去的黑色的污点。

哈姆莱特　嘿，生活在汗臭垢腻的眠床上，让淫邪熏没了心窍，在污秽的猪圈里调情弄爱——

王　　后　啊，不要再对我说下去了！这些话像刀子一样戳进我的耳朵里；不要说下去了，亲爱的哈姆莱特！

哈姆莱特　一个杀人犯，一个恶徒，一个不及你前夫二百分之一的庸奴，一个冒充国王的丑角，一个盗国窃位的扒手，从架子上偷下那顶珍贵的王冠，塞在自己的腰包里！

王　　后　别说了！

哈姆莱特　一个下流褴褛的国王——

（鬼魂上）

哈姆莱特　天上的神明啊，救救我，用你们的翅膀覆盖我的头顶！——陛下英灵不昧，有什么见教？

王　　后　哎哟，他疯了！

哈姆莱特　您不是来责备您的儿子不该消磨时间和热情，把您煌煌的命令搁在一旁，耽误了应该做的大事吗？啊，说吧！

鬼　　魂　不要忘记。我现在是来磨砺你的快要蹉跎下去的决心。可是瞧！你的母亲那副惊愕的表情。啊，快去安慰安慰她的正在交战中的灵魂吧！最柔弱的人最容易受幻想的激动。去对她说话，哈姆莱特。

哈姆莱特　你怎么啦，母亲？

王　　后　唉！你怎么啦？为什么你把眼睛睁视着虚无，向空中喃喃说话？你的眼睛里射出狂乱的神情；像熟睡的兵士突然听到警号一般，你的整齐的头发一根根都像有了生命似的竖立起来。啊，好儿子！在你的疯狂的热焰上，浇洒一些清凉的镇静吧！你瞧什么？

哈姆莱特　他，他！您瞧，他的脸色多么惨淡！看见了他这一种形状，要是再知道他所负的沉冤，即使石块也会感动的。——不要瞧着我，免得你那种可怜的神气反会妨碍我的冷酷的决心；也许我会因此而失去勇气，让挥泪代替了流血。

王　　后　你这番话是对谁说的？

哈姆莱特　您没有看见什么吗？

王　　后　什么也没有。要是有什么东西在那边，我不会看不见的。

哈姆莱特　您也没有听见什么吗?

王　　后　不,除了我们两人的说话以外,我什么也没有听见。

哈姆莱特　啊,您瞧!瞧,它悄悄地去了!我的父亲,穿着他生前所穿的衣服!瞧!他就在这一刻,从门口走出去了!(鬼魂下)

王　　后　这是你脑中虚构的意象;一个人在心神恍惚之中,最容易发生这种幻妄的错觉。

哈姆莱特　心神恍惚!我的脉搏跟您的一样,在按着正常的节奏跳动哩。我所说的并不是疯话;要是您不信,不妨试试,我可以把话一字不漏地复述一遍,一个疯人是不会记忆得那样清楚的。母亲,为了上帝的慈悲,不要自己安慰自己,以为我这一番说话,只是出于疯狂,不是真的对您的过失而发;那样的思想不过是骗人的油膏,只能使您溃烂的良心上结起一层薄膜,那内部的毒疮却在底下愈长愈大。向上天承认您的罪恶吧,忏悔过去,警戒未来;不要把肥料浇在莠草上,使它们格外蔓延起来。原谅我这一番正义的劝告;因为在这种万恶的时世,正义必须向罪恶乞恕,它必须俯首屈膝,要求人家接纳他的善意的箴规。

王　　后　啊,哈姆莱特!你把我的心劈成两半了!

哈姆莱特　啊!把那坏的一半丢掉,保留那另外的一半,让您的灵魂清净一些。晚安!可是不要上我叔父的床;即使您已经失节,也得勉力学做一个贞节妇人的样子。习惯虽然是一个可以使人失去羞耻的魔鬼,但是它也可以做一个天使,对于勉力为善的人,它会用潜移默化的手段,使他弃恶从善。您要是今天晚上自加抑制,下一次就会觉得这一种自制的功夫并不怎样为难,慢慢地就可以习以为常了;因为习惯简直有一种改变气质的神奇的力量,它可以制服魔鬼,并且把他从人们心里驱逐出去。让我再向您道一次晚安;当您希望得到上天祝福的时候,我将求您祝福我。至于这一位老人家,(指波洛涅斯)我很后悔自己一时鲁莽把他杀死;可是这是上天的意思,要借着他的死惩罚我,同时借着我的手惩罚他,使我成为代天行刑的凶器和使者。我现在先去把他的尸体安顿好了,再来承担这个杀人的过咎。晚安!为了顾全母子的恩慈,我不得不忍情暴戾;不幸已经开始,更大的灾祸还在接踵而至。再有一句话,母亲。

王　　后　我应当怎么做?

哈姆莱特　我不能禁止您不再让那肥猪似的僭王引诱您和他同床,让他拧您的脸,叫您做他的小耗子;我也不能禁止您因为他给了您一两个恶臭的吻,或是用他万恶的手指抚摩您的颈项,就把您所知道的事情一起说了出来,告诉他我实在是装疯,不是真疯。您应该让他知道;因为哪一个美貌聪明懂事的王后,愿意隐藏着这样重大的消息,不去告诉一只蛤蟆、一只蝙蝠、一只老雄猫知道呢?不,虽然理性警告您保守秘密,您尽管学那寓言中的猴子,因为受了好奇心的驱使,到屋顶上去开了笼门,把鸟儿放走,自己钻进笼里去,结果连笼子一起掉下来跌死吧。

王　　后　你放心吧,要是言语来自呼吸,呼吸来自生命,只要我一息犹存,就决不会让我的呼吸泄漏了你对我所说的话。

哈姆莱特　我必须到英国去,您知道吗?

王　　后　唉！我忘了；这事情已经这样决定了。

哈姆莱特　公文已经封好，打算交给我那两个同学带去。对这两个家伙我要像对待两条咬人的毒蛇一样随时提防；他们将要做我的先驱，引导我钻进什么圈套里去。我倒要瞧瞧他们的能耐。开炮的要是给炮轰了，也是一件好玩的事；他们会埋地雷，我要比他们埋得更深，把他们轰到月亮里去。啊！用诡计对付诡计，不是顶有趣的吗？这家伙一死，多半会提早了我的行期；让我把这尸体拖到隔壁去。母亲，晚安！这一位大臣生前是个愚蠢饶舌的家伙，现在却变成非常谨严庄重的人了。来，老先生，该是收场的时候了。晚安，母亲！（各下，哈姆莱特拽波洛涅斯尸入内）

文本解读

《哈姆莱特》是莎士比亚的代表作，本文选自朱生豪译本。故事取材于12世纪的丹麦史。悲剧写的是丹麦王子哈姆莱特为父亲复仇的故事。正当他在当时的人文主义中心德国威登堡大学上学时，国内传来一连串不幸的消息：父亲暴死、叔叔篡位、母亲改嫁。他带着一连串疑问回到国内，此时，宫廷内部到处都是乌烟瘴气，荒淫无度，阴谋成风。一天凌晨，他见到父亲的亡灵，才知道叔叔克劳狄斯是罪魁祸首。他决心为父复仇。为进一步探求真相，他装疯卖傻，通过戏中戏探明了真相，最后完成了使命，自己也与恶势力同归于尽。

哈姆莱特是莎士比亚塑造的最经典的形象。首先，他是一个人文主义者，在读书时对于世界和人类抱有美好的希望。他说："人是一件多么了不起的杰作！……宇宙的精华，万物的灵长！"然而，剧本一开始，家庭的巨变让他由理想的云端跌进了丑恶的现实，理想与现实的巨大矛盾让他陷入了严重的精神危机中。在极度的痛苦和忧郁中，他不得不对人生和社会进行重新思考："生存还是毁灭，这是一个值得思考的问题；是默然忍受命运的暴虐的毒箭，还是挺身反抗人世的无涯的苦难，通过斗争把它们扫清，这两种行为，哪一种更高贵？"最终人文主义的责任心和使命感让他走出忧郁，他说："这是颠倒混乱的时代，唉！倒霉的我却要负起重整乾坤的责任！"最值得称道的是作者成功地展现了哈姆莱特性格的发展变化：由读书时代的快乐王子，到面对颠倒混乱现实的忧郁王子，最后到为实现人文主义理想"要负起重整乾坤的责任"的复仇王子。尤其是作者淋漓尽致地刻画了哈姆莱特由忧郁王子到复仇王子转变的痛苦过程，使得这一形象具有永恒的魅力。

《哈姆莱特》另一鲜明特色是让主人翁处在内外双重矛盾冲突中，让外在矛盾（人物与外部环境的矛盾）推动内在矛盾（人物内心思想感情的矛盾）的发展，形成紧张尖锐的戏剧冲突，引人入胜，扣人心弦。随着剧情的发展，哈姆莱特内心世界的冲突越来越紧张、激烈，他置身丑恶现实又不肯舍弃理想，想重整乾坤又怕杀人流血，向往人性的善又深信人性有恶……作者就这样让哈姆莱特在矛盾的漩涡中浮沉挣扎，从而展现了人物性格的丰富性和复杂性。

思考练习

1.试论哈姆莱特的人物形象。

2. 如何理解"一千个读者,就有一千个哈姆莱特"这一说法。

阅读链接

[英国]威廉·莎士比亚著,朱生豪译:《莎士比亚戏剧选》,长江文艺出版社 2006 年出版。

堂吉诃德(节选)①

[西班牙]塞万提斯

米格尔·德·塞万提斯·萨维德拉(Miguel de Cervantes Saavedra,1547~1616 年)是文艺复兴时期西班牙杰出的小说家、剧作家、诗人,被誉为西班牙文学世界里最伟大的作家。评论家们称他的代表作《堂吉诃德》是文学史上的第一部现代小说,同时也是世界文学的瑰宝之一。

塞万提斯家境贫困,只读过中学,一生坎坷,屡遭诽谤和诬告,多次被捕入狱,死后被人草草埋葬,至今墓冢难寻。1605 年《堂吉诃德》第一部问世,备受欢迎,一年之内再版 6 次。1614 年出现了一部冒名伪造的《堂吉诃德》续集,塞万提斯抱病赶写,于 1615 年出版了《堂吉诃德》第二部。

塞万提斯创造出一种富有生气的小说类型——复调小说,这种小说凭借一种"虚构之外的游戏"并掺杂了宇宙观与世界观,甚至复杂地与现实混合在一起,创造了现实主义的准则,成为整个 19 世纪欧洲现实小说的典范。

第八章

叙述英勇的堂吉诃德与风车进行了一场骇人听闻的恶战以及其他值得一提的事情。

说到这儿,他们在旷野里见到了三四十架风车。堂吉诃德一见,便对他的侍从说:

"我们运气真不错,命运的安排比我们希望的要好。你瞧,桑丘·潘沙朋友,那儿有三十多个耀武扬威的巨人,我想与他们打一仗,把他们全都杀死。缴获了胜利品,我们可以发财。这是一场义战。在地球上将这些孬种消灭,也是为上帝立了一大功。"

"什么巨人呀?"桑丘·潘沙问。

"不就在那里吗?"他主人说,"胳膊长长的,有些巨人的胳膊几乎有两西班牙里②长呢。"

"老爷,您好好瞧瞧,"桑丘说,"那不是巨人,是风车,那些像胳膊一样的东西是风车的翅膀,石磨就转动起来。"

"显然,你对历险方面的事儿还得好好学学,"堂吉诃德说。"他们确实是巨人。你如果害怕,就离开这儿,做你的祷告去吧。一会儿我就要和他们进行一场以少胜多的决战。"

说完,他便用踢马刺刺了一下罗西纳特,朝前冲去。他的侍从桑丘还在大声地对他说,他前去进攻的对象明明是风车,不是巨人,但他不予理会。他一味想着这些巨人,其实连桑丘的呼喊声也没有听到。他走到跟前,也没有看清是巨人还是风车,便一个劲儿地嚷道:"别跑,你们这些胆小鬼,无耻之徒!跟你们交手的只是个单枪匹马的骑士啊!"

这时,刮起了一阵风,巨大的风车翼开始转动起来。见到这个情景,堂吉诃德说:"即使你们舞动的手臂比布利亚瑞欧③的胳膊还多,我也得叫你们吃败仗。"

说完,他便虔诚地向他的意中人杜尔西内娅小姐进行祈求,请她在这样生死攸关的时刻保佑他。随后,他拿盾牌护住胸口,举起长矛,纵马飞驰,向第一部风车刺去。矛头刺中了风车翼,一阵风吹得风车翼猛转起来,将长矛折成几截,把堂吉诃德连人带马卷起,又重重摔在地上。堂吉诃德在地上滚了几滚,露出一副狼狈相。桑丘·潘沙立即拍驴赶来救他。到了他身边,发现他已不能动弹,因为他从罗西纳特背上摔下来,摔得太重了。

"天啊,"桑丘说,"我刚才不是对您说了嘛,要当心点,那是风车。除非脑袋里也装着架风车,还有谁会不知道那是风车呢。"

"别说了,桑丘朋友,"堂吉诃德说。"打仗的事比别的事变化大。我想一定是那个摄走我的书房和书籍的弗莱斯通,为了剥夺我胜利的光荣,把巨人变成了这些风车。他恨死我了。不过,归根到底他那些歪门邪道总敌不过我这把锋利的宝剑。"

"那就要看上帝怎么说了,"桑丘·潘沙说。

他将堂吉诃德扶起,又帮他骑上跌伤了脊梁骨的罗西纳特。他们一边说着刚才的险遇,一边朝拉比塞隘口去的那条道走去。桑丘·潘沙说,那地方来往人多,因此,可能会遇到各种各样的险事。只是刚才长矛让风车折断了,他心里很不痛快。他对她的侍从说:

"我记得曾在书中读到过,有个叫迭哥·佩莱斯·德·巴尔加斯的西班牙骑士,在一次决战中他的剑斫断了,就从一棵橡树上劈下一根很粗的树枝。那天他就拿这根树枝打翻了许多摩尔人,创造了丰功伟绩。因此,人们就给他一个外号,叫'马祖卡'。从那天起,他和他的后代的姓氏就改为'巴尔加斯·依·马祖卡'④。我跟你说这番话,是因为我有个打算。等会儿见到橡树,我要劈下一根树枝,就跟我想象中的那根树枝一样粗。我打算用这根树枝好好露一手,好让你亲眼见见这种令人难以置信的事情。这样,你就会认为这次跟我出来可交上好运了。"

"万事总得由上帝来安排,"桑丘说,"我是完完全全相信您的。请坐正一点儿,有点儿往一边歪了,准是刚才跌疼了吧。"

"不错,"堂吉诃德说,"我不叫痛的原因是,游侠骑士有个惯例,受了伤,哪怕从伤口掉出肠子来,也从不叫痛。"

"如果是这样,那我就没有什么说的了,"桑丘说。"不过不知什么原因,我倒喜欢您受了伤就哼哼。至于我本人,我可以说,只要身上有一点儿痛,我都会叫痛的,除非游侠骑士受了伤不叫痛的规矩也适用于他们的侍从。"

见他的侍从这么天真,堂吉诃德禁不住笑了。他对桑丘说,他完全可以叫痛,他爱怎么叫,在什么时候叫,都随他的便;不管他忍不住想叫,还是可叫可不叫,他都可以叫。他到那时为止,还没有读到骑士的规则中有侍从不准叫痛的规定。这时,桑丘对他说,已到了吃饭的时候了。主人回答说,眼下他还没有这个需要,桑丘想吃可以吃。得到主人的允许后,桑丘就在驴背上尽量坐得舒服些,然后,从褡裢里取出他出发时放进去的食物,不紧不慢地跟着他主人,边走边吃,还不时地拿起皮酒袋喝酒。他喝得津津有味,连马拉加⑤最有口福的酒馆老板见了也会眼红。他这样喝着酒朝前走去,早将主人刚才给他的承诺忘得一干二净。他认为,出来游侠历险,尽管有些危险,也不是个苦差使,倒是相当舒适的。

长话短说,那天夜里他们就在树林中过夜。堂吉诃德从一棵树上劈下一根枯枝,作为矛柄,将从已经折断的长矛上取下来的矛头插在柄上。那晚他一宿都没合眼,一直在思念他的意中人杜尔西内娅。他在骑士书中读到过,骑士们在森林中,或在旷野里连续几个夜晚不睡觉,想念自己的情人。堂吉诃德也要学他们的样。桑丘·潘沙可不是这样。他肚子已吃得饱饱的,又没有喝提神的菊苣汁,一觉睡到了大天亮。清晨的阳光照到他的脸上,鸟儿吱吱喳喳地在欢唱,迎接新的一天的光临。这些都没有能让他醒来。要不是主人叫醒他,他不知会睡到什么时候。桑丘一醒来,头一件事是摸摸他的皮酒袋。发现它比前一天晚上更瘪了,心里不免有些烦恼,因为他认为,他走的这条道上无法很快弥补这个欠缺。堂吉诃德还是不肯开斋,因为上面已说过,他要以甜甜蜜蜜的情思作养料,养活自己。他们重新走上通向拉比塞隘口的道路,大约在下午三时,隘口已遥遥在望。

"桑丘·潘沙兄弟,"见到了隘口,堂吉诃德说,"这儿的险事真多得不可胜数。不过,我得提醒你,尽管我遭遇到了世界上最大的危险,你也不能拔剑相助,除非我的对手是一群泼皮无赖。在这样情况下,你可以帮助我。如果与我对阵的是一位骑士,按照骑士道的规矩,你帮我的忙是不合法的,是不允许的。等将来你也封授了骑士的称号,才能这样做。"

"老爷,"桑丘说,"您自己遵守这方面的规则,这没有错。不过,我本人生性平和,不爱争吵。但是,倘若我遭到侵犯,就顾不得这些规则了。我要进行自卫,因为不管是天上的规矩还是凡间的规则,受到侵犯进行自卫总是允许的。"

"这点我也没有二话,"堂吉诃德说,"不过,你要帮我打骑士这件事,你得忍耐着点,可不能太任性。"

"我一定照办,"桑丘说,"我要像遵守礼拜天的安息诫一样认真地遵守您这条训诫。"

他们说到这儿,路上来了两名圣贝尼托教会的修士。他俩仿佛骑在两匹骆驼上似的,因为他们那两匹骡子像骆驼一样高大。他们都戴着面罩⑥撑着阳伞。后面是一辆马车,有四五名骑马的人和两名徒步的骡夫随从。原来车上是一位去塞维利亚的比斯开贵夫人,她丈夫眼下就在塞维利亚。他得了一个非常体面的官位,即将去印度⑦赴任。两名修士虽与她同路,却不是同伙。堂吉诃德还在远处,一见他们,就对他的侍从说:

"如果我没有弄错的话,那么,这就是亘古未有的最大的险遇了。前面走的两个黑洞洞的身影看来是……对,毫无疑问,肯定是两个魔法师。在马车里一定坐着一位被他们劫持的公主。我这会儿定要尽自己的一切力量打这个抱不平。"

"这么干,结果可能比风车的事还糟,"桑丘说。"您瞧,老爷,刚才您说的那两个人是圣贝尼托教会的修士,那辆马车也一定是过往客商的。我说,您要多加小心,可不要让魔鬼给骗了。""我早就对你说过,桑丘,"堂吉诃德说,"冒险的事你知道得太少。我刚才对你说的话是千真万确的,马上你就会看到了。"

说完,他就拍马向前,站立在修士即将到来的那条路的中间。等他们走近了,能听见

他的说话声了,他便亮着嗓门,说:

"你们这几个硕大无朋的鬼怪,听着,快留下车上被你们劫持的几位贵公主!不然,你们就会立刻送命,这是对你们恶行的公正的惩处!"

修士们勒住骡子的缰绳,见到堂吉诃德的那副尊容,又听到他刚才的那番言论,显得异常惊讶。他们回答说:

"绅士先生,我们既不是鬼怪,也不是巨人,我俩是赶路的圣贝尼托教会的教徒。我们不知道马车里面是不是坐着什么被劫持的公主。"

"我才不理你呢,你这个油嘴滑舌的家伙,我早识破你们是一伙不说真话的流氓!"堂吉诃德说。

不等对方答话,他便用马刺刺了一下罗西纳特,提着长矛,向前面这个修士冲杀过去。他来势凶猛,要不是那修士自己从骡子上滚下来,一定会被他撞下来。不跌死也会身负重伤。后面这个修士见到堂吉诃德这么对付他的伙伴,忙用双腿在他那匹好骡子的肋部使劲一夹,骡子便顺着旷野一阵风似的狂奔起来。

桑丘见修士躺在地上,迅即跳下毛驴,奔到他的身边,着手脱去他的法衣。这时,修士们雇佣的那两个骡夫赶到了。他们问桑丘为什么要剥去修士的衣服。桑丘回答说,他主人堂吉诃德打胜了这一仗,作为战利品,这法衣理所当然属于他了。那两个骡夫既不会开玩笑,也不明白桑丘说的战利品和战争是什么意思。他们看见堂吉诃德这时已离开那里,正在和车上的人说话,便合力朝桑丘袭来,将他打倒在地,把他脸上的胡须拔个精光,还在他身上狠踢了一阵,踢得他直挺挺地躺在地上,气息奄奄,昏了过去。刚才跌倒在地的那个修士这时还惊魂未定,脸上蜡黄,没有一点儿血色。他急急骑上骡子,朝他同伴那儿奔去。他同伴这时正在远处等着他,顺便观看这次袭击怎么结束。他俩会合后,便不管怎样收场,继续赶他们的路了。一面走,他们一面在胸口划着十字。即使魔鬼在追赶他们,其实也没有必要划这么多十字。

上文已经说过,堂吉诃德正在跟马车里的那位夫人交谈。他说:

"美丽的夫人啊,您现在可以随意行动了,因为劫持您的这几个强盗被我这条铁臂打翻在地,威风尽失了。免得您开口询问是谁救了您,我自己来说吧。我叫堂吉诃德·德·拉曼却,是个深爱历险的游侠骑士。我为之倾倒的绝代佳人是堂娜·杜尔西内娅·德尔·托波索。您受了我的恩泽,我不要得到任何报偿,只希望您回到托波索,代我拜会那位小姐,并向她禀报,是我解救了您。"

堂吉诃德说这番话时,有个随车侍从仔细地听着。他是比斯开人,他听到堂吉诃德说不让马车前行,要他们回到托波索去,便走上前去,一手抓住他的长矛,操一口既不像卡斯蒂亚语更不像比斯开语的南腔北调,说:

"喂,倒霉的骑士,我以创造我的上帝的名义起誓,你如不放马车过去,我这个比斯开人就要真的杀了你,就像你真的身在此地一样。"

他的话堂吉诃德完全听得懂。他异常平静地回答说:

"你不是个骑士。假如你是骑士,还这么大胆,这么放肆,我早就惩罚你了,你这个蠢奴才。"

比斯开人听了,回答说:

"你说我不是绅士①?我对天发誓,你真的在撒谎,就像我真的是基督徒一样。如果你放下长矛,拔出剑来,那你马上就会看到,我会将猫儿投到水里⑨。无论在陆地上,还是在海上,比斯开人都是绅士。你把绅士说成魔鬼,你在说谎。"

"就像阿格拉赫斯⑩说的:'你等着瞧吧。'"堂吉诃德说。

他把长矛撂在地上,举起盾牌,拔出剑,向比斯开人砍去,决心要结果他的性命。比斯开人见他袭来,本想从骡子上下来,因为这是匹租来的劣骡,他信不过,但已经来不及,只好拔剑相迎。幸好他此时正在马车边,便立即从车内取出一个垫子,暂作盾牌使用。两人一来一往,就像两个不共戴天的仇敌一般厮杀起来。站在一边的人想从中调解,但未能成功,因为比斯开人用他的南腔北调向众人宣称,若不让他把这一仗打到底,他就要亲手杀死女主人,还要将妨碍他的那些人都杀死。马车内的这位夫人见到眼前这场恶战,胆战心惊,忙叫马车夫把马车赶远点儿,在远处观看这场你死我活的争斗。这时,比斯开人越过堂吉诃德的护胸盾牌,在他的肩膀上狠狠砍了一剑。要不是他穿着铠甲,这一剑准一直劈到他的腰部。比斯开人的这一剑砍得非常有力,堂吉诃德深深感到它的分量。于是,他大声叫道:

"我的意中人杜尔西内娅,美丽的花朵啊!快来救援你的骑士吧!他为了报答你的大恩大德,现在大难临头了。"

说完,他紧握手中剑,将盾牌紧紧地护住胸口,使尽劲向比斯开人劈去。这一剑劈得快,劲儿猛,他真想立即就将对方劈成两半。

比斯开人见堂吉诃德这股猛劲,知他已急红了眼,非要拼个你死我活不可,便决心以牙还牙,拿坐垫护着自己的身子严阵以待。可是,他的坐骑这时已疲乏不堪,加之这骡子也不是生来就干这玩意儿的,所以,连一步也挪不动了。上面已经说过,堂吉诃德此时高举着佩剑,向那动作灵活的比斯开人砍来,恨不得将他从中劈开。比斯开人也举着剑,用坐垫护着身子。站在旁边的那些人都战战兢兢地观看着,真不知双方这一剑砍下来会产生怎么样的结果。马车里的那位夫人和她的几个侍女此时正在向西班牙的所有神像和教堂千百次地许愿,求上帝保佑那个侍从和她们自己,免遭眼下这场大难。

事情真是糟糕,偏偏到了这个节骨眼上,这部小说的作者不再把这场厮杀写下去了。理由是堂吉诃德的生平事迹记载就只有这么一点。这部小说的第二个作者⑪不信这么一个稀奇古怪的故事会被人们遗忘,也不信拉曼却的文人学士会对这位鼎鼎大名的骑士这么不感兴趣,他们一定会在自己的文案中留下一些墨迹。因此,他满怀希望,想替这个趣味盎然的故事找到一个结局。老天帮了忙。这个结局找到了。如何找到这个结局,请看此书第二部⑫。

注释

①本文节选自《堂吉诃德》(上)第八章,[西班牙]塞万提斯著,屠孟超译:南京译林出版社1995年版。

②一西班牙里合5572公尺。

③希腊神话中的巨人,有100只手臂。

④意思是用大棒打人的人。

⑤西班牙南部一小城,当地的酒很有名。

⑥面罩有护眼、防尘和防太阳晒的作用。

⑦实际上是去拉丁美洲,当时西班牙人误将哥伦布发现的美洲当成印度。

⑧"Caballero"一词既指"骑士",又指"绅士"。堂吉诃德指的是"骑士",而比斯开人却以为是"绅士"。作为比斯开人重要组成部分的巴斯克人认为自己出身高贵,说他不是绅士,是一种极大的侮辱。

⑨西班牙谚语,意思是敢于冒险。

⑩《阿马蒂斯·德·加乌拉》中的人物,每当他进入战斗,总要说"你等着瞧吧"。

⑪塞万提斯假装这部小说由若干个作者写成。

⑫作者在这儿显然模仿了骑士小说在故事讲到紧要关头时,突然煞住,请读者"且听下回分解"的写法。

文本解读

《堂吉诃德》是文艺复兴时期的现实主义杰作,是世界文学史上的不朽名著。它通过堂吉诃德一生可笑而又可悲的经历,不仅嘲笑和讽刺了当时西班牙社会上风行一时的骑士小说的荒谬,而且全面反映了16世纪末至17世纪初西班牙社会的真实面貌,揭露了封建贵族的荒淫堕落,批判了官僚机构的黑暗腐朽,并揭示出教会的专横、社会的黑暗和人民的困苦,对被压迫、被奴役的下层人民给予了深切同情,表达了人文主义者改革社会的理想,反映了西班牙社会的进步要求。

小说主人公堂吉诃德是世界文学画廊中著名的艺术典型。他既是智者,也是疯子,具有复杂矛盾的性格特征。一方面,他脱离现实、热忱幻想、主观主义、迂腐顽固、荒唐可笑、落后于历史进程、屡遭失败。另一方面,他纯真善良、幽默可亲、理想崇高、维护正义、反对邪恶、无私无畏。在当时的历史条件下,新兴的资产阶级还不足以和强大的封建反动势力相抗衡,这是造成堂吉诃德性格悲剧的历史原因。堂吉诃德的形象在今天仍然保持着它的现实意义,成为一个"永远前进的形象"。

节选部分主要写堂吉诃德和风车进行了一场恶战,随后,又和贵夫人的侍从比斯开人展开了一场大战,并留下了悬念,戛然而止。堂吉诃德时而清醒,时而糊涂。清醒时他是一个学识渊博的智者;糊涂时又是一个乱冲乱杀的疯子。这些极端矛盾的现象集中体现在他一个人身上,就构成了他复杂、丰富、矛盾、多元化的性格特征。他把风车认定为可恶的巨人,其实,在这里,风车、贵夫人、侍从、修士等象征的是贵族与教会势力。堂吉诃德性格中的矛盾正是处于新旧交替时代西班牙现实社会矛盾的反映。当时,西班牙的资本主义发展缓慢,贵族与教会势力又相当顽固、猖獗,思想控制相当严密,社会现实还不能为作家提供改造社会的理想人物,加上历史条件的限制和人文主义思想的阶级局限性,作者虽然嘲笑讽刺骑士制度,但却又赞美理想化的骑士精神;虽然痛斥种种罪恶现象,却又把许多社会现实问题归结到抽象的道德上去。这是人文主义理想与社会现实的矛盾的反映,也是人文主义弱点的反映。

这一章主题集中,事件典型;情节曲折生动,跌宕起伏;人物形象鲜明,性格特征突出;语言幽默诙谐,富有个性;风车和人物都具有象征性;采用夸张、讽刺、对比手法叙事状物写人;悬念和延宕交替进行,加强了艺术效果。

思考练习

1. 比较分析堂吉诃德的形象和孙悟空的形象的异同点。
2. 这一章的结尾有何特色,试作分析。
3. 试分析桑丘·潘沙的人物形象。

阅读链接

[西班牙]塞万提斯著,陈凯先、屠孟超等译:《塞万提斯训诫小说集》,重庆出版社1992年版。

呼啸山庄①(节选)

[英国]艾米莉·勃朗特

艾米莉·勃朗特(1818~1848)与其姐夏洛蒂·勃朗特(1816~1855)是19世纪中期英国文坛著名的姐妹花。出生于经济拮据的牧师之家,两姐妹却酷爱写作,但风格迥异。姐姐夏洛蒂·勃朗特以描写小资产阶级知识女性的生活命运和精神世界的长篇小说《简·爱》而在世界各地有广泛影响。妹妹艾米莉·勃朗特的长篇小说《呼啸山庄》则是现代小说的滥觞。小说采用多元化的视角,讲述一个曲折离奇的故事,淋漓尽致地表现弃儿出身的希克厉的爱、恨、情、仇,使小说具有震撼人心的力量。

艾米莉·勃朗特和姐姐夏洛蒂一样,曾就读于柯思桥学校和伍勒小姐学校。艾米莉从小就爱好写作,12岁时,开始和妹妹安妮一起创作贡达尔史诗,还写了大量的抒情诗。1846年三姐妹用笔名出版了《柯勒、埃利斯、阿克顿·贝尔诗集》,1847年12月长篇小说《呼啸山庄》出版。艾米莉于次年12月病逝。

现今,艾米莉·勃朗特已被公认为英国文学史上一位伟大的天才,她的长篇小说《呼啸山庄》是"人间情爱的最宏伟史诗",具有永恒的艺术魅力。

第九章

"纳莉,你能给我保守一个秘密吗?"她说下去道,在我身边跪了下来,抬起她那双娇媚的眼睛望着我,那副动人的神态,就是人有着满肚子的气恼,并且有天大的理由,也会全给她打消了。

"那可是什么值得保守秘密的事儿吗?"我问道,不那么绷着脸儿了。

"是的,它弄得我坐立不安,我一定得说出来!我要知道我该怎么办。今天,埃德加·林敦来向我求婚,我已经让他得到了我的答复。现在先不告诉你,我是答应了还是拒绝了他,你说,我应当怎么办?"

"说实话,卡瑟琳小姐,叫我怎么能知道呢?"我回她道。"照你今天下午在他面前发作的那一阵脾气来说,那不用说,我看你还是拒绝他来得聪明;因为他在你闹了那一场之后,还要向你求婚,那他不是一个没出息的蠢货,便是一个顾前不顾后的笨蛋。"

"要是你说这等话,那我不跟你多说了。"她噘着嘴儿回答说,站了起来。"我答应他了,纳莉,快说,我是不是答应错了!"

"你答应他了?那么还用得着讨论什么呢?你的话既然出了口,就不能收回了。"

"可是你说我是不是该怎么办——你说呀!"她急躁地嚷道,搓着双手,皱着眉心。

"要好好回答这个问题,先得考虑许多事情呢,"我大有讲究地说道。"首先第一条:你爱不爱埃德加先生?"

"谁能够不爱他呢?我当然爱他的呀,"她回答道。

接着,我叫她回答以下一系列考问,一个二十二岁的女孩子能提出这些问题,不算想得不周到了。

"你为什么爱他呢,卡茜小姐?"

"废话,我爱他——那就够了。"

"不够,不够;你一定要说为的什么。"

"好吧,为的是他长得俊俏,跟他在一起很开心。"

"糟!"这是我的评语。

"为的是他年轻,满面春风。"

"还是糟。"

"为的是他爱我。"

"不相干——讲到这一层。"

"他将来会有很多钱,我会变做这儿一带最尊贵的女人,嫁给这样一个丈夫,我会感到得意的。"

"这可是最糟糕了。现在你说说,你怎么样爱他?"

"还不是跟别人一样地爱着?——你问得真好笑,纳莉。"

"一点不好笑——回答我。"

"我爱他脚下的土地,他头上的空气,我爱他所接触过的一切东西,他所说的每一句话,我爱他的每一个表情,他的一举一动,他的整个的一切。这可好了吧?"

"那又为什么呢?"

"不行,你是趁此机会来跟我开玩笑。你这人坏透了。这对我可不是玩笑的事儿哪!"那位小姐皱着眉心说道,把脸儿转向了炉火。

"我才不是跟你开玩笑呢,卡瑟琳小姐,"我回答道。"你爱埃德加先生,因为他年轻,长得俊俏,满脸春风,而且爱你。那么最后一点,等于没有讲——就是他不爱你,说不定你一样会爱他;而他爱你,如果没有前面的四个吸引人的条件,你也不见得会爱他吧。"

"不,当然不会;我只有可怜他罢了——说不定还恨他呢,要是他是个大老粗,是个丑八怪。"

"可是天下有钱的美少年还有着呢,也许比他更有钱、更俊俏,那么你怎么不去爱他们呢?"

"如果有这样的人,我也碰不到他们呀。在我眼中看到的,再没哪个能及到埃德加了。"

"将来你总会碰到几个的;而他也不能永远年轻、俊俏的呀,也许不能永远有钱呢。"

"现在他总是的呀;我只管目前。我希望你说话懂事些才好。"

"好吧,那就没话说了。要是你只管目前,那么嫁给林敦先生好啦。"

"我并不要得到你的允许——我就是要嫁给他;可是你还不曾告诉我,我做得对不对。"

"十分对,要是一个人结婚只图眼前是对的话。现在让我们听听你不乐意在什么地方。你的哥哥一定会很高兴的……老先生、老太太我想是不会反对的;你可以脱离一个乌七八糟、没有乐趣的家,来到一个富裕体面的家庭里;你爱埃德加,埃德加也爱你。一切似乎都很美满称心呀,阻碍又在哪里呢?"

"在这儿,还有这儿!"卡瑟琳回答道,一只手拍着自己的额头,一只手拍着胸房;"总之,在那灵魂居住的地方。在我的灵魂、在我的心坎里,我清楚地知道我是做错了。"

"这可怪了!我搞不懂是怎么回事。"

"这是我的秘密,要是你不取笑我,我就讲给你听。这事儿我讲不清,可是我能叫你感觉到我是怎样感觉的。"

她又在我的身旁坐了下来;她的脸色变得忧郁、沉重起来了,两只紧握着的手在颤动。

"纳莉,你可曾做过稀奇古怪的梦吗?"她在思忖了几分钟之后忽然问道。

"是的,有时候也做到过,"我回答。

"我也是这样。在我一生中曾经做过一些梦,从此之后,这些梦啊,就永远跟着我了,还把我的想法都改变了。这些梦直往我心里钻,就像酒掺和在水里,把我的心灵的色彩都改变了。有这么一个梦。我就要讲给你听——不过你得留神,不管听到哪儿,你都不能笑的啊。"

"哎哟!别讲吧,卡瑟琳小姐!"我嚷道。"就是不把这些鬼怪和恶梦请来缠绕我们,我们也已经够凄凉了。得啦,得啦,高高兴兴的,像你本来的样儿吧!瞧小哈里顿!这会儿他的梦里可没一丝阴影。他在睡梦中笑得多甜!"

"对啊,他的爸爸在孤独无聊的时候又诅咒得多甜哪!我敢说你还记得他吧——那时候他就像那个胖乎乎的小东西,差不多也是这么大年纪,这么天真烂漫。可是,纳莉,我一定要你听我讲,话并不长。今夜我再也提不起高兴的劲儿来了。"

"我不要听,我不要听!"我急忙重复说。

那时候我对于梦是很迷信的,现在还是这样。那天晚上卡瑟琳的脸上罩着一重平时少见的阴郁的气色,我害怕她梦里出现什么征兆,叫我产生一种预感,预见到将来会闹出什么可怕的乱子。她恼了,可是没有讲下去。她分明又想到别地方去了,过了一会她又开口说道:

"要是我在天堂里,纳莉,那我会痛苦得要命!"

"那是因为你不配到天堂去。"我回答道,"一切有罪的人在天堂里都会感到痛苦。"

"不,不是为了这么一回事。有一次我梦见我在天堂里。"

"我对你说过,我不想听你的梦,卡瑟琳小姐!我要睡觉去了,"我又打断了她。

她笑了起来,把我按住了,因为我正要起身离开座位。

"这没有什么,"她嚷道,"我只是想说,天堂不像是我的家,我哭碎了心,闹着要回到人世来,惹得天使们大怒,把我摔了下来,直掉在荒原中心、呼啸山庄的高顶上,我就在那儿快乐得哭醒了……不说别的，这就足以解释我的心事了。我嫁给埃德加·林敦，就像我在天堂里那么不相称。要是我家那个坏人不曾把希克厉作践得那么卑贱，我决不会想到嫁给他的。现在我嫁给希克厉，那可辱没了自己；因此他永远也不会知道我是怎样的爱他。而我爱他可不是因为他长得俊俏，纳莉，而是因为他比我更是我自个儿。不管咱们的灵魂，是用什么料子做成的，他和我是同一个料子；而林敦呢，却就像月光和闪电光、冰霜和火焰那样和我们截然不同。"

她这话还没说完，我就意识到希克厉是在屋子内了。我眼角里感觉到有个人影儿一动，我转回头去，正好看见他从长椅上站起来，蹑着脚步悄悄地溜了出去。

原来他一直在听着呢，等卡瑟琳说到要是嫁给他可把她辱没了，他再也不留在那儿听下去了。

我的伴侣坐在地上，给高高的椅背挡住了，不曾看到他在那儿，也没看到他往外走；可是我吓了一跳，叫她别作声。

"为什么呀？"她问道，不安地向四周张望。

"约瑟夫来了。"我回答道，刚好这时候我听见了他的车子一路推过来的声响，"希克厉也要跟他一起进来了。这会儿他就在门口也难说呢。"

"噢，他在门口是听不到我说什么的！"她说道，"把哈里顿交给我，你去准备晚饭，等开饭的时候，招呼我跟你一起吃。我要欺骗我自己的不安的良心，叫自己相信希克厉对这类事儿一点也不懂得。他不懂得吧，是吗？他不知道恋爱是什么滋味吧？"

"我可看不出有什么理由只你懂得爱，他就不懂得，"我回答道，"要是他看中的是你，他可是天下最最不幸的人儿了！你一旦成为林敦夫人，他就失去了朋友，失去了爱，以及一切！你可曾想到，你跟他两个分开之后，对你，是怎样的感受，对他，这世上再没有一个亲人了，心里又是怎样一种滋味？因为，卡瑟琳小姐——"

"再没一个亲人！我跟他两个分开！"她嚷道，带着气呼呼的声气，"是谁来扩散我们，请教？他们会遭到米罗的命运！②只要我活着一天，就不会有这样的事儿，爱伦——世上再没有哪个人能代替得了他。人世间有多少林敦，一个个都化为乌有，我也不答应抛掉希克厉。啊，那不是我原来的打算——那不是我原来的意思！如果要付出这么一个代价，我就不会去做林敦夫人了！他将永远在我心上，就像当初我们在一块儿的时候一样。埃德加必须摆脱对于他的仇视，至少要容忍他。他会做到的，当他知道了我对他的真实的感情。纳莉，这会儿我明白了，你当我是一个只想到自己的可怜虫；可是难道你就从没想到，要是我跟希克厉做了夫妻，我们两个只好去讨饭吗？要是我嫁给了林敦，那我就可以帮助希克厉抬起头来，安排他从此不再受我哥哥的欺压。"

"用你丈夫的钱吗，卡瑟琳小姐？"我问她道，"那你会发觉他并不像你想得那么容易打发。虽说我不便下什么判断，我可是认为，你说了好些原因为什么愿意做小林敦的太太，这一个却是最糟的动机了。"

"没有这话！"她反驳我道，"这一个是最好的动机！其余的都是为了满足我一时的高兴，也是为了埃德加，满足他的心愿。这一个可是为了另一个人，在他心里包含了我对埃德加，我对我自己的感情。我没法儿跟你说清楚，可是你，每一个人，总有这么一个观念吧：在你自个儿之外，你还有一个你——应该还有一个你。天把我造了出来干什么呢，假使我这人是尽在我这一身了？我在这世上的最大的苦恼，就是希克厉的苦恼；他的每一个苦恼,从刚开头,我就觉察到、切身感受着了。我生命中最大的思念就是他。即使其他一切都毁灭了,独有他留下来,我依然还是我。假使其他一切都留下来,独有他给毁灭了,那整个宇宙就变成了一个巨大的陌生人,我再不像是它的一部分了。"

"我对林敦的爱,就像挂在林子里的一簇簇树叶,时光会改变它,我很知道,到了冬天,树叶片儿就要凋落了。我对希克厉的爱,好比是脚下的永恒的岩石,从那里流出很少的、看得见的快乐的泉源,可是却必不可少。纳莉,我就是希克厉!他时时刻刻在我的心头——并不是作为一种欢乐,就像我不能老是我自个儿的欢乐一般,而是因为他就是我自身的存在。所以不用再提我们两个会分开吧。这是办不到的事。再说——"

她说不下去了,把她的脸儿埋在我裙子的皱褶里,可是我猛地一缩,闪开了她的脸蛋儿,我再也受不住她那些痴话了!

"要是我从你这胡扯里听出什么名堂来,小姐,"我说,"那只是叫我相信,你对于嫁到人家做媳妇的责任还一点不懂得呢;否则的话,你就是一个坏心眼儿、不懂规矩的姑娘。可是你别拿你的心事来跟我缠吧,我不能答应替你保守什么秘密。"

"那些话你不会讲出去吧?"她焦切地问道。

"不,我不能答应你!"我再说一遍道。

她还要勉强我,正在这时候,约瑟夫走进来了,我们两个的谈话就此结束了。卡瑟琳把她的椅子移到了角落里去,她看护哈里顿,我去准备晚饭。

饭菜做好之后,我跟我那位下房里的伙伴争吵起来:亨德莱先生的晚饭该谁送去。直吵到饭菜差不多全冷了,还不曾得到解决。最后两人才商定,他要吃饭,让他自个儿来要,因为只要他独个儿关在房中好一阵之后,我们就都怕到他跟前去。

"到这时候,那个没出息的东西怎么还不从田里回来?他在干什么?谁看见过这样会偷懒的!"那个老家伙问道,东张西望地找希克厉。

"我去叫他,"我回答道,"他准在谷仓里,那还用说。"

我走去叫他,可是没有人回答。回来之后,我悄悄告诉卡瑟琳,她说的那些话,我敢说,他大半都听去了;还说正在她埋怨她哥哥待他刻薄的当儿,我看见他溜出了厨房。

她大吃一惊,直跳起来,把哈里顿往高背椅上一摔,便自个儿奔去找她的朋友了,连想都来不及想,她为什么要这么慌张,或是听到了她那番话,他会有什么反应。

她一去就不回来了。约瑟夫主张不用再等了③。照他精明的料想是,他们两个一定有意呆在外面,好逃避听他长篇的福音。他认定他们"坏得什么坏行为都干得出来"。所以那天晚上,他按照老规矩,作完了一刻钟的饭前祈祷之后,又为了他们的缘故,另外再加一篇特别的祷告;他并且在饭后的感恩词后面还准备再添上一段同类的祷告。要不是我们家的小姐冲进屋来,急迫地命令他赶快奔到大路尽头去找希克厉,不管他在什么地方逛,也要把他找到,拖他立刻回来!

"我有话跟他说,我上楼之前非得跟他说一下不可。"她说道,"园门是开着,他是在听不到叫喊的什么地方。我站在羊圈的高端,拉直了嗓子尽喊,也不听见他回答的声音。"

起先,约瑟夫不肯当这个差。可是她说到一定要做到,不肯罢休;到后来他只得戴上帽子咕噜着走了出去。卡瑟琳呢,只是在房内转来转去,她嚷道:

"怪了,他到底在哪儿呀?——我就想不出他到底能在哪儿呀?我说过些什么呀?纳莉?我自己都已经忘了。今天下午我脾气不好,可是叫他恼了?亲人!告诉我,我说了什么叫他伤心的话了？我真巴望他回来，我真巴望他会回来啊！"

"你也真会大惊小怪！"我嚷道，其实我自个儿心中也很不落实，"你焦急得好没来由！要是希克厉高兴趁着月光，在荒原上游荡一番，或者他就是不乐意理睬我们，只管躺在干草堆里，那又有什么大不了好担心的呢？我敢打赌，他一定在那里躲着呢。你看我不把他搜出来！"

我于是出去重新找他。结果却是失望。约瑟夫找了一番，结果也是一样。

"这个小子，越来越糟了！"他回来说道，"他痛痛快快地把园门打开了，小姐的小马儿踏倒了两垄小麦，在泥地里乱踢乱转，一路闯到了牧场上！不过瞧着吧，明儿东家可要双脚直跳呢——还跳得真高哪。对于这个魂灵儿不在身上的闯祸胚，亏他怎么忍得住——他的耐性可真好哪！不过他不会老是这样有耐性的——你们瞧着吧，你们大家瞧吧！谁触犯了他的神经不会有便宜的！"

"你找到了希克厉没有，你这头蠢驴？"卡瑟琳打断他问道，"你可是按照我吩咐的，一直在找他吗？"

"我宁可去找回一匹马儿，那倒还有些意思呢，"他回答道，"可是碰上这么一个夜晚，乌黑一团，倒像钻进了烟囱一般，叫我到哪儿去找什么马儿、人儿呀。希克厉又不是一听到我的口哨就钻出来的人；没准你喊他，他还听得见呢！"

这样一个夜晚，在夏天，好算是很黑的了，乌云密布，快要打雷的样子；我就说，咱们不如都坐下来吧，那风雨欲来的光景准会把他赶回家来的，也不用我们操心了。

谁知怎么劝，卡瑟琳也不肯安静下来。她只管从大门到园门，来回地转着，焦灼得坐立不安。到最后，她在靠近大路的墙边，像生根似的站定了。不管我怎么劝，不管雷声隆隆地响着，大点子的雨滴在她周围啪啦啪啦地溅着，她只是鹄立在那儿，呼召一会，倾听一会，于是放声大哭起来，还闹得真凶，就是哈里顿，或者随便哪一个孩子，都比不上她。

大约到了半夜，我们都还守着没睡，像千军万马般的狂风暴雨降落到山庄上来了。只听得又是风吼，又是雷轰，接着一声巨响，宅子一角的一株大树倒下来了——也不知是给狂风吹折的，还是遭了雷劈，那粗大的树枝压在屋顶上，把东边的烟囱打开了一个大缺口，砖石、煤灰，哗啦啦地落到了厨房间的炉灶里。

我们还道有一个霹雳击落到我们中间来啦！约瑟夫摇摇晃晃地跪倒在地上，祈求上帝不要忘了挪亚族长和罗得族长④呀，求他就跟当初创世纪时一样，放过了正人君子，只惩罚那班不敬神明的人吧。

我呢，只觉得这就是降落到我们头上来的末日审判了。在我的心目中，那约拿⑤就是欧肖先生。我走去摇动他房门上的把手，看看他这会儿是不是还活着。他在房里回答的那种声气，叫约瑟夫唤天呼地地嚷嚷得更热闹了，好表明像他那样的圣徒，跟像东家那样的罪人之间，横隔着一条不容混淆的界线。

可是二十分钟过后，那一场暴风雨过去了，我们一个个都平安无恙——只除了卡瑟琳。她浑身上下都湿透了，因为说什么也没用，她硬是不肯进来躲雨。没戴帽子，也不披肩布，她只是站在那儿，听凭雨水全都倾泻在她的头发上、衣服上。

她走进来，倒在长靠椅上，这光景就像从水里捞起来似的。她把头扭过去，对着椅背，双手掩住了脸。

"看你哪，小姐！"我摸着他的肩头嚷道，"你不是存心要给自己找死，是吗？你可知道多晚了？十二点半啦！得啦，睡觉去吧！不用再等那个蠢孩子啦。他是到吉牟屯去了，这会儿他就留在那边了。他想不到我们深更半夜的还在等候他呢——无论如何，他还道只有亨德莱先生一个儿还没睡；他怎么愿意撞在东家手里，叫他来给自己开门呢。"

"不，不；他怎么会在吉牟屯！"约瑟夫嚷道，"他不埋进在泥塘里才怪呢。方才上帝显灵可不跟你开玩笑哪！小姐，我劝你留些儿神吧，下一遭该轮到你啦。一切都要感谢上帝！一切都为了把恩惠赐给从肮脏世界里挑出来、提拔出来的大好人！你们知道《圣经》上是怎么说的——"接着他就引了几段经文，又指点我们去查哪几章、哪几节诗。

我用好话叫这个倔强的姑娘站起来，把湿衣服换去，可是怎么求她也不中用。我就由着她瑟瑟发抖，由着约瑟夫讲他的经文，只顾抱着小哈里顿去睡了。他睡得那么甜，好像他周围的人个个都睡熟了似的。

我听得约瑟夫继续念了一阵子经文，接着听得他迟缓的步子在爬楼梯，于是我也入睡了。

……

注释

①本文选自《呼啸山庄》，上海译文出版社，1986年。
②米罗(Milo)，古希腊摔跤家，力大无比，曾6次在奥林匹克竞技大会上获胜。传说他要把大树撕裂两半，双手被夹在树缝中，挣脱不出，结果为野狼咬死。
③约瑟夫想独自先吃晚饭。
④上帝惩罚罪恶的人间，降下洪水，独有敬神行善的挪亚，因事先得到上帝的启示，躲进方舟，得免于难。约旦河谷地有一罪恶的城市，名所多玛，上帝降天火烧毁该城，唯独敬神的罗得得到上帝指示，逃出城去。（见《圣经·旧约·创世纪》）
⑤约拿(Jonah)，古希伯来族的预言者，因违抗上帝，逃往海中，所乘船只覆没于暴风雨中。

文本解读

《呼啸山庄》是一部震撼人心的奇特作品，作者艾米莉本质上是位诗人，她以丰富的想象力和强烈的激情，成就了这部"人间情爱最宏伟的史诗"。希克厉和卡瑟琳的生死恋如狂风暴雨般猛烈。那仿佛充斥在天地间，像原始生命力那样不可摧毁，超乎生死的爱情力量，惊天动地，给读者猛烈的冲击。卡瑟琳在谈到她对希克厉的爱时说："我在这世上的最大的苦恼就是希克厉的苦恼……我生命中最大的思念就是他。即使其他一切都毁灭了，独有他留下来，我依然还是我；假使其他一切都留下来，独有他给毁灭了，那整个宇宙就变成了一个巨大的陌生人，我就不像是它的一部分了……"希克厉则说："两个词就可以概括我的未来了，死亡和地狱。失去了她，活着也在地狱里。"为了见卡瑟琳一面，他半夜去挖开卡瑟琳的坟墓。他撬开她的棺材的一侧，还买通教堂执事，待他死后把他的棺材一侧也撬开，以便相通。直到最后睁眼闭眼都只见到卡瑟琳而死去。这样的爱，是自然之爱、原始之爱、精神之爱、灵魂之爱。因为他们俩灵魂曾经是一个不分彼此的整体，只不过是肉体有两个而已。当他失去卡瑟琳后对两个家庭疯狂的复仇，是源于他受挫折的爱，刻骨的爱变成了疯狂的恨，当他预感到他快要回到卡瑟琳（游魂）身边时，在爱的召唤下,他放弃了复仇,成全了小哈里顿和小卡瑟琳的爱情,显示了爱的巨大力量,使迷失的人性复归。

《呼啸山庄》的独创性、超前性也反映在作者的艺术构思和叙事手法上,这种构思和手法使作品有了超常的深度和力度。小说通过30多年的时间跨度,叙进了恩肖和林敦两家两代人的感情纠葛。这样一个错综复杂、惊心动魄的故事,艾米莉打破传统,采用多重视角,通过多人的口来叙述这一复杂故事,使得故事层次分明,丝丝入扣,互为补充,互相引证。作者本人,则一直深藏在背后,是非曲直完全让读者自己作出判断,给读者留下了充分的想象空间。同时艾米莉还运用象征、梦幻、隐喻等多种表现手法,使作品更加富有诗意和力度。正因为如此,《呼啸山庄》被称为现代小说的斯芬克斯,激起人们长久的兴趣和关注。

思考练习

1. 试述《呼啸山庄》的艺术特色。
2. 谈谈希克厉的人物形象。

阅读链接

[英国]艾米莉·勃朗特著,方平译:《呼啸山庄》,上海译文出版社1986年出版。

变形记(节选)①

[奥地利]卡夫卡

弗兰兹·卡夫卡(1883~1924),表现主义小说代表作家。出生在奥匈帝国时期布拉格一个犹太商人家庭。父亲刚愎自用,且对他十分严厉。1901年,他考入布拉格大学攻读德国文学,后迫于父命转修法律,1906年,卡夫卡大学毕业并获法学博士学位。次年去一家保险公司任职。卡夫卡体弱多病,性格抑郁内向,终身孤独未婚,1924年6月因肺病去世,终年41岁。

卡夫卡的业余时间多从事创作,写作是卡夫卡生命的寄托,表达自己独特的生命体验,排遣内心忧郁、孤独的情感是他创作的唯一目的。他的重要作品有短篇小说《变形记》、《乡村医生》、《地洞》,长篇小说《审判》、《城堡》。

一

一天早晨,格里高尔·萨姆沙从不安的睡梦中醒来,发现自己躺在床上变成了一只巨大的甲虫。他仰卧着,那坚硬得像铁甲一般的背贴着床,他稍稍一抬头,便看见自己那穹顶似的棕色肚子分成了好多块弧形的硬片,被子在肚子尖上几乎待不住了,眼看就要完全滑落下来。比起偌大的身躯来,他那许多只腿真是细得可怜,都在他眼前无可奈何地舞动着。

"我出了什么事啦?"他想。这可不是梦。他的房间,一间略嫌小了些、地地道道的人住的房间静卧在四堵熟悉的墙壁之间。在摊放着衣料样品的桌子上方——萨姆沙是旅行推销员——挂着那幅画,这是他最近从一本画报上剪下来并装在了一只漂亮的镀金镜框里的。画上画的是一位戴毛皮帽子围毛皮围巾的贵妇人,她挺直身子坐着,把一只套没了她的整个前臂的厚重的皮手筒递给看画的人。

格里高尔接着又朝窗口望去,那阴暗的天气——人们听得见雨点敲打在窗格子铁皮上的声音——使他的心情变得十分忧郁。"还是再睡一会儿,把这一切晦气事统统忘掉吧。"他想,但是这件事却完全办不到,因为他习惯侧向右边睡,可是在目前这种状况下竟无法使自己摆出这个姿势来。不管他怎么使劲扑向右边,他总是又摆荡回复到仰卧姿势。他试了大约一百次,闭上眼睛,好不必看见那些拼命挣扎的腿,后来他开始在腰部感觉到一种还从未感受过的隐痛,这时他才不得不罢休。

"呵,天哪,"他想,"我挑上了一个多么累人的差事!长年累月到处奔波。在外面跑买卖比坐办公室做生意辛苦多了。再加上还有经常出门的那种烦恼,担心各次火车的倒换,不定时的、劣质的饮食,而萍水相逢的人也总是些泛泛之交,不可能有深厚的交情,永远不会变成知己朋友。让这一切都见鬼去吧!"他觉得肚子上有点痒痒,便仰卧着慢慢向床头挪近过去,好让自己头抬起来更容易些。看清了发痒的地方,那儿布满了白色小斑点,他不明白这是怎么回事,想用一条腿去搔一搔,可是立刻又把腿缩了回来,因为这一碰引起他浑身一阵寒颤。

他又滑下来回复到原来的姿势。"这么早起床,"他想,"简直把人弄得痴痴呆呆的了。人必须要有足够的睡眠。别的推销员生活得像后宫里的贵妇。譬如每逢我上午回旅店领取已到达的定货单时,这帮老爷们才在吃早饭。我若是对老板来这一手,我立刻就会被解雇。不过话说回来,谁知道被解雇对我来说就不是一件很好的事呢。我若不是为了我父母亲的缘故而克制自己的话,我早就辞职不干了,我就会走到老板面前,把我的意见一古脑儿全告诉他。他非从斜面桌上掉下来不可!坐到那张斜面桌上并居高临下同职员说话,而由于他重听人家就不得不走到他跟前来,这也真可以说是一种奇特的工作方式了。嗯,希望还没有完全破灭;只要等我积攒好了钱,还清父母欠他的债——也许还要五六年吧——我就一定把这件事办了。那时候我就会时来运转。不过眼下我必须起床,因为火车五点钟开。"

他看了看那边柜子上滴滴答答响着的闹钟。"天哪!"他想。六点半,指针正在悠悠然向前移动,甚至过了六点半了,都快六点三刻了。闹钟难道没有响过吗?从床上可以看到闹钟明明是拨到四点钟的;它一定已经闹过了。是闹过了,可是这可能吗,睡得那么安稳竟没听见这使家具受到震动的响声?嗯,安稳,他睡得可并不安稳,但是也许睡得更沉。可是现在他该怎么办?下一班车七点钟开,要搭这一班车他就得拼命赶,可是货样还没包装好,他自己则觉得精神甚是不佳。而且即使他赶上这班车,他也是免不了要受到老板的一顿训斥,因为公司听差曾等候他上那班五点钟开的火车并早已就他的误车作过汇报了。他是老板的一条走狗,没有骨气和理智。那么请病假如何呢?这可是令人极其难堪、极其可疑的,因为他工作五年了还从来没有病过。老板一定会带着医疗保险组织的医生来,会责备父母养了这么一个懒儿子并凭借着那位医生断然驳回一切抗辩,在这位医生看来他压根儿就是个完全健康却好吃懒做的人。再说,在今天这种情况下医生的话就那么完全没有道理吗?除了有一种在长时间的睡眠之后确实是不必要的困倦之外,格里高尔觉得自己身体很健康,甚至有一种特别强烈的饥饿感。

他飞快地考虑着这一切,还是未能下定决心离开这张床——闹钟恰好打响六点三刻——这时有人小心翼翼敲他床头的房门。"格里高尔,"有人喊——是母亲在喊——"现在六点三刻。你不想出门了?"好和蔼的声音!格里高尔听到自己的回答声时大吃一惊,这分明是他从前的声音,但这个声音中却搀和着一种从下面发出来的、无法压制下去的痛苦的叽喳声,这叽喳声简直是只在最初一瞬间让那句话保持清晰可听,随后便彻底毁坏了那句话的余音,以至他竟不知道,人们是否听真切了。格里高尔本想回答得详细些并把一切解释清楚,可是在这样的情形下他只得简单地说:"是,是,谢谢母亲,我这就起床。"隔着木头门外面大概觉察不出格里高尔声音中的变化,因为一听到这句话母亲便放下心来,趿趿踏踏地走了。但是这场简短的谈话却使其余的家里人都注意到格里高尔令人失望地现在还在家里,而这时父亲则已经敲响了侧边的一扇门,敲得很轻,不过用的却是拳头。"格里高尔!格里高尔!"他喊,"你怎么啦?"过了一小会儿他又用更低沉的声音催促道:"格里高尔!格里高尔!"而在另一扇侧门旁边妹妹却轻声责怪道:"格里高尔?你不舒服吗?你需要什么东西吗?"格里高尔向两边回答说:"我马上就好了。"并努力以小心翼翼的发音以及在各个词儿之间加上长长的休止来使他的声音失去一切异乎寻常的色彩。父亲也走回去吃他的早饭去了,妹妹却悄声说:"格里高尔,开开门,我求你了。"可是他却根本不想去开门,而是暗自庆幸自己由于经常旅行而养成的这种小心谨慎的习惯,即便在家里他晚上也是要锁上门睡觉的。

首先他想静悄悄地、不受打扰地起床,穿衣并且最要紧的是吃早饭,然后才考虑下一步的行动,因为他分明觉察到,躺在床上他是不会考虑出什么名堂来的。他记得在床上曾经常感受过某种也许是由于睡姿不好而造成的轻微的疼痛,及至起床时才知道这种疼痛纯属子虚乌有,现在他急于想知道,他今天的幻觉将会怎样渐渐消逝。声音的变化无非是一种重感冒、一种推销员职业病的前兆而已,对此他没有丝毫的怀疑。

要掀掉被子很容易,他只需把身上稍稍一抬,它自己就掉下来了。可是下一步就难了,特别是因为他的身子宽得出奇。他本来用胳臂和手就可以坐起来,可是他现在没有胳臂和手,却只有这众多的小腿,它们一刻不停地向四面八方挥动,而且他竟无法控制住它们。他想屈起其中的一条腿,这条腿总是先伸得笔直。他终于如愿以偿把这条腿屈起来了,这时所有其余的小腿便像散了架,痛苦不堪地乱颤乱动。"可别无所事事地待在床上。"格里高尔暗自思忖。

他想先让下身离床,可是他尚未见过、也想象不出是什么模样的这个下身却实在太笨重,挪动起来十分迟缓。当他最后几乎发了狂,用尽全力、不顾一切向前冲去时,他却选择错了方向,重重地撞在床腿的下端,一阵彻骨的痛楚使他明白,眼下他身上最敏感的部位也许恰好正是他的下身。

所以他便试图先让上身离床,小心翼翼地把头转向床沿。这也轻易地做到了,尽管他身宽体重,他的躯体却终于慢慢地跟着头部转动起来。可是等到他终于将头部悬在床沿外边时,他又害怕起来,不敢再以这样的方式继续向前移动,因为如果他终于让自己这样掉下去,他的脑袋不摔破那才叫怪呢。正是现在他千万不可以失去知觉,他还是待在床上吧。

但是,当他付出同样的辛劳后又气喘吁吁像先前那样这般躺着,并且又看到自己的细腿也许更厉害地在相互挣扎,想不出有什么办法可以平息这种乱颤乱动时,他又心想,他不能老是在床上待着,即便希望微乎其微,也要不惜一切代价使自己脱离这张床,这才是最明智的做法。可是他同时也没有忘记提醒自己,三思而后行比一味蛮干强得多。这当儿,他竭力凝神把目光投向那扇窗户,但是遗憾的是,甚至连这条狭街的对面也都裹在浓雾中,这一片晨雾实在难以让人产生信心和乐观的情绪。"已经七点了,"方才闹钟响时他暗自思忖,"已经七点了,可是雾一直还这么重。"他带着轻微的呼吸静静地躺了片刻,仿佛他也期盼着这充分的寂静会使那种真实的、理所当然的境况回归似的。

但是随后他便心想:"七点一刻以前我无论如何也要完全离开这张床。到那时候公司里也会有人来询问我的情况的,因为公司七点前开门。"于是他开始设法完全有节奏地将自己的整个身子从床上摆荡出去。倘若他以这样的方式让自己从床上掉下去,着地时他将尽量昂起脑袋,估计脑袋还不至于会受伤,后背似乎坚硬,跌在地毯上后背大概不会出什么事。他最担心的还是那必然会引起的巨大响声,这响声一定会在一扇扇门后即使不引起恐惧也会引起焦虑。可是这件事做起来得有点胆量。

当格里高尔已经将半个身子探到床外的时候——这种新方法与其说是一种艰苦的劳动,还不如说是一种游戏,他永远只需要一阵一阵地摆荡——他忽然想起,如果有人来帮他一把,这一切将是何等的简单方便。两个身强力壮的人——他想到了他的父亲和那个使女——就足够了;他们只需要把胳臂伸到他那拱起的背下,这么一托把他从床上托起来,托着这个重物弯下腰去,然后只需小心翼翼地耐心等待着他在地板上翻过身来,但愿细腿们一触到地便能发挥其作用。那么,姑且不管所有的门都是锁着的,他是否真的应该叫人来帮忙呢?尽管处境非常困难,想到这一层,他禁不住透出一丝微笑。

他已经到了使出更大的力气摆荡便几乎要保持不了平衡的地步,很快他就要不得不最终采取决定性的步骤了,因为再过五分钟便是七点一刻——正在这时候,寓所大门的门铃响了起来。"是公司里派什么人来了。"他暗自思忖,几乎惊呆了,而他的细腿们却一个劲儿舞动得更猛烈了。四周保持着片刻的寂静。"他们不开门。"格里高尔心里在想,怀抱着某种无谓的希望。但是随后使女自然就一如既往踏着坚定的步子到门口开门去了。格里高尔只需听见来访者的第一声招呼便立刻知道这是谁——是秘书主任亲自出马了。为什么只有格里高尔生就这个命,要给这样一家公司当差,只要有一点小小的差池,马上就会招来最大的怀疑?难道所有员工统统都是无赖,难道他们当中没有一个忠诚、顺从的人,这个人即便只是在早晨占用公司两三个小时就于心不安得滑稽可笑,简直都下不了床了?若是派个学徒来问问真的不顶事——假若压根儿有必要这么刨根问底问个不休的话——秘书主任就非得亲自出马,就非得由此而向无辜的全家人表示,这件可疑的事情只能委托秘书主任这样的行家来调查吗?与其说是由于做出了一个正确的决断,还不如说是由于格里高尔想到这些事内心十分激动,他用尽全力一跃下了床。响起了一声响亮的撞击声,但并不是什么了不起的闹声。地毯把跌落的声音减弱了几分,后背也比他想象的更富有弹性,这声并不十分惊动人的闷响便是这么产生出来的。只有那脑袋他没有足够小心地将其翘起,撞在地板上了;他扭动脑袋,痛苦而怂懑地将它在地毯上蹭了蹭。

"那里面有什么东西掉下来了。"秘书主任在左边邻室里说。格里高尔试着设想,类似今天他身上发生的事会不会有朝一日也让秘书主任碰上;其实人们必须承认这种可能性是存在的。可是像是对这个问题做出了粗暴的回答似的,现在秘书主任在隔壁房间里坚定地走了几步,让他那双漆皮靴发出嘎吱嘎吱的响声。妹妹从右边的邻室里用耳语向格里高尔通报消息:"格里高尔,秘书主任来了。""我知道了。"格里高尔嘟哝道,但是他没敢将嗓门提高到足以让妹妹听见的程度。

"格里高尔,"这时父亲从左边邻室里说道,"秘书主任先生来了,他要知道为什么你没乘早班火车走。我们不知道我们该对他说什么;再者,他也想亲自和你谈谈。所以请你开开门吧。他度量大,对房间里凌乱不会见怪的。""早上好,萨姆沙先生!"秘书主任和蔼地招呼道。"他身体不舒服。"母亲对秘书主任说,而父亲则还在门旁说:"他身体不舒服,您相信我吧,秘书主任先生。要不然格里高尔怎么会误了一班火车!这孩子脑袋瓜子里一心只想着公事。他晚上从来不出门,连我瞧着都快要生气了;现在他已经在城里待了八天了,可是每天晚上他都守在家里。他和我们一起坐在桌旁,默默读报或研究火车时刻表。如果他用钢丝锯干点活儿,这对他来说就已经是一种消遣了。譬如他就用两三个晚上雕刻了一只小镜框,您会感到惊讶的,它雕刻得多漂亮,它挂在这房间里,等格里高尔一开门,您马上就会看到它。您的光临真叫我高兴,秘书主任先生。光靠我们简直没法让他开门,他固执极了;他一定是身体不舒服了,尽管他早晨矢口否认。""我马上就来。"格里高尔慢条斯理地说,可是却寸步也没移动,生怕漏听了交谈中的一句话。"太太,我也想不出有什么别的原因,"秘书主任说,"但愿不是什么了不起的病。可是话也得说回来,我们买卖人——你可以说是晦气也可以说是福气——出于生意经往往只好不把这种小毛小病当做一回事。""秘书主任先生现在可以进去看你了吗?"不耐烦的父亲又敲门问道。"不行。"格里高尔说。左边邻室里顿时出现一片令人难堪的寂静,右边邻室里妹妹开始啜泣起来。

妹妹为什么不到其他人那儿去呢?她大概现在才起床,根本还没开始穿衣吧。那么她为什么哭呢?因为他不起床并且不让秘书主任进来,因为他有丢掉这份差使的危险,因为随后老板就又要向父母亲逼债吗?眼下这不都是瞎操心嘛。格里高尔还在这里,丝毫也不想离开他的家人嘛。眼下他好好地躺在这地毯上,哪个知道他目前状况的人都不会当真要求他让秘书主任进来的。可是格里高尔总不会由于这个小小的失礼行为马上就被开除的吧,以后很容易就可以找个借口把它掩饰过去的嘛。格里高尔觉得现在他们与其抹鼻子流眼泪苦苦哀求,还不如别来打扰他的好。但是正是这种捉摸不定的情况令其他人感到苦恼,证明着他们的态度无可厚非。

"萨姆沙先生,"秘书主任提高嗓门说,"您这是怎么回事?您把您自己关在房间里,光是回答'是'和'不是',不必要地引起您父母极大的忧虑,还以一种简直是闻所未闻的方式疏忽了——我只是捎带提一句——您的公务职守。我现在以您父母和您经理的名义和您说话,并正式要求您立刻做出明确的解释。我感到惊讶,我感到惊讶。我原以为您是个文文静静、明达事理的人,可是现在您似乎突然要耍怪脾气了。虽然今天早晨经理向我暗示了您不露面的原因——他提到了最近委托您收取的那笔现款——但是我确实几乎以我的名誉向他担保这根本不可能。可是如今我在这里看到您执拗得简直不可思议,我完全失去了任何兴致,丝毫也不想替您去说情了。您在公司里的地位决不是最牢固的。这些话我本来想私下里对您说的,但是既然您在这里白白糟蹋我的时间,我就不知道,为什么令尊和令堂就不可以也一起听听呢。近来您的成绩很不能令人满意,现在虽然不是做生意的旺季,这一点我们承认;但是不做生意的季节是根本不存在的,萨姆沙先生,是不允许存在的。"

"可是秘书主任先生,"格里高尔气愤地说,一激动便忘记了一切,"我马上,我这就来开门。我有点不舒服,头晕,起不了床了。我现在还躺在床上呢。但是现在我已经又有了精神了。我正在下床。请稍等片刻!情况还不像我想象的那么好。可是我已经恢复健康了。一个人怎么会突然患上这种病!昨天晚上我还好好儿的,我父母亲是知道的嘛,或许不如说,昨天晚上我就已经有所预感。想必人们已经看出我有点不对头了。我为什么没向公司告病假!我总以为,这病用不着请假待在家里我也能挺过去的。秘书主任先生!请您体谅我的父母!您现在对我所做的种种指责都是没有根据的,有关这方面的问题人们一句话也没对我说过。也许您还没看到我已经寄出的最近一批订单吧。再者,我就乘八点钟的火车上路,这几个小时的休息使我精力充沛起来了。您别耽误时间了吧,秘书主任先生;我本人马上就上班,劳您大驾,把这一点告诉经理并代我向经理问好!"

就在格里高尔急促发出这一席话、几乎不知道自己讲了些什么的当儿,分明是由于有了床上的那些锻炼,他已经轻易地渐渐接近那只柜子,现在正试图靠着它使自己直立起来。他果真想开门,果真想露面并和秘书主任谈话;他很想知道,那些现在如此渴望见到他的人一旦看见他时会说些什么。如果他们给吓住了,那么格里高尔就不再有什么责任,就可以心安理得。但是如果他们对这一切泰然处之,那么他也就没有什么理由要大惊小怪,只要抓紧时间就真的可以在八点钟赶到火车站。起先他从光滑的柜上滑落下来几次,但是他最后猛一使劲终于站直了起来;对于下身的疼痛他一点儿也不在意了,虽然它火辣辣地作痛。他向着近处一把椅子的靠背倒下,他用自己的细腿紧紧抓住靠背的边缘。这一下他却也控制住了自己的身体并且沉默不语了,因为现在他可以倾听秘书主任讲话了。

"您们也哪怕听懂了一句话了吗?"秘书主任问父母亲,"他不是在拿我们寻开心吧?""天哪,"母亲已经带着哭声在喊,"他也许得了重病了,我们还在折磨他。葛蕾特!葛蕾特!"随后她便嚷嚷。"母亲!"妹妹从另一边叫喊。她们隔着格里高尔的房间对嚷起来。"现在你赶快去找医生。格里高尔病了。快去请医生。你听见格里高尔现在的讲话声了吗?""那是一种牲畜的声音。"葛蕾特说,比起母亲的叫喊来声音显得格外的轻。"安娜!安娜!"父亲通过门厅朝厨房里喊并拍着巴掌:"马上找个锁匠来!"话音未落,那两个女孩子便奔跑着穿过门厅,只听见裙子发出飕飕的响声——妹妹怎么会这么快穿上衣服的呢?——并猛一把拉开寓所大门。人们根本没听见关门声;她们大概让大门敞开着了,哪家出了什么大不幸的事大门

往往都是这么敞开着的。

可是格里高尔的心境却平静得多了。人们虽然再也听不懂他的话了,尽管他自己觉得他的话说得相当清楚,比从前清楚,也许是因为耳朵习惯了吧。可是人们总算相信他并不是完全没病,并准备帮助他了。采取这些初步措施时的那种信心和沉着令他感到欣慰。他觉得自己又被纳入到人类的圈子里,虽然其实不太清楚医生和锁匠是什么人,却希望这两个人取得了不起的、惊人的成绩。为了使自己在即将到来的重要谈话中声音尽可能清晰些,他稍微嗽了嗽嗓子,当然竭力压低声音,因为很可能这种嗽声听起来就已经

不同于人的咳嗽声,这正是他自己都不再敢于决断的事。这当儿,隔壁房间里一片寂静。也许父母正和秘书主任一起坐在桌旁,在悄悄地说话,也许大家都靠在门旁,都在偷听呢。

格里高尔扒着椅子慢慢向门口移动过去,在门口摆下椅子,向房门扑过去,靠着门板直起身来——他的细腿的底部有一些黏性——在那儿休憩片刻,缓过一口气来。但是随后他便开始用嘴巴来转动插在锁孔里的钥匙。遗憾的是,他似乎没有什么真正的牙齿——他用什么来咬住钥匙呢?——不过他的下颚倒十分结实,足以担当此项任务。在它的帮助下他也果真启动了钥匙,他没有注意到他无疑给自己造成某种伤害了,因为一股棕色的液体从他嘴里流出来,淌过钥匙并滴到地上。"您们听,"秘书主任在隔壁房间里说,"他在转动钥匙。"这对格里高尔是一种很大的鼓舞;可是本来大家都应该对他喊,父亲和母亲也应该对他喊:"加油,格里高尔!"他们应该高喊:"永远向前,紧紧顶住锁孔!"以为大家都在全神贯注地注视着他的艰难动作,他竭尽全力,死命咬住钥匙。他随着钥匙的旋转而绕着锁孔舞动;现在还在用嘴使自己的身体保持直立,他按照需要或是吊在钥匙上,或是随后便用自己身体的全部重量又将钥匙压下去。锁终于啪的一声反弹回去,这个清脆的响声简直使格里高尔如梦初醒。他舒了一口气暗自思忖道:"看我没用锁匠吧!"并将脑袋搁在门把上,想将门完全打开。

由于他不得不用这种方式来开门,所以实际上这扇门已经开出相当大的一个缝隙了,而人们却还看不见他自己的身影。他必须先慢慢绕着一扇门扇旋转,而且得十分小心,如果他不想恰好在人们进入房间之前重重地仰脸摔到地上去的话。他正在艰难地挪动自己,顾不上注意别的事情,这时他却听见秘书主任大声"哦"了一声——这声音听起来就像风在呼啸——而他同时也看到,最靠近门口的他怎样用一只手捂住张开的嘴巴并徐徐向后退去,仿佛有一股无形的、均匀作用的力在驱动他们似的。母亲——虽然秘书主任在场,她照样披散着一头一夜睡眠后蓬乱森竖的头发站立在那儿——先是合掌望着父亲,随后便向格里高尔走过去两步并倒在了地上,衣裙在她四周摊了开来,脸庞垂在胸口完全隐匿不见了。父亲恶狠狠地捏紧拳头,仿佛他要将格里高尔打回房间里去似的,随即犹豫不定地扫视了一下起居室,接着便用双手捂住眼睛哭了起来,他的宽阔的胸膛颤抖着。

格里高尔根本就不到房间里去,而是从里面靠住那半扇关紧的门,所以只有他的半个身子以及那上面那个向一边倾斜的脑袋可以看得见,他正歪着脑袋在张望别人。这当儿,天色明亮得多了,可以清清楚楚地看到街对面那幢长得没有尽头的深灰色建筑的一个分段——那是一座医院——排隔一定距离安置的窗户贯穿这幢建筑的正面。雨还在下,但是落到地面上的只是一滴滴大的、个别可以看得见的并且全然也是零零星星掉下的雨点。桌子上摆着数量极其众多的早餐餐具,因为对于格里高尔的父亲来说早餐是一天里最重要的一顿饭,他一边读着各种报刊一吃就是好几个小时。正对面墙上挂着一幅他服兵役时的照片,当时他是少尉,他的手按在剑上,脸上挂着无忧无虑的笑容,分明是要人家尊敬他的军人风度和制服。门厅的门开着,由于寓所的大门也开着,所以人们可以看到寓所外面的前院和向下的那道楼梯的开头几个梯级。

"唔,"格里高尔说,他分明意识到自己是唯一保持着镇静的人,"我马上就穿好衣服,包好样品就走。你们愿意,你们愿意让我走吗?唔,秘书主任先生,您会看到,我并不是冥顽不化,我喜欢工作;出差是辛苦的,但是不出差我就没法活。秘书主任先生,您去哪儿?去公司吗?是吗?您会如实报告一切吗?人可能一时没了工作能力,但是随后就会不失时机地回忆起从前的成绩并想到,以后,等消除了障碍,他一定会更兢兢业业地工作。我是非常感激经理先生的,这一点您十分清楚。另一方面,我要为我的父母和妹妹操心。我处境困难,但是我也会重新摆脱困境的。您就不要来给我平白地增添麻烦了。请您在公司里帮我美言两句!人们不喜欢旅行推销员,我知道。人们以为,他大把大把地挣钱,过着逍遥自在的日子。人们没有什么特别的诱因去更好地考虑这种成见嘛。可是您,秘书主任先生,您比公司里别的员工都更了解情况呀,而且甚至,我们私下里说说,比经理本人还更了解情况,他作为东家在做出判断时容易受迷惑对一个员工产生不好的印象。您也很清楚地知道,旅行推销员几乎整年都不在公司里,很容易成为闲言碎语、飞短流长的牺牲品。对此他防不胜防,因为他对此等事情往往一无所知,待到他精疲力竭做完一次推销旅行,在家里亲身感受到那糟糕的、莫明究竟的后果时他才有所感悟。秘书主任先生,您先别走,您总得对我说一句话吧,向我表明,您认为我的话至少有一小部分是对的!"

可是一听到格里高尔的头几个词儿秘书主任就已经扭过身去,他只是张开嘴唇回头从耸动的肩膀上向格里高尔望去。在格里高尔讲话的期间他片刻也没有站定,而是眼睛盯住了格里高尔,向门口溜过去,一步一步地踅过去,仿佛存在着一道不准离开房间的秘密禁令似的。他已经到了门厅了,按照他最后一次将脚从起居室抽回时的那个突然的动作来判断,人们一定会以为,他刚才一定是灼伤脚跟了。可是一到门厅他便远远伸出右手指向楼梯,好似那儿有一个超自然的救星在等待着他。

格里高尔明白,如果他不想让自己在公司里的职位受到极大的危害,他就决不可以让这位秘书主任怀着这种心情离去。父母对这一切不甚了然。天长日久,他们已经形成了这样一种信念,以为格里高尔在这家公司里工作,一辈子可以吃穿不愁了,而且现在他们一心只想着眼前的愁苦事,根本无暇顾及将来的事。但是格里高尔顾及到了。必须挽留、安慰、说服秘书主任,并在最后博得他的好感;格里高尔和他一家人的前途全系在这上面呢!要是妹妹在这儿就好了!她聪明,当格里高尔还心平气和地仰卧着的时候她就已经哭了。秘书主任,这个爱好女人的人,一定会受她的驾驭;她就会关上寓所大门,在前室里劝他不要害怕。可是妹妹还就是不在,格里高尔只好亲自出马。没有想到他还根本不了解自己眼下的活动能力,也不去想一想,他的话可能——甚至十之八九又不会被人听懂,他离开了那半扇门扇,在门洞里挤过去,想向正可笑地用双手抓住过道楼梯栏杆的秘书主任走去;可是立刻一边寻找着支撑,一边轻轻一声喊叫跌倒下来,他那众多的细腿着了地。它们刚一着地,他便在这一天早晨第一次感觉到了一种身体上的适意:细腿们踩在实地上了。他高兴地注意到,它们完全听从指挥,它们甚至竭力把他带向他想去的那个方向;他已经以为,最终摆脱一切苦难的时刻已经为期不远了。可是就在这同一个刹那间,就在他摇摇晃晃,由于动作受到遏制,在离他母亲不远处,躺在她正对面的地板上的时候,似乎正完全陷入沉思之中的母亲却霍地跳了起来,远远伸出双臂,又开十指,大喊:"救命,天哪,救命!"低垂着脑袋,仿佛她想把格里高尔看得更真切些似的,可是偏偏又身不由己地向后退去;忘记了她身后摆着那张已摆好餐具的桌子,当她退到桌子近旁时便好似心不在焉地一屁股坐了上去,并且好像丝毫不曾觉察到,咖啡正从她身旁那把已打翻的大咖啡壶里汩汩地往地毯上流。

"母亲,母亲!"格里高尔轻声说并抬起头来看着她。一瞬间他把秘书主任完全忘却了;可是他的下巴却忍不住咂巴起来,因为他看到了淌出来的咖啡。母亲见状再次尖叫起来,逃离开桌子,扑进向她迎面奔来的父亲的怀里。可是格里高尔现在无暇顾及他的父母,秘书主任已经在楼梯上,下巴搁在栏杆上,他还最后一次回头看了看。格里高尔急走几步,想尽快追上他;秘书主任想必有所察觉,因为他一个大步跳过好几级,消失不见了,"嗬!"可是他一边还叫喊,这叫声响彻整个楼梯间。遗憾的是,秘书主任这一逃跑似乎使迄今一直比较镇静的父亲也慌乱了起来,因为他非但自己不去追赶秘书主任,或者起码不妨碍格里高尔去追赶,他反倒用右手操起秘书主任的手杖,那根此人连同帽子和外套一起落在椅子上的手杖,用左手从桌子上抓起一大张报纸,一边跺着脚,一边挥动手杖和报纸,要把格里高尔赶回到他的房间里去。格里高尔百般请求也无济于事,他的请求也没有人懂得,不管他多么谦恭地转动脑袋,父亲只是一个劲儿拼命跺脚。那一边,母亲不顾天气凉爽打开了一扇窗户,身子探在了窗外,她把手远伸到窗户外面捂住了自己的脸。胡同和楼梯间之间刮起一阵强劲的穿堂风,窗帘掀起来,桌子上的报纸沙沙响,有几张在地面上翻滚。父亲无情地驱赶并发出嘘嘘声,简直像个狂人。可是格里高尔还根本没练习过后退,所以确实退得很慢。假如格里高尔可以转身的话,他马上就回到他的房间里去了,但是他担心这极费时间的转身会让父亲不耐烦,父亲手中的手杖随时会照准他的后背或头部给以致命的一击。可是最终格里高尔也没有别的办法,因为他惊恐地发现,倒退起来他连方向也掌握不了;就这样,他一面始终不安地侧过头去瞅着父亲,一面开始尽量迅速、而其实却只是很慢地掉转身子。也许父亲觉察到了他的良好意愿,因为他非但不干扰他,甚至还时不时远远地用手杖尖头搞点旋转动作。父亲若不发出这种让人无法忍受的嘘嘘声那该有多好!格里高尔让这嘘嘘声搞得心慌意乱。他已经几乎完全转过身来了,可是他却始终听着这嘘嘘声,竟晕头转向,又转回去了一些。然而当他最后总算将脑袋挪到门口时,这才发现,原来他的身体太宽,一下子还挤不进去。父亲在目前的心境下自然也决不会想到应该开开另外半扇门,以便让格里高尔顺利通行。他一心只想着,格里高尔必须尽快回到自己的房间里去。他也决不会允许格里高尔做那些繁琐的准备动作的,可是为了直起身来并且也许以这种方式从门口走进去,他就必须做好这些准备。现在他反倒大声喧嚷着把格里高尔往前赶,仿佛没有什么障碍似的,这在格里高尔身后听起来已经不再像是单纯一位父亲的声音了。现在确实不是闹着玩的了,于是格里高尔便——不顾一切地——挤进门里去。他身子的一边拱了起来,他斜躺在门口,他的一面腰部完全擦伤了,洁白的门上留下了难看的斑点,不一会儿他就给卡住了,单凭自己竟丝毫也动弹不得,身子一边的细腿们悬在空中颤抖,另一边的则在地上给压得十分疼痛——这时,父亲从后面使劲推了他一把,现在这一把倒确实救了他的性命,他当即便血流如注,远远跌进了他的房间里。房门还在手杖的一击下砰地关上了,随后屋子里终于寂静了下来。

注释

①这是卡夫卡短篇小说的代表作。从作者当时致其未婚妻费丽丝·鲍威尔的信中可以看出,该作品写于1912年11月中下旬至12月上旬。卡夫卡曾想以《儿子们》为题,

将它与《判决》《司炉》结集出版，未果。后于1915年发表在勒奈·布克尔编辑的《白色书页》上。同年由莱比锡库尔特·沃尔夫出版社出版了单行本。作者曾为此书的封面设计致函这家出版社："封面上可千万别画上那只昆虫啊。"最后，封面上的图像是一个孤苦的青年哭泣着走出家门。

文本解读

　　工业文明在给人类带来巨大的物质利益的同时，也使人类承受着前所未有的精神压力：生活节奏日趋紧张，生存竞争日趋激烈，法律制度日趋苛细……在这样的压力下，人的精神畸形裂变，人类作为物种已发生了本质的变化——异化。反对这种畸变异化成为西方现代文学的基本主题。《变形记》里主人公格里高尔就是这一"异化"的典型。人在一夜之间变成了甲虫，而变形后的格里高尔居然仍具备正常人的思想和情感。这貌似荒诞不经的故事深刻反映了社会的本质：在金钱至上、自私冷酷的西方现代社会，一个失去谋生能力的人必将与虫豸无异，遭人唾弃，包括自己最亲近的人。卡夫卡把荒诞不经的故事与真切平实的家庭生活描写融为一体，其中所透露出的悲凉与冷酷让人不寒而栗。诚如卢卡契所言："卡夫卡作品的整体上的荒谬和荒诞是以细节描写的现实主义基础为前提的。"卡夫卡正是以这种虚妄与写实相结合的手法表达了现代人强烈的孤独感、陌生感和恐惧感，形成意味深长、耐人咀嚼的艺术效果。

思考练习

1. 谈谈《变形记》的艺术特色。
2. 结合卡夫卡的创作谈谈你对西方现代派文学的认识。

阅读链接

［奥地利］弗兰兹·卡夫卡著，谢莹莹、张荣昌译：《卡夫卡中短篇小说集》，上海译文出版社2006年出版。

百年孤独（节选）①

［哥伦比亚］马尔克斯

　　加夫列尔·加西亚·马尔克斯（Gabriel García Márquez，1928年3月6日～），台湾译为贾西亚·马奎斯，生于哥伦比亚的阿拉卡塔卡，哥伦比亚作家、记者和社会活动家，写作语言为西班牙语，拉丁美洲"魔幻现实主义"文学最杰出的代表人物，1982年获诺贝尔文学奖。

　　作为一个天才的、赢得广泛赞誉的小说家，加夫列尔·加西亚·马尔克斯将现实主义与幻想结合起来，创造了一部风云变幻的哥伦比亚和整个拉丁美洲大陆的神话般的历史，表现了拉美人民的苦难和对幸福、自由的向往。其代表作为：《百年孤独》《苦妓追忆录》等。

第六章(前半部分)

奥雷良诺·布恩地亚上校发动过三十二次武装起义,三十二次都失败了。他跟十七个女人生了十七个儿子,但一夜间,一个接一个地都被杀掉,最大的当时还不到三十五岁②。他躲过了十四次暗杀、七十三次埋伏和一次行刑队的枪决。有一次他的咖啡里被放了足以毒死一匹马的马钱子碱,而他居然幸免于难。他拒绝共和国总统授予他的勋章,最终当了革命军的总司令,率领部队南征北战,成为最令政府惧怕的人物,但却从来不让别人给他照相。他谢绝了战后发给他的终生养老金,靠着在马贡多工作间里制作小金鱼聊度残生。尽管每次战斗他都身先士卒,但唯一的一次挂彩却是签订结束长达二十年内战的尼兰德投降书后他自己造成的:他朝自己的胸口开了一枪,子弹从背部穿出,没有伤着任何紧要部位。所有这一切留下的,只是用他的名字命名了马贡多的一条街。但就连这件事,据他寿终前几年宣称,那天拂晓他跟二十一名汉子出发前去投奔维克托里奥·梅迪纳将军的队伍时,也未曾指望过。

"我们把马贡多交给你了。"这便是他出发前对阿卡迪奥所说的一切:"我们现在把它好好的交给你了,当我们再见到它时,你要努力使它变得更好。"对于这个嘱托,阿卡迪奥的理解却是非常随心所欲的。他从墨尔基阿德斯一本书的插图上受到启发,发明了一种有绶带和元帅肩章的制服,腰间还挂了一柄被枪毙的敌方军官的饰有金色流苏的大刀。他把两门炮安在镇子的入口处,叫他从前的学生都穿起制服,这些学生被他煽动力很强的告示激励得义愤填膺。阿卡迪奥还叫他们全副武装地在街上蹓跶,以便给那些外乡人留下镇子是坚不可摧的印象。但这个计策犹如一把刀子的两刃,有利也有弊。一方面,政府在十个月内不敢贸然向马贡多进攻;另一方面,一旦发动攻击,就投入极其悬殊的大兵力,以致不消半小时,便把一切抵抗全摧毁了。从阿卡迪奥执掌统治大权的第一天起,他就表现出发布文告的嗜好。他一连看了四份报纸,把自己的全部思绪理清和掌握。他规定十八岁以上的人都得服兵役,宣布晚上六点钟以后在街上行走的牲畜都归公用,还强迫成人必须佩戴红袖章。他把尼卡诺尔神父监禁在他的神甫堂里,威吓说要枪毙他,还不准他做弥撒,并且如果不是为了庆祝自由派的胜利就不准他敲钟。为了使任何人都不致对他决定的严厉性有所怀疑,他还命令一队行刑队在广场上对准一个稻草人练习射击。起初,谁也没有认真看待过这些事,他们认为,说到底,那不过是学校里的一群娃娃跟大人闹着玩玩而已。但一天晚上,阿卡迪奥踏进卡塔里诺的酒店,乐队里一位号手故意吹出怪声怪调的军乐向他打招呼,引得顾客们哄堂大笑。这时,阿卡迪奥便以冒犯当局的罪名,叫人把他毙了;对那些提抗议的人,则把他们统统关在学校的一间屋子里,并锁上脚镣,只给他们几块面包和水。"你是杀人凶手!"乌苏拉每听到他一桩新的暴行时,总是这样朝他吼,"要是奥雷良诺知道了,他准会一枪把你崩了,到那时,我就第一个拍手称好!"然而,一切都无济于事,阿卡迪奥继续加紧这种毫无必要的严厉手段,终于成了马贡多有史以来最凶残的统治者。"现在他们尝到不同统治的苦头了。"堂阿波利纳尔·莫科特有次这样说,"这便是自由派的天堂。"此话让阿卡迪奥知道了。他就领着一队巡逻兵,闯进莫科特家,砸毁家具,用鞭子抽打他的几个女儿,把堂阿波利纳尔·莫科特强行拖走了。乌苏拉穿过整个镇子,一路上不停地嚷着"你这个不要脸的,你这个不要脸的"。当她愤怒地挥舞浸过柏油的鞭子,冲进营房院子的时候,阿卡迪奥正要下令行刑队开枪

"看你有种开枪,你这个小杂种!"乌苏拉大喝一声。

阿卡迪奥还没来得及作出反应,一鞭子已经抽到他头上。

"你有种开枪呀,你这个杀人犯!"她喊道:"你把我也杀了吧,你这个婊子养的!要是我死了,倒不用为养了你这个孽种而流泪了。"她没头没脑地抽打着,把他逼到院子的尽头,阿卡迪奥缩着身子,活像只蜗牛。堂阿波利纳尔·莫科特已昏死过去,他被绑在那根早先时候练习射击的柱子上,上面的稻草人早被子弹打烂了。行刑队里的小伙子们害怕乌苏拉拿他们出气,都纷纷逃走了,但她连望都没望他们一眼。乌苏拉丢下穿着七歪八扭元帅服的阿卡迪奥,也不理睬他因疼痛和恼怒而发出的嚎叫,径直去给堂阿波利纳尔·莫科特松了绑,带他回家。离开营房前,她把那些带脚镣的囚犯都放了。

打从那时起,镇上便由她来发号施令了。她恢复了星期日弥撒,停止使用红袖章,还废除了那些蛮横无理的布告。尽管她生性刚强,还是一直为自己的命途多舛而悲泣。她感到非常孤单,只好去找她那不中用的伴侣——被人遗忘在栗树下的丈夫了。"唉,你瞧我们现在过的,"她对他说,那时六月的大雨大有冲倒这棕榈叶凉棚的气势。"你看看这个空荡荡的家吧,看看我们那些散在世界各个角落的儿女吧,咱们又像当初那样只剩你我两个了。"霍塞·阿卡迪奥·布恩地亚已深深陷入无知无觉的深渊,对她的悲叹充耳不闻。在刚发病那阵,他大小便急了还用拉丁语急急地喊几声。在神志清醒的须臾间,阿玛兰塔给他送吃的时,他向她诉说自己最难受的痛苦,并顺从地接受拔火罐、敷芥末泥。但到乌苏拉去他身边诉苦这当儿,他已完全脱离现实生活了。他坐在小板凳上,乌苏拉一个部位、一个部位地替他擦洗,一面讲些家里的事给他听。"奥雷良诺去打仗已经四个多月了,我们一直没有他的消息。"她边说边用一块沾了肥皂的丝瓜筋替他擦背。"霍塞·阿卡迪奥回来了,长得比你还高大,浑身上下刺满了花纹。但他回来后尽给咱们家丢脸。"她好像发觉丈夫听了这些坏消息在伤心了,于是便用谎话来诓他:"你可别把我的话当真了,"她一边说,一边把柴灰撒在他粪便上以便用铲铲掉。"这是上帝要霍塞·阿卡迪奥跟雷蓓卡结婚的。现在他们过得很快活。"在这场欺骗中,她是那样真心诚意,结果自己也从这些谎言中得到了安慰。"阿卡迪奥已像个大人了,"她说,"他很勇敢,穿了军装,挂上大刀,真是个好小伙哪。"不过,她这些话好像是在讲给一个死人听,因为霍塞·阿卡迪奥·布恩地亚对一切都置若罔闻,但她还是一个劲地唠叨下去,她看他那样听话,对一切事物都那样无动于衷,就决定把他放开来。但他却坐在板凳上一动也不动,听凭日晒雨淋,好像那根绳子压根就不起作用似的,一种超乎一切有形束缚的控制继续把他绑在栗树干上。大约到了八月,没完没了的冬季开始了,乌苏拉总算能把一个看来像是确切的消息告诉他。

"你看,好运气还跟着我们哪,"她说,"阿玛兰塔和弹钢琴的意大利人要结婚啦!"

阿玛兰塔和皮埃特罗·克雷斯庇,由于得到乌苏拉的信任,确实加深了他们之间的友情。这一次乌苏拉觉得没有必要再去监视他俩的会面了。这是一对黄昏恋人。意大利人总是傍晚时分来,纽孔上插一朵栀子花,给阿玛兰塔翻译彼特拉克③的十四行诗。两人呆在牛至花和玫瑰的香气充溢得令人窒息的走廊里,他念着诗,她用针勾着花,毫不关心战争引起的惊恐和不幸消息,他俩一直呆到蚊子来把他们逼进大厅去。阿玛兰塔的敏感,她的谨慎而又缠绕万物的柔情慢慢地在她男友的四周织起了一张看不见的蛛丝网,使他在八点钟离去时真的得用白嫩的、没戴戒指的手指去拨开。他俩把皮埃特罗·克雷斯庇从意大利收到的明信片装订成一本精致的相册,里面都是情侣们在孤寂的花园里的图画以及中了爱神箭的丹心和衔着金丝带的鸽子的图案。"我认得佛罗伦萨的这座花园,"皮埃特罗·克雷斯庇翻着相片说,"你伸出手来,那些鸟就会飞下来啄食。"有时面对一幅威尼斯水彩画,怀乡之情竟会把水沟里的淤泥和腐烂的甲壳动物的气味变成鲜花的淡雅的芬芳。阿玛兰塔叹息着,微笑着,憧憬那个第二故乡,那里的男男女女都长得很漂亮,说话像小孩子一样,那儿有古老的城市,然而它往昔的宏伟业绩如今只留下瓦砾堆里的几只小猫了。经过漂洋过海的寻觅,在错把雷蓓卡急切抚摸他的一时冲动当成爱情之后,皮埃特罗·克雷斯庇终于找到了真正的爱情。幸福本身也带来了繁荣,他的店几乎占了一个街区。那里是培植幻想的大暖棚,里面有佛罗伦萨钟楼的复制品,报时的时候由一组乐钟奏出交响乐;还有索伦托的乐箱和中国的香粉盒,这种盒子揭开时会奏出五音曲;此外还有各种各样不可思议的乐器和形形式式应有尽有的用发条开动的机械装置。他一个人忙不过来,就让他的弟弟勃鲁诺·克雷斯庇主持店里的业务。由于他展出了这么许多令人眼花缭乱的玩意儿,土耳其人大街变成了声响悦耳的溪流,使人忘掉阿卡迪奥的专横和遥远的战争的梦魇。乌苏拉恢复星期日弥撒的时候,皮埃特罗·克雷斯庇送了一架德国风琴给教堂,并组织了一个儿童唱诗班。他按格里历编制了一份瞻礼单,替尼卡诺尔神父沉寂的仪式增添一些光彩。谁都不怀疑他会使阿玛兰塔成为幸福的妻子。他俩并不催促自己的感情,听任心底的情思卷挟着他们自然地流淌。现在已到只待确定婚期的地步了。他们没遇到什么障碍。乌苏拉内心一直感到内疚的是,过去一次次推迟婚期,结果改变了雷蓓卡的命运,现在她可不想再增添内心的不安了。由于战争的折磨,奥雷良诺的出走,阿卡迪奥的暴行和霍塞·阿卡迪奥与雷蓓卡被赶出家门,为雷梅苔丝服丧已被推到次要的地位。婚礼在即,皮埃特罗·克雷斯庇本人曾暗示,他将认奥雷良诺·霍塞为他的长子,因为在他身上克雷斯庇几乎已有一种做父亲的亲切情感。一切都让人觉得阿玛兰塔正在走向一个没有险阻的幸福境地。但是,她跟雷蓓卡相反,丝毫不露焦躁之情。象绘制色彩缤纷的桌布,编织精制的金银绦带,用十字花法绣出孔雀那样,她不慌不忙地等候皮埃特罗·克雷斯庇受不住内心催迫的时刻的到来。这个时刻终于跟十月不吉利的雨水一起来到了。皮埃特罗·克雷斯庇从裙子上拿走她的绣篮,双手握住她的手。"我无法再这样等下去了,"他说,"我们下个月结婚吧。"阿玛兰塔触到他冰凉的手时没打一个哆嗦,她像滑溜溜的小鱼似地抽出手来,又做起她的活儿来了。

"别天真了,克雷斯庇,"她微微一笑,"我死也不会跟你结婚的。"

皮埃特罗·克雷斯庇失去了自制,毫不羞愧地大哭起来。他绝望得几乎要把手指都扳断了,但还是没有能动摇她的意志。"别浪费时间了。"这就是阿玛兰塔对他所说的一切:"假如你真的这么爱我,那就别再踏进这个家的门吧。"乌苏拉真觉得自己要羞得发疯了,皮埃特罗·克雷斯庇使尽了苦苦哀求的一切招数,卑躬屈膝到令人难以置信的地步。他在乌苏拉怀里整整哭了一个下午,乌苏拉恨不得把心掏出来安慰他。到了下雨的夜晚,只见他撑着一把绸伞,在屋子周围徘徊,希望能看到阿玛兰塔房里的一点灯光。他穿得从来没有像现在这样考究。他那受到折磨的皇帝一样威严的脑袋现在具有一种特别庄重气派。他央求常到走廊里去绣花的阿玛兰塔的女友们去设法劝劝她。他对店里的经营漫不经心,白天躲在店堂后面颠三倒四地写一些短信,并把信连同薄薄的花瓣和制成标本的蝴蝶翅膀请人送给阿玛兰塔,但阿玛兰塔都原封不动地退回来。他几小时几小时地关在房里弹锡塔拉琴。有天晚上,他唱了起来。马贡多愕然惊醒了,一架这个世界不配有的锡塔拉琴,一副在地球上想象不出还有像它这样充满爱情的嗓音,使整个小镇上的人们都飘飘欲仙。皮埃特罗·克雷斯庇看到镇上所有的窗户都亮起了灯光,唯独阿玛兰塔房里的窗户仍是黑洞洞的。十一月二日是亡人节。他弟弟打开店门,发现所有的灯都亮着,所有的乐箱都打开着,所有的钟表都在没完没了地打着钟点,在这片混乱的协奏曲中,他看见皮埃特罗·克雷斯庇伏在店后的写字台上,两只手腕已经用刀片割破,双手插在一盆安息香水中。

  乌苏拉准备在家里为他守灵,尼卡诺尔神父则反对为他举行宗教仪式和把他葬在圣地里。乌苏拉同神父争吵起来。"说起来您跟我都不会理解,他这个人可是位圣徒。"她说,"所以,我将违背您的意愿,把他葬在墨尔基阿德斯的墓旁边。"在全体居民的支持下,在十分隆重的葬礼中,乌苏拉果真说到做到。阿玛兰塔没有离开自己的卧室,她在床上听见乌苏拉的哭泣声,到家里来吊唁的人群的脚步声和窃窃私语声,哭丧妇的号啕声,接着,便是一阵深沉的静寂,飘来了一股被踏烂的鲜花的香气。好长一段时间,她都感到以往每天下午皮埃特罗·克雷斯庇身上散发的那种熏衣草香味,但她硬是克制着,没有陷入神情恍惚的境地。乌苏拉从此没再理她。那天下午,阿玛兰塔走进厨房,把手放在炉子的炭火上,直烧得再也感觉不出灼痛,只闻到自己皮肉的焦臭味,可是乌苏拉连眼皮都没抬一抬去怜悯她。那是固执的人医治内疚的办法。一连好几天,她必须在家里把手浸在盛着蛋清的碗里,到烧伤痊愈时,似乎这蛋清也使她心灵上的创伤愈合了。这场悲剧给她留下的唯一的外部痕迹,就是裹在烧伤的手上的那块黑纱布绷带,她把绷带缠在手上,直到老死。

注释

  ①本文节选自《百年孤独》(第六章)前半部分,[哥伦比亚]马尔克斯著,黄锦炎、沈国正、陈泉译:上海译文出版社1989年版。
  ②根据下文,实际上一夜之间被杀掉了16个儿子,逃掉的那个是在以后被暗杀的。
  ③彼特拉克(1304~1374):意大利诗人、历史学家、考古学家,知识十分渊博,是文艺复兴时期人文主义先驱之一,诗作多为十四行诗。

文本解读

  《百年孤独》的故事发生在虚构的马贡多镇,描述了布恩地亚家族百年七代的兴衰、荣辱、爱恨、祸福,以及文化与人性中根深蒂固的孤独。其内容涉及社会和家庭生活的方方面面,可以说是整个拉丁美洲历史文化的浓缩投影。

  《百年孤独》风格独特新颖,既气势磅礴又诡谲怪诞。粗犷处寥寥数笔勾勒出数十年内战的血腥残酷;细腻处描绘热恋中的情欲煎熬如怨如诉;诡异处人间鬼界过去未来变幻莫测。轻灵厚重,兼而有之,"变现实为幻想而不失其真实",是魔幻现实主义最具代表性的杰作,也是20世纪现代文学中不容忽视的精品,被誉为"再现拉丁美洲历史社会图景的鸿篇巨著",被公认为拉丁美洲"爆炸文学"最优秀的作品。它的发表,被认为是拉丁美洲的"一场文学地震"。

  全书近30万字,内容纷繁复杂,人物形形色色,情节曲折离奇、变化莫测,采用了新颖的倒叙手法,神话故事、宗教典故、民间传说穿插其中,善于运用象征、荒诞、夸张和意识流手法,注重刻画人物心灵,擅长塑造人物总体特征——孤独,采用了环形的结构,令人眼花缭乱。作家是要通过布恩地亚家族七代人充满神秘色彩的坎坷经历来反映哥伦比亚乃至整个拉丁美洲的历史演变和社会现实,引起读者对马贡多百年孤独的原因进行深刻反思,从而去寻找摆脱命运捉弄的正确途径。

节选部分涉及了布恩地亚家族第一代、第二代和第三代共三代人的遭遇和命运,篇幅虽然短小,但是,内容丰富,情节离奇又错综复杂,时间和空间跨度都很大。这个家族的第一代霍塞·阿卡迪奥·布恩地亚和他的妻子乌苏娜本是表兄妹,兄妹乱伦的后代将会长猪尾巴的厄运,自始至终笼罩着整个家族,为小说奠定了神秘的基调,埋下了伏笔,设下了悬念,也为人物奠定了悲剧的命运。小说写了形形色色的人物的孤独情结。老霍塞·阿卡迪奥·布恩地亚热衷于科学实验,他的行动不能被世人理解,只好独自关在屋子里试验炼金术,最后被捆在树下无人理会,孤独地死去。布恩地亚家族的第二代赶上了内战,保守党执政,自由党发动了起义,双方进行了旷日持久的战争。次子奥雷良诺·布恩地亚成了起义军上校,他出生入死,身经百战,曾被政府军逮捕,险遭杀害。后来,他觉得党派之争毫无意义,便回到家中躲在屋里孤独地重复做小金鱼。布恩地亚家族的第三代的长子阿卡迪奥霸占了马贡多的大权,胡作非为,被保守党所杀。意大利人皮埃特罗·克雷斯庇深爱着上校的妹妹阿玛兰塔,但是,却遭到了她的拒绝,她终生未嫁,与侄儿奥雷良诺·霍塞发生乱伦关系。当她预感到自己的死期即将来临时,便躲进自己的房间里织寿衣,孤独地等死。小说描写他们的孤独情结,具有象征意义,这种意义上的孤独,象征着闭关自守、与世隔绝,是一种落后的表现,对于落后的现实采取孤独的态度,就等于逃避现实,容忍落后,不思变革。这本身就是一种错误的人生态度,这也是造成哥伦比亚和拉丁美洲落后的一个内在原因,一个深层次的原因。作者在小说中描写马贡多人这种孤独的情结,意在唤醒人们结束这种孤独而去寻找新的出路。孤独的反义词是团结,也就是作者希望拉丁美洲人民团结一致,在改革中求得新生,结束这种孤独、落后的状况。布恩地亚家族的历史仿佛走了一个大圆圈,从第一代怕生猪尾巴孩子而迁居开始,到最后第七代出现猪尾巴为止,完成了一个循环。这个家族各代人物连名字也一再重复,像一架周而复始无法停息的机器,像一个转动着的轮子。这种构思象征着拉丁美洲历史的停滞不前:一百年过去了,它经历了种种变故,却仍然处在落后的状态,目的是为了激起人们改变现状的愿望。

思考练习

1. 写一篇读后感或感悟式小论文。
2. 谈一谈《百年孤独》与《堂吉诃德》这两部作品的异同?
3. 你怎样看待阿玛兰塔这个人物?

阅读链接

[哥伦比亚]加夫列尔·加西亚·马尔克斯著,伊信译:《族长的没落》,山东文艺出版社 1985 年版。

广岛之恋(节选)①

[法国]玛格丽特·杜拉斯

玛格丽特·杜拉斯(Marguerite Duras,1914年4月4日~1996年3月3日),法国当代最著名的女小说家、剧作家和电影导演,本名玛格丽特·多纳迪厄(Marguerite Donnadieu),出生于印度支那,父母都是小学教师,18岁后回法国定居,在大学攻读法律、数学、政治学,但却立志要做小说家。

作为法国重要的电影流派"左岸派"的成员,她以电影《广岛之恋》(1959)和《印度之歌》(1975)赢得了国际声誉,以自传体性质的小说《情人》(1984)获得了当年龚古尔文学奖。

第五部

又过了一段时间。

我们看见她在街上。她走得很快。

接着,我们看见她出现在旅馆的大厅里。她拿着一把钥匙。

接着,我们看见她出现在楼梯上。

然后,我们看见她打开房门。走进房里,突然站住,仿佛面对着万丈深渊,或仿佛有人已经在这个房间里。她抽身退了出来。接着,我们看见她轻轻地关上房门。

上楼梯,下楼梯,再上楼梯,等等。

她往回走。在走廊里徘徊。绞着双手想办法,但又想不出来。突然,重新回到房间里。这一次,她容忍了房间里的景象。

她朝洗脸池走去,把脸浸在水里。我们听见她第一句内心独白。

她

你自以为知道,其实不然。永远不会知道。

她

[牢记时间的确切持续期限。弄清时光有时怎样过得飞快,接着又毫无意义地过得很慢,而且,还得忍受它的忽快忽慢,这无疑也算是学到了知识(这段话说得断断续续,不时重复,而且还不大连贯)。]

她

她曾经在内韦尔有一个年轻的德国情人……

我们将要到巴伐利亚去,我的爱,而且我们将要结为夫妻。

她永远也没有去成。(她照镜子。)

让那些从未去过巴伐利亚的人斗胆同她谈论爱情吧。

你当时并没有完全死去。

我向别人讲述了我们的故事。

我今天晚上同这个陌生人一起欺骗了你。

我讲述了我们的故事。

瞧,这件事是可以对别人叙述的。

十四年了,我对不可能的爱情……已经找不到感觉了。

自从离开内韦尔以来。

瞧我把你忘得一干二净……

——瞧我把你忘得一干二净。

看看我吧。

〔从敞开的窗户望去,我们看见重建的广岛,安睡的广岛。〕

她猛然抬起头,在镜子里看见自己湿淋淋(好像泪水流淌)的脸,那张变得衰老、憔悴的脸。这一次,她对自己的模样感到恶心,不觉闭上了眼睛。

她擦干脸,匆忙离去,重又穿过大厅。

我们又看见她坐在长凳上,或坐在一堆砾石上,或坐在离刚才他们一起待过的咖啡馆有二十来米远的地方。

餐厅的灯光(餐厅)映入她的眼睛。这个餐厅很普通,几乎空无人影,他已经离开餐厅。

她(躺在或坐在)石堆上,继续注视着咖啡馆。(这时,酒吧间里只有一盏灯亮着。刚才他们一起在里面坐过的那间厅堂已关门。这间厅堂,通过酒吧间的玻璃门,得到一道微弱的反射光线,这朦胧的光映在陈设的桌椅上,投落下一堆影子,有的清晰,有的虚幻。)

〔酒吧间里的最后几位顾客,在灯光和坐在砾石堆上的法国女人之间,组成了一道屏障。因而,随着这些顾客的来回走动,她的身影时而从暗处转到亮处。然而,她继续在暗处瞅着他离去的那个地方。〕

她闭上了眼睛。然后,她又睁开。别人以为她在打瞌睡。但是,她没有在瞌睡。她睁眼时,像一只猫那样突然睁开。我们听到她内心独白的声音:

她

我将留在广岛。每天夜里和他在一起。在广岛。

她睁开眼睛。

她

我将留在这里,这里。

她收起注视咖啡馆的目光,环顾四周。突然,她做了个非常孩子气的动作,把身子尽可能地缩成一团。她双手抱头,双腿蜷起。

日本人走到她身旁。她看见他,却并不动弹,没有反应。他们开始对"对方"显得不在意。毫不惊奇。他在抽烟。他说:

他

留在广岛吧。

她"不动声色"地看着他。

她

当然,我将和你一起留在广岛。

她(像孩子一样)说完这句话,又躺了下去。

她

我是多么不幸……

他靠近她。

她

我压根儿没有料到,你明白……

她

你走开吧。

他一边走开,一边说:

他

我不能离开你。

我们现在又在一条林荫大道上发现他们。时不时有几家灯火通明的夜总会。这条林荫大道笔直地向前延伸。

她在前面走。他在后面跟。我们随着镜头的推移能看清他们的身影,先看见一个,接着再看见另一个。他们脸上都露出失望的神情。他追上她,温柔地对她说:

他

和我一起留在广岛吧。

她没有回答。然而,我们却听到她几乎大声叫喊的(内心独白的)声音。

她

[我渴望别再有祖国。我将教育我的孩子们要为人凶狠,麻木不仁,聪明伶俐,而且要极度地热爱别人的祖国。]

她

他就要朝我走来,他将搂住我的双肩,他将亲——吻——我……

她

他将亲吻我……而我将不知所措。

("不知所措"这几个字是在陶醉状态中说出来的。)

镜头又回到他身上。然而,我们发觉他越走越慢,给她稍事思考的时间。他非但不追上来,反而离她越来越远。她头也不回地朝前走。

一连串广岛和内韦尔街道的交替镜头。丽娃的内心独白。

她

我遇见你。

我记得你。

这座城市天生就适合恋爱。

你天生就适合我的身体。

你是谁?

你害了我。

我那时饥不择食。渴望不贞、与人通奸、撒谎骗人,但求一死。

很久以来,一直这样。

我料到,你总有一天会突然出现在我面前。

我平静地、极其不耐烦地等待着你。

吞噬我吧。按照你的形象使我变样吧,以便在你之后,没有任何人会理解,为什么会有如此强烈的欲望。

我的爱,我们将单独相处。

黑夜将永无止境。

太阳将永不升起。

永远,总之,永远不再升起。

你害了我。

你对我真好。

我们将怀着满腔诚意,问心无愧地哀悼那消逝的太阳。

我们将没有别的事情要做,惟有哀悼那消逝的太阳。

时光将流逝。惟有时光流逝而去。

然而,时光也会到来。

时光将到来。到那时,我们将一点儿也说不出究竟是什么使我们俩结合。那个字眼将渐渐从我们的记忆中消失。

然后,它将消失得无影无踪。

这一次,他正面朝她走来。这是最后一次。不过,他站在离她较远的地方。从现在起,她是可望不可即的了。天在下雨。在一家商店的挡雨披檐下。

他

也许,你有可能留下吧。

她

你知道得很清楚。欲离不能,欲留更不能。

他

再留一星期。

她

不。

他

三天。

她

这点时间做什么呢?用来活命?还是用来殉情?

他

用来弄清楚该怎么办。

她

这种时间不存在。既没有用来活命的时间,也没有用来殉情的时间。所以,我才不在乎呢。

他

我宁愿你当初死在内韦尔。

她

我也宁愿这样。可是,我没有死在内韦尔。

我们看见她坐在广岛火车站候车室的一条长凳上。又过了一段时间。一位日本老太太坐在她身旁等车。我们听见法国女人的声音响起(内心独白):

她

我早已忘却的内韦尔,今晚,我很想再见到你。在好几个月里,当我的身体燃起回忆的激情时,我每天夜里都在把你烧毁。

日本男子像个幽灵似的走了进来,并和老太太坐在同一条长凳上,与法国女人坐的位置正好方向相反。他不看那个法国女人。他的脸被雨水淋湿。他的嘴唇在微微颤抖。

她

当我的身体燃起缅怀你的火焰时,我希望再见到内韦尔……卢瓦尔河。

内韦尔的镜头。

可爱的涅夫勒省的白杨树,我要把你们遗忘。

"可爱的"这个词应该像"爱情"一词那样说出口来。

这廉价的故事,我要把你遗忘。

内韦尔废墟的镜头。

只要一夜远离了你,我就像等待解脱似的等待着天明。

在内韦尔举行的"婚礼"。

一天见不到他的眼睛,她就苦恼得要死。

内韦尔的小姑娘。

内韦尔轻佻的小姑娘。

只要一天碰不到他的手,她就认为堕入情网是多么的不幸。

卑微的小姑娘。

她在内韦尔为爱情死去。

被剃了光头的内韦尔的小姑娘,今晚我要把你遗忘。

廉价的故事。

就像忘记他那样,从你的眼睛开始遗忘。

完全一样。

接着,就像忘记他那样,遗忘将攫取你的声音。

完全一样。

然后,就像忘记他那样,遗忘将渐渐把你全部吞没。

到那时,你将变成一支歌曲。

她

〔夏天,将近傍晚七点时,两拨人群安静地在共和大道上交叉,想要购买东西。长发披肩的姑娘们不再做对不起祖国的事情。我想再见到内韦尔。内韦尔。多么愚蠢。〕

她

〔就是在内韦尔这个地下室里,我对这个男人产生了爱情。我对你产生了爱情。

在"丽日"区里,我对你产生的爱情,作为不得再仿效的例子留在我的记忆中。〕

〔正因为我的记忆已经被作为不得再仿效的例子而留在"丽日"区里,所以我一度能随心所欲地爱你。倘若我不曾把这坏得无法用语言形容的记忆留在"丽日"区,我也许永远都不敢爱你。"丽日"区,我向你致意,我今晚很想再见到你,"丽日"区啊,多么愚蠢。〕

日本男人和她,被坐在中间的这位日本老太太隔开。

他抽出一支烟,微微抬起身子,把那包烟递到法国女人面前。

"敬你一支烟,这就是我现在能为你做的一切,仅此而已,这就像我给任何人,给这位老太太敬烟一样。"她不抽烟。

他向老太太敬烟,并给她点火。

内韦尔的森林在暮色中接连展现。接着是内韦尔的镜头。这时,广岛火车站的高音喇叭在广播:"广岛!广岛站到了!"这声音在内韦尔的画面上响起。

法国女人似乎已经睡着了。两个日本人生怕把她吵醒。他们压低嗓门交谈。

正因为老太太以为她已经入睡,才开口询问日本男人。

老太太

她是谁?

他

一个法国女人。

老太太

出什么事啦?

他

她一会儿就要离开日本。我们快要分手,心里很难过。②

镜头一闪,她已不在候车室里。我们在火车站前又见到她。她跳上一辆出租车。汽车在"卡萨布兰卡"夜总会门前停了下来。随后,他也来到夜总会门前。

她独自坐在一张桌前。他走到另一端的一张桌前坐下。

夜将要结束。夜的终止意味着他们将永远分离。

原先已在厅堂里消磨时光的一个日本男人朝法国女人走去,并(用英语)跟她搭讪:

日本人

您一个人吗?

她只是点头作答。[他指着她身旁的那把椅子或高脚圆凳。]

日本人

您愿意和我聊一会儿吗?

夜总会里的客人已寥寥无几,几乎空空荡荡。客人们都感到很无聊。

日本人

这会儿孤身一人在这儿,岂不是太晚了吗?

她让另一个男人接近自己,以便"甩掉"我们认识的那个男人。但是,这不仅不可能,而且也是毫无用处的。他已经茫然若失了。

日本人

我可以坐下吗?

日本人

您刚刚游览过广岛了?

他们不时地互相看一眼对方,但看的时间很短,够讨厌的。

日本人

您喜欢日本吗?

日本人

您住在巴黎吗?

天将拂晓,晨光一直在悄悄爬[上玻璃窗]。

内心独白已经停止。

这个素不相识的日本人在跟她说话。她看着另一个。这个陌生的日本人不再对她说话。

而这会儿,那令人可怕的"绝望者的曙光"已透过玻璃窗射了进来。

我们又在旅馆房间的门背后看见她。她一只手捂住胸口。

有人敲门。

她打开门。

他说:

他

我不可能不来。

他们都站在房间里。

他们挨得很近,面对面地站着,但双臂下垂,根本没有接触。

房间里一切原样不动。

烟灰缸都是空的。

天色已经大明。屋里有阳光。

他们甚至连烟也不抽。

床铺原样未动。

他们俩一句话也不说。

黎明的寂静笼罩着全城。他走进房里。远处,广岛还在沉睡。

突然,她坐下身去。

她双手捂住脸,悲叹一声。一声忧伤的哀叹。

她的双眸中反射出城市的亮光。她几乎让人感到局促不安,猛然间,她叫了起来:

她

我将忘掉你!我已经忘掉你了!你看,我竟然忘掉你啦!你看我呀!

他抓住她的胳膊、[手腕],她面对着他,脑袋往后仰。她非常粗暴地挣脱。

他魂不守舍地扶住她。仿佛她身临险境。

他看着她,她也看着他,好像在看这座城市,而且,突然温柔地呼唤他。

她惊讶地,"远远地"呼唤他。她终于得以把他淹没在完全的遗忘之中。她对此深感惊愕。

她

广——岛。

她

广——岛。这是你的名字。

他们彼此看着对方,却又视而不见。永远不再相见。

他

这是我的名字。是的。

[我们就到此为止,仅此而已。而且,永远停留于此。]你的名字是内韦尔。法——国——的——内——韦——尔。

—完—

注释

①本文节选自电影剧本《广岛之恋》(第五部),[法国]玛格丽特·杜拉斯著,谭立德译,上海译文出版社2010年版。

②他们用日语对话,电影里并没有把这几句话译成法语。

文本解读

《广岛之恋》以其现代反战反军国主义的题材,暧昧多义的主题,令人耳目一新的表现手法,以及与新小说派的紧密联系,在多重意义上,启发和开创了现代电影,成为西方电影从古典转为现代的划时代的一座里程碑。

《广岛之恋》讲述在日本拍戏的法国女演员与日本建筑师的异国萍水相逢的恋情(一夜情),穿插了遭遇原子弹的广岛的惨景及二战时期女演员在法国小城内韦尔与德国士兵的爱情悲剧。

剧本首次采用了大胆而新颖的叙事技巧,同传统的、以设置一个无所不知的讲述者为基础的现实主义实行了决裂,用一个或多个人物的内心独白取而代之,介入了超现实主义和时空倒错的"意识流"手法,注重探索和展现人物的内心世界,读者也不得不以崭新的方式去感受和领悟。

节选部分是电影剧本《广岛之恋》的结尾,着重表现了法国女演员是"离开"还是"留下"的矛盾和纠结,透视并挖掘了人物的灵魂和内心世界。在广岛,法国女演员把内韦尔的爱情挫折后幸存的爱,献给了这个日本人。爱情是美好的,战争是残酷的。作者摒弃了对残酷的战争做正面的写实的大手笔的描述,而是将战争的主题隐藏在一个悲剧的爱情故事之后,希望通过这个爱情悲剧,表达人们对和平的渴望和企求。爱情的悲剧与战争的悲剧达到了深层次的相似,最终将这一场短暂而刻骨铭心的爱情提升至全人类大爱的高度上。爱情、反战、忘却,在何种层面上对剧本进行解读,取决于读者自身的理解力和人生积淀。忘却意味着背叛,作者采用的时空倒错的"意识流"手法,把主人公的过去对现在的深刻影响表现得淋漓尽致。

思考练习

1. 这个剧本的结局让你满意吗,请说出你的理由。
2. 试分析本文采用了哪些表现手法。
3. 试分析法国女人的人物形象。

阅读链接

1. [法国]玛格丽特·杜拉斯著,马振骋译:《卡车》(Le camion),上海译文出版社2009年版。

2. [法国]玛格丽特·杜拉斯著,王道乾译:《埃米莉.L》(Emily L.),上海译文出版社2010年版。

3. [法国]玛格丽特·杜拉斯著,马振骋译:《萨瓦纳湾》(Savannah Bay),上海译文出版社2010年版。

附录
文学鉴赏方法举隅

读者在翻阅或者聆听别人诵读优秀文学作品时,通过语言的媒介,获得对作品艺术形象的具体感受和体验,领会其思想内容,得到审美享受和思想认识及道德情操等方面的教益。这个过程,就是文学鉴赏。它具有很大的社会意义,可以发挥和实现文学社会作用,满足读者精神需要等。一般说来,文学作品分为诗歌、小说、散文和戏剧等四类。下面就此分类,具体介绍文学鉴赏的一些基本方法。

一、诗歌鉴赏

诗歌,是最古老的文学样式。它用词凝练,结构跳跃,富有节奏和韵律,高度集中地反映生活和表达思想感情,具有浓郁的抒情性、高度的凝练性和鲜明的形象性等特点。鉴赏诗歌时要注意如下几点。

(一)体会凝练美。

一切体裁的文学作品皆为现实生活的集中反映,而诗歌的概括性更为突出。它吟唱的是最令人激动的生活事件,所以,使用语言极为精粹、凝练。正是为此,古今中外诗人都非常重视语言的推敲,讲究弦外之音。当然,与小说、戏剧不同,诗歌不需细致地描写人物的外部特征和内心活动,不需精微地描写人物之间的冲突和构成这些冲突的细节。如《春望》一诗,杜甫作于唐肃宗至德二载(757)三月。当时,安史叛军攻陷长安,肃宗即位灵武,改年号至德。作者于投奔灵武途中,为叛军所俘而至长安,次年(至德二载)写作此诗。长安沦落,兵荒马乱,民不聊生,诗人闻之睹之,思家心切,不禁寸肠万断,感慨丛生。一个"破"字,令人心惊胆战;一个"深"字,诗人满眼萧然;"国破"已为断壁残垣;"城春"更是人烟稀少。因而"花"悲"溅泪","鸟"愤"惊心"。

又如,《红楼梦》第48回,曹雪芹借香菱之口评论了王维的诗歌:"我看他《塞上》一首,那一联云:'大漠孤烟直,长河落日圆。'想来烟如何直?日自然是圆的:这'直'字似无理,'圆'字似太俗。合上书一想,倒象是见了这景的。若说再找两个字换这两个,竟再找不出两个字来。再还有'日落江湖白,潮来天地青':这'白''青'两个字也似无理。想来,必得这两个字才形容得尽,念在嘴里倒象有几千斤重的一个橄榄。还有'渡头余落日,墟里上孤烟':这'余'字和'上'字,难为他怎么想来!我们那年上京来,那日下晚便湾住船,岸上又没有人,只有几棵树,远远的几家人家作晚饭,那个烟竟是碧青,连云直上。谁知我昨日晚上读了这两句,倒象我又到了那个地方去了。"诗歌创作中词句斟酌本身不是目的。诗人寻找"诗眼",一定程度上体现了诗人的高度审美能力和力求准确表达新鲜审美感受的努力。

(二)体会意境美。

所谓意境,是指抒情性作品中呈现的一种情景交融、虚实相生的形象系统及其所诱发和开拓的审美想象空间。它是我国古典文论独创的一个概念,是华夏抒情文学审美理

想的集中体现。可以说,意境是诗歌的生命和灵魂,有三个特征:

首先是情景交融。这是意境创造的表现特征。譬如杜甫的《闻官军收河南河北》:

剑外忽传收蓟北,初闻涕泪满衣裳。却看妻子愁何在,漫卷诗书喜欲狂。
白日放歌须纵酒,青春作伴好还乡。即从巴峡穿巫峡,便下襄阳向洛阳。

这首诗明快欢畅,一气呵成:始而诗人为蓟北收复的消息而激动以致泪雨滂沱,继而见妻子面无愁容,方知自己失态。于是乎,漫卷诗书欣喜若狂。实际又是失态。但是,诗人于狂欢之中纵酒放歌,舞之蹈之,畅想返乡路线图,已然不知自己已是一个少不更事的幼童了。诗中情态毕肖,情景交融,意境浑成,具有很强的感染力。

其次是虚实相生。这是意境创造的结构特征。实境,是指逼真描写的景、形、境;而虚境,是指由实境引导开拓的审美想象空间。如南宋诗人叶绍翁的《游园不值》:

应怜屐齿印苍苔,小扣柴扉久不开。春色满园关不住,一枝红杏出墙来。

诗中叙述诗人去游览一座花园,久扣柴扉不开,未见园中之人,于是扫兴而去。如此好的花园,游人向来不多,门前台阶青苔茂密,于是更增遗憾和惋惜。但是,诗人大笔如椽,能于失望与遗憾中突然翻出一层新意:一枝红杏,不甘寂寞,灿烂怒放,美绽墙外。勃勃生机,激发诗人对满园春色的联想。虽不得入园,但园中美景均由想而得。诗人由扫兴变为高兴。这首诗具体描写的园外之景,是实境。而诗人不得进门的遗憾,经由一枝红杏引起的"妙处难与君说"的喜悦,以及由此引起的春色满园、姹紫嫣红的臆想,则是由实境延伸的第一层审美想象空间。因为红杏的探枝墙外,紧闭的园门与联想中的满园春色,又构成新的矛盾关系,进而引入哲理思考,得出美好的事物不能压抑关闭的结论。这是由实境开拓的第二层审美空间。

第三是韵味无穷。这是意境创造的审美特征。"韵味"是指意境中所蕴含的那种咀嚼不尽的美的因素和效果。如唐代刘禹锡的《乌衣巷》:

朱雀桥边野草花,乌衣巷口夕阳斜。旧时王谢堂前燕,飞入寻常百姓家。

此诗感慨深沉,寄意含蓄。当诗人面对一处年代久远的古迹,自然会联想到昔日的繁华,然而眼前尽是一片废墟,心中那份白云苍狗、沧海桑田的感慨,油然生起。哲理深厚,韵味无穷。

(三)体会音乐美。

在各种文学样式中,诗歌是最强调音乐之美的。这主要体现在节奏的鲜明与韵律的和谐上。

先看节奏。它是在诗人感情支配之下,由声音的强弱、高低、长短以及音节的停顿而形成的规律性变化。不同的心情,常常体现为不同的诗歌节奏:愉快轻松表现为悠扬明快,奔放昂扬表现为急促有力,忧苦悲愁表现为低沉缓慢。以杜甫的《登高》为例,诗中首联上下两句,"风急"、"天高"、"猿啸哀"、"渚清"、"沙白"、"鸟飞回",六种事物,具有秋天特色,鱼贯而出,两句的节奏都是二二三,简短急促而又整齐划一,仿佛电影的蒙太奇,种种秋景纷至沓来,瞬间占据了读者的视野。颔联则相对舒缓,宛若工笔重彩,重点描写了落木和长江两大景象,"无边"、"不尽"、"萧萧"、"滚滚",气势宏阔,秋意深深。颈联、尾联写自己的身世遭际,层次细碎繁密,诗中主人公内心的深沉愁郁,说不尽道不完如同眼前这秋景,重重叠叠,层出不穷,充溢于天地之间。在这里,诗歌节奏简短繁密,深刻地表达出主人公那种长期郁闷压抑而又欲诉无门的痛苦,以及由于眼前秋景的触动而又感慨万端、不可收拾的情状。

再看韵律。也称押韵,是指相同的字在相同位置上有规律的反复出现。中国汉字的音节包括声母和韵母两部分,如"床(chuáng)",声母是"ch",韵母是"uang"。而韵母又分为韵头 u、韵腹 a 和韵尾 ng 三个部分。押韵是押声调和韵母都相同的字。这种押韵,一可加强诗歌的节奏感,达到和谐整齐的感官审美效果;一可促进情感的抒发、意境的创造。例如郭小川的《甘蔗林——青纱帐》:

> 南方的甘蔗林哪,南方的甘蔗林!
> 你为什么这样香甜,又为什么那样严峻?
> 北方的青纱帐啊,北方的青纱帐!
> 你为什么那样遥远,又为什么这样亲近?

诗中的韵脚主要是"林"、"峻"、"近",后面还有"荫"、"音"、"春"、"深"等,他们声调不同,韵母有异,虽只押大致相近的韵,但读起来一样铿锵流畅,朗朗上口。

二、散文鉴赏

散文是文学中的"轻骑兵",是最灵活、最自由、最无拘束的一种文学体裁。它在不同时期有不尽相同的含义。此处是指与诗歌、小说和戏剧并列的一种文学样式,其抒写真实感受,具有广泛多样的题材,自由灵活的结构。阅读与鉴赏散文时可以采取以下方法。

(一)品味艺术构思

"形散神不散",不仅是散文的美学特征,也是散文的艺术构思方式。在欣赏散文时,必须注意这一点。

所谓"形散",有着两个方面的含义。一是题材散。散文选材很是自由,既可写人、叙事、描景、咏物、话旧、怀友,也可展现风俗人情、街头景色、国际风云、世事变幻。散珠碎玉,古往今来,均可入篇,甚至瞬间的感受亦可抓住,乘兴而作。正所谓"笼天地于形内,挫万物于笔端"。譬如巴金,他抓住"思念最深的时刻"的"一刹那",写出了极为真实、自然、优美和洋溢着中日两国人民深情厚谊的怀人散文名作《我们永远在一起》。二是笔法散。散文笔法摇曳多姿,自由运转,不拘一格,可以兼用叙述、描写、抒情、议论等。在抒情过程中,散文常带叙事性的描写和议论。这种叙事性的描写,诸如许地山《落花生》中的知识介绍,茅盾《白杨礼赞》中的风景描摹,朱自清《背影》中的人物刻画,魏巍《谁是最可爱的人》的事件叙述,皆增添了读者对文中所抒发的情感的理解和感悟。而散文中哲理性的议论,则无论褒扬美善、贬抑丑恶,还是启迪智慧、阐释事理,都可比较明确地揭示作品审美情感的内涵和形成的原因,促进读者体悟人生真谛。

所谓"神不散",是指中心明确。围绕之,散文信笔而至,随意点染。这个中心,或表现为一种情感。或快慰欢悦,或惆怅悲愤。千情万感,悉显其真,尽显其美。朱自清的《给亡妇》,悼念之情,缠绵悱恻,如泣如诉;巴金的《怀念萧珊》,眷恋之情,以泪研墨,满怀悲愤。或表现为一种思想。从生活中开掘出来的独到见解或审美发现,常常成为凝聚全文精神的"眼睛"。如《岳阳楼记》中的"先天下之忧而忧,后天下之乐而乐"等,是作者对社会人生独到的感悟。或表现为一种境界。意与景交融契合,经由作者审美滤透,将自然景物蜕变出原有状态,成为作家情思的一种象征。如《荷塘月色》,那些客观自然的形态经由作家情感的观照,创造出了一种淡雅、闲适的意境,清泠地折射出淡淡忧愁的意绪。或表现为一种意趣。趣乃由内发的情感和外在的环境交融发生出来的审美趣味。如丰子恺的《作客者言》,表现为一种风趣之美;贾平凹的《丑石》,表现为一种理趣之美;张洁的《盯梢》,表现为一种情趣之美。

(二)品味语言风格

文学是语言的艺术。任何文学体裁,叙事写物,说理传情,全靠语言。散文亦不例外。欣赏散文,我们要注意重点品味它的自然美和形象美。

先看自然美。优秀的散文,语言好似谈话,不疾不缓,娓娓而谈。这也是我国散文创作的一贯传统。翻阅先秦诸子,质朴自然的语言会令读者感触到一个文明古国的自然魅力。"五四"时期的散文名家林语堂、周作人等,创作时更是倡导一种"读者如闻其声,听语如见其人"的谈话风。朱自清的散文《儿女》,是写自己以前残酷地对待孩子们的种种旧事。文章在沉痛的自责之中,流露出作者对儿女们的挚爱之情。作者如对故人,闲叙家常,絮絮叨叨,无所顾忌。试看叙写家里开饭时孩子们闹腾情景的一段:

> 你要大碗,他要小碗。你说红筷子好,他说黑筷子好;这个要干饭,那个要稀饭,要菜要汤,要鱼要肉,要豆腐,要萝卜;你说他菜多,他说你菜好。妻是照例安慰着他们,但这显然是太迂缓了。我是个暴躁的人,怎么等得及?不用说,用老法子将他们立刻征服了;虽然有哭的,不久也就抹着泪捧起碗了。

作者遣词素朴,简洁流畅,活泼自然。争碗、争筷、争饭、争菜,一组组短语联袂而下,使整个句子语气顿挫有致,节奏明快晓畅,从而有声有色地描摹出孩子们吃饭的情景。这里用语,当然经过了作者的选择锤炼,闪耀熠熠光辉,焕发出质朴美的魅力。

再看形象美。优秀的散文,语言不但素朴自然,而且也生动形象。试看余秋雨散文《罗马假日》的开头:

> 世上有很多美好的词汇,可以分配给欧洲各个城市,例如精致、浑朴、繁丽、畅达、古典、新锐、宁谧、舒适、奇崛、神秘、壮观、肃穆……其中不少城市还会因为风格交叉而不愿意固守一词,产生争逐。

起笔伊始,作家就抛弃了常规说法,不说哪个城市应有怎样的风格。"分配"一词貌似朴素平常,实则简洁奇特。接着,连用十二个形容词加一个省略号,读来铿锵有力,但还没有把词语具体分配到各个城市,原因是"其中不少城市还因为风格交叉而不愿意固守一词,产生争逐"。"固守"、"争逐"两词的拟人化,既反映了欧洲城市的风格多样,又显出了遣词造句的清朗鲜活,直让读者犹如在闷热的夏季突有凉风扑面,清爽无比之感。文句新颖生动,精致形象。

(三)品味哲理意趣

优秀的散文,常将"理"融于人、事、景的叙述之中,闪现智慧的光芒,具有重要的启迪作用和深远的哲理之美。这种美,表现途径主要有二:

其一,直射,意即将哲理直接阐述,不假叙述故事、描写景物来间接体现。譬如丰子恺的《杨柳》一文,写他坐在西湖边的长椅里,看见湖岸的杨柳树上,好像挂着几万串嫩绿的珠子,在温暖的春风中飘来飘去,飘出许多弯度微微的S线来,觉得杨柳树非常可爱,非赞它一下不可。然而,他爱柳有些特别:既不"爱它的鹅黄嫩绿",也不"爱它的如醉如舞";既不"爱它像小蛮的腰",也不"爱它是陶渊明的宅边所种"。他爱柳是因为郁积于心的某些对于社会人事的看法须以发泄。作者以为,"别的树木都凭仗了东君的势力而拼命向上,一味好高";那些枝叶花果也蒸蒸日上,高踞枝头,"只管贪图自己的光荣,而绝不回顾处在泥土中的根本"。唯独杨柳,"越长得高,越垂得低。千万条陌头细柳,条条不忘记根本,常常俯首顾着下面",理应值得爱护,因而更加可贵。俯首赞柳阐述他的"贵贱观",在对柳树轮廓的勾勒中,勾出一幅幅社会众生相,观察细致,思考深刻,纵横剖析,酣畅淋漓。

其二,点化,意即通过叙述事件,描绘景物,纵深开掘,点化其包含的道理、象征意义。冯骥才散文大都蕴含着深刻的人生哲理,体现着自己对于生活的独特感悟。这种感悟常常源于生活中一些琐碎的事物。在《逼来的春天》中"土地硬邦邦,树枝抽搐着,雀儿挤在一起取暖",人冷得难受,而迎着凛冽的风,"却突然闻到了春天的气味"。作家写这一切,就是突出春天是"逼"来的,势不可挡。它激发了万物深藏于生命中的原动力。所以,它是死亡的背面,永远与死神对立,并作为生的使者战胜死神,给万物生命,赋予人们希望,葱茏大地。在冯骥才看来,所有冰的内核皆为一滴春天的露珠。白雪虽封闭,但却隐匿着连天醉人的绿意。春的到来,不仅使人看到新的生命,而更能体会到生命在经受了整整一冬的漫长囚禁,经过无数次霜雪的洗礼后而获新生。这不是简单的生命重复,而是更高意义上的一种起点。

三、小说鉴赏

小说是叙事类文学乃至整个文学的主要体裁之一,可以说是用散文写成的具有某种长度的虚构故事。它的基本特征是深入细致的人物刻画、完整复杂的情节叙述和具体充分的环境描写。鉴赏小说时可以从其基本特征入手。

(一)品鉴小说的人物

文学是人学,小说作为广泛、细致地表现人与人生的文学样式,更是把创造人物形象作为重要的艺术使命。品鉴人物,不但要注意理顺人物之间的关系,而且更要分析人物描写手段。

首先,外形描写。读者对于人物形象的欣赏,如同对于生活中的人物一样,一般先从外部形态上开始的。此乃小说外形刻画的审美依据。例如,鲁迅就在《祝福》中通过祥林嫂眼神的几次变化,反映了人物的悲剧命运。

其次,动作描写。这是最能表现人物性格的一种方法。《野火春风斗古城》中写杨晓冬母子相会:

> 母亲爬上炕,先拿被单罩住窗户,又伸手摸着火柴。第一根用力过猛,擦断了,第二根擦着后没有去点灯,先借着光看了看儿子,回头找灯盏,又找错了地方,第三根火柴才点亮了油灯。

这是瞬间的行动描写,归于一点即是擦火柴。这个动作,在日常生活中很为普通,但在小说中却极具表现力。第一根火柴擦断了,是整日牵挂儿子的慈母一时得见儿子心情激动的展现。第二根火柴,是慈母意切情深,借光睹子的感情流露,而找错了灯盏地方,更是心情激动的一层展现。直到第三根火柴,方将灯点亮,这表明慈母心情渐趋平静。生活形态的动作化为艺术形态的动作,表现了母子相会动人场景。

第三,语言描写。《守财奴》中的葛朗台,他的话语里常有"两讫"、"交易"、"补偿"、"交账"等词,无不反映了他的身份——资产阶级的暴发户、爱财如命的投机商。当看到查理送给女儿的金洋时,他连声叫喊:"噢,是真金!盒子……这交易划得来,小乖乖!你真是我的女儿。"原来葛朗台对女儿将自己的积蓄送给查理非常不满。这会儿变为狂喜,认为女儿做了一笔划得来的交易。这充分暴露了他把人与人之间的一切关系都看做是金钱交易的肮脏灵魂及贪婪守财的本性。

另外,心理描写不可忽视。它是披露人物内心世界的活动、展现人物性格的审美传达手段。如《聊斋志异》的《青娥》中,闺阁小姐青娥看到一名男子酣卧她的绣榻,莫名其妙地爱上他。事情的微妙就从这里开始,心情的微妙也由此开始。字里行间,作者将青娥的欲拒还迎、欲擒故纵之心理传神表现出来。

(二)品鉴小说的情节

小说一般篇幅较长,容量较大,全面描写社会生活,反映矛盾冲突。而波澜起伏、千回百转的情节,总是引人入胜、百读不厌。所以,品鉴情节,要注意两个方面:

其一看情节设置,是否跌宕起伏、扣人心弦。譬如《促织》一文。其情节大致如下:征虫—觅虫—求虫—得虫—失虫—化虫—斗虫—献虫。但作者行文没有直达事情的结局,而是一转再转,曲折推进。成名初次觅虫不得,转侧床头,唯思自尽,似至山穷水尽,是为一波;而巫婆的适时出现,让成名能按图索骥,于村东大佛阁后复又得虫,可谓柳暗花明,又为一波;刚刚得虫,举家庆贺,不料成子好奇,"窃发盆",虫得而复失,再起一波;成名归,"怒索儿",却不料儿子也已跳井自尽,人物两空,祸不单行,是为推波助澜;其后,成子竟然"半夜复苏",又身化促织,虽令人匪夷所思,但文章也就从此得以急转直下,豁然开朗;此后,小说极力地以小促织的其貌不扬,来反衬促织的轻捷善斗,突出其奇异功能,斗虫,斗鸡,无不胜,又能"闻琴瑟之声,则应节而舞",亦写得波澜起伏、扣人心弦;最后以大团圆结局,让人于紧张之后,可以长舒一口气,但淡然一笑后,不由掩卷三思。整个故事情节夭矫多变、流风回云,极具审美张力。

其二看情节功能,是否展现人物性格,推动人物性格发展。《三国演义》中,周瑜倜傥潇洒,风流儒雅。"群英会蒋干中计"中的设盗书一节,大宴群英,执剑监酒,酒后高歌,同榻共眠,不断转折、回升,步步引得蒋干入彀,处处展现周郎性格特点。而在罗贯中看来,诸葛亮更是高人,故其设置了"用奇谋孔明借箭"的奇特情节。在这一节里,周瑜步步紧逼,意欲诛杀孔明。而孔明明知是计,却甘进网罟,主动入瓮,是为一"奇"。孔明不仅承诺提前交箭,而且自动立下军令状,是为二"奇"。需得十万箭矢,而时间仅为三天,可谓任重道远,是为三"奇"。孔明接受任务后,不是不铸箭造矢,而是仅仅借草、借船于鲁肃,从事与周瑜所下达的任务无关的活动。这就不仅令周瑜惊奇,也让读者感到诧异,是为四"奇"。这段情节,怪特有趣,蝉联而下,愈转愈深。它始终围绕孔明的"奇谋"和奇特的性格而发生,而奇特的情节又使孔明足智多谋的性格得到深刻而生动的展现。

(三)品鉴小说的环境

相较其他文学样式,环境描写方面,小说有着更多的自由。它是衬托人物性格、展示故事情节的重要手段。作品中人物的活动和事件的发生发展,都不能离开一定的自然环境和社会环境。

先看自然环境。它不仅是对自然美的挖掘,有时也具一定的社会意义,成为现实社会的某种象征。例如,在哈代的小说中,我们看到的是一个神奇而又充满勃勃生机的世界。日、月、风、云、林、木、花、草、山脉、小溪、河流、荒原仿佛都是他作品中永不消逝的精灵。它们都渗透着人的浓重的情感,像人一样活动着。请看《森林居民》中两段有关树木的描写:

> 附近树林中两根挤得太紧的树枝吱吱嘎嘎的响声(它们相互摩擦,弄得遍体鳞伤),以及树木发出的其它种种悲戚的呻吟声。(第3章)

> 接下来还有更多的树木紧紧挤在一起为生存而搏斗,它们的树枝由于相互摩擦和攻击而伤痕累累,扭曲变形……它们的下面是腐烂的树桩,那些很久以前就被击败了的树木留下的树桩。(第42章)

经由树木的人格化,这幅风景素描不仅形象地表现了树木之间的生存竞争,也影射了资本主义社会中人与人之间弱肉强食、尔虞我诈的残杀。这种生动活泼的自然环境描写寄托着作者强烈的情感,能引起读者无限联想,带给读者无穷乐趣。比起自然主义的纯客观描写,哈代笔下的自然风光要有趣得多。

再看社会环境。它不仅可以表现环绕人物活动的具体环境,而且有时也可以表现一定历史时期的社会状态的全局和总形势。譬如,在老舍的《断魂枪》开头,作者就大段渲染时代氛围,比较全面地勾画了社会环境,来帮助我们解读人物的性格及其命运。沙子龙的孤傲冷漠,王三胜的争强好胜,孙老者的积极进取,这些鲜明的个性却与当时的环境有着强烈的冲突。置他们于"今天是火车、快枪、通商与恐怖"的时代来看,沙子龙将他的"镖局"改为"客栈",亲手埋葬自己昔日的辉煌。对他个人而言,这似乎有一点残忍与无奈,但却是他冷静的选择。这正说明了他对中华民族的悲剧命运有了初步认识,虽然他还是没能找到合适的道路,但他的确是一个"东方的人梦没法子不醒了"的一个迫不得已的醒者。相比而言,小说中的其他人物就不如沙子龙清醒,他们还是抱着老祖宗的刀枪棍棒不肯放手,这正是作者对民族传统文化中盲目保守主义者的严厉批判。小说的可贵之处在于:作者把国术及大师们放在了时代巨变的社会环境中来拷问,这是要向国人发出呐喊,摒弃民族糟粕、改革历史痼疾!

四、剧本鉴赏

作为一种文学样式,戏剧源远流长,是文学、音乐、美术、舞蹈等多种艺术形式的综合体,是以塑造舞台形象作为审美观照对象的直观艺术。剧本,也称脚本,是戏剧演出时所依据的本子,是戏剧中的文学成分,是戏剧表演的基础。鉴赏剧本时可从以下几个方面入手。

(一)体味集中的戏剧冲突。

没有冲突,就没有戏剧。这已成定理。戏剧冲突,产生的根本动因在于人物的行动和内心活动,往往以性格冲突来实现。这种冲突表现有多种。

首先是人物性格之间的冲突。譬如,易卜生的《玩偶之家》,是一出著名的社会问题剧。女主人公娜拉,贤惠善良,深爱自己的丈夫,是一位具有资产阶级倾向的女性。当丈夫重病时,她出于真爱,竟然私自冒父签字举债救活了他。后来事情败露,面对社会视此为犯罪、丈夫翻脸恶毒咒骂的残酷现实,娜拉终于认清自己所处"玩偶"地位,绝然出走,追求独立。丈夫海尔茂,是一个男权中心主义者。他表面上爱娜拉,实际上将其视为"玩偶"。当娜拉私自举债的秘密泄露、威胁他的前程时,他立刻暴露了冷酷自私的嘴脸。剧中娜拉和海尔茂之间的冲突,不是家庭琐事的争吵,而是夫妻之间性格理想不同,在建立什么家庭关系上发生冲突。娜拉的目的是争取夫妻间的平等,而海尔茂的动机是维护现存制度。对抗中,娜拉立场坚定,海尔茂虚伪顽固。最终不可调和,结果只能是家庭破裂,娜拉出走。因此,出现戏剧冲突的高潮。

其次是人物内心的冲突。它表现为人物内心世界中的两种矛盾力量之间的斗争。如《西厢记》中崔莺莺作为相府千金小姐,深受封建文化浸润,在追求自由爱情的过程中,就存在着情与理的矛盾。突出表现是在"闹简"与"赖简"上。本是她写简帖和张生约会,但却当着不识字的红娘说是写回书要张生"下次休是这般";明明是她主动写信邀张生约会,而张生到后却佯怒训斥他一番。这些恰是她追求自由爱情的过程中复杂内心世界的典型反映。

第三,人物与环境的冲突。主要表现在人物与社会力量之间。如《茶馆》通过一系列人物不同社会活动的片段,从若干侧面反映了当时社会环境的黑暗,塑造了时代的悲剧。作家老舍正是以这种若干小故事平行展开的卷轴式结构,来反映一种特殊的戏剧冲突:只有埋葬旧时代,才能最终铲除腐朽与罪恶。

(二)体味独特的人物语言。

剧本人物的语言,也即台词,是戏剧用来塑造人物形象、揭示矛盾冲突的基本手段。详而论之,这种语言独特性表现在如下。

首先,高度个性化,即剧中人物语言,不仅能准确、生动地表达人物的思想感情,而且符合人物的身份、性格、年龄以及他所处的特定的环境。譬如,曹禺话剧《日出》的顾八奶奶,在舞台提示中就简单介绍了这是个"俗不可耐的肥胖女人"。她一上场:"你们男人什么都好,又能赚钱,又能花钱的,可是就是一样不懂得爱情,爱情的伟大,伟大的爱情……""白露,我真佩服你!我真不知道怎么夸你好。你真是个杰作,又香艳,又美丽,又浪漫,又肉感。"一会儿大谈"爱情",一会儿又"痛心疾首",赞美别人却用上了"香艳"、"肉感"这样的词语。仅仅几句话,高度个性化,传神地勾画出顾八奶奶矫揉造作、风骚恶俗的丑态,令人发笑又厌恶。

其次,富于动作性,即人物语言要以矛盾冲突为基础,并能促进事件、冲突的发展。例如曹禺的《雷雨》在第二幕的一段对话:

鲁侍萍:哦,——老爷没有事了?(暗示)

周朴园:(指窗)窗户谁叫打开的?(直接推动)

鲁侍萍:老爷。没有事了?(望着朴园,泪要涌出)老爷,您那雨衣,我怎么说?

周朴园:你去告诉四凤。叫她把我樟木箱子里那件旧雨衣拿出来,顺便把那箱子里的几件旧衬衫也捡出来。

可以想见,假如没有下文的鲁侍萍推开窗户的动作,假如没有鲁侍萍精确地说出衬衫的件数和绣有"梅"字的衬衫,情节难以发展。周朴园的语言,就是典型的动作语言。它的作用,不但在于推动情节发展,更在于蕴含着悲剧之意。30年恍然而逝,而鲁侍萍对和周朴园在一起生活的往事还记得那样真切。虽用情之专令人感动,但换来的却是当年的被遗弃,而今的纵然相逢也不认识,即使说破也仍然得被赶走。这可谓是人生的一个深哀巨恸!

第三,富有潜台词,即要求人物语言含蓄深邃,以少寓多,以实寓虚,留给读者回味与想象的余地。例如《雷雨》第二幕周朴园与鲁侍萍意外会面一场:

  周朴园 (忽然严厉地)你来干什么?
  鲁侍萍 不是我要来的。
  周朴园 谁指使你来的?
  鲁侍萍 (悲愤)命!不公平的命指使我来的。

当周朴园尚未意识到站在他面前的就是侍萍时,表现出眷念、忏悔之情。但当他认出了眼前的鲁妈就是当年的侍萍时,立刻毕露资产阶级伪君子的嘴脸。他的话,是从下意识中冒出来的,包含着丰富的潜台词:"你来干什么"言外之意是你来这儿目的是什么?想敲诈我吗?"谁指使你来的"言外之意是不是你要来的。那是谁派你来的?是鲁贵吗?一定是他知道了我们之间的旧事。指使你来敲诈我!一个"指使",活画出了周朴园的世故、老练和虚伪的嘴脸。难怪鲁妈悲愤地喊出一句:"命!不公平的命指使我来的。"

(三)体味精妙的情节方法。

戏剧演出,时空均有一定限制,要求在有限的时间内,有限的场景中,表现一段完整的情节。为此,剧作家必须采取精妙的方法,突出主要情节,营造强烈的戏剧效果。这种方法,囿于篇幅,我们简介三种。

首先是悬念,指剧本对剧情悬而未决和结局难料的安排,以引起观众急于知道其结果的期待心理。它是戏剧创作中使故事情节引人入胜、妙趣横生,保持并不断增强观众兴趣的主要一种方法。例如,莎士比亚的《哈姆雷特》,第一幕第一场,在城堡的露台上守夜的士兵在谈论有关鬼魂出现的事。午夜时分,鬼魂真的出现了。有的士兵说鬼魂像刚死去的丹麦老国王满身披挂之状。鬼魂究竟是谁?他的出现有什么预示意义?下一步将会发生什么事情?等等。预示悬念形成了。这些问题,促使观众产生强烈的好奇心,急切期待剧情向下发展。一般来说,在一出戏中,"悬念"形成越早越好。这样,便于很快抓住观众的兴趣,使之饶有兴味地将戏继续看下去。当然,伴随戏剧情节的发展,悬念也要跟进发展。在戏中,形成第一个悬念后,往往还有第二、第三个悬念。由于观众对剧中人物的命运愈加关注,所以后来的悬念,不仅能激发观众的好奇,而且应该有着更为浓浓的感情色彩。

其次是发现,指剧中尚未被人们(或剧中人,或观众。但相对而言,应主要是针对剧中人)所知晓的某种或某些特定、特殊人物关系,以及某种或某些事件端倪(或曰内幕、真相)的披露与挑明。如《雷雨》中最令观众惊心动魄的情节,无疑是最后一幕:滂沱大雨中,鲁、周两家的人云集周公馆内,被孤注一掷的繁漪大声嚷嚷惊扰起来的周朴园,在训斥儿子周萍时无意中泄露出一个可怕的内幕：周萍与四凤原为同母所生！这一"兄妹兼乱伦"的双重人物关系的"发现"，使得数分钟前还几乎已成定局的周萍携四凤一起远走高飞的计划成为泡影，并迫使人物在良心与道德的双重苛责下，不得不走向无法逆转的悲剧性结局：一个触电身亡，一个开枪自杀！

　　第三是铺垫，是对剧情最终结局，即将发生的重要事件和出现的关键人物"透露风声"，使读者观众心理有所准备，增加观赏欣赏。譬如，《雷雨》中，四凤触电而亡乃是全剧大事件。为使之不感突兀，让观众读者对此有所准备，从偶然性中说明其必然性，强化戏剧情节的吸引力，剧中四次提及"电线失修"。第二幕有两次，第四幕有两次。认真研读这四次"铺垫"，就会发现四凤之死具有必然性，既有客观条件，又有主观愿望。

　　综上，我们按照文学体裁分别地讨论了阅读与鉴赏文学作品的一些角度和方法。把握它们，有助于文学鉴赏的深入，但并不意味着一通百通。事实上，欲要进一步提高文学阅读与鉴赏的能力，在思想修养提高，审美素质培养等方面，更需做持久而深入的努力。

延伸阅读书目

一、中国古代文学

(一) 诗歌
陈子展:《诗经直解》,复旦大学出版社1997年版
陈子展:《楚辞直解》,复旦大学出版社1997年版
萧涤非、程千帆等:《唐诗鉴赏辞典》,上海辞书出版社1983年版
周汝昌、唐圭璋等:《唐宋词鉴赏辞典》,上海辞书出版社1988年版

(二) 散文
[明]张岱:《陶庵梦忆》,作家出版社1997年版
[清]吴楚材、吴调侯选编,安秋平点校:《古文观止》,中华书局1987年版

(三) 小说
[南朝宋]刘义庆:《世说新语》,上海古籍出版社2007年版
[明]罗贯中:《三国演义》,人民文学出版社2000年版
[明]施耐庵:《水浒传》,人民文学出版社2001年版
[清]曹雪芹:《红楼梦》,人民文学出版社2000年版
[清]吴敬梓著,张慧剑校注:《儒林外史》,人民文学出版社1958年版
[清]蒲松龄:《聊斋志异》,人民文学出版社1989年版
[清]刘鹗:《老残游记》,人民文学出版社2002年版
[清]抱瓮老人编:《今古奇观》,人民文学出版社2002年版

(四) 戏剧
[元]王实甫:《西厢记》,人民文学出版社2002年版
[明]汤显祖:《牡丹亭》,人民文学出版社2002年版
[清]洪升:《长生殿》,人民文学出版社2002年版
[清]孔尚任:《桃花扇》,人民文学出版社2002年版

二、中国现当代文学

(一) 诗歌
《徐志摩诗选》,浙江文艺出版社2004年版
《余光中诗选》,中国青年出版社2001年版
《北岛诗选》,新世纪出版社1986年版
《舒婷的诗》,人民文学出版社2000年版
翟永明:《女人》,漓江出版社1986年版
黄灿然等编:《从本土出发——香港青年诗人15家》,香港出版有限公司1997年版

(二)散文

鲁迅:《朝花夕拾》,浙江文艺出版社 2000 年版
沈从文:《湘行散记》,人民文学出版社 2003 年版
巴金:《随想录》(合订本),生活·读书·新知三联书店 1987 年版
杨绛:《干校六记》,中国青年出版社 2000 年版
阿城:《威尼斯日记》,作家出版社 1998 年版
《朱自清散文》,人民文学出版社 2005 年版
《孙犁散文》,人民文学出版社 2005 年版
《汪曾祺散文》,人民文学出版社 2005 年版
《傅雷家书》,生活·读书·新知三联书店 2002 年版
《余秋雨散文》,人民文学出版社 2005 年版

(三)小说

《鲁迅小说集》,人民文学出版社 2002 年版
《沈从文小说选》,人民文学出版社 2002 年版
《白先勇文集·台北人》,花城出版社 2000 年版
张爱玲:《传奇》,人民文学出版社 1986 年版
钱钟书:《围城》,人民文学出版社 2003 年版
贾平凹:《浮躁》,春风文艺出版社 2004 年版
陈忠实:《白鹿原》,人民文学出版社 2004 年版
余华:《在细雨中呼喊》,上海文艺出版社 2004 年版
苏童:《妻妾成群》,上海文艺出版社 2004 年版
王安忆:《长恨歌》,人民文学出版社 2005 年版
阿来:《尘埃落定》,人民文学出版社 2000 年版
韩少功:《马桥词典》,人民文学出版社 2004 年版
张炜:《九月寓言》,人民文学出版社 2005 年版
路遥:《平凡的世界》,华夏出版社 1998 年版
张承志:《心灵史》,花城出版社 1991 年版
王小波:《黄金时代》,花城出版社 1999 年版

三、外国文学

[美]沃尔特·惠特曼著,李野光译:《草叶集》,北京燕山出版社 2003 年版
[德]斯威布著,楚图南译:《希腊的神话和故事》,人民文学出版社 1958 年版
[意]但丁著,王维克译:《神曲》,人民文学出版社 2002 年版
[意]薄伽丘著,王永年译:《十日谈》,人民文学出版社 2003 年版
[西班牙]塞万提斯著,杨绛译:《堂吉诃德》,人民文学出版社 1978 年版
[英]莎士比亚著,朱生豪等译:《莎士比亚全集》,人民文学出版社 1997 年版
[法]卢梭著,黎星等译:《忏悔录》,人民文学出版社 1996 年版
[德]歌德著,胡其鼎等译:《少年维特之烦恼》,北京燕山出版社 2005 年版
[法]司汤达著,张冠尧译:《红与黑》,人民文学出版社 1999 年版

[法]福楼拜著,李健吾译:《包法利夫人》,人民文学出版社 2003 年版
[法]巴尔扎克著,傅雷译:《幻灭》,安徽文艺出版社 1998 年版
[英]简·奥斯汀著,王科一译:《傲慢与偏见》,上海译文出版社 1996 年版
[英]爱米莉·勃朗特著,杨苡译:《呼啸山庄》,译林出版社 2004 年版
[俄]托尔斯泰著,周扬译:《安娜·卡拉宁娜》,人民文学出版社 1989 年版
[俄]陀思妥耶夫斯基著,耿济之译:《卡拉玛祖夫兄弟》,人民文学出版社 1981 年版
[奥地利]卡夫卡著,高年生译:《城堡》,外国文学出版社 1998 年版
[法]普鲁斯特著,李恒基、徐继曾译:《追忆逝水年华》,译林出版社 1995 年版
[德]托马斯·曼著,杨武能等译:《魔山》,漓江出版社 1990 年版
[法]罗曼·罗兰著,傅雷译:《约翰·克利斯朵夫》,安徽文艺出版社 1998 年版
[英]E.M 福斯特著,巫漪云译:《看得见风景的房间》,上海译文出版社 1997 年版
[法]玛格丽特·杜拉斯著,王道乾译:《情人》,上海译文出版社 2005 年版
[法]加谬著,顾方济、郭宏安等译:《鼠疫》,译林出版社 2004 年版
[美]福克纳著,李文俊译:《喧哗与骚动》,上海译文出版社 1984 年版
[美]欧文·斯通著,常涛译:《梵高传》,北京出版社 2004 年版
[捷克]米兰·昆德拉著,许钧译:《不能承受的生命之轻》,上海译文出版社 2003 年版
[哥伦比亚]马尔克斯著,黄锦炎等译:《百年孤独》,浙江文艺出版社 1991 年版
[阿根廷]博尔赫斯著,王永年、陈泉译:《博尔赫斯小说集》,浙江文艺出版社 2005 年版
[印度]泰戈尔著,北塔译:《泰戈尔诗选》,中华书局 2005 年版
[日]川端康成著,叶渭渠、唐月梅译:《雪国》,译林出版社 2001 年版
[日]三岛由纪夫著,唐月梅译:《春雪》,作家出版社 1995 年版
[苏]帕斯捷尔纳克著,顾亚铃译:《日瓦戈医生》,湖南人民出版社 1987 年版

四、2010 年度新书推荐

[美]科伦·麦凯恩著,方柏林译:《转吧,这伟大的世界》,人民文学出版社 2010 年版
[西班牙]安赫莱斯·卡索著,刘京胜译:《逆风》,人民文学出版社 2010 年版
[德]马塞尔·巴耶尔著,韩瑞祥译:《卡尔腾堡》,人民文学出版社 2010 年版
[法]埃尔诺著,吴岳添译:《悠悠岁月》,人民文学出版社 2010 年版
朱维铮:《重读近代史》,上海文艺出版集团 2010 年版
郑永年:《中国模式:经验与困局》,浙江人民出版社 2010 年版
蔡定剑:《民主是一种现代生活》,社会科学文献出版社 2010 年版
戴旭:《C 形包围:内忧外患下的中国突围》,文汇出版社 2010 年版
张维迎:《市场的逻辑》,上海人民出版社 2010 年版
杨奎松:《"中间地带"的革命》,山西人民出版社 2010 年版
熊培云:《重新发现社会》,新星出版社 2010 年版

附录

中国历史朝代简表

朝代（国号）		起讫年代	第一代王姓名	帝号或庙号	国都所在地	名号年号	干支	备注
夏		约前21世纪—约前16世纪	启		帝丘、安邑（今山西夏县西北）等地	王公名号		①
商		约前16世纪—约前1066	汤		亳（今河南商丘北）、殷（今河南安阳）等地	王公名号		②
周	西周	约前11世纪—前771	姬发	（武王）	镐京（今西安西南）	王公名号	辛未	
	东周	前770—前256	姬宜臼	（平王）	洛邑（今洛阳）	王公名号		③
	（春秋）	前770—前476				王公名号		④
	（战国）	前475—前221				王公名号		⑤
秦		前221—前206	嬴政	（始皇）	咸阳（今陕西咸阳东北）	年号纪年		⑥
汉	西汉	前206—公元25	刘邦	高祖	长安（今西安）	建武	乙未	⑦
	东汉	25—220	刘秀	光武	洛阳	黄初	乙酉	
三国	魏	220—265	曹丕	文帝	洛阳	章武	庚子	
	蜀	221—263	刘备	昭烈	成都	黄武	辛丑	
	吴	222—280	孙权	大帝	建业（今南京）	秦始	壬寅	
西晋		265—317	司马炎	武帝	洛阳	建武	乙酉	
东晋		317—420	司马睿	元帝	建康（今南京）		丁丑	
十六国		304—439 汉（前赵）、成（成汉）、前凉、后赵、前燕、前秦、后秦、西秦、后凉、南凉、北凉、南燕、西凉、北燕、夏						⑧
南朝	宋	420—479	刘裕	武帝	建康（今南京）	永初	庚申	
	齐	479—502	萧道成	高帝	建康（今南京）	建元	己未	
	梁	502—556	萧衍	武帝	建康（今南京）	天监	壬午	⑨
	陈	557—589	陈霸先	武帝	建康（今南京）	永定	丁丑	

朝代		起讫年代	创建人	庙号	都城	年号	干支
北朝	北魏	386—534	拓跋珪	道武帝	平城(今大同),493年迁都洛阳	登国	丙戌
	东魏	534—550	元善见	孝静帝	邺(今河北临漳县近南漳河)	天平	甲寅
	北齐	550—577	高洋	文宣帝	邺(今河北临漳县近南漳河)	天保	庚午
	西魏	535—556	元宝炬	文帝	长安(今西安)	大统	乙卯
	北周	557—581	宇文觉	孝闵帝	长安(今西安)	/	丁丑
隋		581—618	杨坚	文帝	大兴(今西安)	开皇	辛丑⑩
唐		618—907	李渊	高祖	长安(今西安)	武德	戊寅
五代十国	后梁	907—923	朱温	太祖	汴(今开封)	开平	丁卯⑪
	后唐	923—936	李存勖	庄宗	洛阳	同光	癸未
	后晋	936—947	石敬瑭	高祖	汴(今开封)	天福	丙申
	后汉	947—950	刘知远	高祖	汴(今开封)	天福	丁未
	后周	951—960	郭威	太祖	汴(今开封)	广顺	辛亥
	十国	902—979		吴、南唐、吴越、楚、闽、南汉、前蜀、后蜀、荆南(南平)、北汉			
宋	北宋	960—1127	赵匡胤	太祖	开封	建隆	庚申⑫
	南宋	1127—1279	赵构	高宗	临安(今杭州)	建炎	丁未
辽		907—1125	耶律阿保机	太祖	上京(今内蒙古巴林左旗附近)	/	丁卯
西夏		1032—1227	李元昊	景宗	兴庆府(今银川)	显道	壬申
金		1115—1234	完颜阿骨打	太祖	会宁府(黑龙江阿城附近),后迁中都(今北京)	收国	乙未
元		1206—1368	成吉思汗	太祖	大都(今北京)	/	丙寅
明		1368—1644	朱元璋	太祖	应天(今南京),1421年迁北京	洪武	戊申⑬
清		1616—1911	爱新觉罗·努尔哈赤	太祖	北京	天命	丙辰
中华民国		1912—1949	1912年孙中山被选为大总统,定都南京;袁世凯窃国,移都北京;1927年蒋介石上台,以南京为首都,抗战时迁都重庆,称陪都;抗战胜利迁回南京。					

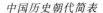

①自汤14代孙盘庚迁都到殷,商朝也称殷朝。
②其中共和行政元年,约为公元前841年庚申,中国历史开始有纪年。
③从周平王元年(前770)辛未,至周敬王四十四年(前476)乙丑,为春秋时期。
④从周元王姬仁(前475)丙寅至秦灭齐统一全国(前221)庚辰,为战国时期。
⑤秦子婴元年(前207)甲午。
⑥西汉刘彻开始年号纪年"建元"元年(前140)辛丑。西汉纪年包括王莽建立的新王朝(9~23)。
⑦东汉章帝刘炟元和二年(85)始用干支纪年乙酉;一说新朝王莽首先采用。
⑧(304)甲子至北凉永和七年(439)己卯。
⑨建都南京的六朝,除孙吴和东晋以外,还有宋、齐、梁、陈,为时均很短暂。
⑩杨坚原为北周之随国公,废周帝为"随",忌讳"走之",改为"隋"。
⑪907年开封称帝建国,909迁都洛阳。
⑫赵匡胤在后周时封为宋州节度使,所以国号宋。
⑬朱元璋原为农民起义领袖小明王(韩山童之子韩林儿)部下,封吴国公,明教有明王出世的传说,所以称明朝。

图书在版编目(CIP)数据

新视线大学语文 / 夏文先,陈晓云主编. —2 版. —合肥:安徽大学出版社,
2011.8(2024.9 重印)

ISBN 978-7-5664-0280-6

Ⅰ.①新… Ⅱ.①夏… ②陈… Ⅲ.①大学语文课－高等学校－教材 Ⅳ.①H19

中国版本图书馆 CIP 数据核字(2011)第 150426 号

新视线大学语文

夏文先　陈晓云　主编

出版发行：	北京师范大学出版社集团 安　徽　大　学　出　版　社 (安徽省合肥市肥西路 3 号 邮编 230039) www.bnupg.com www.ahupress.com.cn
经　　销：	全国新华书店
印　　刷：	合肥创新印务有限公司
开　　本：	787 mm×1092 mm　1/16
印　　张：	24
字　　数：	565 千字
版　　次：	2011 年 8 月第 2 版
印　　次：	2024 年 9 月第 11 次印刷
定　　价：	39.00 元

ISBN 978-7-5664-0280-6

责任编辑：卢　坡　　　　　　　　　装帧设计：孟献辉
责任校对：王研鹏　　　　　　　　　责任印制：陈　如

版权所有　侵权必究

反盗版、侵权举报电话：0551－65106311
外埠邮购电话：0551－65107716
本书如有印装质量问题，请与印制管理部联系调换。
印制管理部电话：0551－65106311